BERUFLICHE
INFORMATIK

Elke Preckel

unter Mitarbeit
der
Verlagsredaktion

Cornelsen

Wir danken den folgenden Personen für ihre Unterstützung:
Dörte Fischer (text & trainig), Rainer Friese, Matthias Maler, Sarah Mettin

Redaktion: Sascha Heinrich
Bildredaktion: Christina Fanselow
Umschlaggestaltung, Layout und technische Umsetzung: Checkplot Anker & Röhr, Berlin
Illustration: Anette Schamuhn, Berlin

Wir weisen darauf hin, dass die im Lehrwerk genannten Unternehmen und Geschäftsvorgänge frei erfunden sind. Ähnlichkeiten mit real existierenden Unternehmen lassen keine Rückschlüsse auf diese zu.

www.cornelsen.de/cbb

Die Links zu externen Webseiten Dritter, die in diesem Lehrwerk angegeben sind, wurden vor Drucklegung sorgfältig auf ihre Aktualität geprüft. Der Verlag übernimmt keine Gewähr für die Aktualität und den Inhalt dieser Seiten oder solcher, die mit ihnen verlinkt sind.

Dieses Werk berücksichtigt die Regeln der reformierten Rechtschreibung und Zeichensetzung.

1. Auflage, 2. Druck 2012

Alle Drucke dieser Auflage sind inhaltlich unverändert
und können im Unterricht nebeneinander verwendet werden.

© 2009 Cornelsen Verlag, Berlin

Das Werk und seine Teile sind urheberrechtlich geschützt.
Jede Nutzung in anderen als den gesetzlich zugelassenen Fällen bedarf
der vorherigen schriftlichen Einwilligung des Verlages.
Hinweis zu den §§ 46, 52 a UrhG: Weder das Werk noch seine Teile dürfen ohne eine solche Einwilligung eingescannt und in ein Netzwerk eingestellt oder sonst öffentlich zugänglich gemacht werden.
Dies gilt auch für Intranets von Schulen und sonstigen Bildungseinrichtungen.

Druck: Druckhaus Berlin-Mitte GmbH

ISBN 978-3-06-450154-6

 Inhalt gedruckt auf säurefreiem Papier aus nachhaltiger Forstwirtschaft.

Vorwort

Neben Lesen, Schreiben und Rechnen entwickelt sich die informationstechnische Medienbildung zur vierten Kulturtechnik. Genauso wichtig wie der sichere Umgang mit Grammatik, um richtig schreiben zu können, oder das Kennen der vier Grundrechenarten der Arithmetik, um richtig rechnen zu können, genauso wichtig ist es heutzutage, sich mit den Grundlagen der Informatik auszukennen, um informationstechnische Medien richtig und vor allen Dingen sinnvoll bedienen zu können.

Mittlerweile ist die IT-Medienkompetenz Grundvoraussetzung für eine erfolgreiche berufliche Karriere geworden. Schon allein aus diesem Grund ist es erforderlich, sich zumindest mit den Grundprinzipien der Informatik auszukennen, um in einer Zeit, in der sich die Technik immer schneller entwickelt, den Anforderungen des täglichen (Berufs-)Alltags gerecht zu werden.

Doch obwohl Computer immer schneller und leistungsstärker werden, reicht das Kennen dieser Grundprinzipien meistens schon aus, um ein tieferes Verständnis für Abläufe und Prozesse zu erlangen, da sie auch heute noch immer überwiegend nach dem Von-Neumann-Prinzip arbeiten, welches von Burks, Goldstine und von Neumann 1946/47 entwickelt wurde.

An den Beruflichen Gymnasien wurde mit den neuen einheitlichen Prüfungsanforderungen für die „Berufliche Informatik" ein wichtiger Schritt weg von der reinen Produktschulung für Textverarbeitungs-, Tabellenkalkulations- und Datenbearbeitungsprogrammen hin zu den wirklich wichtigen Inhalten der Informatik gemacht: der Bearbeitung und Strukturierung von Informationen, so dass sie sicher und fehlerfrei versendet, gespeichert, bearbeitet und verstanden werden können. Besonders bemerkenswert ist hierbei, dass dieses Fach nicht, wie an vielen allgemeinbildenden Schulen, ein Wahlfach ist, sondern für alle Schülerinnen und Schüler verpflichtend unterrichtet wird.

Dieses Buch versucht, allen Schülerinnen und Schülern einen passenden Zugang zu den Inhalten der Informatik zu bieten, die im Abitur abgefragt werden. Die Betonung liegt dabei auf „allen". Nicht nur technikbegeisterte junge Männer, sondern vor allem auch junge Frauen sollen mit diesem Buch Spaß daran haben, programmieren zu lernen, Datenbanken zu entwickeln, Internetseiten zu erstellen und zu gestalten, Sätze zu ver- und entschlüsseln, Netzwerke aufzubauen, also ganz allgemein: *Informationen zu verarbeiten und so aufzubereiten, dass sie nachhaltig gespeichert, versendet und verstanden werden können.*

Bei 43.000 unbesetzten Stellen in der IT-Branche, von denen auf der CeBit 2009 die Rede war, ist es besonders wichtig, den Spaß an einem Fach zu vermitteln, das oft als trocken und langweilig abgetan wird: Genau das Gegenteil ist der Fall!

Ich hoffe, dass der Protagonist dieses Buches, Marino Caponi, es schafft, Ihnen wesentliche Inhalte der Informatik näherzubringen, so dass Sie Spaß an der Informatik bekommen.

Über Rückmeldungen und persönliche Hinweise würde ich mich sehr freuen.

Elke Preckel

Mai 2012

Berufliche Informatik – Inhaltsverzeichnis

- **1 Diagramme mit UML** **8**
  - 1.1 Anwendungsfalldiagramm 9
  - 1.2 Aktivitätsdiagramm 13
  - 1.3 Zustandsdiagramm 18
  - Prüfen Sie sich! 23

- **2 Aufbau und Aufgaben eines Datenbanksystems (DBS)** **24**
  - 2.1 Einführung in ein Datenbankmanagementsystem (Access und SQL) – 1. Teil 26
  - 2.1.1 Erste Schritte in Access 26
  - 2.1.2 Tabellen 30
  - 2.1.3 Gültigkeitsregeln und Datenintegrität 35
  - 2.1.4 Formulare 38
  - 2.1.5 Tabellen filtern 45
  - 2.1.6 Abfragen über eine Tabelle 46
  - 2.1.7 SQL-Abfragen 50
  - 2.1.8 Parameterabfragen 52
  - 2.1.9 Abfragen mit berechneten Feldern 54
  - 2.1.10 Abfragen mit Aggregatfunktionen 55
  - 2.1.11 Abfragen mit anderen Funktionen und leere Felder 57
  - 2.1.12 Aktionsabfragen 59
  - 2.1.13 Berichte 61
  - 2.2 Datenmodellierung 64
  - 2.2.1 Probleme bei der Speicherung von Daten 64
  - 2.2.2 Datenmodell 66
  - 2.2.3 Relationales Datenbankmodell 68
  - 2.2.4 Operationen auf Relationen 70
  - 2.2.5 Entity-Relationship-Modell (Datenmodellierung Top-Down) 76
  - 2.2.6 Normalisierung (Datenmodellierung Bottom-Up) 82
  - 2.2.7 Klassenmodellierung (Datenmodellierung mit UML) 88
  - 2.3 Einführung in ein Datenbankmanagementsystem (Access und SQL) – 2. Teil 91
  - 2.3.1 Beziehungen 92
  - 2.3.2 Abfragen mit mehreren Tabellen 95
  - 2.3.3 Formulare mit mehreren Tabellen 97
  - Prüfen Sie sich! 100

- **3 Programmierung** **102**
  - 3.1 Softwareentwicklung 102
  - 3.2 Der Algorithmusbegriff 108
  - 3.3 Entwurf und Darstellung von Algorithmen und Programmen (Struktogramm und Programmablaufplan) 109
  - 3.4 Programmiersprachen 113
  - 3.5 Einstieg in Visual Basic for Applications (VBA) 116
  - 3.5.1 Objekte, Eigenschaften, Ereignisse 116
  - 3.5.2 Zuweisung und Punktoperator 122
  - 3.5.3 Die einfache Fallunterscheidung (If… Then… Else) 129
  - 3.5.4 Variablen 137
  - 3.5.5 Die mehrfache Fallunterscheidung (If…Then…ElseIf…Else) 146
  - 3.5.6 Die Fallunterscheidung (Select… Case) 153
  - 3.5.7 Die gezählte Schleife (FOR) 158
  - 3.5.8 Das Array (die Reihe) 164
  - 3.5.9 Die kopfgesteuerte Schleife (while) 171
  - 3.5.10 Die fußgesteuerte Schleife (until) 175
  - 3.5.11 Prozeduren und Funktionen 181
  - 3.5.12 Spezielle Verfahren: Sortieralgorithmen 187
  - Prüfen Sie sich! 192

- **4 Objektorientierte Modellierung** **194**
  - 4.1 Objektorientierung 194
  - 4.2 Objektorientierte Programmierung mit VBA 201
  - Prüfen Sie sich! 208

5 Multimediaanwendungen — 210
- 5.1 Informationsdarstellung im World Wide Web — 210
- 5.2 Einführung in HTML — 216
- 5.3 Strukturieren und Verknüpfen — 224
- 5.4 Schrift, Layout und Farben — 230
  - 5.4.1 Text und Layout — 230
  - 5.4.2 Farben — 234
- 5.5 HTML II — 239
  - 5.5.1 HTML-Editor Phase5 — 239
  - 5.5.2 Tabellen — 243
  - 5.5.3 Bilder im Internet — 248
  - 5.5.4 Storyboard — 253
  - 5.5.5 Bilder und Formate — 255
- 5.6 Bildbearbeitung mit GIMP — 259
  - 5.6.1 Erste Schritte — 259
  - 5.6.2 Transparenz — 266
  - 5.6.3 Ebenen und Animationen — 270
- 5.7 HTML III – CSS in HTML — 274
- 5.8 Sounds — 283
- 5.9 Urheberrecht — 292
- 5.10 Barrierefreiheit — 294
- **Prüfen Sie sich!** — 296

6 Statistische Analyseverfahren — 298
- 6.1 Daten erheben — 298
- 6.2 Gestaltung von Fragebögen — 303
- 6.3 Elektronische Datenerhebung mit GrafStat – erste Schritte — 314
- 6.4 Daten zählen und gewichten — 321
- 6.5 Daten auswerten — 324
- 6.6 Daten darstellen — 328
  - 6.6.1 Grundlagen der grafischen Darstellung statistischer Daten — 328
  - 6.6.2 Elektronische Datenaufbereitung mit GrafStat — 334
- **Prüfen Sie sich!** — 338

7 E-Commerce — 340
- 7.1 Arten der Handelsbeziehungen — 340
- 7.2 Erstellung eines E-Shops — 346
  - 7.2.1 Anforderungsanalyse und -spezifikation — 346
  - 7.2.2 Systemdesign, Umsetzung und Test — 354
- 7.3 Recht im Internet — 358
- **Prüfen Sie sich!** — 364

8 Geheime Kommunikation — 366
- 8.1 Steganographie, GTIN, ISBN und Prüfziffern — 366
- 8.2 Kryptographie — 374
  - 8.2.1 Transposition – Umsortieren von Buchstaben — 374
  - 8.2.2 Substitution – Ersetzen von Wörtern und Buchstaben — 377
- 8.3 Asymmetrische Verschlüsselungsverfahren – der RSA-Algorithmus — 385
- **Prüfen Sie sich!** — 390

9 Netzwerke — 392
- 9.1 Grundlagen — 392
- 9.2 Topologien, Hierarchien und technische Komponenten in Netzwerken — 395
- 9.3 Kommunikation zwischen Computernetzen — 402
- 9.4 TCP/IP — 406
- 9.5 Datenschutz und Datensicherheit — 408
- **Prüfen Sie sich!** — 410

- Werkzeugkasten — 411
- Lösungen der Klausuraufgaben — 422
- Stichwortverzeichnis — 435
- Bildquellenverzeichnis — 439

Zum Aufbau des Lehrwerkes

Wie bereits im Vorwort erwähnt, ist es das Ziel des Buches, allen Schülerinnen und Schülern einen passenden Zugang zu den Inhalten der Informatik zu bieten, die im Abitur abgefragt werden. Um dies zu gewährleisten, folgt das Lehrwerk einer klaren Struktur. Inhalte werden nicht nur Schritt für Schritt erarbeitet, sondern auch in jedem Teilkapitel nach einem wiederkehrenden Prinzip dargeboten.

Ristorante „Da Marino"
▶ *Seite 7*

Ausgangspunkt ist dabei immer das Ristorante „Da Marino" und sein Inhaber Marino Caponi. Ausgehend von einer Problemstellung (Situationsbeschreibung) am Anfang jedes Teilkapitels, werden zunächst die notwendigen theoretischen Grundlagen erklärt. Anschließend folgt ein Beispiel, in dem ein Lösungsweg für das in der Situationsbeschreibung dargestellte Problem anhand der zuvor erarbeiteten Inhalte aufgezeigt wird. Am Ende jedes Teilkapitels folgen Aufgaben, die zur Wiederholung und Festigung der erarbeiteten Inhalte dienen. Jedes Kapitel wird durch Aufgaben mit Klausurcharakter abgeschlossen, deren Lösungen im Anhang des Buches vorzufinden sind.

Als Hilfestellung sind alle Textelemente farblich so gestaltet, dass sie sich voneinander abheben und eine klare Zuordnung sicherstellen.

Textelement	Farbe	Sonstiges
Situationsbeschreibung	Blau	ergänzt durch das Logo des Ristorante „Da Marino"
Theorie	-	Hervorhebung von Merksätzen und Tabellen
Beispiele	Hellblau	-
Aufgaben	Grün	Hervorhebung der einzelnen Aufgaben
Klausuraufgaben	Grün	farbliche Hinterlegung der gesamten Seite

Ergänzt wird das Lehrwerk durch einen „Werkzeugkasten" im Anhang. Er bietet in komprimierter Form einen Überblick über z. B.
- die wichtigsten Steuerelementtypen (VBA),
- ausgewählte Syntax der Programmiersprache VBA sowie
- eine Übersicht zu HTML-Befehlen.

Ebenfalls zum Lehrwerk gehört eine CD-ROM. Auf ihr befinden sich neben Materialien, die für die Lösung einiger Aufgaben benötigt werden, alle im Buch vorkommenden VBA-Anwendungen aus den Beispielen.

Bei den im Buch zum Einsatz kommenden Informatiksystemen handelt es sich sowohl um kommerzielle Software als auch um Freeware. Sämtliche Software kam unter Einsatz des Betriebssystems Windows XP zum Einsatz.

Software	Name	Version	Art	Link zum Download
kommerziell	Access	2007	Datenbankmanagementsystem	(kostenpflichtig)
	Excel	2007	Tabellenkalkulation	(kostenpflichtig)
Freeware	Audacity	1.2.6	Audioeditor und -rekorder	www.chip.de/downloads/Audacity_13010690.html
	GIMP	2.6.6	Bildbearbeitung	www.chip.de/downloads/GIMP_12992070.html
	GrafStat	2009	Fragebogenprogramm	www.grafstat.de/
	MagicDraw	16.5	Modellierungswerkzeug (UML)	www.magicdraw.com (Academic Program)
	Phase5	5.6.2.3	HTML-Editor	www.phase5.info/

Das Ristorante „Da Marino"

Der Protagonist dieses Buches, Marino Caponi, ist der Eigentümer des beliebten Ristorante „Da Marino". In dem von ihm geführten Familienunternehmen tauchen ganz alltägliche Probleme auf:

– Wie organisiere ich am besten den Nachkauf für die Lebensmittel?
– Wie optimiere ich die Annahme von Essensbestellungen auf einer Hochzeit?
– Wie verkaufe ich am besten italienische Spezialitäten?
– Wie verwalte ich die Adressen der Stammkunden?
– Wie führe ich eine Kundenumfrage durch?
– Wie kann ich aus dem Arbeitszimmer auf den Computer im Ristorante zugreifen?
– Wie erstelle ich eine ansprechende Internetpräsenz für das Ristorante?
……

Mit der Unterstützung seines Neffen Enzo, eines hilfsbereiten Informatikstudenten, macht sich Marino Caponi an die Lösung seiner Probleme. Obwohl er keine großen Vorkenntnisse im Bereich Informatik hat, schafft es Marino Caponi, alle seine Vorstellungen mit ein wenig Geduld und etwas gesundem Menschenverstand zu realisieren. Natürlich greift Enzo seinem Onkel bei schwierigen Sachverhalten anfangs etwas unter die Arme, doch in erster Linie löst Marino Caponi seine selbst gestellten Aufgaben zur Verbesserung der Arbeitsweisen im Ristorante „Da Marino" eigenständig.

Dabei ist Marino Caponi kein genialer Geist, sondern ein Mensch wie du und ich. Er ist ein Mensch mit sehr viel Beharrlichkeit, Ehrgeiz und dem Anspruch, Probleme selbstständig zu lösen. Er ist ein Unternehmer mit der nötigen Portion Risikobereitschaft und Umsichtigkeit, so dass er sich auch den neueren Möglichkeiten des Verkaufs – wie zum Beispiel dem Verkauf von Delikatessen im Internet – nicht verschließt. Kurz gesagt: Er ist ein Mensch, der den Neuerungen der heutigen Zeit nicht ablehnend gegenübersteht, sondern sie gewinnbringend für sich einzusetzen weiß.

Der Einsatz eines Computers ist für Marino Caponi dabei nicht nur Werkzeug zur Arbeitserleichterung in seinem Unternehmen. Vielmehr bietet die Auseinandersetzung mit dem Medium viele neue Ansatzpunkte und Perspektiven, die sich nicht nur auf seine Arbeitswelt auswirken. Oder welcher Mann programmiert seiner Frau schon ihren eigenen Tipp-Assistenten für das Ziehen der Lottozahlen?

Marino Caponi soll all jenen Mut machen, die bisher nicht so viel mit Informatik zu tun hatten. Es ist nichts so schwer, wie es anfangs aussieht, und wenn man es einmal selber ausprobiert hat, macht es sogar Spaß!

1 Diagramme mit UML

> Marino Caponi räumt nach einem langen, arbeitsreichen Abend in seinem Ristorante auf und bereitet die Tische für den nächsten Tag vor. Obwohl das Ristorante auch heute wieder sehr gut besucht war und die Gäste zufrieden nach Hause gegangen sind, ist er unzufrieden. Im Laufe des Abends ist abermals viel schiefgegangen. Die von den Gästen bestellten Antipasti sind nicht rechtzeitig vorbereitet worden, das Tiramisu war noch flüssig, und den bestellten Blumenschmuck hat er erst in letzter Sekunde beim Floristen abgeholt und auf den Tischen verteilt, als die Gäste schon das Lokal betraten.
>
> Nachdem seine Frau, die sonst alles Notwendige für den Abend mit den Mitarbeitern abspricht, heute plötzlich krank geworden war, wusste niemand so recht, was noch vorzubereiten war, so dass er in letzter Sekunde einspringen musste.
>
> „So kann das nicht weitergehen", sagt er sich. „In Zukunft muss es einen Plan geben, auf dem man mit einem Blick und ohne lange lesen zu müssen, erfassen kann, wer was wann zu erledigen hat. Einen Plan, der von allen intuitiv verstanden wird: vom Koch, den Servicekräften und auch von den Aushilfen, die gelegentlich im Ristorante arbeiten. Dann ist es auch nicht so schlimm, wenn jemand plötzlich krank wird, und ich muss nicht den ganzen Abend alles kontrollieren."

Damit das in der Ausgangssituation beschriebene Problem der Planung und Strukturierung von Abläufen gelöst werden kann, ist es notwendig, einen Ansatz zu finden, der den genannten Anforderungen entspricht. Im Mittelpunkt steht dabei die Frage, wie Prozesse und Daten strukturiert und visualisiert werden können, damit sie von verschiedenen Personen gelesen bzw. interpretiert werden können.

Wie wichtig diese Vereinheitlichung ist, zeigt sich beispielsweise bei der Entwicklung von Informationssystemen. Je umfangreicher die zu entwickelnde Software ist, umso problematischer wird dieser Prozess. Hinzu kommt, dass in der Regel sehr viele Personen an einer entsprechenden Entwicklung beteiligt sind. So hat z. B. ein mittelgroßes Softwareprojekt eine Bearbeitungsdauer von 2 bis 20 Bearbeiterjahren. Wenn man die Zeiten für notwendige Abstimmungen außer Acht lässt, bedeutet das für ein Projekt mit 20 Bearbeiterjahren, dass entweder eine Person 20 Jahre daran arbeitet oder 40 Personen ein halbes Jahr lang damit beschäftigt sind.

Wenn so viele Personen an einem Software-Projekt arbeiten, müssen verschiedene Dinge beachtet werden, damit das Projekt zu einem erfolgreichen Ende führt:
- Die Arbeit muss **sinnvoll** aufgeteilt werden.
- Jedes Modul (jeder abgegrenzte Teilbereich einer Software) muss, nachdem es fertig ist, einzeln auf **Korrektheit überprüft** werden können. Außerdem muss es so gestaltet sein, dass es leicht zu **warten**, zu **modifizieren** und **wiederzuverwenden** ist.
- Die Kommunikation des oft internationalen Entwicklerteams muss **effizient und fehlerfrei** erfolgen können. Es dürfen keine sprachlich bedingten Kommunikationsprobleme auftauchen.

Ein Bild sagt mehr als tausend Worte.

Weil Softwareprojekte seit den 80er Jahren immer größer wurden, bestand die Notwendigkeit, zur Visualisierung einheitliche sowie leicht verständliche Diagramme zu schaffen, die die Entwicklung eines Informationssystems in allen Phasen unterstützt und auf deren Grundlage die verschiedenen Entwicklerteams effizient miteinander kommunizieren konnten.

Die vereinheitlichte Modellierungssprache **UML (Unified Modeling Language)** gibt es seit Ende der 1990er Jahre. Sie ist eine grafische Sprache (oder Notation) zur Visualisierung, Spezifikation und Konstruktion der verschiedenen Elemente von Informationssystemen. 1997 wurde sie zum Industriestandard ernannt. UML stellt 13 verschiedene standardisierte Diagrammtypen zur Verfügung, mit denen man die Anforderungen an ein Softwaresystem in unterschiedlichen Detailstufen beschreiben kann.

Die Vorteile von standardisierten Diagrammen liegen auf der Hand:
- Sie sind **eindeutig**, weil sie von vielen Experten definiert und geprüft wurden.
- Sie sind **verständlich**, weil die einfachen Symbole leicht zu verstehen sind.
- Sie sind **ausdrucksstark**, weil es für jeden besonderen Fall das passende Notationssymbol gibt.
- Sie sind **weltweit akzeptiert**, weil es die einzige standardisierte Modellierungssprache ist und der Object Management Group, die für die Entwicklung von UML verantwortlich ist, mittlerweile mehr als 800 Unternehmen angehören.
- Sie ist **unabhängig** von der eingesetzten Programmiersprache, von dem eingesetzten Betriebssystem, von dem eingesetzten Softwareentwicklungsmodell (siehe Kapitel 3) und der eingesetzten Datenbank.

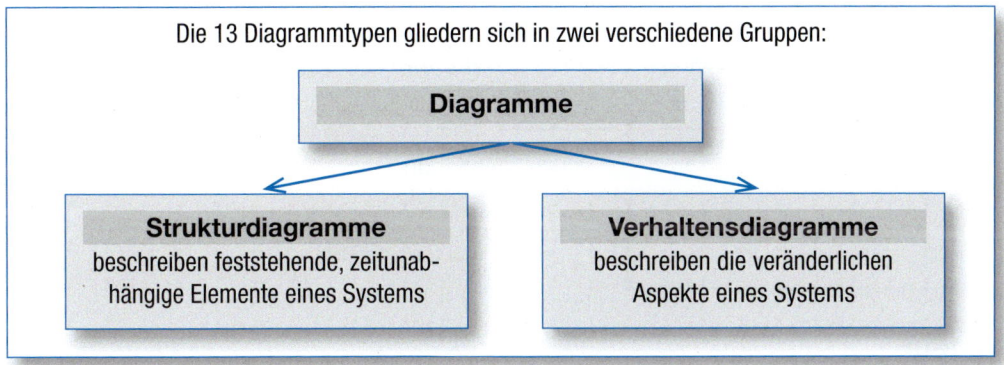

In diesem Kapitel werden wir uns mit den drei einfacheren **Verhaltensdiagrammen** beschäftigen:
- dem Anwendungsfalldiagramm,
- dem Aktivitätsdiagramm und
- dem Zustandsdiagramm.

Als **Strukturdiagramm** wird das Klassendiagramm in 3. und 4. Kapitel vorgestellt. Als Alternative zum Aktivitätsdiagramm werden EPK in Kapitel 7 eingeführt.

EPK
= Ereignisgesteuerte Prozessketten

1.1 Anwendungsfalldiagramm

> Marino Caponis alte Jugendliebe und sein bester Freund wollen heiraten, und die Hochzeitsfeier soll in seinem Ristorante stattfinden. Natürlich möchte er dieses besondere Ereignis für diese besonderen Menschen perfekt gestalten. Damit von Anfang an alles reibungslos läuft, erstellt er ein Mindmap mit den zu erledigenden Dingen für die Hochzeit. Als sein Neffe Enzo kommt, der Informatik studiert, gibt der ihm einen interessanten Tipp.
>
> „Mensch, Onkel Marino, ein Mindmap für die Hochzeit zu machen, ist ja schon ganz gut, aber man kann die Planung noch strukturierter angehen. Für so etwas benutzt man ein Anwendungsfalldiagramm oder auf Englisch: use case diagram."

Anwendungsfalldiagramme modellieren die Funktionsweise eines Systems aus der so genannten Black-Box-Sicht. Es werden nur die Anwendungsfälle definiert, die ein externer Anwender wahrnehmen kann und deren Ausführung ihm einen erkennbaren Nutzen bringt.

Diese Diagramme werden benutzt, um Folgendes festzuhalten:
- Was kann in dem festgelegten System passieren?
- Wer ist daran beteiligt?
- Welche Besonderheiten müssen beachtet werden?

Anwendungsfalldiagramme werden z. B. in einem frühen Stadium eines Softwareprojektes eingesetzt. Sie dienen der Kommunikation mit dem Auftraggeber und enthalten nur wenige Notationselemente, damit sie leicht verständlich und übersichtlich bleiben.

Anwendungsfalldiagramme
(engl.: use case diagram)

Black Box *(engl.)*
= schwarzer Kasten;
Teil eines Systems, bei dem man nur weiß, was hineingegeben werden darf und welche Ergebnisse diese Eingaben liefern.

Für das Arbeiten mit einem Anwendungsfalldiagramm müssen verschiedene Elemente definiert werden:
- Systemgrenze,
- Akteur,
- Anwendungsfall,
- Assoziation,
- Generalisierung,
- Include-Beziehung,
- Extend-Beziehung.

Systemgrenze

Systemgrenze
(engl.: system boundary)

Die Systemgrenze umfasst das System, für das die Anwendungsfälle angegeben werden. Es kennzeichnet quasi die Black-Box, mit der die Akteure interagieren.

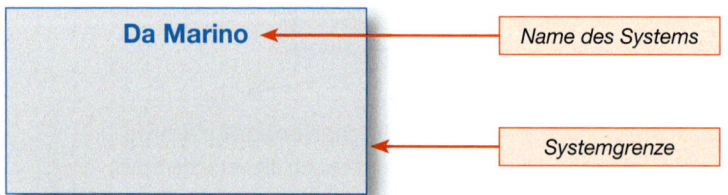

Akteur

Akteur
(engl.: actor)

Der Akteur ist eine Rolle, die ein Mensch in Bezug auf das System einnimmt. Akteure befinden sich immer außerhalb der Systemgrenzen.

Anwendungsfall

Anwendungsfall
(engl.: use case)

Ein Anwendungsfall ist eine abgeschlossene Menge von Aktionen, die von einem System bereitgestellt werden und die einem oder mehreren Akteuren einen erkennbaren Nutzen bringen.

Assoziation

Assoziation
(engl.: association)

Eine Assoziation (———) zeigt, welche Akteure mit welchen Anwendungsfällen in Beziehung stehen.

Generalisierung

Eine Generalisierung (——▷) ist eine Assoziation zwischen einem besonderen und einem allgemeinen Akteur bzw. zwischen einem besonderen und einem allgemeinen Anwendungsfall.

Generalisierung
(engl.: generalization)

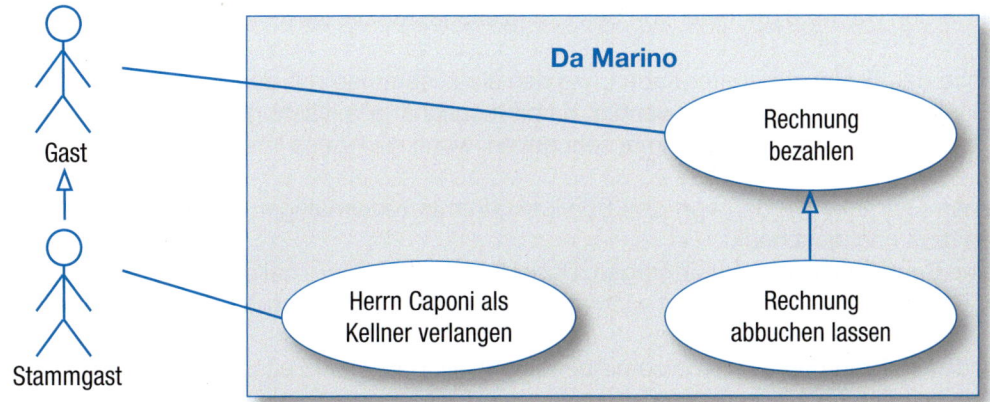

Include-Beziehung

Eine Include-Beziehung (««include»»··▷) bindet einen Anwendungsfall in einen anderen mit ein, wenn er unbedingt für diesen notwendig ist.

Include-Beziehung
(engl.: include relationship)

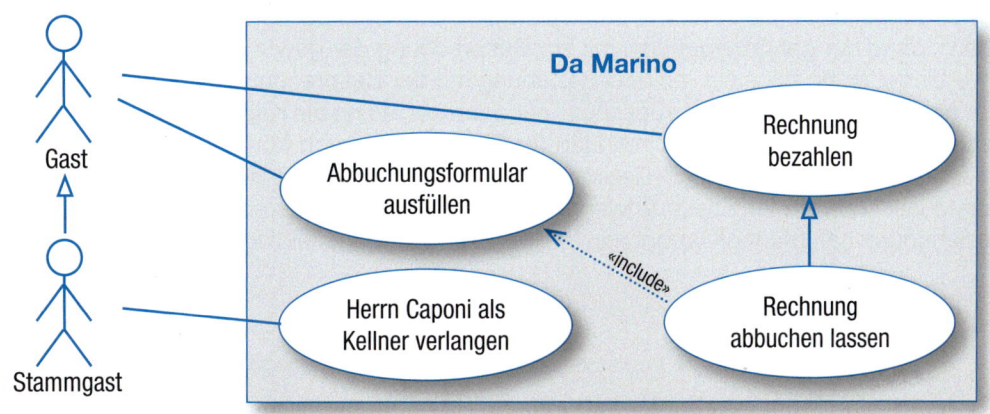

Extend-Beziehung

Eine Extend-Beziehung (««extend»»··▷) erweitert einen Anwendungsfall um einen weiteren Anwendungsfall, falls eine bestimmte Bedingung erfüllt wird.

Extend-Beziehung
(engl.: extend relationship)

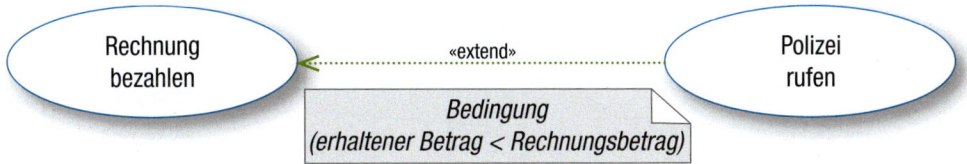

Wir können an dieser Stelle folgende Fragen zum Erstellen eines Anwendungsfalldiagramms festhalten:

Frage	Daraus ergibt sich …/Daraus ergeben sich …
Welches System betrachte ich?	… die Systemgrenze.
Was kann in dem festgelegten System passieren?	… die Anwendungsfälle.
Wer ist daran beteiligt?	… die Akteure.
Gibt es Anwendungsfälle, an denen nur einzelne Akteure bzw. eine Gruppe von Akteuren beteiligt sind?	… eine Spezialisierung bzw. Generalisierung der Akteure.
Gibt es Anwendungsfälle, die von bestimmten Akteuren auf eine bestimmte Art durchgeführt werden?	… eine Spezialisierung bzw. Generalisierung eines Anwendungsfalls.
Welche Besonderheiten müssen beachtet werden?	… die Extend- und Include-Beziehungen.

Marino Caponi überlegt, was bei der Hochzeitsfeier alles in seinem Ristorante geschehen wird:
- Im Vorfeld muss das Brautpaar das Essen und die Getränke bei ihm aussuchen. Daraufhin wird er eine spezielle Menükarte für diesen Abend entwerfen. Die gesamte Hochzeitsfeier werden die Eltern des Bräutigams bezahlen.
- Die Servicekräfte werden während der Feier von den Hochzeitsgästen die Bestellungen für das Essen entgegennehmen.
- Nachdem die Köche das Essen zubereitet haben, werden sie zusammen mit den Servicekräften die Speisen zu den Gästen bringen. Das ist notwendig, damit möglichst alle Gäste gleichzeitig ihr Essen erhalten. Zudem kommt es bei den Gästen immer sehr gut an, wenn die Köche ihre Speisen persönlich servieren.
- Die abgesprochenen Getränke werden von den Servicekräften in regelmäßigen Abständen bei den Gästen angeboten bzw. nachgeschenkt.
- Am Abend wird eine Band für die Tanzmusik sorgen. Dabei können die Gäste bei der Band ihre Musikwünsche äußern. Das ist insbesondere dann wichtig, wenn die Musik der Kapelle den Gästen nicht gefällt.
- Die engsten Freunde des Brautpaares werden am Abend noch ein paar Hochzeitsspiele machen. Hierfür soll die Band ein bestimmtes Lied spielen.

Als Akteure erhält er somit das Brautpaar, die Eltern des Bräutigams, die engen Freunde des Brautpaares und die normalen Gäste sowie sich selbst, die Köche, seine Servicekräfte und die Kapelle. Diese Akteure verknüpft Marino Caponi mit den Anwendungsfällen, in denen sie aktiv sind.

Zwei besondere Anwendungsfälle muss er noch berücksichtigen. Das ist zunächst der Anwendungsfall „Menükarte schreiben", denn der gehört eigentlich mit zur Besprechung der gewünschten Speisen und Getränke. Deshalb verbindet er ihn mit einer Include-Beziehung mit der Besprechung.

Des Weiteren tritt der Anwendungsfall „Lieder wünschen" nur dann auf, wenn die Kapelle schlechte Tanzmusik spielt und jeder fieberhaft überlegt, welches Lied für Stimmung sorgen könnte. Diesen Anwendungsfall verknüpft er deshalb mit einer Extend-Beziehung mit dem Anwendungsfall „Tanzen" unter der Bedingung, dass die Musik schlecht ist. Diese Anwendungsfälle mit ihren Akteuren und Assoziationen und besonderen Beziehungen hält Marino Caponi nun in einem Anwendungsfalldiagramm fest.

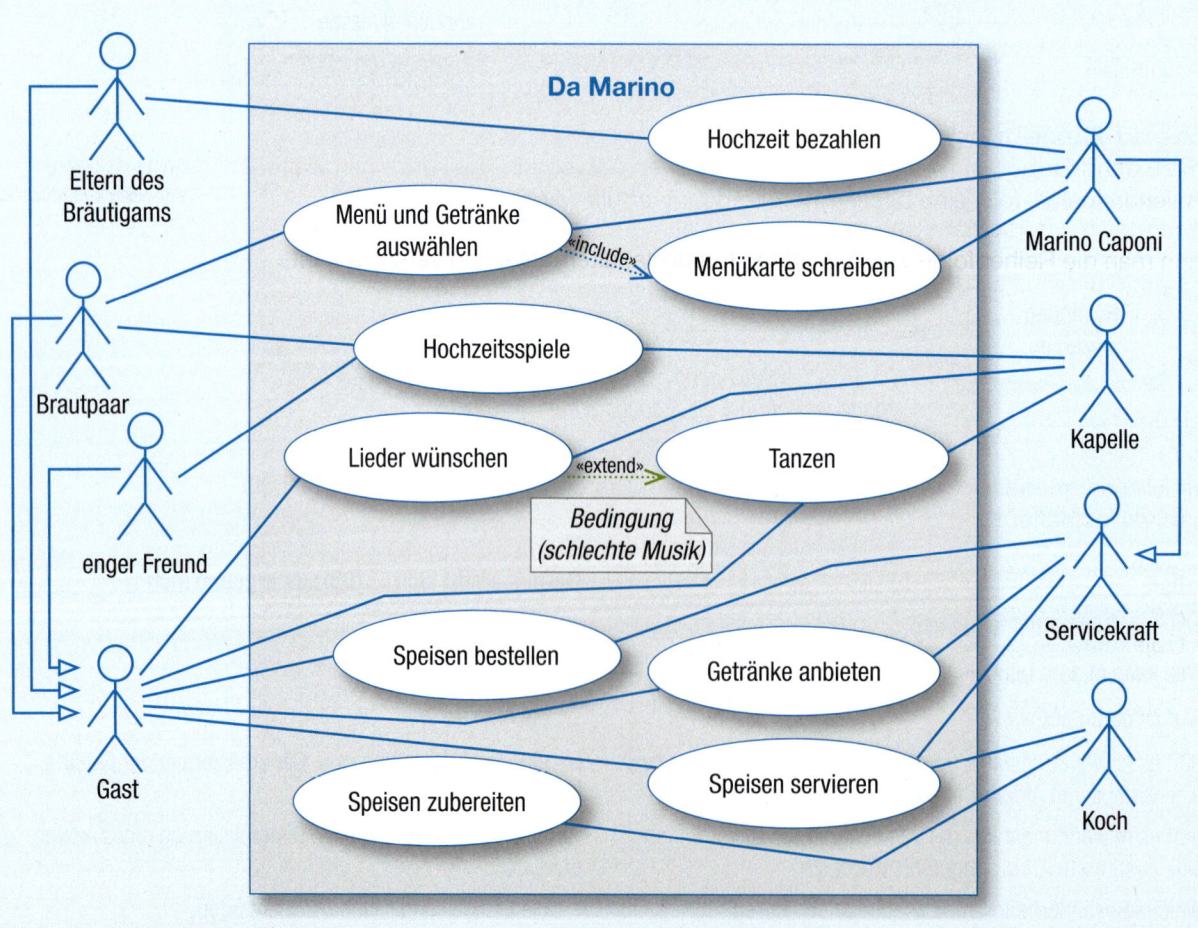

AUFGABEN

1 Romina hat bald Geburtstag. Sie erstellt sich ein Mindmap mit den Dingen, die sie an diesem Tag erwarten:

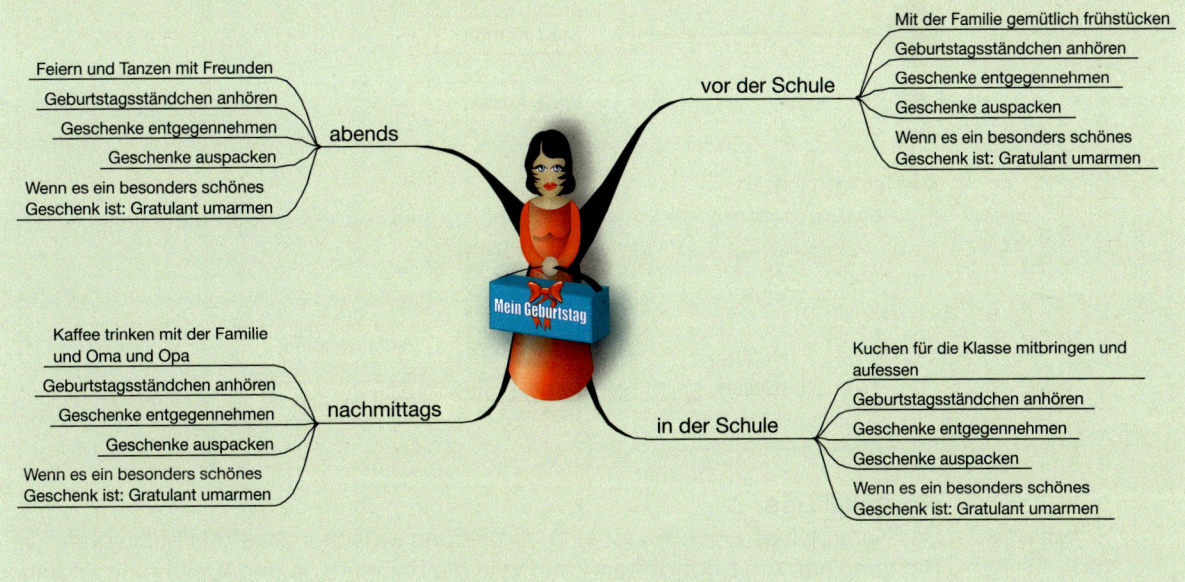

Erstellen Sie aus diesem Mindmap ein Anwendungsfalldiagramm.

2 Erstellen Sie ein Anwendungsfalldiagramm für Ihre eigene Hochzeit (nicht nur für die abendliche Feier, sondern für den ganzen Tag).

1.2 Aktivitätsdiagramm

Marino Caponi hat das Anwendungsfalldiagramm für die Hochzeitsfeier seiner besten Freunde fertig gestellt. Jetzt geht es an die Feinplanung. Es soll auf jeden Fall feststehen, wer wann was zu tun hat und wer wofür verantwortlich ist. Von seinem Neffen Enzo hat er erfahren, dass der nächste Schritt nach dem Zeichnen eines Anwendungsfalldiagramms das Erstellen eines Aktivitätsdiagramms ist.

Aktivitätsdiagramme sind sehr vielseitig einsetzbar. Sie ähneln Datenflussplänen, doch kann man mit ihnen das Verhalten von Systemen noch genauer modellieren. Mit ihnen kann man die Reihenfolge von Aktivitäten (parallele, alternative und verschachtelte Aktivitäten), Verantwortungsbereichen sowie Ausnahmen und deren Behandlung darstellen. Auch Geschäftsprozesse lassen sich mit ihnen darstellen.

Aktivitätsdiagramm
(engl.: activity diagram)

Sie lassen sich während sehr unterschiedlicher Phasen der Softwareentwicklung einsetzen und Sie benutzen, je nach Kommunikationspartner, unterschiedlich komplexe Notationselemente. Zur Kommunikation mit dem Auftraggeber bzw. dem Anwender reichen folgende Notationselemente:
- Beginn und Ende des Aktivitätsdiagramms
- Aktionsknoten
- Kontrollfluss
- Aktivitätsbereich
- Objektknoten und Objektfluss
- Entscheidungsknoten und Verbindungsknoten
- Gabelung und Vereinigung.

Beginn und Ende des Aktivitätsdiagramms
Ein Aktivitätsdiagramm beginnt immer mit einem Start-Knoten und endet mit dem Ende-Knoten.

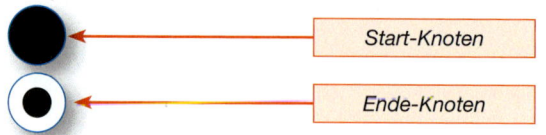

Aktionsknoten

Aktion
(engl.: action)

Eine **Aktion** stellt die fundamentale Einheit ausführbarer Funktionalität dar, die im Modell nicht weiter zerlegt wird und somit **atomar** ist.

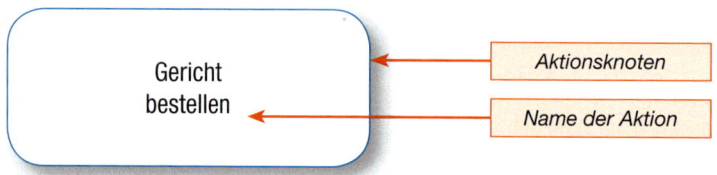

Kontrollfluss

Kontrollfluss
(engl.: control flow)

Der Kontrollfluss (⟶) ist eine Verbindung zwischen zwei Aktionsknoten, die eine Richtung hat. Am Kontrollfluss kann man die Reihenfolge der Ausführung erkennen.

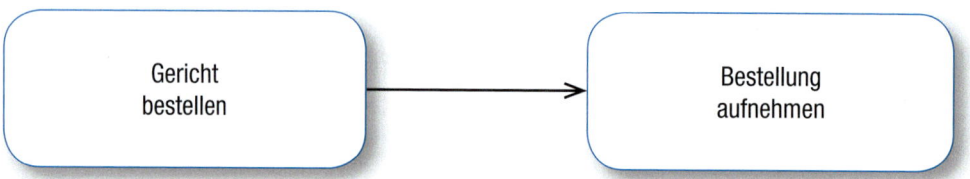

Aktivitätsbereich

Aktivitätsbereiche
(engl.: activity partitions)

Durch Aktivitätsbereiche werden Aktionen bestimmten Organisationseinheiten zugeordnet. Im vorliegenden Fall kann beispielsweise eine Zuordnung zu den Aktivitätsbereichen „Gast" und „Servicekraft" vorgenommen werden. Man kann die Aktivitätsbereiche auch zu einem übergeordneten Aktivitätsbereich, in diesem Fall „Ristorante Da Marino", zusammenfassen.

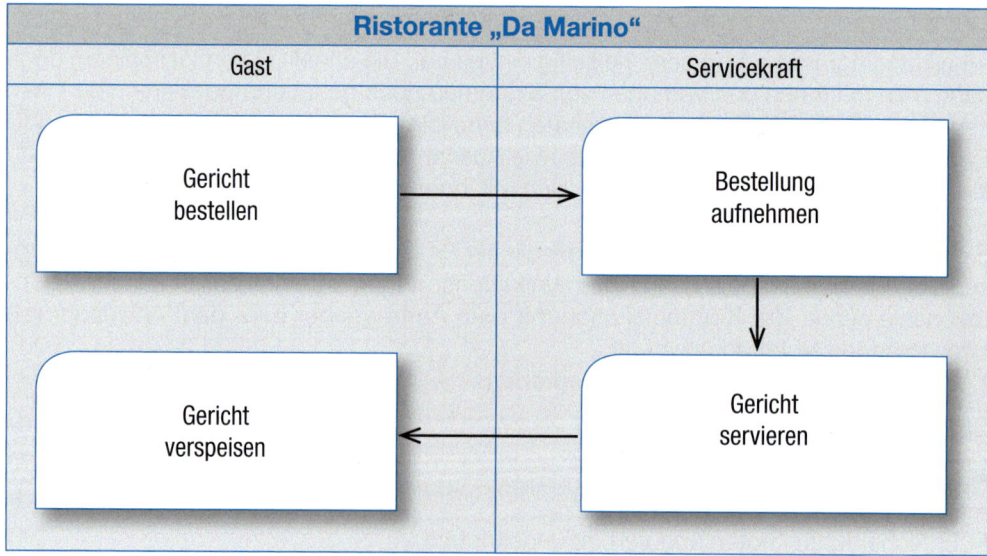

Objektknoten und Objektfluss

Durch Objektknoten werden Objekte dargestellt, die zwischen Aktionen übergeben werden. Der Objektfluss stellt den Transport von Objekten dar.

Objektknoten (engl.: object node)

Objektfluss (engl.: object flow)

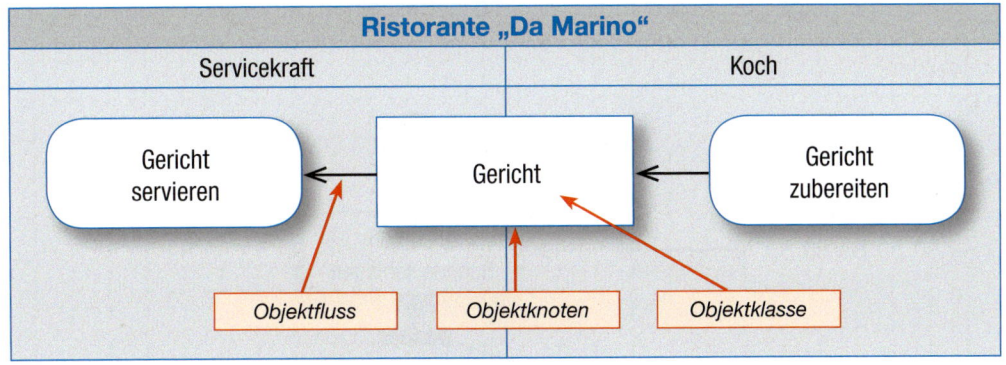

Entscheidungs- und Verbindungsknoten

An einem Entscheidungsknoten verzweigt sich der Kontrollfluss. Je nachdem, ob eine bestimmte Überwachungsbedingung erfüllt ist oder nicht, wählt man den einen oder den anderen Kontrollfluss. Beim Verbindungsknoten vereinigen sich die beiden Kontrollflüsse wieder zu einem.

Entscheidungsknoten (engl.: decision node)

Überwachungsbedingung (engl.: guard)

Verbindungsknoten (engl.: merge node)

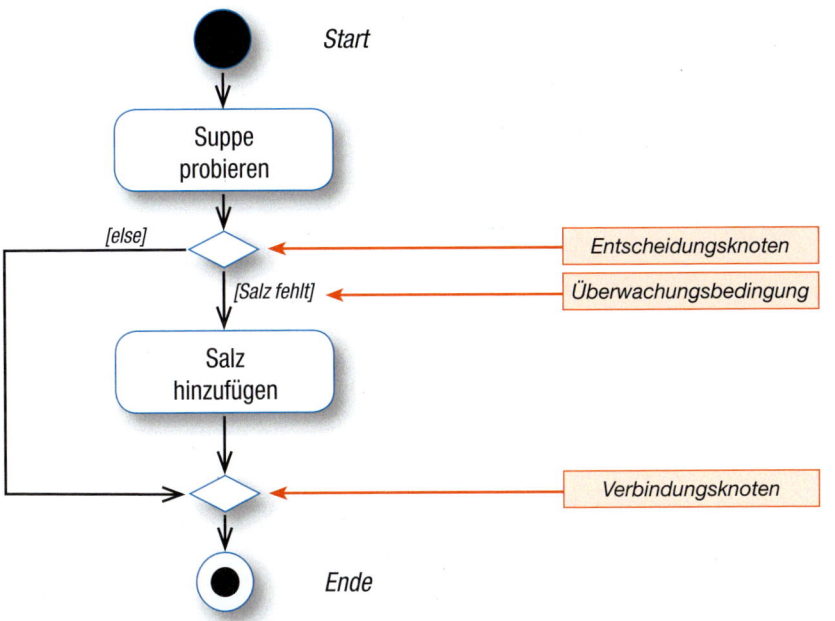

else (engl.: andernfalls)

Gabelung und Vereinigung

Bei einer Gabelung teilt sich der Kontrollfluss in mehrere parallele Kontrollflüsse auf. Bei einer Vereinigung werden mehrere Kontrollflüsse wieder zu einem einzigen Kontrollfluss zusammengefasst.

Gabelung (engl.: fork node)

Vereinigung (engl.: join node)

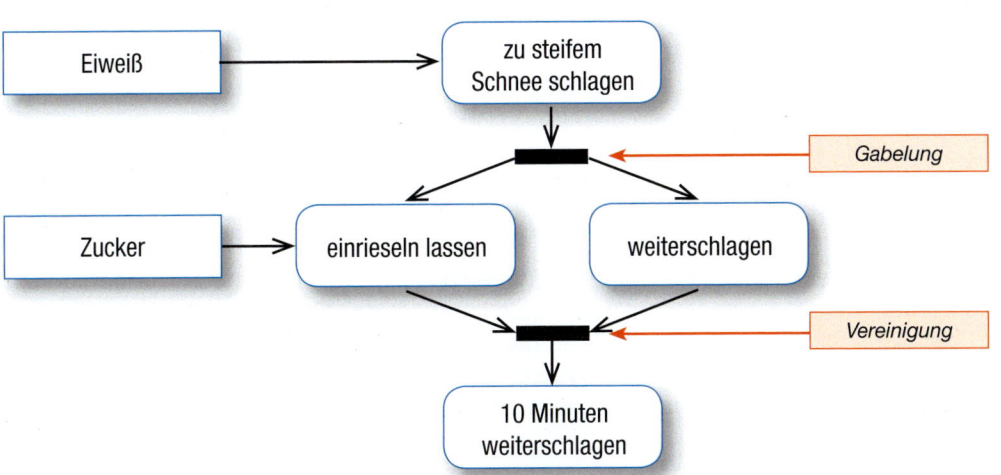

Marino Caponi versucht, sein grandioses Schokoladenmakronenrezept in Form eines Aktivitätsdiagramms zu erfassen. Als Objektknoten wählt er dabei die Zutaten des Rezeptes und gibt als Aktionsknoten an, was mit diesen Zutaten in welcher Reihenfolge geschehen muss. Wichtig ist bei seinen Schokoladenmakronen, dass immer weitergeschlagen bzw. -gerührt wird, während die Zutaten zugegeben werden.

Schokoladenmakronen

250 g gemahlene Mandeln
100 g geraspelte Zartbitterschokolade
4 Eiweiße
200 g Zucker
Die Eiweiße zu steifem Schnee schlagen.

Den Zucker während des Rührens einrieseln lassen und 10 Minuten weiterschlagen.

Mandeln und Schokolade unter den Eischnee heben.

Den Backofen auf 180 °C vorheizen.

Mit zwei Teelöffeln kleine Teighäufchen auf ein Backblech setzen.

Die Schokoladenmakronen auf der mittleren Schiebeleiste 20 Minuten backen.

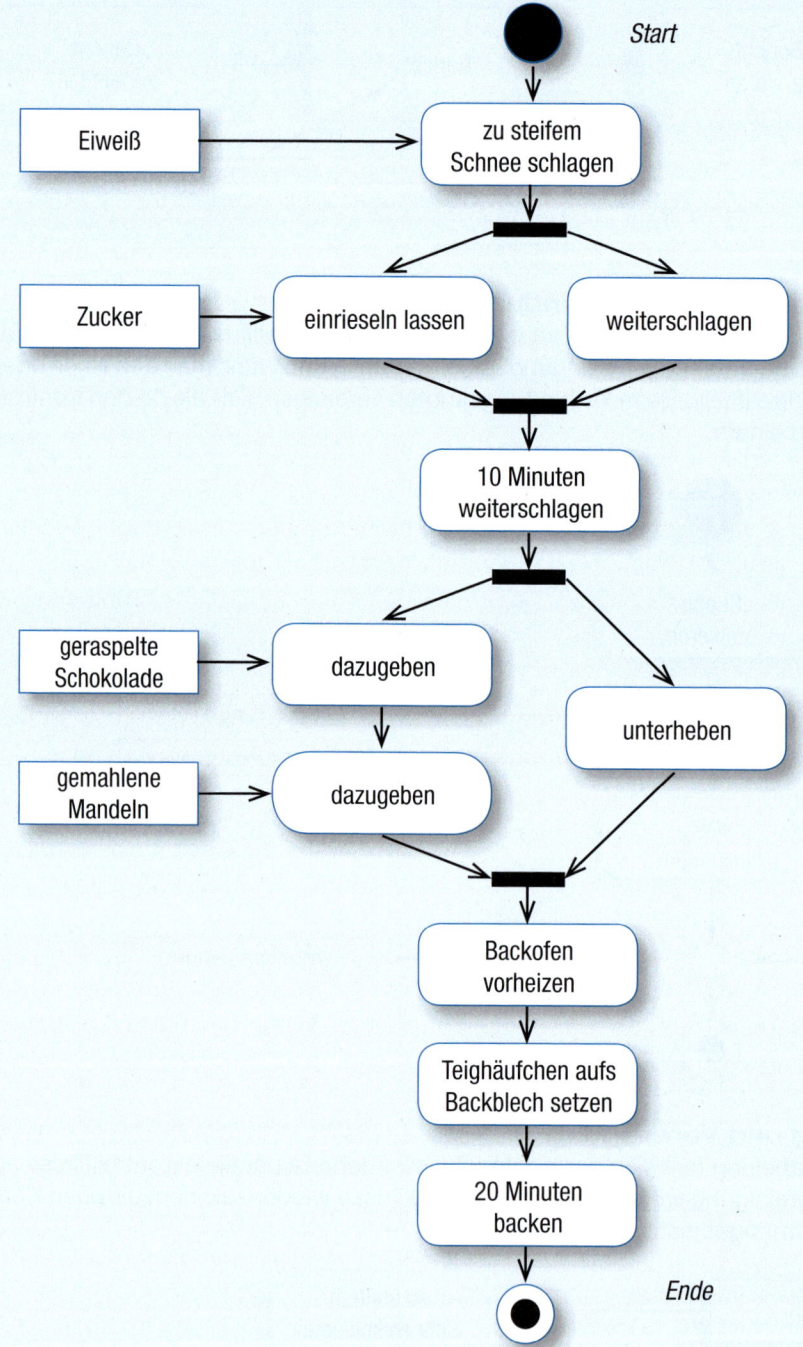

Für die Aushilfe, die auf der Hochzeitsfeier Bestellungen entgegennehmen soll, schreibt Marino Caponi auch ein Aktivitätsdiagramm:

Wenn der Gast seine Bestellung aufgegeben hat, muss diese dem Koch übermittelt werden, damit er das Gericht zubereiten kann. Ist das Gericht zubereitet, schaut der Koch nach, ob eine Servicekraft gerade Zeit hat, um das Essen zu servieren. Sind alle Servicekräfte beschäftigt, serviert er persönlich dem Gast das Essen. Sobald der Gast das Gericht verspeist hat, räumt die Servicekraft das schmutzige Geschirr weg.

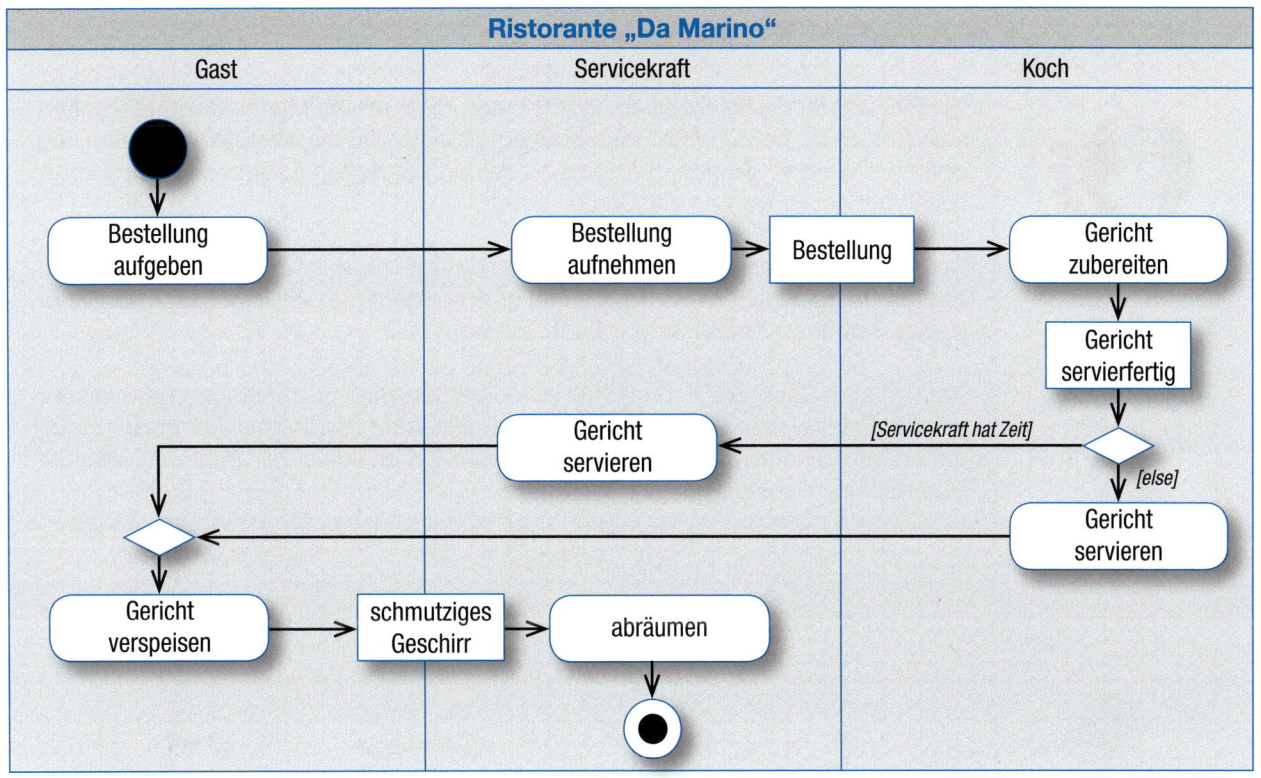

AUFGABEN

1 Erstellen Sie ein Aktivitätsdiagramm für folgenden Sachverhalt:
Sie kochen eine Suppe, fügen Salz hinzu und schmecken sie ab. Danach wiederholen Sie das Hinzufügen des Salzes und das Abschmecken so oft, bis die Suppe schmeckt. Zum Schluss essen Sie die Suppe.

2 Erstellen Sie zu folgendem Pizzarezept ein Aktivitätsdiagramm.

20 g Hefe, 300 g Mehl, 1 Prise Zucker, 1/2 Teelöffel Salz, 1/8 l warmes Wasser, 300 g passierte Tomaten, 150 g geriebener Käse, Salz, Pfeffer

Für den Pizzateig das Mehl in eine Schüssel sieben. Die Hefe dazugeben und Salz und Zucker darüberstreuen. Danach das warme Wasser dazugeben, alles zu einem glatten Teig verkneten und zugedeckt an einem warmen Ort 60 Minuten gehen lassen. Währenddessen den Backofen auf 225°C vorheizen.
Den Teig ausrollen und auf ein Backblech legen. Die passierten Tomaten darauf verteilen und mit Salz und Pfeffer würzen. Zum Schluss den Käse darüberstreuen und die Pizza im Backofen auf der mittleren Schiebeleiste 20 Minuten backen.

3 Mark ist Torwart beim 1. FC Süd-West. Gestern hatte er bei einem Spiel einen Elfmeter grandios gehalten. Doch leider war der Ball so fest gegen seinen kleinen Finger geprallt, dass er glaubte, der sei gebrochen. Eine Stunde später saß er im Krankenhaus in der Notaufnahme und wartete darauf, dass die Notärztin sich um ihn kümmerte. Nach einiger Zeit kam die Ärztin, und er schilderte ihr seine Beschwerden. Sie untersuchte daraufhin seinen Finger und schickte ihn weiter zum Orthopäden. In der orthopädischen Abteilung musste er wieder warten.
Als der Orthopäde kam, beschrieb er auch ihm seine Beschwerden. Nach einer gründlichen Untersuchung schickte der Arzt Mark in die Röntgenabteilung. Auch in der Röntgenabteilung musste Mark wieder warten, bevor die Röntgenassistentin ihn ins Röntgenzimmer führte, wo eine Röntgenaufnahme seines kleinen Fingers gemacht wurde. Danach musste er vor dem Röntgenzimmer warten, bis die Aufnahme entwickelt war. Die fertige Röntgenaufnahme nahm er dann mit zum Orthopäden. Der sah sich die Röntgenaufnahme genau an, konnte aber keinen Bruch feststellen. Er verband Marks kleinen Finger, riet ihm, ihn eine Woche zu schonen und schrieb einen Brief für Marks Hausarzt. Zum Schluss ging Mark nach Hause.

Zeichnen Sie ein Aktivitätsdiagramm für die Abläufe im Krankenhaus, die Mark erlebt hat.

1.3 Zustandsdiagramm

Die Planung für die Hochzeitsfeier der besten Freunde von Marino Caponi ist schon weit fortgeschritten. Immer noch überlegt er sich, wie die Abläufe an diesem Tag optimiert werden können, damit es zu keinen peinlichen Engpässen und Wartezeiten bei der Bewirtung der Gäste kommt.

Das Hochzeitspaar hatte sich gewünscht, dass es für das Mittagessen an diesem Tag kein festgelegtes Menü oder Buffet gibt, sondern die Gäste ihr Essen von einer eingeschränkten Speisekarte wählen können.

Nach Marino Caponis Erfahrung tun sich die Gäste mit Entscheidungen immer sehr schwer. Bis die letzte Person eines Tisches ihr Gericht gewählt hat, könnte der Koch die ersten Gerichte schon zubereitet haben. Ein zeitkritischer Punkt ist also die Übermittlung der Bestellung in die Küche.

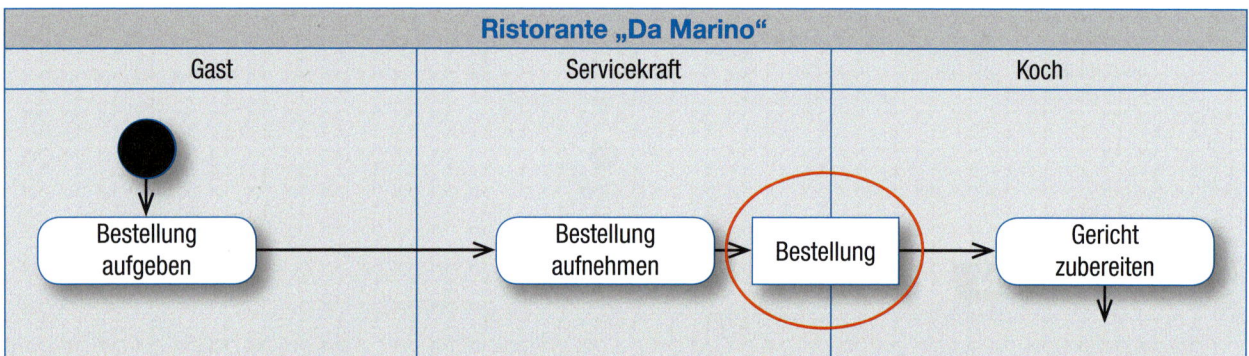

Für die Aufnahme der Bestellung und schnelle Übertragung in die Küche sollen drahtlose Handheld-Geräte eingesetzt werden.

Da nur wenige Gerichte zur Auswahl stehen, hat Marino Caponi sich überlegt, dass es am besten wäre, wenn seine Servicekräfte die einzelnen Speisen so eingeben könnten, wie man einen Ort im Navigationsgerät eingeben kann: Wenn man bei einem Navigationsgerät ein Ziel in Deutschland eingeben möchte, wird nach der Eingabe des ersten Buchstabens nur noch eine eingeschränkte Auswahl an möglichen zweiten Buchstaben angezeigt. Gibt man zum Beispiel als ersten Buchstaben ein „B" ein, werden in der Liste für den zweiten Buchstaben unter anderem kein „X" und kein „C" angeboten, weil es keinen Ort gibt, der mit „Bc" oder „Bx" beginnt. Wenn man bereits die Buchstaben „BIELE" eingegeben hat, bleibt als mögliche Stadt nur noch BIELEFELD übrig und wird ohne manuelle Eingabe der Buchstaben F, E, L und D angezeigt. Ähnlich funktionieren auch elektronische Wörterbücher: Schon nach Eingabe weniger Buchstaben wird einem das einzige Wort, das mit dieser Buchstabenkombination beginnt, präsentiert.

Marino Caponi hat seinen Neffen Enzo beauftragt, ihm eine besondere Benutzeroberfläche für das Gerät zu programmieren. Doch wie kann er ihm übersichtlich skizzieren, wann die Benutzeroberfläche wie aussehen soll?

Zustandsdiagramme
(engl.: state machine diagrams)

EPK
▶ Kapitel 7.2.2, Seite 356 f.

Aktivitätsdiagramm
▶ Kapitel 1.2, Seite 13

Zustandsdiagramme modellieren das dynamische Verhalten eines Systems. Im Gegensatz zu Ereignisgesteuerten Prozessketten (EPK) oder Aktivitätsdiagrammen, die ihren Fokus auf die Aktionen eines Systems legen, konzentrieren sich Zustandsdiagramme auf die Reaktionen eines Systems.

Aus diesem Grund eignen sich Zustandsdiagramme beispielsweise sehr gut zur Modellierung des Verhaltens von Benutzeroberflächen, die üblicherweise nur auf Befehle von Benutzern reagieren und selbst keine eigenen Aktionen initiieren.

Ein Zustandsdiagramm kann aus folgenden Notationselementen bestehen:
- Zustände
- Zustandsübergänge
- Entscheidungen

Zustand
(engl.: state)

Zustände
Ein Zustand modelliert eine Situation, in der gewisse, genau definierte Bedingungen gelten. In jedem Zustand gibt es unter anderem drei spezielle Zeitpunkte, zu denen interne Aktionen durchgeführt werden können, bei denen der Zustand aber nicht wechselt:
1. **entry**: Die Aktion wird beim Betreten des Zustands ausgeführt.
2. **do**: Die Aktion startet nach dem Betreten des Zustands.
3. **exit**: Die Aktion wird vor dem Verlassen des Zustands ausgeführt.

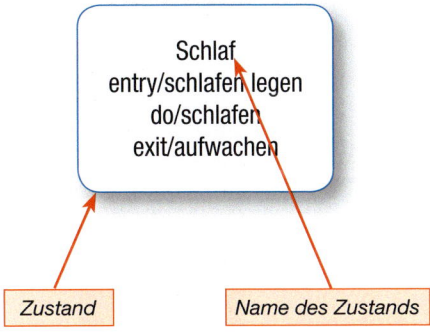

Den Beginn eines Zustandsdiagramms stellt der **Startzustand** dar. Das Ende wird durch einen **Endzustand** bzw. einen **Terminator** markiert.

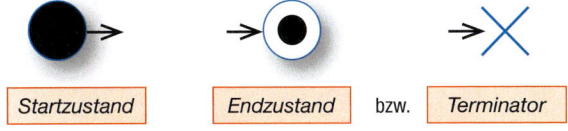

Zustandsübergänge
Transitionen werden zur Darstellung von Zustandsübergängen verwendet. Zustandsübergänge werden durch **Events** (Ereignisse) ausgelöst. **Guards** (Wächter) überwachen die Ausführung der Transition. **Effekte** definieren Aktionen, die bei einer Transition durchgeführt werden.

Transitionen (lat.)
= Übergänge
(engl. transition)

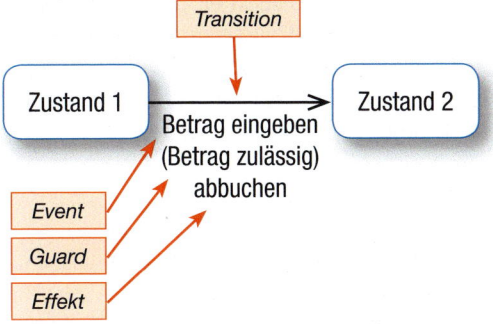

Entscheidung
Entscheidungen modellieren dynamische Verzweigungen.

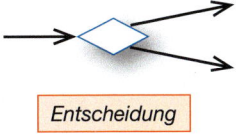

Dafür zeichnet er ihm ein Zustandsdiagramm, anhand dessen man erkennen kann, von welcher Benutzeroberfläche man zu welcher anderen Benutzeroberfläche gelangen soll, damit man nur die tatsächlich vorhandenen Speisen eingeben kann. Marino Caponi überlegt sich, dass es zunächst einen Startbildschirm geben soll, von dem aus man nach der Aufnahme der Bestellung die Eingabe beenden kann. Da alle Speisen mit den Buchstaben „P" und „S" beginnen, soll auch nur die Auswahlmöglichkeit zwischen diesen beiden Buchstaben bestehen.

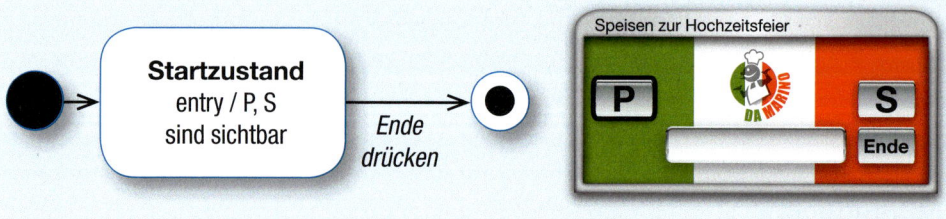

Nachdem ein P gedrückt wurde, kann man schon sicher sein, dass es sich um eine Pizza handelt. Das Wort „Pizza" soll dann auf dem Bildschirm erscheinen. Da jeder Zustand einen Namen braucht, nennt Marino Caponi ihn „Pizza-Zustand".

Als Nächstes müsste dann nur noch entschieden werden, ob es eine Pizza margherita oder eine Pizza spinaci sein soll. Deshalb sollten beim Eintritt in diesen Zustand nur die Buchstaben „M" und „S" angezeigt und der Buchstabe „P" als Auswahlmöglichkeit beseitigt werden.

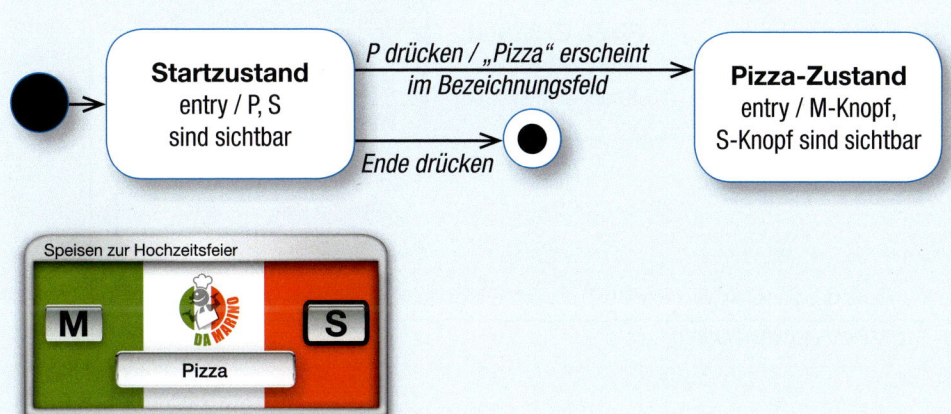

Nach der Auswahl eines Buchstabens („M" oder „S") ist dann schon klar, welche Speise gemeint ist. Die ausgewählte Speise kann dann vollständig im Display erscheinen. In diesem Zustand darf kein Buchstabe mehr zur Auswahl stehen. Mit dem Drücken auf „Neue Speise" wird die Order an die Küche gesendet, damit sie dort gleich zubereitet werden kann. In diesem Fall soll das Bezeichnungsfeld auf dem Display geleert werden und man befindet sich wieder im Startzustand, um eine neue Speisenbestellung aufnehmen zu können.

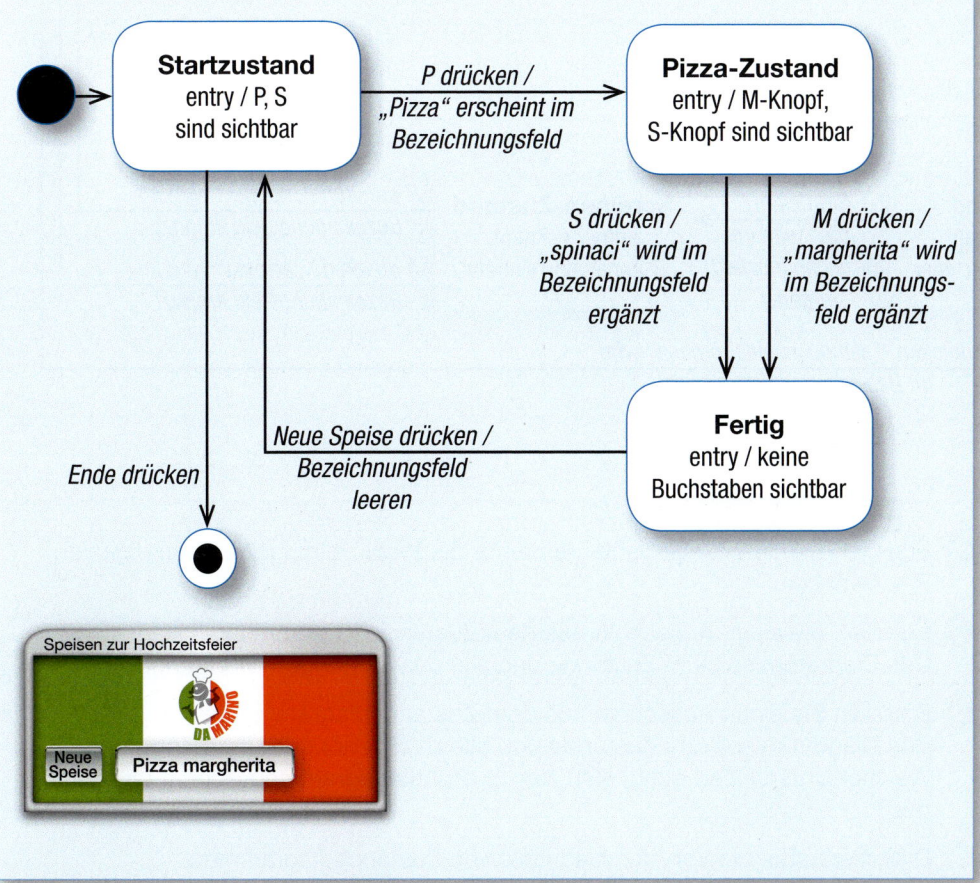

Ähnliche Überlegungen macht sich Marino Caponi für den Fall, dass als erster Buchstabe ein „S" eingegeben wurde. Als endgültiges Zustandsdiagramm für seine Bestellaufnahme ergibt sich dann Folgendes:

Zustandsdiagramm der Bestellungsaufnahme

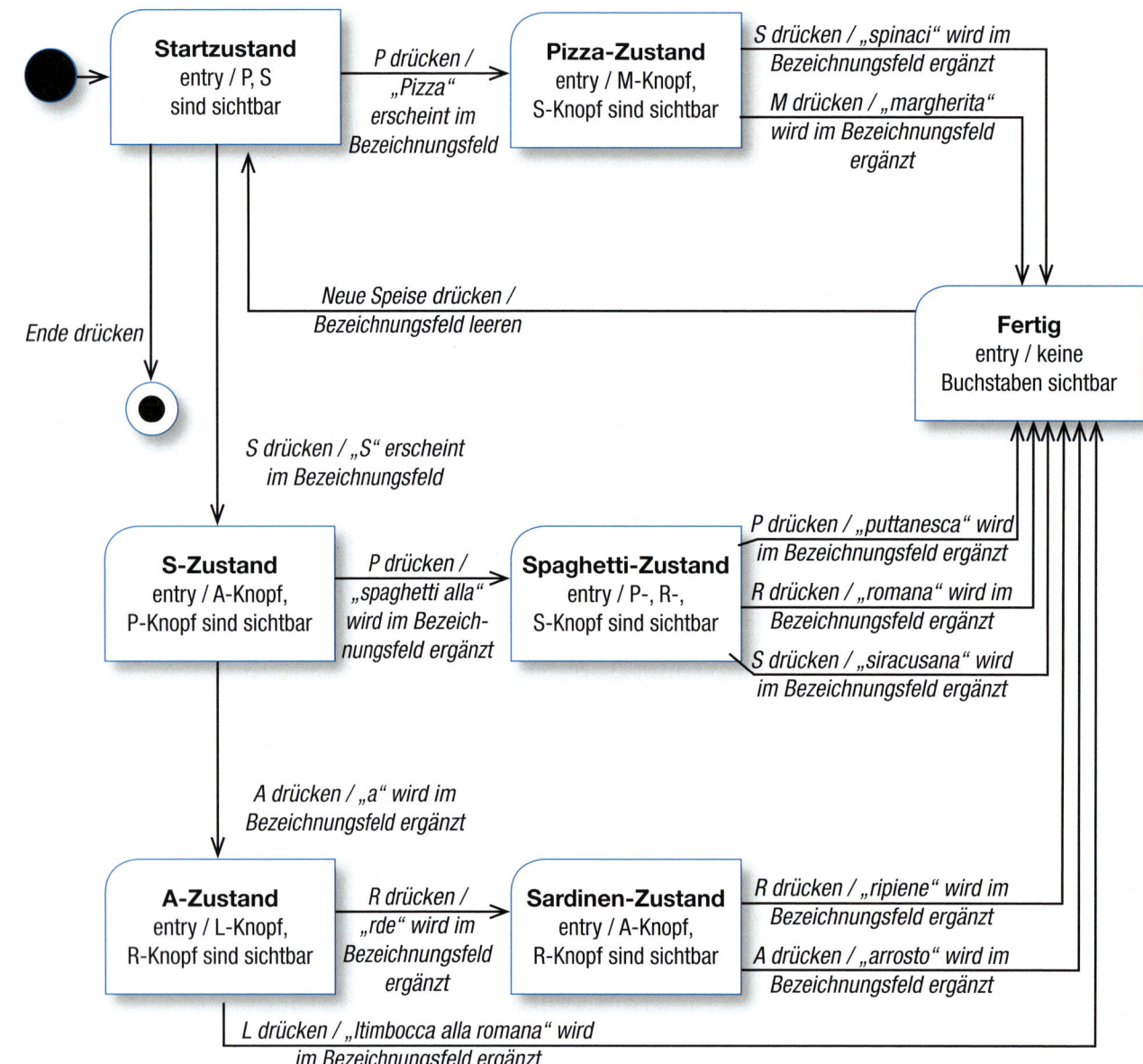

AUFGABEN

1. Erstellen Sie das Zustandsdiagramm für die Weckzeiteingabe eines digitalen Reiseweckers.

2. Erstellen Sie einen Ausschnitt aus dem Zustandsdiagramm Ihres Handys. Das Diagramm soll fünf Zustände und alle dazugehörigen Übergänge zeigen.

3. Erstellen Sie einen Ausschnitt aus dem Zustandsdiagramm Ihres mp3-Players. Das Diagramm soll fünf Zustände und alle dazugehörigen Übergänge zeigen. Welcher Unterschied ergibt sich zum Zustandsdiagrammausschnitt Ihres Handys?

4. Diskutieren Sie die Vor- und Nachteile von Zustandsdiagrammen.

Prüfen Sie sich!

Aufgabe 1
In der Eingangshalle einer Berufsbildenden Schule steht ein Münzautomat für Tee und Kaffee. Tee kostet 50 Cent und Kaffee 1 Euro. Folgende Bedingungen sollen bei der Bedienung des Automaten gelten:
a) Auf der Bedienoberfläche gibt es eine Statusanzeige, die – außer im Ausgangszustand – Auskunft darüber gibt, mit welcher Aktion man in den aktuellen Zustand gelangt ist.
b) Auf der Bedienoberfläche gibt es einen Hinweis, der für 10 Sekunden anzeigt, wenn etwas aus dem Ausgabefach entnommen werden soll. Danach bleibt die Bedienoberfläche in demselben Zustand, das Hinweisfeld für die Ausgabe ist jedoch leer.
c) Der Automat kann kein Geld wechseln, man kann aber seinen Kaffee mit zwei 50-Cent-Münzen bezahlen.
d) Solange noch kein Geld eingeworfen wurde, kann man sich zwischen Tee und Kaffee entscheiden. Wenn man bereits Geld eingeworfen hat und sich dann anders entscheidet, wird der Vorgang abgebrochen.
e) Drückt man auf „Abbrechen", wird der Vorgang abgebrochen und man kehrt in den Startzustand zurück.
f) In jedem Zustand kann jede Aktion (Kaffee, Tee, 50 Ct, 1 €, Abbrechen) ausgeführt werden.

Visualisieren Sie die für die einfache Benutzung dieses Automaten möglichen bzw. nötigen Zustände der Bedienoberfläche mit Hilfe eines Zustandsdiagramms.

Beispiel von drei Zuständen:

Hinweis:
Tragen Sie alle Zustandsübergänge in Ihr Diagramm ein und beachten Sie, zu welchem Zeitpunkt genau die Statusanzeigen geändert werden.

Aufgabe 2
Sie sollen ein Zustandsdiagramm für ein Tierlexikon entwerfen, das bereits nach der Eingabe weniger Buchstaben den einzigen in Frage kommenden Eintrag anzeigt. Das Lexikon soll folgende Einträge enthalten:
Ameise, Affe, Elefant, Elster, Eisbär, Iltis und Imme.

Beispiel von drei Zuständen:

2 Aufbau und Aufgaben eines Datenbanksystems (DBS)

Marino Caponi hat in den letzten Jahren durch seinen zuvorkommenden Service und seinen kreativen Chefkoch viele neue Stammgäste gewinnen können. Bisher hat er ihre Adressen auf Karteikarten notiert und diese in einem Karteikasten aufbewahrt. Nun überlegt er, wie er die Daten mit Hilfe seines neuen Computers verwalten kann. Besonders wichtig ist ihm dabei, dass auch die auf den Karteikarten notierten Informationen zu den Lieblingsgerichten und Lebensmittelallergien seiner Stammgäste nicht verloren gehen. Durch das Verwalten der Daten mittels Computer möchte er gewährleisten, dass zukünftig alle Mitarbeiter des Restaurants schnell und einfach auf die wesentlichen Informationen zugreifen können.

Marino Caponi weiß allerdings nicht, welche Möglichkeiten sich ihm bieten. Deshalb wendet er sich an seinen Neffen Enzo, der Informatik studiert. Als Enzo von dem Problem seines Onkels hört, hat er auch gleich eine Idee. Hier kann nur eine Datenbank helfen.

Daten wurden schon immer auf sehr unterschiedliche Art und Weise erfasst und aufbewahrt. Das Nutzen von Karteikarten und Karteikästen stellt dabei nur eine Möglichkeit dar. Eine weitere Möglichkeit ist beispielsweise das Sammeln von Schriftstücken in Aktenordnern und deren Archivierung in Aktenschränken.

PDA = Personal Digital Assistant

Durch den Einsatz elektronischer Medien können Daten heutzutage in Form von Datenbanken sehr viel effektiver auf dem Computer, dem PDA oder dem Handy gespeichert werden. Dabei gibt es viele Gründe, die für eine elektronische Datenspeicherung in einer Datenbank sprechen:

- Es wird weniger Platz benötigt, da alle Daten direkt auf einem Speichermedium (z. B. einer Festplatte) gespeichert werden.
- Der Nutzer hat vielfältige Möglichkeiten, die Daten auszuwerten (z. B. die Ausgabe einer Geburtstagsliste seiner Freunde oder die Anzeige aller Kunden, die ihre Rechnungen noch nicht gezahlt haben).
- Die Daten können von einem Medium auf ein anderes übertragen werden (z. B. vom Handy auf den PC).
- Es ist möglich, dass mehrere Personen gleichzeitig auf die Daten zugreifen. (Webserver = im Internet zur Verfügung stehender Datenspeicher)
- Liegen die Daten auf einem Webserver, so kann auf sie von einem beliebigen Ort aus zugegriffen werden.
- Datenbankprogramme erleichtern den Umgang mit sehr großen Datenbeständen. Zudem bieten sie die Möglichkeit, die Daten sinnvoll zu strukturieren und zu bearbeiten.

Um ein besseres Verständnis für das Arbeiten mit Datenbanken zu erhalten, ist es notwendig, einige Begriffe voneinander zu unterscheiden.

Datenbank (engl.: database)

Eine **Datenbank (DB)** ist eine systematische Sammlung von Informationen zu einem bestimmten Thema oder Zweck, z. B. werden in einem Unternehmen Artikel-, Kunden-, Lieferanten- und Personaldateien in einer Datenbank gespeichert.

Datenbankmanagementsystem (engl.: database management system)

Ein **Datenbankmanagementsystem (DBMS)** ist die eingesetzte Software, mit der die Daten in eine Datenbank eingegeben, verwaltet und ausgewertet werden. Access ist beispielsweise ein häufig benutztes Datenbankmanagementsystem.

Ein Datenbankmanagementsystem zusammen mit einer Datenbank nennt man **Datenbanksystem (DBS)**.

Datenbankmanagementsysteme sind in der Regel sehr komplex und müssen verschiedene Anforderungen erfüllen.
So muss das DBMS
- eine Datenbanksprache zur Verfügung stellen,
  - mit der die Datenstrukturen definiert (DDL) und geändert (DML) werden können,
  - mit der die Daten abgefragt werden können (Data Query Language (DQL)) und
  - mit der die Zugriffsberechtigung auf die Daten geregelt werden kann (Data Control Language (DCL)).
- darauf achten, dass die eingegebenen Daten stimmig sind. Das betrifft die Daten untereinander (referentielle Integrität) als auch das Einhalten der verschiedenen Wertebereiche (z. B. dass bei einem Datum kein Text eingegeben wird).
- den Zugriff auf die Daten durch mehrere Benutzer mit unterschiedlichen Zugriffsrechten verwalten. Ohne die notwendigen Rechte kann z. B. ein Benutzer keine Daten löschen. Außerdem muss bei einem gleichzeitigen Zugriff durch zwei Benutzer auf dieselben Daten diese Konkurrenzsituation geregelt werden.

DDL
= Data Definition Language

DML
= Data Manipulation Language

DQL
= Data Query Language

DCL
= Data Control Language

referentielle Integrität
= die Querverweise von Daten in einer Datenbank sind stimmig.

Welches Datenbankmanagementsystem zum Einsatz kommt, sollte individuell geprüft werden. Erhältlich sind beispielsweise Informix von IBM sowie SQL Server von Microsoft und Oracle. Darüber hinaus gibt es aber auch Open-Source-DBMS wie z. B. MySQL und PostgreSQL. In diesem Buch wird nachfolgend das Datenbankmanagementsystem Access von Microsoft verwendet. Das Programm ist Bestandteil des Microsoft-Office-Pakets ist und gleicht somit der Menüstruktur und -führung von Word und Excel. Das erleichtert den Einstieg in die Arbeit mit Datenbanken. Das Arbeiten mit Access bereitet auch auf die Arbeiten mit anderen Datenbankmanagementsystemen vor.

Open-Source (engl.)
= offene Quelle; Bedeutet, dass diese Programme kostenlos angeboten werden und der Quellcode der Programme (theoretisch) noch nachträglich nach eigenen Wünschen verändert werden kann.

Marino Caponi überlegt, wo ihm schon einmal Datenbanken begegnet sind. Ihm fällt ein, dass auf seinem Handy ja alle Telefonnummern und Geburtstage seiner Freunde gespeichert sind. Zudem hat er in der letzten Woche für seine Nichte Cara im Internet ein paar Bücher von Tim Laut bestellt. Auch dort hatte er es mit einer Datenbank zu tun.

AUFGABEN

1. Nennen Sie Situationen aus Ihrem Alltag, in denen Sie mit Datenbanken zu tun haben.

2. Erläutern Sie für jede in Aufgabe 1 gefundene Situation, welche Vorteile die elektronische Datenspeicherung in einer Datenbank gegenüber der Datenspeicherung auf Papier bietet.

3. Nennen Sie die Daten, die für jedes Buch in dem vorangegangenen Beispiel mit Marino Caponi gespeichert sind.

2.1 Einführung in ein Datenbankmanagementsystem (Access und SQL) – 1. Teil

2.1.1 Erste Schritte in Access

Nachdem Marino Caponi sich über Datenbanken informiert hat, möchte er jetzt endlich Ordnung in seine Ablage bringen und tippt schon die ersten Adressen in eine Excel-Tabelle ab, als sein Neffe Enzo vorbeikommt.
„Hallo Onkel Marino, was machst du denn? Bist du schon wieder fleißig?"
„Hallo, Enzo, ich hatte dir ja erzählt, dass ich gerade Ordnung in die Daten meiner Stammkundschaft bringen möchte. Deshalb tippe ich nun alle Informationen über die Stammkunden sauber in eine Tabelle ab."

„Das ist ja eine gute Idee, aber warum machst du das mit Excel? Wenn du ein Datenbankprogramm benutzt und dort in Zukunft auch andere Daten, die in deinem Restaurant anfallen, in einzelnen Tabellen einträgst, kannst du langfristig durch eine geschickte Verknüpfung der Tabellen eine so genannte relationale Datenbank aufbauen. Wenn du die Daten in den Tabellen dann noch gezielt auswertest, können dir die Ergebnisse sogar helfen, dein Geschäft noch besser zu führen."
„Langsam, langsam, Enzo. Erst einmal möchte ich ja nur meine Stammkundendaten irgendwie im PC speichern."

„OK. Wenn du später doch noch mit einem Datenbankprogramm arbeiten möchtest, hast du jetzt zwei Möglichkeiten: Entweder du tippst die Adressen in Excel ein und importierst sie später in das Datenbankprogramm, oder du legst gleich in dem Datenbankprogramm eine Tabelle für deine Kunden an."
„Diese Datenauswertung hört sich ja ganz verlockend an. Da ist es sicherlich sinnvoll, wenn ich mich schon frühzeitig ein wenig mit dem Datenbankprogramm auseinander setze."
„Das denke ich auch. Wenn du Hilfe brauchst, lass es mich wissen, ich helfe dir dann gerne. Bis später."
„Ciao, bis bald."

Das Datenbankmanagementsystem Access gehört zum Office-System von Microsoft. Es ist als Bestandteil des Office-Pakets, aber auch als Einzelprogramm verfügbar. Der Menüaufbau und die Menüführung gleichen in vielen Punkten dem Textverarbeitungsprogramm Word und dem Tabellenkalkulationsprogramm Excel. Im Gegensatz zu den beiden zuvor genannten Programmen läuft Access allerdings nur unter Windows.

Bevor mit Access gearbeitet werden kann, sollte sich der Nutzer vergewissern, dass das Programm auf dem von ihm genutzten Rechner installiert ist. Ist das Programm installiert, so ist das Programmsymbol ![Microsoft Office Access 2007] z. B. unter folgendem Pfad zu finden:

Start ▷ Alle Programme ▷ Microsoft Access
(oder Start ▷ Alle Programme ▷ Microsoft Office ▷ Microsoft Access)

Durch das Anklicken des Programmsymbols startet das Programm.
Nach dem Zuweisen eines Dateinamens und dem Erstellen der Datenbank erscheint folgender Bildschirm:

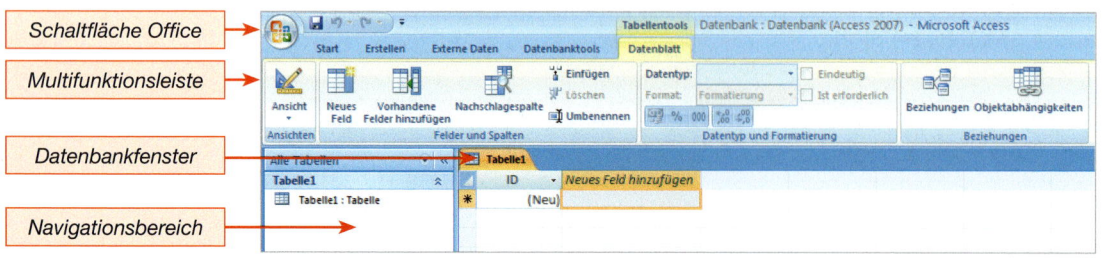

Nachfolgend werden die Funktionen in den Mittelpunkt rücken, die für das Verständnis im Umgang mit einem Datenbankmanagementsystems von besonderer Bedeutung sind. Der Einstieg erfolgt dabei über die Beispieldatenbank „Nordwind 2007", die Access standardmäßig mitliefert. Sollte sie nicht installiert sein, so kann dies z. B. über die MS-Office-CD nachgeholt werden.

Geöffnet wird die Beispieldatenbank über:

Schaltfläche Office ▷ Vorlagenkategorien ▷ Beispiel ▷ Nordwind 2007

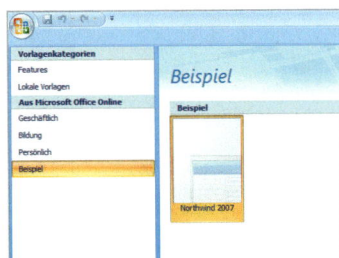

Im Navigationsbereich können nun beispielweise die Objekttypen ausgewählt werden, wobei alle definierten Objekte als Kategorien angezeigt werden. Jede Kategorie ist in Gruppen unterteilt.

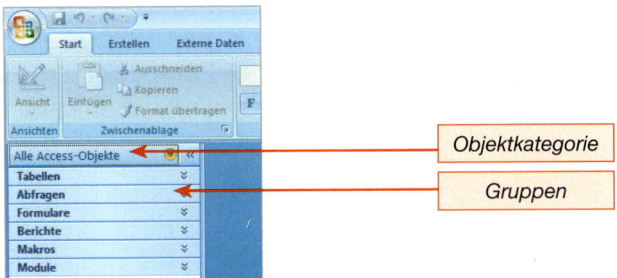

Diese einzelnen Objektkategorien und ihre Gruppen erfüllen verschiedene Aufgaben in der Speicherung, Verwaltung und Auswertung der Datenbank.

Objektkategorie	Erläuterung
Tabellen	Tabellen bilden die Grundlage jeder Datenbank. Sie dienen zum Speichern der Daten, z. B. Artikeldaten, Lieferantendaten, Kundendaten.
Abfragen	Abfragen dienen zum **Auswerten** (Analysieren) der Daten aus den Tabellen.
Formulare	Formulare dienen zum **Anzeigen** von Daten aus Tabellen und Abfragen, zum Hinzufügen von Daten zu Tabellen, zum Aktualisieren von Daten in Tabellen, kurz gesagt zur komfortablen **Bearbeitung** der Daten am Bildschirm.
Berichte	Berichte dienen zum **Drucken** von Daten aus Tabellen oder Abfragen mit einem bestimmten Layout.
Makros	Makros dienen zur **Zusammenfassung von mehreren Aktionen**, die häufiger ausgeführt werden und mit wenigen Mausklicks erledigt werden sollen. So kann z. B. mit einem Makro eine Tabelle nach den noch ausstehenden Rechnungen abgefragt, daraus ein Bericht erstellt und dieser Bericht am Drucker ausgegeben werden. Der Nutzer braucht für diese Aktionen nur einen Mausklick.
Module	Module sind Bausteine, die in der Programmiersprache Visual Basic for Applications (VBA) erstellt werden. Mit Hilfe dieser Programme können wesentlich mehr Aktionen durchgeführt werden als mit Makros.

Innerhalb der Objektkategorien **Tabellen**, **Abfragen**, **Formulare** und **Berichte** gibt es verschiedene Ansichten, in denen man sich bewegen kann.
- **Entwurfsansicht**
Immer vorhanden ist eine Entwurfsansicht, in der man die Struktur der einzelnen Objekte erstellen und verändern kann.

Darüber hinaus gibt es immer eine Ansicht, in der sich die Daten der Datenbank in der gewünschten Struktur ansehen lassen.
- **Datenblattansicht**
für die Ansicht von Daten aus Tabellen und Abfragen
- **Formularansicht**
für die Ansicht von Daten aus Formularen
- **Seitenansicht**
für die Ansicht von Daten aus Berichten

Um zwischen den einzelnen Ansichten zu wechseln, gibt es verschiedene Möglichkeiten. So kann ein Wechsel z. B.
- direkt über die **Multifunktionsleiste** über *Ansichten* erfolgen,
- oder man öffnet mit der rechten Maustaste das **Kontextmenü** zu dem zu bearbeitenden Objekt.

Marino Caponi startet die Beispieldatenbank „Nordwind 2007".
Zunächst interessiert ihn, wie viele Mitarbeiter/innen beschäftigt sind. Dazu markiert er das Objekt **Tabelle** und wählt die Tabelle mit dem Namen **Personal**.

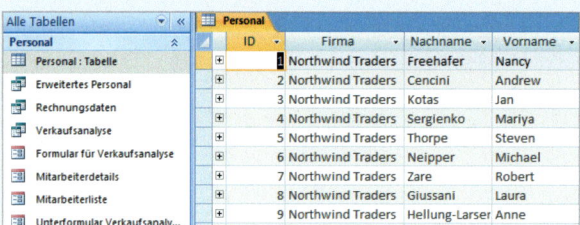

Sofort sieht er, dass 9 Mitarbeiter/innen beschäftigt sind.

Als Nächstes möchte er wissen, wie diese Tabelle, die sich in der Datenblattansicht befindet, in der Entwurfsansicht aussieht. Er wählt das Symbol über die *Multifunktionsleiste ▷ Ansichten*.

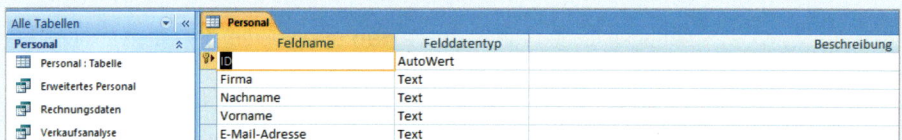

Er bemerkt, dass nicht mehr die Mitarbeiterdaten angezeigt werden, sondern nur noch die Struktur der Mitarbeitertabelle. Er sieht die einzelnen Datenfelder, die der Tabelle zugrunde liegen, mit einer genauen Beschreibung ihrer erlaubten Inhalte.

AUFGABEN

Quiz mit der Beispieldatenbank „Nordwind 2007":

Das Beispielunternehmen Nordwind GmbH
Die Nordwind GmbH ist ein Unternehmen, das Delikatessen aus der ganzen Welt im- und exportiert. Die umfassenden Daten, die z. B. über Kunden, Lieferanten, Artikel oder auch die Mitarbeiter und Mitarbeiterinnen im Unternehmen anfallen, sind in einer ACCESS Datenbank gespeichert.

1
a) Wie viele Kunden hat die Nordwind GmbH?
b) Wer ist die Kontaktperson für die Nordwind GmbH in ‚Firma X'?
c) Wie viele Lieferanten hat die Nordwind GmbH?
d) Wie heißt die Kontaktperson des ‚Lieferanten G', und welche Position hat sie im Unternehmen?
e) Zu welcher Firma gehört ‚Soo Jung Lee'?
f) Nennen Sie zwei Artikelgruppen (Kategorien), die in der Nordwind GmbH geführt werden.
g) Wie viele Artikelartikeleinkäufe wurden von der Nordwind GmbH getätigt?
Lösungshinweis: Markieren Sie den Objekttyp ‚Abfragen', und wählen Sie die Abfrage mit dem Namen ‚Artikeleinkäufe'.
h) Welches ist der zweitteuerste Artikel der Nordwind GmbH?
i) Wie viele Bestellungen sind Nancy Freehafer zugeordnet?
Lösungshinweis: Markieren Sie den Objekttyp ‚Formulare', und wählen Sie das Formular mit dem Namen ‚Mitarbeiterdetails'.
j) Welche Aktionen kann man in dem Formular ‚Bestelldetails' auf die Bestellungen Nr. 40 und 42 der Firma J ausführen?
k) Welche Sprachen spricht die Mitarbeiterin ‚Anne Hellung-Larsen'?
l) Mit welcher Artikelkategorie erzielte die Nordwind GmbH im März den höchsten Umsatz?
m) Welche Informationen stehen zu jedem Kunden im Kundenadressbuch?
Lösungshinweis: Markieren Sie den Objekttyp ‚Berichte', und wählen Sie den Bericht mit dem Namen ‚Kundenadressbuch'.
n) Mit welchen weiteren Tabellen steht die Tabelle ‚Artikel' in Beziehung?
Lösungshinweis: Wählen Sie den Menüpunkt ‚Datenbanktools ▷ Beziehungen'!

2 Erläutern Sie den Ausdruck „Gläserner Bürger".

2.1.2 Tabellen

> Nachdem Marino Caponi sich einen ersten Überblick darüber verschafft hat, was mit Access alles möglich ist, möchte er nun eine Tabelle mit den Daten seiner Stammkunden anlegen.
>
> Die Tabelle soll die Vor- und Nachnamen, Adressen, Telefonnummern, E-Mail-Adressen und Geburtsdaten seiner Stammkunden beinhalten. Da Stammkunden bei ihm anschreiben lassen können, ist es ihm auch wichtig, die Schulden erfassen zu können. Außerdem soll die Tabelle darüber Auskunft geben, ob der Kunde Diabetiker ist oder eine Lebensmittelallergie hat.

Tabellen bilden die Grundlage jeder Datenbank. Mit ihrer Hilfe können z. B. völlig unterschiedliche Daten wie Zahlen, Namen, Bilder, etc. systematisch erfasst und somit strukturiert werden. Eine Tabelle gliedert sich stets in Zeilen und Spalten. Die in der Tabelle erfassten Daten können an anderer Stelle verarbeitet und ausgewertet werden.

In der Datenblattansicht 🗐 kann man sich die Daten in Form einer Tabelle ansehen:

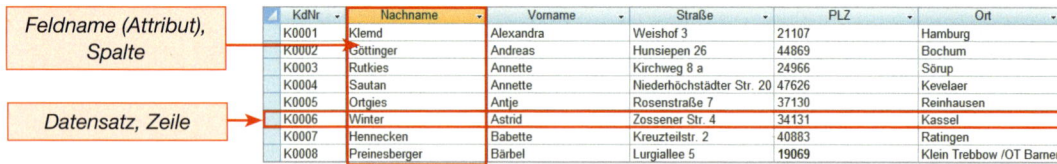

Feldname (Attribut), Spalte →

Datensatz, Zeile →

> Die Überschrift einer Spalte wird auch **Feldname** oder **Attribut** genannt. Eine Zeile in einer Tabelle nennt man **Datensatz**.

In einer Tabelle können unter Umständen einige hunderttausend Kunden gespeichert sein. Damit man auf jeden einzelnen Kunden eindeutig zugreifen kann, gibt es so genannte Primärschlüssel (z. B. die Kundennummer). Ein Primärschlüssel ist in einer Tabelle immer eindeutig: Er darf nicht leer sein und kann nicht mehrmals vorkommen.

> Ein **Primärschlüssel** identifiziert einen Datensatz in einer Tabelle eindeutig. Der Inhalt eines Primärschlüssels darf nicht leer sein oder mehrmals vorkommen.

Damit das Datenbankmanagementsystem weiß, wie viel Speicherplatz es für bestimmte Daten bereithalten muss und ob getätigte Eingaben formal korrekt sind, müssen für die zu speichernden Daten so genannte Datentypen festgelegt werden.

> Der **Datentyp** ist die Eigenschaft eines Feldes, die festlegt, welche Art von Daten das Feld aufnehmen kann (z. B. kurze oder lange Texte, ganze Zahlen oder Kommazahlen, Ja/Nein-Werte, Fotos etc.).

Access kennt folgende Datentypen:

Datentyp	Beschreibung	Größe
Text	Eingabe von Texten oder Zeichenketten	bis 255 Zeichen
Memo	längere Zeichenketten	bis 65.535 Zeichen
Zahl	numerische Werte	
Datum/ Uhrzeit	ermöglicht ein Datenfeld mit Datum und/oder Uhrzeit mit verschiedenen Formaten	8 Byte
Währung	dieser Datentyp entspricht einer Zahl mit der Formatierung in einer Währung (z. B. €)	8 Byte
Ja/Nein	Felder enthalten nur einen von zwei Werten, z. B. Ja/Nein, Wahr/Falsch (True/False) bzw. Ein/Aus	1 Bit

Zur Erinnerung:
1 Byte = 8 Bit
1 MB = 1024 Byte
1 GB = 1024 MB

Datentyp	Beschreibung	Größe
Autowert	entspricht einer ganzen Zahl, allerdings wird der Wert automatisch festgelegt. In den meisten Fällen wird der Wert jeweils um 1 hoch gesetzt (inkrementiert); es sind aber auch Zufallswerte möglich.	4 Byte
OLE-Objekt	wird verwendet, um Daten, wie z. B. Dokumente, Bilder, Klänge oder in anderen Programmen erstellte binäre Daten zu speichern.	bis 1 GB
Hyperlink	legt eine Hypertext-Verknüpfung zu einer Zielmarkierung in einer beliebigen Datei oder einer URL im Internet an.	bis 64000 Zeichen
Nachschlage-Assistent	erstellt eine Auswahl eines Wertes aus einer anderen Tabelle mit Hilfe eines Kombinationsfeldes.	4 Byte

URL (engl.) = Uniform Resource Locator (Internetadresse)

Diese Datentypen können über die Feldeigenschaften noch genauer bestimmt werden.

Feldeigenschaften sind eine Gruppe von Eigenschaften, die zusätzliche Steuerungsmöglichkeiten darüber bieten, wie die Daten in einem Feld gespeichert, eingegeben oder angezeigt werden. Die verfügbaren Eigenschaften hängen vom Datentyp des Feldes ab.

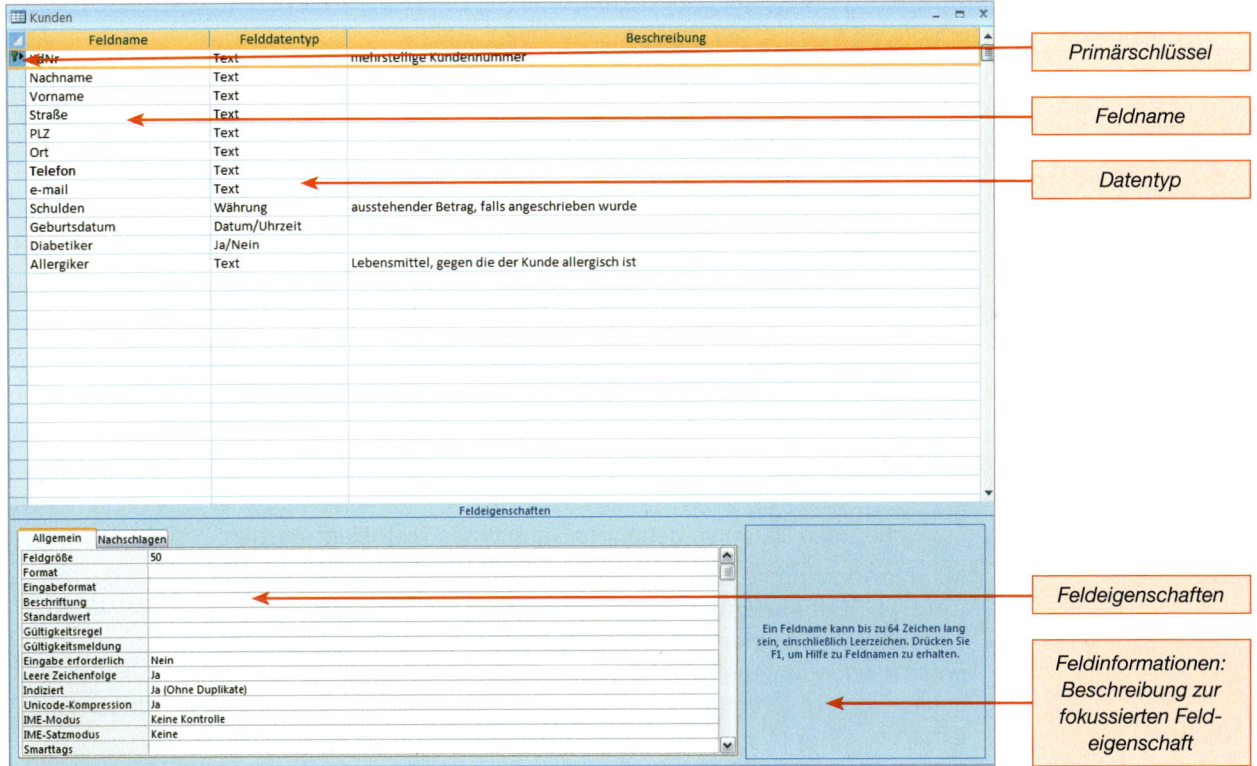

Eine neue Tabelle kann man am einfachsten über die Multifunktionsleiste erstellen. Hier reicht es aus, den Reiter „Erstellen" anzuwählen. Anschließend kann eine Auswahl der gewünschten Tabelle erfolgen.

Falls Probleme im Handling mit Access auftreten, kann man in der **Microsoft Access-Hilfe** meist eine Lösung für sein Problem finden.

Marino Caponi möchte nun die Daten seiner Stammkunden erfassen. Dazu legt er in Access eine neue Datenbank mit dem Namen „Ristorante Da Marino" an. Für das Anlegen nutzt er den folgenden Pfad:

Schaltfläche Office ▷ Neu ▷ Leere Datenbank ▷ Dateiname: „Ristorante Da Marino" ▷ Erstellen

Nun aktiviert er über die Multifunktionsleiste die Entwurfsansicht.

Zunächst gibt er alle Feldnamen mit den entsprechenden Felddatentypen ein (z. B. Feldname = *Name* sowie Felddatentyp = *Text*) und legt anschließend mit dem Icon 🔑 den Primärschlüssel fest. Dieser dient dazu, die Kunden eindeutig zu identifizieren. Außerdem gibt Marino Caponi bei einigen Feldern eine Beschreibung als Eingabehilfe ein.

Mit dem Icon für die verschiedenen Ansichten 🔲 schaltet Marino Caponi die Ansicht von **Entwurfsansicht** auf **Datenblattansicht**. Jetzt muss er zunächst die erstellte Tabelle unter dem Namen „Kunden" speichern. Danach fängt er an, die ersten Kundendatensätze einzugeben, bemerkt aber schon bald, dass es ein recht schwieriges Unterfangen ist. Mittlerweile hat er sich schon dreimal bei den Postleitzahlen vertippt.

Um diese Problematik zu umgehen, wechselt er noch einmal in die Entwurfsansicht. Bei den **Feldeigenschaften** kann er nun ein **Eingabeformat** wählen, das die Eingabe nur in einem bestimmten Format erlaubt, womit viele Eingabefehler ausgeschlossen werden können. Bei den **Postleitzahlen** und **Telefonnummern** ist es dabei wichtig, dass der Felddatentyp **Text** genutzt wird. Andernfalls würden führende Nullen, wie z. B. bei der Postleitzahl von Dresden (01139) oder der Vorwahl von Stuttgart (0711), einfach wegfallen. Das **Ausgabeformat** wird über die Feldeigenschaft **Format** festgelegt.

Die **Feldgröße** legt Marino Caponi für alle Textfelder in einer angemessenen Größe fest. Er kennt z. B. niemanden, dessen Vorname länger als 20 Buchstaben ist, deshalb trägt er für den Vornamen die Feldgröße 20 ein.

In einem Textfeld können zwar maximal 255 Zeichen eingegeben werden, die Standardfeldgröße beträgt für diese Felder jedoch 50 Zeichen. Es sollte prinzipiell die kleinstmögliche Feldgröße verwendet werden, da kleinere Daten schneller verarbeitet werden können und weniger Speicherplatz belegen.

Im Feld „Allergiker" ❶ sollen die Lebensmittel eingetragen werden, gegen die die Kunden allergisch sind. Um die Einträge in diesem Feld zu vereinfachen und einheitlicher zu gestalten, soll es als **Wertelistenfeld** konzipiert sein. Dazu wählt man in der **Entwurfsansicht** in der Spalte **Felddatentyp** den **Nachschlage-Assistenten** ❷ aus und folgt den Anweisungen. Marino Caponi trägt die Werte „Möhren", „Schlagsahne", „Erdnüsse" und „Erdbeeren" ein. Die Werte der Werteliste kann man später bei den Feldeigenschaften unter dem Reiter „Nachschlagen" nachlesen und evtl. noch ändern.

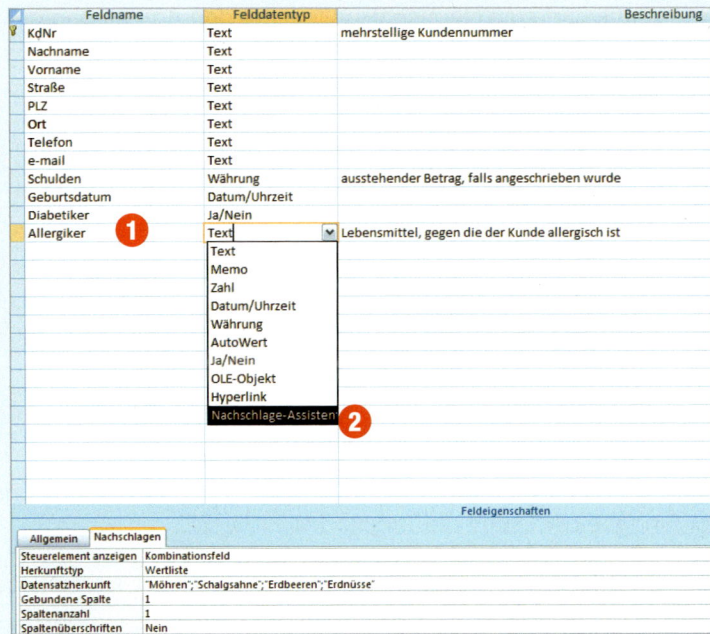

In der **Datenblattansicht** kann man dann bei der Eingabe der Daten unter folgenden Einträgen auswählen:

Wenn Marino Caponi die Daten eines bestimmten Kunden in seiner Datenbank sehen möchte, geht es am schnellsten, wenn er nach dem Primärschlüssel sucht, also eine Kundennummer eingibt. Für Primärschlüsselfelder wird in Access eine besondere, für den Anwender unsichtbare, **Indextabelle** angelegt, in der mit besonderen Suchalgorithmen (siehe Kapitel 3) alle Einträge schnell gefunden werden können. Allerdings weiß Marino Caponi die Kundennummern seiner Kunden nicht auswendig. Möchte er nach einem bestimmten Kunden in der Datenbank suchen, würde er am liebsten den Nachnamen verwenden.

Damit in einer Tabelle auch nach einem Nicht-Primärschlüsselfeld schnell gesucht werden kann, gibt es die Möglichkeit, dieses Attribut zu indizieren. In diesem Fall wird für dieses Datenbankfeld eine Indextabelle angelegt, sodass auch für dieses Feld die schnellen Suchalgorithmen zur Verfügung stehen. Allerdings braucht Access für jedes indizierte Feld recht viel Speicherplatz. Deshalb sollte die Indexvergabe an Nicht-Primärschlüsselfelder nur sehr sparsam eingesetzt werden.

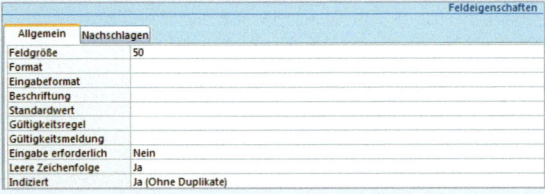

Marino Caponi legt also für den Nachnamen die Feldeigenschaft *indiziert* = „Ja" an und lässt Duplikate zu, weil ein Nachname ja häufiger vorkommen kann. Allerdings bestimmt er mit der Feldeigenschaft *Eingabe erforderlich* = „Ja", dass der Nachname eines Kunden auf jeden Fall eingetragen werden muss.

AUFGABEN

1 Legen Sie die Datenbank FIRMA an.
Bevor Sie die Daten der unten stehenden Tabelle LAGER eingeben, legen Sie folgende Eigenschaften fest.
1. Weisen Sie den Feldern den richtigen Felddatentyp zu.
2. Die Feldgrößen sind sinnvoll zu dimensionieren.
3. Legen Sie als Standardwert für die Artikelart „Bürostuhl" fest.
4. Erstellen Sie für die Artikelart eine Nachschlageliste mit den Artikelarten der Tabelle.

2
1. Legen Sie eine Datenbank TANZSCHULE an und erstellen Sie unter Beachtung der Hinweise vor Eingabe der Daten die Tabelle TANZKURSE.

Kursnr.	Kursname	Teilnehmer	Beginn	Stunden	Tanzlehrer	Tanzlehrerin
A1	Anfänger 1	24	01. Sep. 09	10	Meyer	Meyer
A2	Anfänger 2	24	04. Sep. 09	10	Meyer	Meyer
F1	Fortgeschrittene 1	16	05. Sep. 09	8	Gärtner	Weiß
F2	Fortgeschrittene 2	16	06. Sep. 09	10	Gärtner	Weiß

2. Wählen Sie für alle Felder sinnvolle Feldgrößen.
3. Bei den Teilnehmern handelt es sich um die maximale Anzahl der Teilnehmer. Dieser Hinweis soll in der Statusleiste der Tabellenansicht erscheinen. (Tipp: bei „Beschreibung" eingeben.)
4. Legen Sie für die Ausgabe des Datums das angezeigte Format fest.
5. Als Eingabeformat definieren Sie das Format „Datum kurz"! Welches Ergebnis wird unter dem Eingabeformat der Feldeigenschaften angezeigt?
6. Der vorgegebene Wert der Tanzstunden soll 10 sein.
7. Das Feld Tanzlehrer muss eingegeben werden.
8. Als Tanzlehrer stehen Hr. Meyer und Hr. Gärtner zur Verfügung, als Tanzlehrerinnen Fr. Meyer und Fr. Weiß. Erstellen Sie eine Nachschlageliste.
9. Indizieren Sie den Kursnamen.
10. Als Tanzlehrer wird noch Hr. Butt engagiert. Ergänzen Sie die Nachschlageliste.

2.1.3 Gültigkeitsregeln und Datenintegrität

> Marino Caponi ist genervt: Ständig vertippt er sich bei den E-Mail-Adressen. Entweder er vergisst das @-Zeichen oder ein anderer Fehler unterläuft ihm. Wenn er doch irgendwie automatisch prüfen lassen könnte, ob wenigstens die Form der von ihm eingegebenen E-Mail-Adressen stimmt!
> Natürlich könnten ihm dann noch andere Fehler unterlaufen, aber es gäbe immerhin eine Fehlerquelle weniger. Er sieht sich noch einmal die Feldeigenschaften genau an und entdeckt dort die Eigenschaft **Gültigkeitsregel**.

Mit den Gültigkeitsregeln für einzelne Felder können viele Eingabe- oder Berechnungsfehler für die Daten der Datenbank ausgeschlossen werden. Natürlich ist es oft aufwändig, Gültigkeitsregeln für alle Felder zu formulieren.

Die Einschränkungen durch die Gültigkeitsregeln dürfen auch nicht so groß sein, dass dadurch die Arbeit mit der Datenbank behindert wird. Man muss den Aufwand für die Beseitigung eines möglichen Schadens durch fehlerhafte Eingaben gegen den Aufwand des Formulierens von sinnvollen Gültigkeitsmeldungen abwägen. Die Gültigkeitsregeln helfen dabei, einen **korrekten Datenbestand** aufzubauen. Für diese Tabelle liegt dann **Datenintegrität** vor.

> Wenn für eine Tabelle **Datenintegrität** vorliegt, gilt für die Daten in dieser Tabelle Folgendes:
> - Sie haben den richtigen Datentyp.
> - Sie liegen in dem für sie vorgegebenen Wertebereich.
> - Sie erfüllen die vorgegebenen Gültigkeitsregeln.

Ein spezieller Fall der Datenintegrität ist die **Entitätenintegrität**.

> Wenn eine Tabelle ein Primärschlüsselfeld besitzt, das vor doppelten Einträgen von Datensätzen schützt, so liegt Entitätenintegrität vor.

Bei der Feldeigenschaft **Gültigkeitsregel** wird ein logischer Ausdruck eingegeben, der die Werte einschränkt, die in das Feld eingegeben werden können. Um einen logischen Ausdruck formulieren zu können, kann man u. a. folgende Operatoren benutzen:

Hinweis:
Das Ergebnis eines logischen Ausdrucks ist immer WAHR oder FALSCH.

Arithmetische und Textoperatoren

Operator	Bedeutung	Beispiel
+	Plus (Addition)	6 + 2 (Ergebnis: 8)
-	Minus (Subtraktion)	6 - 2 (Ergebnis: 4)
*	Mal (Multiplikation)	6 * 2 (Ergebnis: 12)
/	Geteilt durch (Division)	6 / 2 (Ergebnis: 3)
^	Hoch (Potenzierung)	6 ^ 2 (Ergebnis: 36)
&	Textverkettung (Konkatenation)	„Hokus " & „pokus" (Ergebnis: „Hokuspokus")

Vergleichsoperatoren

Operator	Bedeutung	mathematisches Symbol	Beispiel
=	gleich	=	Schulden = 30
>	größer als	>	Schulden > 30
<	kleiner als	<	Schulden < 30
>=	größer oder gleich	≥	Schulden >= 30
<=	kleiner oder gleich	≤	Schulden <= 30
<>	ungleich	≠	Schulden <> 30

Logische Operatoren

Operator	Bedeutung				Beispiel
UND	Verknüpft zwei Wahrheitswerte A und B nach folgendem Muster:				Diabetiker UND Schulden > 30
	A	B		Ergebnis	(Ergebnis: Alle Diabetiker, die mehr als 30 € Schulden haben.)
	WAHR	WAHR		WAHR	
	WAHR	FALSCH		FALSCH	
	FALSCH	WAHR		FALSCH	
	FALSCH	FALSCH		FALSCH	
ODER	Verknüpft zwei Wahrheitswerte A und B nach folgendem Muster:				Diabetiker ODER Schulden > 30
	A	B		Ergebnis	(Ergebnis: Alle Diabetiker und alle Personen, die mehr als 30 € Schulden haben, also auch die Diabetiker, die mehr als 30 € Schulden haben.)
	WAHR	WAHR		WAHR	
	WAHR	FALSCH		WAHR	
	FALSCH	WAHR		WAHR	
	FALSCH	FALSCH		FALSCH	
NICHT	Verneinung. Behandelt einen Wahrheitswert A nach folgendem Muster:				NICHT (Schulden > 0)
	A		Ergebnis		(Ergebnis: Alle Personen, die keine Schulden haben.)
	WAHR		FALSCH		
	FALSCH		WAHR		

Sonstige Operatoren bzw. Funktionen

Operator	Bedeutung	Beispiel
ZWISCHEN … UND …	Entspricht dem Ausdruck: >= … UND <= …	ZWISCHEN 0 UND 30 (Ergebnis: Alle Datensätze, bei denen der Wert >= 0 UND <= 30 ist.)
IN()	Überprüfung, ob ein Wert in einer Menge von Werten enthalten ist	IN(„Müller", „Meier", „Schulze") (Ergebnis: Alle Datensätze, bei denen der Name Müller, Meier oder Schulze ist.)
WIE	Wird zum Vergleich einer gesuchten Zeichenkette verwendet. * : steht für beliebig viele Zeichen ? : steht für genau ein Zeichen	WIE „M*" (Ergebnis: Alle Datensätze bei denen der Name mit „M" beginnt, z.B. Maas, Mai, Meier, Modrow, …) WIE „M?ller" (Ergebnis: Alle Datensätze, die an 1. Stelle ein „M" und an 3. bis 6. Stelle „ller" aufweisen, z.B. Miller, Möller, Müller, …)
JAHR()	Liefert das Jahr eines Datums	JAHR(07.04.1995) (Ergebnis: 1995)
MONAT()	Liefert den Monat eines Datums	MONAT(07.04.1995) (Ergebnis: 04)
TAG()	Liefert den Tag eines Datums	TAG(07.04.1995) (Ergebnis: 07)
DATUM()	Liefert das aktuelle Datum	DATUM() (Ergebnis: Das heutige Datum)

Marino Caponi überlegt, was alle E-Mail-Adressen gemeinsam haben: Sie bestehen alle aus einigen alphanumerischen Zeichen, einem @-Zeichen und nach weiteren alphanumerischen Zeichen einem Punkt, dem wieder 2 bis 4 Buchstaben folgen.

alphanumerische Zeichen
= z. B. Buchstaben und/oder Ziffern

Also gibt er bei der **Gültigkeitsregel** den Ausdruck **Wie „*@*.*"** ein. Er probiert die Gültigkeitsregel aus und ist mit dem Ergebnis recht zufrieden. Allerdings bemerkt er, dass mit dieser Gültigkeitsregel die Eingabe von @. möglich wäre, was keine gültige E-Mail-Adresse ist. Damit vor und nach dem @ und dem Punkt mindestens ein Zeichen steht, erscheint ihm die Gültigkeitsregel **Wie „?*@*?.*"** sinnvoller.

Nun möchte Marino Caponi noch, dass bei einer Verletzung der Gültigkeitsregel ein verständlicherer Text als die Standardfehlermeldung ausgegeben wird. Er trägt in die Feldeigenschaft folgende **Gültigkeitsmeldung** ein: „Bitte trage eine vernünftige E-Mail-Adresse in der Form NAME@ANBIETER.DE ein."

Wenn die Tabellenstruktur verändert wurde oder neue Gültigkeitsregeln ergänzt wurden, muss Marino Caponi beim Schließen der Entwurfsansicht die Änderung erneut speichern.

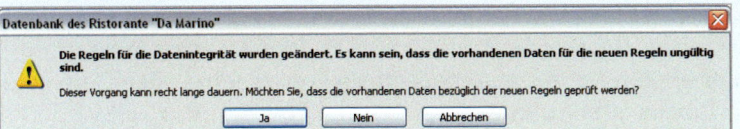

An dieser Stelle prüft Access, ob die bereits vorhandenen Tabelleninhalte den neuen Gültigkeitsregeln genügen.

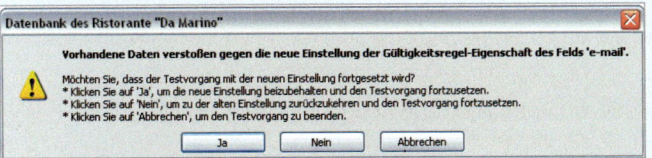

Falls es in der Tabelle bereits Einträge gibt, die den neuen Gültigkeitsregeln nicht entsprechen, erscheint dieses Dialogfenster. Hier klickt Marino Caponi auf *Ja* und setzt den Testvorgang fort.

AUFGABEN

1 Ergänzen Sie in der Datenbank FIRMA in der Tabelle LAGER Folgendes:
Definieren Sie eine sinnvolle Gültigkeitsregel und Gültigkeitsmeldung für die Eingabe der Artikelnummer. Die Nummern sollen von 1000 bis 9999 gehen. Testen Sie die vorgenommene Änderung.

2 Ergänzen Sie in der Datenbank TANZSCHULE in der Tabelle TANZKURSE Folgendes:
1. Die Teilnehmerzahl darf 24 nicht überschreiten. Erstellen Sie eine Gültigkeitsregel und eine Gültigkeitsmeldung.
2. Ein Tanzkurs kann entweder 8 oder 10 Stunden umfassen (Gültigkeitsregel und Gültigkeitsmeldung). Testen Sie auch hier die vorgenommenen Änderungen.

3 Entscheiden Sie für folgende Fälle, ob Daten- oder Entitätenintegrität vorliegt:
a) Alle Schülernummern der Konrad-Zuse-Schule sollen 5 Zeichen lang sein. Also:
   10000 <= Schülernummer <= 99999
b) An der Konrad-Zuse-Schule haben in der Tabelle mit den Stammdaten der Schüler/-innen keine zwei Schüler/-innen dieselbe Schülernummer.
c) Wenn in der Mitarbeitertabelle der Firma GOLDGRUBE das Gehalt eines Mitarbeiters vermindert wird, springt der Inhalt des Feldes „Gehalt" auf den ursprünglichen Wert zurück. Ein erhöhtes Gehalt wird hingegen akzeptiert.

2.1.4 Formulare

Marino Caponi hat keine Lust mehr, die Daten immer in eine neue Tabellenzeile einzutragen. Er findet es ermüdend, sich auf eine Zeile konzentrieren zu müssen. Er denkt dabei an die Zukunft: „Bald werden auch andere Personen als ich Datensätze in der Stammkundentabelle ändern und neu eintragen. Diese Personen kennen sich vielleicht mit dem Computer nicht so gut aus wie ich. Sicher kommen sie überhaupt nicht damit klar, direkt mit der Datenbanktabelle zu arbeiten."

Dann erinnert er sich, dass sein Neffe Enzo ihm etwas über Formulare erzählt hat, mit denen ein Benutzer durch die Datenbank geführt werden kann. So ein Formular möchte Marino Caponi auch für seine Datenbank erstellen, um den zukünftigen Datenbanknutzern die Arbeit mit der Datenbank zu erleichtern.

Formulare dienen der benutzerfreundlichen Darstellung von Daten aus Tabellen und Abfragen, zum Hinzufügen von Daten zu Tabellen, Aktualisieren von Daten in Tabellen, kurz gesagt: zur komfortablen Bearbeitung der Daten am Bildschirm.

Auch bei den Formularen gibt es, wie bei Tabellen, unterschiedliche Arten, um ein Formular zu erstellen:
1. Mit **AutoFormular** erstellt Access automatisch ein Formular mit **allen** Datenfeldern **einer** gewählten Tabelle oder Abfrage.
2. Mit dem **Formular-Assistent** kann man in verschiedenen Dialogfenstern bestimmen, welche Datenfelder aus welchen Tabellen und Abfragen im Formular angezeigt werden sollen und wie das Formular grafisch gestaltet sein soll.
3. In der **Entwurfsansicht** kann man ein neues Formular ganz individuell gestalten oder ein bestehendes Formular bearbeiten. So können auch nachträglich Grafiken und Steuerelemente in ein Formular eingefügt werden.

Steuerelemente = Objekte der grafischen Benutzeroberfläche zur Steuerung des Formulars durch den Benutzer

Beim Formular-Assistent existieren verschiedene Möglichkeiten, das Layout eines Formulars festzulegen:

Darstellungsart	Erläuterung	Vorschau
Einspaltig	Es wird immer nur ein Datensatz auf einmal am Bildschirm angezeigt, wie auf einer Karteikarte. Zum Erfassen neuer Datensätze ist dieses Layout sehr vorteilhaft.	
Tabellarisch	In jeder Zeile wird ein Datensatz angezeigt. Das gleichzeitige Anzeigen mehrerer Datensätze in einem Formular bietet einen guten Überblick über die Daten.	
Datenblatt	Diese Darstellungsart entspricht der normalen Datenblattansicht. Anders als bei der tabellarischen Darstellungsart kann hier kein Layout festgelegt werden.	
In Blöcken	Hier wird, wie bei der einspaltigen Darstellungsart, immer nur ein Datensatz auf einmal am Bildschirm angezeigt. Die Datenfelder stehen aber nicht alle untereinander, sondern abwechselnd neben- und untereinander.	

Das erstellte Formular hat automatisch am unteren Fensterrand Navigationsschaltflächen, um in den Datensätzen zu navigieren:

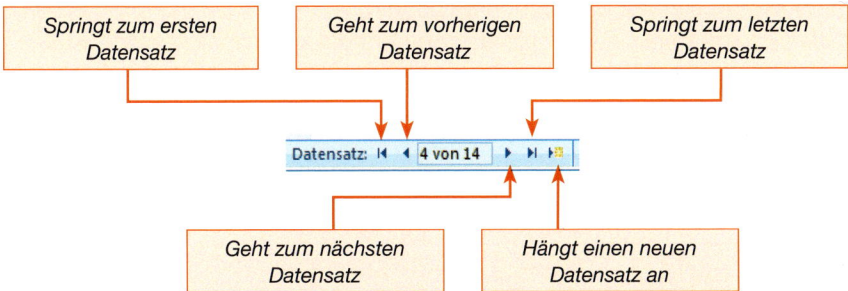

Erstellt man ein Formular in der Entwurfsansicht, so erscheint zunächst ein leeres Formular. Alle wichtigen Steuerelemente sind in der Multifunktionsleiste zu finden.

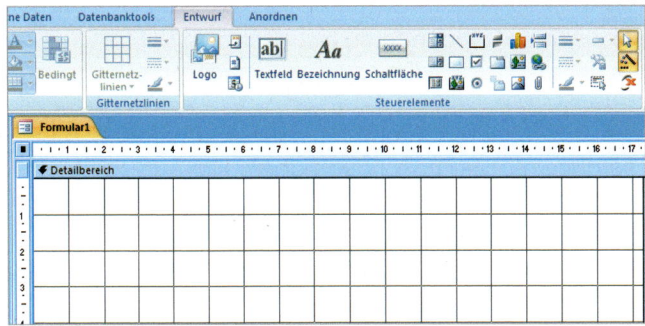

Um ein Steuerelement auf dem Formular zu platzieren, aktiviert man es in der Multifunktionsleiste und zieht es auf dem Formular mit gedrückter linker Maustaste bis zur gewünschten Größe auf.

Bei den **Steuerelementen** unterscheidet man drei Arten:
1. **Gebundene Steuerelemente**
   Sie enthalten Daten aus Feldern von Tabellen oder Abfragen, mit denen sie quasi fest verbunden sind.
2. **Berechnete Steuerelemente**
   Das sind meist gebundene Steuerelemente, bei denen aber auf den Feldern noch Berechnungen durchgeführt werden.
3. **Ungebundene Steuerelemente**
   sind Steuerelemente, die keine Datenquelle haben, sondern nur der Beschriftung und Gestaltung dienen.

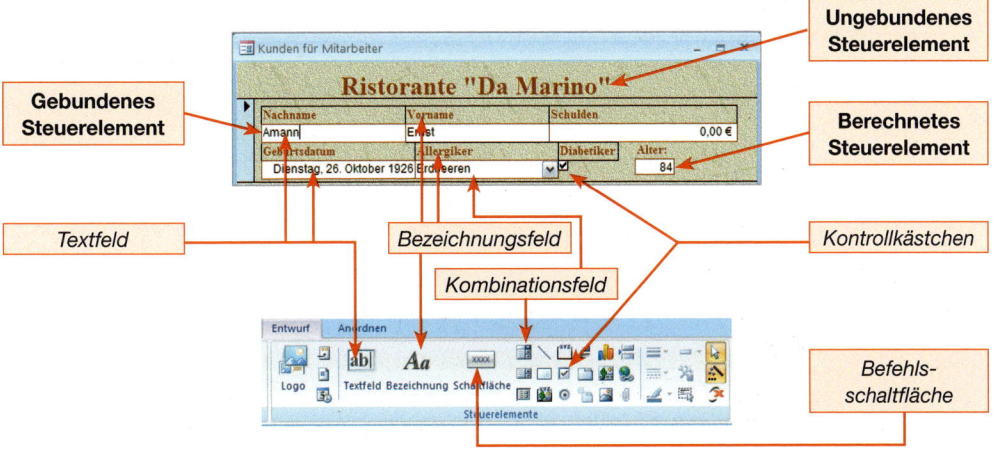

Erstes Formular
Da Marino Caponi ein Formular erstellen möchte, das **alle** Felder **einer** Tabelle enthält, entscheidet er sich für die einfachste Lösung:
Er aktiviert die Objektkategorie *Formulare*. Dann erstellt er eine einspaltige Kundentabelle. Als Ergebnis erhält er folgendes Formular:

In diesem Formular trägt er alle weiteren Kundendaten ein.

Zweites Formular
Seine Mitarbeiter sollen später einen schnellen Zugriff auf das Geburtsdatum, das ausstehende Geld und die Allergien der Stammkunden haben. Die Adresse und andere Details interessieren sie nicht.

Daher erstellt Marino Caponi noch ein weiteres Formular mit dem Formular-Assistenten. Er wählt im Datenbankfenster den Punkt *erstellt ein Formular unter Verwendung des Assistenten*.

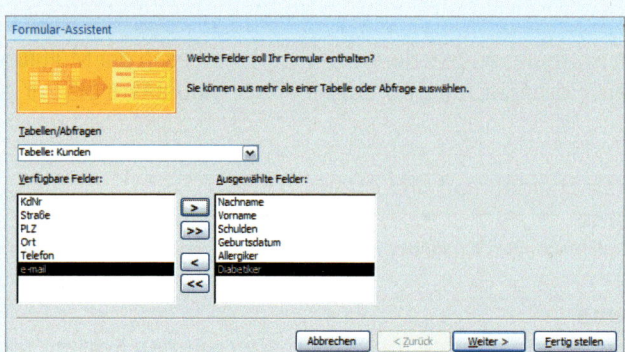

1. Als Quelle für das Formular trägt er die Tabelle *Kunden* ein.
2. Dann wählt er mit [>] die Felder Nachname, Vorname, Schulden, Geburtsdatum, Allergiker und Diabetiker in dieser Reihenfolge aus. Mit [>>] hätte er alle Felder auswählen können, mit [<] kann er versehentlich ausgewählte Felder wieder aus der Auswahl entfernen.
3. Auf der nächsten Seite des Formular-Assistenten wählt er als Layout *In Blöcken*, denn es soll jeweils nur ein Datensatz in dem Formular angezeigt werden.

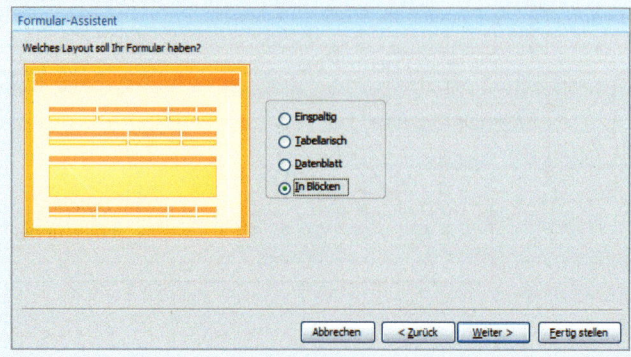

4. Im dritten Fenster des Formular-Assistenten entscheidet er sich für ein Format.
5. Im letzten Fenster legt er schließlich den Namen des Formulars mit „Kunden für Mitarbeiter" fest und stellt das Formular fertig.

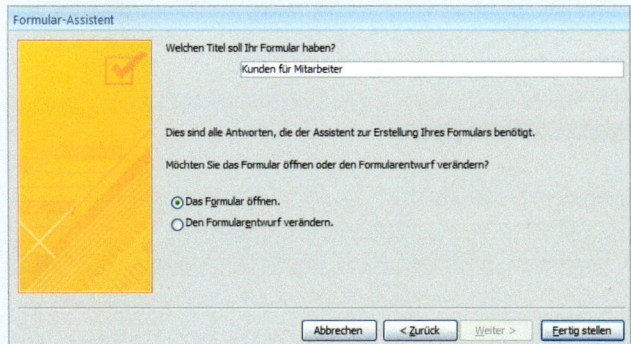

Mit dem Ergebnis ist Marino Caponi zufrieden:

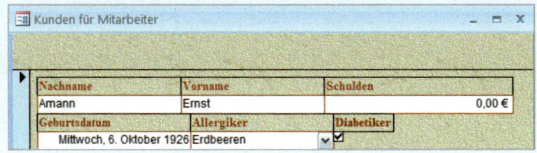

Er würde jedoch gerne noch drei kleine Änderungen vornehmen:
1. Oben auf dem Formular soll *Ristorante „Da Marino"* stehen.
2. Unten soll das heutige Datum erscheinen, damit man es auch sicher merkt, wenn ein Gast Geburtstag hat.
3. Damit man nicht lange rechnen muss, ob der Gast einen runden Geburtstag hat, soll ein zusätzliches Feld mit dem errechneten Alter ergänzt werden.

Zuerst wählt Marino Caponi für das Formular die **Entwurfsansicht** aus.

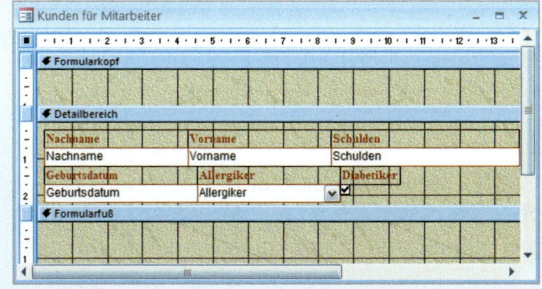

Zur Erinnerung:
Die Entwurfsansicht kann man u. a. in der Multifunktionsleiste unter dem Reiter Start bei Ansichten einstellen.

Nun fügt er in dem Formularkopfbereich ein Bezeichnungsfeld mit der Beschriftung *Ristorante „Da Marino"* ein. Anschließend ruft er die Eigenschaften zu dem Formularfeld auf und ändert den Schriftgrad auf 20.

Zur Erinnerung:
Die Eigenschaften zu einem Formularfeld kann man in der Multifunktionsleiste, über das Kontextmenü oder die Funktionstaste F 4 aufrufen.

Anschließend zieht er mit gedrückter linker Maustaste den Formularfuß größer und fügt ein Textfeld ein.

Zu einem **Textfeld** wird immer auch ein **Bezeichnungsfeld** angelegt. Marino Caponi braucht in diesem Fall aber gar kein Bezeichnungsfeld. Deshalb klickt er noch einmal auf das Bezeichnungsfeld und löscht es mit der Entf-Taste. Dann trägt er bei den **Eigenschaften** des verbleibenden **Textfeldes** den **Steuerelementinhalt** *=Datum()* ein. Durch diesen Eintrag wird in der Formularansicht des Formulars immer das aktuelle Datum zu sehen sein.

Nun ergänzt Marino Caponi im **Detailbereich** noch ein **Textfeld** für das Alter des Kunden. Das **Alter** des Kunden kann jederzeit errechnet werden, indem man von der aktuellen Jahreszahl das Geburtsjahr subtrahiert. Die **Formel** hierfür lautet: *=Jahr(Datum() – Jahr(Geburtsdatum))*. Diese Formel trägt er in den **Steuerelementinhalt** bei den **Eigenschaften** des Textfeldes ein.

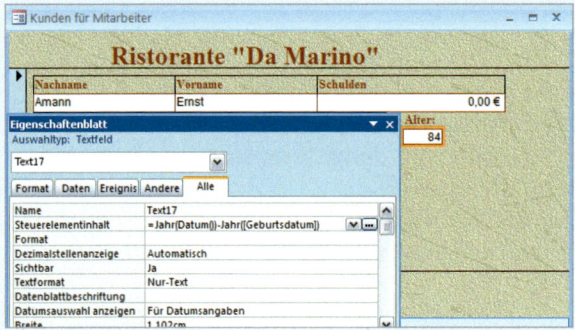

Wichtig ist bei dieser Formel, dass das Datenfeld *Geburtsdatum* bekannt ist. Mit einem Klick auf 🔽 beim Steuerelementinhalt überprüft Marino Caponi, dass das Feld *Geburtsdatum* angezeigt wird und somit bekannt ist.

Drittes Formular

Als Letztes möchte Marino Caponi noch eine Hauptübersicht erstellen, die beim Start der Datenbank geöffnet wird. Von hier aus soll man mit den entsprechenden Befehlsschaltflächen zu den einzelnen Formularen kommen.

Er öffnet ein neues Formular in der **Entwurfsansicht**. Nachdem er ein **Bezeichnungsfeld** mit der Beschriftung *Ristorante „Da Marino"* angelegt hat, erstellt er eine **Befehlsschaltfläche**. Weil in seiner Werkzeugkiste der **Steuerelement-Assistent** 🔨 aktiv ist, erscheint sofort der **Befehlsschaltflächen-Assistent**. Er klickt auf der ersten Seite auf die Kategorie *Formularoperationen* und die *Aktion Formular öffnen*.

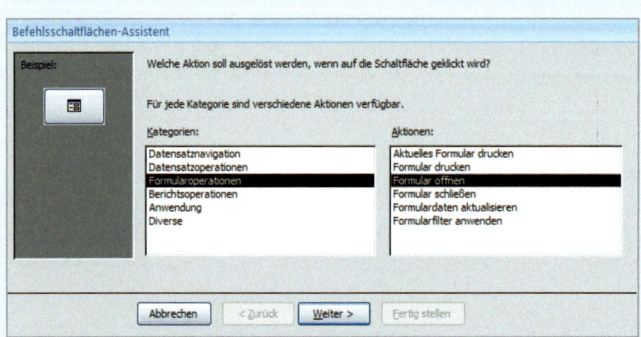

Auf der zweiten Seite des Assistenten legt er als zu öffnendes Formular *Kunden für Mitarbeiter* fest. Auf der dritten bestimmt er, dass alle Datensätze angezeigt werden sollen.

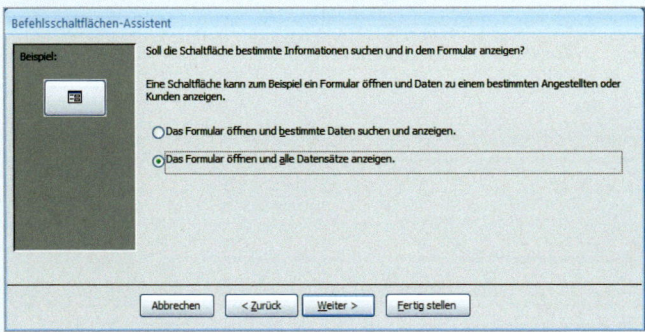

Auf der nächsten Seite gibt er als Beschriftung der Befehlsschaltfläche „Kundendaten kurz" ein und klickt dann auf *Fertig stellen*.

Das Ergebnis sieht so aus:

Jetzt verändert Marino Caponi nur noch die **Hintergrundfarbe** des **Detailbereiches** bei den Eigenschaften. Außerdem stellt er die Bildlaufleisten, den Datensatzmarkierer, die Navigationsschaltflächen und die Trennlinien im Eigenschaftsblatt auf „Nein".

Schließlich erhält er am Ende das folgende Hauptformular, über das er die beiden Kundenformulare aufrufen kann.

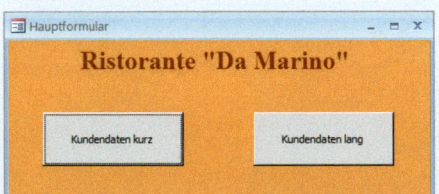

Nun muss er nur noch eine Version seiner Datenbank so gestalten, dass seine Mitarbeiter nicht unnötig verwirrt werden und nicht versehentlich grobe Änderungen vornehmen können.

Dazu ruft er über Schaltfläche Office das Dialogfenster Access-Optionen auf, in dem er die Starteinstellungen für den Aufruf der Datenbank Ristorante „Da Marino" vornehmen kann.

Hier wird ein Anwendungstitel gewählt. *Hier wird als Startseite das Hauptformular festgelegt.*

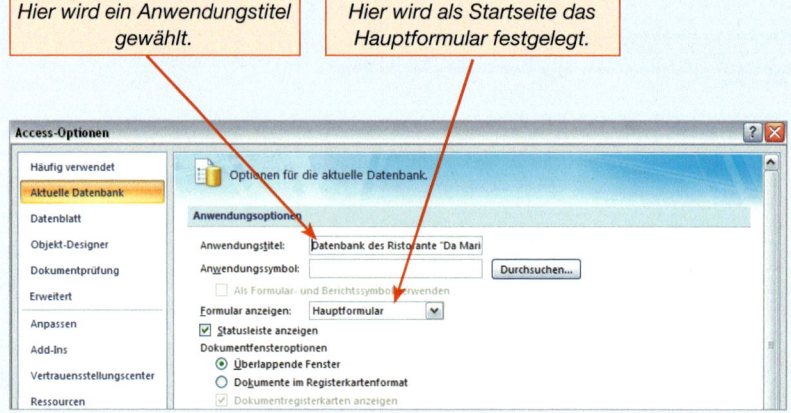

Bei einem erneuten Aufruf der Datenbank Ristorante „Da Marino" wird nun immer das Hauptformular angezeigt. Das Datenbankfenster erscheint nicht mehr.

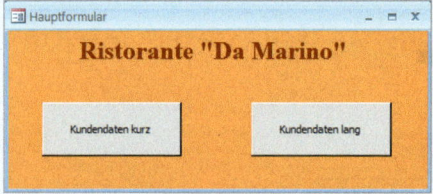

Marino Caponi ist froh, dass er nun mit seinen drei Formularen eine gute Übersichtlichkeit der Datenbank für seine Mitarbeiter erreicht hat.

AUFGABEN

1) Erstellen Sie ein einspaltiges Autoformular zu der Tabelle LAGER in der Datenbank FIRMA.

2) Erstellen Sie unter Verwendung des Assistenten ein ansprechendes Eingabeformular für die Tabelle TANZKURSE in der Datenbank TANZSCHULE.
Fügen Sie im Formularkopf den Namen der Tanzschule „Swinging Emotion" ein.
Ergänzen Sie im Formularfuß ein Feld mit dem aktuellen Datum.

3) Ergänzen Sie im Formularfuß des Formulars zur Tabelle TANZKURSE in der Datenbank TANZSCHULE die Befehlsschaltfläche zum Suchen eines Datensatzes und die Befehlsschaltfläche zum Schließen des Formulars.

2.1.5 Tabellen filtern

Mittlerweile hat Marino Caponi seine Kundendaten erfolgreich in eine Access-Tabelle eingegeben. Mit Hilfe der differenzierten Einstellungen bei den Feldeigenschaften und dem übersichtlichen Formular funktionierte die Dateneingabe sogar einigermaßen schnell und fehlerfrei.

Als Nächstes möchte er Kunden nach ganz bestimmten Kriterien auswählen. Zum Beispiel plant er für alle im April geborenen Kunden ein Frühlingsbrunch. Er hat von einer einfachen Methode gehört, wie man die Datensätze einer Tabelle filtern kann.

Ein **Filter** in Access ist eine Gruppe von Auswahlkriterien, die auf die Daten einer Tabelle oder eines Formulars angewendet werden, um eine Teilmenge der Daten anzuzeigen.

Mit Filtern kann man bestimmte Datensätze aus einer Tabelle oder einem Formular auf einfache Art und Weise auswählen. Je nachdem, in welchem Umfang diese Selektion erfolgen soll, kann man verschiedene Filtermethoden anwenden.
- Soll ein Wert in einer Tabelle leichter zu finden sein, so kann der Auswahlbasierte Filter ![Auswahl] zur Anwendung kommen.
- Sollen nur die Datensätze zu sehen sein, die gesucht werden oder mehrere Kriterien gleichzeitig angeben werden, so kommt der Formularbasierte Filter ![Formularbasierter Filter] zur Anwendung.

Marino Caponi möchte gerne eine „Norddeutsche Woche" in seinem Lokal veranstalten. Dazu soll es Labskaus, Grünkohl mit Pinkel und andere norddeutsche Spezialitäten geben. Zunächst möchte er die Datensätze mit den aus Norddeutschland stammenden Kunden herausfiltern, damit er sie gezielt anschreiben kann.

KdNr	Nachnam	Vorname	Straße	PLZ	Ort	Telefon
K0079	Ludwig	Alexander	Untere Straße 6	10961	Berlin	030 123456
K0001	Aman	Alexandra	Weishof 3	21107	Hamburg	040 123456
K0002	Göttinger	Andreas	Hunsiepen 26	44869	Bochum	
K0003	Rutkies	Annette	Kirchweg 8 a	24966	Sörup	04635-123456

Dazu markiert er eine „2" am Anfang der Postleitzahl eines beliebigen Kunden und wählt anschließend in der Multifunktionsleiste *Auswahl ▷ Beginnt mit „2"*. Danach werden alle Kunden angezeigt, deren Postleitzahl mit einer „2" beginnt, die also in Norddeutschland wohnen.

KdNr	Nachnam	Vorname	Straße	PLZ	Ort	Telefon
K0001	Aman	Alexandra	Weishof 3	21107	Hamburg	040 123456
K0003	Rutkies	Annette	Kirchweg 8 a	24966	Sörup	04635-123456
K0015	Seeba	Christa	Franz-Steinmetz-Weg 7c	23532	Guntramsdorf	
K0071	Esch	Gunter	Pastnachstr. 4	27729	Holste	04748 123456
K0037	Plabst	Katrin	Hermann-Bittner-Str. 3 b	22305	Hamburg	040 123456
K0039	Röske	Kim	Hartenbrakenstr. 16	23845	Seth	04194/123456
K0053	Bassen	Petra	Ernst-Preu-Str. 17	24119	Kronshagen	0431-123456
K0056	Sautan	Raphaela	Sonnenstr. 42	23898	Labenz	0 45 36 / 12345

Um die Filterung wieder aufzuheben, klickt er in der Multifunktionsleiste auf Filter ein/aus ![Filter ein/aus]

Eine weitere Möglichkeit, einen Filter zu setzen, ist, den formularbasierten Filter zu benutzen. Dazu klickt man in der Multifuktionsleiste auf *Erweitert ▷ Formularbasierter Filter* und trägt in den entsprechenden Feldern die gewünschten Kriterien ein.

Nach dem ersten „Norddeutschen Abend" hat ein Kunde in seinem Restaurant seinen Hut vergessen. Marino Caponi weiß noch, dass der Nachname des Kunden mit „H" beginnt und er aus dem Postleitzahlenbereich 3 kommt. Deshalb gibt er folgende Kriterien ein:

KdNr	Nachname	Vorname	Straße	PLZ	Ort	Telefon
	Wie "h*"			Wie "3*"		

Anschießend klickt er auf „Filter ein/aus" und erhält folgende vier Datensätze als Ergebnis:

KdNr	Nachname	Vorname	Straße	PLZ	Ort	Telefon
K0059	Haas	Silvia	Scheffelstr. 20	37077	Göttingen	
K0034	Häßler	Karin	Heinrich-Lange-Str. 3a	30659	Hannover	
K0070	Heimann	Hermann-Jos	Springstr. 61	37191	Lindau	05556 123456
K0018	Herzbach	Christina	Heinrich-Lübke-Str. 17	38446	Wolfsburg	

Zum Deaktivieren des Filters klickt er erneut auf „Filter ein/aus".

Hinweis: Die Aufgaben beziehen sich auf die Nordwind-Beispieldatenbank, die Bestandteil von Access ist.

AUFGABEN

1. Filtern Sie aus der Artikeltabelle die Datensätze mit den Artikeln heraus, die in 500-g-Packungen verkauft werden.

2. Finden Sie in der Artikeltabelle alle Gewürze mit einem Mindestbestand >10.

2.1.6 Abfragen über eine Tabelle

Nachdem Marino Caponi schon relativ sicher mit den Filtern umgehen kann, plant er nun, einige Kundendaten zusammenzustellen, die er häufiger benötigt und dann später auch als Liste ausdrucken kann.

Er möchte die Daten von den Kunden zusammenstellen, die er in regelmäßigen Abständen immer wieder anschreibt, damit sie an bestimmten Themenwochen teilnehmen können. Neben italienischen Spezialitäten stehen von Zeit zu Zeit auch Spezialitäten aus verschiedenen Regionen Deutschlands auf seiner Speisekarte.

Abfragen sind eine Methode des Datenbankmanagementsystem (DBMS).

Während man in Access mit dem Filter schnell und einfach einzelne Zeilen aus einer Tabelle herausfiltern kann, die bestimmte Kriterien erfüllen, bieten **Abfragen** sehr viel mehr Möglichkeiten:

- Mit Abfragen kann man aus einer oder mehreren Tabellen nicht nur Zeilen (**Selektion**), sondern auch Spalten (**Projektion**) herausfiltern.
- Die Ergebnisse des Filterns werden als eigene Datenbankobjekte (Abfragen) gespeichert.
- Man kann eine Auswahl treffen, bei der ein Feld mehrere Bedingungen erfüllen muss.
- In Abfragen können Berechnungen durchgeführt werden (z. B. kann der Gesamtumsatz im Monat September angezeigt werden).
- Mit Abfragen kann man eine Gruppe von Daten aus den Tabellen gleichzeitig löschen oder ändern (Aktualisierungsabfrage) oder eine neue Tabelle erzeugen.
- Eine Abfrage kann als Grundlage für weitere Abfragen, ein Formular oder einen Bericht dienen.

Folgende Abfragearten werden unterschieden:

Abfrage	Bedeutung	Beispiel
Auswahlabfrage	Wählt eine Gruppe von Daten (ein Dynaset) aus einer oder mehreren Tabellen aus.	Welche Kunden wohnen in Berlin?
Parameterabfrage	Wählt eine Gruppe von Daten aus einer oder mehreren Tabellen aus, das Auswahlkriterium wird jedoch zum Aufrufzeitpunkt eingegeben.	Welche Kunden wohnen in der eingegebenen Stadt?
Aktionsabfrage	Ändert oder löscht eine Gruppe von Daten gleichzeitig. Oder erstellt eine neue Tabelle aus vorhandenen Daten oder hängt eine Gruppe von Datensätzen an eine vorhandene Tabelle an.	Erhöhe die Schulden bei allen Kunden um 3 %.
Kreuztabellenabfrage	Die Kreuztabellenabfrage gruppiert Daten mit unterschiedlichen Berechnungsmethoden.	Wie entwickelte sich der Umsatz in den letzten 12 Monaten?
SQL-Abfrage	**Alle** Abfragen können in der Abfragesprache SQL formuliert werden.	s. o.

Marino Caponi möchte wissen, welche seiner Kunden aus Süddeutschland stammen. Er weiß, dass Allerheiligen in Süddeutschland ein Feiertag ist, und er möchte seine süddeutschen Gäste am Abend vor diesem Feiertag zu seinem Halloween-Menü einladen. Er nutzt dazu eine Auswahlabfrage.

1. Zuerst öffnet er seine Datenbank *Ristorante „Da Marino"* und markiert die Tabelle *Kunden*.
2. Dann wählt er in der Multifunktionsleiste den Reiter *Erstellen* und klickt auf den *Abfrage-Assistenten*.
3. In dem sich nun öffnenden Fenster wählt er den *Auswahlabfrage-Assistenten*.

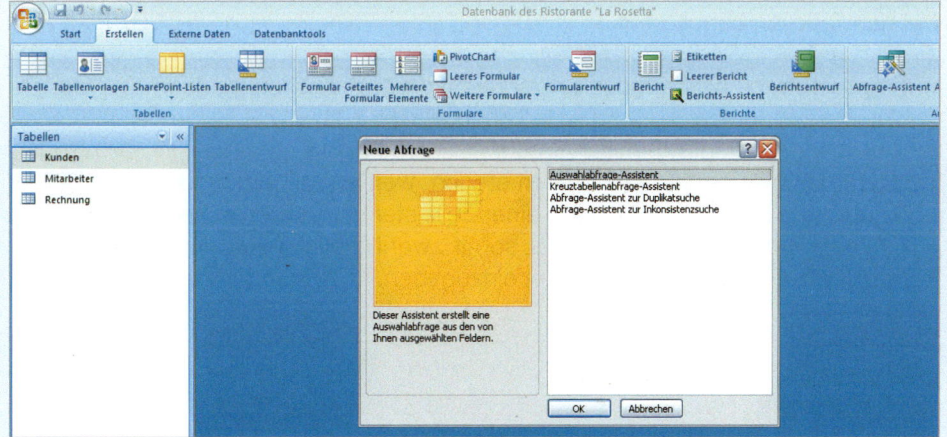

Nach der Bestätigung des *Auswahlabfrage-Assistenten* erfolgt die Auswahl der für die Abfrage relevanten Felder.

2 Aufbau und Aufgaben eines Datenbanksystems (DBS)

47

Anschließend müssen noch in den folgenden Fenstern die Details sowie die Änderung des Abfrageentwurfs ausgewählt werden.

Das Entwurffenster zeigt im oberen Bereich die gewählte Kundentabelle mit den definierten Datenfeldern. Im unteren Bereich können die gewünschten Datenfelder ausgewählt (**Projektion**) und für die einzelnen Datensätze Kriterien (Bedingungen) festgelegt werden (**Selektion**). Der untere Bereich ist ein Tool mit der Bezeichnung „Graphical Query by Example" (QBE), mit dem die Abfrage definiert wird.

In der Entwurfsansicht hat Marino Caponi nun verschiedene Möglichkeiten, die gewünschten Datenfelder auszuwählen. So kann er beispielsweise
1. in der Zeile *Feld* jede einzelne Zelle über die linke Maustaste anwählen und aus dem sich öffnenden Menü das gewünschte Attribut auswählen.
2. eine Auswahl der Kunden-Attribute über das Fenster *Kunden* treffen, die dann einzeln per „Drag and Drop" in die unten stehende Tabelle gezogen werden.

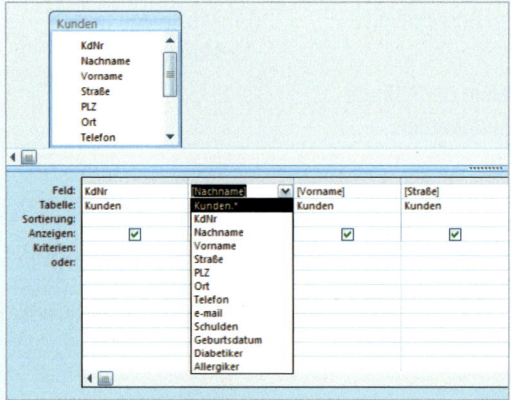

Eine Übersicht über Gültigkeitsregeln bzw. Kriterienausdrücke befindet sich im Werkzeugkasten am Ende des Buches.

Bis jetzt hat Marino Caponi alle Kunden mit ihren Adressen in dieser Abfrage ausgewählt. Er hat also schon eine **Projektion** der Kundentabelle vorgenommen. Jetzt muss er aus dieser Abfrage nur noch die süddeutschen Kunden **selektieren**. Für die Selektion der einzelnen Tabellenzeilen kann Marino Caponi dieselben Gültigkeitsregeln in die Kriterienzeile eintragen, die er schon für die Feldeigenschaften bei den Tabellen benutzt hat.

Für diese Abfrage hilft ihm das deutsche Postleitzahlensystem, denn die Postleitzahlen der süddeutschen Städte beginnen alle mit 7, 8 oder 9. In die Zeile *Kriterien* gibt er diese Bedingung in der Spalte *PLZ* an. Für die Kriterien gilt: alle Bedingungen, die in verschiedenen Zeilen stehen, werden mit einem logischen ODER verknüpft, alle Bedingungen, die in einer Zeile stehen, werden mit einem logischen UND verknüpft. Marino Caponi hat somit zwei Möglichkeiten, seine Einschränkungen bezüglich der Postleitzahlen einzugeben. Entweder untereinander oder in einem Feld.

Wenn die Kriterienbedingung länger ist als die Spalte und Marino Caponi die Spalte nicht breiter ziehen möchte, öffnet er durch gleichzeitiges Drücken der <SHIFT> und <F2> Tasten ein Zoom-Fenster, in dem er sich seine Kriterienbedingung in der gewünschten Schriftgröße ansehen kann.

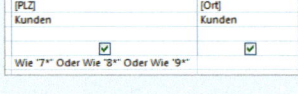

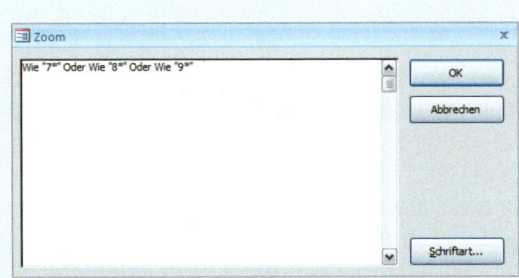

Im QBE-Bereich der Abfrage gibt Marino Caponi außer dem Datenfeld und der Tabelle, aus der das Attribut kommt, auch noch an, dass die Datensätze nach der Kundennummer aufsteigend sortiert sein sollen. Über das Häkchen in der Anzeigen-Zeile kann er außerdem steuern, ob diese Spalte in der Datenblattansicht angezeigt werden soll oder nicht. Über diese Häkchen könnte er also die Spalte *KdNr* ausblenden, obwohl die Datensätze nach ihr sortiert sind.

Zum Schluss sieht sich Marino Caponi seine erste Abfrage in der Datenblattansicht an und speichert die Abfrage unter dem Namen „Kunden_Süddeutschland". Anstatt das Symbol für die Datenblattansicht zu aktivieren, könnte er auch in der Multifunktionsleiste unter *Ergebnisse* auf *Ausführen* klicken.

KdNr	Nachnam	Vorname	Straße	PLZ	Ort	Telefon
K0013	Riech	Carola	Quantz-Str. 22	88669	Markdorf	
K0014	Renzhamme	Carola	Danziger Str. 6	88677	Markdorf	
K0021	Wachsmuth	Elke	Finkenburg 8	91413	Neustadt	09161/123456
K0026	Schneider	Heike	Postfach 11 34	81373	München	
K0030	Briel	Inge	Merlinweg 11	85521	Ottobrunn	

AUFGABEN

Hinweis: Die Aufgaben beziehen sich auf die Nordwind-Beispieldatenbank, die Bestandteil von Access ist.

1 Erstellen Sie eine Abfrage mit dem Namen „Mindestbestand größer 20", in der Artikelnummer, Artikelname und Mindestbestand aller Artikel, deren Mindestbestand größer als 20 ist, aufsteigend sortiert nach dem Artikelnamen angezeigt werden.

2 Erstellen Sie eine Abfrage mit dem Namen „Nachbestellung kleiner Mindestbestand", in der Artikelnummer, Artikelname und Mindestbestand aller Artikel, deren Mindestbestand größer als die ‚Mindeststückzahl für Nachbestellungen' ist, aufsteigend sortiert nach dem Mindestbestand angezeigt werden.

3 Erstellen Sie eine Abfrage mit dem Namen „Preis im Bereich", in der Artikelnummer, Artikelname und Listenpreis aller Artikel, deren Listenpreis 10,00 € nicht unter- und 20,00 € nicht überschreitet, angezeigt werden.

4 Alle Kunden der Westküste der USA sollen in einer Werbeaktion angeschrieben werden. Stellen Sie eine Adressliste dieser Kunden zusammen und speichern Sie sie unter dem Namen „Westcoast".

5 Erstellen Sie eine Adressliste all der Kunden, die nicht aus Kalifornien kommen.

6 Geben Sie den Firmennamen des Kunden aus, der am 22.03.2006 etwas bestellt hat. (Für diese Aufgabe wird mehr als eine Tabelle benötigt.)

7 Erstellen Sie eine Abfrage mit dem Namen „Kunden_Strasse_mit_3", bei der Kundennummer, Firma, Straße, PLZ, Ort und Bundesland der Kunden, bei denen in der Straße eine 3 vorkommt, aufsteigend sortiert nach der Firma angezeigt werden.

2.1.7 SQL-Abfragen

Marino Caponi hat seine erste QBE-Abfrage in Access erstellt. Stolz zeigt er das Ergebnis seinem Neffen Enzo. „Prima, Onkel Marino! Weißt du eigentlich, dass dieser Abfrage eigentlich eine Abfrage in SQL, der strukturierten Abfragesprache für Datenbanken, zugrunde liegt, die für alle Datenbankmanagementsysteme mehr oder weniger gleich ist? Das heißt also, wenn du SQL bei Access beherrschst, kannst du auch, mit winzigen Einschränkungen, mit Datenbanken in jedem beliebigen Datenbankmanagementsystem arbeiten."

SQL
= Structured Query Langage

SQL bildet die Grundlage für alle Operationen, die auf Datenbanken durchgeführt werden können. Es gibt bestimmte Befehle
- für das Anlegen und Ändern der Struktur einer Datenbank,
- das Einfügen, Löschen und Ändern von Inhalten einer Datenbank,
- das Abfragen von Inhalten einer Datenbank und
- die Verwaltung von Zugriffsrechten auf eine Datenbank.

SQL ist zwar eine standardisierte Abfragesprache, im Detail gibt es jedoch Unterschiede zwischen den einzelnen Systemen. So heißt z. B. bei einer Oracle-Datenbank der Datentyp für eine Kommazahl *Number,* während er in Access *LONG* heißt. Doch trotz der kleinen Unterschiede zwischen den einzelnen DBMS kann jeder SQL-Befehl leicht von einem DBMS auf ein anderes übertragen werden. Die SQL-Befehle, die man für Abfragen benötigt, gehören zu der **DQL** (Datenabfragesprache) und beginnen alle mit dem Schlüsselwort SELECT.

DQL
= Data Query Language

Semantik
▶ Kapitel 2.2.7, Seite 89

Jeder SELECT-Befehl in SQL enthält auf jeden Fall eine Datenfeldliste und eine Tabellenliste. Danach folgen unter Umständen Angaben über die gewünschten Bedingungen und über Sortierungs- und Gruppierungswünsche.

Sehen wir uns die Syntax von SQL-Befehlen einmal genau an. In der folgenden Tabelle wird eine so genannte Sprachsyntax für SQL in der Reihenfolge aufgelistet, in der die Sprachelemente angegeben sein müssen. Dabei bedeutet:
- [ ] Der Inhalt der eckigen Klammern ist optional, er muss also nicht unbedingt angegeben werden.
- | Der senkrechte Strich trennt Alternativen voneinander, von denen man eine auswählen kann.
- { } Die geschweiften Klammern sind das Gegenteil der eckigen Klammern (aus ihnen **muss** etwas ausgewählt werden).
- _ Unterstrichene Werte sind Default-Werte (Standard-Werte). Auch wenn sie in einer SQL-Anweisung nicht explizit angegeben werden, werden sie doch bei der Ausführung des SQL-Befehls eingesetzt.
- … der letzte Syntaxeintrag kann beliebig oft wiederholt werden.

Teil der SQL-Abfrage	Syntax	Beispiele
Datenfeldliste aus Tabelle	SELECT [ALL	DISTINCT] { *	[Tabelle.]Feld1[, [Tabelle.]Feld2[,...]]} FROM Tabelle ; [ALL	DISTINCT] – betrifft die Selektion von Datensätzen. Wenn man nichts angibt, wird automatisch ALL verwendet. Bei DISTINCT werden doppelt vorkommende Datensätze weggelassen. { *	[Tabelle.]Feld1[, [Tabelle.]Feld2[,...]]} – betrifft die Projektion von Datenfeldern. Entweder es werden mit * alle Datenfelder ausgewählt oder man gibt in der Datenfeldliste mindestens ein ausgewähltes Feld an. Vor den Felder können, durch einen Punkt getrennt, auch die Tabellen stehen, aus denen die Felder kommen.	**Gesucht:** Aus welchen Städten kommen die Kunden? **Antwort:** SELECT DISTINCT ort FROM kunden; **Gesucht:** Zeige alle Kunden mit allen Feldern an. **Antwort:** SELECT * FROM kunden;

Teil der SQL-Abfrage	Syntax	Beispiele
Bedingung	**[WHERE Suchbedingung]** Die Angabe einer Bedingung ist optional, muss also nicht unbedingt erfolgen. Die Suchbedingung, die hinter dem Schlüsselwort WHERE steht, liefert als Ergebnis immer WAHR oder FALSCH. Sie enthält • dieselben Vergleichsoperatoren wie die Gültigkeitsregeln, • die englischen logischen Operatoren **AND**, **OR** und **NOT**, (sie entsprechen den logischen Operatoren **UND**, **ODER** und **NICHT**), • **IN()**: *WHERE [Tabelle.]Feld [NOT] IN (Wert1 [, Wert2 ....])* (entspricht der Access-Funktion **IN()**), • **BETWEEN**: *WHERE [Tabelle.]Feld1 [NOT] BETWEEN { [Tabelle.]Feld2 I Konstante1 I math. Ausdruck } AND { [Tabelle.]Feld3 I Konstante2 I math. Ausdruck }* (entspricht dem Access-Operator **ZWISCHEN**…**UND**…), • **LIKE**: *WHERE [Tabelle.]Feld1 [NOT] LIKE 'Muster'* (entspricht dem Access-Operator **WIE**)	**Gesucht:** Zeige alle Kunden an, die aus Berlin und/oder Göttingen kommen. **Antwort1:** SELECT * FROM kunden WHERE ort = „Berlin" OR ort = „Göttingen"; **Antwort2:** SELECT * FROM kunden WHERE ort IN(„Berlin", „Göttingen"); Beide Antworten sind möglich.
Gruppierung	**[GROUP BY [Tabelle.]Feld3 [, [Tabelle.] Feld4]...]** Die Angabe einer Gruppierung ist optional, muss also nicht unbedingt erfolgen. Eine Gruppierung fasst alle Datensätze, die in der angegebenen Feldliste dieselben Werte enthalten, zu einem einzigen Datensatz zusammen. Falls in der SELECT-Anweisung eine Aggregatfunktion wie Sum() oder Count() verwendet wurde, wird für jeden Datensatz ein zusammenfassender Wert berechnet.	**Gesucht:** Zeige an, wie viele Kunden aus den einzelnen Städten kommen. **Antwort:** SELECT ort, COUNT(KdNr) FROM kunden GROUP BY ort;
Bedingung für Gruppierung	**[HAVING Suchbedingung]** HAVING gibt an, welche Bedingungen eine Gruppe von Datensätzen erfüllen muss, damit sie weiterverarbeitet wird. Wird HAVING genutzt, muss sie einer GROUP BY-Klausel folgen.	
Sortierung	**[ORDER BY [Tabelle.]Feld1 [ASC I DESC] [, [Tabelle.] Feld4]...]** Die Angabe der Sortierung der Daten erfolgt mit ASC für aufsteigend (engl.: ascending) und DESC für absteigend (engl.: descending).	

Marino Caponi wählt über *Multifunktionsleiste ▷ Ansicht* die SQL-Ansicht.

SELECT Kunden.[KdNr], Kunden.[Nachname], Kunden.[Vorname], Kunden.[Straße], Kunden.[PLZ], Kunden.[Ort]
FROM Kunden
WHERE (((Kunden.[PLZ]) Like "7*" Or (Kunden.[PLZ] Like "8*" Or Kunden.[PLZ] Like "9*"))
ORDER BY Kunden.[KdNr];

Obwohl dies auf den ersten Blick ziemlich kompliziert aussieht, bleibt Marino Caponi dennoch entspannt und sieht sich jede Zeile genau an:
- Hinter dem Wort **SELECT** stehen, durch Kommata getrennt, die einzelnen Attribute, die er aus der Tabelle Kunden ausgewählt hat. Allerdings wird hier vor jedem Attribut auch noch die Tabelle genannt, aus der das Attribut kommt. Die Tabellenattribute scheinen nach dem Muster *Tabelle-Punkt-Attribut* aufgelistet zu sein. Dabei trennt der Punkt den Tabellennamen von dem Attributnamen.
- Hinter dem Schlüsselwort **FROM** steht die Tabelle, aus der er die Attribute ausgewählt hat.
- In der **WHERE**-Zeile erkennt Marino Caponi seine Kriterienbedingung wieder: Die Postleitzahl soll mit 7, 8 oder 9 beginnen. **LIKE** bedeutet hier „ist so ähnlich wie" und **OR** ist das logische „oder", dass er schon von den Gültigkeitsregeln kennt. Weil die Postleitzahl ein Textfeld ist, steht „7*" in Anführungsstrichen.
- In der **ORDER BY**-Zeile kann Marino Caponi sehen, dass die Abfrage nach der Kundennummer sortiert ist.

SELECT *(engl.)*
= auswählen

FROM *(engl.)*
= von, aus

WHERE *(engl.)*
= wo;
im vorliegenden Fall bedeutet es aber so viel wie „wobei gelten soll"

LIKE *(engl.)*
= ähnlich wie

OR *(engl.)*
= oder;
im vorliegenden Fall das logische „oder"

ORDER BY *(engl.)*
= sortiert nach

Marino Caponi kann diese Abfrage zwar nachvollziehen, aber sie sieht sehr kompliziert aus. Da er weiß, dass automatisch erzeugte Codezeilen immer komplizierter als von Menschenhand eingegebene sind, möchte er diese Abfrage noch einmal etwas übersichtlicher mit SQL anlegen.

Dazu erstellt er eine neue Abfrage über die Multifunktionsleiste. Dort wählt er den Reiter *Erstellen* an und geht auf *Abfrageentwurf*. Als Nächstes schließt er das Fenster *Tabelle anzeigen* und wählt die *SQL-Ansicht*. Es erscheint nun ein Fenster, in dem bereits das Schlüsselwort SELECT und ein Semikolon für das Ende des Befehls stehen.

Marino Caponi trägt nun den SQL-Befehl ein, von dem er vermutet, dass er auch funktioniert. Da sich die ganze Abfrage nur auf eine Tabelle bezieht, lässt er einfach vor jedem Attribut den Tabellennamen weg und erhält folgende SQL-Abfrage:

SELECT KdNr, Vorname, Nachname, Straße, PLZ, Ort
FROM Kunden
WHERE (plz LIKE "7*") OR (plz LIKE "8*") OR (plz LIKE "9*")
ORDER BY KdNr;

Mit dieser Abfrage erhält er dieselben 16 Ergebnisdatensätze. Der SQL-Befehl ist allerdings viel übersichtlicher.

AUFGABEN

1. Lösen Sie die Aufgaben 1 bis 7 aus dem vorherigen Kapitel mit SQL statt mit QBE.

2.1.8 Parameterabfragen

Marino Caponi hat bereits eine Fülle von Abfragen erstellt. Jetzt plant er, auch die aus Norddeutschland stammenden Kunden für eine Aktion anzuschreiben. Er überlegt: „Es kann doch nicht sein, dass ich für jede Kleinigkeit eine neue Abfrage erstellen muss. Das muss muss doch flexibler zu lösen sein." Tatsächlich weiß sein Neffe Enzo Rat; er schlägt ihm vor, Parameterabfragen zu nutzen.

Parameterabfragen haben gegenüber normalen Abfragen den Vorteil, dass bei ihnen nicht immer dieselbe statische Bedingung abgeprüft wird, sondern bei jedem Starten der Parameterabfrage ein anderer Wert für eine Bedingung eingegeben werden kann. Beim Ausführen einer Parameterabfrage erscheint ein Eingabefenster, in dem der gewünschte Wert eingetragen werden kann.

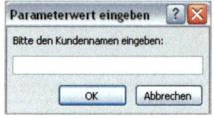

In die Kriterienzeile für das betroffene Attribut wird die gewünschte Bedingung geschrieben. Den Wert in der Bedingung setzt man dabei in eckige Klammern. Hierbei handelt es sich um einen Aufforderungstext zur Eingabe eines Wertes.

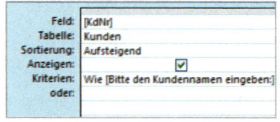

Marino Caponi möchte eine Abfrage erstellen, bei der er zur Laufzeit eingeben kann, aus welchem Postleitzahlenbereich die Kunden kommen sollen. Dazu erstellt er zunächst eine neue Abfrage in der Entwurfsansicht und der SQL-Ansicht:

Entwurfsansicht	SQL-Ansicht
Er erstellt eine Abfrage aus der Tabelle *Kunden*.	Er wählt die Felder *KdNr, Vorname, Nachname, Straße, PLZ* und *Ort* aus: „SELECT KdNr, Vorname, Nachname, Straße, PLZ, Ort"
Für die Abfrage benötigt er die Felder *KdNr, Vorname, Nachname, Straße, PLZ* und *Ort*, die im QBE-Bereich angegeben werden.	Nun gibt er an, dass die Daten aus der Tabelle *Kunden* kommen. „... FROM Kunden"
Dann trägt er als Kriterienausdruck für das Attribut *PLZ* "Wie [Bitte Postleitzahl eingeben]" ein.	Für die Bedingung gibt er an „WHERE plz LIKE [Bitte Postleitzahl eingeben]" So dass er als fertige SQL-Abfrage erhält: SELECT KdNr, Vorname, Nachname, Straße, PLZ, Ort FROM Kunden WHERE PLZ Like [Bitte Postleitzahl eingeben:];
Anschließend speichert er die Abfrage unter dem Namen „Kunden_plz".	Die fertige Abfrage speichert er unter dem Namen „Kunden_plz_sql".
Als er die Abfrage startet, erscheint ein PopUp-Fenster, in dem er den gewünschten Wert eintragen kann:	
Er erhält am Schluss folgenden Ergebnisdatensatz:	

AUFGABEN

1. Erstellen Sie eine Abfrage mit dem Namen „Kunden_aus_einem_Bundesland", in der Bundesland und Adresse der Kunden, aufsteigend sortiert nach dem Bundesland und der Firma, ausgegeben werden. Bei dieser Abfrage soll man das Bundesland als Parameter eingeben können.

2. Erstellen Sie eine Abfrage mit dem Namen „Mindestbestand_kleiner_gleich_Parameter", in der Artikelnummer, Artikelname, Liefereinheit, Listenpreis und Mindestbestand der Artikel ausgegeben werden. Über die Parameterabfrage kann man einen Wert eingeben, und alle Artikel, deren Mindestbestand kleiner oder gleich diesem Wert sind, werden angezeigt. Die Liste soll absteigend nach Mindestbestand sortiert sein.

3. Erstellen Sie eine Abfrage mit dem Namen „Bestellungen ab", bei der Bestell-Nummer, Kunde und Bestelldatum, aufsteigend sortiert nach dem Bestelldatum, ausgegeben werden. Das Datum soll als Parameter eingegeben werden können.

Hinweis: Die Aufgaben beziehen sich auf die Nordwind-Beispieldatenbank, die Bestandteil von Access ist.

2.1.9 Abfragen mit berechneten Feldern

Marino Caponi würde gerne wissen, wie viel Netto-Schulden seine Stammgäste bei ihm haben. Bisher sind nur die Bruttowerte in der Datenbank gespeichert. Für die Nettowerte ein neues Feld in die Datenbanktabelle einzufügen, hält er nicht für sinnvoll, weil man dann zwei Datenbankfelder pflegen müsste und sich dabei einmal häufiger vertippen kann. Man müsste doch die Nettowerte berechnen können.

Bei Abfragen in Datenbanken können so genannte berechnete Felder eingefügt werden. Diese Felder können aus Werten vorhandener Felder oder mittels Rechenoperationen gebildet werden.

In *Access* gibt man bei einem berechneten Feld in der Zeile *Feld* zuerst die gewünschte Spaltenüberschrift an, dann folgt ein Doppelpunkt und danach die Eingabe was in einem Feld wie berechnet werden soll.

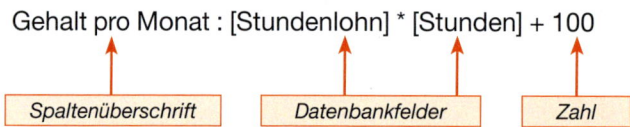

Gehalt pro Monat : [Stundenlohn] * [Stunden] + 100

Spaltenüberschrift   *Datenbankfelder*   *Zahl*

In diesem Beispiel werden die in der Datenbank vorhandenen Felder *Stundenlohn* und *Stunden* miteinander multipliziert und als Grundgehalt noch 100 € addiert. Die Datenbankfelder werden hierbei in eckige Klammern gesetzt. Das Ergebnis dieser Rechnung wird in der Spalte mit der Überschrift „Gehalt pro Monat" ausgegeben.

In **SQL** wird das gleiche Feld wie folgt erzeugt:

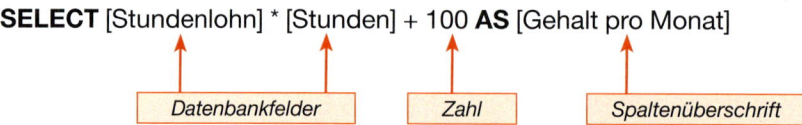

SELECT [Stundenlohn] * [Stunden] + 100 **AS** [Gehalt pro Monat]

Datenbankfelder   *Zahl*   *Spaltenüberschrift*

Die Spaltenüberschrift steht hier hinter dem Schlüsselwort **AS**, und falls die Spaltenüberschrift mehrere Wörter umfassen soll, wird sie mit eckigen Klammern eingeklammert. Wenn die Spaltenüberschrift nur aus einem Wort bestehen soll, kann man die eckigen Klammern an dieser Stelle weglassen:

SELECT [Stundenlohn] * [Stunden] + 100 **AS** Gehalt

Marino Caponi möchte eine Abfrage erstellen, bei der die Netto-Schulden der Kunden angezeigt werden, die Schulden bei ihm haben. Dazu erstellt er zunächst eine neue Abfrage in der Entwurfsansicht und der SQL-Ansicht:

Entwurfsansicht	SQL-Ansicht
Er erstellt eine Abfrage aus der Tabelle *Kunden*. 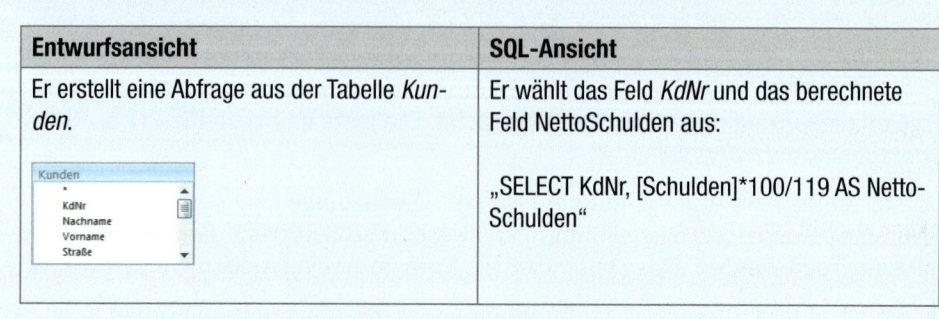	Er wählt das Feld *KdNr* und das berechnete Feld NettoSchulden aus: „SELECT KdNr, [Schulden]*100/119 AS Netto-Schulden"

Entwurfsansicht	SQL-Ansicht
Für die Abfrage benötigt er die Felder *KdNr* und das berechnete Feld *NettoSchulden*, die im QBE-Bereich angegeben werden.	Nun gibt er an, dass die Daten aus der Tabelle *Kunden* kommen. „... FROM Kunden"
Beim Kriterium gibt er für die NettoSchulden „>0" an. | Feld:	KdNr	NettoSchulden: [Schulden]*100/119 | |---|---|---| | Tabelle: | Kunden | | | Sortierung: | | | | Anzeigen: | ☑ | ☑ | | Kriterien: | | >0 | | oder: | | |	Er vermerkt, dass die NettoSchulden größer als 0 sind. SELECT KdNr, [Schulden]*100/119 AS NettoSchulden FROM Kunden WHERE [Schulden]*100/119>0; Bei der Bedingung (WHERE…) muss in SQL unbedingt die Berechnung des Feldes eingegeben werden und nicht die Überschrift der Spalte.
Das Ergebnis der Abfrage ist in beiden Fällen Folgendes: | KdNr | NettoSchuld | |---|---| | K0040 | 46,22 € | | K0070 | 33,61 € |	

AUFGABEN

1. Erstellen Sie eine Abfrage mit dem Namen „Mindestwert_auf_Lager" bei der Artikelnummer, Standardkosten, Mindestbestand und MINDESTWERT (Standardkosten * Mindestbestand) aus der Tabelle Artikel ausgegeben werden.

2. Erstellen Sie eine Abfrage mit dem Namen „Bestellwert_mit_MwSt", bei der Bestell-Nummer, Artikel und Gesamtwert inkl. Mehrwertsteuer aus der Tabelle Bestelldetails, absteigend sortiert nach dem Gesamtwert, ausgegeben werden.

3. Erstellen Sie eine Abfrage mit dem Namen „Zugeteilte_Artikel", bei der Artikelnummer und „Bestellter_Wert" (Einzelpreis * Anzahl) aus der Tabelle Bestelldetails, sortiert nach Artikel, ausgegeben werden. Es sollen nur die Artikel ausgegeben werden, die den Status „zugeteilt" haben.

4. Sortieren Sie die Aufgabe 4 nach der Kundennummer.

Hinweis: Die Aufgaben beziehen sich auf die Nordwind-Beispieldatenbank, die Bestandteil von Access ist.

2.1.10 Abfragen mit Aggregatfunktionen

> Marino Caponi interessiert nun, wie viele Schulden seine Stammgäste bei ihm haben. Er vermutet, dass er, wie in Excel, auch hier Funktionen verwenden kann.

Mithilfe von **Funktionsabfragen** (Abfragen mit **Aggregatfunktionen**) kann man Berechnungen an Gruppen von Daten durchführen und Berechnungsergebnisse anzeigen lassen. Access und SQL stellen zum Beispiel (ähnlich wie Excel) folgende Funktionen zur Verfügung:

Funktion	Ergebnis	SQL
Summe ()	Summiert alle Werte in dieser Spalte auf	SUM()
Mittelwert ()	Bildet den Mittelwert aller Werte dieses Attributs	AVG()
Minimum ()	Gibt den kleinsten Wert dieses Attributs zurück	MIN()
Maximum ()	Gibt den größten Wert dieses Attributs zurück	MAX()
Anzahl ()	Zählt die unterschiedlichen Datensätze zu diesem Attribut	COUNT()

Um die Aggregatfunktionen in Access nutzen zu können, muss man zunächst in der Multifunktionsleiste den Reiter *Entwurf* anwählen und das *Summen-Zeichen* aktivieren. Danach erscheint eine zusätzliche Zeile *Funktion* in der Entwurfansicht der Datenbankabfrage. In dieser Zeile kann die gewünschte Funktion eingeben werden.

In SQL wird die gewünschte Funktion einfach bei der Eingabe eines Datenfeldes angegeben, z. B. „SELECT SUM(Schulden) …"

Zwei Aspekte sind bei der Benutzung von Aggregatfunktionen zu beachten:

1. Aggregatfunktionen fassen die Werte der Datenfelder einer ganzen Tabellenspalte zu einem einzigen Wert zusammen. Sie addieren zum Beispiel die Zahlen einer Spalte zu einer Summe auf. Oder sie finden den maximalen oder minimalen Wert in dieser Spalte. Wenn man zusammengefasste Felder mit anderen Datenfeldern kombiniert, die mehrere Werte pro Spalte aufweisen, so muss die Abfrage nach den Spalten mit den mehreren Werten gruppiert werden, ansonsten folgt eine Fehlermeldung.
2. Durch Aggregatfunktionen zusammengefasste Felder bekommen eine neue Überschrift, die von Access automatisch generiert wird (z. B. „SummevonSchulden"). Wenn einem diese automatische Überschrift nicht gefällt, muss man eine eigene Überschrift angeben.

Aggregat (lat.)
= angehäuft, zusammengefasst

Marino Caponi möchte eine Abfrage erstellen, bei der die Summe der Schulden seiner Kunden angezeigt wird, wobei nach Diabetikern und Nicht-Diabetikern unterschieden wird. Dazu erstellt er zunächst eine neue Abfrage in der Entwurfsansicht und der SQL-Ansicht:

Entwurfsansicht	SQL-Ansicht
Er erstellt eine Abfrage aus der Tabelle *Kunden*.	Er wählt die Felder *Diabetiker* und *Schulden* aus, berechnet davon die Summe und überschreibt die Spalte mit „SchuldenSumme": „SELECT Diabetiker, SUM(Schulden) AS SchuldenSumme"
Für die Abfrage benötigt er die Felder *Diabetiker* und *Schuldensumme:Schulden*, die im QBE-Bereich angegeben werden. Anschließend klickt er in der Multifunktionsleiste auf das *Summen-Icon*, um die Funktion einzublenden.	Nun gibt er an, dass die Daten aus der Tabelle *Kunden* kommen. „… FROM Kunden"
	Wichtig ist noch, die Datensätze nach dem Feld Diabetiker zu gruppieren, weil die Abfrage sonst mit einem Fehler abbricht. SELECT Diabetiker, Sum(Schulden) AS SchuldenSumme FROM Kunden GROUP BY Diabetiker;
Das Ergebnis der Abfrage ist in beiden Fällen Folgendes:	

AUFGABEN

1. Erstellen Sie eine Abfrage mit dem Namen „Kunden_aus_einem_Bundesland", in der Bundesland und Anzahl der Kunden, absteigend sortiert nach der Anzahl der Kunden, angezeigt werden.

2. Erstellen Sie eine Abfrage mit dem Namen „Summe_Versandkosten_pro_Kunde", bei der Kunde und Summe der Versandkosten, aufsteigend sortiert nach der Kundennummer, angezeigt werden. (Für diese Abfrage wird mehr als eine Tabelle benötigt.)

3. Erstellen Sie eine Abfrage mit dem Namen „Anzahl_pro_Kategorie", bei der die Artikelkategorien zusammen mit der Anzahl der in ihnen vorhandenen Artikel angezeigt werden.

4. Erstellen Sie eine Abfrage mit dem Namen „Durchschnittlicher Listenpreis", bei der der Mittelwert des Listenpreises angezeigt werden soll.

Hinweis: Die Aufgaben beziehen sich auf die Nordwind-Beispieldatenbank, die Bestandteil von Access ist.

2.1.11 Abfragen mit anderen Funktionen und leere Felder

Marino Caponi möchte gern alle Stammgäste, die in einem bestimmten Monat Geburtstag haben, aus seiner Datenbank filtern, um sie zu einem Geburtstagsessen einladen zu können. Dafür hat er bei den Gültigkeitsregeln einige Funktionen für das Arbeiten mit dem Datum kennen gelernt. Diese Funktionen wendet er nun an. Doch wie kann er die Datensätze ausblenden, in die er noch kein Geburtsdatum eingetragen hat?

Die berechneten Felder in Abfragen werden nicht immer nur mit Rechenoperationen wie +, –, * und / berechnet. Manchmal sind Funktionen nötig, um sinnvolle Kriterien zu formulieren. Beispiele für häufig benutzte Funktionen sind:

Funktion	Ergebnis	SQL
DATUM()	liefert das heutige Datum	DATE()
TAG(datum)	gibt den Tag eines Datums zurück (=Zahl zwischen 1 und 31)	DAY(datum)
MONAT(datum)	gibt den Monat eines Datums zurück	MONTH(datum)
JAHR(datum)	gibt das Jahr eines Datums zurück	YEAR(datum)

Soll in einer Datenbank festgestellt werden, ob ein Datenfeld leer ist, wird es auf den Wert NULL überprüft. Dieser Null-Wert ist nicht gleich der Zahl 0, er bedeutet vielmehr, dass das Datenfeld leer ist, also **nichts** enthält.

Ist ein Datenfeld in einer Datenbank völlig leer, so gilt für dieses Datenfeld, dass es den Wert NULL enthält. NULL bedeutet also: Dieses Datenfeld hat keinen Inhalt. Einen Null-Wert darf man nicht mit der Zahl Null verwechseln, denn sie stellt einen Inhalt dar.

Marino Caponi möchte eine Abfrage erstellen, bei der die Summe der Schulden seiner Kunden angezeigt wird, wobei nach Diabetikern und Nicht-Diabetikern unterschieden wird. Dazu erstellt er zunächst eine neue Abfrage in der Entwurfsansicht und der SQL-Ansicht:

Entwurfsansicht	SQL-Ansicht
Er erstellt eine Abfrage aus der Tabelle *Kunden*.	Er wählt die Felder *Vorname*, *Nachname* und *Geburtsdatum* aus und berechnet, in welchem Monat der Kunde geboren wurde. Diese letzte Spalte bekommt die Überschrift „Geburtsmonat". „SELECT Vorname, Nachname, Geburtsdatum, MONTH(Geburtsdatum) AS Geburtsmonat"
Für die Abfrage benötigt er die Felder *Vorname*, *Nachname*, *Geburtsdatum* und *Geburtsmonat:Monat([Geburtsdatum])*, die im QBE-Bereich angegeben werden.	Nun gibt er an, dass die Daten aus der Tabelle *Kunden* kommen. „… FROM Kunden"
Damit ihm nur die Kunden angezeigt werden, für die ein Geburtsdatum eingetragen ist, gibt er die Bedingung „Ist Nicht Null" in die Kriterienzeile ein.	Damit ihm nur die Kunden angezeigt werden, für die ein Geburtsdatum eingetragen ist, gibt er die Bedingung „… WHERE MONTH(Geburtsdatum) <> NULL" ein.
Nun lässt er das Ergebnis der Abfrage nach dem Geburtsmonat sortiert ausgeben:	Nun lässt er das Ergebnis der Abfrage nach dem Geburtsmonat sortiert ausgeben: „…ORDER BY MONTH(Geburtsdatum);" SELECT Nachname, Vorname, Geburtsdatum, Month([Geburtsdatum]) AS Geburtsmonat FROM Kunden WHERE MONTH(Geburtsdatum) <> NULL ORDER BY MONTH(Geburtsdatum);

Das Ergebnis der Abfrage ist in beiden Fällen Folgendes:

Nachname	Vorname	Geburtsdatum	Geburtsmonat
Kastrup	Bettina	01.01.1938	1
Seeba	Christa	14.01.1945	1
Klemd	Alexandra	21.02.1935	2
Sautan	Annette	13.03.1966	3
Priebe	Bente-Ansa	06.03.1995	3
Wachsmuth	Elke	05.03.1961	3
Brennecke	Ulf	09.05.1959	5

Hinweis: Die Aufgaben beziehen sich auf die Nordwind-Beispieldatenbank, die Bestandteil von Access ist.

AUFGABEN

1. Erstellen Sie eine Abfrage mit dem Namen „Bestellung_mit_akt_Monat", bei der Bestellnummer und Bestelldatum aller Datensätze aus der Tabelle Bestellungen angezeigt werden, die in demselben Monat wie dem aktuellen Monat bestellt wurden.

2. Erstellen Sie eine Abfrage mit dem Namen „Sommerlieferungen", bei der Bestellnummer und Lieferdatum aller Lieferungen, die im Sommer stattfanden, sortiert nach Monat und Tag, angezeigt werden.

3. Erstellen Sie eine Abfrage mit dem Namen „Artikel_für_Aufträge", bei der Bestell-Nummer, Artikel, Wert (Einzelpreis * Anzahl) aus der Tabelle Bestelldetails, sortiert nach Bestell-Nummer, ausgegeben werden. Es sollen nur die Datensätze ausgegeben werden, für die eine Auftragsnummer existiert.

2.1.12 Aktionsabfragen

> Marino Caponi hat mit seinen Mitarbeitern gesprochen. Alle haben im letzten Jahr gut gearbeitet, und der Umsatz des Ristorante ist gestiegen. Deshalb hat er angekündigt, die Gehälter der festangestellten Mitarbeiterinnen und Mitarbeiter, die weniger als 2 000 Euro verdienen, um 3 % zu erhöhen.

Bei **Auswahlabfragen** werden die Daten in den zugrunde liegenden Tabellen nicht verändert. Die Auswahlabfragen gehören zu der DQL.

Mit **Aktionsabfragen** hingegen können entweder neue Tabellen erstellt oder die Daten in bereits vorhandenen Tabellen geändert werden. Die Aktionsabfragen gehören zu der DML (Datenmanipulationssprache).

Es ist allerdings sehr ratsam, vor der Ausführung von Aktionsabfragen eine **Sicherungskopie** der Datenbank anzulegen.

Es gibt verschiedene Arten von Aktionsabfragen:

DQL
▶ *Kapitel 2.1.7, Seite 50*

DML
= Data Manipulation Language

Abfrageart	Beschreibung	SQL-Syntax
Aktualisierungsabfragen	Mit einer Aktualisierungsabfrage kann man die Daten auf den neuesten Stand bringen, z. B. Gehaltserhöhungen für die Mitarbeiter oder Preiserhöhungen für eine bestimmte Produktgruppe durchführen.	**UPDATE** Tabelle **SET** Feld1 = Ausdruck1 [, Feld2 = Ausdruck2[,...]] [**WHERE** Suchbedingung];
Löschabfragen	Das Löschen vieler Datensätze, die dieselben Bedingungen erfüllen, geht wesentlich schneller, wenn man eine Löschabfrage verwendet. Um einzelne Datensätze zu löschen, empfiehlt es sich jedoch, den betreffenden Datensatz in der Datenblattansicht zu markieren und mit der <Entf> -Taste zu entfernen.	**DELETE FROM** Tabelle [**WHERE** Suchbedingung];
Tabellenerstellungsabfragen	Bei einer Tabellenerstellungsabfrage wird das Ergebnis der Abfrage in einer neuen Tabelle gespeichert. Solche Abfragen sind vor allem geeignet, um Sicherheitskopien einer Tabelle oder Archivtabellen mit alten Datensätzen zu erstellen.	In SQL erfolgt zuerst eine Tabellenerstellung (CREATE…) und dann das Anfügen von Datensätzen (INSERT INTO …).
Anfügeabfragen	Bei einer Anfügeabfrage werden die Ergebnisdatensätze der Abfrage an einer bereits bestehenden Tabelle angehängt. Dies ist zum Beispiel nützlich, um weitere Datensätze einer Archivierungstabelle hinzuzufügen.	In einer Tabelle können entweder feste Werte: **INSERT INTO** Tabelle [(Feld1[, Feld2[,...]])] **VALUES** (Feld1[, Feld2[,...]]); oder Werte aus einer anderen Tabelle eingefügt werden: **INSERT INTO** Tabelle [(Feld1[, Feld2[,...]])] **SELECT FROM** Tabelle…;

Marino Caponi möchte die Gehälter der festangestellten Mitarbeiterinnen und Mitarbeiter, die weniger als 2 000 € verdienen, in seiner Mitarbeitertabelle um 3 % erhöhen. Dazu sieht er sich zuerst die Gehälter in der Mitarbeitertabelle an.

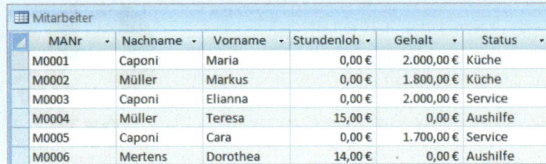

Betroffen von der Gehaltserhöhung wären also Markus Müller und Cara Caponi. Als Nächstes erstellt er eine neue Abfrage in der Entwurfsansicht und der SQL-Ansicht:

Entwurfsansicht	SQL-Ansicht
Er erstellt eine Abfrage aus der Tabelle *Mitarbeiter*. 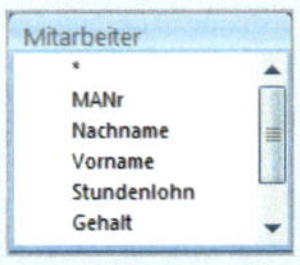	Er wählt für den UPDATE-Befehl die Tabelle *Mitarbeiter* aus: „UPDATE Mitarbeiter"
Für die Abfrage benötigt er die Felder *Stundenlohn* und *Gehalt*, die im QBE-Bereich angegeben werden.	Er berechnet dort das Feld Gehalt neu: „… SET Gehalt = [Gehalt] * 1.03"
Dann klickt er in der Multifunktionsleiste auf den Reiter *Entwurf* und anschließend auf *Aktualisieren*, trägt [Gehalt]*1.03 als Berechnungsvorschrift ein und gibt die notwendigen Bedingungen an.	Das Ganze soll nur durchgeführt werden, wenn der Mitarbeiter festangestellt ist (also ein Monatsgehalt bekommt) und sein Gehalt unter 2 000 € liegt: UPDATE Mitarbeiter SET Gehalt = [Gehalt]*1.03 WHERE (Stundenlohn=0) AND (Gehalt<2000);
Die Datenblattansicht der Abfrage ergibt in beiden Fällen Folgendes:	
Wenn er die Abfrage abspeichert, schließt und danach erneut ausführt oder auf *Ausführen* klickt, erscheint folgender Hinweis:	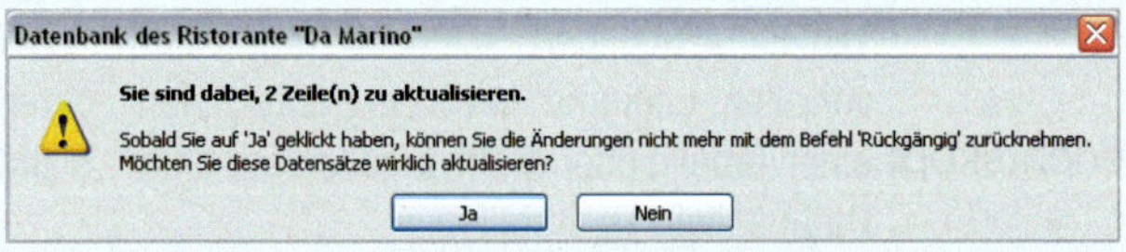
Nachdem er diesen Hinweis mit „Ja" bestätigt hat, findet er in der Mitarbeitertabelle die beiden betroffenen Gehälter geändert:	

Hinweis:
Die Aufgaben beziehen sich auf die Nordwind-Beispieldatenbank, die Bestandteil von Access ist.

AUFGABEN

1. In der Nordwind-Datenbank sollen alle Mindestbestände sämtlicher Artikel um 10 % erhöht werden. Erstellen Sie eine Abfrage, die diese Änderung durchführt.

2. In der Nordwind-Datenbank sind die Mitarbeiter aus Seattle in eine gemeinsame Wohnung gezogen. Ändern Sie die Straße dieser Mitarbeiter zu „456 2nd Avenue".

2.1.13 Berichte

> Marino Caponi überlegt sich, dass es toll wäre, wenn er seine Speisekarte nicht immer von Hand schreiben müsste. Er hat schon einige Speisen und Getränke in eine Tabelle eingepflegt. Ob er wohl aus dieser Tabelle einen Bericht erzeugen kann? Außerdem braucht er dringend eine Adress- und Telefonliste seiner Stammkunden.

In Berichten kann man beliebige Datenzusammenstellungen ausdrucken, sei es eine Kundenliste, eine Rezeptsammlung oder eine Speisekarte. Für jeden Bedarf gibt es eine geeignete Möglichkeit, einen Bericht zu erzeugen.

Auch bei Berichten gibt es, wie bei Tabellen und Formularen, unterschiedliche Möglichkeiten der Erstellung:
1. Mit dem **Berichtstool** erstellt Access automatisch einen Bericht mit allen Datenfeldern **einer** gewählten Tabelle oder Abfrage.
2. Mit der Hilfe des **Berichts-Assistenten** kann bestimmt werden, welche Datenfelder aus welchen Tabellen und Abfragen im Bericht gedruckt werden sollen und wie der Bericht grafisch gestaltet sein soll.
3. Über den **Berichtsentwurf** kann ein neuer Bericht ganz individuell gestaltet oder ein bestehender Bericht bearbeitet werden. Es ist auch möglich, nachträglich Grafiken und Steuerelemente in den Bericht einzufügen.

Der erstellte Bericht hat in der Seitenansicht automatisch am unteren Fensterrand eine Navigationsschaltfläche, um in den Seiten des Berichts zu navigieren.

Erstellt man einen Bericht in der **Entwurfsansicht**, so erscheint zunächst ein leerer Bericht und eine Werkzeugkiste mit **Steuerelementen**.

Steuerelemente
▶ *Kapitel 2.1.4, Seite 38*

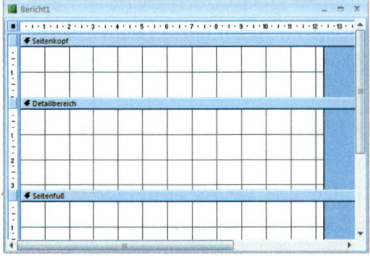

Ein Bericht gliedert sich in mehrere Bereiche:
- den Berichtskopf,
- den Seitenkopf,
- den Detailbereich,
- den Seitenfuß und ,
- den Berichtsfuß.

Um ein Steuerelement auf dem Bericht zu platzieren, klickt man es in der Multifunktionsleiste mit der linken Maustaste an und zieht es auf dem Bericht mit gedrückter linker Maustaste bis zur gewünschten Größe auf.

Wie bei den Formularen unterscheidet man bei den Steuerelementen drei Arten:
1. **Gebundene Steuerelemente**
   Sie enthalten Daten aus Feldern von Tabellen oder Abfragen, mit denen sie quasi fest verbunden sind.
2. **Berechnete Steuerelemente**
   Das sind meist gebundene Steuerelemente, bei denen aber auf den Feldern noch Berechnungen durchgeführt werden.
3. **Ungebundene Steuerelemente**
   sind Steuerelemente, die keine Datenquelle haben, sondern nur der Beschriftung und Gestaltung dienen.

Erster Bericht

Marino Caponi möchte einen Bericht erstellen, der **alle** Felder **einer** Tabelle enthält; er entscheidet sich für die einfachste Lösung:
1. Er wählt zuerst die Tabelle *Kunden* an.
2. Dann klickt er in der Multifunktionsleiste unter dem Reiter *Erstellen* auf das *Berichtstool*.
3. Abschließend aktiviert er die Seitenansicht.

Als Ergebnis erhält er einen tabellarischen Bericht:

Kunden			
KdNr	Nachname	Vorname	Straße
K0079	Ludwig	Alexander	Untere Straße 6
K0001	Klemd	Alexandra	Weishof 3
K0002	Göttinger	Andreas	Hunsiepen 26

Zweiter Bericht

Marino Caponi möchte seine Speisekarte als Bericht ausdrucken. Er erstellt einen Bericht mit dem *Berichts-Assistenten*.

1. Als Quelle für den Bericht wählt er die Tabelle *Speisen* aus.
2. Dann wählt er *alle Felder* aus. Genau wie beim *Formular-Assistenten* kann er versehentlich ausgewählte Felder wieder aus der Auswahl entfernen.
3. Auf der nächsten Seite des *Berichts-Assistenten* legt er als Gruppierungsebene die *Kategorie* fest, denn diese soll jeweils als Überschrift in der Speisekarte angezeigt werden.
4. Im dritten Fenster des *Berichts-Assistenten* könnte Marino Caponi festlegen, nach welchen Feldern der Bericht sortiert sein soll oder ob in dem Bericht Felder aufsummiert und anders zusammengefasst werden sollen. Die Zusammenfassungsoptionen könnte er für eine Rechnung gebrauchen, aber für die Speisekarte ist sie nicht nötig.
5. Im nächsten Fenster entscheidet er sich für das Layout *In Blöcken* und anschließend für das Format (hier: Ananke).
6. Am Schluss vergibt er noch einen Namen, markiert *Berichtsvorschau anzeigen* und stellt den Bericht fertig.

Formularassistent
▶ *Kapitel 2.1.4, Seite 38*

Mit dem Ergebnis ist Marino Caponi ganz zufrieden:

Speisen			
Kategorie	Speisennummer	Bezeichnung	Preis
Getränke			
	S404	Fanta	2,50 €
	S401	Cola	2,50 €
	S402	Cola Light	2,50 €
	S403	Sprite	2,50 €
Insalata			
	S203	Insalata Mista	3,50 €
	S201	Insalata Pomodori	3,50 €
	S202	Insalata Funghi	3,50 €

Zur Erinnerung:
Die Entwurfsansicht kann man u. a. in der Multifunktionsleiste über den Reiter Start bei den Ansichten einstellen.

Allerdings gefällt ihm nicht, dass die Attributnamen *Kategorie*, *Speisennummern*, *Bezeichnung* und *Preis* mit auftauchen. Das würde er gerne ändern.
Außerdem soll der Berichtskopf besser *Speisekarte „Da Marino"* lauten.

Zuerst wählt Marino Caponi für den Bericht die **Entwurfsansicht** aus.

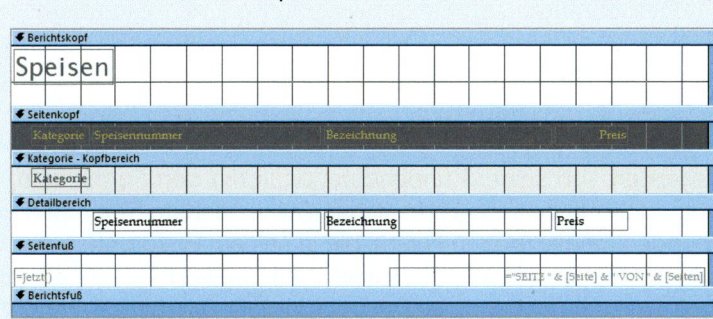

Marino Caponi ändert gezielt den Berichtskopf. Anschließend blendet er über dem Kontextmenü das **Eigenschaftenblatt** ein, wählt dort den Seitenkopfbereich aus und stellt unter dem Reiter *Format* den Punkt *Sichtbar* auf *Nein*. Die berechneten Felder im Seitenfuß lässt er, wie sie sind.

In der Seitenansicht entspricht das Ergebnis Marino Caponis Erwartungen.

AUFGABEN

1. Erstellen Sie einen tabellarischen Bericht zu der Tabelle LAGER in der Datenbank FIRMA.

2. Erstellen Sie einen Bericht zu der Nordwind-Datenbank, in dem die einzelnen Artikeldaten, nach Artikelkategorien unterteilt, aufgelistet werden. Der Bericht soll die Überschrift „Artikelkatalog" tragen und in der Fußzeile das aktuelle Datum und die Seitenzahl enthalten.

*Hinweis:
Die Aufgabe bezieht sich auf die Nordwind-Beispieldatenbank, die Bestandteil von Access ist.*

2.2 Datenmodellierung

2.2.1 Probleme bei der Speicherung von Daten

Marino Caponi ist begeistert von seiner Kundendatenbank mit den Formularen, Abfragen und Berichten, die er in ihr schon erstellt hat. Seine nächste Überlegung ist, dass er die Rechnungen für alle großen Feiern, die in seinem Ristorante gefeiert werden wie z. B. Geburtstage und Hochzeiten, auch mit Hilfe des PCs schreiben kann. Er könnte dann einfach mit Access einen Bericht drucken. Allerdings bereitet ihm die sinnvolle Organisation der Daten noch einiges Kopfzerbrechen. Wie fast jeden Tag kommt sein Neffe Enzo auf einen Sprung vorbei, um sich zu informieren, wie weit sein Onkel mit der Datenbank ist.

„Hallo Enzo, ich dachte, es sei der richtige Zeitpunkt, mal wieder etwas Neues auszuprobieren."
„Was hast du dir denn ausgedacht, Onkel Marino?"
„Schau mal. Für die Kunden, die bei uns ihren Geburtstag gefeiert oder ein Buffet nach Hause bestellt haben, möchte ich mit Hilfe eines Berichts in Access die Rechnung drucken lassen. Dafür habe ich neben meiner Kundentabelle eine neue Tabelle *Rechnung* angelegt. Hier habe ich auch schon die Daten für eine Rechnung eingetragen:"

ReNr	ReDatum	Gericht	Einzelpreis	Name	Vorname	Straße	PLZ	Ort
R001	08.08.09	Lasagne	9,80 €	Aman	Ernst	Lange Str. 4	59154	Warstein
R001	08.08.09	Ravioli	12,80 €	Amann	Ernst	Lange Str. 6	59154	Warstein
R001	08.08.09	Pizza Napoli	9,50 €	Amann	Ernst	Lange Str. 4	59354	Wrstein

„Oje. Mit dieser Tabelle wirst du aber einige Schwierigkeiten haben, wenn du die Rechnung schreibst oder noch weitere Rechnungen eingibst."
„Wieso das denn? Es steht doch alles drin, was ich brauche: Rechnungsnummer und -datum, die verzehrten Gerichte und die Kundenadresse."

„Aber sieh sie dir doch mal genau an. An welche Adresse willst du denn die Rechnung schicken? An die mit dem ersten, dem zweiten oder dem dritten Tippfehler? Und in deiner Kundentabelle steht wahrscheinlich noch eine ganz andere Adresse."
„Stimmt, ich habe mich vertippt, das ist mir noch gar nicht aufgefallen."

„Und was machst du, wenn eine Rechnung 20 Rechnungspositionen hat? Gibst du dann 20-mal die Rechnungsadresse ein?"
„Du hast Recht, aber weißt du denn eine bessere Möglichkeit?"

„Was du brauchst, ist ein vernünftiges Modell deiner Datenbank, damit du die Speicherung deiner Daten vernünftig planen kannst."

Die Speicherung von Daten kann zu erheblichen Problemen führen. Folgende Punkte sollten immer bei der Erstellung von Datenbanken beachtet werden.

Vermeidung von Redundanz
- In Marino Caponis Datenbank sind die Felder *Name, Vorname, Straße, PLZ* und *Ort* sowohl in der Tabelle *Kunde* als auch in der Tabelle *Rechnung* vorhanden. Dieses mehrfache Vorhandensein von Feldern ohne zusätzlichen Informationsgewinn nennt man **Redundanz**, die Felder *Name, Vorname, Straße, PLZ* und *Ort* sind in der Datenbank Ristorante „Da Marino" redundant. Solche Redundanzen, also doppelt gespeicherte Daten, nehmen nicht nur sehr viel Speicherplatz ein, sie können auch zu anderen Problemen in der Datenbank führen: zu Inkonsistenzen. Deshalb sollten Redundanzen bei der Modellierung von Datenbanken möglichst vermieden werden.

Konsistenter Datenbestand
- Datenintegrität muss für die gesamte Datenbank gewährleistet sein. Es muss immer ein **konsistenter** (also in sich stimmiger) Datenbestand vorhanden sein. **Inkonsistenzen** (also Unstimmigkeiten) innerhalb der Datenbank führen zu fehlerhaft bzw. uneinheitlich gespeicherten Daten.

Effizienz der Datenverwaltung
- Die **Datenverwaltung**, also das Ändern der Daten und der Datenstruktur, muss mit möglichst geringem zeitlichem Aufwand durchführbar sein. Das Bearbeiten von Datenbanken mit nicht notwendigen Redundanzen kann zu erheblichem Mehraufwand beim Eingeben und Verwalten der Daten führen (wie z. B. 20-mal die Adresse eintippen, wenn eine Rechnung 20 Rechnungspositionen hat). Außerdem kann es zu so genannten Anomalien, also Fehlern in der Datenbank, führen (z. B. lautet die Kundenadresse in der Rechnungstabelle anders als in der Kundentabelle).

Datenschutz und Datensicherheit
- Die Daten müssen vor unberechtigtem Zugriff geschützt werden (**Datenschutz**).
- Die Daten in der Datenbank müssen immer verfügbar sein und dürfen nicht verloren gehen (**Datensicherheit**).

AUFGABEN

1 Ein Kiosk hat folgende Artikel im Angebot:

Bestell-Nr.	Artikel	Rubrik
1001	Schokoriegel	Süßigkeiten
1002	Drageenüsse	Süßigkeiten
1003	Nussschokolade	Süßigkeiten
1004	Schokoladenkekse	Süßigkeiten
2001	Mehl	Grundnahrungsmittel
2002	Zucker	Grundnahrungsmittel
2003	Haferflocken	Grundnahrungsmittel

a) Wegen der Nachfrage der Kunden soll noch eine Rubrik „Zeitschriften" eingerichtet werden. Erläutern Sie, welche Probleme durch das Einfügen dieser Rubrik entstehen, solange noch kein Artikel aus dieser Rubrik ins Sortiment aufgenommen wurde.

b) Die Rubrik „Süßigkeiten" soll für alle Süßigkeiten, die Schokolade enthalten, die Bezeichnung „schokoladenhaltige Süßigkeiten" erhalten.
Untersuchen Sie, welche Probleme bei dieser Änderung auftreten können.

2 Nennen Sie Bereiche aus dem täglichen Leben, in denen Redundanzen sinnvoll sind.

3 Nennen Sie in der folgenden Tabelle die redundanten Daten.

Name	Abteilung	Projekt	Geb.-Datum	Projektverantwortlicher
Paul Reis	Vertrieb	Qualitätsmanagement, Betriebsausflug	11.11.1940	Laura Mehl, Paul Reis
Heinz Mehl	Geschäftsleitung	Balanced Scorecard, Weihnachsfeier	12.05.1956	Heinz Mehl, Karla Eme
Karl Mais	Verkauf	Qualitätsmanagement	21.04.1949	Laura Mehl
Karla Eme	Marketing	Qualitätsmanagement, Weihnachtsfeier	09.10.1964	Laura Mehl, Karla Eme
Laura Mehl	Vertrieb	Qualitätsmanagement	10.08.1975	Laura Mehl
Olli Dinkel	Einkauf	Qualitätsmanagement, Betriebsausflug	06.12.1980	Laura Mehl, Paul Reis

2.2.2 Datenmodell

Pflichtenheft
▶ *Kapitel 3.1, Seite 103*

„Wie soll denn so ein Modell meiner Datenbank für die Rechnungsschreibung in meinem Ristorante aussehen?"
„Weißt du, Onkel Marino, in der Uni haben wir gelernt, dass in so einem Fall ein Modell gezeichnet werden sollte. So ein Datenmodell ist übrigens ein wesentlicher Bestandteil eines Pflichtenheftes. Wenn man das Datenmodell zeichnet, ist gut zu erkennen, wie die Daten, die man für die Datenbank braucht, sinnvoll auf einzelne Tabellen verteilt werden können. Und wie hilfreich es sein kann, wenn man seine Gedanken in einem Modell skizziert und fixiert, hast du ja bereits kennen gelernt."

„Ok. Was schlägst du mir in meinem Fall konkret vor?"
„Wir überlegen einfach, welche wichtigen Objekte es für die Rechnungsschreibung gibt, welche Merkmale zu diesen Objekten gehören und in welcher Beziehung alle zueinander stehen. Wenn wir das in einer gut lesbaren Zeichnung auf ein Blatt Papier bringen, haben wir schon die halbe Miete."
„Also gut, fangen wir an."

Daten sind Informationen über die reale Welt. Da die reale Welt sehr vielgestaltig und abwechslungsreich sowie durch komplizierte Zusammenhänge hochkomplex verwoben ist, kann sie von uns nur dann mit einem gewissen Grad an Zuverlässigkeit überblickt werden, wenn wir bei ihrer Betrachtung unnötige Einzelheiten weglassen. Wir schränken deshalb unseren Blickwinkel auf die uns interessierenden und für uns wesentlichen Dinge der realen Welt ein. Dadurch erzeugen wir uns gedanklich einen Ausschnitt aus der realen Welt, eine so genannte **Miniwelt**.

So eine Miniwelt kann ein beliebiger Teil der realen Welt sein, beispielsweise Marino Caponis Ristorante oder lediglich die Rechnungsschreibung in dem Ristorante.

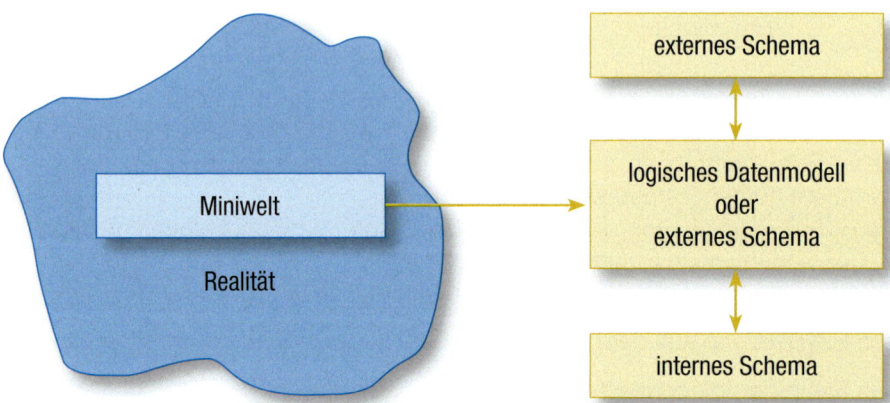

Diese Abbildung der Daten einer Miniwelt in einem Datenmodell nennt man **logisches Datenmodell** oder **konzeptionelles Schema**. Ein **Modell** stellt also die Wirklichkeit in vereinfachter Form dar. Es dient der Veranschaulichung und dem Verständnis komplizierter Sachverhalte und berücksichtigt immer nur den für die Aufgabenstellung relevanten Teil der Wirklichkeit.

Es gibt verschiedene Möglichkeiten, wie man das konzeptionelle Schema oder das logische Datenmodell anlegt. Im Laufe der Zeit hat es mehrere verschiedene Ansätze gegeben, von denen vier nachfolgend näher erläutert werden. Kommerziell wird momentan noch am häufigsten das relationale Datenbankmodell genutzt.

Wie dieses logische Datenmodell intern im Computer abgebildet wird, also wie die Daten physisch auf den Platten gespeichert werden etc., wird **internes Schema** genannt und interessiert uns an dieser Stelle nicht.

Das **externe Schema** beschreibt die Ausschnitte des konzeptionellen Schemas, die für einzelne Benutzer bzw. Anwendungen von Bedeutung sind. Das heißt, dass die verschiedenen Benutzer des Datenbanksystems nur bestimmte, vorher festgelegte Bereiche der Daten sehen und bearbeiten können.

> Weil Marino Caponi sich vorstellen kann, in Zukunft die Gehaltsabrechnung für seine Aushilfskräfte mit Hilfe von Access zu organisieren, hat er ein berechtigtes Interesse daran, dass nicht jeder Mitarbeiter in seinem Ristorante Zugriff auf alle Daten in der Datenbank hat. So soll es nur ausgesuchten Mitarbeitern möglich sein, über den PC Informationen über das Gehalt der Angestellten zu erhalten. Der Zugriff auf einige Abfragen und Berichte, die er als Grundlage zur strategischen Planung in seinem Ristorante benötigt, sollen nur ihm selbst vorbehalten sein.
>
> Deshalb meldet sich jeder Benutzer des Datenbanksystems mit seinem Benutzernamen und Passwort an. So wird sichergestellt, dass jeder nur die für ihn relevanten und erlaubten Daten sehen und bearbeiten kann. Die einzelnen Benutzer haben in diesem Fall also unterschiedliche Sichten auf die Datenbank. Diese unterschiedlichen Sichten werden in dem **externen Schema** festgelegt.

AUFGABEN

❶

Über diese Internetseite kann man auf die Artikeldatenbank eines Unternehmens zugreifen. Bisher ist der Betrachter der Internetseite noch nicht eingeloggt. Welche Vermutung haben Sie bezüglich des externen Schemas dieser Datenbank?

❷ Nennen Sie andere Beispiele für besondere externe Schemata zu Datenbanken.

2.2.3 Relationales Datenbankmodell

„Also, Enzo, wie soll ich denn nun die Kundenadresse auf die Rechnung bekommen, ohne dass ich die Kundenadresse in die Rechnungstabelle eingebe?"

Rechnung:

Rechnungsnummer	Rechnungsdatum	Kundennummer
R001	01.01.2009	K0813
R002	12.01.2009	K0814
R003	15.01.2009	K0813

Kunde:

Kundennummer	Name	...
K0811	Cefrau	...
K0812	Bemann	...
K0813	Amann	...

„Pass auf, Onkel Marino, ich mache dir eine Skizze, wie das funktionieren kann."
„Du brauchst dazu nur die Kundennummer. Die Kundennummer ist in der Kundentabelle Primärschlüssel. Wenn du die Kundennummer in der Rechnungstabelle einträgst, ist sie dort Fremdschlüssel, und du knüpfst eine Beziehung zwischen der Rechnungstabelle und der Kundentabelle. Dann weißt du über die Kundenummer auch die Kundenadresse und hast alle anderen Informationen zu dem Kunden."

> Eine Verknüpfung zwischen zwei Tabellen einer Datenbank, die durch die Beziehung von Primär- und Fremdschlüssel gebildet wird, heißt **Referenz**. Ein Datenbankmodell, dessen Struktur durch solche Referenzen gebildet wird, heißt **relationales Datenbankmodell**.

Dr. Edgar Frank Codd (* 23. August 1923 in Isle of Portland, Dorset; † 18. April 2003 in Williams Island, Florida) war Mathematiker, Wissenschaftler und gilt als Urvater der relationalen Datenbanken.

Das relationale Datenbankmodell wurde 1970 von Edgar F. Codd erstmals vorgeschlagen.

Die Grundlage des relationalen Datenbankmodells bilden **Relationen**. Mathematisch gesehen, ist eine Relation eine Beziehung zwischen Elementen einer Menge. Sehr nahe liegend ist die Darstellung von Relationen durch Tabellen. Die Darstellung durch Tabellen ist so intuitiv, dass viele DBMS eine entsprechende grafische Benutzeroberfläche anbieten (z. B. Tabellen in Access).

DBMS ▶ Kapitel 2, Seite 24

Zu einer Relation R gibt es ein **Relationenschema**, das aus dem Namen der Relation/Tabelle und einer Folge von Attributen besteht. Dabei gehört zu jedem Attribut A_i ein Wertebereich D_i, für den im Allgemeinen nur atomare (= einzelne) Werte wie ganze Zahlen, Kommazahlen und Zeichenketten zugelassen sind, nicht aber strukturierte und zusammengesetzte Daten.

*Bei relationalen Datenbanken bezeichnet ein **Tupel** eine Zeile in einer Tabelle.*

Für die Relationen ist die **Reihenfolge** der Tupel/der Zeilen und die Reihenfolge der Spalten in einer Tabelle völlig **egal**, weil es sich um eine Menge handelt. Wichtig ist jedoch, dass alle Attribute atomare Werte haben, dass es **keine zwei gleichen** Tupel gibt und alle Tupel **unterschiedliche Primärschlüssel** besitzen.

Relation (math.) = Beziehung zwischen den Elementen einer Menge

Das Ziel bei der Gestaltung eines relationalen Datenbankmodells ist es, große Datenmengen **ohne Redundanzen** und **Inkonsistenzen** zu speichern.

Der **Tabellenname** wird beim relationalen Datenbankmodell als **Relationstyp** bezeichnet. Alternative Begriffe hierfür sind in objektorientierten Modellen **Klasse** und beim Entity-Relationship-Modell, das später in diesem Kapitel besprochen wird, **Entitätstyp**.

Die **Spaltenüberschriften** der Tabellenspalten werden beim relationalen Datenbankmodell als **Relationenschema** bezeichnet. Bei objektorientierten Modellen und dem Entity-Relationship-Modell heißen sie **Attribute**. Umgangssprachlich nennt man Attribute auch **Eigenschaften** oder **Merkmale**.

Die **Zeilen** der Tabelle werden beim relationalen Datenbankmodell als **Tupel** bezeichnet. Alternative Begriffe hierfür sind bei objektorientierten Modellen **Objekt** oder **Instanz** und beim Entity-Relationship-Modell **Entität**. Sie wird aber auch häufig als **Datensatz** bezeichnet.

Die Inhalte der **Zellen** bzw. der **Felder** der Tabelle werden beim relationalen Datenbankmodell und auch bei allen anderen Modellen **Attributwerte** genannt.

Die Attributwerte der Attribute können Daten aus einem bestimmten **Wertebereich**, der auch **Domäne** oder auf Englisch **Domain** genannt wird, annehmen.

Die oben abgebildete Tabelle kann man folgendermaßen in der **Relationenschreibweise** schreiben:

Kunde(Kundennummer, Nachname, Vorname, Geburtsdatum, Diabetiker)

Oder noch genauer mit den Wertebereichen:

Kunde(Kundennummer INTEGER, Nachname CHAR(20), Vorname CHAR(20), Geburtsdatum DATE, Diabetiker BOOLEAN)

AUFGABEN

1. Entwerfen Sie eine Lösung für das Problem aus Aufgabe 1 des Kapitels 2.2.1 „Probleme bei der Speicherung von Daten".

2. Stellen Sie folgende Tabelle in der Relationenschreibweise dar:

Kursnr.	Kursname	Teilnehmer	Beginn	Stunden	Tanzlehrer	Tanzlehrerin
A1	Anfänger 1	24	01. Sep. 09	10	Meyer	Meyer
A2	Anfänger 2	24	04. Sep. 09	10	Meyer	Meyer
F1	Fortgeschrittene 1	16	05. Sep. 09	8	Gärtner	Weiß
F2	Fortgeschrittene 2	16	06. Sep. 09	10	Gärtner	Weiß

3. Geben Sie die Rechnungstabelle des Marino Caponi in der Relationenschreibweise mit Wertebereichen an.

2.2.4 Operationen auf Relationen

Für Marino Caponi ist es wichtig, dass er zukünftig eine gezielte Auswahl der Daten treffen kann, um sich nicht jedes Mal durch alle Daten hindurcharbeiten zu müssen. Sein Neffe Enzo hat ihm in diesem Zusammenhang gesagt, dass diese Auswahl mit bestimmten Operatoren ausgeführt werden muss.

Normalerweise möchte sich der Benutzer einer Datenbank nicht alle in der Datenbank zur Verfügung stehenden Daten gleichzeitig ansehen. Üblicherweise will er nur eine bestimmte Auswahl von Daten treffen, die ihm angezeigt werden soll. Diese Auswahl muss mit bestimmten Operationen, die man auf die Relationen ausführen kann, getroffen werden.

Die Operationen, die man auf die Relationen (Tabellen) ausführen kann, werden durch die **relationale Algebra** bestimmt. Unter anderem gibt es dort die:

Selektion (Auswahl)

Mit der **Selektion** $\sigma_{Kriterien}$ **(M)** können bestimmte Zeilen (Tupel), die den vorher festgelegten Kriterien genügen, aus einer Tabelle M ausgewählt werden. Die Selektion entspricht also dem Setzen eines **Filters** auf Tabellen oder Formulare in Access.

Marino Caponi möchte wissen, welche Kunden an Diabetes leiden. Diese Datensätze kann er aus der Tabelle selektieren.

Kundennummer	Nachname	Vorname	Geburtsdatum	Diabetiker
~~0001~~	~~Brieger~~	~~Charlotte~~	~~05.10.1988~~	~~Nein~~
~~0002~~	~~Haselmann~~	~~Christoph~~	~~12.02.1966~~	~~Nein~~
0003	Dennerlein	Susanne	30.04.1945	Ja
~~0004~~	~~Siekermann~~	~~Wolfgang~~	~~10.12.1973~~	~~Nein~~
0005	Flormann	Maria	25.05.1930	Ja
...				

SELECT *
FROM Kunden
WHERE Diabetiker = TRUE;

Projektion

Mit der **Projektion** $\pi_{Attribute}$ **(M)** werden bestimmte Spalten (Attribute) aus einer Tabelle M ausgewählt. Die Projektion entspricht also der **Auswahl einzelner Spalten** einer Tabelle bei den Abfragen in Access.

Marino Caponi möchte nur die Namen und das Geburtsdatum seiner Kunden wissen; daher können die Spalten für Kundennummer und Diabetiker weggelassen werden.

Kundennummer	Nachname	Vorname	Geburtsdatum	Diabetiker
0001	Brieger	Charlotte	05.10.1988	Nein
0002	Haselmann	Christoph	12.02.1966	Nein
0003	Dennerlein	Susanne	30.04.1945	Ja
0004	Siekermann	Wolfgang	10.12.1973	Nein
0005	Flormann	Maria	25.05.1930	Ja
...				

SELECT **Nachname, Vorname, Geburtsdatum**
FROM Kunden;

Kartesisches Produkt

Beim **Kartesischen Produkt $M_1 \times M_2$** wird jeder Datensatz der Tabelle M_1 mit jedem Datensatz der Tabelle M_2 verknüpft. Häufig wird diese Operation versehentlich angewendet, wenn keine Relation zwischen zwei Tabellen erstellt wurde.

Marino Caponi möchte zu jedem Kunden wissen, welche Rechnungen dieser erhalten hat. Dazu lässt er sich aus der Tabelle *Kunden* den Nachnamen anzeigen (M1) und aus der Tabelle *Rechnungen* die Rechnungsnummer (M2).

Nachname
Brieger
Haselmann
Dennerlein
Siekermann
Flormann

SELECT Nachname
FROM Kunden ;

RechnungsNr
R001
R002
R003

SELECT RechnungsNr
FROM Rechnungen ;

×

Nachname	RechnungsNr
Brieger	R001
Brieger	R002
Brieger	R003
Haselmann	R001
Haselmann	R002
Haselmann	R003
Dennerlein	R001
Dennerlein	R002
Dennerlein	R003
Siekermann	R001
Siekermann	R002
Siekermann	R003
Flormann	R001
Flormann	R002
Flormann	R003

SELECT Kunden.Nachname, Rechnungen.RechnungsNr
FROM Kunden, Rechnungen

Das Ergebnis ist für ihn unbefriedigend, weil zu jedem Kunden alle Rechnungsnummern aus der Tabelle *Rechnungen* angezeigt werden.

Inner Join (Verbund)

Beim **Inner Join $M_1 \bowtie M_2$** werden zwei Tabellen M_1 und M_2 über ein Feld miteinander verknüpft. Die Datensätze aus den beiden Tabellen werden im Gegensatz zu dem Kartesischen Produkt nur dann miteinander verbunden, wenn übereinstimmende Werte in dem Verknüpfungsfeld gefunden werden, die in beiden Tabellen vorhanden sind. Üblicherweise ist dieses Feld in der einen Tabelle ein **Fremdschlüssel** und in der anderen Tabelle der **Primärschlüssel**.

Marino Caponi möchte nun wirklich zu jedem Kunden wissen, welche Rechnungen dieser erhalten hat. Dazu lässt er sich aus der Tabelle *Kunden* den Nachnamen anzeigen und aus der Tabelle *Rechnungen* die Rechnungsnummer.

Nachname	KdNr
Brieger	0001
Haselmann	0002
Dennerlein	0003
Siekermann	0004
Flormann	0005

SELECT Nachname
FROM Kunden ;

KdNr	RechnungsNr
0005	R001
0001	R002
0002	R003

SELECT RechnungsNr
FROM Rechnungen ;

$\bowtie$

Nachname	RechnungsNr
Brieger	R002
Haselmann	R003
Flormann	R001

SELECT Kunden.Nachname, Rechnungen.RechnungsNr
FROM Kunden INNER JOIN Rechnungen ON Kunden.KdNr = Rechnungen.KdNr;

Statt mit INNER JOIN könnte man diese Abfrage auch so formulieren:

SELECT Kunden.Nachname, Rechnungen.RechnungsNr
FROM Kunden, Rechnungen
WHERE Kunden.KdNr = Rechnungen.KdNr;

Vereinigung

Bei der **Vereinigung $M_1 \cup M_2$** sind das Ergebnis alle die Datensätze, die entweder in der Menge M_1 sind oder in der Menge M_2 oder in beiden:
$M = \{x \mid x \in M_1 \lor x \in M_2\}$

Marino Caponi möchte wissen, welche Kunden Diabetiker sind (M_1) oder mehr als 30 € Schulden haben (M_2).

Nachname	Vorname	Diabetiker	Schulden
Brieger	Charlotte	Ja	0,00 €
Flormann	Maria	Ja	35,00 €

Nachname	Vorname	Diabetiker	Schulden
Haselmann	Christoph	Nein	40,00 €
Flormann	Maria	Ja	35,00 €

SELECT Nachname, Vorname, Diabetiker, Schulden
FROM Kunden
WHERE Diabetiker=TRUE ;

SELECT Nachname, Vorname, Diabetiker, Schulden
FROM Kunden
WHERE Schulden>30;

∪

Nachname	Vorname	Diabetiker	Schulden
Brieger	Charlotte	Ja	0,00 €
Haselmann	Christoph	Nein	40,00 €
Flormann	Maria	Ja	35,00 €

SELECT Nachname, Vorname, Diabetiker, Schulden
FROM Kunden
WHERE Diabetiker=TRUE
UNION
SELECT Nachname, Vorname, Diabetiker, Schulden
FROM Kunden
WHERE Schulden>30;

Statt mit UNION könnte man diese Abfrage auch so formulieren:

SELECT Nachname, Vorname, Diabetiker, Schulden
FROM Kunden
WHERE Diabetiker=TRUE **OR** Schulden > 30;

Durchschnitt

> Beim **Durchschnitt $M_1 \cap M_2$** sind das Ergebnis alle die Datensätze, die sowohl in der Menge M_1 sind als auch in der Menge M_2:
> $M = \{x \mid x \in M_1 \land x \in M_2\}$

Marino Caponi möchte wissen, welche Kunden Diabetiker sind (M_1) und mehr als 30 € Schulden haben (M_2).

Nachname	Vorname	Diabetiker	Schulden
Brieger	Charlotte	Ja	0,00 €
Flormann	Maria	Ja	35,00 €

Nachname	Vorname	Diabetiker	Schulden
Haselmann	Christoph	Nein	40,00 €
Flormann	Maria	Ja	35,00 €

SELECT Nachname, Vorname, Diabetiker, Schulden
FROM Kunden
WHERE Diabetiker=TRUE ;

SELECT Nachname, Vorname, Diabetiker, Schulden
FROM Kunden
WHERE Schulden>30;

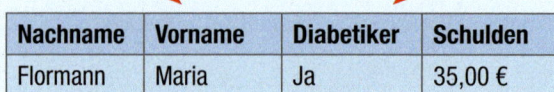

Nachname	Vorname	Diabetiker	Schulden
Flormann	Maria	Ja	35,00 €

SELECT Nachname, Vorname, Diabetiker, Schulden
FROM Kunden
WHERE Diabetiker=TRUE **AND**
(SELECT Nachname, Vorname, Diabetiker, Schulden
FROM Kunden
WHERE Schulden>30);

Statt mit einer **Unterabfrage** könnte man diese Abfrage auch einfacher formulieren:

SELECT Nachname, Vorname, Diabetiker, Schulden
FROM Kunden
WHERE Diabetiker=TRUE **AND** Schulden>30;

Differenzmenge

Bei der **Differenzmenge $M_1 \setminus M_2$** sind das Ergebnis alle die Datensätze, die zwar in der Menge M_1 sind, aber nicht in der Menge M_2:
$M = \{x \mid x \in M_1 \land x \notin M_2\}$

Marino Caponi möchte wissen, welche Kunden Diabetiker sind (M_1) und nicht mehr als 30 € Schulden haben (M_2).

Nachname	Vorname	Diabetiker	Schulden
Brieger	Charlotte	Ja	0,00 €
Flormann	Maria	Ja	35,00 €

Nachname	Vorname	Diabetiker	Schulden
Haselmann	Christoph	Nein	40,00 €
Flormann	Maria	Ja	35,00 €

SELECT Nachname, Vorname, Diabetiker, Schulden
FROM Kunden
WHERE Diabetiker=TRUE ;

SELECT Nachname, Vorname, Diabetiker, Schulden
FROM Kunden
WHERE Schulden>30;

\

Nachname	Vorname	Diabetiker	Schulden
Brieger	Charlotte	Ja	0,00 €

SELECT Nachname, Vorname, Diabetiker, Schulden
FROM Kunden
WHERE Diabetiker=TRUE **AND NOT**
(SELECT Nachname, Vorname, Diabetiker, Schulden
FROM Kunden
WHERE Schulden>30);

Statt mit einer **Unterabfrage** könnte man diese Abfrage auch einfacher formulieren:

SELECT Nachname, Vorname, Diabetiker, Schulden
FROM Kunden
WHERE Diabetiker=TRUE **AND NOT** Schulden>30;

AUFGABEN

1. Ermitteln Sie die Bearbeiter der Bestellungen im Mai. Geben Sie dabei den Vor- und Nachnamen des Bearbeiters an und sortieren Sie die Ergebnisdatensätze nach dem Nachnamen.

2. Geben Sie die Adressen aller Kunden an, die sowohl aus Milwaukee kommen als auch Einkaufsmanager sind.

3. Geben Sie die Adressen aller Lieferanten an, deren Nachname mit „S" beginnt oder die „Marketing Manager" sind.

4. Geben Sie die Adressen aller Lieferanten an, deren Nachname zwar mit „S" beginnt, die aber kein „Marketing Manager" sind.

Hinweis:
Die Aufgaben beziehen sich auf die Nordwind-Beispieldatenbank, die Bestandteil von Access ist.

2.2.5 Entity-Relationship-Modell (Datenmodellierung Top-Down)

top-down
*= „von oben nach unten"
(Vorgehensweise: vom Abstrakten zum Konkreten)*

Peter Chen
US-amerikanischer Informatiker, stellte 1976 erstmals das Entity-Relationship-Modell zur Datenmodellierung vor.

> „Gut Enzo, jetzt habe ich verstanden, wie die Rechnungs- und die Kundentabelle in einem relationalen Datenbankmodell zusammenhängen und was man alles mit den Tabellen machen kann. Aber wie soll ich denn nun die Datenbank aufbauen, damit ich eine Rechnung drucken kann?"
>
> „Ok, Onkel Marino, um dir das zu zeigen, zeichne ich dir ein Entity-Relationship-Diagramm."

Das **Entity-Relationship-Modell** war das erste Beschreibungsmittel zur Erstellung von konzeptionellen Schemata und hat sich wegen seiner Einfachheit und leichten Verständlichkeit bis heute bewährt.

Bei der Softwareentwicklung bildet das ER-Modell einen wichtigen Bestandteil des Pflichten- und Lastenheftes. Weil es so gut verständlich ist, bildet es eine gute Grundlage auf der sich die Anwender eines Softwareproduktes und ihre Entwickler miteinander verständigen können. Der Inhalt des ER-Diagramms zeigt, **was** für Daten abgebildet werden sollen, und nicht, **wie** dies technisch umgesetzt wird. In der Implementierungsphase dient das ER-Modell als Grundlage für das Design der Datenbank.

Nachfolgend werden ER-Diagramme nicht in ihrem vollen Umfang behandelt, sondern nur die grundlegenden Elemente.

Entitätsmenge/Entitätstyp

Eine Entität (Entity) ist ein Objekt der Realität, z. B. der Gast „Ernst Bemann", das Gericht „Pizza Diavolo" oder die Rechung mit der Nummer „R004". Entitäten werden zu Entitätsmengen oder Entitätstypen (auch: Entitytyp) zusammengefasst und als Rechteck dargestellt.

| Gericht | Kunde | Rechnung |

Beziehung/Beziehungstyp

Zwischen den einzelnen Entitäten einer Entitätsmenge besteht eine bestimmte Beziehung, z. B.: „Ernst Bemann **bestellt** eine Pizza Diavolo" oder „Ernst Bemann **bezahlt** die Rechnung Nummer R004". Diese Beziehungen fasst man zusammen zu dem Beziehungstyp, der durch eine Raute dargestellt wird.

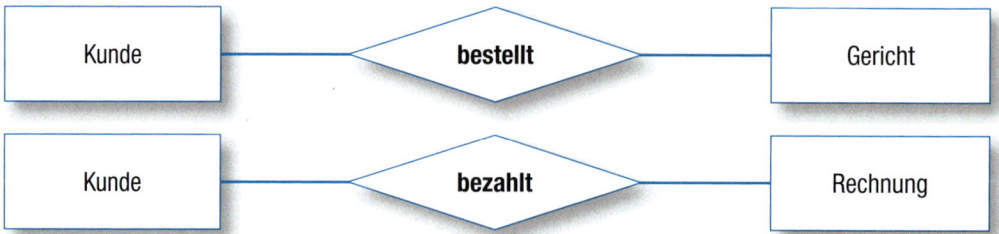

Kardinalität

Die Kardinalität gibt an, wie viele Entitäten aus jeder Entitätsmenge an einer Beziehung beteiligt sein können. Sie wird an der Verbindungslinie, die von einer Entitätsmenge ausgeht, durch eine Ziffer oder einen Buchstaben dargestellt.

Bei der **1:1-Beziehung** gibt es zu jeder Entität der einen Menge eine Entsprechung in der anderen Entitätsmenge.

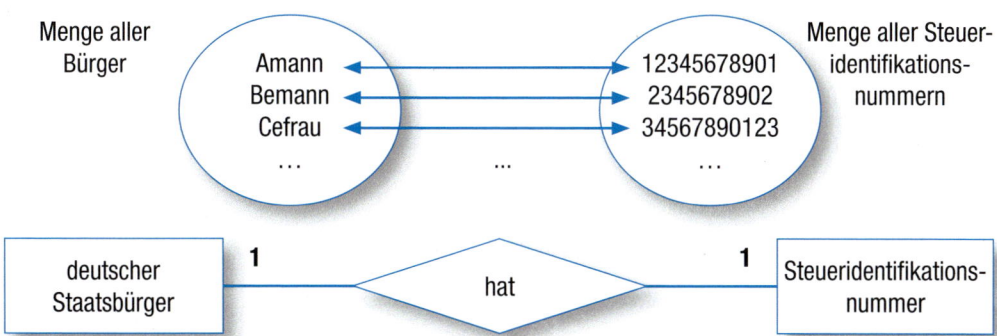

Man liest die Kardinalitäten dieses ER-Diagramms wie folgt:
Ein deutscher Staatsbürger hat **genau eine** Steueridentifikationsnummer, und eine Steueridentifikationsnummer gehört zu **genau einem** deutschen Staatsbürger.

Bei der **1:n-Beziehung** gibt es zu jeder Entität der einen Menge mehrere Entsprechungen in der anderen Entitätsmenge.

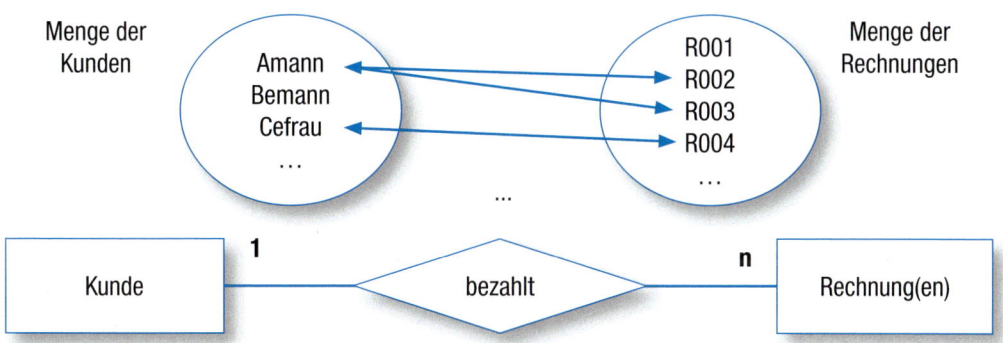

Die Kardinalitäten werden bei diesem ER-Diagramm so gelesen:
Ein Kunde kann **mehrere** Rechnungen bezahlen, und eine Rechnung wird von **genau einem** Kunden bezahlt.

Bei der **n:m-Beziehung** gibt es zu jeder Entität der einen Menge mehrere Entsprechungen in der anderen Entitätsmenge und umgekehrt.

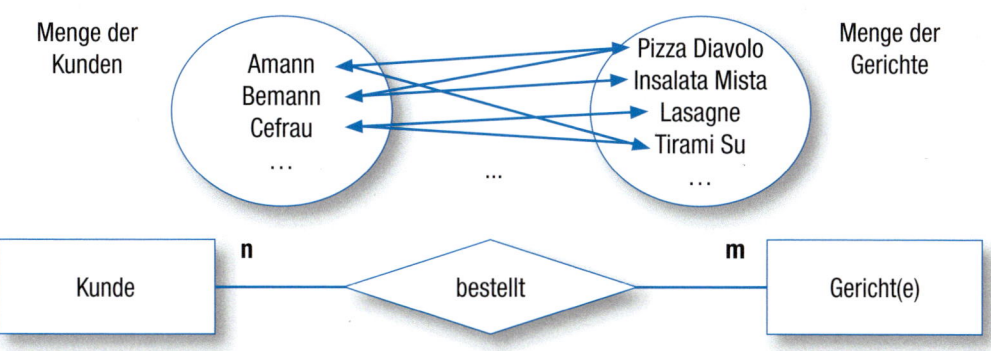

Man liest die Kardinalitäten dieses ER-Diagramms wie folgt:
Ein Kunde bestellt **mehrere** Gerichte, und ein Gericht wird von **mehreren** Kunden bestellt.

Die Buchstaben **n** und **m** stehen hier für mehrere Entitäten aus einer Entitätsmenge. Man wählt hier die unterschiedlichen Buchstaben **n** und **m**, weil die Anzahl der bestellten Gerichte nicht unbedingt der Anzahl der bestellenden Kunden entspricht.

Attribut

Als **Attribute** werden die Eigenschaften eines Entitäts- oder Beziehungstyps bezeichnet, z. B. sind *Nachname*, *Vorname* und *Kundennummer* Attribute der Entitätsmenge *Kunde*. Attribute werden mit Ellipsen dargestellt.

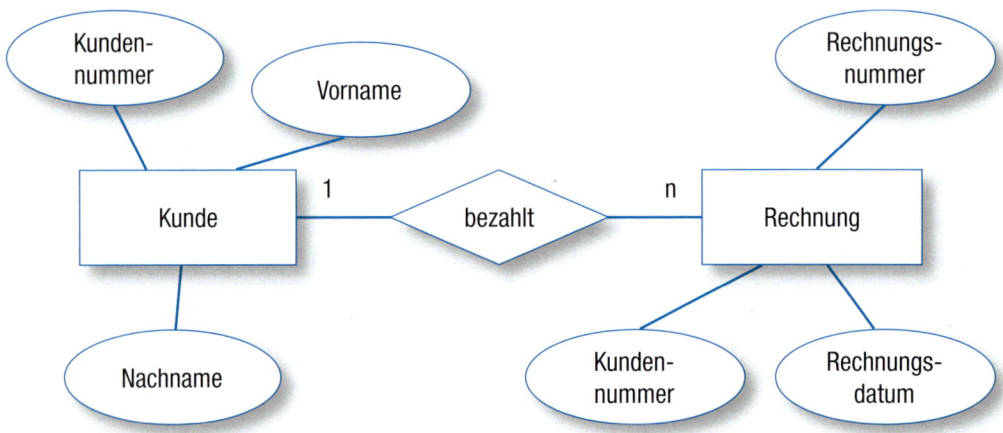

Schlüsselattribute

Das Attribut (oder die Attributkombination) einer Entitätsmenge dessen Wert jedes Element dieser Menge (also jede Entität) eindeutig identifiziert, nennt man **identifizierendes Attribut**. Es wird unterstrichen:

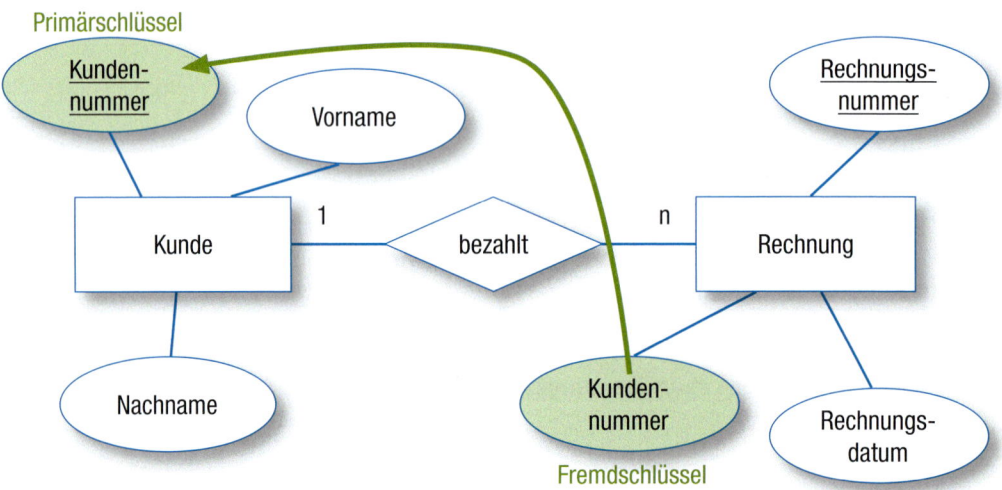

Die identifizierenden Attribute *Kundennummer* bei der Entitätsmenge *Kunde* und *Rechnungsnummer* bei der Entitätsmenge *Rechnung* sind unterstrichen. Man bezeichnet sie auch als **Primärschlüssel**.

Das Attribut *Kundennummer* bei der Entitätsmenge *Rechnung* verweist auf den Primärschlüssel *Kundennummer* in der Tabelle *Kunde*. Das Attribut *Kundennummer* ist bei der Entitätsmenge *Rechnung* ein **Fremdschlüssel**.

Bei n:m-Beziehungen kann man in keiner der Entitätsmengen einen Fremdschlüssel unterbringen, weil zu jeder Entität der einen Menge mehrere Entitäten der anderen Menge gehören können und ein Attribut nur einen Wert beinhalten darf. Deshalb erhält in diesem Fall der Beziehungstyp auch Attribute. Zu den Attributen, die dem Beziehungstyp zugeordnet werden, gehören die Primärschlüssel der verknüpften Entitätsmengen. Dazu kommen noch andere Attribute, die die zwei verknüpften Entitäten näher beschreiben.

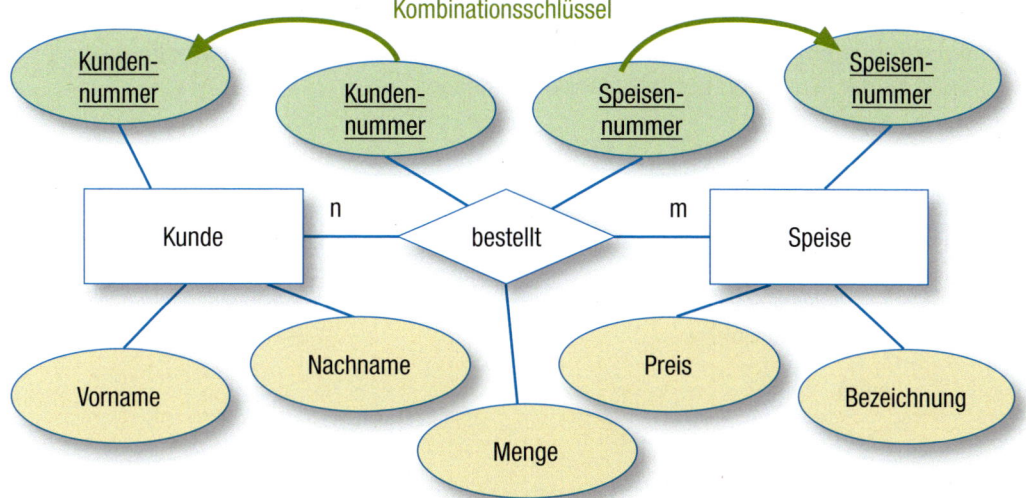

In dem oben abgebildeten Beispiel gehören zu dem Beziehungstyp *bestellt* die Attribute *Kundennummer, Speisennummer* und *Menge*. Hierbei identifizieren die Attribute *Kundennummer* und *Speisennummer* **gemeinsam** jede einzelne Beziehung. Man spricht in diesem Fall von einem **Kombinationsschlüssel**. Die einzelnen Teile eines Kombinationsschlüssels sind gleichzeitig auch Fremdschlüssel, weil sie in einer anderen Entitätsmenge Primärschlüssel sind.

Enzo identifiziert für Marino Caponi die Entitätsmengen, die er für das Schreiben der Rechnung in seinem Ristorante braucht: Kunde, Rechnung und Speise.

Danach überlegen beide, welche Attribute sie auf der Rechnung benötigen, die später ausgedruckt werden soll:
- Das wären einerseits die Kundennummer, der Vorname und Nachname und die Anschrift des Kunden.
- Andererseits müssen auf der Rechnung die Rechnungsnummer, das Rechnungsdatum und das Datum der Feier auftauchen.
- Außerdem muss es einzelne Rechnungspositionen geben, in denen die Identifikationsnummer der Speisen, die Bezeichnung, die Menge und der Einzelpreis stehen.

Da Enzo schon einige Erfahrung mit dem Erstellen von Datenmodellen hat, zeichnet er mit diesen Informationen ein passendes ER-Modell.

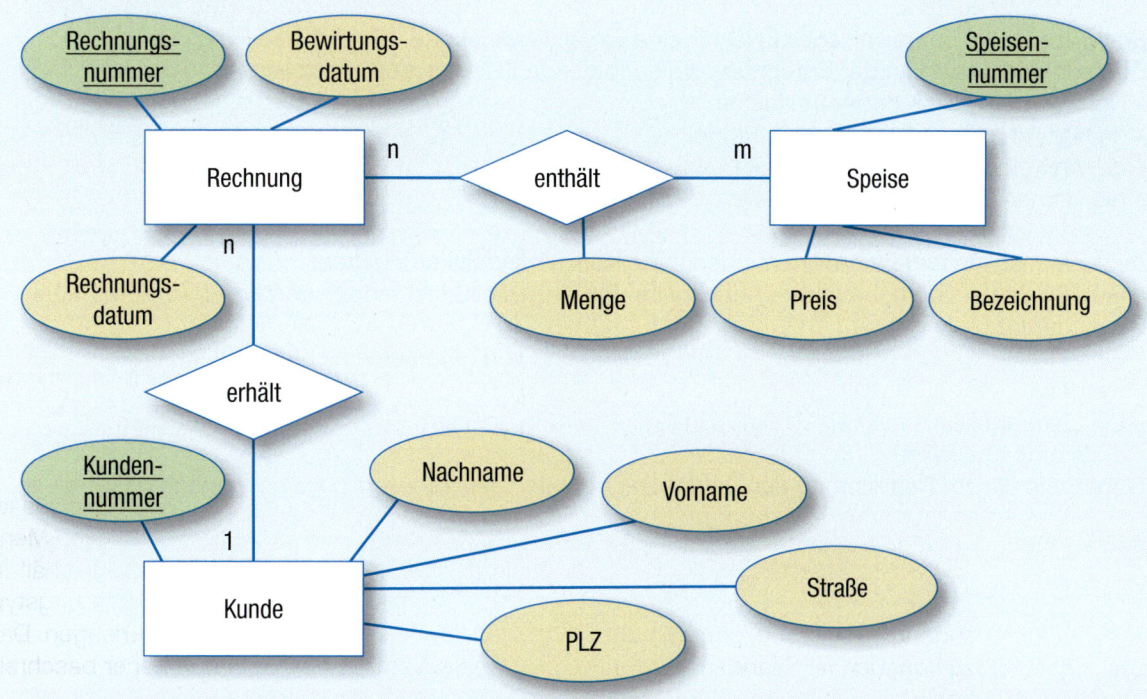

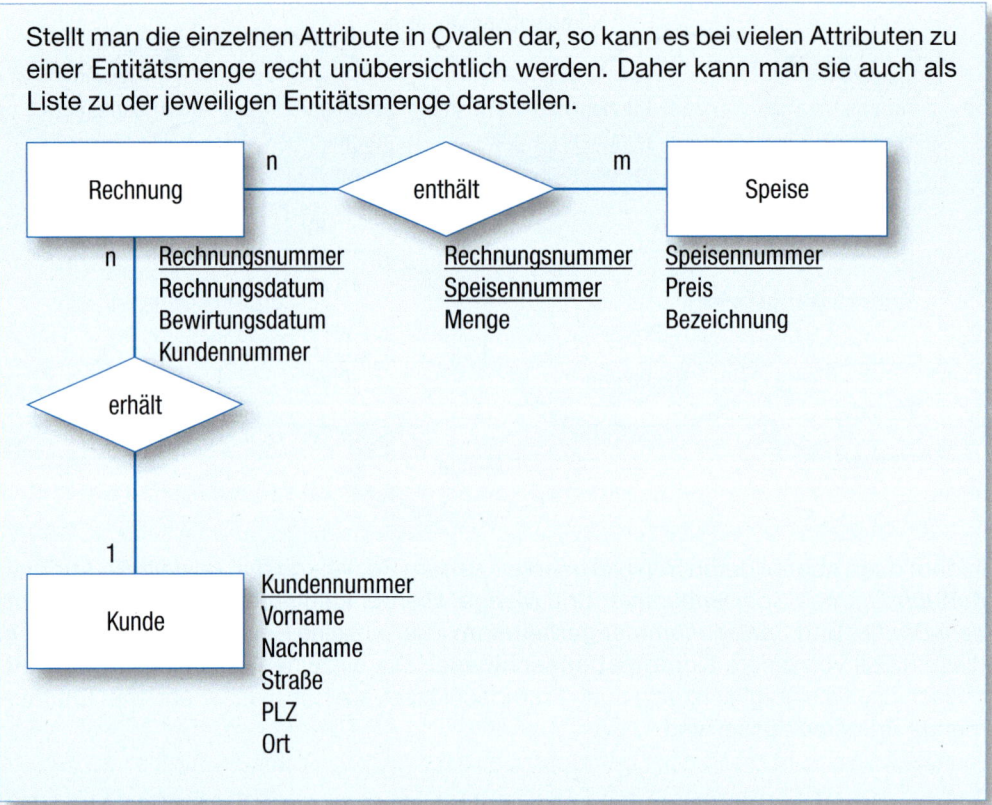

Stellt man die einzelnen Attribute in Ovalen dar, so kann es bei vielen Attributen zu einer Entitätsmenge recht unübersichtlich werden. Daher kann man sie auch als Liste zu der jeweiligen Entitätsmenge darstellen.

AUFGABEN

1 a) Erstellen Sie ein übersichtliches ERD (Entity-Relationship-Diagramm) für einen Buchladen, bei dem folgender Sachverhalt gegeben ist:
– Jedes Buch erscheint in einem bestimmten Verlag und ist durch seine ISBN-Nummer eindeutig bestimmt.
– Ein Verlag gibt mehrere Bücher heraus und hat seinen Sitz in einer bestimmten Stadt.
– Von den Autoren wird die Adresse gespeichert.
– Ein Autor kann mehrere Bücher geschrieben haben.
– Von den Büchern werden der Titel, der Einkaufspreis und der Verkaufspreis gespeichert.
– Ein Buch kann entweder von einem einzelnen Autor oder von einer Autorengruppe geschrieben worden sein.
b) Geben Sie die zur Realisierung der Datenbank notwendigen Tabellen in Relationenschreibweise an.

2 a) Erstellen Sie ein übersichtliches ERD für eine Einzelhandelskette, die mehrere Filialen in Deutschland besitzt. In der Datenbank sollen folgende Daten gespeichert werden:
– Name und Adresse der Angestellten
– der Ort, in dem sich die Filiale befindet
– die Artikelbezeichnungen und die Preise der Artikel
– die Namen und Adressen der Lieferanten

Außerdem sollen folgende Beziehungen in der Einzelhandelskette gelten:
– Eine Filiale beschäftigt mehrere Angestellte. Ein Angestellter ist jedoch immer nur in einer Filiale beschäftigt.
– Eine Filiale verkauft mehrere Artikel. Ein Artikel kann von unterschiedlichen Filialen verkauft werden.
– Ein Lieferant liefert mehrere Artikel. Ein Artikel wird in unserem Fall immer nur von einem Lieferanten geliefert.
b) Geben Sie die zur Realisierung der Datenbank notwendigen Tabellen in Relationenschreibweise an.

3 In Zukunft soll ein Leistungserfassungssystem die Verwaltungsabläufe an der BBS I Northeim beschleunigen. Die dazu nötigen Daten sollen in einer Datenbank verwaltet werden. Erstellen Sie dazu ein Entity-Relationship-Diagramm, mit dem der folgende Sachverhalt modelliert wird:

Schüler/-innen können Kurse belegen. Kurse werden von Lehrer/-innen betreut. Ein Kurs kann durch verschiedene Klausuren abgeschlossen werden, die jeweils von einem Lehrer / einer Lehrerin erstellt werden. (Stellen Sie es sich so vor, dass in einem Kurs z.B. drei verschiedene Themenbereiche jeweils von einem Lehrer/ einer Lehrerin unterrichtet werden. Jeder dieser Lehrer / jede dieser Lehrerinnen stellt am Ende des Kurses eine Klausur zu seinem/ihrem Teilbereich. Jede Schülerin/jeder Schüler hat den Kurs abgeschlossen durch die Teilnahme an den entsprechenden Klausuren zu den Teilbereichen.)

4 In der nachfolgenden Grafik wird der Ausschnitt eines Entity-Relationship-Diagramms dargestellt.

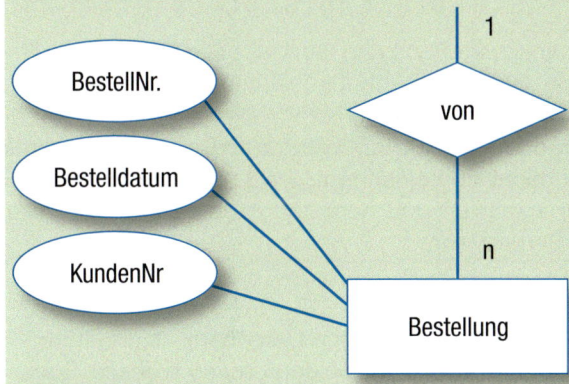

Geben Sie an, worum es sich bei der Kundennummer (KundenNr) handeln kann: um eine Entität, eine Entitätsmenge, eine Beziehung, einen Primärschlüssel, einen Fremdschlüssel, einen Kombinationsschlüssel oder ein Attribut.

5 Am 20. Dezember soll eine Weihnachtsfeier stattfinden. Alle Lehrerinnen und Lehrer sind mit ihren Ehepartnern sowie ihren Kindern eingeladen. Alle Gäste sind dabei aufgefordert, eine Speise für das Buffet mitzubringen. Eine mögliche Speise könnte z.B. Obstsalat, Vanillepudding und Sahne sein. Weil die Feier schon um 14 Uhr beginnen soll, sind drei verschiedene DJs engagiert: Der Erste legt die Musik von 14:00 bis 18:00 Uhr auf, der Zweite von 18:00 bis 22:00 Uhr und der Letzte bis zum Ende der Party.

Ein Entity-Relationship-Diagramm zu dieser Party sieht wie folgt aus:

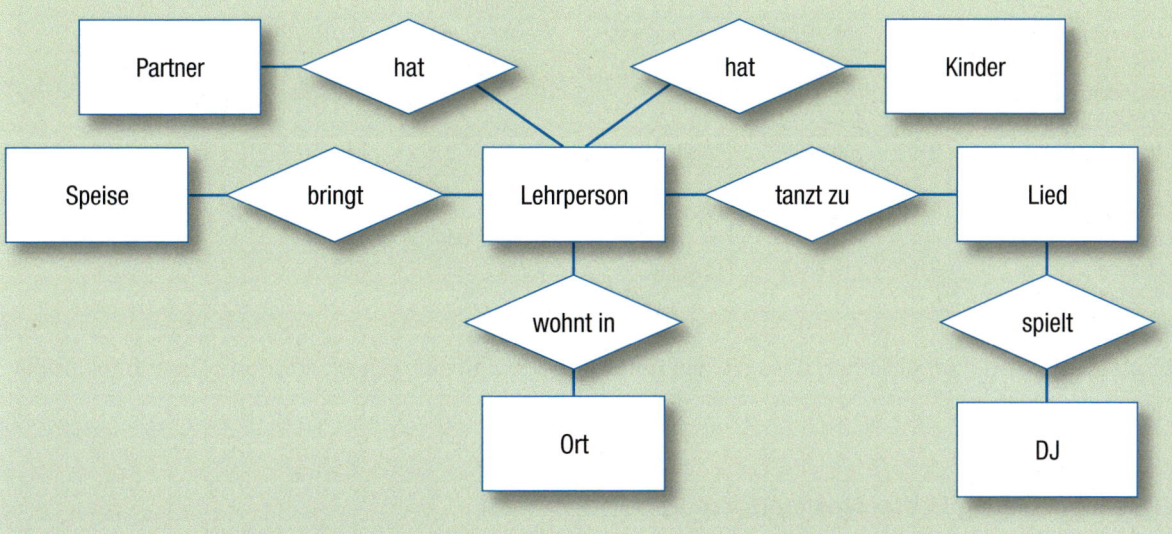

Ergänzen Sie in diesem Entity-Relationship-Diagramm die Kardinalitäten.

2.2.6 Normalisierung (Datenmodellierung Bottom-Up)

„Mensch Enzo, dein Entity-Relationship-Modell sieht ja toll aus. Der Aufbau und die Verteilung der Attribute auf die einzelnen Entitätsmengen und Beziehungstypen leuchten mir auch ein. Aber wie hätte ich das jemals allein herausfinden können? Ich habe ja überhaupt keine Übung im Erstellen von Datenmodellen!"

„Also, Onkel Marino, so einfach mache ich das natürlich auch nur bei leichten Datenmodellen. Normalerweise benutze ich für die Entwicklung von Datenmodellen die so genannte **Normalisierung**."

bottom-up
= „von unten nach oben"
(Vorgehensweise: vom Konkreten zum Abstrakten)

Das Schlimmste, was einer Datenbank zustoßen kann, ist, dass alle Daten verloren gehen. Das Zweitschlimmste ist, dass die Datenbank inkonsistente Daten enthält, also Daten, die untereinander nicht stimmig sind. Solche Inkonsistenzen entstehen häufig durch redundante, also doppelt vorkommende Daten. Wenn zum Beispiel eine Adresse, die an zwei Stellen gespeichert ist, nicht übereinstimmt, weiß man nicht, welches die richtige Adresse ist. Bis der Fehler lokalisiert und behoben ist, die Daten also wieder stimmen, liegt vielleicht der ganze Betrieb lahm.

Man normalisiert Datenbanken, um
- eine flexible, übersichtliche und änderungsfreundliche Datenbank zu erhalten,
- überflüssige Informationen (Redundanzen) zu vermeiden und so weniger Speicherplatz zu verbrauchen,
- bei der Bearbeitung der Datenbank keine Inkonsistenzen durch Einfüge-, Lösch- oder Änderungsanomalien zu erzeugen.

Die Normalisierung ist ein wichtiger Schritt beim Datenbankentwurf. Es ist ein mehrstufiger Prozess, bei dem Rohdaten datenbankgerecht zerlegt werden. Dadurch verhindert man, dass in der Datenbank dieselbe Information mehrfach auftaucht.

Die unnormalisierte Datenbank für die Rechnungen des Marino Caponi sieht so aus:

Kunde	ReNr	ReDatum	S & G	Kategorie	Anzahl	Preis/Einheit
Alexandra Klemd, Weishof 3, Hamburg	R101	08.08.09	Pizza Chef	Pizza-Spezialitäten	3 Stück	7,80 €
Alexandra Klemd, Weishof 3, Hamburg	R101	08.08.09	Insalata Mista	Salate	2 Stück	3,50 €
Alexandra Klemd, Weishof 3, Hamburg	R101	08.08.09	Fanta	Getränke	2 Flaschen	2,50 €
Alexandra Klemd, Weishof 3, Hamburg	R102	10.08.09	Insalata Mista	Salate	1 Stück	3,50 €
Alexandra Klemd, Weishof 3, Hamburg	R102	10.08.09	Pizza Tonno	Pizza-Spezialitäten	1 Stück	7,50 €
Alexandra Klemd, Weishof 3, Hamburg	R102	10.08.09	Lasagne	Pasta	4 Stück	6,00 €

Er möchte sie so normalisieren, dass sie alle Anforderungen an eine gut strukturierte Datenbank erfüllt.

Erste Normalform

> In der **1. Normalform** darf in jedem Datenfeld der Datenbank nur eine Information stehen. Man sagt: Die Datenbank ist **atomar**.

Um eine Datenbank in die erste Normalform zu überführen, sieht man sich jede Tabellenzelle an. Enthält die Zelle mehr als eine Information, fügt man eine neue Spalte in die Tabelle ein und teilt die Daten aus der Zelle auf.

Um die Rechnungsdatenbank in die erste Normalform zu überführen, muss Marino Caponi die Einträge in der ersten Spalte aufsplitten in Vorname, Nachname, Straße und Ort:

Vorname	Nach-name	Straße	Ort	ReNr	ReDatum	S & G	Kategorie	Anzahl	Einheit	Preis/Einheit
Alexandra	Klemd	Weishof 3	Hamburg	R101	08.08.09	Pizza Chef	Pizza-Spezialitäten	3	Stück	7,80 €
Alexandra	Klemd	Weishof 3	Hamburg	R101	08.08.09	Insalata Mista	Salate	2	Stück	3,50 €
Alexandra	Klemd	Weishof 3	Hamburg	R101	08.08.09	Fanta	Getränke	2	Flasche	2,50 €
Alexandra	Klemd	Weishof 3	Hamburg	R102	10.08.09	Insalata Mista	Salate	1	Stück	3,50 €
Alexandra	Klemd	Weishof 3	Hamburg	R102	10.08.09	Pizza Tonno	Pizza-Spezialitäten	1	Stück	7,50 €
Alexandra	Klemd	Weishof 3	Hamburg	R102	10.08.09	Lasagne	Pasta	4	Stück	6,00 €

Die vorletzte Spalte zerlegt er in die *Anzahl* und die *Einheit*, die für die Kategorie gilt.

Ob die Zerlegung von Straßennamen und Hausnummern sinnvoll ist, hängt davon ab, ob die Hausnummer als separate Information benötigt wird. Da das nur selten der Fall ist, hat Marino Caponi die Adresse in vier Felder zerlegt.

Zweite Normalform

> In der **2. Normalform** gilt die 1. Normalform, und jedes Feld einer Tabelle hängt funktional vom Primärschlüssel der Tabelle ab.

Um eine Datenbank in die zweite Normalform zu überführen, teilt man eine Tabelle, die atomar vorliegt, in einzelne Tabellen auf und gibt jeder dieser neu entstandenen Tabellen einen Primärschlüssel.

Damit man nach der Aufteilung der Tabellen immer noch weiß, welche Datensätze zusammengehören, müssen sie durch zusätzlich vergebene Fremdschlüssel verbunden werden. Aber woher weiß man, welche Daten zusammen in eine Tabelle gehören?

Ein Indiz für die Zusammengehörigkeit von Daten ist ihre Redundanz in der ersten Normalform.

Marino Caponi nimmt sich die Datenbank in der ersten Normalform vor. Ihm fällt auf, dass die Kundendaten für jede Speise und jedes Getränk, das dem Kunden in Rechnung gestellt wurde, erneut aufgelistet werden. Auch die Rechnungsnummer und das Rechnungsdatum kommen häufiger vor.
Deshalb erstellt er in einem ersten Schritt
- für die Tabellen *Kunde, Rechnung* und *Speisen*
- die Primärschlüssel *KdNr, ReNr* und *SpNr*

und ordnet diesen drei Primärschlüsseln alle Attribute zu, die von ihnen abhängig sind.

Es entstehen dann folgende Tabellen:
Kunde (KdNr, Vorname, Nachname, Straße, Ort) mit folgenden Datensätzen:

KdNr	Vorname	Nachname	Straße	Ort
K0001	Alexandra	Klemd	Weishof 3	Hamburg

Rechnung (ReNr, ReDatum) mit folgenden Datensätzen:

ReNr	ReDatum
R101	08.08.09
R102	10.08.09

Speisen (SpNr, Bezeichnung, Kategorie, Einheit, Preis/Einheit) mit folgenden Datensätzen:

SpNr	Bezeichnung	Kategorie	Einheit	Preis/Einheit
S001	Pizza Chef	Pizza-Spezialitäten	Stück	7,80 €
S203	Insalata Mista	Salate	Stück	3,50 €
S404	Fanta	Getränke	Flasche	2,50 €
S002	Pizza Tonno	Pizza-Spezialitäten	Stück	7,50 €
S301	Lasagne	Pasta	Stück	6,00 €

Zum Schluss bleibt nur noch das Attribut *Anzahl* übrig. Dieses Attribut gibt an, wie viele Speisen oder Getränke bestellt wurden, doch die Anzahl ist weder von der Rechnungsnummer noch von der Speisennummer allein abhängig. Vielmehr müssten die Rechnungsnummer und die Speisennummer gemeinsam zu einem Primärschlüssel zusammengefasst werden, um einen Wert des Attributs Anzahl eindeutig zu bestimmen.

Es ergibt sich also als letzte Tabelle in der 2. Normalform die Tabelle *Rechnungspositionen* oder *Speisen_zu_Rechnung*:

Speisen_zu_Rechnung (ReNr, SpNr, Anzahl) mit folgenden Datensätzen:

ReNr	SpNr	Anzahl
R101	S001	3
R101	S203	2
R101	S404	2
R102	S203	1
R102	S002	1
R102	S301	4

Nachdem Marino Caponi diese Tabellen erstellt hat, weiß er zwar noch, welche Speise und welches Getränk auf welcher Rechnung standen, aber leider nicht mehr, wer diese Rechnung bekommen hat. Aus diesem Grund fügt er noch Fremdschlüssel ein, wo eine Verbindung zwischen zwei Tabellen hergestellt werden muss. Die neue Rechnungstabelle hat die folgende Form.

Rechnung (ReNr, ReDatum, KdNr) mit folgenden Datensätzen:

ReNr	ReDatum	KdNr
R101	08.08.09	K0001
R102	10.08.09	K0001

Die Beziehung zwischen den Tabellen entsteht durch übereinstimmende Werte in den Schlüsselfeldern: Die Kundennummer *KdNr* in der Rechnungstabelle verweist (als Fremdschlüssel) auf den Eintrag mit derselben Nummer (Primärschlüssel) in der Kundentabelle.

Dritte Normalform

> In der **3. Normalform** gilt die 2. Normalform, und alle Nicht-Schlüsselattribute sind untereinander unabhängig.

Um eine Datenbank in die dritte Normalform zu überführen, überprüft man, ob alle Nicht-Schlüsselattribute voneinander unabhängig sind. Falls es Abhängigkeiten gibt, muss eine neue Tabelle mit einem entsprechenden Primärschlüssel erstellt werden.

Damit man nach der Aufteilung der Tabellen immer noch weiß, welche Datensätze zusammengehören, müssen sie durch zusätzlich vergebene Fremdschlüssel verbunden werden.

Marino Caponi hatte in der zweiten Normalform folgende Tabellen erstellt:

Kunde (<u>KdNr</u>, Vorname, Nachname, Straße, Ort) und
Rechnung (<u>ReNr</u>, ReDatum, KdNr) mit folgenden Datensätzen:

KdNr	Vorname	Nachname	Straße	Ort
K0001	Alexandra	Klemd	Weishof 3	Hamburg

ReNr	ReDatum	KdNr
R101	08.08.09	K0001
R102	10.08.09	K0001

Speisen (<u>SpNr</u>, Bezeichnung, Kategorie, Einheit, Preis/Einheit) und
Speisen_zu_Rechnung (<u>ReNr</u>, <u>s</u>, Anzahl) mit folgenden Datensätzen:

SpNr	Bezeichnung	Kategorie	Einheit	Preis/Einheit
S001	Pizza Chef	Pizza-Spezialitäten	Stück	7,80 €
S203	Insalata Mista	Salate	Stück	3,50 €
S404	Fanta	Getränke	Flasche	2,50 €
S002	Pizza Tonno	Pizza-Spezialitäten	Stück	7,50 €
S301	Lasagne	Pasta	Stück	6,00 €

ReNr	SpNr	Anzahl
R101	S001	3
R101	S203	2
R101	S404	2
R102	S203	1
R102	S002	1
R102	S301	4

Jetzt sieht er sich die Tabellen noch einmal genau an: Gibt es noch Felder, die nicht allein vom Primärschlüssel abhängig sind?

In der Speisentabelle wird er fündig. Er stellt fest, dass zu jeder Kategorie eine bestimmte Einheit gehört. Deshalb teilt er die Speisentabelle auf in eine Tabelle für die Speisen und eine Tabelle für die Kategorien.
Speisen (<u>SpNr</u>, Bezeichnung, KategorieNr, Preis/Einheit)
Kategorie (<u>KategorieNr</u>, Kategorie, Einheit)

SpNr	Bezeichnung	KategorieNr.	Preis/Einheit
S001	Pizza Chef	1	7,80 €
S203	Insalata Mista	2	3,50 €
S404	Fanta	4	2,50 €
S002	Pizza Tonno	1	7,50 €
S301	Lasagne	3	6,00 €

KategorieNr	Kategorie	Einheit
1	Pizza-Spezialitäten	Stück
2	Salate	Stück
3	Pasta	Stück
4	Getränke	Flasche

Dadurch sind am Ende der Normalisierung in der dritten Normalform die folgenden fünf Tabellen entstanden:
Kunde (<u>KdNr</u>, Vorname, Nachname, Straße, Ort)
Rechnung (<u>ReNr</u>, ReDatum, KdNr)
Speisen_zu_Rechnung (<u>ReNr</u>, <u>SpNr</u>, Anzahl)
Speisen (<u>SpNr</u>, Bezeichnung, KategorieNr, Preis/Einheit)
Kategorie (<u>KategorieNr</u>, Kategorie, Einheit)

Das Entity-Relationship-Diagramm zu der normalisierten Datenbank hat folgendes Aussehen:

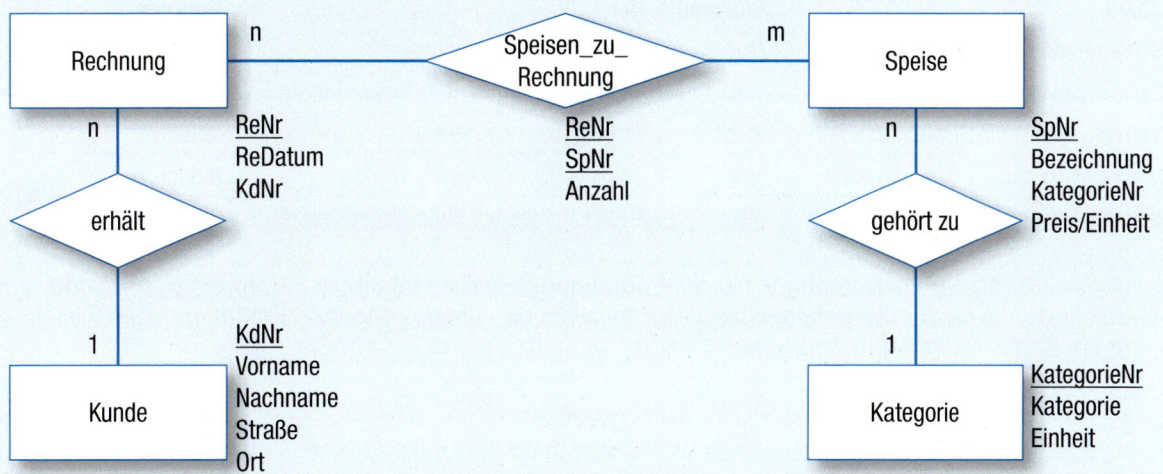

AUFGABEN

1 Erklären Sie die Begriffe: Redundanz, Einfügeanomalie, Löschanomalie und Änderungsanomalie jeweils an einem Beispiel.

2 Für die Verwaltung einer Autorenliste liegt folgende Tabelle vor:

Autor	Titel	Verlag	Ort	ISBN
Bähnsich, Uwe: 27331 Warstein, Seestr. 8	Praktische Informatik 1 mit Delphi	Cornelsen	Berlin	978-3-464-57314-3
Bähnsich, Uwe: 27331 Warstein, Seestr. 8	Praktische Informatik 2 mit Delphi	Cornelsen	Berlin	978-3-464-57316-7
Radtke, S. P.: 89007 Ulm, Marktplatz 12; Pisani, P.: 40545 Düsseldorf, Brauweg 2; Wolters, S.: 37154 Northeim, Sudheimer Str. 22	Handbuch der visuellen Mediengestaltung	Cornelsen Scriptor	Berlin	978-3-589-23656-5
Eichner, J.: 53179 Bonn, Hauptstraße 6	Wirtschaftsinformatik	Cornelsen	Berlin	978-3-464-41413-3
Lotz, T.: 37077 Göttingen, Beekestr. 6 Przybylski, Dr. F.: 37154 Northeim, Seesener Str. 14	Datenverarbeitung Wirtschaftsinformatik	Cornelsen	Berlin	978-3-464-46005-4
Fischer, H.: 37077 Göttingen, Beekestr. 6 Knapp, T.: 37154 Northeim, Seesener Str. 14 Naupert, H.: 10758 Berlin, Mannheimer Str. 37	Grundlagen der Informatik II	Oldenburg	München	978-3-637-00228-9
Lotz, T.: 37077 Göttingen, Beekestr. 6 Kaschubat, M.: 10318 Berlin, Sandhauser Str. 54 Pohl, J.: 28325 Bremen, Rheinstraße 36	Informationswirtschaft – Textverarbeitung und Präsentation	Cornelsen	Berlin	978-3-464-46033-7

a) Normalisieren Sie die obige Tabelle bis zur dritten Normalform. Kennzeichnen Sie dabei die Primärschlüsselfelder als solche.
b) Erstellen Sie das zu dieser Datenbank gehörige Entity-Relationship-Diagramm mit den entsprechenden Kardinalitäten.

3 In einem Biologie-Praktikum wurde folgende Tabelle bezüglich der Fressgewohnheiten einiger Tiere bei einigen Pflanzen erstellt.

Blume	Blütezeit	Tier	Nahrung
Bellis perennis, Gänseblümchen	Mai	Apis mellifica, Honigbiene	Nektar
Bellis perennis, Gänseblümchen	Mai	Arion empiricorum, Rote Wegschnecke	Blätter
Narcissus poeticus, Dichternarzisse	März	Vespa germanica, Wespe	Nektar
Narcissus poeticus, Dichternarzisse	März	Vespa vulgaris, Wespe	Nektar
Narcissus poeticus, Dichternarzisse	März	Arion empiricorum, Rote Wegschnecke	Blütenblätter

a) Normalisieren Sie die Datenbank mit dem oben angegebenen Inhalt bis zur dritten Normalform.
b) Zeichnen Sie das Entity-Relationship-Diagramm mit den entsprechenden Entitätsmengen, Relationen, Kardinalitäten und Attributen.

4 Es liegt folgende Tabelle vor:

Name	Adresse	Abteilung	Projekt	Geb.-Datum	Telefon	Projektverantwortlicher
Paul Reis	Alte Str 2; 37127 Jühnde	Vertrieb	Qualitätsmanagement, Betriebsausflug	11.11.1940	05502 3796	Laura Mehl, Paul Reis
Heinz Mehl	Marktplatz 1; 37007 Göttingen	Geschäftsleitung	Balanced Scorecard, Weihnachtsfeier	12.05.1956	0551 4411	Heinz Mehl, Karla Eme
Karl Mais	Am Kampen 3; 37127 Jühnde	Verkauf	Qualitätsmanagement	21.04.1949	05502 2333	Laura Mehl
Karla Eme	Königsallee 1; 34006 Kassel	Marketing	Qualitätsmanagement, Weihnachtsfeier	09.10.1964	0561 2345	Laura Mehl, Karla Eme
Laura Mehl	Heipel 17; 34006 Kassel	Vertrieb	Qualitätsmanagement	10.08.1975	0561 8866	Laura Mehl
Olli Dinkel	Hauptstr. 1; 37127 Jühnde	Einkauf	Qualitätsmanagement, Betriebsausflug	06.12.1980	05502 2301	Laura Mehl, Paul Reis

a) Normalisieren Sie die obige Tabelle bis zur dritten Normalform. Kennzeichnen Sie dabei die Primärschlüsselfelder als solche.
b) Erstellen Sie das zu dieser Datenbank gehörige Entity-Relationship-Diagramm mit den entsprechenden Kardinalitäten.

5 Es liegt folgende Tabelle vor:

Nachname	Vorname	Telefon	e-mail	Stimme	Lied	Kategorie	Begleitung
Masch	Eva	37482	ema@gmx.de	Alt	Mr. Sandman, California Dreaming	Oldies	Gitarre
Masch	Eva	37482	ema@gmx.de	Alt	Weg da, Jetzt ist Sommer	A-Capella	keine
Zisch	Ivo	12345	izi@gmx.de	Tenor	Jetzt ist Sommer	A-Capella	keine
Zisch	Ivo	12345	izi@gmx.de	Tenor	California Dreaming, Dream a little Dream	Oldies	Gitarre
Zisch	Ivo	12345	izi@gmx.de	Tenor	Chim Chim Cheree, Thank you for the music	Musical	Klavier
Pusch	Uli	98765	upu@web.de	Bass	Tu was du willst, Mein kleiner grüner Kaktus	A-Capella	keine
Pusch	Uli	98765	upu@web.de	Bass	Seasons of Love	Musical	Klavier

a) Normalisieren Sie die obige Tabelle bis zur dritten Normalform. Kennzeichnen Sie dabei die Primärschlüsselfelder als solche.
b) Erstellen Sie das zu dieser Datenbank gehörige Entity-Relationship-Diagramm mit den entsprechenden Kardinalitäten!

6 In Ihrem Kurs sind viele musikbegeisterte Schülerinnen und Schüler. Damit Sie zu den Konzerten stets passende Fahrgemeinschaften bilden können, wollen Sie eine Datenbank mit den entsprechenden Tabellen und Attributen aufbauen. Über die Schülerinnen und Schüler wissen Sie folgendes:

Serpil ist 19 und hat einen Führerschein. Sie ist Fan von Muse (die CDs erscheinen bei WMI) und Franz Ferdinand (die CDs erscheinen bei Domino). Sie möchte das Konzert von Franz Ferdinand am 19.09. und von Muse am 2.10. in Göttingen besuchen. Markus ist 17 und hat keinen Führerschein. Er ist Fan von Maximo Park (die CDs erscheinen bei Warp) und möchte das Konzert, das sie zusammen mit anderen Bands geben, am 30.09. in Hannover besuchen. Manuel ist 18 und hat keinen Führerschein. Er ist Fan der Foo Fighters (die CDs erscheinen bei RCA Int.) und der Smashing Pumpkins (die CDs erscheinen bei Warner Music Group), die in Hannover am 30.09. und am 2.10. auftreten. Anastasia ist 18 und hat einen Führerschein. Sie ist Fan von Franz Ferdinand und den Foo Fighters und möchte ihre Konzerte in Göttingen und Hannover besuchen.

a) Erstellen Sie zu diesem Sachverhalt eine Tabelle und normalisieren Sie sie bis zur dritten Normalform. Kennzeichnen Sie dabei die Primärschlüsselfelder als solche.
b) Wer kommt nicht zu seinem gewünschten Konzert?

2.2.7 Klassenmodellierung (Datenmodellierung mit UML)

„So, Onkel Marino, jetzt hast du gesehen, wie man Datenbanken vom Objekt zum Attribut, also Top-Down, und vom Attribut zum Objekt, also Bottom-Up, modellieren kann.

Dargestellt haben wir den fertigen Datenbankentwurf immer mit einem ERD, weil es einfach nachzuvollziehen und übersichtlich ist. In jüngerer Zeit setzt sich jedoch immer mehr eine andere universellere Darstellungsart von Datenbanken durch: das **Klassenmodell der UML**"

Bei dem Wunsch, für die Planung von Softwareprodukten einheitliche und allgemeinverständliche Standards zu verwenden, benutzt man für die Darstellung von statischen Bestandteilen und Attributen häufig das UML-Klassendiagramm. In seinen Gestaltungsmöglichkeiten ist es viel mächtiger als ein Entity-Relationship-Diagramm. Deshalb wird es auch für die Modellierung objektorientierter Programme eingesetzt.

UML
▶ *Kapitel 1, Seite 8 ff*

Für die Darstellung einer Datenbank braucht man folgende Notationselemente der UML:

Klasse

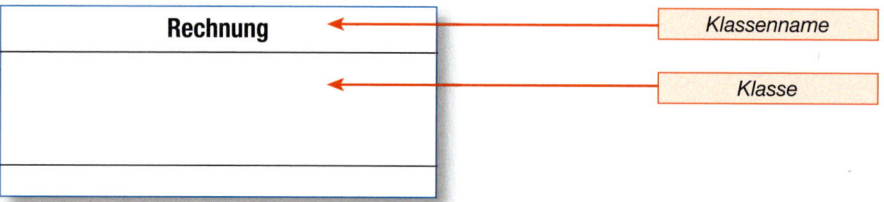

> Eine **Klasse** ist ein Bauplan für Objekte mit den gleichen Attributen und dem gleichen Verhalten. Eine **Entitätsmenge** aus einem ERD wird in UML durch eine **Klasse** dargestellt.

Das Verhalten einer Klasse ist für die Modellierung einer Datenbankstruktur natürlich nicht interessant, dieser Bereich interessiert bei der Programmierung. Deshalb ist der Bereich, der in der Klasse für das Verhalten (die Operationen oder Methoden) vorgesehen ist, immer leer.

Attribut

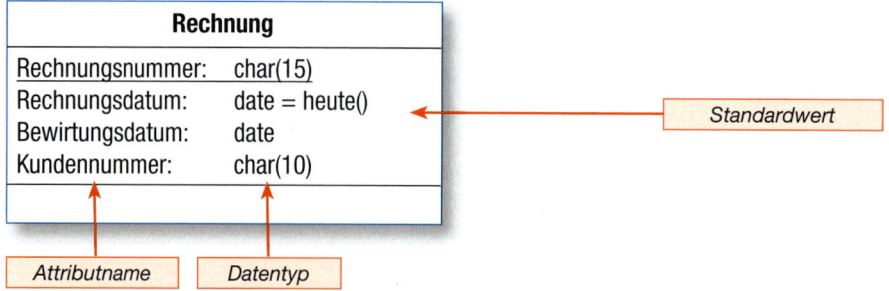

> **Attribute** beschreiben strukturelle Eigenschaften einer Klasse. Sie entsprechen den Attributen eines ERD. Zusätzlich können in UML für jedes Attribut sein **Datentyp** und ein **Standardwert** angegeben werden.

Die Attribute in der UML entsprechen den Attributen bei einem ERD. Sie können jedoch sehr viel genauer beschrieben werden. Neben dem Namen eines Attributes kann man auch festlegen, welchen Datentyp und welchen Standardwert es haben soll. Diese beiden zusätzlichen Angaben machen die Implementierung einer Datenbank sehr viel eindeutiger.

Binäre Assoziation

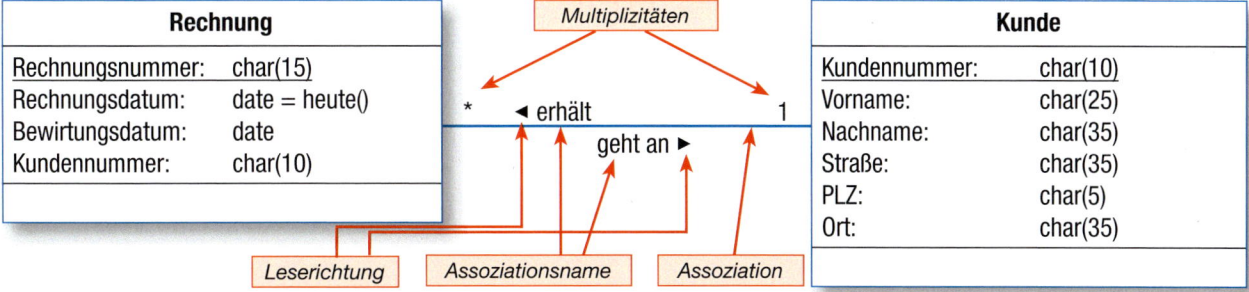

Eine **binäre Assoziation** stellt eine inhaltliche (semantische) Beziehung zwischen zwei Klassen dar. Sie entspricht der **Beziehung** (Relationship) beim ERD. Zusätzlich kann in UML der Assoziationsname für jede Leserichtung anders lauten.
Die **Multiplizitäten** geben an, wie viele Objekte der einen Klasse mit wie vielen Objekten der anderen Klasse verbunden sein können. Dies entspricht den Kardinalitäten im ERD. Statt der **Kardinalität** n oder m wird * benutzt.

Die binäre Assoziation in der UML entspricht einer Beziehung in einem ERD. Auch die Verbindungen zwischen zwei Klassen können wieder sehr viel genauer beschrieben werden: Jede Leserichtung der Assoziation kann einen eigenen Namen haben. Dies macht die Beziehung, in der die beiden Klassen zueinander stehen, häufig viel deutlicher.

Die Kardinalitäten heißen in UML Multiplizitäten. Sie werden weitestgehend genauso verwendet, nur dass statt der Buchstaben n und m das Symbol* geschrieben wird.

Eine Sprache gliedert sich in drei Ebenen:

Die **Syntax** behandelt die Kombinierbarkeit der Zeichen bzw. Wörter, ohne Rücksicht auf ihre spezielle Bedeutung oder ihre Beziehung zur Umwelt.
Bsp.: Der Satz: „Gekocht 12 sind Nudeln die um Uhr gar." besteht zwar aus lauter korrekten Wörtern, ist jedoch syntaktisch falsch, weil die Wörter in der falschen Reihenfolge hintereinander gehängt sind, also nicht die Regeln der deutschen Grammatik befolgen.

Die **Semantik** beschreibt das Verhältnis der Zeichen zu dem Objekt, das beschrieben wird.
Bsp.: Die Sätze „Die Nudeln sind um 12 Uhr gar gekocht." und „Die Nudeln sind um 50 Uhr gar gekocht." sind beide syntaktisch richtig. Die Semantik, also die Bedeutung, erschließt sich uns im zweiten Satz jedoch nicht, weil wir nicht wissen, wann 50 Uhr ist.

Die **Pragmatik** behandelt die Herkunft, den Gebrauch und die Wirkung der Zeichen innerhalb der Umgebung, in der sie auftreten, also ihre Beziehung zum Benutzer.
Bsp.: Der Satz „Du bist aber ganz schön verpeilt." kann sowohl liebevoll-freundschaftlich gemeint sein oder aber ärgerlich-genervt. Es kommt darauf an, was der Angesprochene vorher getan hat und ob der Sprecher es mit einem Lächeln auf den Lippen oder mit einem angespannten Unterton sagt.

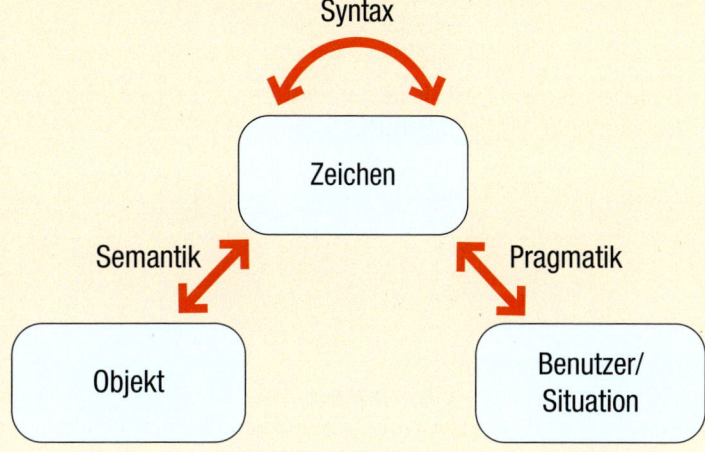

Marino Caponi überträgt sein ERD aus dem Kapitel über ERDs in die UML-Klassennotation:
- Entitätsmengen werden zu Klassen,
- zu den Attributen können Datentypen und Standardwerte ergänzt werden,
- die Beziehungen werden zu binären Assoziationen, und
- bei den Kardinalitäten werden die Buchstaben n und m durch * ersetzt.

Am Schluss sieht das Klassendiagramm zu seiner Datenbank wie folgt aus:

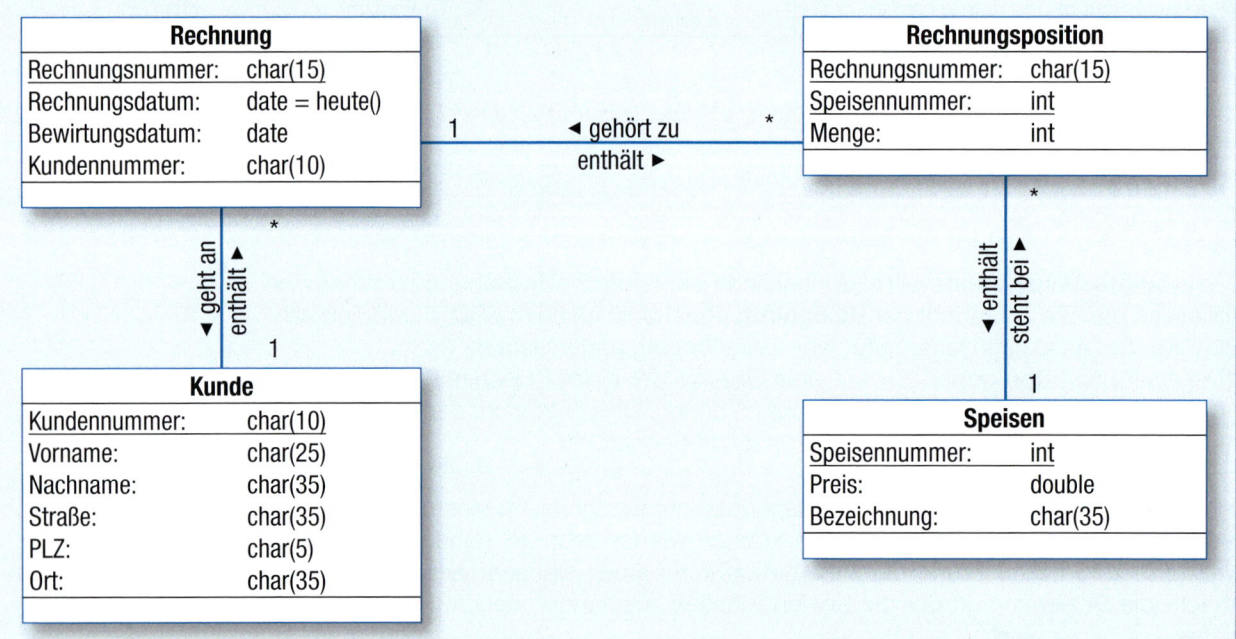

AUFGABEN

1. Überführen Sie folgendes ERD in ein UML-Klassendiagramm:

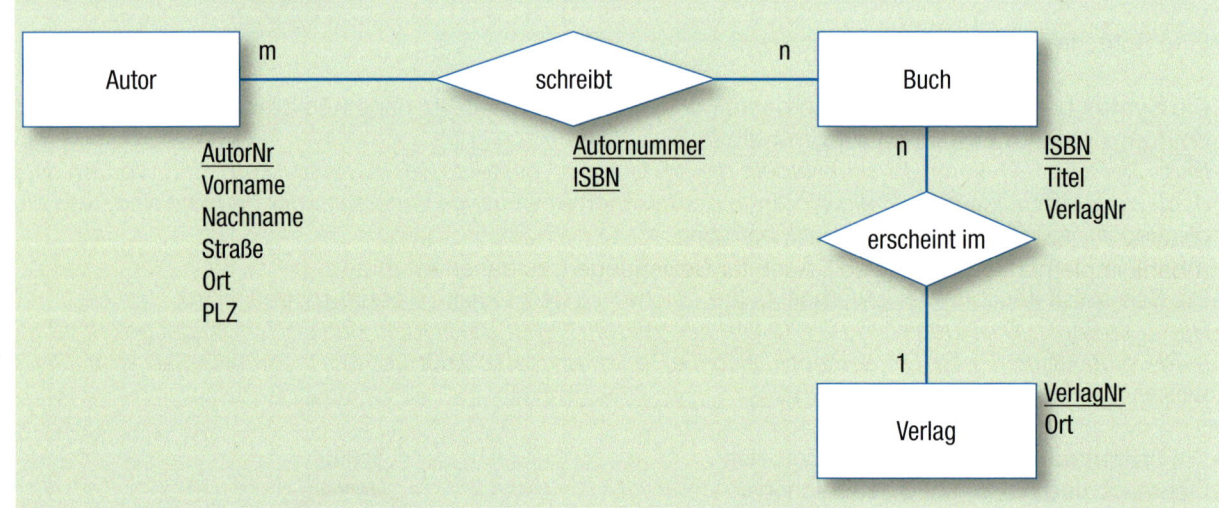

2. Erstellen Sie ein UML-Klassendiagramm zu den Aufgaben 2 und 3 am Ende des Kapitels 2.2.5 (Entity-Relationship-Modell); S. 80 ff.

2.3 Einführung in ein Datenbankmanagementsystem (Access und SQL) – 2. Teil

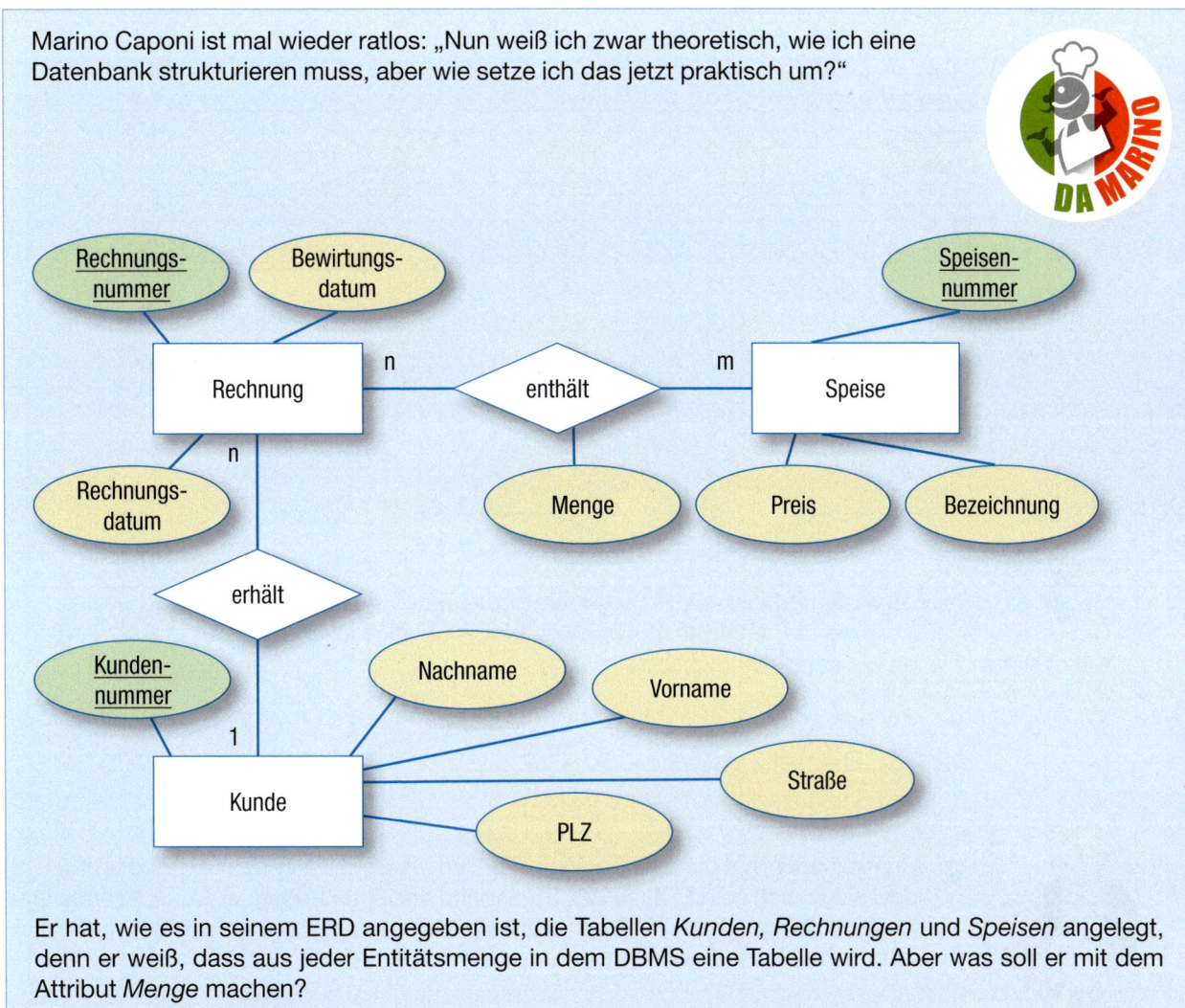

Marino Caponi ist mal wieder ratlos: „Nun weiß ich zwar theoretisch, wie ich eine Datenbank strukturieren muss, aber wie setze ich das jetzt praktisch um?"

Er hat, wie es in seinem ERD angegeben ist, die Tabellen *Kunden, Rechnungen* und *Speisen* angelegt, denn er weiß, dass aus jeder Entitätsmenge in dem DBMS eine Tabelle wird. Aber was soll er mit dem Attribut *Menge* machen?

Nicht nur für jede Entitätsmenge wird eine Tabelle in dem DBMS erstellt, in dem die Datenbank implementiert werden soll. Auch für Beziehungen, zu denen Attribute gehören, muss eine Tabelle erstellt werden. Beziehungen, zu denen Attribute gehören, sind immer **n-zu-m-Beziehungen**.

Man kann sich also als Faustregel für die Implementierung einer Datenbank nach einem ERD merken:
- für j**ede Entitätsmenge** und
- für **jede n-zu-m-Beziehung**

wird eine Tabelle in dem DBMS erstellt.

DMBS
▶ *Kapitel 2, Seite 24*

Marino Caponi fügt zu seinen drei erstellten Tabellen noch eine vierte hinzu, so dass er am Ende folgende Tabellen in Access angelegt hat:

Kunde (KundenNummer, Vorname, Nachname, Straße, PLZ, Ort)
Rechnung (RechnungsNummer, ReDatum, Bewirtungsdatum, KundenNummer)
Speisen (SpeisenNummer, Bezeichnung, Preis)
Speisen_zu_Rechnung (RechnungsNummer, SpeisenNummer, Menge)

AUFGABEN

1 Wie viele Tabellen müssen Sie zur Realisierung folgender Datenbank in einem DBMS anlegen?

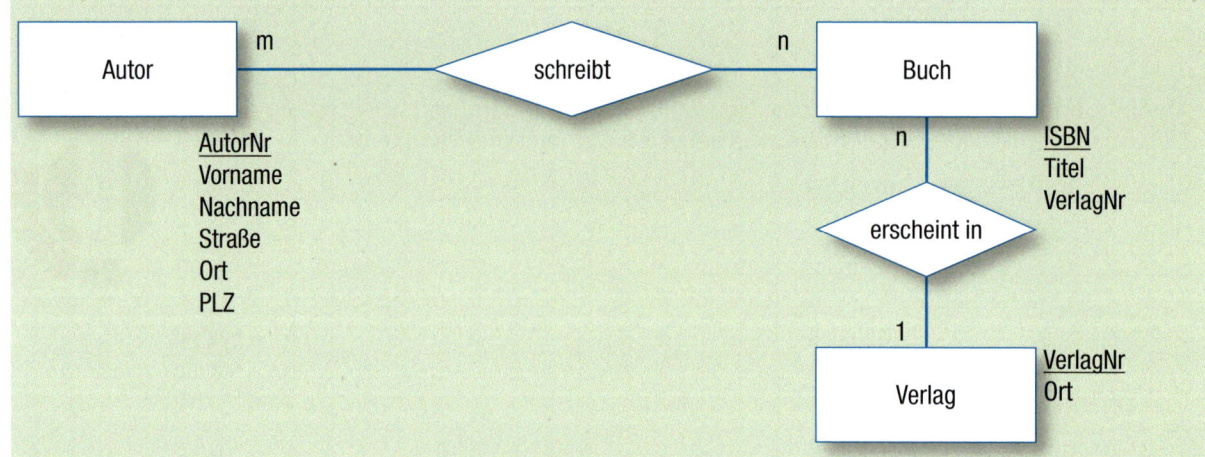

2 Gegeben ist folgendes Entity-Relationship-Diagramm:

a) Geben Sie die zur Realisierung dieses ER-Diagramms notwendigen Tabellen an.
b) Geben Sie für jede Tabelle drei Attribute (notwendige bzw. sinnvolle) an.
c) Kennzeichnen Sie jeweils den Primärschlüssel.

2.3.1 Beziehungen

> Marino Caponi hat die notwendigen Tabellen für seine Datenbank in Access angelegt. Als er sich sein ERD zu der Datenbank ansieht, überlegt er sich: „Irgendwie muss ich doch auch die Beziehungstypen zwischen den Entitätsmengen in meinem DBMS abbilden können."
>
> Er sucht nach dem Thema „Beziehungen" in der Access-Hilfe und wird dort auch fündig.

In Access kann man zwischen Feldern zweier Tabellen eine Beziehung herstellen. Diese Beziehung entspricht der Verknüpfung zwischen einem Primärschlüssel aus der so genannten **Mastertabelle** und einem Fremdschlüssel aus der so genannten **Detailtabelle**. Um diese Beziehung zu knüpfen, müssen die beiden Felder nicht unbedingt den gleichen Namen haben, aber sie müssen vom gleichen Datentyp sein.

> Bei einer **Beziehung** wird der Primärschlüssel einer **Mastertabelle** mit dem Fremdschlüssel einer **Detailtabelle** verknüpft.

Für die geknüpften Beziehungen kann eingestellt werden, dass für sie „referenzielle Integrität" gelten soll.

Datenintegrität
▶ *Kapitel 2.1.3, Seite 35*

> **Referenzielle Integrität** ist ein Regelsystem, das sicherstellt, dass Beziehungen zwischen Datensätzen gültig sind und dass verknüpfte Daten nicht versehentlich gelöscht oder geändert werden.

Referenzielle Integrität kann in Access festgelegt werden, wenn
- eines der beiden Felder ein Primärschlüssel ist oder einen eindeutigen Index hat,
- die verwandten Felder denselben Datentyp aufweisen,
- beide Tabellen zu derselben Datenbank gehören.

Wurde für zwei Felder aus zwei Tabellen eine Beziehung mit referenzieller Integrität geknüpft, ist Folgendes nicht mehr möglich:
- Man kann in das Fremdschlüsselfeld der verknüpften Tabelle keinen Wert eingeben, der nicht im Primärschlüssel der anderen Tabelle enthalten ist. Ein Null-Wert kann jedoch in das Fremdschlüsselfeld eingegeben werden, um damit festzulegen, dass die Datensätze nicht miteinander verknüpft sind.
- Man kann keinen Datensatz aus der Mastertabelle löschen, wenn davon abhängige Datensätze in einer Detailtabelle enthalten sind.
- Es kann kein Primärschlüsselwert in der Mastertabelle geändert werden, wenn es zu diesem Datensatz Detaildatensätze gibt.

Um die Beziehungen zwischen seinen Tabellen zu knüpfen, öffnet Marino Caponi über die *Multifunktionsleiste* ▷ Reiter *Datenbanktools* ▷ *Beziehungen* das Beziehungsfenster. Mit *Hinzufügen* fügt er die gewünschten Tabellen in das Beziehungsfenster ein.

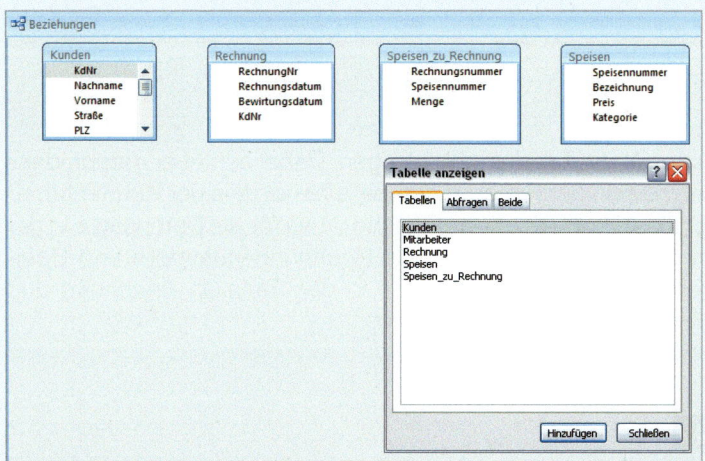

Er klickt auf das Feld *KdNr* in der Tabelle *Kunden* und zieht mit gedrückter linker Maustaste den Mauszeiger zum Feld *KdNr* der Tabelle *Rechnung*. Für die Beziehung gibt man *Mit referenzieller Integrität* an.

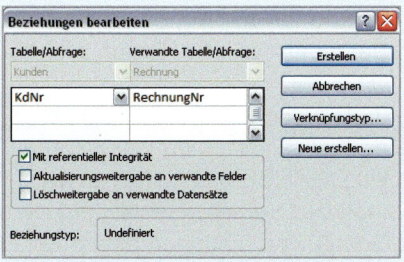

Als er auf *Erstellen* klickt, erscheint plötzlich folgende Fehlermeldung:

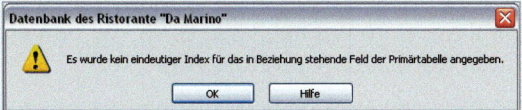

Marino Caponi überprüft die beiden Felder, die er verknüpfen wollte. Er stellt fest, dass er in der Kundentabelle vergessen hat, die Kundennummer als Primärschlüsselfeld festzulegen. Er behebt diesen Fehler und versucht es erneut. Dennoch erhält er eine weitere Fehlermeldung:

Er überprüft nochmals die beiden Felder, die er verknüpfen wollte. Tatsächlich, die Kundennummer hat in der Kundentabelle den Datentyp *Text* und in der Rechnungstabelle den Datentyp *Zahl*. Er ändert den Datentyp in der Rechnungstabelle auch zu *Text* und versucht noch einmal, die beiden Felder zu verknüpfen.

Diesmal klappt es, Marino Caponi hat seine erste 1:n-Beziehung in erstellt:

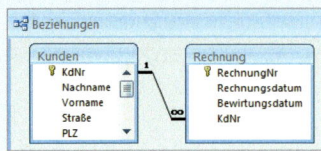

Nachdem er alle Verknüpfungen erstellt hat, erhält er folgendes Ergebnis:

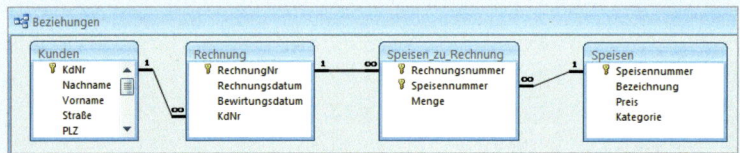

Nun beginnt er, die Daten in die Tabellen einzutragen. Dabei achtet er darauf, dass alle Kundennummern, die er in der Rechnungstabelle benutzt, in der Kundentabelle schon als Primärschlüssel vorliegen. Das Gleiche muss für die Datensätze in der Detailtabelle *Speisen_zu_Rechnung* gelten: alle Rechnungsnummern und Speisennummern, die hier benutzt werden, müssen in den Tabellen *Rechnung* und *Speisen* schon als Primärschlüssel angelegt sein.

AUFGABEN

1. Überprüfen Sie, bei welchem der folgenden Beispiele es um referenzielle Integrität geht.

   a) An der Konrad-Zuse-Schule haben in der Tabelle mit den Stammdaten der Schüler/-innen keine zwei Schüler/-innen dieselbe Schülernummer.
   b) In einer Auftragsdatenbank soll ein neuer Auftrag für den Kunden „Alma Vogt" angelegt werden. Dies funktioniert aber nicht, weil die Kundin in der Kundendatei noch nicht vorhanden ist.
   c) Alle Schülernummern der Konrad-Zuse-Schule sollen 5 Zeichen lang sein. Also: 10000 <= Schülernummer <= 99999
   d) Wenn in der Mitarbeitertabelle der Firma GOLDGRUBE das Gehalt eines Mitarbeiters vermindert wird, springt der Inhalt des Feldes „Gehalt" auf den ursprünglichen Wert zurück. Ein erhöhtes Gehalt wird hingegen akzeptiert.
   e) In der Mitarbeitertabelle der Firma GOLDGRUBE kann der Datensatz eines Mitarbeiters nicht aus der Tabelle gelöscht werden, weil er noch als Kundenbetreuer in einem Datensatz der Tabelle „Auftrag" vorhanden ist.

Normalisierung
▶ *Kapitel 2.2.6, Seite 82*

2. Legen Sie die Datenbank zu Aufgabe 2 aus dem Kapitel 2.2.6, S. 86, mit den entsprechenden Datensätzen in der dritten Normalform in Access an.

3. Legen Sie die Datenbank zu Aufgabe 3 aus dem Kapitel 2.2.6, S. 86, mit den entsprechenden Datensätzen in der dritten Normalform in Access an.

4. Legen Sie die Datenbank zu der Aufgabe 4 aus dem Kapitel 2.2.6, S. 87, mit den entsprechenden Datensätzen in der dritten Normalform in Access an.

5. Legen Sie die Datenbank zu Aufgabe 5 aus dem Kapitel 2.2.6, S. 87, mit den entsprechenden Datensätzen in der dritten Normalform in Access an.

2.3.2 Abfragen mit mehreren Tabellen

Seine Daten hat Marino Caponi erfolgreich in die Datenbank eingetragen. Jetzt möchte er noch ein paar zusätzliche Abfragen stellen, die nicht nur Daten aus einer Tabelle benutzen. In Access-QBE scheint das kein Problem darzustellen, aber geht es mit SQL auch so einfach?

Wenn Daten aus verschiedenen Tabellen zu einer Abfrage zusammengefügt werden, möchte man im seltensten Fall, dass ein kartesisches Produkt gebildet wird, also dass jeder Wert einer Tabelle mit jedem Wert der anderen Tabelle verbunden wird. Damit nur Daten eines zusammengehörenden Datensatzes in einer Abfragezeile ausgegeben werden, muss in der Abfrage angeben werden, wie die einzelnen Tabellen miteinander verknüpft sind.

Kartesisches Produkt
▶ *Kapitel 2.2.4, Seite 71*

> Um in Access **QBE-Abfragen** mit Daten aus mehreren Tabellen zu erstellen, fügt man die Tabellen in die Abfrage ein, die **mindestens** gebraucht wird, um die Verknüpfung zwischen den einzelnen Tabellen mit den notwendigen Daten zu sehen.

Marino Caponi möchte sich ansehen, welche Gerichte an bestimmten Tagen bestellt wurden. Dazu ruft er eine neue Abfrage in der Entwurfsansicht auf und fügt die Tabellen *Rechnung* und *Speisen* hinzu, denn in diesen beiden Tabellen stehen die benötigten Daten. Mit Verwunderung betrachtet er das Ergebnis: 76 Datensätze! So viele Datensätze gibt es doch in der Datenbank noch gar nicht und eine Pizza Inferno wurde an diesen Tagen auch nicht bestellt!

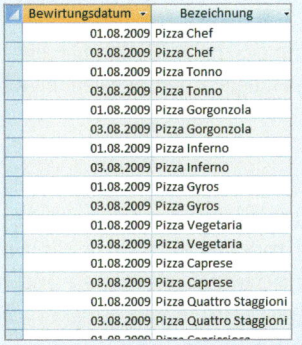

Offensichtlich wurde hier das kartesische Produkt zwischen den Tabellen *Rechnung* und *Speisen* gebildet. Marino Caponi überlegt kurz und fügt in der Abfrage noch die Tabelle *Speisen_zu_Rechnung* hinzu, obwohl aus dieser Tabelle keine Daten benötigt werden. Dennoch ist die Tabelle für die Abfrage sehr wichtig, da sie die Verbindung zwischen den Rechnungen und Speisen herstellt.

Das nun folgende Ergebnis entspricht seinen Erwartungen:

> Um **SQL-Abfragen** mit Daten aus mehreren Tabellen zu erstellen, fügt man einen **INNER JOIN (Verbund)** zwischen den Tabellen in die Abfrage ein, die man mindestens braucht, um die Verknüpfung zwischen den einzelnen Tabellen mit den notwendigen Daten zu sehen.

Teil der SQL-Abfrage	Syntax
Datenfeldliste aus zwei Tabellen	SELECT … FROM Tabelle1 INNER JOIN Tabelle2 ON Tabelle1.Feld1 = Tabelle2.Feld2; Bei einer Abfrage aus zwei Tabellen werden die Tabellennamen links und rechts des Schlüsselwortes **INNER JOIN** angegeben. Nach dem Wort **ON** wird festgelegt, über welche Felder die beiden Tabellen miteinander verknüpft sind.
Datenfeldliste aus mehreren Tabellen	SELECT … FROM Tabelle1 INNER JOIN (Tabelle2 INNER JOIN Tabelle3 ON Tabelle2.Feld2 = Tabelle3.Feld3) ON Tabelle1.Feld1 = Tabelle2.Feld2; Bei einer Abfrage aus mehreren Tabellen werden die **INNER JOINs** ineinander verschachtelt.
	SELECT … FROM Tabelle1, Tabelle2 [, Tabelle3[,…]] WHERE Tabelle1.Feld1 = Tabelle2.Feld2 [AND Tabelle2.Feld2 = Tabelle3.Feld3 [AND…]]; Da bei einer Abfrage aus mehreren Tabellen die verschachtelten **INNER JOINs** sehr unübersichtlich werden, ist es auch möglich, die einzelnen Tabellen hinter **FROM** anzugeben und in der **WHERE**-Klausel die Referenzen neben den anderen möglichen Bedingungen anzugeben.
Aliasnamen für Tabellen	SELECT … FROM Tabelle1 AS T1, Tabelle2 AS T2[, Tabelle3 AS T3[,…]] WHERE T1.Feld1 = T2.Feld2 [AND T2.Feld2 = T3.Feld3 [AND…]]; Um sich bei SQL-Abfragen über mehrere Tabellen Schreibarbeit zu sparen, ist es möglich, den Tabellen mit **AS** Aliasnamen zu geben.

Marino Caponi möchte sich ansehen, welche Gerichte an einem bestimmten Tag bestellt wurden. Er möchte sich dazu die Felder *Bewirtungsdatum*, *Speisennummer* und *Bezeichnung* anzeigen lassen und erstellt dazu folgenden SQL-Befehl:
SELECT Bewirtungsdatum, Speisennummer, Bezeichnung
FROM Speisen INNER JOIN
(Rechnung INNER JOIN Speisen_zu_Rechnung
ON Rechnung.Rechnungsnummer = Speisen_zu_Rechnung.Rechnungsnummer)
ON Speisen.Speisennummer = Speisen_zu_Rechnung.Speisennummer;

Als er sich das Ergebnis in der Datenblattansicht ansehen möchte, erhält er folgende Fehlermeldung:

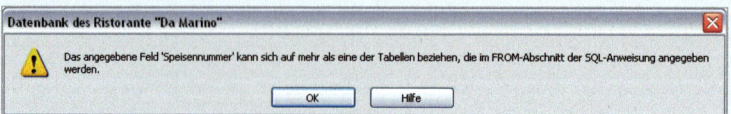

Stimmt, die Speisennummer in der SELECT-Zeile kann sich sowohl auf die Tabelle *Speisen* als auch auf die Tabelle *Speisen_zu_Rechnung* beziehen. Er verbessert diese Angabe zu *Speisen.Speisennummer*.
Danach möchte er sich erneut die Datenblattansicht ansehen, doch nun kommt ein Parameterfenster. Aber er hatte doch gar keinen Parameterwert eingegeben?

Beim Überprüfen der Tabelle *Rechnung* fällt Marino Caponi auf, warum dieses Parameterfenster erscheint: In der Tabelle *Rechnung* gibt es kein Feld *Rechnungsnummer*! Das Feld heißt hier *RechnungNr*. Nachdem er auch diesen Fehler berichtigt hat, kann er die Abfrage endlich starten.

Da der Ausdruck mit dem verschachtelten INNER JOIN sehr kompliziert aussieht, versucht er den Ausdruck umzuformulieren. Als Ergebnis erhält er:
SELECT Bewirtungsdatum, Speisen.Speisennummer, Bezeichnung
FROM Speisen, Rechnung, Speisen_zu_Rechnung
WHERE Rechnung.RechnungNr = Speisen_zu_Rechnung.Rechnungsnummer
AND Speisen.Speisennummer = Speisen_zu_Rechnung.Speisennummer

Und weil er in Zukunft bei solchen SQL-Abfragen nicht mehr so viel tippen möchte, probiert er auch gleich die Vergabe von Aliasnamen aus. Sein abschließendes Ergebnis ist folgendes:
SELECT Bewirtungsdatum, Speisen.Speisennummer, Bezeichnung
FROM Speisen AS S, Rechnung AS R, Speisen_zu_Rechnung AS SR
WHERE R.RechnungNr = SR.Rechnungsnummer AND S.Speisennummer = SR.Speisennummer;

AUFGABEN

1. Erstellen Sie die Abfrage „Versandkosten_für_Kunde", bestehend aus den Feldern Firma, der Kontaktperson und der Summe der Versandkosten, aufsteigend sortiert nach der Kundennummer. Dabei soll die Firma als Parameter eingeben werden können.

2. Erstellen Sie eine Abfrage „Wer_kennt_wen", aus der hervorgeht, welcher Nordwind-Mitarbeiter mit welchem Kunden Kontakt hatte. Es sollen der Vor- und Nachname der Mitarbeiter, das Bestelldatum und von den Kunden die Felder Firma, Nachname, Vorname und Position aufgelistet werden. Sortiert werden soll die Abfrage nach dem Bestelldatum.

3. Erstellen Sie eine Abfrage mit dem Namen „Außenstände", bei der die Bestellnummer und das Versanddatum, das Bundesland des dazugehörigen Kunden und die seit der Lieferung verstrichene Zeit bis heute angezeigt werden. Die Anzeige der Datensätze soll absteigend nach dem Lieferdatum erfolgen.

Hinweis:
Die Aufgaben beziehen sich auf die Nordwind-Beispieldatenbank, die Bestandteil von Access ist.

2.3.3 Formulare mit mehreren Tabellen

Marino Caponi möchte für die Eingabe seiner Rechnungen ein Formular anlegen. Das Formular soll ihm die Möglichkeit geben, den Rechnungskopf und danach die Rechnungspositionen eingeben zu können.

In Access gibt es bei 1:n-Beziehungen die Möglichkeit, sich Detaildatensätze, die zu einem Datensatz in der Mastertabelle gehören, als Unterformular oder als verknüpftes Formular anzeigen zu lassen. Bei einer n:1-Beziehung gibt es diese Möglichkeit nicht, und die Informationen der Mastertabelle werden an den Datensatz aus der Detailtabelle angehängt.

Wenn man sein Formular z. B. aus Daten der Tabellen *Kunden, Rechnung, Speisen_zu_Rechnung* und *Speisen* zusammenstellen möchte, die wie folgt zusammenhängen,

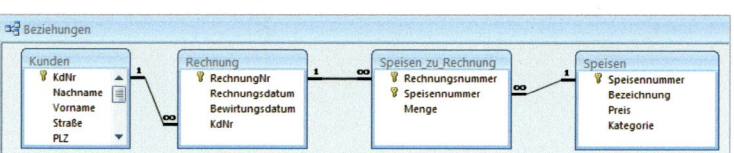

dann ergeben sich folgende Möglichkeiten, das Formular aufzubauen:

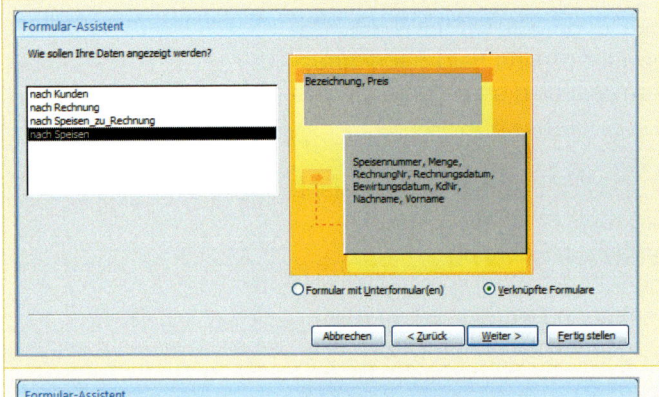	Das Formular soll bezüglich der Tabelle *Speisen* angezeigt werden: • Die Felder aus der Tabelle *Speisen* stehen im Hauptfenster. • Alle anderen Daten stehen zur Tabelle *Speisen* in einer 1:n-Beziehung und werden alle zusammen in einem verknüpften Formular angezeigt.
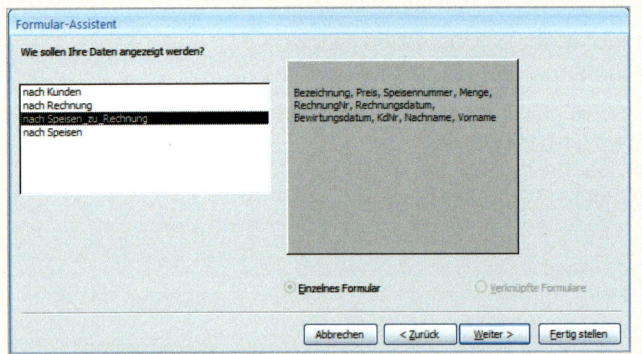	Das Formular soll bezüglich der Tabelle *Speisen_zu_Rechnung* angezeigt werden: • Alle Daten stehen zur Tabelle *Speisen_zu_Rechnung* in einer n:1-Beziehung und stehen im Hauptfenster.
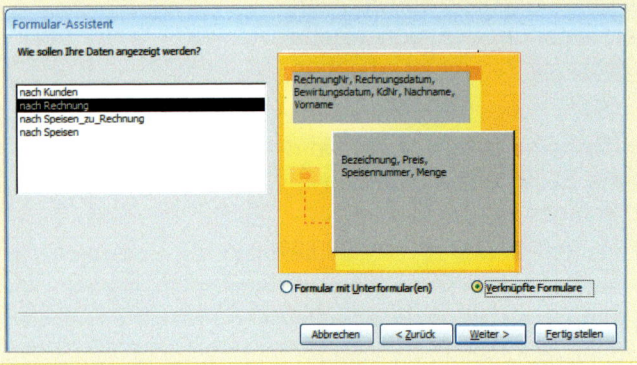	Das Formular soll bezüglich der Tabelle *Rechnung* angezeigt werden: • Die Felder aus der Tabelle *Rechnung* stehen im Hauptfenster. • Die Felder aus der Tabelle *Kunde* stehen im Hauptfenster, weil sie in einer n:1-Beziehung zur Rechnungstabelle stehen. • Alle anderen Daten stehen zur Tabelle *Rechnung* in einer 1:n-Beziehung und werden in einem verknüpften Formular angezeigt.
	Das Formular soll bezüglich der Tabelle *Kunden* angezeigt werden: • Die Felder aus der Tabelle *Kunden* stehen im Hauptfenster. • Die Felder aus der Tabelle *Rechnung* stehen in einer 1:n-Beziehung zur Kundentabelle und stehen in einem verknüpften Formular. • Alle anderen Daten stehen zur Tabelle *Rechnung* in einer 1:n-Beziehung und werden in dem verknüpften Formular als Unterformular angezeigt.
	Statt in einem verknüpften Formular können die Daten auch in einem Unterformular dargestellt werden.

Marino Caponi erstellt ein neues Formular mit Hilfe des Formular-Assistenten aus der Tabelle *Rechnung*. Zu dem Formular fügt er aus den Tabellen *Rechnung, Speisen_zu_Rechnung, Speisen* und *Kunden* die Felder *RechnungNr, Rechnungsdatum, Bewirtungsdatum, KdNr, Speisennummer, Menge, Bezeichnung, Preis, Nachname* und *Vorname* hinzu.

Im nächsten Schritt muss Marino Caponi entscheiden, wie die Daten dargestellt werden sollen. Er möchte die Daten *nach Rechnung* anzeigen lassen und die Detaildatensätze in einem Unterformular.

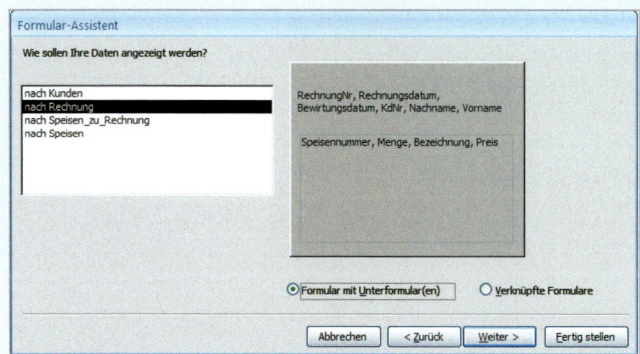

Danach legt er fest, dass das Layout für das Unterformular vom Typ „Datenblatt" sein soll, wählt das Format „Expedition" aus und stellt das Formular fertig. Als Ergebnis erhält er folgendes Formular:

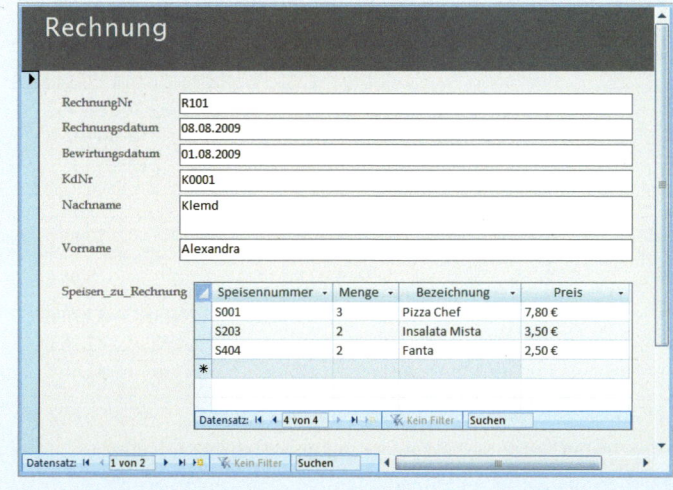

AUFGABEN

1. Erstellen Sie in der Nordwind-Datenbank ein Formular, mit dessen Hilfe man sehen kann, welche Artikel welcher Kunde bestellt hat. Es sollen die Firma, die Kontaktperson und in einem Unterformular die Artikelnummer und die Artikelbezeichnung angezeigt werden.

2. Erstellen Sie in der Nordwind-Datenbank ein Formular, mit dessen Hilfe man sehen kann, mit welchen Kunden welcher Mitarbeiter bereits bei einer Bestellung zu tun hatte. Es sollen die Mitarbeiterdaten und in einem Unterformular die bekannten Kunden mit Firmenname, Ansprechpartner und Position des Ansprechpartners angezeigt werden.

Hinweis:
Die Aufgaben beziehen sich auf die Nordwind-Beispieldatenbank, die Bestandteil von Access ist.

Prüfen Sie sich!

Situation:
Sie sind angestellt bei der Soft&Ware AG und sollen eine relationale Datenbank entwickeln, in der alle Daten eines Pizza-Lieferdienstes strukturiert abgespeichert werden können.

Der Inhaber des Pizza-Lieferdienstes hat bereits Rechnungsformulare für die Bezahlung der ausgelieferten Speisen und Getränke drucken lassen und eine Musterrechnung nach seinen Vorstellungen geschrieben. Er wünscht, dass alle auf der Musterrechnung vorkommenden relevanten Daten gespeichert werden. Er möchte diese Daten zur Erstellung von Statistiken nutzen und den treuesten Kunden eventuell eine kleine Aufmerksamkeit zu Weihnachten zukommen lassen.

Die Musterrechnung hat folgendes Aussehen:

RECHNUNG

Lieferdienst Pizza-Fix

Schlachtweg 2
10557 Berlin

Herr
Nick Noodle
Edamer Str. 1B
38302 Wolfenbüttel

Kundennummer: 1009
Rechnungsnummer: 113/2009
Rechnungsdatum: 02.04.2009

Tel.: 05331 882811

Artikel Nummer	Bezeichnung	Größe	Preis/ Stück	Anzahl	Gesamt- preis
6319424	Pizza Gourmet	Classic-XL	6,95 €	2	13,90 €
6318150	Pizza Carbonara	Classic	5,95 €	3	17,85 €
4142349	Salat Rocco		5,95 €	1	5,95 €

Netto 37,70 €
+ 19 % UST 7,16 €
Brutto 44,86 €

Wir wünschen Ihnen einen guten Appetit und hoffen, Sie bald wieder als Kunden begrüßen zu dürfen.

Aufgaben (Teil 1)
1. Nennen Sie die Attribute, die Sie auf jeden Fall nach der oben abgebildeten Rechnung in Ihrer DB brauchen.
2. Erläutern Sie den Unterschied zwischen Entität und Entitätsmenge.
3. Erstellen Sie, ausgehend von der Entitätsmenge „Rechnung", ein Entity-Relationship-Diagramm (ERD) in der 3. Normalform.

Situation – Fortsetzung:
Der Inhaber des Pizza-Lieferdienstes wünscht, dass die nach den einzelnen Rezepten der Gerichte verbrauchten Zutaten aufsummiert werden können, damit er sie gezielt und ohne viel Aufwand nachkaufen kann. Für die Lehrlinge in der Küche möchte er die einzelnen Rezepte nach folgendem Muster ausdrucken können:

```
Pizza Chef:                 Pizza Carciofi:
100 g Mehl                  100 g Mehl
0,5 g Hefe                  0,5 g Hefe
1 Esslöffel Öl              1 Esslöffel Öl
10 g Soße                   10 g Soße
10 g Mozzarella             10 g Mozzarella
5 g Peperoni                10 g Artischocken
5 g Pilze
5 g Gurken
```

Der Inhaber des Pizza-Lieferdienstes ist gesetzlich verpflichtet, bestimmte Zusatzstoffe in den verwendeten Zutaten anzugeben. Außerdem gibt es immer wieder Kunden, die besondere Beläge bestellen. Deshalb wünscht er, dass auch eine Rechnung nach folgendem Muster möglich sein soll:

Herr
Nick Noodle
Edamer Str. 1B
38302 Wolfenbüttel

Kundennummer: 1009
Rechnungsnummer: 114/2009
Rechnungsdatum: 02. 04. 2009

Tel.: 05331 882811

Artikel Nummer	Bezeichnung	Größe	Preis/Stück	Anzahl	Gesamtpreis
6319420	Pizza Margherita [2]	Classic-XL	6,95 €	1	6,95 €
1333343	Artischocken		0,50 €	1	0,50 €
4142349	Serrano Schinken [1]		5,95 €	1	5,95 €

Netto 13,40 €
+ 19 % UST 2,55 €
Brutto 15,95 €

Wir wünschen Ihnen einen guten Appetit und hoffen, Sie bald wieder als Kunden begrüßen zu dürfen.

Zusatzstoffe
(1) konserviert, (2) mit Geschmacksverstärker

Aufgaben (Teil 2)

4. Ergänzen Sie in Ihrem ERD sinnvoll die Entitätsmenge „Zutaten".
5. Erläutern Sie die Begriffe Primärschlüssel, Fremdschlüssel und kombinierter Schlüssel. Geben Sie jeweils ein Beispiel an.
6. Geben Sie die zur Realisierung der Datenbank „Pizzadienst" erforderlichen Tabellen mit ihren Attributen an. Kennzeichnen Sie dabei alle Primär- und Fremdschlüsselfelder.

3 Programmierung

3.1 Softwareentwicklung

Zustandsdiagramm
▸ *Kapitel 1.3, S. 18 ff.*

> Marino Caponi räumt seinen Schreibtisch auf. Unter einem Stapel Rechnungen findet er das Zustandsdiagramm, das er für Enzo gezeichnet hat, als der das Programm für die Eingabe der Hochzeitsmenübestellungen schreiben sollte. Dieses Programm hatte ihnen an diesem Abend sehr geholfen. Die Bestellungen konnten viel schneller aufgenommen werden als sonst, und in der Küche konnten die bestellten Gerichte immer prompt zubereitet werden, so dass das Essen schnell serviert werden konnte.
> Marino Caponi fallen sofort noch einige andere Dinge ein, die in seinem Ristorante durch die Unterstützung so eines kleinen Programms viel effizienter laufen könnten. Tatsächlich würde er selbst ganz gerne einmal programmieren lernen. Er hat allerdings von seinem Neffen Enzo gehört, dass es verschiedene Vorgehensweisen bei der Entwicklung von Programmen bzw. Softwarepaketen gibt.

Wie Sie in Kapitel 1 schon erfahren haben, ist die Entwicklung von Informationssystemen ein außerordentlich komplexer Prozess. Daher ist es sinnvoll, die Entwicklungszeit eines Informationssystems gut zu strukturieren. Diese Strukturierung ist notwendig, um zu jedem Zeitpunkt hinreichend genau beurteilen zu können, ob vorgegebene Termine und Kosten eingehalten und notwendige Qualitätsstandards erfüllt werden.

Seit den 1960er Jahren beschäftigt sich die Informatik mit der Frage, wie die Entwicklung einer qualitativ hochwertigen Software ablaufen sollte. In diesem Zusammenhang hat sich der Begriff „Software Engineering" etabliert. Qualitätskriterien für eine hochwertige Software sind:
- Zuverlässigkeit sowie Korrektheit (relative Fehlerfreiheit)
- Modifizierbarkeit, Wartbarkeit, Testbarkeit sowie Wiederverwendbarkeit
- Effizienz
- Kosten

Eine fehlerfreie, möglichst kostengünstige sowie leicht zu verändernde Software wäre der Idealfall der Entwicklungsbemühungen. Allerdings ist eine Patentlösung, um diesen Idealfall herbeizuführen, bis heute noch nicht gefunden worden. Dennoch konnten Methoden erarbeitet werden, die mit erheblichem Erfolg zum Einsatz kommen:
- strukturierte Programmierung
- Top-Down-Entwurf sowie schrittweise Verfeinerung von Programmen
- Modularisierung (Daten-Abstraktionsprinzip)
- objektorientierte Software-Konstruktion

Diese Methoden werden im nächsten Kapitel genauer besprochen. Nun sollen zunächst die unterschiedlichen Vorgehensmodelle vorgestellt werden.

Das Code-and-fix-Verfahren

Ursprünglich wurden alle Programme nach der Softwareentwicklungsmethode „code&fix" geschrieben, die aus zwei Phasen bestand:
Phase 1: Schreibe ein Programm.
Phase 2: Finde die Fehler in dem Programm und behebe sie.

Dieses Modell hatte aber langfristig einige Nachteile:
- Nach dem Beheben der Fehler wurde das Programm so umstrukturiert, dass das Auffinden neu entstandener Fehler immer schwieriger wurde.
Fazit: Eine **Entwurfsphase**, in der die Grundstruktur des Programms festgelegt wird, musste vor der Programmierung erfolgen.

- Selbst gut entworfene Software wurde teilweise von den Kunden nicht akzeptiert, weil die sich alles ganz anders vorgestellt hatten.
  Fazit: Vor der Entwurfsphase musste noch eine **Definitionsphase** in enger Zusammenarbeit mit dem Kunden erfolgen.
- Das Testen war eine unliebsame Tätigkeit und wurde schlecht vorbereitet. Die Änderungserfordernisse, die sich aus den Tests ergaben, wurden unzureichend durchgeführt.
  Fazit: Eine separate **Testphase** wurde eingeführt.

Das Softwarelebenszyklus-Modell

Nach der Verbesserung der Unzulänglichkeiten des Code-and-fix-Verfahrens wurde ein zyklisches Modell entworfen, in dem die notwendigen Softwareentwicklungsphasen nacheinander durchlaufen werden.

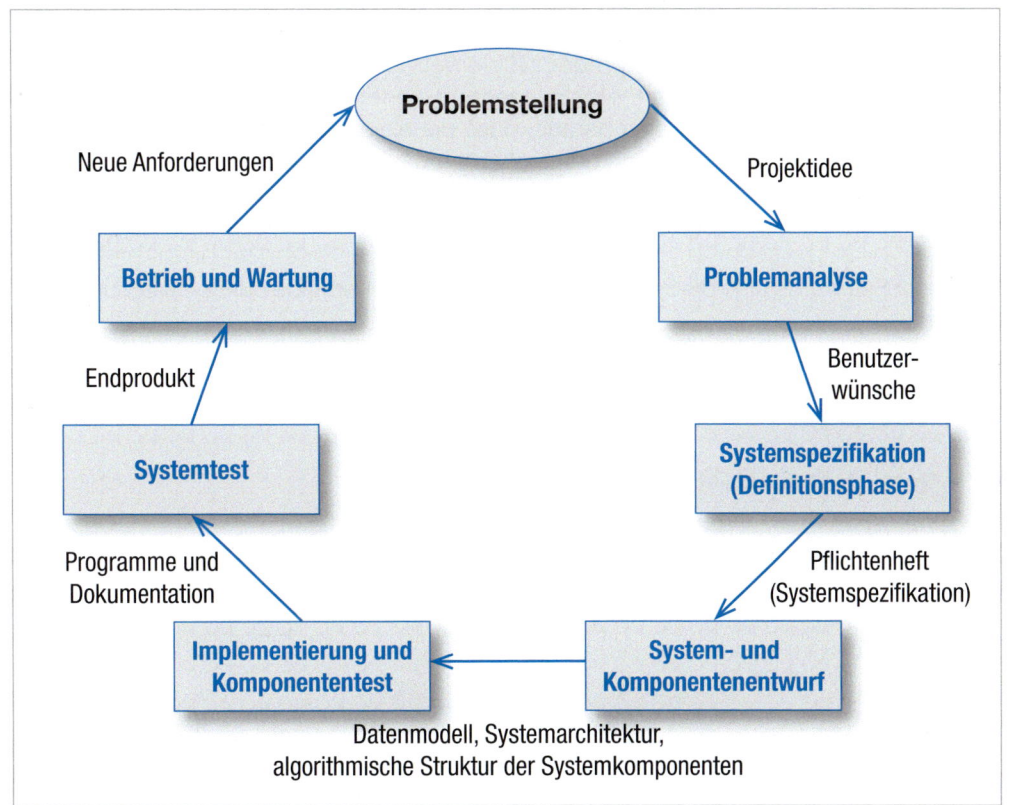

Quelle: Hans Robert Hansen, Gustaf Neumann: Wirtschaftsinformatik 1, UTB, Stuttgart, 8. Auflage, 2005, Seite 206

Der **Vorteil** dieses Modells ist, dass alle notwendigen Phasen zur Softwareentwicklung durchlaufen werden. Beim Übergang von einer Entwicklungsphase in die nächste wird jeweils sichergestellt, dass das bisher erstellte Softwareprodukt mit der Systemspezifikation übereinstimmt.

Der **Nachteil** liegt jedoch darin, dass erst nach dem Durchlaufen aller Phasen eine Rückkopplung mit dem Kunden erfolgt. Wenn in der Systemspezifikation ein Vorgang missverständlich formuliert wurde, hieß das unter Umständen, dass viel Arbeit und Zeit in ein nicht gewünschtes Feature gesteckt wurde.

> Unter **Verifizierung** versteht man die Überprüfung der Übereinstimmung zwischen einem Produkt und seiner Spezifikation.

Das Wasserfallmodell

Bei dem später entwickelten Wasserfallmodell wurde viel Wert auf die Wechselwirkungen zwischen den einzelnen Phasen gelegt. Der Kunde sollte frühzeitig bei Fehlentwicklungen eingreifen können. Außerdem sollte nach dem Abschluss jeder Softwareentwicklungsphase das Zwischenprodukt validiert und nicht nur verifiziert werden, damit die Softwareentwickler möglichst wenig an überflüssigen Komponenten arbeiteten.

> Unter **Validierung** versteht man die Eignung bzw. den Wert eines Produktes bezogen auf seinen Einsatzzweck.

Um das Besondere an den Worten „Verifizieren" und „Validieren" hervorzuheben sei hier folgende Anekdote erzählt:
In einem großen Betrieb, der unter anderem auch Küchenmaschinen herstellt, sollte vor einigen Jahren eine moderne elektrische Kaffeemühle entwickelt werden. Das Entwicklungsteam entwarf daraufhin eine supermoderne elektrische Mühle, die auch ein sehr zeitgemäßes Design besaß. Weil der Kaffee zu dieser Zeit jedoch sehr teuer war, sollte das Entwicklungsteam zum Testen der Mühle getrocknete Bohnen benutzen, die die gleiche Größe wie Kaffee hatten. Als dann jedoch die fertige Kaffeemühle in den Haushalten im Einsatz war, stellte sich heraus, dass die elektrische Mühle zum Mahlen von Kaffee völlig ungeeignet war, denn erstens waren die Kaffeebohnen härter als normale Bohnen und zweitens waren sie fettiger. Damit kam die „Kaffeemühle" nicht zurecht und musste daraufhin leider wieder vom Markt genommen werden.

In diesem Fall wurde also die Funktionsfähigkeit der Kaffeemühle nur verifiziert und nicht validiert.

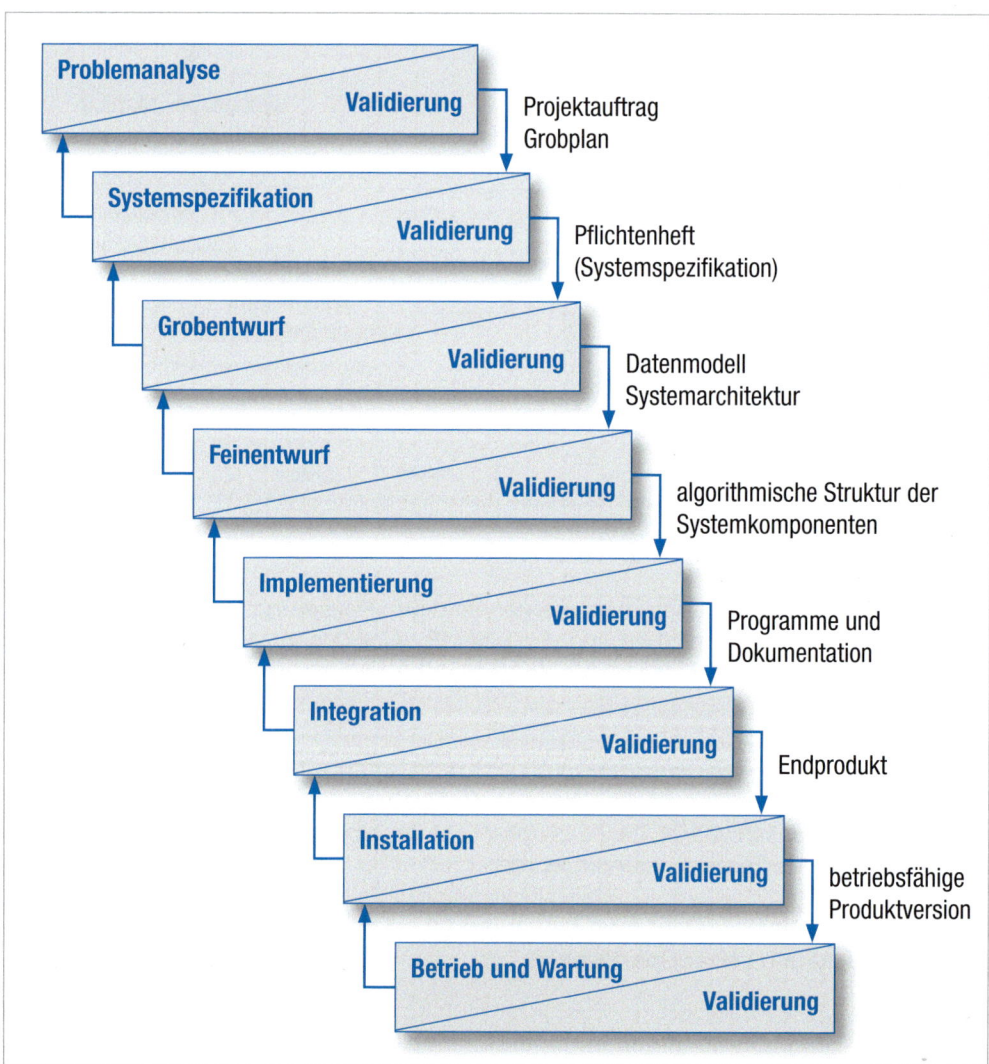

Quelle: Hans Robert Hansen, Gustaf Neumann: Wirtschaftsinformatik 1, UTB, Stuttgart, 8. Auflage, 2005, Seite 208

Das Prototyping oder das Spiralmodell

In dem Spiralmodell wurde von Barry W. Boehm das Wasserfallmodell weiter detailiert. Es wird mit einem Prototypen gearbeitet, der im Laufe des Projektfortschritts immer mehr verfeinert wird.

Das Spiralmodell erfasst sowohl den Aufwand als auch die Projektentwicklung in so genannten Spiralzyklen. Die einzelnen Programmierschritte für die jeweiligen Programmteilschritte sind in den einzelnen Spiralzyklen identisch.

Beim Spiralmodell müssen Sinn und Nutzen sowie Anforderungen, wie Zweck und Funktionalität des Programms, bestimmt werden. Da in der Regel immer verschiedene Möglichkeiten vorhanden sind, das Ziel zu erreichen, muss zu Projektbeginn geklärt werden, ob bereits vorhandene Informationssysteme genutzt bzw. eingearbeitet werden können. Schließlich stellen auch die Finanzmittel, der Bearbeitungszeitraum und die Kompatibilität zu anderen Systemen wichtige Rahmenbedingungen dar.

Nach Auswahl der Vorzugsvariante und Beurteilung möglicher Einschränkungen und Projektrisiken wird ein Entwurf (Prototyp) konzipiert, der anschließend optimiert wird. Innerhalb der Spirale schließt sich der nächste Schritt gemäß der Struktur des ersten Spiralzyklus` inkl. Risikobeurteilung und Prototyping an.

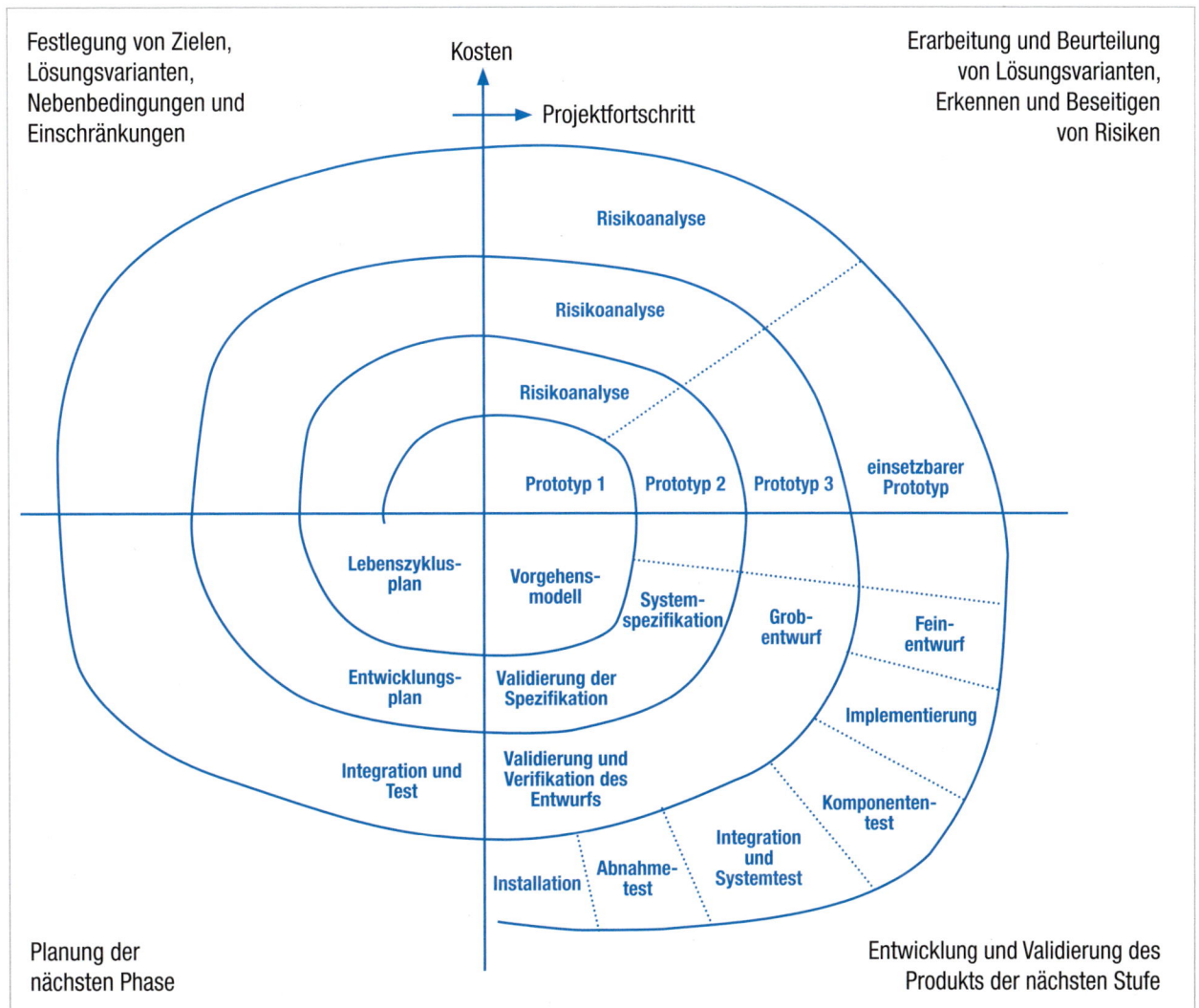

Quelle: Hans Robert Hansen, Gustaf Neumann: Wirtschaftsinformatik 1, UTB, Stuttgart, 8. Auflage, 2005, Seite 210

Die einzelnen Spiralzyklen sind mit Validierungen abzusichern. Es hat sich als sinnvoll herausgestellt, dass alle Projektbeteiligten die jeweiligen Spiralzyklen abnehmen. Die Projektbeteiligten sollten auch die nächsten Spiralzyklen festlegen.

Durch die regelmäßigen Validierungsschritte und die Einbindung der Projektbeteiligten können mögliche Fehler rasch erkannt und Verbesserungen aufgezeigt werden. Die wiederkehrenden Strukturen innerhalb der Prototypen ermöglichen die Einbindung der Produktnutzer in die Produktentwicklung. Das Spiralmodell stellt quasi einen evolutionären Prozess dar. Die Trennung von Entwicklung und Wartung ist aufgehoben. Das Spiralmodell kann sowohl für die Entwicklung als auch die Wartung angewendet werden.

Das V-Modell

Ihre Wurzeln hat das V-Modell in einer Anwendung für das deutsche Verteidigungsministerium und einer anschließenden Übernahme für das Innenministerium 1992. Durch die breite zivile Anwendung ist das V-Modell zu einem einheitlichen Standard im öffentlichen Bereich geworden. Die Struktur des V-Modells ist organisationsneutral angelegt. Dies ermöglicht einen Einsatz in vielfältigen Anwendungen der Industrie, des Handels sowie des Banken- und Versicherungswesens.

Seinen Namen hat das V-Modell von folgender Übersichtszeichnung der Funktionsweise des Modells:

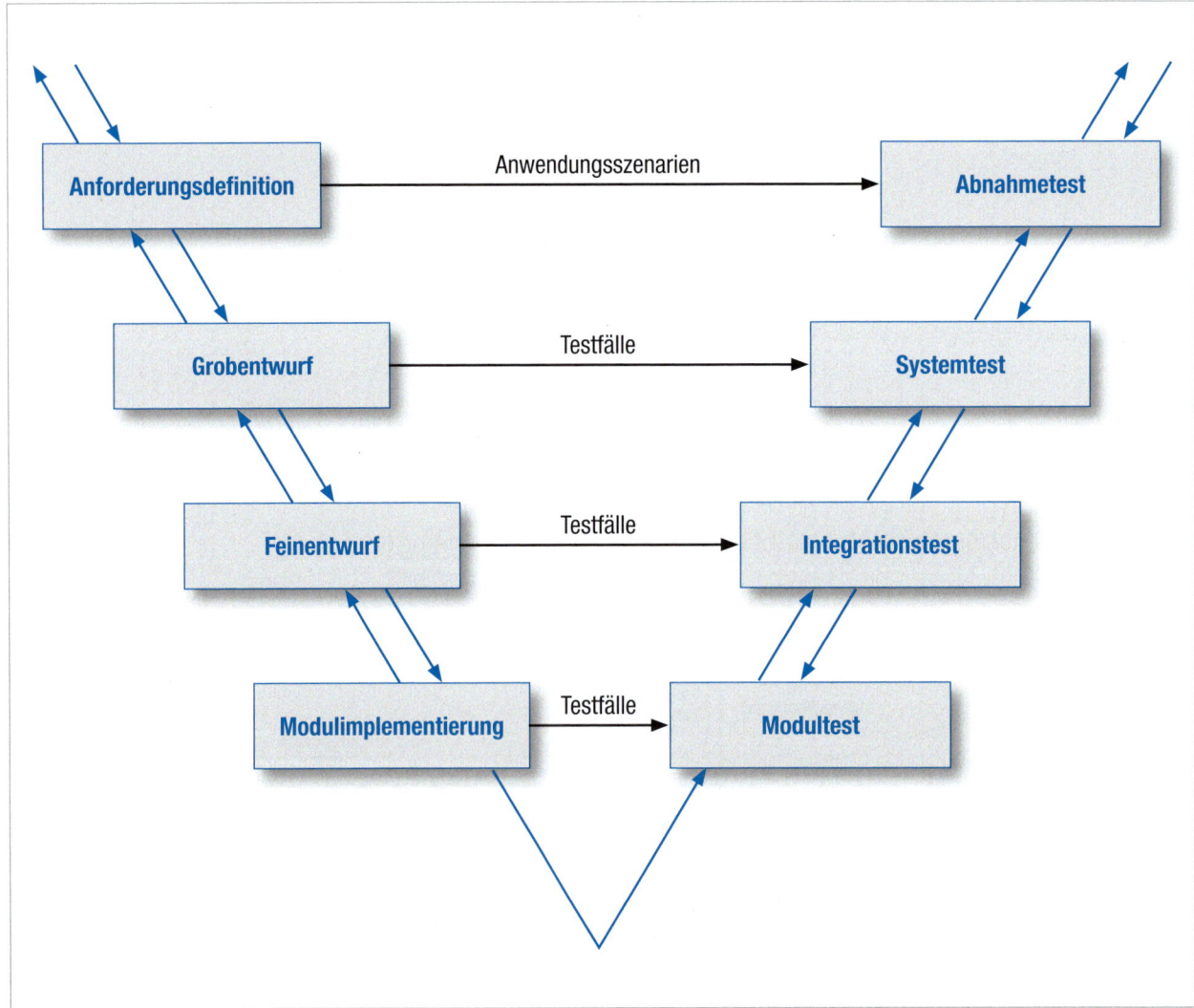

Quelle: Hans Robert Hansen, Gustaf Neumann: Wirtschaftsinformatik 1, UTB, Stuttgart, 8. Auflage, 2005, Seite 203

Das V-System beinhaltet neben der Programmerstellung auch die Qualitätssicherung und das Konfigurations- und Projektmanagement. Die Entwicklung des V-Modells entspricht einer Folge von Einzelvorgängen, die jeweils konkrete Ergebnisse enthalten müssen.

Vorteile (aber auch Notwendigkeiten) von V-Modellen sind
- eine intensive Kommunikation der am Projekt Beteiligten,
- ein strukturiertes, verallgemeinertes Vorgehen bei staatlichen Einrichtungen und der Industrie,
- kurze Einarbeitungsphasen und eine große Produktivität,
- eine hohe Produktqualität und dadurch ein geringerer Wartungsaufwand,
- eine gute Kalkulierbarkeit des Aufwandes für neue Projekte (hohe Planungssicherheit),
- ein hohes Maß an Verständlichkeit, dadurch Reduzierung des Wartungsaufwands sowie
- ein mögliches hohes Maß an Eigenleistung bei der Wartung.

> Marino Caponi könnte sich einfach hinsetzen und ein Programm nach dem Code-and-fix-Verfahren schreiben. Es widerstrebt ihm jedoch, so ganz ohne Planung vorzugehen. Da er in Bezug auf die Programme selbst sein eigener Kunde ist, ist es ihm zunächst nicht so wichtig, ob er das Softwarelebenszyklusmodell oder das Wasserfallmodell anwendet. Jedoch liegt es nicht in seiner Natur, eine Sache von Anfang an ganz genau zu planen. Viele Aspekte zu einem Programm ergeben sich erst im Laufe der Zeit, sodass er die Möglichkeit haben möchte, darauf zu reagieren. Da er nicht alles 100 %ig genau dokumentiert braucht und keine öffentliche Institution ist, scheidet das V-Modell für ihn schon einmal aus.
>
> Das Softwareentwicklungsmodell, das ihm am ehesten zusagt, wenn er für seine kleinen Projekte überhaupt ein Softwareentwicklungsmodell braucht, ist das Prototyping-Modell. Er kann sich gut vorstellen, dass er zu einem Problem, das er hat, zunächst ein kleines, kompaktes Programm schreibt und dieses nach und nach um immer weitere Funktionalitäten erweitert, bis ein zufrieden stellendes endgültiges Produkt entstanden ist. So kann er im Laufe der Entwicklung auch stets die Meinung seiner Mitarbeiter und seines Neffen Enzo zu dem Programm einholen, weil er immer ein lauffähiges Programm vorführen kann, zu dem auch Außenstehende ihre Meinung äußern können. Das evolutionäre Vorgehen des Spiralmodells entspricht also genau seiner Arbeitsweise.

AUFGABEN

1. Bei der Agentur für Arbeit sollen die bestehenden Informationssysteme überarbeitet und aktualisiert werden.
   a) Entscheiden Sie sich für ein Softwareentwicklungsmodell, das Sie bei diesem Projekt einsetzen wollen.
   b) Diskutieren Sie die Vor- und Nachteile dieses Modells.

2. Ihre Nachbarin produziert Perlenketten aus den verschiedensten bunten Glas- und Plastikperlen und verkauft sie in ihrem Freundes-, Verwandten- und Bekanntenkreis. Sie bittet Sie, ein Informationssystem zu entwickeln, mit dem sie ihre Perlenbestände verwalten und ihren Kundinnen Rechnungen schreiben kann, auf denen die einzelnen verwendeten Perlen aufgelistet sind.
   a) Geben Sie an, welche Phasen bei der Entwicklung eines Informationssystems durchlaufen werden müssen, wenn das Softwarelebenszyklusmodell verwendet wird. Erläutern Sie, welche Arbeiten in jeder Phase notwendig sind.
   b) Beschreiben Sie, wie sich die Vorgehensweise bei der Informationssystementwicklung ändert, wenn Sie das Wasserfallmodell verwenden.
   c) Beschreiben Sie, wie sich die Vorgehensweise bei der Informationssystementwicklung ändert, wenn Sie das Spiralmodell verwenden.

3.2 Der Algorithmusbegriff

Marino Caponi weiß nun, dass er sich bei seinen kleinen Programmen, die er schreiben möchte, keine allzu großen Gedanken über sein Vorgehen machen muss. Er erstellt zunächst zu dem Hauptproblem ein Programm und erweitert es um alle weiteren Randbedingungen (Prototyping). Doch wie kommt er jetzt konkret zu seinem Programm?

Er erinnert sich daran, was Enzo ihm über das Programmieren gesagt hat: „Programmieren ist genau so, als würde man ein Kochrezept für einen Lehrling aufschreiben:
- Oben steht, was man braucht (die Zutaten oder Eingabewerte bzw. Variablen),
- dann wird genau beschrieben, wie die Zutaten verarbeitet werden, und
- am Schluss beschreibt man, wie man das Ergebnis (den Kuchen oder die Ausgabewerte) noch behandeln muss, damit alle mit der Präsentation des Ergebnisses zufrieden sind."

Ein Algorithmus ist eine **Folge von Anweisungen** zur Lösung eines Problems. Diese Folge muss folgende Bedingungen erfüllen:
- **Allgemeingültigkeit**
  Die Anweisungen besitzen Gültigkeit für die Lösung einer ganzen Problemklasse, nicht nur für ein Einzelproblem.
- **Ausführbarkeit**
  Die Anweisungen für den Befehlsempfänger müssen verständlich formuliert sein (Mensch oder Maschine) und für diesen ausführbar sein.
- **Eindeutigkeit**
  An jeder Stelle muss der Ablauf der Anweisungen eindeutig sein.
- **Endlichkeit**
  Die Beschreibung der Anweisungsfolge muss in einem begrenzten Text möglich sein. Der Text muss einen Anfang und ein Ende haben.

Mit einem Computer sind nur solche Probleme lösbar, zu denen ein Algorithmus vorhanden ist. Ein Algorithmus, der in einer für den Computer verständlichen Sprache formuliert ist, ist ein **Programm**.

> Ein **Algorithmus** ist eine detaillierte und explizite Vorschrift zur schrittweisen Lösung eines Problems. Ein Algorithmus ist immer allgemeingültig, ausführbar, endlich und eindeutig.

Nimm-Spiel
Zwei Spieler ziehen abwechselnd aus einer vorgegebenen Menge von Streichhölzern 1–3 Hölzchen. Wer das letzte Hölzchen ziehen muss, hat verloren.

Marino Caponi versucht auf Anraten seines Neffen Enzo einen einfachen Ablauf einer Tätigkeit als Algorithmus aufzuschreiben. Er hat sich dazu das Nimm-Spiel ausgesucht, das er früher immer mit Enzo gespielt hat, dazu ein Protokoll geschrieben und es zu folgendem Algorithmus zusammengefasst:

1. Zwei Spieler finden sich, um das Spiel zu spielen.
2. Man legt fest, welcher Spieler beginnt.
3. Man nehme eine Handvoll Streichhölzer.
4. Solange noch Streichhölzer da sind, mache Folgendes:
5.   Wenn noch Streichhölzer da sind, dann
6.   nimmt der erste Spieler 1, 2 oder 3 Streichhölzer weg.
7.   Der erste Spieler wird als momentaner Verlierer festgelegt.
8.   Wenn noch Streichhölzer da sind, dann
9.   nimmt der zweite Spieler 1, 2, oder 3 Streichhölzer weg.
10.   Der zweite Spieler wird als momentaner Verlierer festgelegt.
11. Wenn keine Streichhölzer mehr da sind, ist das Spiel zu Ende, der Verlierer steht fest.

Jetzt gibt er diesen Algorithmus seiner Nichte Cara und ihrer Freundin mit der Bitte, das Spiel doch nach dieser Anleitung zu spielen. Als er ihnen dabei zusieht, bemerkt er, dass der Algorithmus **allgemein** ist, denn nach dieser Handlungsvorschrift können alle Leute das Nimm-Spiel spielen. Weiter sieht er, dass der Algorithmus **ausführbar** ist, denn seine Nichte und ihre Freundin können alle Handlungsschritte durchführen, es ist kein unmöglicher Handlungsschritt dabei. Die beiden machen während des Spielverlaufs auch immer das, was Marino Caponi erwartet hätte, also ist der Algorithmus **eindeutig**. **Endlich** ist der Algorithmus sowieso, denn er konnte in 11 Zeilen aufgeschrieben werden.

AUFGABEN

1 Erläutern Sie die vier Eigenschaften von Algorithmen.

2 Lesen Sie folgendes Kuchenrezept genau durch:
    Besorgen Sie alle Zutaten und legen Sie sie bereit.
    Lesen Sie die Rezeptbeschreibung durch.
    Mischen Sie die Zutaten laut Rezeptbeschreibung.
    Stellen Sie den Kuchen in den Backofen.
    Holen Sie den Kuchen aus dem Backofen.
    Lassen Sie ihn abkühlen.
    Essen Sie ein Stück Kuchen.
    Schmeckt der Kuchen nicht, dann beginnen Sie mit dem ersten Schritt.
Welche Eigenschaften eines Algorithmus erfüllt diese Handlungsvorschrift und welche erfüllt sie nicht?

3 Lesen Sie folgende Handlungsvorschrift durch:
    Starten Sie einen Computer.
    Öffnen Sie eine Programmierumgebung.
    Sprechen Sie die Aufgabe in das Mikrofon des Computers.
    Warten Sie, bis das Programm von der Programmierumgebung selbstständig generiert wurde.
    Geben Sie die Lösung der Aufgabe beim Lehrer ab.
Welche Eigenschaften eines Algorithmus erfüllt diese Handlungsvorschrift und welche erfüllt sie nicht?

4 Nennen Sie Beispiele bzw. Probleme, die sich mit Hilfe von Algorithmen lösen bzw. nicht lösen lassen.

3.3 Entwurf und Darstellung von Algorithmen und Programmen (Struktogramm und Programmablaufplan)

Marinos Neffe Enzo ist zu Besuch. „Hallo Enzo, schön, dich zu sehen. Du kannst mir bestimmt helfen. Ich habe mir schon einige Programme für das Ristorante überlegt und die Algorithmen dafür aufgeschrieben. Jetzt würde ich sie gerne grafisch darstellen, weil ich dann besser überblicken kann, ob ich etwas vergessen oder falsch gemacht habe. Du weißt bestimmt, was es da für Möglichkeiten gibt?"

In Kapitel 1 haben wir schon gesehen, dass ein Bild mehr als tausend Worte sagt. Auch bei der Planung eines Programms skizziert man sich am besten zunächst die Abfolge der benötigten Kontrollstrukturen.
Für die Visualisierung der Abläufe und Strukturen von Programmen haben sich zwei Darstellungsarten bewährt: das Struktogramm und der Programmablaufplan. Während der Programmablaufplan einem eingeschränkten Aktivitätsdiagramm gleicht, stellt ein Struktogramm eine völlig neue Darstellungsweise dar.

Aktivitätsdiagramm
▸ *Kapitel 1.2, S. 13 ff.*

Das Struktogramm heißt auch Nassi-Shneiderman-Diagramm. Er wurde 1972/73 von Isaac Nassi und Ben Shneiderman entwickelt und ist in der DIN 66261 genormt. Die Methode zerlegt das Gesamtproblem, das man mit dem gewünschten Algorithmus lösen will, in immer kleinere Teilprobleme – bis schließlich nur noch elementare Grundstrukturen wie Sequenzen und Kontrollstrukturen zur Lösung des Problems übrig bleiben. Diese können durch ein Nassi-Shneiderman-Diagramm oder einen Programmablaufplan (PAP) visualisiert werden. Die Vorgehensweise entspricht der Top-down-Programmierung, in der zunächst ein Gesamtkonzept entwickelt wird, das dann durch eine Verfeinerung der Strukturen des Gesamtkonzeptes aufgelöst wird.

top-down
= „von oben nach unten"
(Vorgehensweise: vom Abstrakten zum Konkreten)

Bei Struktogrammen werden folgende Kontrollstrukturen unterschieden:

Linearer Ablauf (Sequenz)

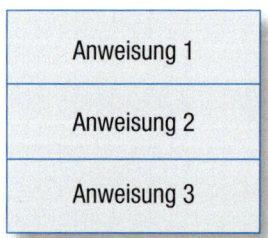

Fallunterscheidung (Alternative)

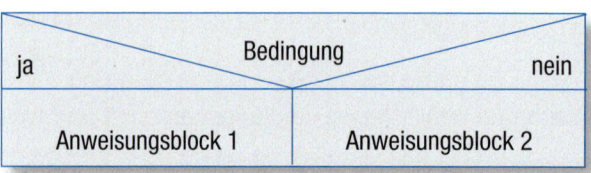

Mehrfache Fallunterscheidung

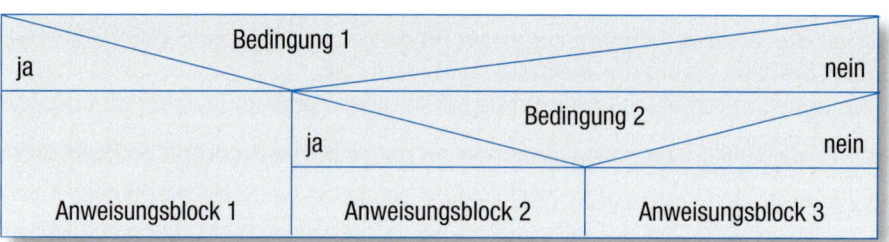

Select-Case-Anweisung (Fallauswahl)

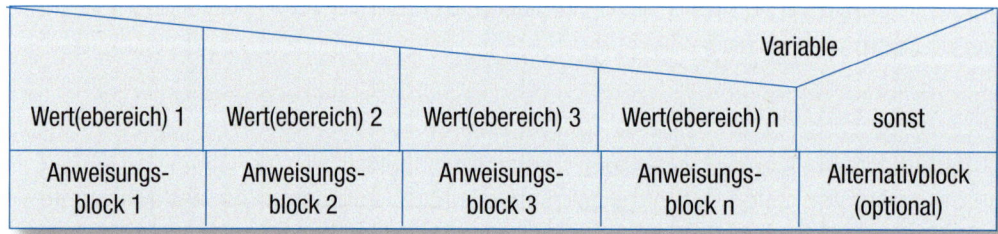

Gezählte Wiederholung

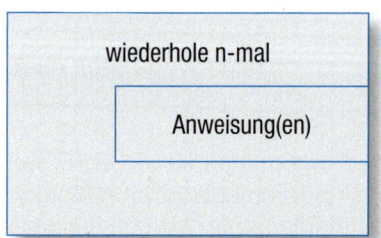

Kopfgesteuerte Schleife

solange Bedingung wahr
Anweisungsblock 1

Fußgesteuerte Schleife

Anweisungsblock 1
solange Bedingung wahr

Funktionsaufruf

Programm-, Prozedur- oder Funktionsname (evtl. mit Wertübergabe)

Marino Caponi versucht die Symbolik eines Struktogramms gleich auf den Nimm-Spiel-Algorithmus umzusetzen. Er entdeckt in diesem Algorithmus zwei echte Fallunterscheidungen und eine kopfgesteuerte Schleife. Er entwirft daraufhin das folgende Struktogramm:

Nimm-Spiel

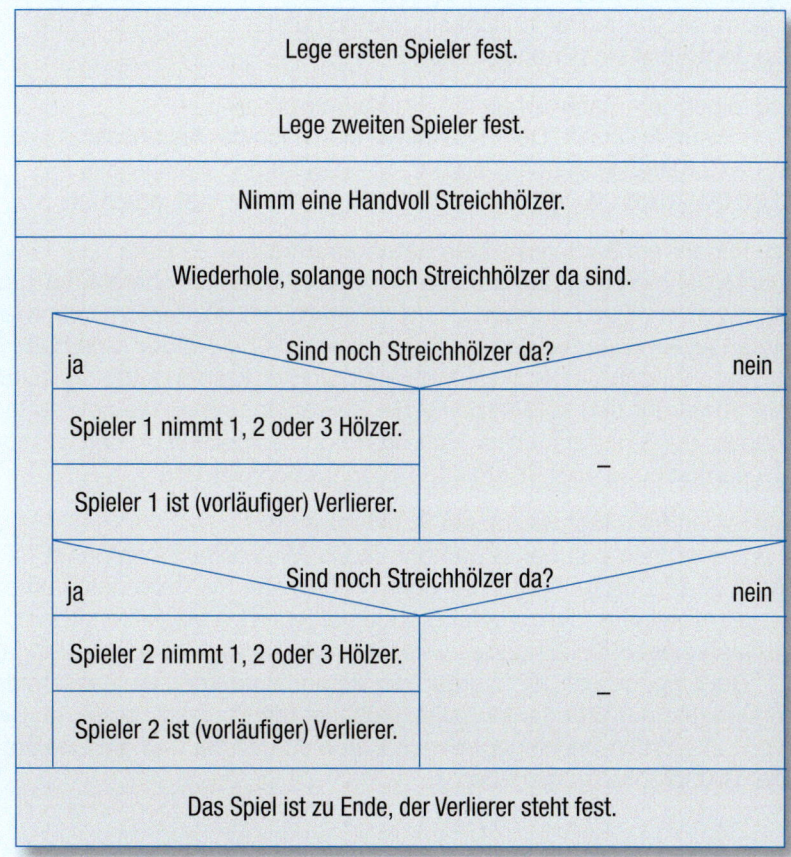

AUFGABEN

1 Ihre Lehrerin möchte mit einigen Freundinnen einen Coffee-to-go kaufen. Bevor sie ihr gewünschtes Getränk bekommen, muss die Verkäuferin die Größe, die Art und die Süßung des Kaffees abfragen. Es erfolgt mit allen Kundinnen folgendes Verkaufsgespräch:

„Möchten Sie einen normalen oder großen Kaffee?"
„Möchten Sie normalen Kaffee, Espresso, Latte Macchiato oder Cappuccino?"
„Soll er gesüßt werden?"
„Soll er mit Zucker oder mit Süßstoff gesüßt werden?" (Die Verkäuferin fragt dies natürlich nur, falls die letzte Frage mit „Ja" beantwortet wurde.)
„Dann bekomme ich … Euro von Ihnen."
„Der Nächste bitte."

a) Erstellen Sie zu dieser Situation ein Struktogramm.
b) Erstellen Sie zu dieser Situation ein Aktivitätsdiagramm.

2 Das Spiel „Zahlenraten" funktioniert so:

Der erste Spieler denkt sich eine Zahl zwischen 1 und 100 aus. Der zweite Spieler versucht zu erraten, um welche Zahl es sich handelt. Ist die geratene Zahl zu klein, sagt der erste Spieler: „Zu klein." Ist sie zu groß, sagt er: „Zu groß." Der zweite Spieler rät so lange, bis er die richtige Zahl gefunden hat.

Erstellen Sie zu dem Spiel ein Struktogramm.

3 Das Spiel „Berühmte Persönlichkeiten raten" funktioniert so:

Jeder Mitspieler denkt sich eine berühmte Persönlichkeit aus, die sein linker Nachbar erraten soll. Er notiert den Namen der Persönlichkeit auf einem Klebezettel und befestigt den Zettel an der Stirn seines linken Nachbarn, so dass der ihn als Einziger nicht lesen kann. Nach diesen Vorbereitungen beginnt das eigentliche Spiel: Jeder Mitspieler stellt Fragen zu der Persönlichkeit, deren Name auf seiner Stirn klebt, die man mit „Ja" oder „Nein" beantworten kann. Erhält er ein „Ja" als Antwort, darf er weiterfragen, erhält er ein „Nein", ist sein linker Nachbar an der Reihe zu fragen. Der erste Mitspieler, der seine Persönlichkeit geraten hat, ist 1. Sieger, der nächste 2. Sieger und so weiter. Wenn der vorletzte Spieler seine berühmte Persönlichkeit geraten hat, ist das Spiel zu Ende.

Erstellen Sie zu dem Spiel ein Struktogramm.

4 Erstellen Sie zu folgendem Sachverhalt ein Struktogramm:

Eine Firma verkauft Apfelsaft. Der Preis richtet sich nach der Anzahl der gekauften Kisten. 1–10 Kisten kosten jeweils 8 €, 11–99 Kisten kosten jeweils 7 €, 100–1000 Kisten kosten jeweils 6 € und ab 1001 Kisten kostet jede Kiste 5 €.

5 Erstellen Sie zu folgendem Sachverhalt ein Struktogramm:

In einem Unternehmen soll der Bruttolohn jedes Mitarbeiters berechnet und aufsummiert werden. Dazu werden zu jedem Mitarbeiter die Personalnummer, die geleisteten Arbeitsstunden und der Stundenlohn des jeweiligen Mitarbeiters abgefragt. Nach Eingabe einer 0 als Personalnummer werden keine weiteren Daten mehr abgefragt und je Mitarbeiter die Personalnummer, die geleisteten Arbeitsstunden, der Stundenlohn und der Bruttolohn aufgelistet. Außerdem soll noch die Gesamtsumme aller Bruttolöhne ausgegeben werden.

6 Erstellen Sie zu folgendem Sachverhalt ein Struktogramm:

In einem Unternehmen soll der Bruttolohn jedes Mitarbeiters berechnet und aufsummiert werden. Dazu werden zu jedem Mitarbeiter die Personalnummer, die geleisteten Arbeitsstunden und der Stundenlohn des jeweiligen Mitarbeiters abgefragt. Nach diesen drei Eingaben wird jedes Mal gefragt: „Ende der Eingaben (J/N)?" Bei Eingabe von „N" werden die Personalnummer, die geleisteten Arbeitsstunden und der Stundenlohn des nächsten Mitarbeiters abgefragt. Bei Eingabe von „J" werden die eingegebenen Daten aufgelistet und die Gesamtsumme aller Bruttolöhne ausgegeben.

3.4 Programmiersprachen

> Marino Caponi weiß jetzt, wie ein Programm ungefähr aussehen sollte. Allerdings ist ihm völlig unklar, welche Programmiersprache er benutzen soll. Sein Neffe Enzo hat ihm erzählt, dass es über 2500 verschiedene Programmiersprachen geben soll. Wie kann er sich da für eine entscheiden?

> Eine **Programmiersprache** ist eine Sprache zur Formulierung von Rechenvorschriften, d. h. von Datenstrukturen und Algorithmen, die von einem Computer ausgeführt werden können.

Programmiersprachen gibt es schon, seitdem es Computer gibt. Sie wurden im Laufe der Zeit entsprechend den aktuellen Anforderungen immer weiterentwickelt. Während es in den ersten Jahren noch darum ging, dem Computer überhaupt Anweisungen geben zu können, lag der Schwerpunkt in der darauf folgenden Zeit mehr darauf, Sprachen zu entwickeln, die der Mensch besser verstehen und intuitiv verwenden kann. Diese Sprachen mussten natürlich trotzdem in Maschinensprache übersetzt werden. Wie und wohin einzelne Daten gespeichert werden müssen, darum musste sich der Programmierer allerdings keine Gedanken mehr machen. Er konnte sich nun voll auf die Lösung seines Problems konzentrieren.

Im Laufe der Zeit merkte man, dass bestimmte Programmstücke immer wieder programmiert werden mussten. Man lagerte diese Programmstücke in Funktionen und Prozeduren aus, versuchte also möglichst modular zu programmieren. Es gab jedoch auch Anwendungen, in denen sehr komplexe Operationen immer wieder durchgeführt werden mussten. Das war vor allem bei Datenbankanwendungen oder bei Anwendungen, auf die eine grafische Benutzeroberfläche aufgesetzt werden sollte, der Fall. Programmiersprachen für diese besonders komplexen Anwendungen wurden notwendig.

Funktion
= eine Prozedur, die einen Ergebniswert zurück gibt

Prozedur
= Teilprogramm, in dem eine Folge von Anweisungen zusammengefasst ist.

Als im Laufe der Zeit nur noch 30 % der Zeit für den Entwurf von Programmen verwendet wurde, aber 70 % für die Wartung, wurde sehr deutlich, dass die Programme noch modularer aufgebaut werden mussten, um möglichst viele Teile unabhängig von allen anderen austauschen zu können. Es entwickelte sich die objektorientierte Programmierung mit ihren Klassen, Attributen und Methoden.

Neben diesen ganzen „Mainstream"-Programmiersprachen gab es auch schon immer die logischen Programmiersprachen, die die Probleme nicht durch Befehle und Anweisungen lösten, sondern durch die Beschreibung des Problems selbst.

Entsprechend der Entwicklung der Programmiersprachen teilt man sie in fünf Generationen auf.

1. Generation: Maschinensprache

Die Befehle eines Programms sind, genau wie die Daten, in binär codierter Form, also als Dualzahl, im Arbeitsspeicher abgelegt. Und hier liegen schon die Probleme der in Maschinensprache geschriebenen Programme:
1. Die Befehle bestehen aus einer Folge von Nullen und Einsen, sind also für Menschen nicht lesbar.
2. Der Befehlssatz, mit dem der Prozessor in einem Computer arbeitet, ist bei jedem Computer etwas anders. Deshalb lassen sich Programme in Maschinensprache nicht ohne weiteres von einem Computer auf den anderen übertragen.

Die direkte Programmierung in Maschinensprache wird heute so gut wie nicht mehr verwendet.

2. Generation: Assembler

Anstelle von Zahlencodes wird in Assembler mit Hilfe von Symbolworten (Mnemoniks) codiert. Eine Assembleranweisung wird normalerweise in genau einen Maschinenbefehl umgesetzt. Deshalb wird im allgemeinen Sprachgebrauch die Assemblersprache auch oft Maschinensprache genannt. Beispiele für die Assemblersprache sind:

JMP 24 bedeutet: Springe (jump) zur Speicherstelle 24. Dort steht der nächste auszuführende Befehl.

INC bedeutet: Erhöhe (increase) den aktuellen Wert um eins.

ADD 25 bedeutet: Addiere (add) zum Inhalt des Akkumulators den Inhalt der Speicherstelle 25.

STO 26 bedeutet: Speichere (store) den Inhalt des Akkumulators in der Speicherstelle 26.

Akkumulator
= Ein bestimmter Speicherplatz, in dem der aktuelle Operator für Berechnungen steht.

Auch Assemblerprogramme sind im Allgemeinen an einen bestimmten Prozessortyp gebunden und deshalb nicht von einem Computer auf den anderen übertragbar.

3. Generation: Höhere Programmiersprachen (high level language)

Seit Mitte der 1959er Jahre gibt es so genannte imperative Programmiersprachen, bei denen die Beschreibung der Problemlösung nicht so nah am Prozessor erfolgt. Die Beschreibung einer Problemlösung in diesen Programmiersprachen erfolgt algorithmisch, d. h. anwendungsneutral und maschinenunabhängig.

Die ersten Programmiersprachen der 3. Generation sind FORTRAN (FORmular TRANslator) und ALGOL (ALGOrithmic Language). Typische heutige Vertreter von Programmiersprachen der 3. Generation sind: BASIC, C++, Delphi, Java, MODULA-2, PASCAL, Pearl, Python usw.

4. Generation: Fourth Generation Language (4GL)

Sprachen der 4. Generation sind anwendungsbezogen. Sie stellen die wichtigsten Gestaltungsmittel von Sprachen der 3. Generation zur Verfügung. Zusätzlich kann man mit ihnen aber auch auf relativ einfache Art und Weise sehr komplexe Operationen auslösen, wie zum Beispiel den Zugriff auf Datenbanken oder die Gestaltung von Benutzeroberflächen. Ihr Ziel ist es, durch kürzere, verständlichere und besser lesbare Programme den Programmieraufwand zu verringern und die Wartbarkeit zu verbessern.

Bekannte Vertreter von Programmiersprachen der 4. Generation sind: Gupta, Informix, Mathematica, Natural, SQL usw.

5. Generation: Very High Level Language (VHLL)

Sprachen der 5. Generation lösen Probleme, indem sie Sachverhalte auf eine bestimmte Art und Weise beschreiben. Sie kommen vor allem im Bereich der KI zum Einsatz. Die bekanntesten Beispiele für Programmiersprachen der 5. Generation sind LISP, HASKELL und PROLOG.

KI
= Künstliche Intelligenz

> Sprachen der 1. und 2. Generation sind zwangsläufig hardwareabhängig. Sie werden daher auch als **maschinenorientierte Sprachen** bezeichnet. Mit den Sprachen der 3. bis 5. Generation wird eine weitgehende Hardwareunabhängigkeit angestrebt. Die Darstellung der **Problemlösung** (3. Generation) bzw. **des Problems selbst** (4. und vor allem 5. Generation) rückt stärker in den Mittelpunkt.

Alle hier vorgestellten Programmiersprachen müssen bei der Ausführung des Programms in Maschinensprache übersetzt werden. Dazu gibt es unterschiedliche Konzepte:

1. Das Programm wird, wenn es fertig geschrieben ist, in Maschinensprache übersetzt (**compiliert**), und alle weiteren notwendigen Dateien werden hinzugefügt (**gebunden**), so dass am Ende ein lauffähiges Programm mit der Endung .exe (für executable – ausführbar) entsteht. Dieses Vorgehen ist zum Beispiel bei C++ anzutreffen. Die fertigen Programme arbeiten, weil sie bei der Ausführung in Maschinensprache vorliegen, sehr **schnell**. Weil das jeweilige Programm in Maschinensprache vorliegt, ist es allerdings abhängig von der Plattform, auf der es läuft. Für eine andere Plattform muss es eventuell neu compiliert und gebunden werden.

compilieren
= vor dem Ausführungszeitpunkt in Maschinensprache übersetzen

interpretieren
= zum Ausführungszeitpunkt in Maschinensprache übersetzen

2. Das Programm wird erst während der Ausführung in Maschinensprache übersetzt. Man sagt: „Das Programm wird **interpretiert**." Diese Programme sind sehr viel **langsamer** als compilierte Programme. Dafür sind sie aber plattformunabhängig, da sie in der Umgebung, in der sie ausgeführt werden, interpretiert werden. BASIC ist ein Beispiel für eine interpretierte Programmiersprache.
3. Die Vorteile beider bisher beschriebenen Verfahren hat sich Java zu eigen gemacht. Der Befehlssatz von Java ist für keinen realen Prozessor, sondern für eine „virtuelle Maschine" geschrieben, er ist also **plattformunabhängig**. Die Java-Programme werden aber bis zu der Ebene der virtuellen Maschine compiliert. Weil der Übersetzungsweg von der virtuellen Maschine bis zur tatsächlichen Maschinensprache in der Laufzeitumgebung nicht so weit ist, sind Java-Programme auch schneller als nur interpretierte Sprachen.

> Marino Caponi hat sich im Internet über die verschiedenen Programmiersprachen informiert und folgende Punkte herausgearbeitet:
> 1. Er kann und möchte nicht einzelne Speicherregister im Computer ansprechen deshalb fallen für ihn die Sprachen der ersten und zweiten Generation weg.
> 2. Die Anwendungen, die er programmiert, sind nicht zeitkritisch, deshalb ist es egal, ob seine Programme compiliert oder interpretiert werden.
> 3. Als Programmieranfänger, wünscht er sich eine Programmiersprache, mit der er strukturiert programmieren kann, bei der er sich aber nicht um alle Kleinigkeiten, wie z. B. die genaue Ein- und Ausgabe von Texten, kümmern muss.
> 4. Außerdem möchte er für seine Programme nicht noch große Editoren aus dem Internet herunterladen. Lieber würde er einen Programmeditor nutzen, den er bereits auf seinem Computer hat.
>
> Marino Caponi entscheidet sich für die Programmiersprache Visual Basic for Applications (VBA). Es ist eine imperative Programmiersprache, deren Befehle er leicht verstehen kann. Sie ist zwar relativ langsam, weil sie interpretiert wird, aber für seine Bedürfnisse hinreichend schnell. Er kann in Visual Basic ansprechende Programmoberflächen gestalten, die er mit den entsprechenden Programmen hinterlegen kann, Dabei muss er sich nicht allzu detailliert mit der genauen Ein- und Ausgabe der Werte befassen. Da er mit dem Microsoft-Office-Paket für Windows arbeitet, ist ein Editor (also eine Programmierumgebung) bereits auf seinem Computer vorhanden. Er kann den VBA-Editor leicht aus Excel, Access oder Word heraus mit <ALT><F11> aufrufen.

to edit (engl.)
= *redaktionell bearbeiten (hier: den Programmtext eines Computerprogramms)*

AUFGABEN

1 Entscheiden Sie, ob für die beschriebene Anwendung eine interpretierte oder compilierte Programmiersprache verwendet werden sollte:
   a. Sie sollen ein Programm für einen Montageroboter in einem Automobilwerk programmieren.
   b. Sie sollen ein Programm schreiben, das Berechnungen mit Datensätzen in einer sehr großen Datenbank ausführt.
   c. Sie sollen ein Programm schreiben, mit dessen Hilfe ein Schreinermeister seine Rechnungen schreiben kann.

2 Informieren Sie sich über fünf Programmiersprachen Ihrer Wahl und stellen Sie deren Vor- und Nachteile in einer Tabelle gegenüber.

3.5 Einstieg in Visual Basic for Applications (VBA)

3.5.1 Objekte, Eigenschaften, Ereignisse

Imperative Programmiersprachen
▶ *Kapitel 3.4, Seite 114*

> Marino Caponi hat sich für Visual Basic for Applications (VBA) entschieden. Es ist zwar eine sehr langsame Programmiersprache, die ihre Programme interpretiert, aber sie steht als Programmiersprache bei jedem Microsoft-Office-Produkt wie Word, Excel oder Access zur Verfügung. Außerdem hat ihm sein Neffe Enzo erzählt, dass man auch ohne Vorkenntnisse mit VBA sehr einfach und schnell grafische Bedienoberflächen erstellen kann. Die Grundprinzipien der Programmierung sind wie bei den meisten imperativen und objektorientierten Programmiersprachen gleich und lassen sich leicht von einer Sprache auf die nächste übertragen.
>
> Doch noch bevor Marino Caponi mit dem Programmieren beginnt, stellt er sich die folgenden Fragen: Wie soll er anfangen? Was soll er als Erstes programmieren, um sich mit der Entwicklungsumgebung vertraut zu machen?

Visual Basic for Applications (VBA) ist eine objektorientierte Programmiersprache, die Microsoft eigens für seine Office-Programme entwickelt hat. VBA lässt sich daher aus fast allen MS-Office-Programmen heraus starten. Nachfolgend wird Excel 2007 verwendet.

Starten Sie zunächst Excel 2007 auf Ihrem Computer. Das kann beispielsweise geschehen über:

Start ▷ Alle Programme ▷ Microsoft Office ▷ Microsoft Office Excel 2007

Nach dem Start des Programms erhalten Sie folgenden Bildschirm:

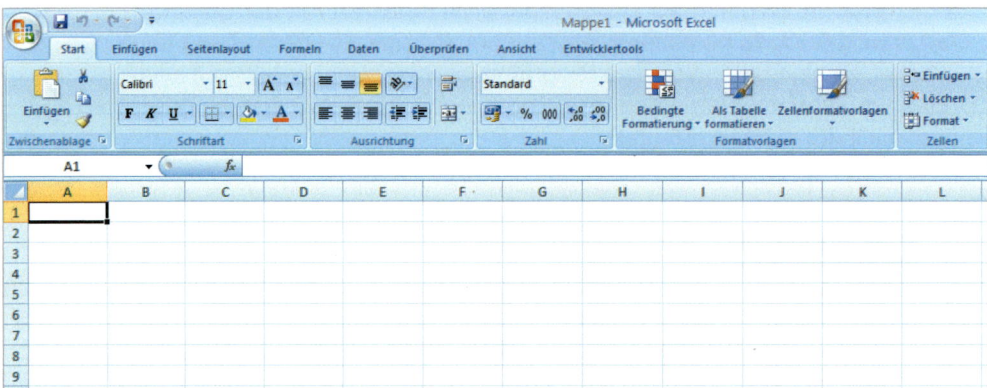

Vergewissern Sie sich als Nächstes, dass in der Multifunktionsleiste die Entwicklerregistrierkarte (*Entwicklertools*) angezeigt wird. Erscheint sie nicht, so aktivieren Sie sie über:

Schaltfläche „Office" ▷ Excel-Optionen

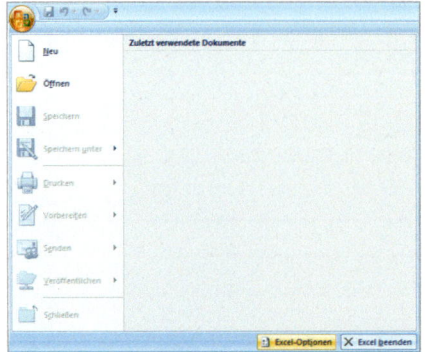

Überprüfen Sie in dem sich nun öffnenden Fenster, ob der Menüpunkt *Entwicklerregistrierkarte in der Multifunktionsleiste anzeigen* mit einem Häkchen versehen und somit aktiviert ist.

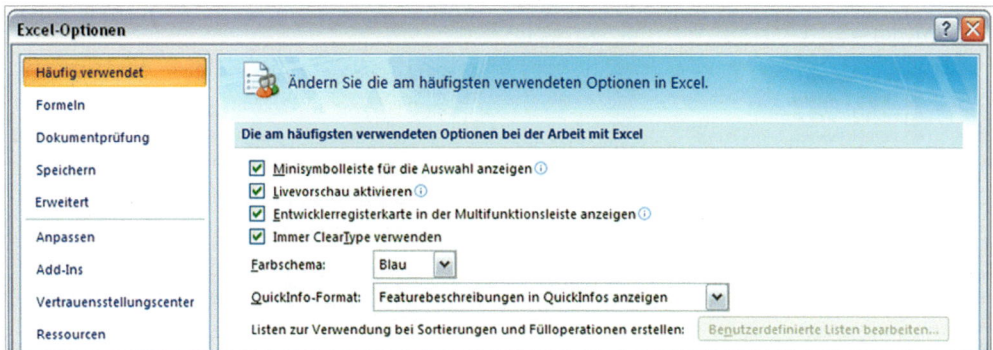

Ist die Entwicklerregistrierkarte nun aktiviert und wählen Sie diese an, so ergibt sich folgendes Bild:

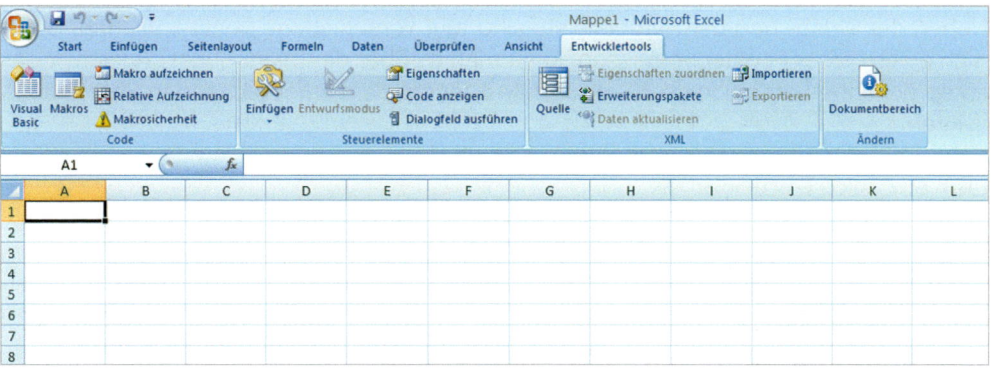

Um nachfolgend problemlos arbeiten zu können, sollte noch eine weitere Einstellung vorgenommen werden. Klicken Sie dazu den Menüpunkt *Makrosicherheit* an.

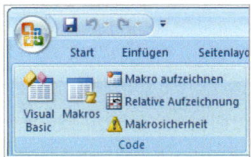

Aktivieren Sie unter *Einstellungen für Makros* den Punkt *Alle Makros aktivieren*, da andernfalls die Ausführung von Programmen in Excel zum Schutz vor Viren unterdrückt würde.

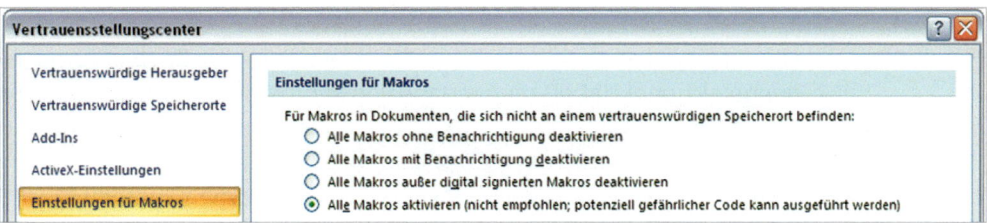

Anschließend kann nun der Visual-Basic-Editor durch das Anklicken des entsprechenden Menüpunktes gestartet werden. Nach dem Start von VBA in Excel muss nur noch ein Formularfenster geöffnet werden. Dies kann beispielsweise über die Multifunktionsleiste und den folgenden Pfad erfolgen:

Einfügen ▷ *UserForm* (oder alternativ über das Anklicken und Anwählen von in der Symbolleiste)

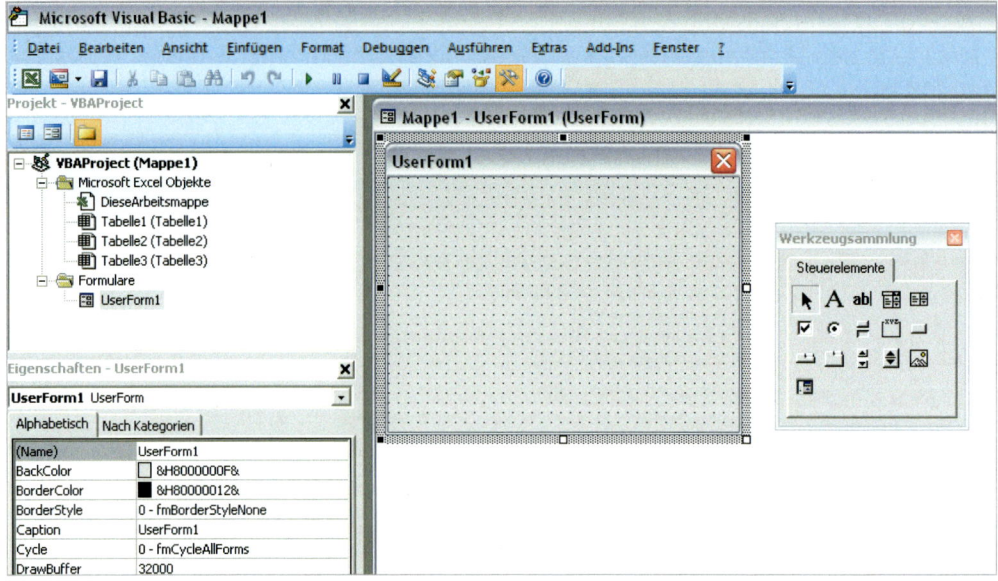

Neben der Menü- und der Symbolleiste sind fünf verschiedene Fenster wichtig. Sollte man eines dieser Fenster vermissen, kann man es über den Menüpunkt „Ansicht", das entsprechende Symbol in der Symbolleiste oder mit dem entsprechenden Shortcut aktivieren.

Der Projekt-Explorer

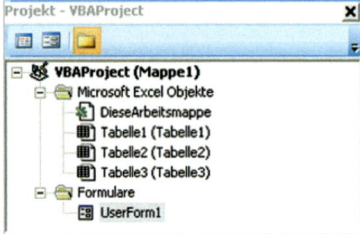

Im Projekt-Explorer wird angezeigt, welche Formulare in einem Projekt angelegt wurden. Mit einem Doppelklick auf ein Formular wird das gewünschte Formularfenster in der Entwicklungsumgebung angezeigt.

Die Werkzeugsammlung

Aus der Werkzeugsammlung wählt man die gewünschte Steuerelement-Klasse mit einem Mausklick aus und platziert sie mit einem zweiten Mausklick als Objekt auf dem Benutzerformular (engl.: userform).

> Die Werkzeugsammlung enthält die Steuerelement-Klassen. Eine **Klasse** ist ein Bauplan für ein Objekt (z. B. Bezeichnungsfeld, Befehlsschaltfläche).

Die wichtigsten Steuerelementklassen sind zunächst das Bezeichnungsfeld (engl.: label) zur Ausgabe von Informationen und die Befehlsschaltfläche (engl.: commandbutton) zum Starten des Programms. Die anderen Elemente der Werkzeugsammlung werden in späteren Kapiteln behandelt und stehen als Übersicht im Werkzeugkasten, dem letzten Kapitel dieses Buches.

Symbol	Steuerelementtyp	Erläuterung
A	Bezeichnungsfeld (Label)	In ein Bezeichnungsfeld schreibt man Texte, die vom Benutzer nicht verändert werden sollen, z.B. für Beschriftungen, Überschriften und Ausgabewerte.
⌐	Befehlsschaltfläche (CommandButton)	Mit einer Befehlsschaltfläche kann man ein Programm starten oder beenden.

Das Formularfenster

In dem Formularfenster wird die Dialogfläche für den Benutzer so gestaltet, dass er das Programm gut bedienen kann. Für die Gestaltung von solchen Benutzeroberflächen werden normalerweise die Richtlinien der DIN EN ISO 9241 zu Grunde gelegt.

Für die Dialoggestaltung zwischen Mensch und Softwaresystem beschreibt die DIN EN ISO 9241-110 die Grundsätze:
- *Aufgabenangemessenheit – geeignete Funktionalität, Minimierung unnötiger Interaktionen*
- *Selbstbeschreibungsfähigkeit – Verständlichkeit durch Hilfen/Rückmeldungen*
- *Steuerbarkeit – Steuerung des Dialogs durch den Benutzer*
- *Erwartungskonformität – Konsistenz (z. B. gleiche Icons für gleiche Funktionalitäten), Anpassung an die Erwartungen des Benutzers (ein Dialog für Kinder wird anders aussehen, als für Erwachsene)*
- *Fehlertoleranz – Intelligente Dialoggestaltung zur Fehlervermeidung, erkannte Fehler (zum Beispiel eine unerlaubte Eingaben) müssen verhindert werden*
- *Individualisierbarkeit – Anpassbarkeit an Benutzer und Arbeitskontext*
- *Lernförderlichkeit – Anleitung des Benutzers, Erlernzeit minimal*

> Das Formularfenster enthält die für das Programm notwendigen **Objekte**. Ein Objekt ist ein Ding, das nach einem "Klassenbauplan" erstellt wurde (z. B. CommandButton2, Label1).

Das Eigenschaftenfenster

Für jedes Objekt auf dem Formular, der „UserForm", und auch für das Formular selber werden bestimmte Eigenschaften (Attribute) festgelegt. Dabei stehen für verschiedene Steuerelementklassen unterschiedliche Eigenschaften zur Verfügung.

> Objekte haben bestimmte **Eigenschaften** (Attribute), die in einem Eigenschaftenfenster aufgelistet werden und die man verändern kann (z. B. Caption, BackColor, Visible).

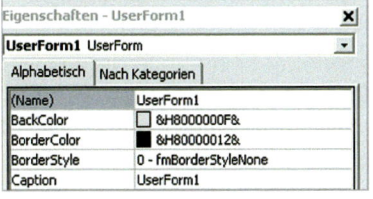

Hier ist zum Beispiel für das Objekt mit dem Namen UserForm1 aus der Steuerelementklasse UserForm
- als Hintergrundfarbe (engl.: BackColor) hellgrau festgelegt.
- die Farbe des Objektrahmens (engl.: BorderColor) schwarz.
- die Rahmenart (engl.: BorderStyle) 0, also normal.
- als Beschriftung (engl.: Caption) in dem Formularfenster die Überschrift „UserForm1" festgelegt.

Das Codefenster

Zum Erstellen eines Programms gestaltet man zuerst die Benutzeroberfläche, also das Formularfenster. Danach überlegt man, bei welcher Benutzeraktion was passieren soll.

> Objekten können bestimmte **Ereignisse** widerfahren (z. B. Klick, Doppelklick) nach denen eine Aktion (ein Programm) ausgeführt werden soll. Im Codefenster wird beschrieben, bei **welchem** Ereignis **was** passieren soll.

Nach einem Doppelklick auf das Formularobjekt, bei dem ein Ereignis angestoßen werden soll, gelangt man in das Codefenster. Der Cursor blinkt and der Stelle, an der der Programmtext eingetragen werden kann.

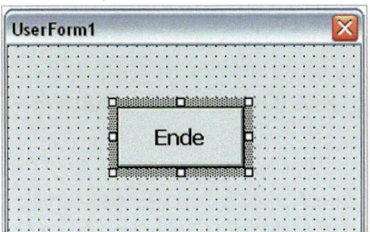

1. Hier wurde zum Beispiel ein Formularfenster mit nur einer Befehlsschaltfläche (engl.: commandbutton) erstellt. Die Befehlsschaltfläche wurde mit dem Wort „ENDE" beschriftet (Eigenschaft Caption) und die Schrift größer und fett eingestellt (Eigenschaft Font).
2. Wenn der Benutzer dieses Programms später auf diese Befehlsschaltfläche klickt, soll das Programm beendet werden.

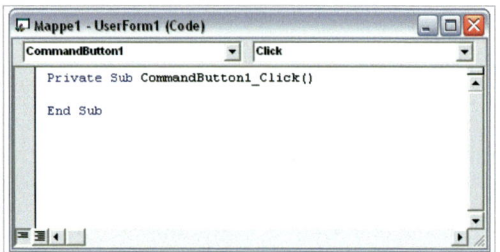

3. Nach einem Doppelklick auf die Befehlsschaltfläche landet man im Codefenster. Hier steht, dass dies ein abgeschlossenes Unterprogramm (Private Sub) der Befehlsschaltfläche CommandButton1 bei dem Ereignis Click ist. Dieses Unterprogramm wird mit den Worten End Sub beendet. Zwischen Private Sub… und End Sub blinkt der Cursor. Hier kann der Programmtext, in diesem Fall „End", eingetragen werden.

Starten und Testen kann man das erstellte VBA-Programm auf verschiedene Weise:
- Mit einem Mausklick auf das Symbol ▶,
- mit dem Drücken der Funktionstaste <F5> oder
- über das Menü mit Ausführen ▷ *Makro ausführen*.

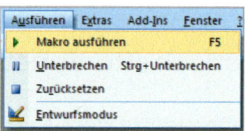

Die vielen verschiedenen Fensterelemente, Klassen, Objekte, Eigenschaften und Ereignisse findet Marino Caponi sehr verwirrend. Daher sieht er sich zunächst ein Programm an, das sein Neffe Enzo als Übung zum Thema „Individualisierbarkeit von Programmoberflächen" geschrieben hat.

Er öffnet die Excel-Datei „Test_individual.xls" und den Visual-Basic-Editor. Somit befindet er sich nun in der Programmierumgebung von VBA. Dort startet er das Programm mit einem Click auf ▶. Zunächst sieht Marino Caponi die Benutzeroberfläche im Startzustand.

Nach einem Klick auf die Befehlsschaltfläche (CommandButton) „Opa" hat die Benutzeroberfläche plötzlich ein ganz anderes Aussehen. Der Hintergrund ist rot und in großer Schrift steht in dem gelben Feld: „Sag beim Abschied leise Servus …". Wahrscheinlich ist das Opas Lieblings-Abschiedslied und weil seine Augen nicht mehr die besten sind, ist es in großer Schrift geschrieben.

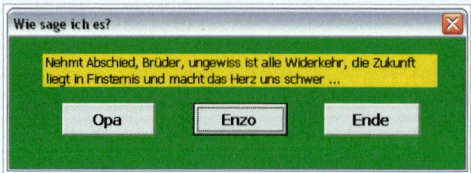

Nach dem Klick auf die Befehlsschaltfläche (CommandButton) „Enzo" sieht die Benutzeroberfläche wieder anders aus. Der Hintergrund ist grün und in kleiner Schrift steht in dem gelben Feld: „Nehmt Abschied, Brüder, …". Er nimmt an, dass Enzos Augen ganz gut sind und er deshalb die kleine Schrift gewählt hat. Da er sich aber Texte nicht so gut merken kann, ist die ganze 1. Strophe des Lieds abgebildet. Zudem scheinen Opa und Enzo unterschiedliche Farben mit dem Wort „Abschied" zu verbinden.

Jetzt beendet Marino Caponi Enzos Programm mit einem Klick auf „Ende" und sieht sich den Quelltext in dem Codefenster genauer an. Er geht die Programmtexte für die Befehlsschaltflächen (CommandButtons) der Reihe nach durch:

1. Die Befehlsschaltfläche „Ende"

```
'Der Ende-Knopf soll das Programm beenden
Private Sub CommandButton1_Click()
   End
End Sub
```

Hier fällt ihm der grüne, umgangssprachlich formulierte Text auf. Dabei scheint es sich um einen Kommentar zu handeln, der durch ein Hochkomma (') eingeleitet wird. Zwischen den vorgegebenen Programmstücken
Private Sub … und *End Sub* steht
nur das Wort „End". Dies ist das Schlüsselwort, um ein Programm zu beenden.

2. Die Befehlsschaltfläche „Opa"

```
1  'Beim Opa-Knopf wird die Schrift größer und der
   'Hintergrund rot
2  Private Sub CommandButton2_Click()
3     Label1.Font.Size = 20
4     Label1.Caption = "Sag beim Abschied leise Servus …"
5     UserForm1.BackColor = RGB (204, 51, 0)
6  End Sub
```

Erläuterungen der Zeileninhalte:
1 Kommentar, der die Funktionalität des Opa-Knopfs näher beschreibt.
2 Beginn des Programms, das nach einem Klick auf den CommandButton2 (das ist die Befehlsschaltfläche mit der Beschriftung „Opa") starten soll.
3 Die Größe (Attribut „Size") der Schrift (Attribut „Font") des Bezeichnungsfeldes (engl.: label) wird auf 20 Pixel gesetzt.
4 Als Beschriftung (Attribut „Caption") des Bezeichnungsfeldes wird „Sag beim Abschied leise Servus …" eingetragen.
5 Die Hintergrundfarbe (Attribut „Backcolor") des Benutzerformulars (engl.: userform) wird mit Hilfe der Funktion RGB (Rotwert, Grünwert, Blauwert) auf 204 Anteile Rot, 51 Anteile Grün und 0 Anteile Blau gesetzt.
6 Ende des Programms

3. Die Befehlsschaltfläche „Enzo"

```
1  'Beim Enzo-Knopf wird die Schrift kleiner und der
   'Hintergrund grün
2  Private Sub CommandButton3_Click()
3     Label1.Font.Size = 10
4     Label1.Caption = "Nehmt Abschied, Brüder, ungewiss
5     ist alle Wiederkehr, die Zukunft liegt (…)"
6     UserForm1.BackColor = RGB (0, 153, 0)
   End Sub
```

1 Kommentar, der die Funktionalität des Enzo-Knopfs näher beschreibt.
2 Beginn des Programms, das nach einem Klick auf den CommandButton3 (das ist die Befehlsschaltfläche mit der Beschriftung „Enzo") starten soll.
3 Die Größe (Attribut „Size") der Schrift (Attribut „Font") des Bezeichnungsfeldes (engl.: label) wird auf 10 Pixel gesetzt.
4 Als Beschriftung (Attribut „Caption") des Bezeichnungsfeldes wird „Nehmt Abschied, Brüder, ungewiss (…)" eingetragen.
5 Die Hintergrundfarbe (Attribut „Backcolor") des Benutzerformulars (engl.: userform) wird mit Hilfe der Funktion RGB (Rotwert, Grünwert, Blauwert) auf 0 Anteile Rot, 153 Anteile Grün und 0 Anteile Blau gesetzt.
6 Ende des Programms

Hinweis für die Darstellung von Programmzeilen: Bedingt durch den zur Verfügung stehenden Platz, kann es bei den im Buch abgedruckten Programmzeilen zu Umbrüchen kommen.

Die hier aufgeführte Nummerierung ist nicht Teil des Programmcodes, sondern dient lediglich der besseren Zuordnung zu den Erläuterungen.

Insgesamt sieht der Quelltext in dem Codefenster also so aus:

```
'Der Ende-Knopf soll das Programm beenden
Private Sub CommandButton1_Click()
  End
End Sub
'Beim Opa-Knopf wird die Schrift größer und der Hintergrund
'rot
Private Sub CommandButton2_Click()
  Label1.Font.Size = 20
  Label1.Caption = "Sag beim Abschied leise Servus …"
  UserForm1.BackColor = RGB (204, 51, 0)
End Sub
'Beim Enzo-Knopf wird die Schrift kleiner und der
'Hintergrund grün
Private Sub CommandButton3_Click()
  Label1.Font.Size = 10
  Label1.Caption = "Nehmt Abschied, Brüder, ungewiss ist
  alle Wiederkehr, die Zukunft liegt (…)"
  UserForm1.BackColor = RGB (0, 153, 0)
End Sub
```

Die einzelnen Programme, die nach einem bestimmten Ereignis (hier nach dem Klick auf eine Befehlsschaltfläche (CommandButton)) ausgeführt werden sollen, stehen durch Querstriche getrennt in dem Codefenster.

AUFGABEN

1 Analysieren Sie folgenden Programmcode und erläutern Sie, was in diesem Programm geschieht.
```
Private Sub CommandButton1_Click()
   Label1.Caption = "Hello World!"
   Label1.Font.Size = 12
   Label1.BackColor = RGB (255, 255, 255)
End Sub
```

2 Analysieren Sie folgenden Programmcode und erläutern Sie, was in diesem Programm geschieht.
```
Private Sub CommandButton2_Click()
   UserForm1.BackColor = RGB(0, 0, 0)
   Label1.Visible = True
   Label1.ForeColor = RGB (0, 0, 0)
   Label1.BackColor = RGB (255, 255, 255)
   Label1.BorderColor = RGB(255, 0, 0)
End Sub
```

3.5.2 Zuweisung und Punktoperator

Marino Caponi hat ein schrecklich schlechtes Zahlengedächtnis. Für seine Abrechnungssoftware braucht er eine 6-stellige Zahl, die er bei jedem Start des Programms eingeben muss. Andauernd vergisst er die Zahl. Auf einen Zettel schreiben möchte er sie sich allerdings auch nicht. Was wäre, wenn er den Zettel verliert oder ein anderer ihn benutzt?

Er hat sich etwas Besseres ausgedacht: Er speichert die Zahl in seinem Computer. Und zwar nicht in einer normalen Word- oder Text-Datei, sondern in einem Visual-Basic-Programm. Das wäre zudem auch ein gutes erstes VBA-Projekt. Nachdem Marino Caponi das Beispielprogramm von Enzo gesehen hat, traut er sich selbst zu, so ein Programm zu schreiben.

Der Kommentar

Bei der Programmierung gibt es in jeder Programmiersprache Kommentare. In VBA wird ein Kommentar mit einem Hochkomma eingeleitet und vom VBA-Editor zur besseren Lesbarkeit in grün dargestellt.

Bei einem Blick auf ein Beispielprogramm fällt auf, dass die Wörter, wie bei jedem guten Editor, der die Lesbarkeit eines Programmquellcodes unterstützt, in unterschiedlichen Farben geschrieben sind. **Kommentare** sind in der Excel-Programmierumgebung für VBA in grüner Schrift. Sie werden durch ein Hochkomma eingeleitet. Sobald also in der Entwicklungsumgebung eine Zeile bemerkt wird, die mit einem Hochkomma beginnt, wird die Schrift grün koloriert.

```
'Beim Opa-Knopf wird die Schrift größer und der Hintergrund rot
Private Sub CommandButton2_Click()
  Label1.Font.Size = 20
  Label1.Caption = "Sag beim Abschied leise Servus …"
  UserForm1.BackColor = RGB (155, 0, 155)
End Sub
```

Auf den ersten Blick scheint es etwas mühselig zu sein, ein Programm mit Kommentaren zu versehen. Tatsächlich sind Kommentare in einem Programm enorm wichtig. Oft weiß der Programmierer selber schon nach wenigen Wochen nicht mehr genau, warum er sich an einer bestimmten Stelle im Programm für ein bestimmtes Vorgehen entschieden hat. Noch schwieriger wird es für andere, das Programm nachzuvollziehen.
Muss ein Programm nach einiger Zeit geändert, gewartet oder weiterentwickelt werden, was für jedes Programm irgendwann einmal zutrifft, ist es für Fremde fast unmöglich, sich in einem unkommentierten Programmcode zurechtzufinden. Für Softwareprojekte ist es deshalb normalerweise absolute Pflicht, gut kommentierten Quelltext zu schreiben.

> Ein **Kommentar** beginnt mit einem Hochkomma ' und erscheint im VBA-Quelltext in grüner Schrift. Er dient der besseren Lesbarkeit und Übersichtlichkeit von Programmen.

Reservierte Wörter

Bei einem zweiten Blick auf das Beispielprogramm fällt auf, dass einige Wörter blau geschrieben sind. Das sind so genannte reservierte Wörter in VBA (Visual Basic for Application). Diese reservierten Wörter dürfen nicht als Bezeichnungen in den Benutzerformularen oder in einem anderen Zusammenhang als dem vorgeschriebenen in den Programmen vorkommen. Einige reservierte Wörter sind zum Beispiel:

As, Boolean, Dim, Double, Else, ElseIf, End, If, Integer, Private, Single, String, Sub

Eine umfassende Liste für reservierte Wörter in VBA finden Sie in der Werkzeugkiste auf Seite 411 ff.

Der Operator Punktoperator und die Eigenschaften Visible, Caption, BackColor und Font

In dem Beispielprogramm werden einige Eigenschaften von Objekten angesprochen. Dies geschieht mit Hilfe eines Operators, dem so genannten **Punktoperator**. Das ist ein Operator wie + und *. Diese Operatoren sind jedoch im Gegensatz zum Punktoperator kommutativ, das heißt, es ist egal, ob man a+b oder b+a rechnet. Bei dem Punktoperator ist es dagegen nicht egal, ob es a.b oder b.a heißt. Bei diesen Operatoren sind also die einzelnen Operanden nicht gleichwertig, sondern müssen in einer bestimmten Reihenfolge stehen. Der linke Operand ist immer ein Objekt oder eine Eigenschaft und der rechte Operand ist immer eine Eigenschaft, die in der Hierarchie direkt unter dem Operanden links vom Punkt steht.

Kommutativgesetz
= Vertauschungsgesetz

In der folgenden Zeile wird zum Beispiel der Eigenschaft *Sichtbarkeit* (engl.: *visible*) des Objektes *CommandButton1* aus der Klasse *Befehlsschaltflächen* (engl.: *CommandButton*) der Wert *wahr* (engl.: *true*) zugewiesen. Das heißt, nach Ausführung dieser Programmzeile ist das Formularobjekt *CommandButton1* auf jeden Fall sichtbar.

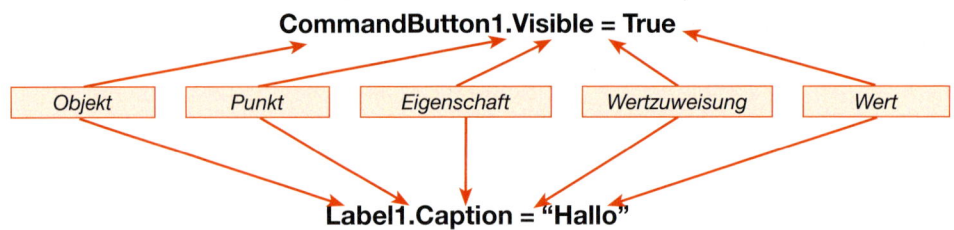

In der zweiten Zeile wird zum Beispiel der Eigenschaft *Beschriftung* (engl.: *caption*) des Objektes *Label1* aus der Klasse *Bezeichnungsfelder* (engl.: *Label*) der Wert *Hallo* zugewiesen. Weil das ein Text ist (und keine Zahl oder ein Wahrheitswert), wird er in Anführungsstriche geschrieben. Das heißt, nach Ausführung dieser Programmzeile enthält das Formularobjekt *Label1* das Wort *Hallo*.

Weitere Möglichkeiten, bestimmte Eigenschaften von Formularobjekten zu verändern, wären zum Beispiel:

```
...
UserForm1.BackColor = RGB(255,255,255)
...
```

oder

```
...
Label1.Font.Size = 12
...
```

Mit der oberen Programmzeile wird die Eigenschaft *Hintergrundfarbe* (engl.: *backcolor*) des Formularobjekts *UserForm1*, also des Formulars, auf *weiß* gesetzt. Die untere Programmzeile weist der Schriftgröße (Untereigenschaft *size* der Eigenschaft *font*) die Größe 12 Pixel zu.

> Eigenschaften von Objekten spricht man in der Form **Objekt.Eigenschaft** an. Den Punkt, der das Objekt von der Eigenschaft trennt, nennt man **Punktoperator**. Links vom Punkt steht immer die übergeordnete und rechts die untergeordnete Struktur, z. B.: *UserForm1.Backcolor, CommandButton1.Caption* oder *Label1.Font.Size*.

Die Wertzuweisung

In dem Beispielprogramm werden die Eigenschaften der Objekte verändert. Bei dieser Veränderung wird ihnen jeweils ein neuer Wert zugewiesen. Dies geschieht mit einer **Wertzuweisung**.

Achtung:
Das „="-Zeichen entspricht nicht dem mathematischen Gleichzeichen, sondern weist einen Wert von rechts nach links zu!

> Werte werden mit Hilfe einer **Wertzuweisung** in der Form **Ergebnis = Wert** von rechts nach links zugewiesen.

Die Funktion RGB()

R = rot
G = grün
B = blau

In dem Beispielprogramm wird auch eine Funktion benutzt. Funktionen haben immer die gleiche Form, wie man sie aus der Mathematik kennt: *f(x)*. Dabei entspricht *f* dem Funktionsnamen, in diesem Fall *RGB*. In den Klammern stehen die Parameter, die die Funktion braucht. Statt eines x sind es in diesem Fall drei Zahlenwerte zwischen 0 und 255.

Um einen RGB-Farbwert darstellen zu können, sind drei Zahlenwerte notwendig. Der erste Wert steht für die Rot-Anteile, der zweite Wert für die Grün-Anteile und der dritte Wert für die Blau-Anteile.

Im Folgenden ist eine Tabelle mit den RGB-Werten für einige Hauptfarben in VBA aufgelistet.

Eine genaue Beschreibung zu den Farbwerten und Hexadezimalen Zahlen finden Sie im Kapitel 5.4.2 auf Seite 230 ff.

255 255 255	255 192 192	255 224 192	255 255 192	192 255 192	192 255 255	192 192 255	255 192 255
224 224 224	255 128 128	255 192 128	255 255 128	128 255 128	128 255 255	128 128 255	255 128 255
192 192 192	255 0 0	255 128 0	255 255 0	0 255 0	0 255 255	0 0 255	255 0 255
128 128 128	192 0 0	192 64 0	192 192 0	0 192 0	0 192 192	0 0 192	192 0 192
64 64 64	128 0 0	128 64 64	128 128 0	0 128 0	0 128 128	0 0 128	128 0 128
0 0 0	64 0 0	128 64 0	64 64 0	0 64 0	0 64 64	0 0 64	64 0 64

Marino Caponi überlegt, wie das Programm für seine Geheimzahl aussehen kann. Er stellt es sich wie eine Karte vor, von der man nur die Rückseite sieht. Wird die Karte umgedreht, steht dort die Geheimzahl in kontrastarmer Schrift, so dass nur er sie direkt vor dem Bildschirm lesen kann.

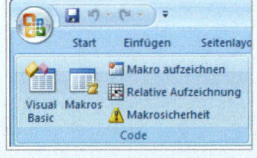

Um das Programm zu schreiben, startet er zuerst das Programm Microsoft Excel und klickt dann die Entwicklerregisterkarte an. Anschließend wählt er unter *Makrosicherheit* die Einstellung *Alle Makros aktivieren.* Dies ist nötig, weil sonst die Ausführung der Programme, die zu dieser Excel-Datei gehören, zum Schutz vor Viren unterdrückt würden.

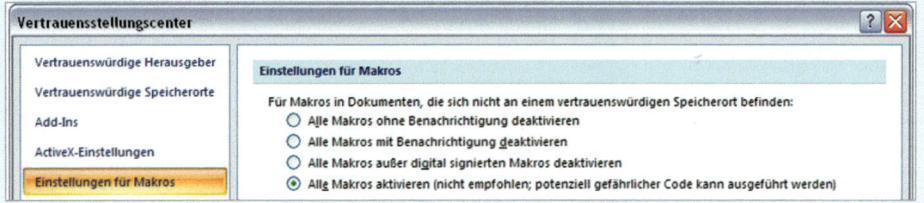

Danach öffnet er durch das Anklicken von *Visual Basic* den Visual-Basic-Editor und gelangt somit in die Programmierumgebung von VBA. Abschließend öffnet er das Benutzerformular, das als Programmoberfläche gestaltet werden soll über *Einfügen ▷ UserForm*.

3 Programmierung

Zunächst erstellt er die Benutzeroberfläche. Dafür legt er zuerst ein Bezeichnungsfeld (Label) an, beschriftet es mit „Hallo", vergrößert die Schrift und richtet den Text zentriert aus.

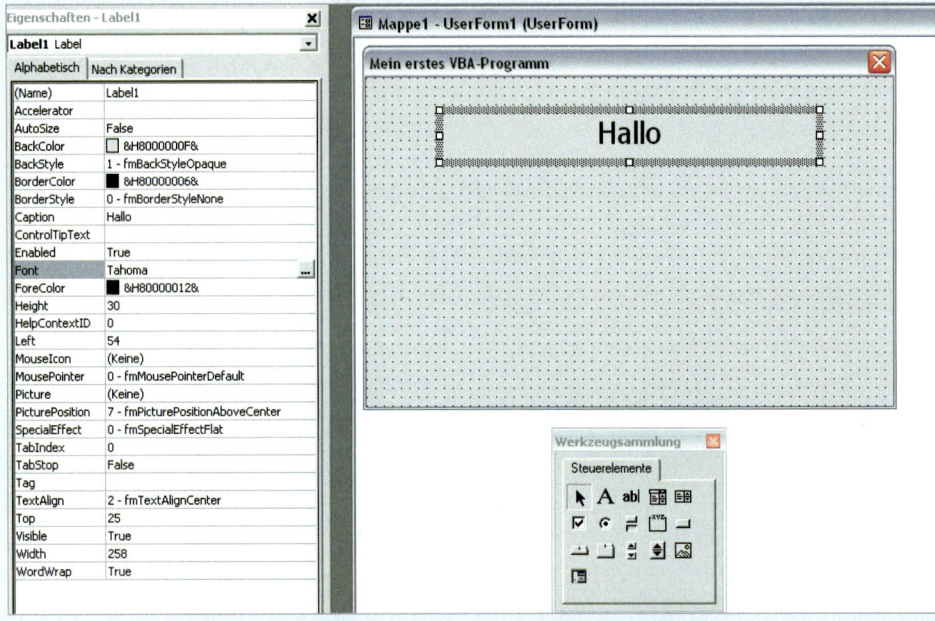

Die Objekteigenschaften, die er benötigt, sind *Caption*, *Font* und *TextAlign*. Danach legt er drei Befehlsschaltflächen (CommandButton) an. Auch sie beschriftet er mit der Eigenschaft *Caption* und verändert die Schriftgröße mit der Eigenschaft *Font*. Danach wählt er alle Befehlsschaltflächen mit gedrückter <Strg>-Taste an, so dass alle Flächen gleichzeitig markiert sind. Er richtet die Schaltflächen über *Format* ▷ *Ausrichten* und *Format* ▷ *Größe Angleichen* und *Format* ▷ *Vertikaler Abstand* aus.

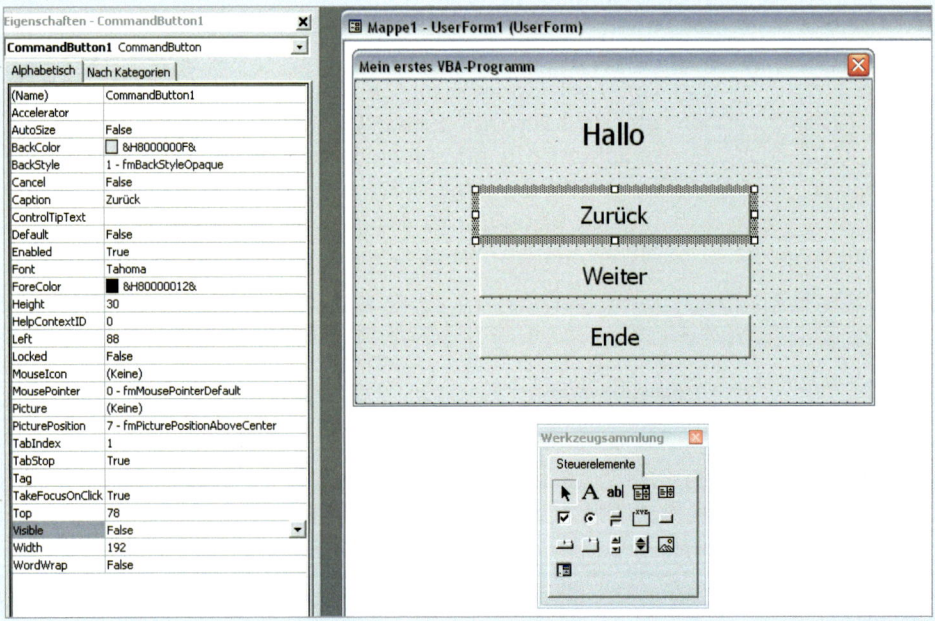

Zum Schluss setzt er noch für die Zurück-Befehlsschaltfläche die Eigenschaft *sichtbar* (engl.: *visible*) auf *falsch* (engl.: *false*). Diese Befehlsschaltfläche soll also beim Start des Programms nicht sichtbar sein.

Die Eigenschaften, die er jetzt festgelegt hat, stellen den Startzustand des Formulars dar. Alle Veränderungen, die später bezüglich der Eigenschaften vorgenommen werden sollen, müssen über den Programmcode erfolgen.

Alle Eigenschaften, die **beim Start** eines Programms für die Formularobjekte gelten sollen, werden in der Entwicklungsumgebung im Eigenschaftenfenster festgelegt. Alle Eigenschaften, die **während der Laufzeit** des Programms geändert werden sollen, werden mit Hilfe des Punktoperators und einer Wertzuweisung geändert.

Abschließend nimmt er noch einige farbliche Veränderungen bei der Eigenschaft *BackColor* vor, und die fertig gestaltete Formularoberfläche sieht wie folgt aus:

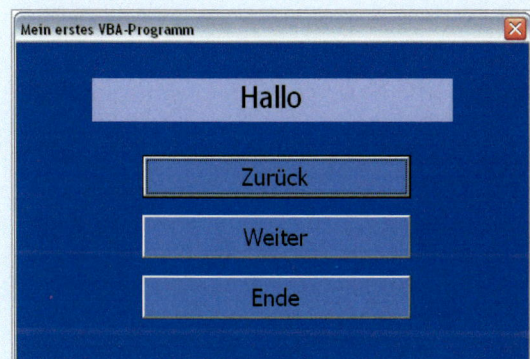

Dies ist die Vorderseite seiner virtuellen Karte.

Nun kann er mit der eigentlichen Programmierung beginnen. Um sich die gewünschte Funktionalität des Programms vor Augen zu führen, legt er zunächst ein Zustandsdiagramm an.

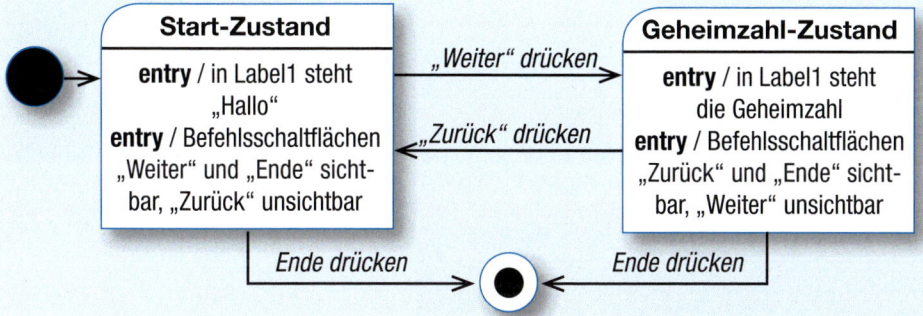

Zuerst macht er einen Doppelklick auf den Ende-Knopf. Dort, wo der Cursor blinkt, trägt er das Wort „End" ein. Ihm fällt auf, dass einige Wörter blau geschrieben sind und andere nicht. Die blauen Wörter sind Schlüsselwörter.

```
Private Sub CommandButton3_Click()
   End
End Sub
```

Danach startet er sofort das Programm und probiert den Ende-Knopf aus: Er funktioniert!

Marino Caponi doppelklickt auf den Weiter-Knopf. Um die Beschriftung des Bezeichnungsfeldes zu ändern, gibt er zunächst den Namen des Bezeichnungsfeldes „Label1" ein, dann macht er einen Punkt. Während er noch überlegt, wie denn die Eigenschaft für die Beschriftung heißt, klappt schon ein kleines Fenster mit den möglichen Eigenschaften auf. Er tippt noch ein „c", weil er sich erinnert, dass die Beschriftungseigenschaft mit diesem Buchstaben anfängt und wählt dann mit einem Doppelklick die richtige Eigenschaft aus.

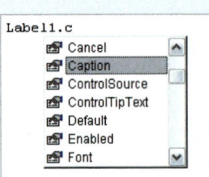

Wenn während der Programmlaufzeit ein Benutzer auf diesen Weiter-Knopf (CommandButton2) klickt, soll seine virtuelle Karte umgedreht werden. Es soll sich also die Hintergrundfarbe des Formulars und des Bezeichnungsfeldes ändern. Außerdem soll in dem Bezeichnungsfeld seine Geheimzahl angezeigt werden. Für die Farben sucht er sich geeignete Werte für die RGB-Funktion aus der Farbtabelle heraus. Damit er aus diesem Geheimzahl-Zustand wieder herauskommt, muss der Zurück-Knopf sichtbar werden und der Weiter-Knopf unsichtbar.

Hinweis:
In VBA wird, nachdem man den Namen eines Formularobjektes eingegeben hat, nach dem Punktoperator eine Liste mit möglichen Eigenschaften (Attributen) und Funktionen (Methoden) angeboten. Wenn diese Liste nicht angeboten wird, sollte man überprüfen, ob der Name des Formularobjektes richtig geschrieben ist.

```
Private Sub CommandButton2_Click()
  Label1.Caption = 123456
  Label1.BackColor = RGB(80, 80, 80)
  UserForm1.BackColor = RGB(80, 80, 80)
  CommandButton1.Visible = True
  CommandButton2.Visible = False
End Sub
```

Marino Caponi probiert die Funktionalität des Weiter-Knopfes aus: Alles funktioniert wie erwartet.

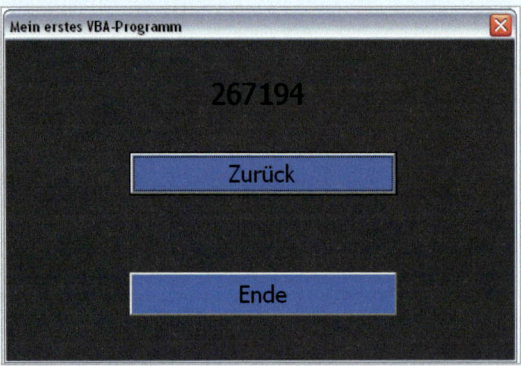

Danach programmiert er den Zurück-Knopf. Auch hier soll sich die Hintergrundfarbe des Formulars und des Bezeichnungsfeldes ändern. Die Beschriftung des *Label1* ändert sich zu „HALLO" und während der Weiter-Knopf sichtbar wird, wird der Zurück-Knopf wieder unsichtbar. Die Excel-Datei, an der dieses Programm hängt, speichert er unter dem Namen „virtuelle_Karte.xls".

```
Private Sub CommandButton1_Click()
  Label1.Caption = "HALLO"
  Label1.BackColor = RGB(255, 192, 255)
  UserForm1.BackColor = RGB(128, 0, 128)
  CommandButton1.Visible = False
  CommandButton2.Visible = True
End Sub
```

AUFGABEN

① Implementieren Sie ein VBA-Programm, mit dem man die angezeigte Schriftgröße und Formularfarbe verändern kann.

② Implementieren Sie ein VBA-Programm mit drei Befehlsschaltflächen und einem Bezeichnungsfeld. Drückt man auf die erste Befehlsschaltfläche, so soll in dem Bezeichnungsfeld der Text „Guten Morgen" in roter Schrift auf blauem Hintergrund linksbündig erscheinen. Drückt man auf die zweite Befehlsschaltfläche, so soll in dem Bezeichnungsfeld der Text „Guten Abend" in blauer Schrift auf rotem Hintergrund rechtsbündig erscheinen. Drückt man auf die dritte Befehlsschaltfläche, so soll das Bezeichnungsfeld verschwinden.

VBA
= Visual Basic for Applications (das Visual Basic, das den Office-Programmen Word, Excel etc. anhängt)

3.5.3 Die einfache Fallunterscheidung (If... Then... Else)

Marino Caponi ist häufig auf die Hilfe eines Taschenrechners angewiesen. Doch benötigt er dringend einen, so ist meistens keiner aufzufinden, und er muss alles im Kopf rechnen. Manchmal benutzt er aber auch den Standard-Taschenrechner an seinem PC. Allerdings kann Marino Caponi die Zahlen des auf dem Bildschirm abgebildeten Taschenrechners nicht so gut erkennen, weil sie so klein sind. Daher hat er beschlossen, sich selbst einen Taschenrechner zu programmieren, der genau auf seine Bedürfnisse zugeschnitten ist.

Bei den meisten Programmen, die geschrieben werden, werden nicht nur Eigenschaften von Formularobjekten verändert. In den meisten Fällen werden Berechnungen mit Eingabewerten durchgeführt und die Ergebnisse anschließend ausgegeben.

Eigenschaften von Formularobjekten
▶ *Kapitel 3.5.1, Seite 119 ff.*

Das Prinzip, nach dem die meisten Programme arbeiten bzw. fast alles in der Datenverarbeitung funktioniert, heißt **EVA-Prinzip**. EVA ist die Abkürzung für **E**ingabe – **V**erarbeitung – **A**usgabe.

Das Formularobjekt Textfeld und die Eigenschaft Text

Um Eingaben in ein Programm machen zu können, reichen Bezeichnungsfelder und Befehlsschaltflächen nicht aus. Wir brauchen ein Formularobjekt, in das der Programmbenutzer Eingaben wie Texte oder Zahlen vornehmen kann. Hier kommt nun das **Textfeld** [abl] zum Einsatz. In einem Textfeld kann der Benutzer des Programms Eingaben wie z. B. Zahlen oder Texte tätigen, die dann im Programm weiterverarbeitet werden können. Sämtliche Eingaben in das Textfeld stehen anschließend in der *Text*-Eigenschaft des Textfeldes.

Textfeld (engl.: textbox)
Benutzer (engl.: user)

Alles, was in ein Textfeld eingegeben wird, seien es Worte oder Zahlen, hat den Datentyp *String*. Der Datentyp *String* in VBA entspricht dem Datentyp *Text* in Access, ist also eine Zeichenkette und wird als Text interpretiert.

Das Formularobjekt **Textfeld** dient dem Benutzer eines Programms zur **Eingabe von Werten**. Auf die Werte, die in ein Textfeld eingegeben werden, kann man über die Eigenschaft **Text** zugreifen. Sie haben den Datentyp *String*.

Bestimmte Zeichen (z. B. +) führen, angewendet auf eine Zeichenkette, zu ganz anderen Ergebnissen, als wenn man sie auf eine Zahl anwendet. Das Ergebnis von „6" + „6" als Zeichenketten ist zum Beispiel „66". Nur wenn die beiden Operanden einen Datentyp für eine Zahl (z. B.: *Integer* oder *Long* für ganze Zahlen, *Double* für Dezimalzahlen, …) haben, ist das Ergebnis von 6 + 6 gleich 12. Vielleicht fällt Ihnen auf, dass die Zeichenketten in Anführungsstrichen geschrieben wurden und die Zahlen nicht. Zeichenketten werden immer in Anführungsstrichen geschrieben, weil sie z. B. auch Leerzeichen enthalten können, aber trotzdem als Einheit behandelt werden sollen. Zahlen werden immer ohne Anführungsstriche geschrieben.

Die Funktion Val()

Möchte man auch ein Komma als Dezimaltrennzeichen zulassen, kann man die Funktion CDbl() benutzen. In diesem Fall muss man aber sicherstellen, dass das Textfeld für die Eingabe nicht leer ist, sonst stürzt das Programm mit einem Laufzeitfehler ab.

Manchmal sollen die Eingaben, die in einem Textfeld gemacht wurden, als Zahl behandelt werden. Dazu braucht man eine Umwandlungsfunktion, die eine Zeichenkette in eine Zahl umwandelt. Diese Funktion heißt **Val()**. In den runden Klammern benötigt diese Funktion als Eingabeparameter eine Zeichenkette. Sie liefert dann als Ergebnis eine Zahl. Da die Funktion Val() eine Funktion aus dem englischsprachigen Raum ist, akzeptiert sie als Dezimaltrennzeichen nur den Dezimalpunkt.

Zur besseren Veranschaulichung einige Beispiele:

```
Val("2457")         liefert 2457
Val("2 45 7")       liefert 2457
Val("24 und 57")    liefert 24
Val("24.57")        liefert 24,57
Val("24,57")        liefert 24
```

> Die Funktion **Val()** führt eine Datentypumwandlung von einer Zeichenkette in eine Zahl durch: *Val(Zeichenkette) ▷ Zahl*. Als Dezimaltrennzeichen akzeptiert die Funktion Val() nur den Dezimalpunkt.

Das Formularobjekt „Anzeige" und die Eigenschaft „Picture"

Anzeige (engl.: image)

Um ein Benutzerformular etwas ansprechender zu gestalten, kann man in dem Formularobjekt Anzeige in der Eigenschaft Picture ein Bild oder eine Grafik einfügen. Mit Hilfe des Anzeige-Steuerelements kann man den dargestellten Ausschnitt des anzuzeigenden Bildes auch zuschneiden, zoomen, verkleinern oder vergrößern. Folgende Dateiformate kann man in der Picture-Eigenschaft speichern:

Die einzelnen Dateiformate für Bilddateien werden im Kapitel 5.5.5, Seite 255 ff., näher erläutert

- .bmp
- .cur
- .gif
- .ico
- .jpg
- .wmf

> Das Formularobjekt **Anzeige** dient zum Anzeigen von **Bildern oder Grafiken** auf dem Formular. Das Bild, das mit Hilfe dieses Formularobjektes angezeigt wird, ist in der Eigenschaft **Picture** gespeichert.

Symbol	Steuerelementtyp	Erläuterung
abl	Textfeld (engl.: textbox)	In Textfelder werden vom Benutzer Werte eingegeben.
	Anzeige (engl.: image)	Mit diesem Steuerelement fügt man ein Bild (z. B. ein Firmenlogo) in ein Formular ein.

Die Funktion MsgBox() (Teil 1)

Manchmal ist es notwendig, die besondere Aufmerksamkeit des Benutzers auf einen bestimmten Aspekt zu lenken. Bei einer fehlerhaften Eingabe reicht es z. B. nicht aus, eine Meldung irgendwo auf das Formular zu schreiben. Der Benutzer könnte diese Meldung nur allzu leicht übersehen.

Meldungsfenster (engl.: message box)

Für solche dringenden Meldungen benutzt man normalerweise ein Meldungsfenster, das auf dem Bildschirm erscheint. Hierfür dient die Funktion **MsgBox()**. Sie braucht mindestens einen Eingabeparameter, nämlich die Meldung, die erscheinen soll. Alle anderen Eingabeparameter sind optional, d. h. sie müssen nicht unbedingt angegeben werden.

Die Programmzeile **MsgBox("Achtung! Aufgepasst!")** liefert dann folgendes Ergebnis:

Die Eigenschaften (Name), ForeColor und WordWrap

Die größte Bedeutung von diesen drei Eigenschaften hat die Eigenschaft **(Name)**. Sie steht in der Eigenschaftsliste in Klammern, weil sie nur hier geändert werden kann und nicht im Quellcode des Programms, denn sie betrifft den Quellcode des Programms. In ihr steht die Bezeichnung, mit der das Formularobjekt in dem Quellcode angesprochen werden kann. Üblicherweise werden für ein Formularobjekt Bezeichnungen wie *CommandButton1*, *Label2* oder *UserForm3* in der Eigenschaft (Name) vergeben. Werden diese Namen als zu lang oder zu nichtssagend empfunden, kann man ihn in der Eigenschaft (Name) ändern.

Mit der Eigenschaft **ForeColor** ändert man die Vordergrundfarbe, also die Schriftfarbe eines Formularobjektes.

Die Eigenschaft **WordWrap** enthält entweder den Wert wahr (true) oder falsch (false). In dieser Eigenschaft wird festgelegt, ob in einem Formularobjekt ein Zeilenumbruch erlaubt ist oder nicht.

Die einfache Fallunterscheidung

Kaum ein Programm kommt allein mit der Aneinanderreihung einzelner Anweisungen aus. Häufig sollen bestimmte Anweisungen nur dann ausgeführt werden, wenn eine bestimmte Bedingung erfüllt ist. Dafür gibt es die Kontrollstruktur **Fallunterscheidung**.

Bei Kontrollstrukturen wie der Fallunterscheidung, und später auch bei den anderen Kontrollstrukturen, ist es für die Lesbarkeit und Übersichtlichkeit eines Programms sehr wichtig, dass die Zeilen mit den Anweisungen innerhalb der Kontrollstruktur eingerückt sind. So kann man gut erkennen, wo eine Kontrollstruktur beginnt, wo sie endet und welche Anweisungen zu ihr gehören. Komfortable Programmeditoren machen diese Einrückungen automatisch. Hier in Excel muss der Programmierer daran denken.

> Bei einer einfachen Fallunterscheidung werden eine oder mehrere Anweisungen nur dann ausgeführt, wenn eine bestimmte Bedingung erfüllt ist.

In VBA ist die Syntax für eine Fallunterscheidung:

> *...Anweisungen vorher*
> **If** (Bedingung erfüllt) **Then**
>   Anweisung(en) 1
> **Else**
>   Anweisung(en) 2
> **End If**
> *Anweisungen nachher...*

Für die Lesbarkeit und Übersichtlichkeit eines Programms ist es wichtig, die Zeilen mit den Anweisungen innerhalb der Kontrollstruktur einzurücken.

Als Struktogramm und Programmablaufplan sieht die einfache Fallunterscheidung wie folgt aus:

Struktogramm:

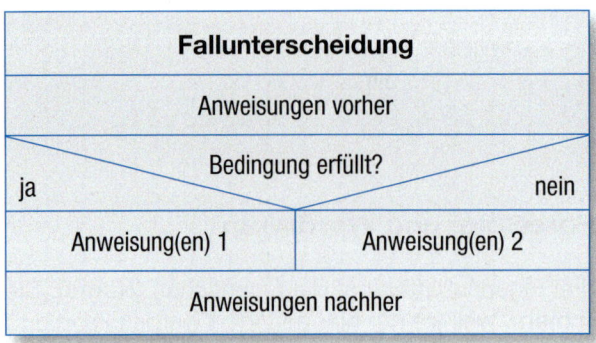

Programmablaufplan:

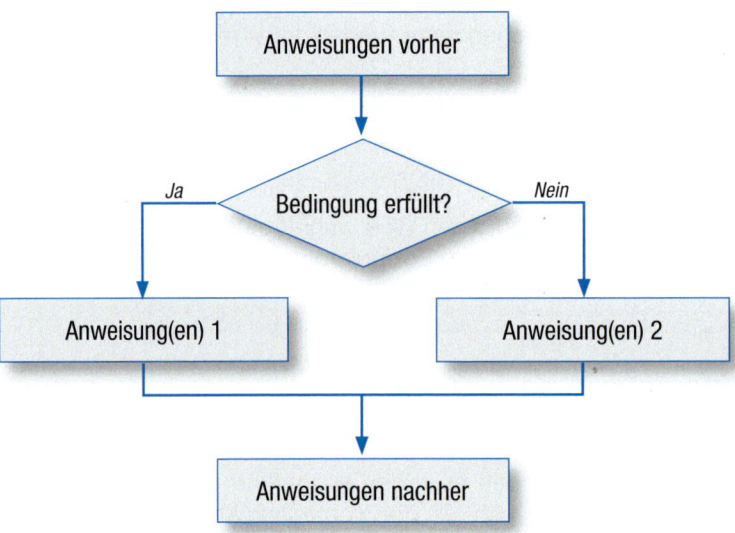

Dabei kann der Else-Zweig auch weggelassen werden, wenn bei Nicht-Erfüllung der Bedingung nichts geschehen soll. Die einfache Fallunterscheidung hat dann die Form:

```
...Anweisungen vorher
If (Bedingung erfüllt) Then
        Anweisung(en) 1
End If
Anweisungen nachher...
```

Genauso wie bei allen anderen Kontrollstrukturen, können einfache Fallunterscheidungen ineinander verschachtelt sein. Zwei ineinander verschachtelte einfache Fallunterscheidungen haben die Form:

```
...Anweisungen vorher
If (Bedingung1 erfüllt) Then
        Anweisung(en) 1
Else
    If (Bedingung2 erfüllt) Then
        Anweisung(en) 2
    Else
        Anweisung(en) 3
    End If
End If
Anweisungen nachher...
```

Wichtig ist dabei, dass jedes begonnene If-Konstrukt mit *End If* wieder geschlossen wird. Das Einrücken der Zeilen erhöht dabei die Lesbarkeit und Übersichtlichkeit des Programms.

Marino Caponi beginnt nun, einen Taschenrechner mit den vier Grundrechenarten „+, -, * und /" zu programmieren. Dazu startet er Excel und ruft über den Visual Basic-Editor die Programmierumgebung von VBA auf. Vorher hat er die Makrosicherheit in Excel auf *Alle Makros aktivieren* gestellt.

Zuerst erstellt er die Formularoberfläche des Rechners. Sie soll wie folgt aussehen:

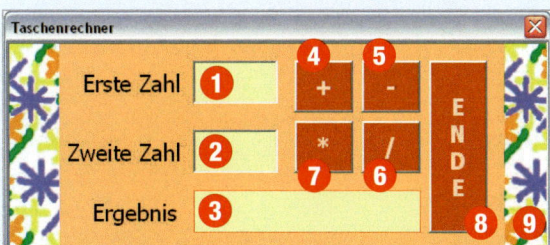

Neben der Hintergrundfarbe (Eigenschaft: *Backcolor*) und der Schriftgröße (Eigenschaft: *Font.Size*) hat er von folgenden Formularobjekten Eigenschaften geändert:

Formularobjekt	Eigenschaften
1	(Name): Text_z1
2	(Name): Text_z2
3	(Name): Label_ergebnis BorderColor: &H000080FF& BorderStyle: 1-fmBorderStyleSingle Caption: leer TextAlign: fmTextAlignCenter
4	(Name): C_Plus Caption: + ForeColor: &H00C0E0FF&
5	(Name): C_Minus Caption: - ForeColor: &H00C0E0FF&
6	(Name): C_Geteilt Caption: / ForeColor: &H00C0E0FF&
7	(Name): C_Mal Caption: * ForeColor: &H00C0E0FF&
8	(Name): C_Ende WordWrap: True Caption: ENDE, Eingabe jeweils mit <STRG><ENTER> nach jedem Buchstaben für eine neue Zeile ForeColor: &H00C0E0FF&
9	(Name): Image1 und Image2 BorderStyle: 0-fmBorderStyleNone Picture: TRBild.jpg PictureTiling: True

Sein Rechner soll so funktionieren, dass er zuerst beide Operanden eingibt, danach die gewünschte Operation durchführt und das Ergebnis dann in dem Ausgabefeld anzeigen lässt.

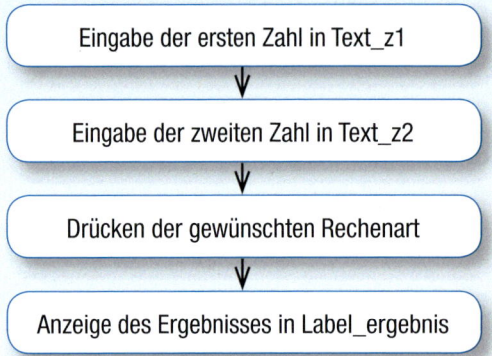

Marino Caponi beginnt mit dem Programmieren des einfachsten Ereignisses: dem Drücken des Ende-Knopfes. Dazu macht er einen Doppelklick auf den Command-Button *C_Ende* und gibt für ihn den Quellcode *End* ein. Danach gibt er für den Plus-CommandButton die Programmzeile

```
Label_Ergebnis = Text_z1.Text + Text_z2.Text
```

ein. Er testet das Programm und erhält zu seiner Überraschung folgendes Ergebnis:

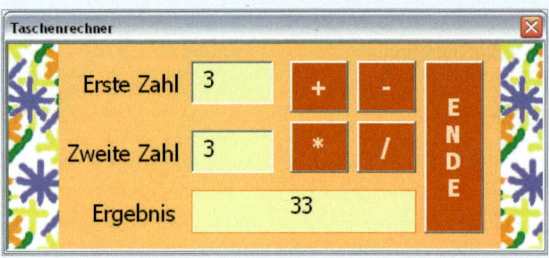

Sein Programm hat die beiden eingegebenen Zahlen nicht addiert, sondern nur hintereinander geschrieben. Das ist passiert, weil die in ein Textfeld eingegebenen Werte normalerweise als Texte behandelt werden und die Operation „+" auch zum Verketten von Texten benutzt werden kann, obwohl der eigentliche Operator dafür das „&" ist. Die eingegebenen Werte müssen also unbedingt in Zahlenwerte umgewandelt werden. Dazu benutzt Marino Caponi die Funktion *Val()*.

Nach einiger Zeit hat er den Taschenrechner mit diesen Programmstücken fast fertig programmiert:

ENDE	Private Sub C_Ende_Click() End End Sub
+	Private Sub C_Plus_Click() Label_Ergebnis = Val(Text_z1.Text) + Val(Text_z2.Text) End Sub
−	Private Sub C_Minus_Click() Label_Ergebnis = Val(Text_z1.Text) − Val(Text_z2.Text) End Sub

	Private Sub C_Mal_Click() Label_Ergebnis = Val(Text_z1.Text) * Val(Text_z2.Text) End Sub

Jetzt muss er nur noch den Geteilt-CommandButton programmieren. Er geht nach demselben Muster vor wie bei den anderen Operatoren:

```
Private Sub C_Geteilt_Click()
Label_Ergebnis = Val(Text_z1.Text) / Val(Text_z2.Text)
End Sub
```

Er testet die Geteilt-Befehlsschaltfläche, vergisst aber, den zweiten Operanden einzugeben. Schon ist das Programm mit der Meldung „Division durch Null" abgestürzt.

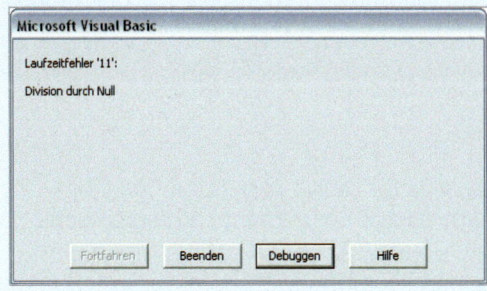

Da fällt es ihm natürlich wieder ein: Man darf ja gar nicht durch Null teilen. Er macht sich daran, diesen Fehler in seinem Programm zu korrigieren. Wenn keine Null als zweiter Operand eingegeben wurde, soll die Division durchgeführt werden, wenn aber eine Null eingegeben wurde, soll die Fehlermeldung „Man darf doch nicht durch Null teilen!" erscheinen.

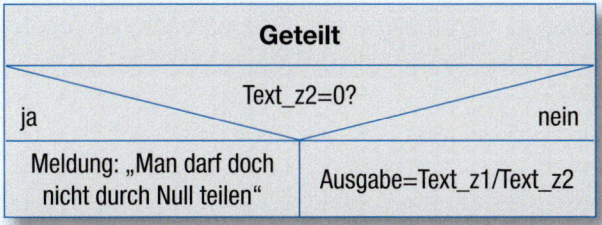

Als Ergebnis erhält er diesen Quellcode für die Geteilt-Schaltfläche:

/	Private Sub C_Geteilt_Click()
	If Val(Text_z2.Text) = 0 Then
	    MsgBox („Man darf doch nicht durch Null teilen!")
	Else
	    Label_Ergebnis = Val(Text_z1.Text) / Val(Text_z2.Text)
	End If
	End Sub

Zum Schluss möchte Marino Caponi nur noch eine für ihn sinnvolle **Reihenfolge der aktivierten Formularobjekte** festlegen. Er arbeitet nämlich gerne ohne Maus und nur mit der Tastatur.

Er ruft dazu den Menüpunkt *Ansicht ▷ Aktivierreihenfolge* auf und sortiert die Einträge so, dass zuerst die beiden Eingabefelder und dann die Befehlsschaltflächen angesprungen werden.

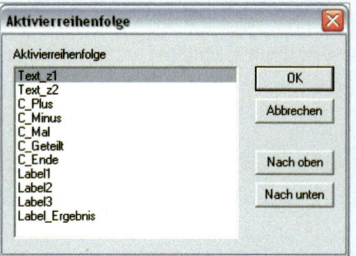

Er startet das Programm erneut und testet die Aktivierreihenfolge mit der Tabulatortaste.

AUFGABEN

1 Kennen Sie die Szene aus dem Film „e-m@il für Dich", in der Joe Fox (Tom Hanks) Kathleen Kelly (Meg Ryan) erklärt, dass eine bekannte amerikanische Coffee-to-go-Kette nur einen Sinn hat? "So ein Laden (…) hat nur einen Sinn: Völlig entscheidungsschwachen Menschen beizubringen, sechs Entscheidungen zu treffen, nur um eine Tasse Kaffee zu kaufen. Kleiner Kaffee, großer, schwarz, mit Milch, mit Koffein, ohne Koffein, mit fettarmer Milch, mit Sahne und so weiter. Dadurch bekommen die Leute, die zwar keine Ahnung haben, wo sie hinwollen oder wer sie sind, für nur 2,95 Dollar nicht nur eine Tasse Kaffee, sondern auch eine wirklich entscheidende Festigung ihres Selbstwertgefühls." – „Einen großen entkoffeinierten Cappuccino!"

Erstellen Sie ein Programm, das vier Parameter eines Kaffeegetränks abfragt und dann den Satz der Mitarbeiterin beim Überreichen des Kaffeegetränks mit den folgenden Parametern ausgibt.

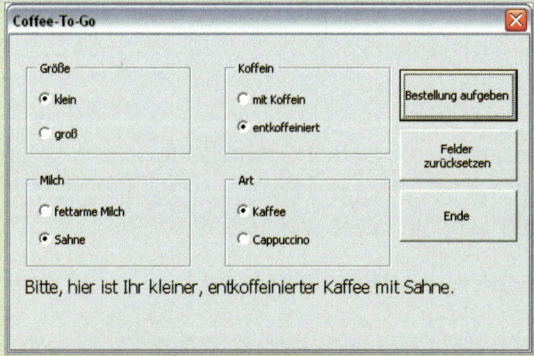

Hinweise:
- Die Befehlsschaltfläche *Ende* beendet das Programm.
- Die Befehlsschaltfläche *Felder zurücksetzen* leert das Ausgabefeld und entfernt alle Markierungen in den Optionsfeldern.
- Die Befehlsschaltfläche *Bestellung aufgeben* überprüft alle Markierungen in den Optionsfeldern und setzt daraus den Antwortsatz zusammen.

2 Ein Händler verlangt für eine Flasche Sekt 5 €. Bei Abnahme von mehr als 40 Flaschen ermäßigt sich der Preis auf 4,50 €. Entwickeln Sie ein Programm, das aus der Anzahl der verkauften Flaschen den Gesamtpreis berechnet.

③ Beim Joggen sollte der Puls nicht mehr als 120 Schläge pro Minute betragen. Schreiben Sie ein Programm, das die Pulszahl erfragt und danach einen guten Ratschlag gibt.

④ Eine Mutter ist sehr besorgt um ihr Kind. Wenn es morgens unter 16°C ist, sagt sie: „Ziehe dir bitte eine Jacke an." Schreiben Sie ein Programm, bei dem die Temperatur eingegeben werden muss und anschließend – bei der entsprechenden Temperatur – der zuvor genannte Satz auf dem Bildschirm erscheint.

⑤ Die Inhaber eines Girokontos erhalten von ihrem Geldinstitut auf Wunsch eine Scheckkarte, mit der sie auch an Bargeldautomaten Geld abheben können. Dazu ist eine Kennziffer nötig. Entwickeln Sie ein Programm, das eine Kennziffer einliest. Ist die Kennziffer identisch mit der im Programm gespeicherten Zahl, soll das Programm nach dem gewünschten Geldbetrag fragen und diesen auszahlen.

⑥ Schreiben Sie ein Programm, das zwei Zahlen einliest und die größere Zahl wieder ausgibt.

⑦ Schreiben Sie ein Programm, das den Benutzer fragt, ob er zu Hause einen DSL-Anschluss hat. Bei Eingabe von „Ja" soll der Computer „Glück gehabt" ausgeben. Ansonsten soll der Computer „Vielleicht kommt ja bald einer…" ausgeben.

⑧ Was möchten Sie essen?

Erstellen Sie ein Programm zu dem Zustandsdiagramm der Hochzeitsspeisekarte aus Kapitel 1.

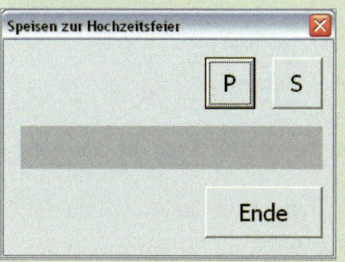
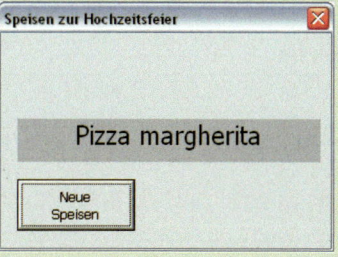

3.5.4 Variablen

Marino Caponi ist sehr stolz auf den Taschenrechner, den er programmiert hat. Er zeigt ihn seinem Neffen Enzo. „Wow, Onkel Enzo, der Taschenrechner ist wirklich gut geworden. Allerdings, wenn du demnächst auch etwas umfangreichere Programme schreiben willst, solltest du Variablen verwenden und die Ein- und Ausgabe der Werte streng von ihrer Verarbeitung trennen. Das erspart dir später bei nachträglichen Änderungen in deinen Programmen sehr viel Arbeit."

Die Variablen und ihre Datentypen

Variablen sind grundlegende Elemente der Programmierung. Sie werden als Platzhalter zum Speichern von Werten benutzt. Eigentlich haben wir schon einen **Variablenwert** benutzt.

In der Anweisung
`MsgBox ("Man darf doch nicht durch Null teilen!")`
muss eine Zeichenkette (ein Text) eingegeben werden.
Man hätte auch schreiben können:
`text = "Man darf doch nicht durch Null teilen!"`
`MsgBox (text)`
Eine Variable hat einen Namen, hier *text*, und einen Inhalt, hier *„Man darf doch nicht durch Null teilen!"*.

Der **Name einer Variable** muss bestimmte Bedingungen erfüllen: Er…
- muss mit einem **Buchstaben** beginnen.
- muss innerhalb des Gültigkeitsbereichs **eindeutig** sein.
  (darf also auf keinen Fall denselben Namen haben wie ein **Formularobjekt** und darf **kein reserviertes Wort** wie z. B. end sein).
- darf nicht länger als 255 Zeichen sein.
- darf außer dem Unterstrich _ **keine Sonderzeichen** enthalten und
- sollte **keine Umlaute (ä, ö, ü) oder ß** enthalten.

Außerdem sollten Variablen **aussagekräftige** Namen haben. Wer seine Variablen immer nur *a, b, c, d, …* nennt, wird bei komplexeren Programmen nur schwer den Überblick bewahren.

Für den Computer entspricht eine Variable einem bestimmten Speicherbereich, in dem er einen Wert speichern kann. Man kann sich diesen Speicherbereich auch als einen Behälter oder eine Schublade vorstellen, die hier mit einem Schild „text" beschriftet ist und in der ein Zettel mit dem Text „Man darf doch nicht durch Null teilen!" liegt. Die Größe des Behälters ergibt sich aus dem für die Variable verwendeten Datentyp. So braucht man für einen Wahrheitswert nur eine sehr kleine Schachtel und für eine sehr genaue Dezimalzahl oder einen Text eine sehr viel größere Schachtel.

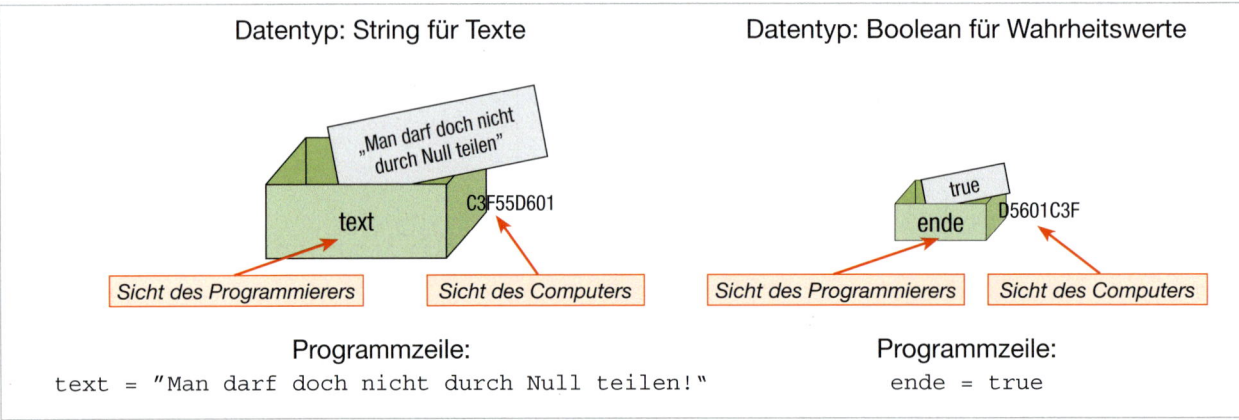

Besonders wichtig ist in diesem Zusammenhang die Boole'sche Algebra, die im Jahre 1854 von George Boole entwickelt wurde und noch heute große Bedeutung hat:
Eine Menge B von Elementen, über der zwei zweistellige Operationen (†) und (⊙) erklärt sind, ist genau dann eine Boole'sche Algebra, wenn für beliebige Elemente a, b, c aus B folgende Grundsätze gelten:

1. Die Operationen (†) und (⊙) sind **kommutativ**.
   a † b = b † a
   a ⊙ b = b ⊙ a
2. Für jede der Operationen (†) bzw. (⊙) existiert in B ein *Eins-Element* (ein neutrales Element) „0" bzw. „1".
   0 † a = a
   1 ⊙ a = a
3. Jede der Operationen ist **distributiv** bezüglich der anderen.
   (a † b) ⊙ c = (a ⊙ c) † (b ⊙ c)
   (a ⊙ b) † c = (a † c) ⊙ (b † c)
4. Zu jedem Element a ∈ B existiert ein **komplementäres** Element ā ∈ B. ā heißt auch „**Komplement von a**".
   a † ā = 0
   a ⊙ ā = 1

*George Boole
1815–1864*

to declare (engl.)
= u. a. erklären, kundtun

Alle Eigenschaften einer Boole'schen Algebra werden in einer Mengenalgebra mit den Operatoren ∩ und ∪ gefunden. Die Boole'sche Algebra bildet auch heute noch die Grundlage für das Rechnen mit binären Zahlen im Computer. Der Computer muss wissen, wie viel Speicherplatz er für eine Variable reservieren soll, deshalb muss man die Variablen deklarieren, so wie man an einer Staatengrenze die mitgebrachten Waren deklarieren muss.

Die Anweisung Option Explicit

Damit in Visual Basic auch alle Variablen explizit deklariert werden, setzt man eine *Option Explicit*-Anweisung in einem Modul an den Anfang des Programmtextes, vor alle anderen Prozeduren. Die Anweisung *Option Explicit* erzwingt die explizite Deklaration aller Variablen innerhalb des Moduls. Diese Anweisung hat einen großen Vorteil: Wenn man aus Versehen einen Variablennamen falsch geschrieben oder noch nicht deklariert hat, so erscheint während der Ausführung des Programms eine Fehlermeldung mit einem gut verständlichen Fehlermeldungstext. Nach dem Drücken auf OK steht der Cursor dann auf der unbekannten Variablen, die verbessert oder deklariert werden muss.

Auf den ersten Blick erscheint es nicht sinnvoll, eine Fehlermeldung zu erzeugen. Die Alternative zu dieser Fehlermeldung wäre jedoch, dass für die fehlerhaft geschriebene Variable ein neuer Speicherplatz mit unbekanntem Inhalt belegt wird. Der semantische (inhaltliche) Fehler, der hierdurch auftritt, ist allerdings ungleich schwerer zu finden als der syntaktische, dass eine Variable nicht deklariert wurde.

Die Deklaration von Variablen mit *Dim.. As* und die Datentypen

In der Deklaration gibt man an, welchen Datentyp eine Variable hat. Eine ganze Zahl ist zum Beispiel vom Typ **integer**. Eine einfache Kommazahl deklariert man als Fließkommazahl vom Typ **single**. Wenn sie die doppelte Genauigkeit haben soll, verwendet man den Typ **double**.

integer
= ganze Zahl, das Ganze

Die genaue Größe von Variablen festzulegen ist besonders wichtig, wenn das Programm sehr umfangreich ist und viele Variablen verwendet werden, oder wenn das Programm mit der maximal möglichen Geschwindigkeit ausgeführt werden muss.

In der folgenden Tabelle können Sie sehen, welcher Datentyp wie viel Speicherplatz benötigt. Dabei sind die Datentypen, die in vielen anderen Programmiersprachen genauso heißen und deshalb in den Beispielprogrammen in erster Linie verwendet werden, fett gedruckt.

Datentyp	Erläuterung	Werte	Speicherbedarf
boolean	Wahrheitswerte	zwei möglichen Werte: - True (-1) für wahr - False (0) für falsch	16 Bit (2 Byte)
integer	ganze Zahlen	von -32.768 bis 32.767	2 Byte
long	große ganze Zahlen	von -2.147.483.648 bis 2.147.483.647	4 Bytes
single	Fließkommazahlen mit einfacher Genauigkeit	für negative Werte: von $3{,}402823 \cdot 10^{38}$ bis $-1{,}401298 \cdot 10^{-45}$ für positive Werte: von $1{,}401298 \cdot 10^{-45}$ bis $3{,}402823 \cdot 10^{38}$	32 Bit (4 Byte)
double	Fließkommazahlen mit doppelter Genauigkeit	für negative Werte: von $-1{,}7976931348623 \cdot 10^{308}$ bis $-4{,}94065645841247 \cdot 10^{-324}$ für positive Werte: von $4{,}94065645841247 \cdot 10^{-324}$ bis $1{,}79769313486232 \cdot 10^{308}$	64 Bit (8 Byte)
currency	für Berechnungen von Währungen	von -922.337.203.685.477,5808 bis 922.337.203.685.477,5807.	
string	Folge von aufeinander folgenden Zeichen. Diese Zeichen können Buchstaben, Zahlen, Leerzeichen und Satzzeichen sein.	Zeichenfolgen mit einer Länge im Bereich von 0 bis ungefähr 2 Milliarden Zeichen.	

Die Variablendeklaration erfolgt in VBA mit dem Schlüsselwort *Dim*. Für unseren Text würde dann das korrekte Programmstück so aussehen:

```
…
Dim text As String
text = "Man darf doch nicht durch Null teilen!"
MsgBox (text)
…
```

Oder wenn wir zu einer in *TextBox1* eingegebenen Zahl die zugehörige Quadratzahl ausrechnen wollen und das Ergebnis in *Label2* ausgeben, wäre das adäquate Programmstück dazu:

```
…
Dim a, quadrat As Integer
'Der vom Benutzer eingegebene Wert wird in die Variable a eingelesen
a = Val(TextBox1.Text)
'Das Quadrat wird berechnet...
quadrat = a*a
'...und in Label2 auf dem Formular ausgegeben
Label2.Caption = quadrat
…
```

Globale und lokale Variablen

Die Variablen können innerhalb eines Programms unterschiedlich bekannt sein.

Hinweis: In diesem Fall sind die Variablen nur innerhalb der jeweiligen Sub-Prozedur bekannt.

1. Fall: Die Variablendeklaration erfolgt innerhalb einer Sub-Prozedur.

	Option Explicit
+	Private Sub C_Plus_Click() 　'**Deklaration** der Variablen 　Dim z1, z2, erg As Double 　z1 = Val(Text_z1.Text) 　z2 = Val(Text_z2.Text) 　**erg = z1 + z2** 　Label_Ergebnis = erg End Sub
−	Private Sub C_Minus_Click() 　'**Deklaration** der Variablen 　Dim z1, z2, erg As Double 　z1 = Val(Text_z1.Text) 　z2 = Val(Text_z2.Text) 　**erg = z1 − z2** 　Label_Ergebnis = erg End Sub
*	Private Sub C_Mal_Click() 　'**Deklaration** der Variablen 　Dim z1, z2, erg As Double 　z1 = Val(Text_z1.Text) 　z2 = Val(Text_z2.Text) 　**erg = z1 * z2** 　Label_Ergebnis = erg End Sub

2. Fall: Die Variablendeklaration erfolgt außerhalb der Sub-Prozeduren, gleich zu Beginn des Quellcodes.

Hinweis: In diesem Fall sind die Variablen für alle Sub-Prozeduren der Formularoberfläche bekannt.

	Option Explicit **'Deklaration** der Variablen Dim z1, z2, erg As Double

+	Private Sub C_Plus_Click()
	  z1 = Val(Text_z1.Text)
	  z2 = Val(Text_z2.Text)
	  erg = z1 + z2
	  Label_Ergebnis = erg
	End Sub

-	Private Sub C_Minus_Click()
	  z1 = Val(Text_z1.Text)
	  z2 = Val(Text_z2.Text)
	  erg = z1 - z2
	  Label_Ergebnis = erg
	End Sub

*	Private Sub C_Mal_Click()
	  z1 = Val(Text_z1.Text)
	  z2 = Val(Text_z2.Text)
	  erg = z1 * z2
	  Label_Ergebnis = erg
	End Sub

Die Operatoren \ , Mod und &

In der Informatik sind beim Schreiben von Programmen zwei Operatoren sehr wichtig, die man eigentlich nur noch aus der Grundschulzeit kennt die ganzzahlige Division und der Restwertoperator.

Bei der **ganzzahligen Division ** ist das Ergebnis die Zahl, die bei der normalen Division vor dem Komma steht. Es ist also die Art von Division, die Sie in der Grundschule verwendet haben, als Sie noch keine Brüche kannten und keinen Taschenrechner zur Verfügung hatten.

Beispiel: 20 \ 3 = 6 (Rest 2)

Den **Restwert-Operator Mod** nennt man auch **Modulo-Operator**. Bei der Modulo-Operation ist das Ergebnis der Rest, der übrig bleibt, wenn man eine Zahl durch eine andere ganzzahlig teilt.

Beispiel: 20 mod 3 = 2 , denn 20 \ 3 = 6 Rest 2

Der Operator **&** wird benutzt, um Zeichenketten aneinanderzuhängen.

```
...
Dim zahl, anteil, rest As Integer
'Der Benutzer gibt ein, wie viele Äpfel unter fünf Personen zu verteilen sind.
'Dieser Wert wird in die Variable zahl eingelesen
zahl = Val(TextBox1.Text)
'Der Anteil für jede Person und der Rest werden berechnet...
anteil = zahl \ 5
rest = zahl Mod 5
'...und in Label2 auf dem Formular ausgegeben
Label2.Caption = "Von " & zahl & " Äpfeln bekommt jeder " & anteil & " Äpfel und " & rest & " bleiben übrig."
...
```

Das Beispielprogramm würde dann bei Eingabe der Zahl 67 das folgende Ergebnis liefern:

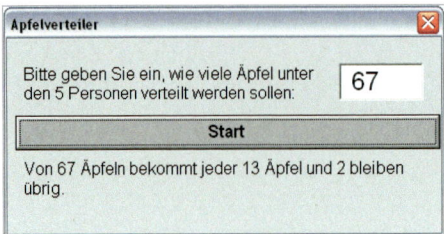

Die Funktion MsgBox() (Teil 2)

Im letzten Kapitel hatten wir die MessageBox in ihrer einfachsten Form kennen gelernt: *MsgBox(„Achtung! Aufgepasst!")*.

Es sind außer der Meldung auch weitere Funktionsparameter möglich:
- Die Anzahl und Art der Schaltflächen, die in der Messagebox verfügbar sein sollen, sowie
- die Überschrift in der Titelleiste des Fensters.

Außerdem kann man noch
- eine Hilfe-Datei, die beim Drücken von <F1> geöffnet werden soll, und
- die Sprungmarke innerhalb der Hilfedatei, bei der der benötigte Hilfetext steht, angeben.

Auf diese beiden Parameter soll hier aber nicht näher eingegangen werden.

Während die **Überschrift in der Titelleiste des Fensters** ein einfacher String in Anführungsstrichen ist, ist die **Art und Anzahl der Befehlsschaltflächen** in der Messagebox sehr vielfältig. Die Messagebox wird aus jeweils einer Komponente aus den drei verschiedenen Bereichen
- Art und Anzahl der Schaltflächen,
- Aussehen der Messagebox und
- Nummer der Standardschaltfläche

mit „+" zusammengefügt.

Die möglichen Werte, die man für jeden Bereich einsetzen kann, sind:

	Konstante	Wert	Beschreibung
Die Anzahl und Art der Schaltflächen	VbOKOnly	0	Die Schaltfläche **OK** wird angezeigt.
	VbOKCancel	1	Die Schaltflächen **OK** und **Abbrechen** werden angezeigt.
	VbAbortRetryIgnore	2	Die Schaltflächen **Abbruch**, **Wiederholen** und **Ignorieren** werden angezeigt.
	VbYesNoCancel	3	Die Schaltflächen **Ja**, **Nein** und **Abbrechen** werden angezeigt.
	VbYesNo	4	Die Schaltflächen **Ja** und **Nein** werden angezeigt.
	VbRetryCancel	5	Die Schaltflächen **Wiederholen** und **Abbrechen** werden angezeigt.
Aussehen der Messagebox	VbCritical	16	Die Meldung wird mit einem **Stop**-Symbol angezeigt.
	VbQuestion	32	Die Meldung wird mit einem **Fragezeichen**-Symbol angezeigt.
	VbExclamation	48	Die Meldung wird mit einem **Ausrufezeichen**-Symbol angezeigt.
	VbInformation	64	Die Meldung wird mit einem **Info**-Symbol angezeigt.
Nummer der Standardschaltfläche	VbDefaultButton1	0	Die erste Schaltfläche ist die Standardschaltfläche.
	VbDefaultButton2	256	Die zweite Schaltfläche ist die Standardschaltfläche.
	VbDefaultButton3	512	Die dritte Schaltfläche ist die Standardschaltfläche.

Dieser Funktionsparameter liefert unterschiedliche Rückgabewerte für die jeweilige Befehlsschaltfläche, die zum Schließen des Meldungsfensters gedrückt wurde. Man hat die Möglichkeit, auf jede Befehlsschaltfläche unterschiedlich zu reagieren. Wurde z. B.

auf die OK-Taste gedrückt, erhält man als Ergebnis der MsgBox-Funktion eine 1 bzw. VbOK (was man sich besser merken kann als 1). Das heißt, dass der Rückgabewert der Funktion *MsgBox ()* einer Variablen zugewiesen werden muss.

Die Programmzeile

```
antwort = MsgBox("Bist du hungrig?", VbYesNo + VbQuestion +
VbDefaultButton2, "Achtung")
```

liefert folgendes Ergebnis:

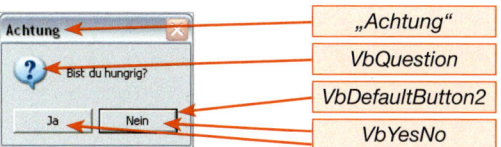

Dasselbe Ergebnis erhält man mit der Programmzeile:

```
antwort = MsgBox("Bist du hungrig?", 4 + 32 + 256, "Achtung")
```

Entsprechend liefert die Programmzeile

```
antwort = MsgBox("Du musst noch Hausaufgaben machen!", 2 + 64
+ 512, "Achtung")
```

die folgende Messagebox mit drei Schaltflächen, von denen die dritte die Standardschaltfläche ist, und einem Info-Symbol.

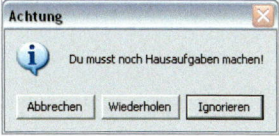

Zwei weitere Beispiele für Messageboxen sind:

```
antwort = MsgBox("Vorsicht, die Milch kocht über!", VbOkOnly +
VbCritical, "Achtung")
```

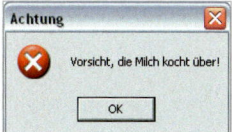

und

```
antwort = MsgBox("Diese Antwort war falsch!", VbRetryCancel +
48, "Achtung")
```

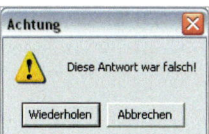

Marino Caponi überarbeitet sein Programm hinsichtlich der Variablen. Als Oberstes schreibt er *Option Explicit* in sein Programm, damit Schreibfehler seinerseits bezüglich der Variablen sofort erkannt werden. In dem Programmstück zum Plus ergänzt er auch Kommentare, damit er später noch weiß, warum er was gemacht hat.

	Option Explicit '**Deklaration** der Variablen Dim z1, z2, erg As Double
+	Private Sub C_Plus_Click() 　'**Einlesen** der beiden Zahlen von der Formularoberfläche in die Variablen 　'Dabei werden die Formularwerte mit Val() in Zahlen umgewandelt 　z1 = Val(Text_z1.Text) 　z2 = Val(Text_z2.Text) 　'**Verarbeitung**: Die Summe wird berechnet und der Variablen erg zugewiesen 　**erg = z1 + z2** 　'**Ausgabe** des Ergebnisses erg auf dem Formular in Label_Ergebnis 　Label_Ergebnis = erg End Sub
-	Private Sub C_Minus_Click() 　z1 = Val(Text_z1.Text) 　z2 = Val(Text_z2.Text) 　**erg = z1 - z2** 　Label_Ergebnis = erg End Sub
*	Private Sub C_Mal_Click() 　z1 = Val(Text_z1.Text) 　z2 = Val(Text_z2.Text) 　**erg = z1 * z2** 　Label_Ergebnis = erg End Sub

/	Private Sub C_Geteilt_Click()
	　z1 = Val(Text_z1.Text)
	　z2 = Val(Text_z2.Text)
	　'Fallunterscheidung: Die Rechnung soll nur durchgeführt werden, wenn die
	　'zweite Zahl ungleich 0 ist,
	　'andernfalls erfolgt eine Warnmeldung mit einem OK_Button und einem
	　'Ausrufezeichen.
	　If z2 = 0 Then
	　　　MsgBox　　(„Man darf doch nicht durch Null teilen!",
	　　　　　　VbOKOnly+VbExclamation, „Achtung")
	　Else
	　　　erg = z1 / z2
	　　　Label_Ergebnis = erg
	　End If
	End Sub

Als Letztes ergänzt er noch zwei Tasten für die ganzzahlige Division und für den Modulo-Operator bei seinem Taschenrechner.

MOD	Private Sub C_Modulo_Click()
	'Diese Operation liefert den Rest bei einer ganzzahligen Division, deshalb darf der 'zweite Operand nicht Null sein.
	z1 = Val(Text_z1.Text)
	z2 = Val(Text_z2.Text)
	If z2 = 0 Then
	    MsgBox („An dieser Stelle ist keine Null erlaubt!",
	          VbOKOnly+VbExclamation, „Achtung")
	Else
	    erg = z1 Mod z2
	    Label_Ergebnis = erg
	End If
	End Sub

****	Private Sub C_GanzGeteilt_Click()
	z1 = Val(Text_z1.Text)
	z2 = Val(Text_z2.Text)
	If z2 = 0 Then
	    MsgBox („Man darf doch nicht durch Null teilen!",
	          VbOKOnly+VbExclamation, „Achtung")
	Else
	    erg = z1 \\ z2
	    Label_Ergebnis = erg
	End If
	End Sub

Am Schluss sieht sein Taschenrechner so aus:

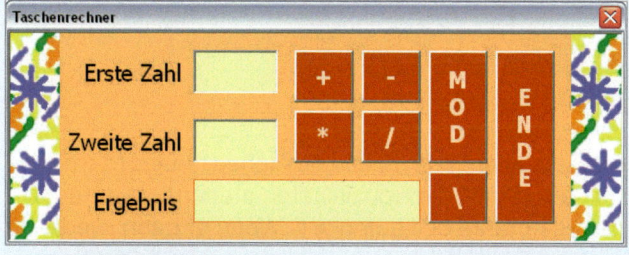

AUFGABEN

1. In einem Parkhaus gilt folgender Tarif: Parkdauer bis zu 3 Stunden: 1,50 €, jede weitere Stunde 0,50 €. Entwickeln Sie ein Programm, das die Variablen *dauer* und *gebuehr* enthält und das aus der Parkdauer in Stunden die Parkgebühr berechnet und ausgibt.

2. Ein Händler für Computerzubehör gewährt Stammkunden mit den Kundennummern 1–1000 einen Rabatt von 3 % auf den Rechnungsbetrag. Implementieren Sie ein Programm, das die Kundennummer und den Rechnungsbetrag einliest und daraus den Gesamtpreis berechnet.

3. Eine Versicherung zahlt im Schadensfall 75 % des Neuwertes einer Sache. Allerdings muss der Versicherungsnehmer mindestens 100 € selbst tragen. Bei einem Schaden an einer Sache, die 200 € Neuwert hat, erhält man also nur 50 € erstattet. Schreiben Sie ein Programm, das aus dem eingegebenen Neuwert den korrekten Erstattungsbetrag ermittelt. Verwenden Sie dabei die Variablen *neuwert* und *erstattung*.

4. Schreiben Sie ein Programm, das drei Zahlen einliest und die kleinste der Zahlen wieder ausgibt.

AUFGABEN

5 Carl Friedrich Gauß hat zur Berechnung des Wochentags zu einem gegebenen Datum die so genannte Wochentagsformel entwickelt. Sie gilt für den am 15. Oktober 1582 eingeführten Gregorianischen Kalender.
Etwas vereinfacht lautet die Formel so:
Wochentag = (Tag + 2 * Monat + ((3 * Monat + 3) \ 5) + Jahr + Jahr \ 4 – Jahr \ 100 + Jahr \ 400 + 1) Mod 7
Dabei muss man berücksichtigen, dass für die Monate Januar und Februar (1 oder 2) das Jahr um 1 vermindert und zum Monat 12 dazuaddiert wird. Für die Monate März bis Dezember (3 bis 12) bleiben die Jahres- und Monatszahl unverändert. Das Ergebnis wird gemäß folgender Tabelle den Wochentagen zugeordnet:

0	1	2	3	4	5	6
Sonntag	Montag	Dienstag	Mittwoch	Donnerstag	Freitag	Samstag

a) Erstellen Sie ein Struktogramm zur Berechnung des Wochentags nach der vereinfachten Gauß'chen Wochentagsformel.
b) Implementieren Sie ein Programm zur Berechnung des Wochentags zu einem gegebenen Datum. Die Formularoberfläche könnte dabei so aussehen:

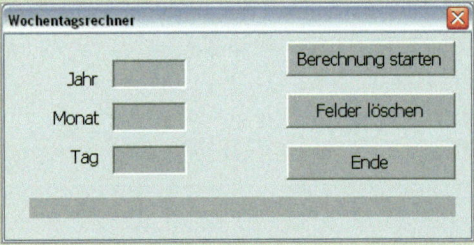

3.5.5 Die mehrfache Fallunterscheidung (If...Then...ElseIf...Else)

Marino Caponi fährt manchmal seine Familie in Italien besuchen. Jedes Mal nimmt er eine große Einkaufsliste mit, auf der all die Spezialitäten stehen, die er für sich oder für spezielle Gäste seines Ristorante einkaufen will. Wenn er dann wieder zu Hause ist, fängt das große Rechnen und Verteilen an. Üblicherweise verteilt er seine Transportkosten auf die eingekauften Waren. Je nachdem, wie sperrig, wie schwer und wie verderblich die mitgebrachten Waren sind, schlägt Marino Caponi unterschiedlich hohe Prozentsätze auf die Einkaufspreise der Waren auf. Üblicherweise sind das entweder 22 %, 34 % oder 43 %. Gerne würde Marino Caponi sich das Rechnen mit Hilfe eines Programms vereinfachen, doch er weiß nicht, wie er mehr als zwei Fälle unterscheiden soll.

Formularobjekt *Optionsfeld* und Eigenschaft *Value*

Optionsfeld
(engl.: option button)

Mit einem Optionsfeld kann der Benutzer markieren, welches Element in einer Gruppe von Auswahlmöglichkeiten ausgewählt wurde. Normalerweise kann auf dem gesamten Formular nur ein Optionsfeld markiert sein, da alle Optionsfelder zu derselben Gruppe gehören. Wenn ein Optionsfeld ausgewählt wurde, wird seine Value-Eigenschaft *True*.

boolean (engl.)
= Wahrheitswert (wahr oder falsch)

Das Formularobjekt **Optionsfeld** dient dem Benutzer eines Programms zur **Auswahl eines Elements aus einer vorgegebenen Gruppe von Elementen**. Auf den Zustand eines Optionsfeldes, *gewählt* oder *nicht gewählt*, kann man über die Eigenschaft **Value** zugreifen. Diese Eigenschaft hat den Datentyp *boolean*.

Formularobjekt *Rahmen*

Sollen auf einem Formular mehrere Optionsfelder ausgewählt werden können, so muss man sie zu verschiedenen Gruppen zusammenfassen. Dies erfolgt mittels eines Rahmens, auf dem die Optionsfelder platziert werden. Nun kann man aus jedem Rahmen genau ein Optionsfeld auswählen. Die Beschriftung des Rahmens wird, wie bei allen anderen Formularobjekten auch, über die Eigenschaft *Caption* geändert.

Rahmen (engl.: frame)

> Das Formularobjekt **Rahmen** fasst mehrere Optionsfelder als eine zusammengehörige Gruppe zusammen. Aus jeder Gruppe von Optionsfeldern kann jeweils nur ein Optionsfeld aktiv sein. Die Beschriftung des Rahmens ist in der Eigenschaft **Caption** gespeichert.

Symbol	Steuerelementtyp	Erläuterung
	Optionsgruppe, Rahmen (Frame)	In einer Optionsgruppe fasst man Umschaltflächen, Optionsfelder oder Kontrollkästchen zusammen. Wenn diese Steuerelemente in einer Optionsgruppe stehen, kann aus ihnen jeweils genau eines ausgewählt werden.
	Umschaltfeld (ToggleButton)	Mit einem Umschaltfeld, einem Optionsfeld oder einem Kontrollkästchen kann man Ja/Nein-Werte auswählen.
	Optionsfeld (OptionButton)	
	Kontrollkästchen (CheckBox)	

Die Eigenschaft *Enabled*

Manchmal möchte man für einige Formularobjekte den Benutzerzugriff in bestimmten Situationen verhindern. In der Vergangenheit haben wir für diesen Fall die Eigenschaft *Visible* auf *False* gesetzt. Soll der Benutzer das Formularobjekt jedoch sehen, aber es nicht benutzen dürfen, gibt es für diesen Fall die Eigenschaft *Enabled*. Diese Eigenschaft ist vom Typ *Boolean* und hat normalerweise den Wert *True*. Wenn der Zugriff auf das Formularobjekt verweigert werden soll, setzt man den Wert dieser Eigenschaft auf *False*.

visible (engl.) = sichtbar

enabled (engl.) = befähigt

> Formularobjekte können mit der Eigenschaft **Enabled** deaktiviert werden. Diese Eigenschaft hat den Wert *True*, wenn das Formularobjekt aktiv ist und *False*, wenn es deaktiviert ist.

Die Funktion *Format()*

Mit der Format-Funktion kann man Ergebnisse in einem bestimmten Format anzeigen. Dies ist besonders interessant, wenn man Beträge in einem bestimmten Format ausgeben will. Sinnvollerweise werden der Funktion Format zwei Parameter mitgegeben. Zum Ersten der Ausdruck, der in einer bestimmten Weise formatiert werden soll, und zum Zweiten das Format, in das er gesetzt werden soll. Die Funktion hat also die Form *Format (Ausdruck, Format)* und kann beispielsweise wie folgt aussehen:

```
Label1.Caption = Format(1234.5, „#,#0.00")     liefert   „1.234,50"
Label1.Caption = Format(1234.5, „#0.00")       liefert   „1234,50"
Label1.Caption = Format(.5, „#0.00 €")         liefert   „0,50 €"
Label1.Caption = Format(5, „0.00%")            liefert   „500,00%"
```

Die mehrfache Fallunterscheidung

Sobald man mehr als zwei Fälle prüfen möchte, kommt man mit einer einfachen Fallunterscheidung alleine nicht mehr aus. Man muss mehrere Fallunterscheidungen hintereinander schalten oder ineinander verschachteln. Die mehrfache Fallunterscheidung ist eine abgekürzte Schreibweise für eine verschachtelte Fallunterscheidung.

> Bei einer mehrfachen Fallunterscheidung werden eine oder mehrere Anweisungen nur dann ausgeführt, wenn eine bestimmte Bedingung erfüllt ist. Dabei kann bei jedem Else If-Zweig eine neue Bedingung angegeben werden.

In VBA ist die Syntax für eine mehrfache Fallunterscheidung:

```
...Anweisungen vorher
If (Bedingung1 erfüllt) Then
        Anweisung(en) 1
ElseIf (Bedingung2 erfüllt) Then
        Anweisung(en) 2
...
ElseIf (Bedingung3 erfüllt) Then
        Anweisung(en) 3
Else
        Anweisung(en) 4
ElseIf
Anweisungen nachher...
```

Als Struktogramm und Programmablaufplan sieht die mehrfache Fallunterscheidung aus wie folgt:

Struktogramm:

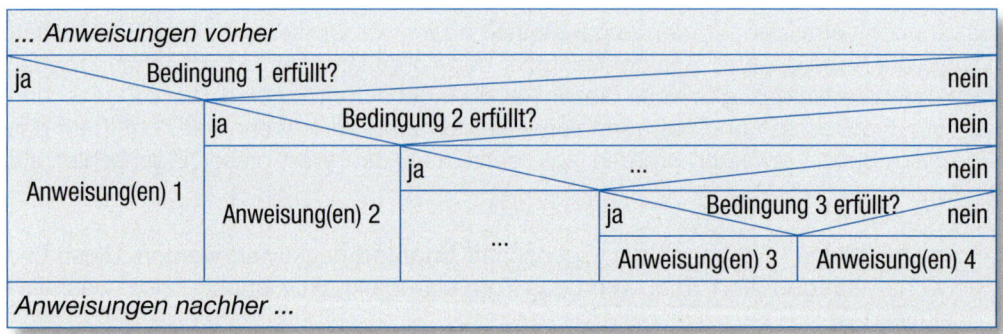

Programmablaufplan:

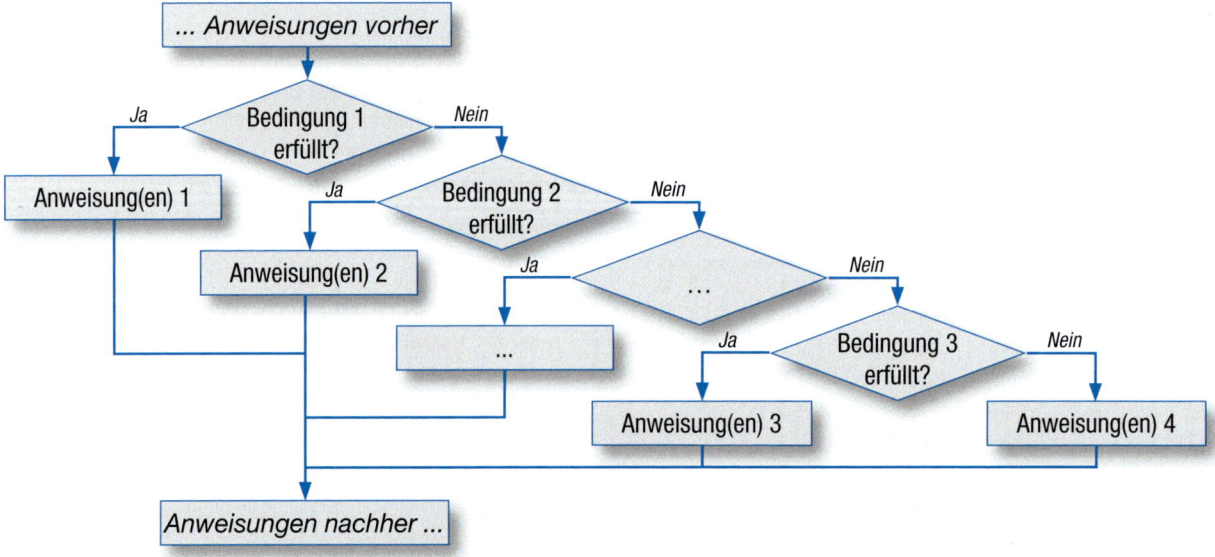

Marino Caponi beginnt mit dem Entwurf der Programmoberfläche.

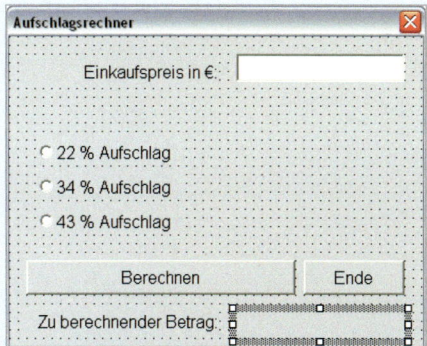

Schon bald hat er eine ansprechende Oberfläche entworfen. Als Erstes schreibt er ganz oben in seinen Programmtext *Option Explicit* und programmiert wie immer die Ende-Befehlsschaltfläche.

```
Option Explicit
Private Sub CommandButton2_Click()
   End
End Sub
```

Dann macht er sich an die Befehlsschaltfläche, mit der er den Betrag inklusive des Aufschlags berechnen möchte. Dafür deklariert er zunächst die Variablen *ek* für den Einkaufspreis, *vk* für den Verkaufspreis und *aufschlag* für den Aufschlag als Prozentfaktor. Danach liest er den Einkaufspreis aus dem Textfeld ein und initialisiert den Aufschlag mit 0.

```
Private Sub CommandButton1_Click()
   Dim ek, vk, aufschlag As Double

   ek = Val(TextBox1.Text)
   aufschlag = 0
```

Danach weist er, je nachdem welcher Optionsknopf gewählt wurde, der Variable *aufschlag* den entsprechenden Prozentfaktor zu. Wenn gar kein Optionsknopf ausgewählt wurde, soll eine Messagebox mit der Aufforderung „Sie müssen einen Aufschlag auswählen" erscheinen.

```
If OptionButton1.Value = True Then
   aufschlag = 1.22
ElseIf OptionButton2.Value = True Then
   aufschlag = 1.34
ElseIf OptionButton3.Value = True Then
   aufschlag = 1.43
Else
   antwort = MsgBox("Sie müssen einen Aufschlag auswählen",
   0 + vbExclamation, "Achtung")
End If
```

Zum Schluss kann er den Verkaufspreis als Produkt aus Einkaufspreis und Aufschlag berechnen und formatiert ausgeben, wenn ein Optionsfeld gewählt wurde, also der Aufschlag größer als 0 ist.

```
   If aufschlag > 0 Then
      vk = ek * aufschlag
      Label3.Caption = Format(vk, "#,##0.00 €")
   End If
End Sub
```

Er testet sein Programm und ist mit dem Ergebnis ganz zufrieden.

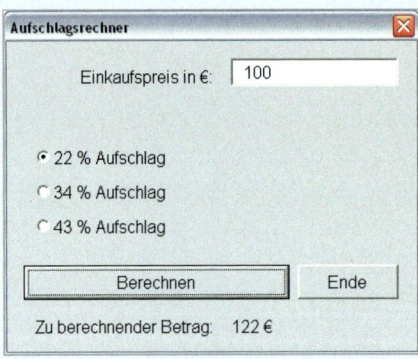

Da fällt Marino Caponi ein, dass er seinen Freunden auf den zu berechnenden Betrag immer noch 9 % Nachlass gibt, wenn der Aufschlag größer als 22 % war. Also gestaltet er sein Benutzerformular noch einmal um und ergänzt zwei weitere Optionsfelder.

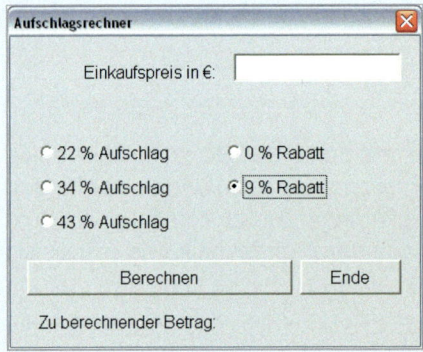

Nun kann er allerdings nur eines der fünf Optionsfelder auswählen. Er wollte jedoch *jeweils* eins auswählen können: ein Optionsfeld von den Aufschlägen und eines von den Rabatten. Als Lösung zeichnet er Rahmen (Frames) unter die Optionsfelder. Diese Rahmen fassen die Optionsfelder zu Gruppen zusammen, von denen jeweils ein Optionsfeld aus jeder Gruppe ausgewählt werden kann.

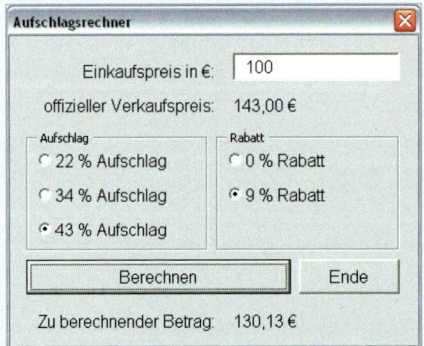

Der Quelltext zu der Berechnen-Befehlsschaltfläche sieht nun so aus:

```
Private Sub CommandButton1_Click()
  Dim ek, vk, aufschlag, rabatt As Double
  Dim antwort As Integer
  ek = Val(TextBox1.Text)
  aufschlag = 0
  rabatt = 0
  If OptionButton1.Value = True Then
     aufschlag = 1.22
```

```
    ElseIf OptionButton2.Value = True Then
        aufschlag = 1.34
    ElseIf OptionButton3.Value = True Then
        aufschlag = 1.43
    Else
        antwort = MsgBox("Sie müssen einen Aufschlag auswählen", 0 +
        vbExclamation, "Achtung")
    End If
    If OptionButton4.Value = True Then
        rabatt = 1
    ElseIf OptionButton5.Value = True Then
        rabatt = 0.91
    Else
        antwort = MsgBox("Sie müssen einen Rabatt auswählen", 0 +
        vbExclamation, "Achtung")
    End If
    If aufschlag > 0 And rabatt > 0 Then
        vk = ek * aufschlag
        Label5.Caption = Format(vk, "#,##0.00 €")
        vk = vk * rabatt
        Label3.Caption = Format(vk, "#,##0.00 €")
    End If
End Sub
```

Nun muss Marino Caponi nur noch ergänzen, dass die Optionsfelder für den Rabatt nicht anwählbar sind, sobald als Aufschlag 22 % eingestellt sind. Er ergänzt den Quelltext um folgende Zeilen für das Ereignis, dass ein Optionsfeld gedrückt wurde.

```
Private Sub OptionButton1_Click()
    Label3.Caption = ""
    Label5.Caption = ""
    OptionButton4.Value = True
    Frame2.Enabled = False
End Sub
```

Zuerst sollen die Ausgabefelder geleert werden, dann wird der Optionsknopf für 0 % Rabatt gewählt und der Rabattrahmen deaktiviert. Für die anderen Optionsknöpfe wird dasselbe programmiert, nur dass der Rabattrahmen wieder aktiviert wird.

AUFGABEN

1. Implementieren Sie ein Programm, das den Benutzer fragt, ob er zu Hause einen DSL-Anschluss hat. Bei Eingabe von „Ja" soll es „Glück gehabt" ausgeben. Bei Eingabe von „Nein" soll es „Vielleicht kommt ja bald einer…" ausgeben. Ansonsten soll es in einer MessageBox ausgeben: „Entscheide dich für Ja oder Nein!"

2. Erstellen Sie ein Programm, das in Abhängigkeit von Ihrer eingegebenen Pulszahl folgende Ausgaben liefert:
   - $p < 50$ Suchen Sie Ihren Arzt auf!
   - $50 <= p < 100$ Sie können sich noch mehr anstrengen.
   - $100 <= p < 140$ Sie verhalten sich richtig.
   - $140 <= p < 200$ Sie strengen sich zu sehr an.
   - $200 <= p$ Ihre Uhr geht zu langsam.

3. Entwickeln Sie ein Programm, das den Benutzer fragt, welche Note er letztes Jahr in Informatik hatte. Bei einer Eingabe von 1 oder 2 soll der Computer „prima" ausgeben, bei einer 3 oder 4 soll er „na ja" ausgeben und bei Eingabe von 5 oder 6 soll er „geh mir aus den Augen!" ausgeben.

4. Eine Firma verkauft Apfelsaft. Der Preis richtet sich nach der Anzahl der gekauften Kisten. 1–10 Kisten kosten jeweils 8 €, 11–99 Kisten kosten jeweils 7 €, 100–1000 Kisten kosten jeweils 6 € und ab 1001 Kisten kostet jede Kiste 5 €. Entwerfen Sie ein sinnvolles Programm für diesen Sachverhalt.

⑤ Entwerfen Sie ein Programm, das nach der Eingabe des Gewichts eines Eis ausgibt, zu welcher Vogelart dieses Ei wahrscheinlich gehört. Dabei werden die Eier von Wachteln, Stockenten, Haushühnern und Truthühnern unterschieden.

Beispiele:
Eingabe	→	Ausgabe
bis 100 g	→	„Wachtel"
bis 1 000 g	→	„Stockente"
bis 1 500 g	→	„Haushuhn"
bis 3 500 g	→	„Truthuhn"
> 3 500 g	→	„Was soll das denn für ein Vogel sein?"

⑥ Entwickeln Sie ein neues Programm für den Coffee-to-go-Shop, das drei Parameter eines Kaffeegetränks abfragt und dann den Satz der Mitarbeiterin beim Überreichen des Kaffeegetränks mit all diesen Parametern ausgibt.

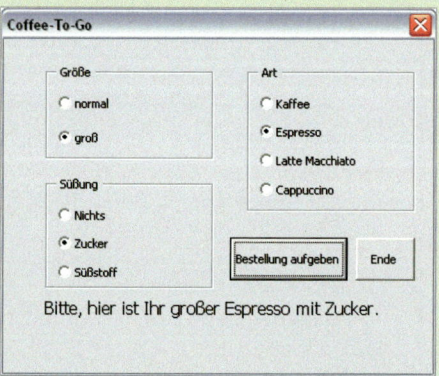

⑦ Entwerfen Sie ein Programm zu der Hochzeitsmenüauswahl aus Kapitel 1. Verwenden Sie dazu zwei Optionsfeldgruppen, die nach Bedarf ausgewählt werden können. Achten Sie dabei darauf, dass nach der Wahl einer Kategorie diese Optionsgruppe deaktiviert ist. Nehmen Sie die folgenden Screenshots als Programmierhilfe.

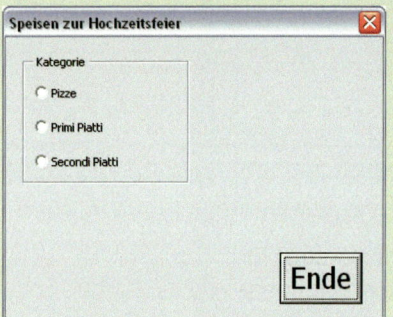 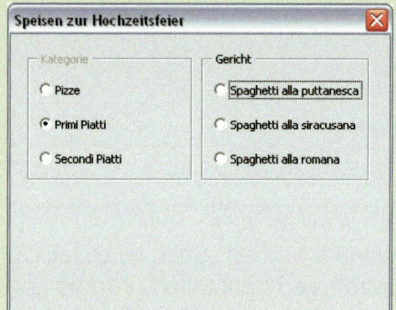 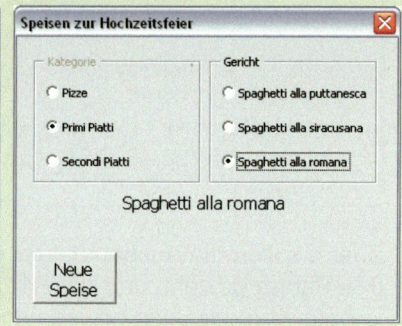

⑧ Verbessern Sie das Programm zur Wochentagsberechnung aus dem vorherigen Kapitel. Setzen Sie dort, wo es sinnvoll ist, die mehrfache Fallunterscheidung ein. Verbessern Sie das Programm dahingehend, dass die Eingaben für den Benutzer erleichtert und Fehleingaben abgefangen werden. Dazu gehört unter anderem:
- Nach dem Drücken der Befehlsschaltfläche „Felder löschen" springt der Cursor in das erste Eingabefeld „Jahr". (Hinweis: In der Hilfe unter Fokus nachsehen.)
- Es können nur vierstellige Jahreszahlen eingegeben werden.
- Es können nur Monate zwischen 1 und 12 eingegeben werden.
- Es können nur Tage zwischen 1 und 31 eingegeben werden.
- Wenn das eingegebene Datum in der Vergangenheit liegt, steht in der Ausgabezeile „war".
  Hinweis: Die Funktion **Date()** liefert das aktuelle Datum.
  Die Funktion **CDate()** wandelt einen String in ein Datum um. Beispiel: CDate(„01.01.2000") gibt den String „01.01.2000" im Datumsformat zurück.)
- Das Datum darf nicht vor dem 15.10.1582 liegen.

3.5.6 Die Fallunterscheidung (Select... Case)

Marino Caponis Nichte Alessandra besucht die 11. Klasse eines Gymnasiums. Da seine eigene Schulzeit schon sehr lange zurückliegt und es nur Zensuren in der Form von z. B. „gut" oder „mangelhaft" gab, kann er nicht viel mit der „modernen" Vergabe von Ziffern (z. B. „2" oder „5") anfangen. Im nächsten Schuljahr wird es bei Alessandra noch schlimmer, denn dann hat sie als Note eine Ziffer zwischen 0 und 15. Marino Caponi überlegt, ob er für dieses Problem ein Programm schreiben kann.

Methoden

Bisher haben wir fast nur Eigenschaften kennen gelernt, die ein Formularobjekt besitzt, und Ereignisse, die für ein Formularobjekt auftreten können. Die Eigenschaften werden mit Hilfe des Punktoperators angesprochen. Zu den Ereignissen werden Sub-Prozeduren erstellt, in die die für ein bestimmtes Ereignis gewünschten Bearbeitungsschritte eingetragen werden.

Zu jedem Formularobjekt gibt es jedoch nicht nur Eigenschaften und Ereignisse, sondern auch **Methoden**. Methoden sind Prozeduren, die zu einem bestimmten Formularobjekt gehören. Bisher haben wir zum Beispiel die Methode *SetFocus* benutzt. *SetFocus* ist eine Prozedur, die den Fokus auf ein bestimmtes Formularobjekt setzt. Weil diese Prozedur jedoch nicht allgemein verfügbar ist, sondern zu einem bestimmten Formularobjekt gehört, wird sie „Methode" genannt und über den Punktoperator angesprochen, wie folgendes Beispiel zeigt. Die Methode fokussiert hier die TextBox1, so dass ohne weiteres Betätigen der Maus oder der Tabulatortasten Eingaben in dieses Textfeld gemacht werden können.

```
TextBox1.SetFocus
```

Eine **Methode** ist eine Aktion, die, genau wie eine Eigenschaft, an ein bestimmtes Formularobjekt gekoppelt ist. Sie wird, genau wie eine Eigenschaft, über den Punktoperator angesprochen (z. B. **TextBox1.SetFocus** setzt den Fokus auf die TextBox1).

Formularobjekt *Listenfeld* und Methode *AddItem*

Mit einem Listenfeld kann man sich eine Liste von Werten untereinander anzeigen lassen. Anders als bei einem Kombinationsfeld werden die Werte dauerhaft auf dem Formular angezeigt. Das ist immer dann sinnvoll, wenn man sich die Historie der getätigten Eingaben vor Augen halten möchte.

Listenfeld
(engl.: ListBox)

Kombinationsfeld
(engl.: ComboBox)

Jeder neue Wert, der an die Liste angehängt werden soll, wird mit der Methode **AddItem** angefügt, wie folgendes Beispiel darstellt. Die Methode AddItem fügt hier das Wort „Hallo" als letzten Eintrag in eine Liste ein:

```
ListBox1.Additem "Hallo"
```

Das Formularobjekt **Listenfeld** zeigt eine Liste von Werten dauerhaft im Formular an. Ein neuer Wert wird mit der Methode **AddItem** an die Liste angehängt.

Symbol	Steuerelementtyp	Erläuterung
	Listenfeld (ListBox)	In Listenfeldern kann man eine Liste von Werten anzeigen lassen oder aus einer Liste vorgegebene Werte auswählen.

Die Methode *Clear*

Sollen die Einträge in einem Listenfeld wieder gelöscht werden, zum Beispiel, bevor neue Werte eingetragen werden oder wenn das Listenfeld in seinen ursprünglichen Zustand zurückgesetzt werden soll, verwendet man die Methode **Clear**. Im folgenden Beispiel löscht die Methode Clear alle Listeneinträge aus dem Formularobjekt *ListBox1*.

```
ListBox1.Clear
```

Die Fallunterscheidung mit Select Case

Will man mehrere mögliche Fälle unterscheiden, kann man die mehrfache Fallunterscheidung mit If...Then...ElseIf benutzen. Bei der mehrfachen Fallunterscheidung kann für jede ElseIf-Anweisung ein anderer Ausdruck überprüft werden, sie ist also flexibler einsetzbar. Allerdings muss für jede ElseIf-Anweisung die Bedingung einzeln ausgewertet werden; das macht sie langsamer.

Hat man jedoch nur einen Ausdruck, der nur einmal zu Beginn der Anweisung ausgewertet werden muss und dann nur noch entsprechend der unterschiedlichen Werte, die er annehmen kann, anders behandelt wird, verwendet man die schnellere **Select-Case-Anweisung**.

> Bei einer *Select Case*-Anweisung werden eine oder mehrere Anweisungen nur dann ausgeführt, wenn die Auswertung eines Ausdrucks einen bestimmten Wert ergibt.

In VBA ist die Syntax für eine *Select Case*-Anweisung:

```
...Anweisungen vorher
Select Case Ausdruck
   Case Wert1
      Anweisung(en) 2
   ...
   Case Wert99
      Anweisung(en) 99
   Case Else
      Anweisung(en) 100
End Select
Anweisungen nachher...
```

Als Struktogramm und Programmablaufplan sieht die Select-Case-Fallunterscheidung wie folgt aus:

Struktogramm:

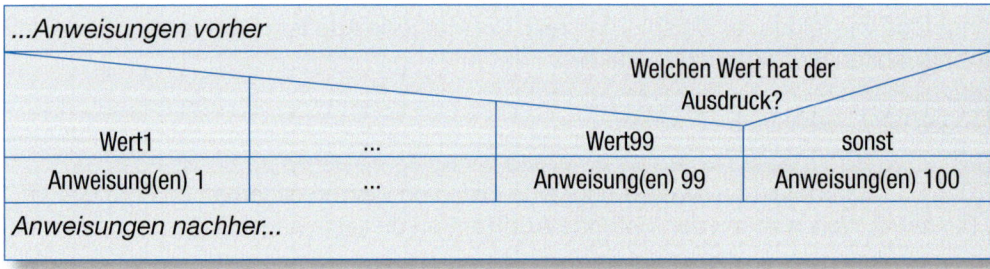

Programmablaufplan:

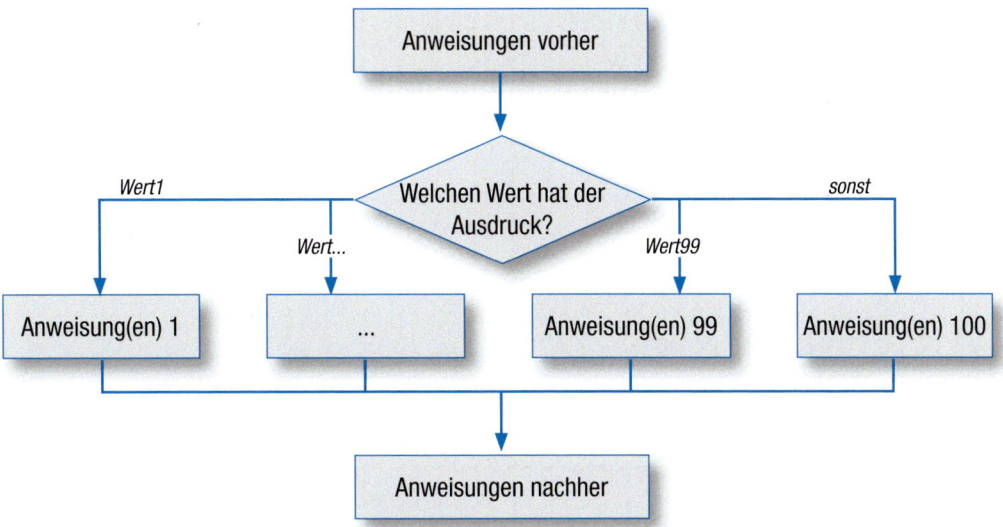

Marino Caponi beschließt, ein Programm zu schreiben, das ihm nach Eingabe einer Ziffer die entsprechende Note als Text ausgibt. Wie immer beginnt er mit dem Entwurf der Formularoberfläche.

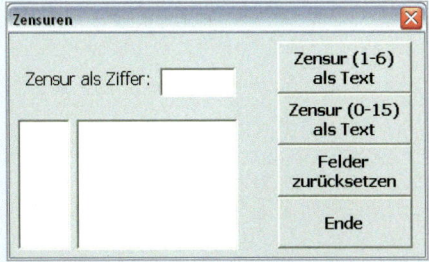

Bei der Programmierung beginnt er mit den Befehlsschaltflächen „Ende" und „Felder zurücksetzen".

```
Private Sub C_Ende_Click()
   End
End Sub
```
```
Private Sub C_Zurueck_Click()
   ListBox1.Clear
   ListBox2.Clear
   TextBox1.Text = " "
   TextBox1.SetFocus
End Sub
```

Das Programm soll so funktionieren, dass Marino Caponi nach der Eingabe einer Ziffer auf die Befehlsschaltfläche „Zensuren (1-6) als Text" klickt und danach die jeweilige Zensur sowohl als Zahl als auch in Textform in die beiden Listenfelder eingetragen wird. Außerdem soll das TextFeld für eine neue Eingabe vorbereitet werden, d. h. es soll geleert und der Fokus daraufgesetzt werden.

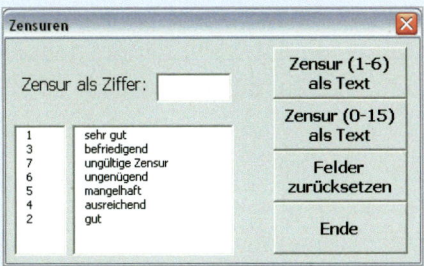

```
Option Explicit
Private Sub C_Text_Click()
  Dim zensur As Integer
  Dim ausgabe As String
  'Einlesen des TextFeldes
  zensur = Val(TextBox1.Text)
  'Auswerten der Zensur
  Select Case zensur
    Case 1
      ausgabe = "sehr gut"
    Case 2
      ausgabe = "gut"
    Case 3
      ausgabe = "befriedigend"
    Case 4
      ausgabe = "ausreichend"
    Case 5
      ausgabe = "mangelhaft"
    Case 6
      ausgabe = "ungenügend"
    Case Else
      ausgabe = "Sie haben eine ungültige Ziffer
      eingegeben!"
  End Select
  'Ausgabe der Ergebnisse
  ListBox1.AddItem zensur
  ListBox2.AddItem ausgabe
  'Zurücksetzen des TextFeldes
  TextBox1.Text = ""
  TextBox1.SetFocus
End Sub
```

Marino Caponi testet sein Programm. Es macht schon das, was es soll, aber das erste Listenfeld hat unten so eine überflüssige Bildlaufleiste bekommen. Sein Neffe Enzo gibt ihm den Tipp, für das Listenfeld einfach in die Eigenschaft *ColumnWidth* den Wert „1 cm" einzugeben. Marino Caponi versucht es und ist zufrieden, denn nun ist die horizontale Bildlaufleiste verschwunden.

Jetzt fehlt nur noch das Programm für die letzte Befehlsschaltfläche *„Zensur (0-15) als Text"*. Bei ihr sollen Zensuren von 0 bis 15 in das Textfeld eingegeben werden können. Nach dem Drücken der Befehlsschaltfläche soll dann die Zensur in Punkten in dem ersten Listenfeld angezeigt werden.

Damit man sie nicht mit den anderen Zensuren verwechselt, soll sie zweistellig, also „01", 02" usw., angezeigt werden. Wie bei der Befehlsschaltfläche *„Zensur (1-6) als Text"* soll dann das zweite Listenfeld mit dem entsprechenden Text gefüllt und danach das Textfeld geleert und neu fokussiert werden.

```
Private Sub C_Text12_Click()
  Dim zensur As Integer
  Dim ausgabe As String
  'Einlesen des TextFeldes
  zensur = Val(TextBox1.Text)
  'Auswerten der Zensur
  Select Case zensur
    Case 0
      ausgabe = "ungenügend"
    Case 1
      ausgabe = "schwach mangelhaft"
```

```
        Case 2
            ausgabe = "mangelhaft"
        Case 3
            ausgabe = "voll mangelhaft"
        Case 4
            ausgabe = "schwach ausreichend"
        Case 5
            ausgabe = "ausreichend"
        Case 6
            ausgabe = "voll ausreichend"
        Case 7
            ausgabe = "schwach befriedigend"
        Case 8
            ausgabe = "befriedigend"
        Case 9
            ausgabe = "voll befriedigend"
        Case 10
            ausgabe = "schwach gut"
        Case 11
            ausgabe = "gut"
        Case 12
            ausgabe = "voll gut"
        Case 13
            ausgabe = "schwach sehr gut"
        Case 14
            ausgabe = "sehr gut"
        Case 15
            ausgabe = "voll sehr gut"
        Case Else
            ausgabe = "ungültige Zensur"
    End Select
    'Ausgabe der Ergebnisse, die Punktezahl wird zweistellig
      ausgegeben
    ListBox1.AddItem Format(zensur, "00")
    ListBox2.AddItem ausgabe
    'Zurücksetzen des TextFeldes
    TextBox1.Text = ""
    TextBox1.SetFocus
End Sub
```

Das Ergebnis gefällt Marino Caponi. Durch die zweistellige Ausgabe der Zensur kann er jetzt sogar erkennen, welche der beiden Befehlsschaltflächen er gedrückt hat. Und durch das Leeren und Neufokussieren des Textfeldes kann er schnell und komfortabel neue Eingaben tätigen.

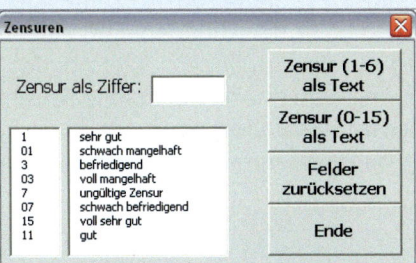

AUFGABEN

1 Hühnereier haben einen Aufdruck, aus dem ersichtlich ist,
- wie das Huhn gehalten wurde,
- aus welchem Land das Ei kommt
- und in welchem Betrieb das Ei gelegt wurde.

Schreiben Sie ein Programm, das nach der Eingabe einer der vier möglichen Ziffern zur Hühnerhaltung eine Erläuterung ausgibt:

0 = Bio-Eier	Futter aus ökologischem Anbau, pro Huhn stehen 1667 cm² im Stall und 4 m² Freilandfläche zur Verfügung.
1 = Freilandhaltung	Pro Huhn stehen 1100 cm² im Stall und 4 m² Freilandfläche zur Verfügung.
2 = Bodenhaltung	Pro Huhn stehen 1100 cm² im Stall zur Verfügung.
3 = Käfighaltung in Legebatterien	Pro Huhn stehen 1100 cm² im Käfig zur Verfügung.

2 Alle ISBNn auf Büchern und CDs besitzen eine Länderkennziffer. Für Sprachen, in denen viele Bücher erscheinen, ist diese Ziffer einstellig, für andere Sprachen zwei-, drei- oder vierstellig.

Erstellen Sie ein Programm, das nach Eingabe einer einstelligen Länderkennziffer den entsprechenden Sprachraum ausgibt, für den diese Ziffer steht.

0 = Englisch (Australien, Großbritannien, Irland, Kanada, Neuseeland, Puerto Rico, Simbabwe, Südafrika, USA)
1 = wie 0
2 = Französisch (Belgien, Frankreich, Kanada, Luxemburg, Schweiz)
3 = Deutsch (Deutschland, deutschsprachiges Belgien, Liechtenstein, Österreich, Schweiz)
4 = Japanisch
5 = Russisch
7 = Chinesisch

Zusatzaufgabe
Ergänzen Sie in Ihrem Programm ein Anzeigefeld, in dem eine entsprechende Flagge aus dem jeweiligen Sprachraum angezeigt wird. Benutzen Sie dazu die Funktion *LoadPicture()*.

3.5.7 Die gezählte Schleife (FOR)

Marino Caponi muss regelmäßig seine Einnahmen und Ausgaben verbuchen. Zwar hat er eine Buchhaltungs-Software, die ihm die Arbeit erleichtert, aber manchmal möchte er die Summen doch noch einmal von Hand überprüfen. Bis jetzt hat er dazu immer seinen Tischrechner mit der Papierrolle benutzt. Leider hat der Tischrechner in der letzten Woche den Geist aufgegeben. Er könnte zum Addieren auch seinen Taschenrechner nehmen, doch bei dem kann er die eingegebenen Zahlen hinterher nicht mehr überprüfen, um etwaige Tippfehler zu finden. Jetzt überlegt er, wie er selbst ein Programm schreiben kann, mit dem er eine bestimmte Anzahl von Beträgen addieren und die Eingaben hinterher überprüfen kann.

Die Funktion *InputBox()*

Müssen viele Eingaben vorgenommen werden, so können diese nicht mehr über Textfelder erfolgen. Die Textfelder würden zu viel Platz auf der Formularoberfläche benötigen. Außerdem ist anfangs nicht immer klar, wie viele Eingaben insgesamt gemacht werden. In diesem Fall erfolgt die Eingaben mit Hilfe einer InputBox. Hat man bisher die Eingabewerte mit folgender Programmzeile eingelesen:

oder

```
variable = Val(TextBox1.Text)
```

dann erfolgt das Einlesen der Eingabewerte mit Hilfe der InputBox-Funktion auf diese Weise:

```
variable = InputBox("Bitte Wert eingeben")
```

oder

```
variable = Val(InputBox("Bitte Wert eingeben"))
```

Durch diese Programmzeile erscheint ein PopUp-Fenster, in das man seine Eingabe machen kann.

> Die **Funktion InputBox()** dient zur Eingabe von vielen Werten. Sie hat die Form *InputBox (Meldung im Dialogfeld [, title] [, defaultwert])*, wobei die Meldung im Dialogfeld angegeben werden muss und der Fenstertitel sowie ein Standardwert für die Eingabe angegeben werden können. Die eckigen Klammern werden dabei nicht geschrieben.

Gibt man zum Beispiel die folgende Programmzeile ein, so erscheint nach der Ausführung das darunter abgebildete PopUp-Fenster.

```
variable = InputBox("Bitte einen Namen eingeben", "Namenseingabe", "Meier")
```

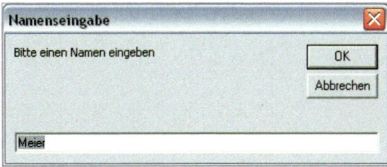

Die gezählte Schleife mit *For... Next*

Sollen eine oder mehrere Anweisungen mehrmals hintereinander ausgeführt werden, und weiß man bereits im Vorfeld, wie häufig die Anweisungen ausgeführt werden sollen, so benutzt man eine gezählte Schleife. In der Kopfzeile der gezählten Schleife legt man drei bis vier Punkte fest:
1. Wie die so genannte „Zählvariable" heißen soll, die die Anzahl der Schleifendurchläufe auf die gewünschte Art und Weise zählt.
2. Welchen Startwert die Zählvariable hat.
3. Bei welchem Wert für die Zählvariable die gezählte Schleife enden soll.
4. Eventuell, um welchen Wert die Zählvariable bei jedem Schleifendurchlauf verändert werden soll, wenn sie nicht um 1 erhöht wird. (Diese vierte Angabe ist nicht notwendig, wenn die Zählvariable bei jedem Schleifendurchlauf um 1 erhöht werden soll.)

> Bei einer **FOR-Anweisung** werden eine oder mehrere Anweisungen mehrfach ausgeführt. Die Anzahl der Ausführungen werden mit einer Zählvariablen gezählt. Der Start- und Endwert für die Zählvariable werden im Schleifenkopf festgelegt. Falls sich die Zählvariable bei jedem Schleifendurchlauf um einen anderen Wert als 1 verändert, muss dies auch im Schleifenkopf angegeben werden.

In VBA ist die Syntax für eine *For… Next*-Schleife:

i wird um 1 erhöht	**i wird um z erhöht**

Dim i, n As Integer
…*Anweisungen vorher*
For i=1 **To** n
   Anweisung(en)
Next i
Anweisungen nachher…
	Dim i, n, z As Integer
	…*Anweisungen vorher*
	For i=1 **To** n **Step** z
	   Anweisung(en)
	Next i
	Anweisungen nachher…

Als Struktogramm und Programmablaufplan sieht die *FOR-Schleife* so aus:

Struktogramm:

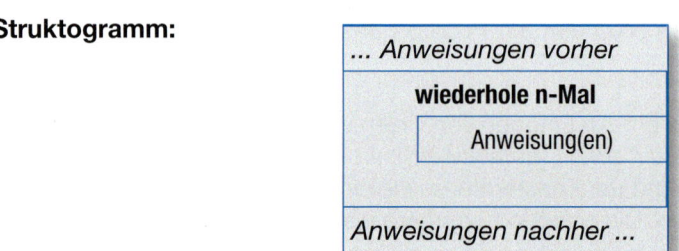

Programmablaufplan:

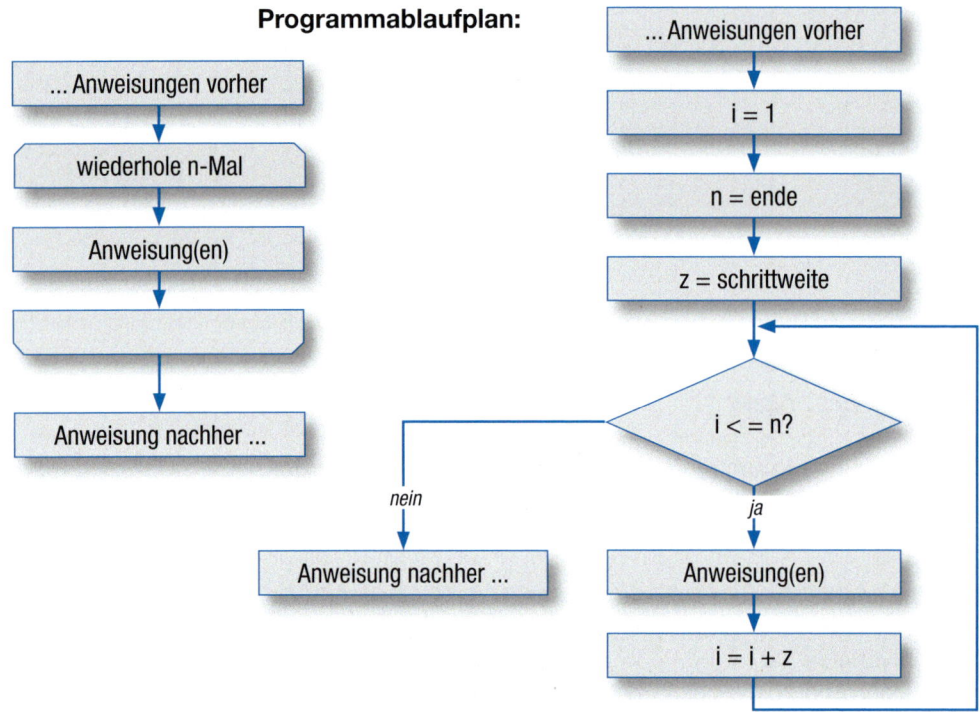

Die Summenbildung und die Wertetabelle

Häufig werden Schleifen nicht nur dazu benutzt, eine bestimmte Aktion mehrfach durchzuführen, sondern auch, um gleichzeitig Werte aufzusummieren. Bei der Summenbildung ist es sehr wichtig, dass die Variable, in der der Wert der Summe stehen soll, vor der Schleife initialisiert, also mit einem Startwert versehen wird. Vergisst man die Initialisierung, enthält die Summenvariable einen übrig gebliebenen Speicherwert, der zu schwer auffindbaren Fehlern führt.

Manchmal ist es schwer vorstellbar, wie sich die jeweiligen Werte während der einzelnen Schleifendurchläufe verändern. Aus diesem Grund erstellt man eine Wertetabelle, in der aufgelistet wird, welche Werte die einzelnen Variablen während jedes Schleifendurchlaufs annehmen. Wie eine Wertetabelle aussehen kann, zeigt das nachstehende Beispiel:

Die Zahlen von 1 bis 5 sollen addiert werden. Diese Addition ist möglich mit folgender For-Schleife:

```
...
summe = 0                    1
For i = 1 To 5               2
    summe = summe + i        3
Next i                       4
...
```

In einer Wertetabelle kann man festlegen, zu welchem Zeitpunkt die Werte aufgeschrieben werden sollen. Ob dies zu Beginn oder am Ende des Schleifendurchlaufs oder mittendrin geschieht, hängt von dem zu bearbeitenden Problem ab.

	i	Summe
Werte zu Beginn, nach der 2. Programmzeile	1	0
Werte nach der 3. Zeile nach dem 1. Schleifendurchlauf	1	1
Werte nach der 3. Zeile nach dem 2. Schleifendurchlauf	2	3
Werte nach der 3. Zeile nach dem 3. Schleifendurchlauf	3	6
Werte nach der 3. Zeile nach dem 4. Schleifendurchlauf	4	10
Werte nach der 3. Zeile nach dem 5. Schleifendurchlauf	5	15

Sinnvoll ist es auf jeden Fall, die Werte zu **Beginn des ersten Schleifendurchlaufs** zu überprüfen, um sicher zu sein, dass auch alle in der Schleife verwendeten Variablen initialisiert, das heißt mit einem definierten Startwert versehen wurden. Danach reicht es bei weniger komplexen Problemen aus, die Werte am Ende jedes Schleifendurchlaufs zu überprüfen.

> Bei der **Summenbildung** in einer Schleife ist es wichtig, die Summe vor der Schleife mit einem definierten Startwert zu versehen. Diesen Vorgang nennt man **Initialisierung**. Eine **Wertetabelle** dient zur Veranschaulichung der Variableninhalte bei jedem Schleifendurchlauf.

Marino Caponi beginnt damit, seinen „Papierstreifenrechner" zu programmieren. Zuerst entwirft er wieder die Programmoberfläche. Er braucht ein Eingabefeld für die Anzahl der Buchungsposten, ein Listenfeld, das quasi als Papierstreifen dienen soll, und ein Ausgabefeld für die Gesamtsumme. Des Weiteren möchte er drei Befehlsschaltflächen haben:
- Befehlsschaltfläche „Start": Mit ihr beginnt die Eingabe der Buchungsposten.
- Befehlsschaltfläche „Felder leeren": Mit ihr sollen alle Ein- und Ausgabefelder geleert und der Fokus wieder auf das Eingabefeld gesetzt werden.
- Befehlsschaltfläche „Ende": Mit ihr soll das Programm beendet werden.

Die Prozeduren für die beiden letzten Befehlsschaltflächen programmiert Marino Caponi zuerst, weil sie am einfachsten sind.

```
Private Sub C_Ende_Click()
    End
End Sub
Private Sub C_FelderLeeren_Click()
    ListBox1.Clear
    Label3.Caption = ""
    TextBox1.Text = ""
    TextBox1.SetFocus
End Sub
```

Danach kümmert er sich um die Eingabewiederholung in der For-Schleife, mit der er mehrere Beträge eingeben kann und diese Beträge danach formatiert in der Listbox ausgegeben werden. Beim Testen des Programms ergibt sich folgendes Bild:

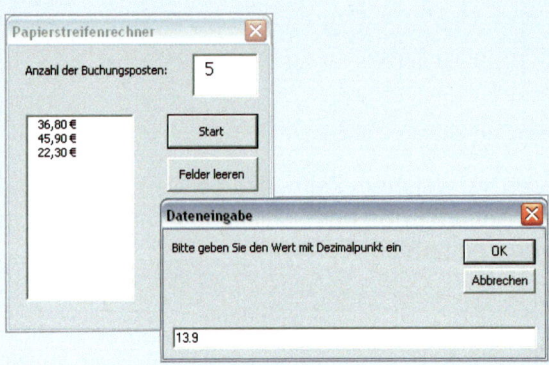

Zum Schluss ergänzt Marino Caponi auch noch die Aufsummierung der einzelnen Beträge in der For-Schleife, so dass sich folgender Quelltext ergibt:

```
Option Explicit
Private Sub CommandButton1_Click()
  'Variablendeklaration
  Dim anzahl As Integer
  Dim i As Integer
  Dim summand, summe As Double
  'Einlesen der Anzahl der Buchungspositionen aus dem
  'TextFeld
  anzahl = Val(TextBox1.Text)
  'Initialisieren der Gesamtsumme
  summe = 0
  'Beginn der Schleife, es wird von 1 bis anzahl hochge
  zählt
  For i = 1 To anzahl
     'Wert wird in der InputBox eingeben (bei Kommazahlen
     mit einem Punkt als Dezimalzeichen)
     summand = Val(InputBox("Bitte geben Sie den Wert mit
     Dezimalpunkt ein", "Dateneingabe"))
     'und in dem Listenfeld formatiert ausgegeben
     ListBox1.AddItem Format(summand, "#,##0.00 €")
     'Danach wird der alte Summenwert um den eingegebenen
     Wert erhöht, und als neuer Summenwert gespeichert
     summe = summe + summand
  Next i
  'Nach der Schleife wird Summenwert formatiert ausgegeben
  Label3.Caption = Format(summe, "#,##0.00 €")
End Sub
```

Obwohl das Programm funktioniert, ist Marino Caponi noch nicht ganz klar, warum. Zur besseren Veranschaulichung der Variableninhalte erstellt er daher zusätzlich die folgende Wertetabelle:

	Anzahl	i	Summand	Summe
zu Beginn des ersten Schleifendurchlaufs	5	1	--	0
am Ende des ersten Schleifendurchlaufs	5	1	36,80	36,80
am Ende des zweiten Schleifendurchlaufs	5	2	45,90	82,70
am Ende des dritten Schleifendurchlaufs	5	3	22,30	105,00

| am Ende des vierten Schleifendurchlaufs | 5 | 4 | 13,90 | 118,90 |
| am Ende des fünften Schleifendurchlaufs | 5 | 5 | 67,80 | 186,70 |

Zu Beginn des sechsten Schleifendurchlaufes wäre die Laufvariable 6, also größer als 5, und die Schleife würde an dieser Stelle abbrechen. Jetzt hat Marino Caponi verstanden, warum sein Programm funktioniert, und schaut sich zufrieden sein Ergebnis an:

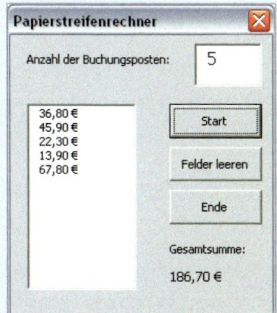

AUFGABEN

1. Erstellen Sie ein Programm, das Ihren Namen einliest und viermal „Hallo Max" in ein Listenfeld ausgibt, wenn Sie Max heißen.

2. Erstellen Sie ein Programm, das zweimal „Moin" und dreimal „Wie geht's?" ausgibt.

3. Entwickeln Sie ein Programm, das alle Zahlen von 1 bis 15 ausgibt.

4. Entwerfen Sie ein Programm, das alle Zahlen von 1 bis y ausgibt.

5. Entwickeln Sie ein Programm, das alle Zahlen von x bis y ausgibt.

6. Erstellen Sie ein Programm, das alle Zahlen von 1 bis 10 quadriert und sowohl die Zahl als auch die Quadratzahl in einem Listenfeld ausgibt.

   1. Erweiterung:
   Erweitern Sie Ihr Quadratzahlenprogramm dahingehend, dass man die obere Grenze, also die letzte Zahl, zu der eine Quadratzahl errechnet werden soll, flexibel eingeben kann.

   2. Erweiterung:
   Erweitern Sie Ihr Quadratzahlenprogramm dahingehend, dass man sowohl die untere als auch die obere Grenze flexibel eingeben kann. (Man gibt also zunächst eine *erste Zahl* ein und danach eine *zweite Zahl*, die größer ist als die erste. Nach dem Drücken einer Befehlsschaltfläche werden die Zahlen von *erste Zahl* bis *zweite Zahl* in dem einen Listenfeld aufgelistet und die dazugehörigen Quadratzahlen in dem anderen Listenfeld.)

7. Carl Friedrich Gauß gilt zu Recht als einer der bedeutendsten Mathematiker. Er war seit 1807 als Professor für Astronomie, als Direktor der Sternwarte in Göttingen und auch als Physiker tätig. 1821–25 erfand er für die Hannoversche Landvermessung einen Heliotrop. 1833 erfand er zusammen mit Wilhelm Weber (1804–1891) den elektromagnetischen Telegraphen.

   Schon in seiner Kindheit fiel Gauß durch seine Genialität auf. So ist die Anekdote überliefert, dass sein Mathematiklehrer Büttner in der Grundschule einmal seine Ruhe haben wollte und den Kindern den Auftrag gab, alle Zahlen von 1 bis 100 zu addieren. Er erhoffte sich, dass die Kinder damit eine ganze Weile beschäftigt sein würden. Der kleine Gauß hatte jedoch schon nach wenigen Sekunden die richtige Lösung gefunden: Er hatte einfach die Summenformel

   $$1 + 2 + 3 + \dots + n = \frac{n}{2}(n+1)$$ verwendet.

   Entwickeln Sie ein Programm zur Berechnung der Summe der Zahlen von 1 bis n, ohne die Summenformel zu benutzen.

8 Erstellen Sie ein Programm, das Ihre Lehrkraft bei der Durchschnittsnotenberechnung einer Klassenarbeit unterstützt.
- Je nach Schülerzahl der Klasse sollen verschieden viele Noten eingegeben werden können.
- Aus den eingegebenen Noten soll die Durchschnittsnote berechnet werden.
- Nach Eingabe aller Noten soll neben der Durchschnittsnote auch der Klassenspiegel ausgegeben werden.

9 Die Fakultät einer Zahl n wird so berechnet: $n! = 1 \cdot 2 \cdot 3 \ldots \cdot n$.
Entwickeln Sie ein Programm, das die Fakultät einer Zahl mit Hilfe der wiederholten Multiplikation berechnet.

10 Das Produkt $3 \cdot 4$ ist eine Abkürzung für die Summe $3 + 3 + 3 + 3$.
Genauso ist die Potenz 3^3 eine Abkürzung für das Produkt $3 \cdot 3 \cdot 3$.
Entwerfen Sie ein Programm, das die Potenz zweier Zahlen mit Hilfe der wiederholten Multiplikation berechnet.

11 Schreiben Sie ein Programm, das die Primzahlen bis zu einer vorher eingegebenen oberen Grenze ausgibt.

Hinweis: Nutzen Sie zur Lösung die ganzzahlige Division „\" und berücksichtigen Sie, dass nur für die Teiler einer Zahl gilt
„(zahl \ i) * i = zahl".

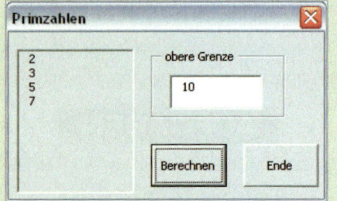

3.5.8 Das Array (die Reihe)

Marino Caponis Mutter hat die Idee, zu Weihnachten Panettoni, Mailänder Weihnachtskuchen aus Hefeteig, Rosinen und kandierten Früchten, zu backen und im Ristorante zu verkaufen. Sie schafft es, in einem Monat etwa 100 Panettoni zu backen. Da Marino Caponi etwas unsicher ist, zu welchem Preis er die Panettoni gewinnbringend verkaufen kann, möchte er ein Programm schreiben, welches ihm veranschaulicht, ab welcher Stückzahl und bei welchem Preis er einen Gewinn für die Panettoni erwirtschaftet.

Die Funktion eines Arrays

Reihe
im Sinne einer Datengruppe; (engl.: array)

Die Zusammenfassung einer festen Anzahl von Elementen des gleichen Datentyps wird **Reihe** genannt. Die Notwendigkeit, mehrere Werte strukturiert zu speichern, kann z. B. bestehen, wenn
- eine Liste von Datenbankfeldern in einem Programm verarbeitet werden soll,
- Daten in einem Diagramm oder Graphen dargestellt werden sollen oder
- eine Reihe von Werten bearbeitet werden soll.

Ein Array bildet das **mathematische Konzept** von **Folgen fester Länge** nach, wie etwa $a_1, a_2, \ldots, a_n$, deren Komponenten durch den Namen der Folge und einen Index, wie etwa a_i, angegeben werden. Im folgenden Beispiel enthält das i-te Element des Arrays mit dem Namen arrReihe, das aus 50 Elementen besteht, den Wert „5":

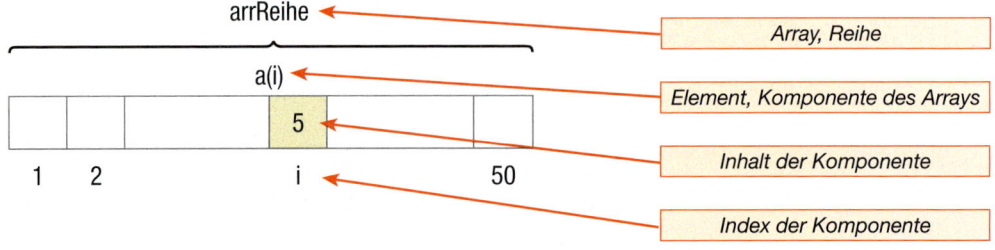

Eindimensionales Array

Mit der Hilfe eines eindimensionalen Arrays kann zum Beispiel die Anzahl der Fehltage eines Mitarbeiters pro Quartal in einer 4-elementigen Reihe gespeichert werden. Mit folgender Deklaration der Variablen „fehltage"

```
Dim fehltage (1 TO 4) As Integer
```

wird eine Liste *fehltage(0,0,0,0)* erzeugt, die die Fehltage pro Quartal speichert. Will man in dem Programm alle Fehltage mit dem Wert 0 initialisieren, geschieht dies am geschicktesten mit einer For-Schleife:

```
Dim i As Integer
For i=1 To 4
   fehltage(i)=0
Next i
```

Um die einzelnen Werte in der Reihe *fehltage* zu ändern, muss man auf jedes einzelne Element zugreifen und ihm einen Wert zuweisen. Der Zugriff auf jedes Element erfolgt unter Angabe des jeweiligen Index.

1. Quartal	2. Quartal	3. Quartal	4. Quartal
fehltage (1)	fehltage (2)	fehltage (3)	fehltage (4)

Zwei- und mehrdimensionales Array

Die Speicherung von Zahlen- bzw. Wertereihen kann auf weitere Dimensionen ausgeweitet werden. Soll zum Beispiel das Speichern einer Matrix mit 4 x 5 Elementen erfolgen, wobei jedes Element eine ganze Zahl darstellt, wird eine Variable nach folgendem Muster deklariert:

```
Dim matrix (1 To 4, 1 To 5) As Double
```

Diese Deklaration erzeugt eine zweidimensionale Reihe. Soll das zweidimensionale Array in dem Programm mit dem Wert 0 initialisiert werden, geschieht dies mit dem Programmstück:

```
Dim i, j As Integer
For i=1 TO 4
   For j=1 To 5
      matrix(i,j)=0
   Next j
Next i
```

In diesem Programmstück wird das zweidimensionale Array *matrix* spaltenweise mit Werten gefüllt, das heißt der Zugriff auf jedes einzelne Element erfolgt nach folgendem Muster:

matrix(1,1)	matrix(2,1)	matrix(3,1)	matrix(4,1)
matrix(1,2)	matrix(2,2)	matrix(3,2)	matrix(4,2)
matrix(1,3)	matrix(2,3)	matrix(3,3)	matrix(4,3)
matrix(1,4)	matrix(2,4)	matrix(3,4)	matrix(4,4)
matrix(1,5)	matrix(2,5)	matrix(3,5)	matrix(4,5)

Die Dimensionen eines Arrays können nach Belieben erweitert werden. Insgesamt kann ein Array in VBA bis zu 60 Dimensionen haben. Solche Strukturen sind in der Regel nur schwer vorstellbar. In einem großen Unternehmen, in dem z. B. alle Fehltage der Mitarbeiter nach Quartal, Standort, Produktionssparte, Grund der Fehlzeit, etc. zusammengefasst und dann abgebildet werden, sind Arrays mit vielen Dimensionen manchmal notwendig.

Angabe der Grenzen

In VBA existiert die Möglichkeit, den ersten und letzten Wert des Index einer Dimension explizit anzugeben, so wie es in den oberen Beispielen der Fall ist. Oder es wird alternativ nur die obere Grenze einer Dimension angegeben. In diesem Fall ist der erste Wert des Index 0.

Für die oben angegebenen Beispiele ändern sich die Programmauszüge demnach wie folgt:

alte Version	neue Version

```Dim fehltage (1 TO 4) As Integer```
```Dim i AS integer```
```For i=1 To 4```
```   fehltage(i)=0```
```Next i```
 	
(Die 4 Elemente sind von 1 bis 4 durchnummeriert.)
	```Dim fehltage (3) As Integer```
	```Dim i As integer```
	```For i=0 To 3```
	``` fehltage(i)=0```
	```Next i```
	
	(Die 4 Elemente sind von 0 bis 3 durchnummeriert.)

```Dim matrix (1 To 4, 1 To 5) As Double```
```Dim i, j As Integer```
```For i=1 To 4```
```   For j=1 To 5```
```   matrix(i,j)=0```
```   Next j```
```Next i```
 	
(Die 20 Elemente sind von (1,1) bis (4,5) durchnummeriert.)
	```Dim matrix (3, 4) As Double```
	```Dim i, j As Integer```
	```For i=0 To 3```
	``` For j=0 To 4```
	``` matrix(i,j)=0```
	``` Next j```
	```Next i```
	
	(Die 20 Elemente sind von (0,0) bis (3,4) durchnummeriert.)

Ist die Anzahl der Elemente in einer Dimension zum Zeitpunkt der Variablendeklaration noch nicht bekannt, weil sie zum Beispiel erst bei der Ausführung des Programms eingelesen wird, wird das Array mit der ReDim-Anweisung deklariert. In diesem Fall steht in der Deklaration des Arrays als Grenze der Variablenname, der im späteren Verlauf des Programms gefüllt wird. Ein Beispiel könnte wie folgt aussehen:

```
Dim oGrenze As Integer
oGrenze = Val(TextBox1.Text)
ReDim fehltage (1 To oGrenze) As Integer
```

> Die Zusammenfassung einer festen Anzahl von Elementen des gleichen Datentyps nennt man **Array**. Ihm können nur elementweise Werte zugewiesen werden. Üblicherweise wird ein Array in einer For-Schleife mit Startwerten versehen, bevor es mit den eigentlichen Werten gefüllt wird.

Ein Array kann auf folgende Weise angelegt werden:

```
Dim myArray([Untergrenze To] Obergrenze[,[Untergrenze To] Obergrenze[,…]] ) As Datentyp
```

Stehen die Grenzen zum Zeitpunkt der Deklaration noch nicht fest, ergibt sich folgendes Bild:

```
Dim oGrenze As INTEGER
oGrenze = Grenzenwert
ReDim myArray([Untergrenze TO] oGrenze[,[Untergrenze TO] Obergrenze[,…]] ) As Datentyp
```

Die Ausdrücke in den eckigen Klammern sind optional. Die kursiv gedruckten Worte müssen durch entsprechende Werte ersetzt werden (die Grenzen durch ganze Zahlen sowie das Wort „Datentyp" durch einen entsprechenden Datentyp). Wenn die Untergrenze nicht explizit angegeben ist, so ist sie 0.

Wurde das Array noch nicht mit Werten versehen, so ist eine For-Schleife mit Startwerten zu nutzen:

```
For i=Untergrenze To Obergrenze
   myArray(i)=0
Next i
```

Das Formularobjekt Listenfeld (Fortsetzung)

Wenn auf einer Programmoberfläche mehrere Listenfelder nebeneinander stehen, in denen die Zeilen der einzelnen Listenfelder zusammengehören, kann die Zuordnung der einzelnen Werte zueinander recht unübersichtlich werden.

```
...
For i = 1 To kap
   arrDiagramm(i, 1) = i
   arrDiagramm(i, 2) = ums
   arrDiagramm(i, 3) = kosten
   arrDiagramm(i, 4) = gewinn
   ListBox1.AddItem = i
   ListBox2.AddItem = ums
   ListBox3.AddItem = kosten
   ListBox4.AddItem = gewinn
Next i
...
```

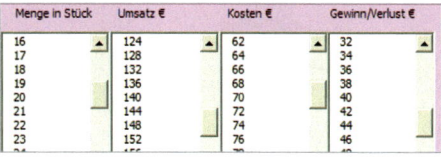

Sind alle Werte in den einzelnen Listenfeldern von demselben Datentyp oder können in denselben Datentyp umgewandelt werden, kann man Abhilfe schaffen. Man verändert die **Eigenschaft „ColumnCount"** des Listenfeldes so, dass die gewünschte Anzahl von Spalten in dem Listenfeld angezeigt wird, ändert eventuell noch die Spaltenbreite und weist der **Eigenschaft „List"** des Listenfeldes ein gesamtes Array mit Werten zu.

```
...
For i = 1 To kap
   arrDiagramm(i, 1) = i
   arrDiagramm(i, 2) = ums
   arrDiagramm(i, 3) = kosten
   arrDiagramm(i, 4) = gewinn
Next i
ListBox1.List = arrDiagramm
...
```

> Ein Listenfeld kann auch mehr als eine Spalte haben. In diesem Fall muss die **Eigenschaft „ColumnCount"** des Listenfeldes auf einen Wert 1 gesetzt werden. Ein Listenfeld kann mit den Werten eines Arrays gefüllt werden. Der **Eigenschaft „List"** eines Listenfeldes kann ein entsprechendes Array zugewiesen werden.

Wie immer entwirft Marino Caponi zuerst die Programmoberfläche. Er benötigt vier Eingabefelder. Sie sind notwendig für
- die Eingabe der Fixkosten, die zur Herstellung der Panettoni,
- die Eingabe der variablen Kosten,
- die Eingabe der maximalen Stückzahl, die Marino Caponis Mutter pro Monat herstellen kann, und
- die Eingabe des geplanten Verkaufspreises.

Für die Ausgabe möchte er diesmal ein großes Listenfeld anlegen, in den die einzelnen Werte in mehreren Spalten eingetragen werden.

Marino Caponi gestaltet die Programmoberfläche und startet das Programm.

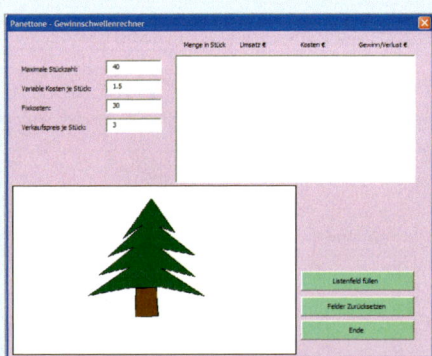

Die Programmoberfläche sieht bereits so aus, wie er es sich vorgestellt hat. Jetzt beginnt er mit dem Schreiben des Programms. Als er das Array für die Datenwerte, die das Listenfeld benötigt, deklarieren will, überlegt er, wo die Obergrenze des Programms sein soll.

Tatsächlich weiß er nicht genau, wie viele Panettoni seine Mutter pro Monat produzieren kann. Vielleicht kann ihr ja auch langfristig noch jemand dabei helfen? Die Obergrenze des Arrays soll also variabel sein und bei jeder Berechnung von ihm neu eingegeben werden können.

Er benutzt für die Deklaration des Array die ReDim-Anweisung. Am Schluss ergibt sich folgender Programmtext für die Befehlsschaltfläche „Listenfeld füllen":

```
Private Sub CB_DiagrammUndListe_Click()
  Dim maxStck, i As Integer
  Dim varKost, fixKost, einzPreis, umsatz, kosten, gewinn
  As Double
  'Einlesen der Werte
  maxStck = Val(TextBox_MaxStk.Text)
  varKost = Val(TextBox_varKost.Text)
  fixKost = Val(TextBox_fixKost.Text)
  einzPreis = Val(TextBox_stckPreis.Text)
  ReDim arrDiagramm(1 To maxStck, 3)
  'Berechnen der Beträge und Füllen des Arrays
  For i = 1 To maxStck
      umsatz = i * einzPreis
      kosten = i * varKost + fixKost
      gewinn = umsatz - kosten
      arrDiagramm(i, 0) = i
      arrDiagramm(i, 1) = umsatz
      arrDiagramm(i, 2) = kosten
      arrDiagramm(i, 3) = gewinn
  Next i
  'Ausgabe des Arrays in dem Listenfeld
  ListBox1.List = arrDiagramm
End Sub
```

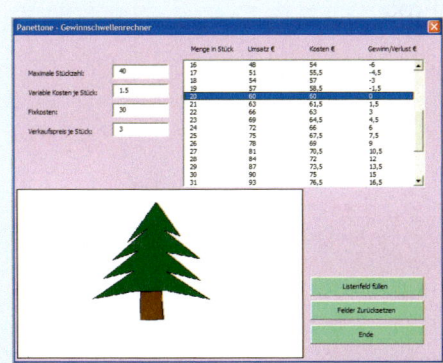

Er beginnt mit dem Ausfüllen des Listenfeldes mithilfe der Befehlsschaltfläche „Listenfelder füllen". In dem Listenfeld kann er gut die Gewinnschwelle ablesen. Sie liegt für seine Eingabewerte bei 20 Panettoni.

Jetzt programmiert er noch die letzten beiden Befehlsschaltflächen und testet das Programm mit verschiedenen Eingabewerten.

```
Private Sub CB_Ende_Click()
   End
End Sub

Private Sub CB_Zuruecksetzen_Click()
   TextBox_MaxStk.Text = ""
   TextBox_fixKost.Text = ""
   TextBox_varKost.Text = ""
   TextBox_stckPreis.Text = ""
   Label_GS_Stck.Caption = ""
   Label_GS_Umsatz.Caption = ""
   Image1.Visible = True
   ListBox1.Clear
End Sub
```

AUFGABEN

1 Erstellen Sie ein Programm, das mithilfe einer InputBox 10 Zahlen nacheinander einliest und diese 10 Zahlen in umgekehrter Reihenfolge
a) in ein Listenfeld untereinander ausgibt.
b) in ein Bezeichnungsfeld ausgibt. Dabei sollen die einzelnen Werte jeweils durch ein Komma voneinander getrennt sein.

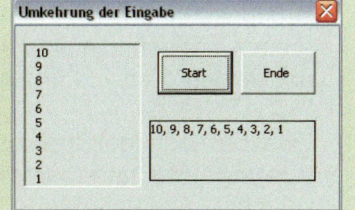

Achtung: Hinter dem letzten Wert in dem Bezeichnungsfeld steht kein Komma.

2 Alle Bücher haben seit dem 1.1.2007 eine 13-stellige ISBN. Diese Bestellnummer wird nach dem folgenden Algorithmus berechnet (siehe folgende Seite). Implementieren Sie ein Programm, das die Prüfziffer der ISBN-13 eines Buches nach diesem Algorithmus berechnet. Testen Sie das Programm mit den Nummern Ihrer Bücher.

ISBN-13-Algorithmus
▶ *Kapitel 8.1, Seite 372*

zu Aufgabe 2

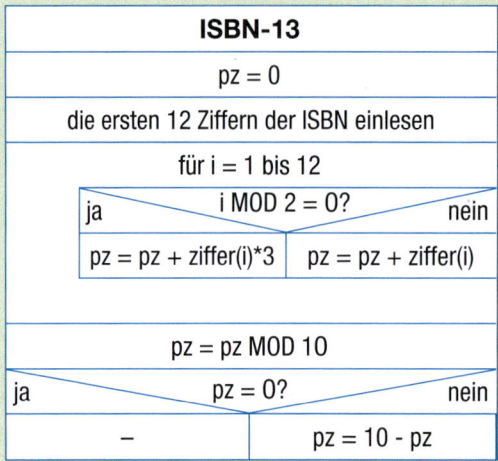

3 Erstellen Sie ein Programm, das Ihre Lehrkraft beim Erstellen eines Klassenspiegels für eine Klassenarbeit unterstützt. Lösen Sie die Aufgabe mit Hilfe eines Arrays.

Eingaben: Anzahl der Schüler/innen einer Klasse; je nach Schülerzahl der Klasse verschieden viele Noten.
Ausgaben: Klassenspiegel in einem Listenfeld mit zwei Spalten.

4 Das Produkt zweier Vektoren a · b heißt Skalarprodukt.

Wenn $\vec{a} = \begin{pmatrix} a_1 \\ a_2 \\ a_3 \end{pmatrix}$ und $\vec{b} = \begin{pmatrix} b_1 \\ b_2 \\ b_3 \end{pmatrix}$, dann ist das Skalarprodukt der beiden Vektoren

$\vec{a} \cdot \vec{b} = a_1 \cdot b_1 + a_2 \cdot b_2 + a_3 \cdot b_3$.

a) Entwickeln Sie ein Programm, das zwei Vektoren einliest und das Skalarprodukt der beiden Vektoren ausgibt.
b) Erweitern Sie Ihr Programm für den Fall, dass die Vektoren nicht aus einem dreidimensionalen Raum stammen.

5 Marino Caponi muss häufiger für seine Gäste ein Taxi rufen. In der Umgebung seines Ristorante stehen zwei Taxiunternehmen mit unterschiedlichen Konditionen zur Verfügung. Die Taxiunternehmen unterscheiden sich in der Höhe der Grundgebühr und der Höhe der Kosten pro Kilometer. Erstellen Sie ein Programm, mit dem die unterschiedlichen Taxikosten der Taxiunternehmen berechnet werden.

Eingabe: Grundgebühr, Kosten pro Kilometer, maximale Strecke
Ausgabe: Liste und Diagramm mit den Kosten pro Kilometer

6 Katharina wünscht sich zu Weihnachten ein neues Handy. Die vielen unterschiedlichen Handyvertrags-angebote verwirren sie jedoch. Jeder Vertrag hat eine andere Grundgebühr, andere Preise pro Einheit und bei einigen Anbietern wird der Preis pro Sekunde, bei anderen jedoch pro Minute berechnet.

Entwerfen Sie ein Programm, in dem die unterschiedlichen Handyvertragskosten zweier Anbieter berechnet. Überlegen Sie sich, welche Eingaben notwendig sind, damit zwei Verträge verglichen werden können.

Ausgabe: Liste mit den Kosten pro telefonierte Minute.
Für ganz Schnelle: Ergänzen Sie Ihr Programm um die Option, dass Sie einen Vertrag mit Flatrate haben, jedoch ab einer bestimmten Gesprächsdauer doch einen bestimmten Betrag pro Einheit bezahlen müssen.

3.5.9 Die kopfgesteuerte Schleife (while)

> Das Programm für die Berechnung der Gewinnschwelle seiner Panettone-Produktion gefällt Marino Caponi schon ganz gut. Geht er aber von größeren maximalen Stückzahlen aus, wird das Ablesen der Gewinnschwelle etwas mühselig. In dem Listenfeld muss er dann ziemlich lange scrollen, bis er den Schnittpunkt der Kosten- und der Erlösfunktion gefunden hat. Deshalb wäre es gut, wenn die produzierte Stückzahl und der erzielte Umsatz bei der Gewinnschwelle in zwei einzelnen Feldern angezeigt werden könnten. Aber wie kann er den Break-Even-Point berechnen?

Sollen eine oder mehrere Anweisungen mehrmals hintereinander ausgeführt werden, ohne dass man weiß, wie oft die Anweisungen ausgeführt werden sollen, benutzt man eine kopf- oder fußgesteuerte Schleife. Die kopfgesteuerte Schleife heißt auch „abweisende Schleife", denn bei ihr wird zu Beginn der Schleife eine Bedingung geprüft.

Ist die Bedingung erfüllt (also *wahr*), werden die Anweisungen in der Schleife ausgeführt. Ist das Ergebnis der Bedingung jedoch *falsch*, so werden die Anweisungen in der Schleife übersprungen und die Ausführung des Programmcodes wird nach dem Ende der Schleife fortgeführt. Dazu folgendes Beispiel:

Solange keine 0 eingegeben wird, sollen die eingegebenen Zahlen addiert werden. Sobald eine 0 eingegeben wird, soll die Eingabe beendet und die Summe der bisher erfassten Werte ausgegeben werden.

```
…
'Variablen initialisieren
eingabe = 1
summe = 0
'Werte einlesen und aufsummieren
Do While eingabe <> 0
   eingabe = InputBox("Bitte Zahl eingeben:")
   summe = summe + eingabe
Loop
'Ausgabe der Summe
Label1.Caption = summe
…
```

Wenn die Anzahl der Schleifendurchläufe nicht von vornherein festgelegt ist, lässt einem diese Tatsache viele Freiheiten beim Programmieren. Sie birgt aber auch das große Risiko, beim Programmieren einer Do-While-Schleife eine **Endlos-Schleife** zu produzieren. In diesem Fall wird das Programmstück in der Do-While-Schleife immer und immer wieder ausgeführt, bis das Programm abstürzt. Auch hierzu wieder ein Beispiel:

Alle Zahlen bis zu einem vorgegebenen Endwert sollen aufsummiert werden.

```
…
'Variablen initialisieren
endwert = InputBox("Bitte den Endwert eingeben:")
zahl = 0
summe = 0
'Werte bestimmen und aufsummieren
Do While zahl <= endwert
   summe = summe + zahl
Loop
'Ausgabe der Summe
Label1.Caption = summe
…
```

Leider wurde beim vorliegenden Programm-Code vergessen, die Variable *zahl* bei jedem Schleifendurchlauf mit der Anweisung *zahl = zahl+1* zu erhöhen. Die Schleife wird nun also unendlich lange durchgeführt. Um ungewollte Endlos-Schleifen zu verhindern, sollte man alle verwendeten Variablen initialisieren, also mit einem definierten Startwert versehen, und dafür sorgen, dass sich die Variablen in der Schleife so verändern können, dass die Bedingung im Schleifenkopf irgendwann das Ergebnis *falsch* liefert.

> Bei einer **Do-While-Anweisung** werden eine oder mehrere Anweisungen so lange ausgeführt, bis die Bedingung in dem Schleifenkopf nicht mehr erfüllt ist. Die Schleife wird also 0 bis ∞ Mal ausgeführt.

Damit die Do-While-Schleife nicht unendlich oft durchlaufen wird, also keine Endlosschleife produziert wird, muss man besonderes Augenmerk auf folgende zwei Dinge richten:
1. Alle in der Schleife benutzten Variablen müssen beim Eintritt in die Schleife einen **definierten** Wert haben.
2. Die Variablen in der Schleife müssen sich so ändern, dass auf jeden Fall irgendwann die Bedingung im Kopf der Do-While-Schleife **nicht** erfüllt ist.

In VBA ist die Syntax für eine Do-While…Loop-Schleife:

```
…Anweisungen vorher
Do While Bedingung
    Anweisung(en)
Loop
Anweisungen nachher…
```

Als Struktogramm und Programmablaufplan sieht die *Do-While*-Schleife wie folgt aus:

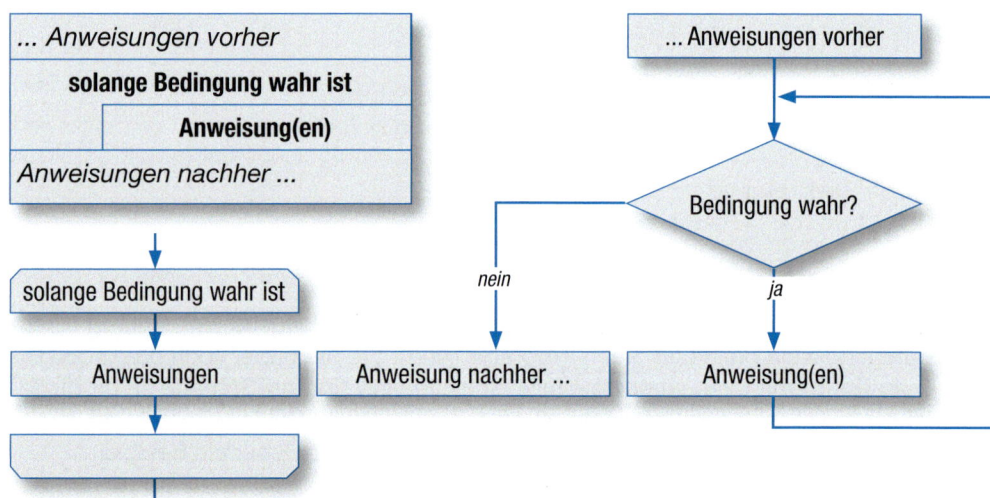

For-Schleifen kann man auch als Do-While-Schleifen schreiben. Dazu muss zunächst eine Zählvariable deklariert werden, für die man den Start- und den Endwert festlegt. Innerhalb der Schleife wird dann die Zählvariable um 1 erhöht.

```
Dim i, n, endwert As Integer
…Anweisungen vorher
i=1
n = endwert
Do While i <= n
    Anweisung(en)
    i = i+1
Loop
Anweisungen nachher…
```

Marino Caponis Überlegungen zur Berechnung der Gewinnschwelle sehen so aus:
1. Wenn er keinen einzigen Panettone verkauft, muss er trotzdem die Fixkosten bezahlen. Das heißt, die Kostenfunktion beginnt oberhalb der Erlösfunktion.
2. Wenn er für jede produzierte Stückzahl die Kosten und den Erlös berechnet, müsste der Erlös irgendwann größer sein als die Kosten.

Mit anderen Worten, er muss so lange die berechneten Kosten und den Erlös vergleichen, bis der Erlös nicht mehr kleiner als die Kosten ist. Die zuletzt ermittelten Werte, bei denen die Kosten nicht mehr größer als der Erlös sind, gibt er in zwei Bezeichnungsfeldern aus. Er ergänzt zudem eine Befehlsschaltfläche „Gewinnschwelle berechnen" mit dem Namen *CB_Gewinnschwelle* und folgendem Programmtext:

```
'Alle Variablen sollen deklariert werden
Option Explicit
'Funktion, die beim Drücken von "Gewinnschwelle berechnen" ausgeführt wird
Private Sub CB_Gewinnschwelle_Click()
  Dim maxStck, i As Integer
  Dim varKost, fixKost, einzPreis, umsatz, kosten, gewinn As Double
  'Einlesen der Werte
  maxStck = Val(TextBox_MaxStk.Text)
  varKost = Val(TextBox_varKost.Text)
  fixKost = Val(TextBox_fixKost.Text)
  einzPreis = Val(TextBox_stckPreis.Text)
  'Berechnen der Gewinnschwelle
  i = 1
  umsatz = 0
  kosten = fixkost
  Do While umsatz < kosten And i <= maxStck
     umsatz = i * einzPreis
     kosten = i * varKost + fixKost
     i = i + 1
  Loop
  'Ausgabe der Werte
  Label_GS_Stck.Caption = i - 1
  Label_GS_Umsatz.Caption = Format(umsatz, „##,##0")
End Sub
```

Kosten und Erlös vergleichen, bis der Erlös nicht mehr kleiner als die Kosten ist

Marino Caponi probiert sein Programm aus. Für sein eingegebenes Beispiel sieht das Ergebnis sehr gut aus. Jetzt ändert er die Fixkosten auf 30 €. In diesem Fall wird als Stückzahl bei der Gewinnschwelle der Wert 20 angegeben.

Er erkennt seinen Fehler bei der Ausgabe der Werte. Wenn nach dem Beenden der Schleife der Erlös immer noch kleiner als die Fixkosten ist, muss in den Ausgabefeldern ein entsprechender Hinweis erfolgen.

Er ändert den Quellcode und erhält folgendes Ergebnis:

```
'Ausgabe
If umsatz >= kosten Then
   Label_GS_Stck.Caption = i - 1
   Label_GS_Umsatz.Caption = Format(umsatz, "##,##0")
Else
   Label_GS_Stck.Caption = ""
   Label_GS_Umsatz.Caption = ""
   Label_GS_Meldung.Caption = "Kein Gewinn bei diesen Stück-
zahlen!"
   Label_GS_Meldung.BackColor = RGB(192, 255, 192)
End If
```

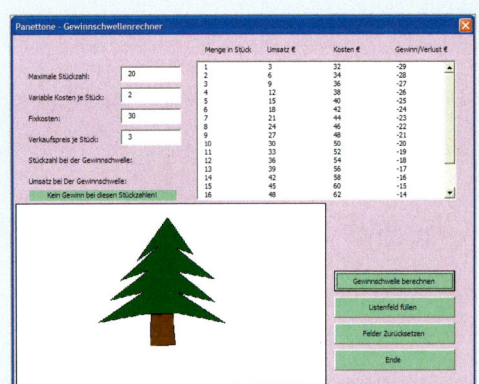

Zum Zurücksetzen des Meldungsfeldes ergänzt er an den entsprechenden Stellen die beiden Zeilen

```
Label_GS_Meldung.Caption = ""
Label_GS_Meldung.BackColor = RGB(255, 192, 255)
```

und schon funktioniert das Programm nach seinen Wünschen.

AUFGABEN

1 Erstellen Sie ein Programm, das alle Zahlen bis zu einem vorgegebenen Wert aufsummiert.

2 Entwickeln Sie ein Programm, das Ihre Lehrkraft bei der Ermittlung der Durchschnittsnote unterstützt:
- Solange sie gültige Notenwerte eingibt (entweder 1 bis 6 oder 0 bis 15), sollen die Noten aufsummiert werden.
- Sobald eine ungültige Note eingegeben wird, wird die Durchschnittsnote berechnet und ausgegeben.

3 Entwerfen Sie ein Programm, das eine bestimmte Anzahl von Äpfeln unter einer bestimmten Anzahl von Kindern verteilt, **ohne** die Operatoren Mod und \ zu benutzen. Der Ausgabesatz könnte bei diesem Programm zum Beispiel heißen:
„Bei 23 Äpfeln bekommt jedes der 3 Kinder 7 Äpfel. 2 Äpfel bleiben übrig."

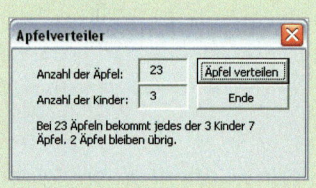

http://de.wikipedia.org/wiki/
Euklidischer_Algorithmus
(Stand: April 2009)

4 Laut Wikipedia ist der euklidische Algorithmus zur Berechnung des größten gemeinsamen Teilers zweier Zahlen der älteste bekannte nicht-triviale Algorithmus. Er wurde um 300 v. Chr. von Euklid in seinem Buch „Die Elemente" beschrieben. Das Verfahren wurde jedoch wahrscheinlich nicht von Euklid erfunden, sondern war schon bis zu 200 Jahre früher bekannt.

Euklidischer Algorithmus: ggT(a,b)
a und b einlesen
wdh solange b < > 0
hilf = a Modulo b
a = b
b = hilf
a als ggT ausgeben

a) Implementieren Sie ein Programm, das mit Hilfe des euklidischen Algorithmus den größten gemeinsamen Teiler (ggT) zweier Zahlen berechnet.
b) Erstellen Sie eine Wertetabelle, die für die Eingaben a=81 und b=144 die Entwicklung der Variablen a, b und hilf nach jedem Schleifendurchlauf zeigt.

5 In einem Unternehmen soll der Bruttolohn jedes Mitarbeiters berechnet und aufsummiert werden.
Dazu werden zu jedem Mitarbeiter die Personalnummer, die geleisteten Arbeitsstunden und der Stundenlohn des jeweiligen Mitarbeiters abgefragt. Nach Eingabe einer 0 als Personalnummer werden keine weiteren Daten mehr abgefragt und für jeden Mitarbeiter die Personalnummer, die geleisteten Arbeitsstunden, der Stundenlohn und der Bruttolohn aufgelistet. Außerdem soll die Gesamtsumme aller Bruttolöhne ausgegeben werden. Entwerfen Sie ein Programm, das die vorgegebenen Anforderungen erfüllt.

6 Gegeben ist ein Haufen mit einer zufälligen Anzahl von Streichhölzern. Die beiden Spieler nehmen abwechselnd 1, 2 oder 3 Hölzer weg. Verloren hat der Spieler, der das letzte Hölzchen nimmt.
   a) Spielen Sie das Spiel mit Ihrem Nachbarn und protokollieren Sie den Spielverlauf.
   b) Erstellen Sie ein Struktogramm zu Ihrem Spielverlaufsprotokoll.
   c) Implementieren Sie das Spiel in VBA für zwei Spieler.
   d) Erweitern Sie Ihr Spiel um eine Single-Player-Variante, bei der Sie allein gegen den Computer spielen können.

   Hinweis: Bei der Programmierung eines Spiels sind folgende Fragen hilfreich:
   - Welche Informationen werden ein- und ausgegeben?
   - Welche Schritte werden mehrmals wiederholt?
   - Wann kann ein Spieler noch einen Zug machen?

Nimm-Spiel
▶ *Kapitel 3.2, Seite 108 ff.*

3.5.10 Die fußgesteuerte Schleife (until)

Marino Caponi vermietet von Zeit zu Zeit einem Nebenraum seines Ristorante, der normalerweise für Familienfeiern genutzt wird, an Gruppen, die Schach-, Skat- oder Knobelturniere durchführen wollen. In Kürze soll in diesem Raum wieder ein Knobelturnier stattfinden. Die Regeln für das Knobeln sind eigentlich ganz einfach: Zwei Spieler würfeln gegeneinander. Das Würfeln erfolgt immer abwechselnd. Pro Spiel hat jeder Spieler nur einen Wurf. Wenn die Summe der Augenzahlen ihrer beiden Würfe gerade ist, dann gewinnt der Spieler, der die kleinere Augenzahl gewürfelt hat. Wenn die Summe der Augenzahlen ihrer beiden Würfe ungerade ist, gewinnt der Spieler, der die größere Augenzahl gewürfelt hat. Haben beide die gleiche Augenzahl gewürfelt, gewinnt keiner und der Wurf endet unentschieden. Gewinner ist, wer mindestens drei Gewinnpunkte mehr hat als sein Gegner.

Die fußgesteuerte Schleife (Do…Loop Until)

Die Überprüfung eines Abbruchkriteriums am Ende einer zu wiederholenden Gruppe von Anweisungen wird ermöglicht durch die **Do…Loop-Until-Anweisung**. Im Gegensatz zur While-Schleife wird die Abbruchbedingung also nicht zu Beginn der Schleife überprüft, sondern die Schleife wird auf jeden Fall einmal durchlaufen und erst am Ende wird überprüft, ob eine Abbruchbedingung erfüllt ist. Theoretisch könnte man jede kopfgesteuerte Schleife auch durch eine fußgesteuerte nachbilden und umgekehrt. Doch einige Probleme sind mit der jeweils anderen Schleife besser handhabbar.

> Bei einer **Do…Loop-Until-Anweisung** werden eine oder mehrere Anweisungen so lange ausgeführt, bis die Bedingung in dem Schleifenfuß erfüllt ist. Die Schleife wird also 1 bis ∞ Mal ausgeführt.

Damit die Do…Loop-Until-Schleife nicht unendlich oft durchlaufen wird, also keine Endlosschleife produziert wird, muss man besonderes Augenmerk auf folgende zwei Punkte richten:
1. Alle in der Schleifenbedingung benutzten Variablen müssen spätestens nach dem einmaligen Durchführen der Schleife einen **definierten** Wert haben.

2. Die Variablen in der Schleife müssen sich so ändern, dass auf jeden Fall irgendwann die Bedingung im Fuß der Do-Until-Schleife **erfüllt** ist.

In VBA ist die Syntax für eine Do…Loop-Until-Schleife:

…Anweisungen vorher
Do
    Anweisung(en)
Loop Until Bedingung
Anweisungen nachher…

Als Struktogramm und Programmablaufplan sieht die Do-Until-Schleife so aus:

Struktogramm:

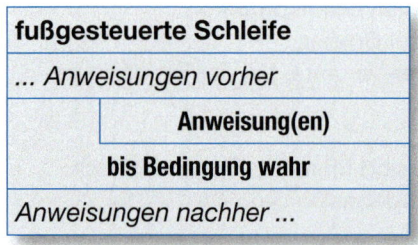

Programmablaufplan:

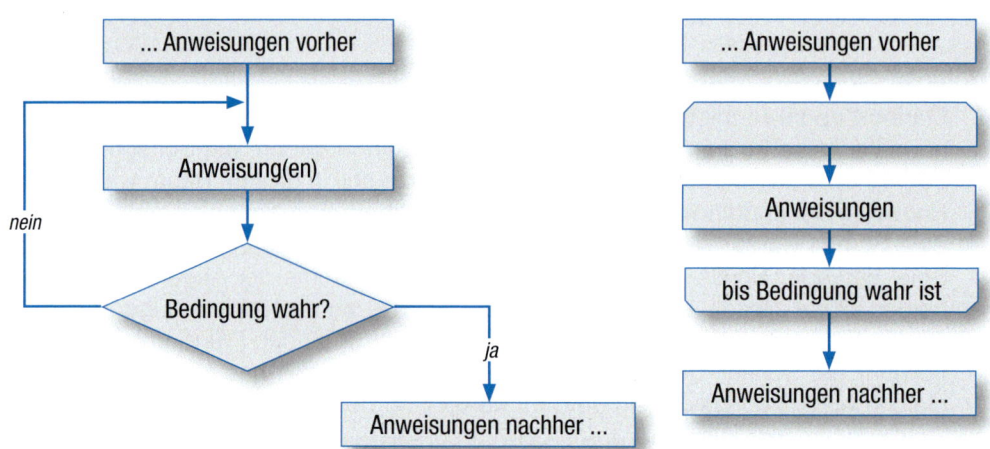

Die Konstante

Wenn in einem Programm Größen vorkommen, die eine besondere Bedeutung haben und deren Wert im ganzen Programm unverändert bleibt, legt man für diese Größen so genannte Konstanten an. Zum Beispiel kann die Anweisung zum Festlegen einer höchstmöglichen Zahl *obergrenze*, die man eingeben kann, entweder

```
Const obergrenze = 30
```

oder

```
Const obergrenze As Integer = 30
```

lauten. Die Angabe des Datentyps der Konstante muss also nicht erfolgen und ist somit optional.

Konstanten werden üblicherweise im Deklarationsblock zu Beginn des Programms festgelegt.

Sie haben folgende Vorteile:
1. Das Programm ist lesbarer, wenn Worte statt Zahlen eingesetzt werden.
2. Wenn im Laufe der Zeit der Wert einer Konstanten geändert werden muss, ist dies nur an einer Stelle am Anfang des Programms und nicht an vielen Stellen innerhalb des Programms notwendig.

> Konstanten sind Größen, die in einem Programm eine besondere Bedeutung haben und deren Wert im ganzen Programm unverändert bleibt. Die Syntax für die Deklaration einer Konstanten lautet:
>
> **Const** Bezeichnung **As** Datentyp = Wert
> *weitere Deklarationen ...*
>
> Dabei ist die Angabe des Datentyps optional, also nicht unbedingt notwendig.

Die Funktionen Abs() und Rnd()

Weitere wichtige Funktionen übernehmen **Abs()** und **Rnd()**. Die Abs()-Funktion gibt für eine Zahl den Absolutwert aus, die Ausgabe erfolgt ohne Vorzeichen.

> Die Funktion **Abs(zahl)** gibt den **Absolutwert** einer Zahl zurück, der den gleichen Datentyp wie der übergebene Wert hat. So gilt z. B. Abs(1) = Abs(-1) = 1.

Wenn man in einem Programm das Würfeln oder die Ziehung einer Lottozahl simulieren will, braucht man eine Möglichkeit, Zufallszahlen zu erzeugen. Die **Funktion Rnd()** bietet diese Möglichkeit. Diese Funktion gibt einen zufälligen Wert zwischen 0 und 1 zurück, wobei die 0 als Wert vorkommen kann, die 1 aber nicht.

Zur Berechnung einer neuen Zufallszahl in einer Folge nimmt die Funktion Rnd() bei fehlendem Argument immer die zuletzt erzeugte Zufallszahl als Ausgangswert für ihre neuen Berechnungen.

Soll die gewünschte Zufallszahl nicht zwischen 0 und 1 liegen, sondern eine ganzzahlige Zufallszahl innerhalb eines bestimmten Bereichs sein, kann man sie mit einer Formel erzeugen. Eine Lottozahl zwischen 1 und 49 würde dann so erzeugt:

```
Int(49 * Rnd + 1)
```

Die **Funktion Int()** schneidet von einer Dezimalzahl die Nachkommastellen ab. Der Ausdruck *Int(2.345)* liefert also als Ergebnis 2.

Da die Funktion Rnd() bei jedem Programmstart immer dieselbe Zufallszahlenfolge erzeugt, ist es sinnvoll, vorher die Anweisung *Randomize* auszuführen. Sie initialisiert den Zufallszahlengenerator mit einem Startwert, der auf der Systemzeit basiert. So ist es möglich, unterschiedliche Zufallszahlenfolgen zu erzeugen.

Es besteht die Möglichkeit, bei der Funktion Rnd() ein Argument anzugeben.
- Rnd(-1):   Ist das Argument kleiner als Null, wird immer dieselbe Zufallszahl erzeugt, für deren Berechnung hier -1 als Ausgangswert genommen wird.
- Rnd(2):   Ist das Argument größer als Null, wird die nächste Zufallszahl in der Folge erzeugt.
- Rnd(0):   Ist das Argument gleich Null, wird noch einmal die zuletzt erzeugte Zufallszahl generiert.
- Rnd():   Ist kein Argument angegeben, wird die nächste Zufallszahl in der Folge erzeugt.

Zufallszahlen zwischen 0 und 1 (0 ≤ Zufallszahl < 1) werden mit der **Funktion Rnd ()** erzeugt. Möchte man ganze Zufallszahlen zwischen einer bestimmten Untergrenze (kleinste mögliche Zahl) und einer bestimmten Obergrenze (größte mögliche Zahl) erzeugen, wird die folgende Formel verwendet:

```
Int((Obergrenze - Untergrenze + 1) · Rnd + Untergrenze)
```

Damit nicht immer dieselbe Zufallszahlenfolge erzeugt wird, initialisiert man den ersten Startwert der Zufallszahlenberechnung mit **Randomize**.

Marino Caponi möchte ein Programm schreiben, das das Zählen der Punkte und das Ermitteln des Knobelsiegers erledigt. Einen Algorithmus zu dem Problem hat er sich schon überlegt und dazu ein Struktogramm erstellt. Er muss nun das Struktogramm noch etwas verfeinern.

Knobeln						
Spieler 1 würfelt Anzahl m						
Spieler 2 würfelt Anzahl n						
	ja	Ist n = m?				nein
Wurf ist unentschieden. Es gibt keinen Sieger.	ja	Ist n + m gerade?				nein
		ja	Ist n < m?	nein	ja	Ist n < m?	nein
		Spieler 2 siegt	Spieler 1 siegt	Spieler 1 siegt	Spieler 2 siegt
wiederholen, bis ein Spieler 3 Gewinnpunkte Vorsprung hat						
Sieger ausgeben						

Die drei Gewinnpunkte, die der Gewinner mehr haben muss als sein Gegner, möchte Marino Caponi als Konstante in seinem Programm festlegen. Er braucht somit zwei Variablen für die gewürfelten Zahlen und zwei Variablen, in denen die Siegpunkte des jeweiligen Spielers gespeichert werden.

```
…
Const vorsprung As Integer = 3
Dim augen1, augen2 As Integer
Dim sp1, sp2 As Integer
…
```

Da Marino Caponi keine Lust hat, zum Testen seines Programms permanent zu würfeln, simuliert er das Würfeln mit dem Erzeugen einer Zufallszahl zwischen 1 und 6.

```
…
'Initialisieren der Zufallsfunktion
Randomize
…
'Erzeugen von Zufallszahlen zwischen 1 und 6
   augen1 = Int(6 * Rnd + 1)
   augen2 = Int(6 * Rnd + 1)
…
```

Ob die Summe der beiden gewürfelten Augenzahlen gerade oder ungerade ist, erfährt Marino Caponi mit dem Modulo-Operator. Wenn (n+m) MOD 2 = 0 ist, also bei der Division durch 2 kein Rest bleibt, ist die Summe gerade.

Es ergibt sich folgender Programmcode:

```
…
'Wenn die Augenzahl gerade ist, gewinnt der Spieler mit der niedrigen
'Augenzahl, andernfalls der mit der höheren Augenzahl
If (augen1 + augen2) Mod 2 = 0 Then
   If augen1 < augen2 Then
      sp1 = sp1 + 1
   Else
      sp2 = sp2 + 1
   End If
Else
   If augen1 > augen2 Then
      sp1 = sp1 + 1
   Else
      sp2 = sp2 + 1
   End If
End If
```

Den Unterschied zwischen den beiden Punkteständen ermittelt er, indem er die beiden Punktestände voneinander subtrahiert und nur den Absolutbetrag des Ergebnisses betrachtet, also das Vorzeichen ignoriert. So ist es egal, ob er zum Beispiel 5–3 oder 3–5 rechnet, das Ergebnis sind immer die 2 Punkte Unterschied.

```
…Abs(sp1 - sp2) = vorsprung…
```

Für das komplette Programm erhält Marino Caponi folgendes Ergebnis:

```
Option Explicit
Const vorsprung As Integer = 3
Dim augen1, augen2 As Integer
Dim sp1, sp2 As Integer

Private Sub CommandButton1_Click()
  'Initialisieren der Variablen und Formularobjekte
  sp1 = 0
  sp2 = 0
  ListBox1.Clear
  Label1.Caption = ""
  'Initialisieren der Zufallsfunktion
  Randomize
  Do
  'Einlesen der gewürfelten Zahlen
     augen1 = Val(InputBox("Bitte Augenzahl Spieler1 eingeben"))
     augen2 = Val(InputBox("Bitte Augenzahl Spieler2 eingeben"))
  'oder Erzeugen von Zufallszahlen zwischen 1 und 6
     augen1 = Int(6 * Rnd + 1)
     augen2 = Int(6 * Rnd + 1)
  'Wenn die Augenzahlen gleich sind,
  'endet das Spiel unentschieden
     If augen1 = augen2 Then
        MsgBox ("Unentschieden")
     Else
  'Wenn die Augenzahl gerade ist, gewinnt der Spieler mit der
  'niedrigen Augenzahl, andernfalls der mit der höheren Augenzahl
        If (augen1 + augen2) Mod 2 = 0 Then
           If augen1 < augen2 Then
              sp1 = sp1 + 1
           Else
              sp2 = sp2 + 1
           End If
```

```
            Else
                If augen1 > augen2 Then
                    sp1 = sp1 + 1
                Else
                    sp2 = sp2 + 1
                End If
            End If
            ListBox1.AddItem augen1 & " zu " & augen2 & "- es
            steht " & sp1 & " : " & sp2
        End If
    'So lange die Schleife ausführen, bis der Abstand zwischen den
    Siegpunkteständen einen Wert erreicht
    Loop Until (Abs(sp1 - sp2) = vorsprung)
    'Ausgabe des Gewinners
    If sp1 > sp2 Then
        Label1.Caption = "Spieler1 hat mit " & sp1 & " zu " & sp2 & " Punkten
        gewonnen"
    Else
        Label1.Caption = "Spieler2 hat mit " & sp1 & " zu " & sp2 & " Punkten
        gewonnen"
    End If
End Sub
'Commandbutton ENDE
Private Sub CommandButton2_Click()
    End
End Sub
```

AUFGABEN

1 Entwerfen Sie ein Programm für eine Eieruhr. Nach Eingabe einer Anzahl von Sekunden werden die Sekunden heruntergezählt und jeweils für eine Sekunde angezeigt. Am Schluss erscheint der Satz: „Das Ei ist fertig."

Hinweis: Man braucht dafür die Methode „Wait".

Erweitern Sie das Programm um die Möglichkeit, eine Zeitdauer bis zu 24 Stunden im Format „hh:mm:ss" einzugeben.

Hinweis: Modifizieren Sie das Programm zum Testen so, dass Sie nicht wirklich zum Beispiel 23 Stunden, 45 Minuten und 16 Sekunden warten müssen.

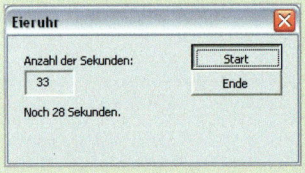

2 Entwickeln Sie ein Programm, das sechs Lottozahlen und eine Zusatzzahl ermittelt und ausgibt.

3 Erstellen Sie ein Programm, das die größte Zahl aus einer unbekannten Anzahl von Zahlen (außer 0) ermittelt und ausgibt.

4 In einem Unternehmen soll der Bruttolohn jedes Mitarbeiters berechnet und aufsummiert werden. Dazu werden von jedem Mitarbeiter die Personalnummer, die geleisteten Arbeitsstunden und der Stundenlohn des jeweiligen Mitarbeiters abgefragt. Nach diesen drei Eingaben wird jedes Mal gefragt: „Ende der Eingaben (J/N)?" Bei Eingabe von „N" werden die Personalnummer, die geleisteten Arbeitsstunden und der Stundenlohn des nächsten Mitarbeiters abgefragt. Bei Eingabe von „J" werden die eingegebenen Daten aufgelistet und die Gesamtsumme aller Bruttolöhne ausgegeben.
Entwerfen Sie ein Programm, das die vorgegebenen Anforderungen erfüllt.

3.5.11 Prozeduren und Funktionen

Mittlerweile hat Marino Caponi schon einige hilfreiche Programme geschrieben, die ihm die Arbeit in seinem Ristorante erleichtern. Dennoch gibt es einige Aspekte, die ihn beim Programmieren stören. So benötigt er häufiger die gleichen Berechnungen an mehreren Stellen, die er aber jedes Mal neu programmieren muss. Zudem werden seine Programme manchmal sehr unübersichtlich, weil er so viele Kleinigkeiten programmieren muss, so dass das Wesentliche im Programm nicht mehr gleich ins Auge fällt. Er würde es in diesen Fällen sehr praktisch finden, bestimmte Quellcodestücke auszulagern, um die Übersichtlichkeit zu bewahren. Vielleicht gibt es auch die Möglichkeit, von verschiedenen Stellen aus darauf zuzugreifen?

Er erläutert seinem Neffen Enzo seine Überlegungen. „Onkel Marino, deine Probleme haben zum Glück schon die Programmierer vor deiner Zeit gehabt. Deshalb gibt es so genannte **Prozeduren und Funktionen**."
Marino Caponi ist begeistert und will diese Funktionen gleich ausprobieren. Er weiß auch schon wofür. Seine Frau ist für jede Art von Lotterie zu haben und er wollte ihr schon immer einmal vorrechnen, welche realen Gewinnchancen sie dabei hat.

Bisher wurden die Visual-Basic-Anweisungen, die beim Betätigen eines bestimmten Steuerelements ausgeführt werden sollten, mit den Worten:

```
Private Sub CommandButtonxy_Click()
…
End Sub
```

eingeklammert.

Diese Ereignis-Prozeduren, mit denen wir es bisher zu tun hatten, sind so genannte **Sub-Prozeduren**. Das sind Folgen von Visual-Basic-Anweisungen, die Aktionen ausführen, aber keinen Wert zurückgeben. Das Wort Private vor dieser Prozedur bedeutet, dass die Prozedur nur für dieses Formular und nicht projektübergreifend verfügbar ist.

Mit Hilfe von Prozeduren kann man sinnvolle Teile von seinem Programm abspalten und so das Hauptprogramm übersichtlicher gestalten. Hat man den Wunsch, dass eine Prozedur auch ein Ergebnis liefern kann und nicht nur eine Reihe von Aktionen ausführt, verwendet man eine **Function-Prozedur**.

Die Function-Prozedur

Eine Function-Prozedur bildet eine Vorschrift ab, die einem oder mehreren Argumenten in eindeutiger Weise höchstens einen Wert zuordnet. So ordnet beispielsweise die Quadratfunktion einer reellen Zahl x ihr Quadrat x^2 zu. Eine Funktion gibt in Visual Basic einen Wert zurück, indem innerhalb der Prozedur ihrem Namen ein Wert zugewiesen wird.

Möchte man zum Beispiel eine Funktion verwenden, die das Maximum zweier Zahlen zurückliefert, würde der Quelltext dazu so aussehen:

```
Private Sub CommandButton1_Click()
   Dim a, b, groesser As Integer
   a = Val(TextBox1.Text)
   b = Val(TextBox2.Text)
   groesser = maxi(a, b)
   Label1.Caption = "Die größere der beiden Zahlen lautet: " &
groesser
End Sub
```

*Hinweis:
In den meisten anderen Programmiersprachen erfolgt die Rückgabe eines Wertes „ergebnis" am Ende der Funktion mit der Syntax „return ergebnis".*

```
Function maxi(ByVal x As Integer, ByVal y As Integer) As
Integer
   If x>y Then
      maxi = x
   Else
      maxi = y
   End If
End Function
```

Prozeduren und Funktionen werden verwendet, um Programme zu modularisieren. So ist es möglich, bestimmte Funktionen immer wieder zu benutzen. In VBA gibt es bereits viele Standardfunktionen, wie z. B. Abs(), Sin(), Cos() usw. Da diese mathematischen Funktionen immer wieder gebraucht werden, wurden sie für alle VBA-Benutzer bereits vorgegeben.

In VBA ist die Syntax für einen Funktionsaufruf:

...Anweisungen vorher
ergebnis = Funktionsname (parameter1,..)
Anweisungen nachher...

Als Struktogramm und Programmablaufplan sieht der Funktionsaufruf so aus:

Struktogramm: **Programmablaufplan:**

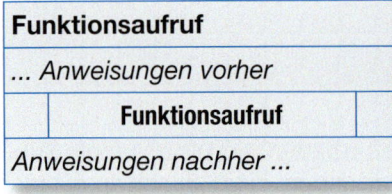 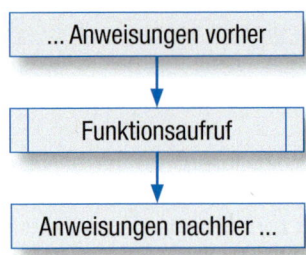

Die Definition der aufgerufenen Funktion hat, je nach Intention, die Syntax:

Function Funktionsname (**ByVal** parametername1 As Datentyp, ...) As Datentyp
   Anweisungen
   Funktionsname = Rückgabewert
End Function

oder

Function Funktionsname (**ByRef** parametername1, ...) As Datentyp
   Anweisungen
   Funktionsname = Rückgabewert
End Function

- Dabei können einer Funktion ein oder mehrere Werte als Parameter mitgegeben werden (z. B. beim Quadrieren die Zahl, die quadriert werden soll).
- Zu jedem mitgegebenen Parameter kann der Datentyp angegeben werden, wenn das Schlüsselwort ByVal davorsteht.
- Außerdem kann für die Funktion selber auch ein Datentyp angegeben werden; das ist dann der Datentyp des Rückgabewertes. Der Wert, den die Funktion zurückgeben soll (der Rückgabewert), wird einfach dem Funktionsnamen zugewiesen.
- Neben den Schlüsselwörtern Function... End Function gibt es auch noch das Wort ByVal. ByVal bedeutet „by value", das heißt, dass von einem Parameter nur der Wert übergeben wird und nicht der übergebene Parameter an sich verändert wird.

- Das Gegenteil von ByVal ist ByRef, was auch der Standardübergabemechanismus ist. ByRef bedeutet „by reference", das heißt, dass von einem Parameter nicht nur sein Wert, sondern seine Adresse übergeben wird.

Was das genau bedeutet, erklärt der folgende Abschnitt.

Die Gültigkeitsbereiche von Variablen

Ein Grund für den Einsatz von Funktionen ist, dass man Berechnungen durchführen lassen kann, ohne sich über ihre konkrete Funktionsweise Gedanken machen zu müssen. Die Funktion erhält eine bestimmte Anzahl von Werten, die sie für die Berechnungen benötigt, und das Ergebnis sind die Berechnungen.

Wie das Ergebnis im Detail erzielt wurde, ist nicht wichtig; Hauptsache, das Ergebnis ist richtig. Diese Vorgehensweise nennt man Blackbox-Prinzip.

Blackbox-Prinzip
▶ *Kapitel 1, Seite 9*

Zu so einer Funktion werden die Parameter immer „**by Value**", also nur mit ihrem Wert übergeben. Ziel ist es, dass durch das Ausführen dieser Funktion keine Werte in dem eigentlichen Programm geändert werden, nur weil sie zufällig genauso heißen.

Ein anderer Fall ist gegeben, wenn die Parameter „**by Reference**" übergeben werden. In diesem Fall ist es nicht nötig, einen Datentyp für die Variablen anzugeben, denn dieser wurde schon bei der Deklaration im aufrufenden Programm festgelegt. Dadurch, dass nicht der Wert der Parameter übergeben wurde, sondern die Speicheradresse der Variablen, können diese Parameter in der Funktion nachhaltig verändert werden. Zur Verdeutlichung dient das folgende Beispiel, bei dem die Maximum-Funktion etwas abgewandelt wurde. Das aufrufende Programm und die beiden Funktionstexte sind völlig identisch, der einzige Unterschied zwischen den beiden Funktionen besteht im Funktionskopf und im Ergebnis.

```
Private Sub CommandButton1_Click()
   Dim a, b, ergebnis As Integer
   a = Val(TextBox1.Text)
   b = Val(TextBox2.Text)
   ergebnis = test(a, b)
   Label1.Caption = ergebnis & " und a = " & a & ", b = " & b
End Sub
```

by Value	by Reference
```Function test(ByVal a As Integer, ByVal b As Integer) As Integer If a>b Then test = a a = 10 b = 10 Else test = b a = 20 b = 20 End If End Function```	```Function test(a, b) As Integer If a>b Then test = a a = 10 b = 10 Else test = b a = 20 b = 20 End If End Function```

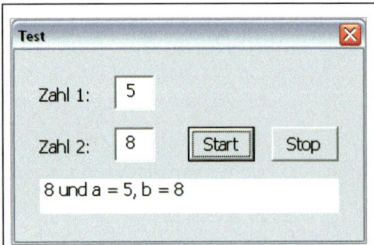
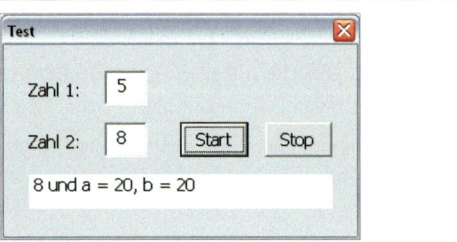

Wie gut zu erkennen ist, verändern sich in dem Fall „by reference" die Werte für a und b. Im Fall „by value" tritt dies nicht ein. Obwohl die Parameter in dieser Funktion auch a und b heißen, scheinen es hier andere a's und b's zu sein.

Tatsächlich haben die Variablen in beiden Fällen dieselben Namen, aber nur im Fall „by reference" auch dieselbe Speicheradresse. Im Fall „by value" wird der Speicher für die in der Funktion benutzten Variablen a und b zu Beginn der Funktion neu angelegt und beim Verlassen der Funktion wieder gelöscht. Nach der Funktion haben die ursprünglichen Variablen ihren alten Wert.

Im übertragenen Sinn kann man sich die Parameterübergabe bei Funktionen so vorstellen:

by Value	by Reference
Sie möchten gerne einen besonders schönen Pulli, den Sie aber nicht selbst herstellen wollen. Sie beauftragen eine Person, von der Sie annehmen, dass sie Pullis stricken kann: „Bitte stricke mir einen Pulli in der Farbe … mit dem Muster … in meiner Größe."	Sie haben zwei Schafe: Schnucki und Lämmlein. Diese Schafe liefern besonders gute und weiche Wolle. In diesem Jahr haben Sie die Schafe zum ersten Mal selber geschoren und danach die Wolle mit viel Mühe gewaschen, gekämmt und gesponnen. Inzwischen sind Ihre lieben Schafe an einen Schäfer verkauft worden, der sehr weit weg wohnt. Zur Erinnerung an Ihre Schafe möchten Sie gerne einen Pulli aus dieser besonderen Wolle, den Sie, aus welchen Gründen auch immer, nicht selbst herstellen wollen. Sie beauftragen eine Person, von der Sie annehmen, dass sie Pullis stricken kann: „Bitte stricke mir einen Pulli aus dieser Wolle mit dem Muster … und in meiner Größe."

Dabei stellt sich nun folgende Frage: Was passiert, wenn die Person, die Sie mit dem Pullistricken beauftragt haben, doch nicht so viel vom Stricken versteht und die verwendete Wolle und somit den gewünschten Pulli völlig verhunzt?

by Value	by Reference
Macht nichts. Sie beauftragen einfach eine andere Person mit dem Stricken eines Pullis.	Schade. Die Wolle ist hinüber und es wird Ihnen nur unter größten Anstrengungen gelingen, den Ursprungszustand wiederherzustellen. Denn erst, wenn Sie wieder zwei Kilogramm feinste, selbst geschorene, gewaschene, gekämmte und gesponnene Wolle Ihrer lieben Schafe Schnucki und Lämmlein hergestellt haben, kann ein neuer Pulli gestrickt werden.

Dieses Beispiel verdeutlicht das Problem. Ob einer Funktion die Parameter wirklich „by reference" übergeben werden, ist daher stets zu überlegen. Für ungeübte Programmierer ist es häufig besser, Parameter an Funktionen „by value" zu übergeben, auch wenn dies mehr Schreibarbeit mit sich bringt.

Marino Caponi beginnt mit seinem Lottorechner. Er hat in einem Mathematikbuch eine Formel gefunden, die für die Ziehung der Lottozahlen gilt:

$$\binom{n}{k} = \begin{cases} \dfrac{n!}{k!(n-k)!} & \text{wenn}: 0 \leq k \leq n \\ 0 & \text{wenn}: k > n \end{cases}$$

Binomialkoeffizient = mathematische Funktion aus dem Bereich der Kombinatorik

Diese Formel wird gelesen als „k aus n" oder „n über k ist gleich…" Des Weiteren wird n! gelesen als „n Fakultät" und bedeutet, dass alle Zahlen von 1 bis n miteinander multipliziert werden. 5! wäre also: 1·2·3·4·5 = 120. Mit diesem Wissen entwirft er zuerst eine Oberfläche mit den Befehlsschaltflächen sowie den Ein- und Ausgabefeldern, die er für nötig hält.

Anschließend macht er sich an die Programmierung der ersten Befehlsschaltfläche „Fakultät", mit der die Fakultät einer Zahl berechnet werden soll. Für diese Befehlsschaltfläche muss nur ein Eingabewert, nämlich n, ausgewertet werden. Da er die Fakultätsfunktion auch bei der nächsten Befehlsschaltfläche braucht, will er sie als Funktion auslagern. Weil das Ergebnis bei der Fakultätsberechnung schnell sehr groß wird, deklariert er es mit dem Datentyp Double und gibt die resultierende Zahl mit Tausenderpunkten formatiert aus.

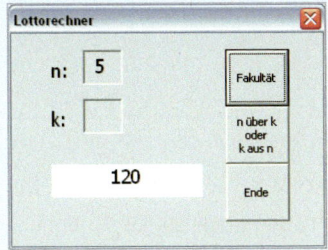

```
'Deklarationen
Option Explicit
Dim n As Integer, k As Integer
Dim ergebnis As Double

Private Sub CommandButton1_Click()
   n = Val(TextBox1.Text)
   ergebnis = fak(n, 1)
   Label1.Caption = Format(ergebnis, "#,###,###,##0")
End Sub
```

Der Fakultätsfunktion übergibt er nur die Werte und nicht die Speicheradressen der benötigten Parameter („by value"). Weil er die Fakultätsfunktion für die zweite Befehlsschaltfläche mit oberer und unterer Grenze braucht, er also beispielsweise nicht die Zahlen von 1 bis 5, sondern nur von 3 bis 5 miteinander multiplizieren möchte, legt er die Funktion gleich mit zwei Parametern an.

```
'Fakultätsfunktion
Function fak(ByVal x As Integer, ByVal y As Integer) As Double
   Dim i As Double, hilf As Double
   'Der Startwert für hilf ist 1, weil 1 das neutrale Element
   'der Multiplikation ist
   hilf = 1
   For i = y To x
      hilf = hilf * i
   Next i
   fak = hilf
End Function
```

Nachdem er die Fakultätsfunktion getestet hat, beginnt er mit dem Programmieren der zweiten, schwierigeren Befehlsschaltfläche. Er programmiert sie gemäß der gefundenen Formel für den Binomialkoeffizienten. Allerdings vereinfacht er sie etwas, indem er n! gegen k! kürzt und somit nur noch die Zahlen von k+1 bis n miteinander multipliziert werden müssen. Er nimmt diese Vereinfachung vor, damit nicht mit zu großen Zahlen gerechnet werden muss, die dann schnell zu einem Speicherüberlauf führen könnten. Sein Ergebnis für die zweite Befehlsschaltfläche sieht dann so aus:

Speicherüberlauf
= Problem bei der Speicherverwaltung, das bei Software auftreten kann

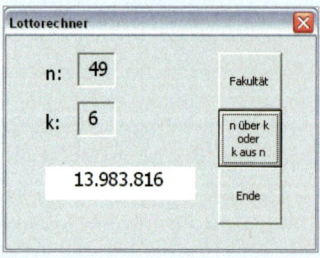

```
'k aus n
Private Sub CommandButton2_Click()
   n = Val(TextBox1.Text)
   k = Val(TextBox2.Text)
   If k > n Then
      ergebnis = 0
   Else
      ergebnis = fak(n, k + 1) / fak(n - k, 1)
   End If
   Label1.Caption = Format(ergebnis, "#,###,###,##0")
End Sub

Private Sub CommandButton3_Click()
End
End Sub
```

Die Wahrscheinlichkeit, im Lotto zu gewinnen, ist also 1 : 13.983.816. Dieses Ergebnis zeigt Marino Caponi gleich seiner Frau. Vielleicht sollte sie sich den Einsatz für die Lottoscheine doch lieber sparen?

AUFGABEN

1 Entwerfen Sie ein Programm, das Potenzen x^y mit Hilfe wiederholter Multiplikation für ganzzahlige y ≥ 0 berechnet. Erstellen Sie für dieses Programm eine Funktion.

2 Erweitern Sie Marino Caponis Programm um weitere Formeln aus der Kombinatorik, zum Beispiel für das Ziehen von

- k-Tupeln ohne Wiederholung: $\frac{n!}{(n-k)!}$
- k-Tupeln mit Wiederholung: n^k, oder
- k-Mengen mit Wiederholung: $\binom{n+k-1}{k}$

3 Erweitern Sie den Taschenrechner vom Beginn dieses Kapitels um einige weitere Funktionen, für die Sie Funktionsprozeduren anlegen:
- quadrieren
- Maximum
- Minimum
- potenzieren
- …

3.5.12 Spezielle Verfahren: Sortieralgorithmen

> Marino Caponi hat seiner Frau zwar die (Un-)Wahrscheinlichkeit eines Lottogewinns vorgerechnet, sie möchte aber, wegen des samstäglichen Nervenkitzels, trotzdem weiter Lotto spielen. Darum bittet sie ihren Mann, ein Programm zu schreiben, das soll ihr sechs mögliche Lottozahlen anzeigen, nachdem sie eine bestimmte Schaltfläche angeklickt hat. An sich ist das kein Problem für Marino Caponi, aber wie soll er die Lottozahlen auf dem Bildschirm der Größe nach sortiert ausgeben?

Das Sortieren von Daten ist in der Informatik ein immer wieder auftretendes Problem. Da wäre zum Beispiel das Problem des Handlungsreisenden, der eine bestimmte Anzahl von Städten auf der kürzesten Route besuchen soll. Oder Prüfziffernverfahren, die sicherstellen sollen, dass sich beim Übertragen von Informationen von A nach B keine Fehler eingeschlichen haben.

E-Commerce,
▶ *Kapitel 7, Seite 340 ff.*

In diesem Kapitel wollen wir das Problem des Sortierens von Daten an zwei Beispielalgorithmen genauer betrachten. Dieser Ansatz ist für Datenbanken mit großen Datenmengen besonders wichtig, wenn in SQL Indizes auf Tabellen erstellt werden, die das Suchen in der Datenbank beschleunigen sollen.

Bubble-Sort

Der einfachste Sortieralgorithmus, der allerdings auch am längsten dauert, ist der Bubble-Sort. Er sortiert ein Array von Datensätzen so lange durch wiederholtes Vertauschen von Nachbarfeldern, die in der falschen Reihenfolge stehen, bis das Array vollständig sortiert ist. Wenn zum Beispiel die Zahlen 4, 8, 3, 1, 9, 2 der Größe nach sortiert werden sollen, geschieht das beim ersten Durchlauf in folgenden Schritten:

4	8	3	1	9	2
4	8	3	1	9	2
4	3	8	1	9	2
4	3	1	8	9	2
4	3	1	8	9	2
4	3	1	8	2	9

Am Ende des ersten Durchlaufs steht das größte Element ganz rechts. Alle anderen Elemente sind zwar zum Teil auf besseren Positionen, im Allgemeinen aber unsortiert.

Am Ende des zweiten Sortiervorgangs wäre die Reihenfolge der Zahlen: 3, 1, 4, 2, 8, 9.
Am Ende des dritten Sortiervorgangs wäre die Reihenfolge der Zahlen: 1, 3, 2, 4, 8, 9.
Am Ende des vierten Sortiervorgangs wäre die Reihenfolge der Zahlen: 1, 2, 3, 4, 8, 9.

Bei unserem Beispiel haben wir also bereits nach vier Sortierläufen durch das Array die Zahlenfolge sortiert. Maximal wären n-1, also 5 Durchläufe notwendig gewesen.

Selection-Sort

Beim Selection-Sort wird bei jedem Durchlauf das kleinste noch nicht verwendete Element gesucht und mit dem Element getauscht, das rechts neben den bereits sortierten Elementen steht.

4	8	3	1	9	2
1	8	3	4	9	2
1	2	3	4	9	8
1	2	3	4	9	8
1	2	3	4	9	8
1	2	3	4	8	9

Dieses Verfahren hat den Vorteil, dass es bei unsortierten Daten nur etwa ein Fünftel der Zeit des Bubble-Sort-Verfahrens benötigt, da beim Bubble-Sort-Verfahren nach jedem Durchlauf überprüft wird, ob schon alle Daten sortiert sind. Einen Vorteil hat das Bubble-Sort-Verfahren allerdings bei Daten, die bereits sortiert sind. Dieser Zustand wird sofort bemerkt.

Ist beim Sortierverfahren die Geschwindigkeit wichtig, so verbietet es sich eigentlich, den Algorithmus in VBA zu programmieren, da sie eine sehr langsame interpretierte Sprache ist. Sinnvoller ist es, die Algorithmen, bei denen es auf Geschwindigkeit ankommt, in einer compilierten Programmiersprache wie C++ zu schreiben.

Variante des Selection-Sort

Bei dieser Variante des Selection-Sort-Verfahrens wird bei jedem Durchlauf das kleinste noch nicht verwendete Element gesucht und rechts neben den bereits sortierten Elementen in einem Hilfsarray angehängt. Im ursprünglichen Array wird jedes verwendete Element durch eine Zahl ersetzt, die garantiert größer ist als alle vorkommenden Zahlen, in diesem Fall 99.

Für dieses Sortierverfahren sind also zwei Arrays nötig. Ein Array mit den sortierten und eins mit den unsortierten Zahlen:

sortiert					
0	0	0	0	0	0
1	0	0	0	0	0
1	2	0	0	0	0
1	2	3	0	0	0
1	2	3	4	0	0
1	2	3	4	8	0
1	2	3	4	8	9

unsortiert					
4	8	3	1	9	2
4	8	3	99	9	2
4	8	3	99	9	99
4	8	99	99	9	99
99	8	99	99	9	99
99	99	99	99	9	99
99	99	99	99	99	99

Marino Caponi möchte für seine Frau einen Tipp-Assistenten für die Ziehung der Lottozahlen programmieren. Die Oberfläche dafür ist denkbar einfach: eine Befehlsschaltfläche und ein Ausgabefeld.

Den Algorithmus für seinen Tipp-Assistenten stellt er sich so vor:
1. Lottozahlen ziehen, dabei darauf achten, dass keine Zahl doppelt gezogen wird.

2. Lottozahlen mit Hilfe des Selection-Sort-Algorithmus sortieren.
3. Sortierte Lottozahlen ausgeben.

Marino Caponi beginnt mit der Deklaration der Variablen und dem Hauptprogramm zu der Befehlsschaltfläche „Lottozahlen ziehen". Er hat sich überlegt, dass er das Array für die Lottozahlen global, also nicht lokal in einer Prozedur, deklariert und an die einzelnen Funktionen „by reference" zum Ändern übergibt. So liefern die Funktionen keinen direkten Rückgabewert zurück, sondern ändern das als Referenz übergebene Array „Lottozahlen". Trotzdem müssen die Funktionen so aufgerufen werden, als lieferten sie einen Rückgabewert, sonst erscheint eine Fehlermeldung.

```
Option Explicit
Dim lottozahlen(1 To 6) As Integer
Dim erg As Integer

Private Sub CommandButton1_Click()
  erg = zahlen_ziehen(lottozahlen)
  erg = zahlen_sortieren(lottozahlen)
  erg = zahlen_ausgeben(lottozahlen)
End Sub
```

Nach diesem übersichtlichen Hauptprogramm programmiert Marino Caponi als Nächstes die Ziehung der Lottozahlen und die Ausgabe der gezogenen Zahlen. Den Funktionsaufruf für die Sortierung wandelt er durch Hochkomma-Setzung erst einmal in einen Kommentar um, um das Programm mit der minimalen Funktionalität lauffähig zu machen. Er beginnt mit der Funktion für die Ausgabe der Lottozahlen:

```
Function zahlen_ausgeben(lottozahlen)
  'Deklaration
  Dim i As Integer
  Dim ausgabe As String
  'Füllen des Ausgabestrings mit den einzelnen Lottozahlen
  'und einem Leerzeichen dazwischen
  For i = 1 To 6
     ausgabe = ausgabe & lottozahlen(i) & " "
  Next i
  'Ausgabe des fertigen Ausgabestrings
  Label1.Caption = ausgabe
End Function
```

Dann kommt die Funktion für die Ziehung der Lottozahlen. Hier muss er mit „Randomize" die Funktion zur Ermittlung der Zufallszahlen initialisieren, sonst würde er bei jedem Start des Programms immer dieselben Lottozahlen ziehen. Danach ermittelt er eine zufällige Zahl aus dem Bereich 1 bis 49 und weist sie der i-ten Stelle des Lottozahlenarrays zu:

```
Function zahlen_ziehen(lottozahlen)
  'Deklaration
  Dim i As Integer
  Randomize
  For i = 1 To 6
     lottozahlen(i) = Int(49 * Rnd + 1)
  Next i
End Function
```

Er testet das bisher Programmierte und wundert sich. Manchmal kommt eine Lottozahl doppelt vor! Er überlegt sich, wie er doppelte Lottozahlen verhindern kann. Dazu findet er folgenden Algorithmus: Jedes Mal, wenn eine neue Lottozahl ermittelt wird, sieht er in dem bisher gefüllten Array nach, ob diese Zahl schon einmal gezogen wurde. Ist das der Fall, setzt er einen Schalter „doppelt" auf TRUE. Danach zieht er die Lottozahl so oft noch einmal, bis sie mit keiner bisher gezogenen übereinstimmt. Um diesen Algorithmus zu realisieren, ändert er sein Programm wie folgt:

```
Function zahlen_ziehen(lottozahlen)
'Deklaration und Initialisierung
Dim i, j As Integer
Dim doppelt As Boolean
Randomize
'wiederhole für alle sechs Stellen des Arrays
For i = 1 To 6
   Do
'den Doppelt-Schalter auf "falsch" stellen
      doppelt = False
'Lottozahl ziehen
      lottozahlen(i) = Int(49 * Rnd + 1)
'sieh für alle bisher gezogenen Lottozahlen nach
      For j = 1 To i - 1
'ob die aktuelle Lottozahl schon einmal gezogen wurde
         If lottozahlen(i) = lottozahlen(j) Then
'falls ja, setze den Doppelt-Schalter auf "wahr"
            doppelt = True
         End If
      Next j
'und wiederhole die Ziehung, bis eine Lottozahl
'gefunden wurde, die es in dem Array noch nicht gibt
   Loop Until doppelt = False
Next i
End Function
```

Marino Caponi testet sein geändertes Programm und stellt zu seiner Zufriedenheit fest, dass nun keine Lottozahlen mehr doppelt auftauchen. Nun kann er sich an die Programmierung der Sortierung machen.

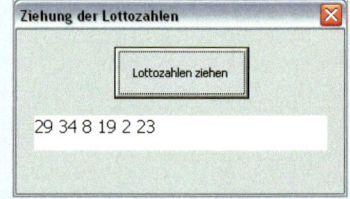

In dem Algorithmus heißt es, dass dieser für alle noch nicht sortierten Elemente des Arrays schauen soll, welches der kleinste Wert ist. Dieser kleinste Wert soll dann mit dem rechten Nachbarn der bereits sortierten Elemente getauscht werden. Für den Tausch schreibt sich Marino Caponi auch eine Funktion zum Tauschen von zwei Elementen eines Arrays.
Das Ergebnis sieht dann so aus:

```
Function zahlen_sortieren(lottozahlen)
Dim i, j, erg As Integer
Dim stelle As Integer

For i = 1 To 6
   stelle = i
   For j = i To 6
      If lottozahlen(stelle) > lottozahlen(j) Then
         stelle = j
      End If
      Next j
```

```
    erg = tausche(i, stelle, lottozahlen)
Next i

End Function

Function tausche(ByVal x As Integer, ByVal y As Integer,
lottozahlen)
Dim hilf As Integer
hilf = lottozahlen(x)
lottozahlen(x) = lottozahlen(y)
lottozahlen(y) = hilf
End Function
```

Ziehung der Lottozahlen

[Lottozahlen ziehen]

2 24 30 37 42 48

AUFGABEN

1. Ändern Sie in Marino Caponis Programm die Sortierung der Lottozahlen so, dass mit dem Bubble-Sort-Algorithmus sortiert wird.

2. Ändern Sie in Marino Caponis Programm die Sortierung der Lottozahlen so, dass mit der Variante des Selection-Sort sortiert wird.

3. Erkundigen Sie sich, welche Sortieralgorithmen es noch gibt. Schreiben Sie jeweils ein Programm dazu und testen Sie die Programme mit 100 Eingabewerten. Welcher ist der schnellste?

Prüfen Sie sich!

Aufgabe 1
Fertigen Sie für folgendes Programm eine Wertetabelle mit den Spalten i, j, p und „Ausgabe in Listenfeld" an.

```
Private Sub CommandButton1_Click()
Dim i, j As Integer
Dim p As Boolean
For i = 2 To 5
   p = True
   For j = 2 To i - 1
      If (i \ j) * j = i Then
         p = False
      End If
   Next j
'Ausgabe in Listenfeld
   If p Then
      ListBox1.AddItem i
   End If
Next i
End Sub
```

Welchen Zweck erfüllt dieses Programm?

Aufgabe 2
a) Implementieren Sie das Programm aus Aufgabe 1 im VBA (Excel) so, dass die obere Grenze für i variabel eingegeben werden kann.
b) Testen Sie das Programm für die Werte 10, 100, 1000 und 10000. Was fällt Ihnen auf?
c) Wie würde sich Ihrer Meinung nach das Programm bei den angegebenen Testwerten verhalten, wenn es in C++ geschrieben wäre?

Aufgabe 3
Erstellen Sie zu dem Programmstück aus Aufgabe 1 ein Struktogramm.

Aufgabe 4
Gegeben ist folgendes Programmstück:

```
1  Private Sub CommandButton1_Click()
2     Dim nKisten As Integer
3     Dim dBetrag As Double
4     nKisten = Val(TextBox1.Text)
5     If nKisten <= 10 Then
6        dBetrag = nKisten * 80
7     ElseIf nKisten < 100 Then
8        dBetrag = nKisten * 70
9     ElseIf nKisten <= 1000 Then
10       dBetrag = nKisten * 60
11    Else
12       dBetrag = nKisten * 50
13    End If
14    Label1.Caption = "Der Gesamtpreis beträgt " & dBetrag & " € !"
15 End Sub
```

Geben Sie kurz an, was in jeder Zeile passiert.

Aufgabe 5
Was bedeutet
a) integer,
b) double,
c) Val() sowie
d) das &-Zeichen?

Aufgabe 6
Zeichnen Sie zu dem Programm aus Aufgabe 4 einen Programmablaufplan oder ein Struktogramm.

Aufgabe 7
Gegeben ist folgendes Programmstück:

```
1  Private Sub CommandButton1_Click()
2    Dim i As Integer
3    For i = 0 To 9
4      Listbox1.AddItem (i * 2 + 1)
5    Next i
6  End Sub
```

a) Geben Sie kurz an, was in jeder Zeile passiert.
b) Erstellen Sie eine Tabelle mit zwei Zeilen, in der alle Werte für i und die dazu gehörigen Ausgaben in der ListBox aufgelistet werden.

Aufgabe 8
Im folgenden Programm soll der Notendurchschnitt von 20 eingegebenen Noten ausgegeben werden. Leider haben sich einige Fehler eingeschlichen. Finden Sie diese Fehler und schlagen Sie eine Verbesserung vor.

```
1  Private Sub CommandButton1_Click()
2    Dim i, note, summe As Integer
3    Dim durchschnitt As String
4    summe = 10
5    For i = 1 To 22
6      note = InputBox("Bitte Note eingeben")
7      summe = summe + note
8    Next i
9    Label1.BackColor = "Der Notendurchschnitt beträgt: " &
     schnitt
10   durchschnitt = Round(summe / 20, 2)
11 End Sub
```

4 Objektorientierte Modellierung

4.1 Objektorientierung

Marino Caponi hat ein Problem: Er vermietet einen großen Nebenraum seines Ristorante für Seminarveranstaltungen. In diesem Seminarraum steht ein PC mit Internetzugang zur Verfügung. Die Nutzung des PCs berechnet er mehr oder weniger minutengenau. Allerdings hat er mit dem genauen Erfassen so seine Schwierigkeiten. „Von 12:48 Uhr bis 14:23 Uhr, wie viele Minuten sind das doch gleich?"

Ganz klar, er braucht ein Programm, das ihm die Zeitdifferenz berechnen kann. Aber diesmal möchte er sein Programm besonders zukunftsorientiert und änderungsfreundlich gestalten. Sein Neffe Enzo hat ihm nämlich erzählt, dass man heutzutage objektorientiert programmiert. Enzo hat auch erläutert, dass es dabei so zugeht wie im richtigen Leben.

Bei der objektorientierten Planung und Programmierung gibt es einzelne Teile, die zu einem Ganzen zusammengefügt werden. Es gibt Eltern und Kinder, die bestimmte Eigenschaften und Fähigkeiten haben. Die Kinder erben diese Eigenschaften und Fähigkeiten von ihren Eltern, machen aber einzelne Dinge anders – besser – als sie.

Welche Eigenschaften sie genau haben, das verraten die Eltern zwar meist ihren Kindern, aber ansonsten halten sie ihre Eigenschaften geheim. Nur wer die richtige Fähigkeit anspricht, kann etwas über einzelne Eigenschaften erfahren bzw. sie sogar ändern.

Notwendigkeit einer objektorientierten Modellierung und Programmierung

Aus der Dankesrede von Edsger W. Dijkstra zum Turing-Award „The Humble Programmer" (EWD340), die er 1972 hielt und die im Magazin „Communications of the ACM" veröffentlicht wurde; Quelle: gefunden bei Wikipedia am 17.6.2009

Im Jahr 1972 sagte Edsger Dijkstra (sprich: daikstra), ein berühmter Informatiker, sinngemäß: „Die Ursache für die Softwarekrise liegt darin begründet, dass die Maschinen um einige Größenordnungen mächtiger geworden sind! Um es ziemlich einfach auszudrücken: Solange es keine Maschinen gab, stellte die Programmierung kein Problem dar; als wir ein paar schwache Computer hatten, wurde Programmierung zu einem kleineren Problem und nun da wir gigantische Computer haben, ist die Programmierung ein ebenso gigantisches Problem."

Es war schon früh klar, dass Programmierung möglichst effizient und änderungsfreundlich sein muss. Daher wurde bei der Entwicklung versucht, in mehreren Schritten vorzugehen:

1. Der erste Schritt dorthin bestand daraus, die Daten vom Algorithmus zu trennen:

Daten
Algorithmus

Dies wurde durch die Variablendeklaration gewährleistet.

Beispiel:

Dim ersteZahl, zweiteZahl, ergebnis As Integer
ersteZahl = …   zweiteZahl = …   ergebnis = ersteZahl + zweiteZahl   … = ergebnis

2. Im nächsten Schritt sollten einzelne Programmstücke, so genannte Module, an anderer Stelle ohne große Probleme wiederverwendet werden können. Zur **Modularisierung** eines Algorithmus führte man Funktionen und Prozeduren ein, die von immer anderen Stellen im Programm aufgerufen und wiederverwendet werden können.

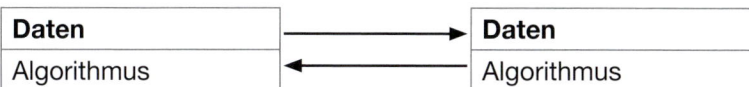

Beispiel:

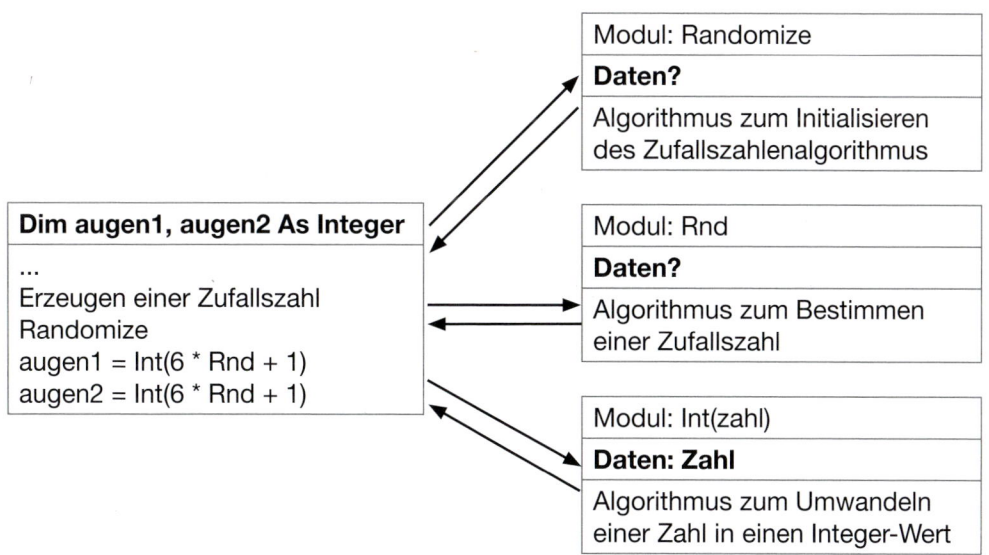

Beispiel: Knobeln
▶ *Kapitel 3.5.10, Seite 175 ff.*

3. Menschen denken und planen jedoch nicht in erster Linie in sequenziellen Abläufen, sondern sie sehen bestimmte **Klassen** von Objekten, die bestimmte Eigenschaften (**Attribute**) haben sowie bestimmte Dinge können und dürfen (**Methoden**).

Zudem können die Eigenschaften der Objekte in der Realität meistens nicht direkt verändert werden, sondern es bedarf der Hilfe des Objektes, eine seiner Eigenschaften zu verändern. Zum Beispiel kann man die Größe eines heranwachsenden Tieres nicht einfach so verändern, sondern es muss fressen, damit es größer werden kann. Weil man nur über die Methoden eines Objektes Zugriff auf dessen Attribute hat, wird von der **Kapselung** der Daten gesprochen. Die Attribute sind quasi von der Außenwelt abgeschirmt und werden nur vom Objekt selber geändert oder preisgegeben.

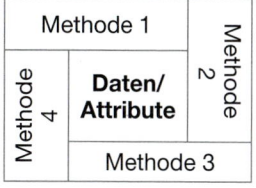

Eine weitere Eigenart der menschlichen Denkweise ist, dass wir Gemeinsamkeiten zwischen verschiedenen Objekten und Klassen erkennen und einzelne Objekte somit gröberen und feineren Klassen zuordnen. Zum Beispiel gliedern wir die grobe Klasse *Tiere* in die feineren Klassen *Vögel, Fische, Säugetiere* und so weiter. Alle Tiere haben ein Alter und eine bestimmte Größe und können fressen und schlafen; aber bei Vögeln müsste man noch die Methode „fliegen()" ergänzen und bei Fischen beispielsweise das Attribut „Größe der Schwimmblase".

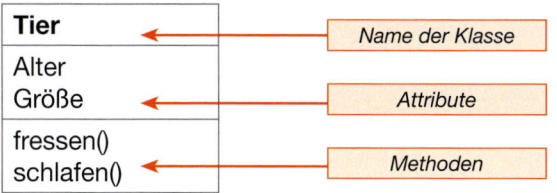

In der Objektorientierung spricht man von **Vererbung**, wenn eine Klasse zunächst Eigenschaften und Attribute von einer Oberklasse erbt und dann weitere, spezifische Attribute und Methoden hinzufügt.

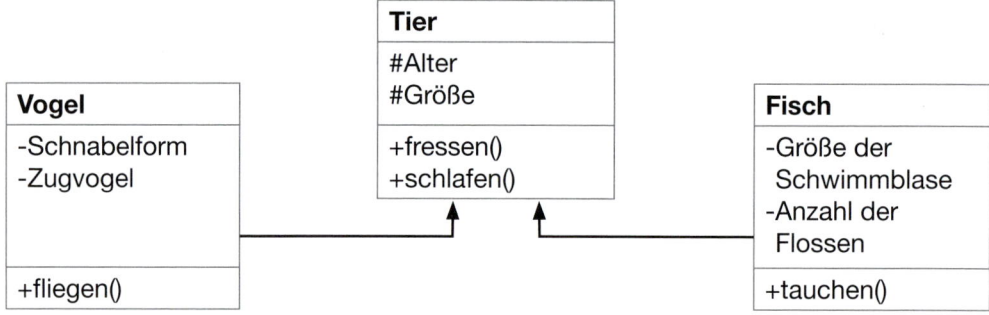

Anwendungsfalldiagramm
▶ *Kapitel 1, Seite 9*

Der Vorteil der Objektorientierung ist, dass sie die objektorientierte Denkweise des Menschen aufgreift. So kann ein Projekt vom Anfang (mit einem Anwendungsfalldiagramm) bis zum Ende (mit einer objektorientierten Programmiersprache) in einer einheitlichen Denkweise geplant und implementiert werden. Diese durchgängige Strategie hilft, Fehler zu vermeiden.

> Die Objektorientierung zeichnet sich dadurch aus, dass man in **Klassen** denkt, die bestimmte **Attribute** (Eigenschaften) und **Methoden** (Fähigkeiten) haben. Dabei kann eine Oberklasse ihre Attribute und Methoden an Unterklassen **vererben**. Das hat den Vorteil, dass diese vererbten Attribute und Methoden nur an einer Stelle implementiert und gewartet werden müssen. Eine weitere Eigenschaft der Objektorientierung ist die **Datenkapselung**. Das heißt, dass die Klassen so organisiert sind, dass man nur über die Methoden der Klasse auf ihre Attribute zugreifen kann. Die Methoden kapseln die Attribute quasi von der Außenwelt ab.

Klassenmodellierung (Datenmodellierung mit UML)

Datenbanken
▶ *Kapitel 2, Seite 24 ff.*

UML-Klassendiagramm
▶ *Kapitel 2.2.7, Seite 88 ff.*

ERD
= Entity-Relationship-Diagramm

Wir haben im Kapitel „Datenbanken" bereits einen kurzen Einblick in die Erstellung eines Klassendiagramms erhalten. UML-Klassendiagramme sind **Strukturdiagramme**, die nicht nur als Ersatz für ein ERD verwendet werden können, sondern auch für die Modellierung objektorientierter Programme eingesetzt werden. Zudem haben wir einige Notationselemente der UML kennen gelernt:

Klasse

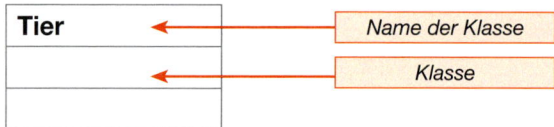

Eine **Klasse** ist ein Bauplan für **Objekte** (**Instanzen**), die mit den gleichen **Attributen** und den gleichen **Methoden**, also dem gleichen Verhalten, ausgestattet sind. Eine Klasse besteht aus Attributen und Methoden.

Attribut

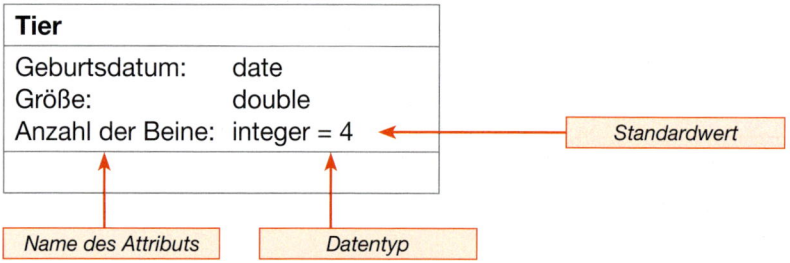

Attribute beschreiben strukturelle Eigenschaften einer Klasse. In UML kann für jedes Attribut sein **Datentyp** und ein **Standardwert** angegeben werden.

Für die Darstellung der Strukturen in einem objektorientierten Programm brauchen wir noch weitere Notationselemente:

Methode

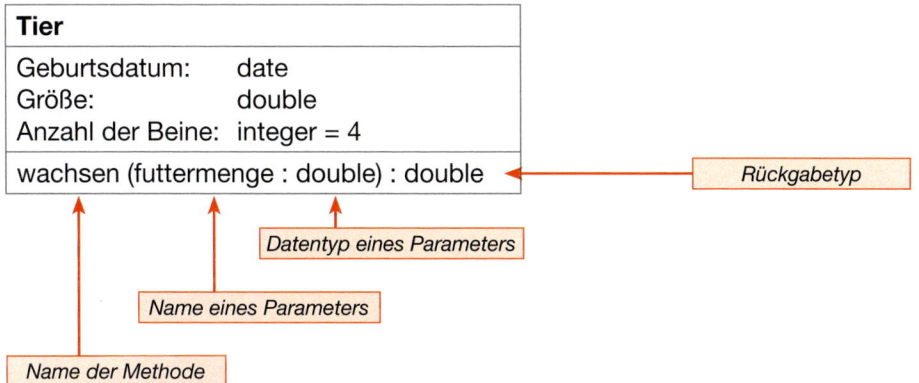

Eine **Methode** stellt eine angebotene Dienstleistung der Klasse dar. Methoden sind also die Aktionen, die mit einer Klasse durchgeführt werden dürfen. Es sind Unterprogramme, die für eine und innerhalb einer Klasse definiert sind.

Die Klassen, die aus den Attributen und Methoden bestehen, können auch zueinander in einer bestimmten Beziehung stehen. Im Kapitel über Datenbanken wurde bereits die binäre Assoziation vorgestellt, bei der beide Klassen gleichberechtigt miteinander verknüpft sind. In Klassendiagrammen können aber auch andere Verknüpfungen verwendet werden:

binäre Assoziation
▸ *Kapitel 2, Seite 89*

- Wenn eine Klasse ein Bestandteil der übergeordneten Klasse ist, verwendet man die Aggregations- bzw. Kompositionsverknüpfung.
- Wenn eine Klasse eine Verfeinerung einer übergeordneten Klasse darstellt, verwendet man eine Generalisierungsverknüpfung.

Generalisierungsverknüpfung
▸ *Kapitel 1, Seite 11*

Aggregation

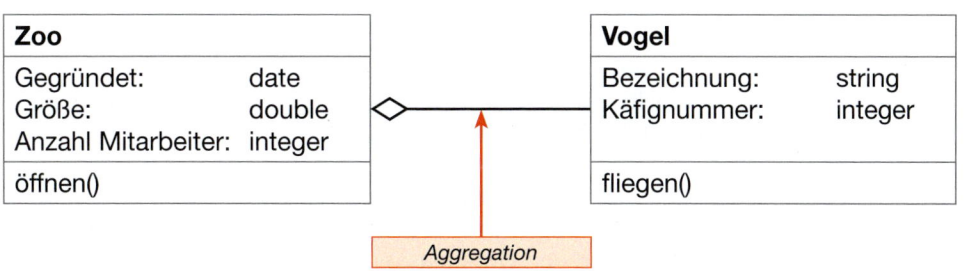

Klasse A = Zoo
Klasse B = Vogel

Die **Aggregation** modelliert eine Ganzes-Teile-Beziehung. Klasse B ist hierbei ein Teil der Klasse A. Und Klasse A besteht (unter anderem) aus Klasse B.

In der Modellierungssprache UML existiert noch eine engere Ganzes-Teile-Beziehung, die **Komposition**, die hier aber nicht vertieft werden soll. Sie ist bei der Umsetzung eines umfangreichen objektorientierten Modells in ein Programm von Bedeutung. Der Unterschied zwischen einer Aggregation und einer Komposition wird an folgendem Beispiel deutlich: Wenn ein Zoo nicht mehr existiert, kann der Vogel, der vorher im Zoo zu besichtigen war, trotzdem noch weiterleben. Hier spricht man von einer Aggregation. Ein Vogel und seine Flügel aber bilden eine Komposition: Wenn der Vogel nicht mehr existiert, sind seine Flügel auch nicht mehr vorhanden.

Im Folgenden werden alle Ganzes-Teile-Beziehungen Aggregation genannt.

Generalisierung und Vererbung

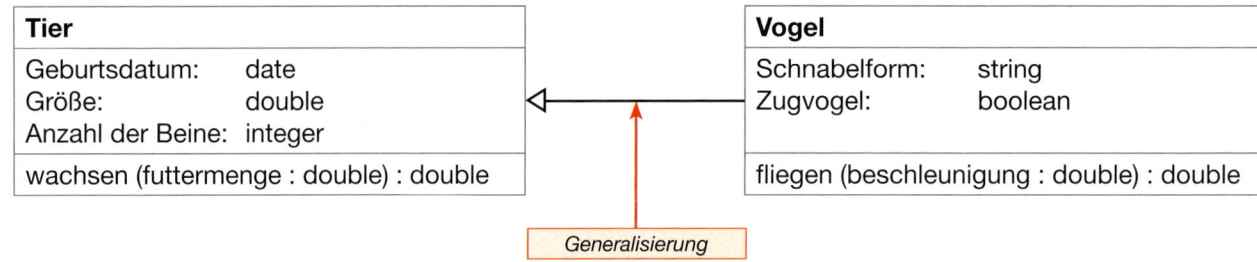

Generalisierung
(engl.: generalization)
▶ *Kapitel 1.1, Seite 11*

> Die **Generalisierung** modelliert eine Beziehung zwischen einer **Eltern**- und einer **Kindklasse** bzw. einer **Oberklasse** und einer **Unterklasse**. In der Unterklasse wird die Oberklasse um zusätzliche Attribute und Methoden erweitert. Diese Erweiterung nennt man **Vererbung**. Sie ist ein Grundprinzip der Objektorientierung.

Die Generalisierung ist die eine Sichtweise der Beziehung. Die andere Sichtweise ist, dass diese Art der Beziehung eine Erweiterung darstellt. In dem vorherigen Beispiel ist die Klasse *Tier* also eine Generalisierung der Klasse *Vogel*. Andererseits stellen die Attribute und Methoden der Klasse *Vogel* eine Erweiterung der Attribute und Methoden der Klasse *Tier* dar. Die Tatsache, dass die Klasse *Vogel* in diesem Fall die Klasse *Tier* ersetzen könnte, weil sie auf jeden Fall die geerbten Attribute und Methoden der Oberklasse (Elternklasse) enthält, nennt man Polymorphismus.

Polymorphismus (gr.)
= Vielgestaltigkeit

Das bedeutet, dass z. B. „wachsen()" sowohl in Gestalt eines Tieres als auch in Gestalt eines Vogels geschehen kann.

> Der **Polymorphismus** und die **Vererbung** sind zwei Grundprinzipien der Objektorientierung.

Sichtbarkeit

Sichtbarkeiten legen fest, von wo aus Attribute und Methoden benutzt werden dürfen. Sie dürfen nur benutzt werden, wenn sie sichtbar sind. Es gibt drei verschiedene Stufen der Sichtbarkeit:

private (engl.)
= privat
- **private**
  Weder das Attribut noch die Methode ist von außen sichtbar, sie können also nur von den Methoden innerhalb der Klasse verwendet und verändert werden. Das Zeichen in UML für private Attribute und Methoden ist „-".

protected (engl.)
= geschützt
- **protected**
  Das Attribut oder die Methode kann an Unterklassen vererbt werden und ist auch dort sichtbar. Attribute und Methoden mit dem Sichtbarkeitsstatus „protected" können von der eigenen Klasse und von Unterklassen benutzt und verändert werden. Das Zeichen in UML für geschützte Attribute und Methoden ist „#".

public (engl.)
= öffentlich
- **public**
  Das Attribut oder die Methode ist von außen sichtbar, kann also von jeder beliebigen Stelle aus verwendet und verändert werden. Das Zeichen in UML für öffentliche Attribute und Methoden ist „+".

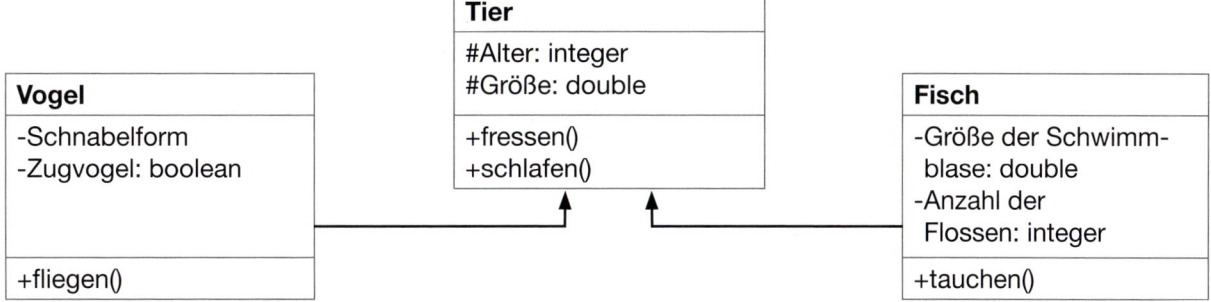

Die **Sichtbarkeit** legt fest, von welcher Position aus Attribute und Methoden verwendet werden dürfen. Wenn sie nur in der eigenen Klasse verwendet werden dürfen, nennt man sie **private** (-), wenn sie auch den abgeleiteten Unterklassen bekannt sind, nennt man sie **protected** (#), und wenn sie auch außerhalb der Klasse verwendet werden dürfen, heißen sie **public** (+).

Marino Caponi hat bereits einmal einen Taschenrechner programmiert. Er überlegt sich, wie ein Klassendiagramm für diesen Taschenrechner aussehen würde. Die Attribute sind klar: Es gibt einen 1. und einen 2. Operator und ein Attribut für das Ergebnis. Das sind sozusagen die vier Speicherzellen, die der Taschenrechner benötigt. Als Methoden braucht der Taschenrechner die Operationen, die mit ihm ausgeführt werden können: berechne_summe(), berechne_differenz(), berechne_quotient(), berechne_produkt(). Die Klasse *Taschenrechner* sieht dann wie folgt aus:

Taschenrechner	
erstens:	double
zweitens:	double
ergebnis:	double
berechne_summe()	
berechne_differenz()	
berechne_quotient()	
berechne_produkt()	

Die Methoden dieser Klasse brauchen keine eigenen Parameter, weil sie nur die Attribute der eigenen Klasse verwenden und keine Werte von außerhalb der Klasse benötigen. Auf die eigenen Attribute können die Methoden immer zugreifen, und zwar ohne aufwändige Übergaben.

Die Klasse für den Taschenrechner zu erstellen, das war relativ leicht. Nun überlegt Marino Caponi, wie eine Klasse für den Zeitrechner aussehen kann. Im Prinzip muss er für seinen Zeitrechner die Klasse *Taschenrechner* nur ein wenig erweitern. Er benötigt zusätzlich zu den Stunden der Uhrzeiten, die eingelesen werden, noch die Minuten der Uhrzeiten. Außerdem reicht ihm ein einzelnes Ergebnis in Minuten nicht aus; er möchte auch ein Ergebnis in Stunden und Minuten erhalten. Wenn er dann die Differenz zwischen den beiden Zeiten berechnen möchte, wird das Ganze wahrscheinlich etwas komplizierter werden als bei einem normalen Taschenrechner. Deshalb braucht er für die Klasse *Zeitrechner* eine neue Methode *berechne_differenz()*. Er erstellt also eine Unterklasse zu der Klasse *Taschenrechner*, die Klasse *Zeitrechner*.

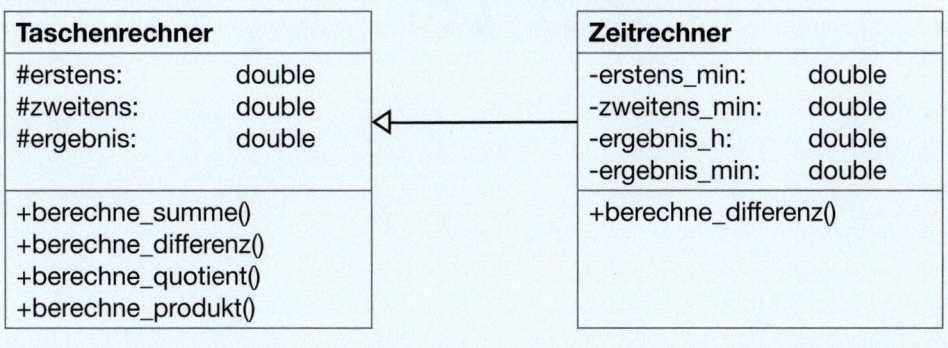

4 Objektorientierte Modellierung

199

Nach dem Erstellen dieser beiden Klassen kann er die Sichtbarkeit der einzelnen Komponenten festlegen. Die Attribute der Oberklasse sollen in der Unterklasse *Zeitrechner* sichtbar und verwendbar sein, deshalb werden sie mit einem "#" für *protected* gekennzeichnet. Die Attribute der Klasse Zeitrechner sollen nirgendwo sonst sichtbar sein, deshalb erhalten sie das Präfix "–" für *private*. Auch die Methoden sollen überall außerhalb der Klassen verwendbar sein, deshalb erhalten sie ein "+" für *public*.

AUFGABEN

1. Erstellen Sie ein Klassendiagramm mit den Klassen Konto, Festgeldkonto, Girokonto und Guthabenkonto.

2. Konstruieren Sie ein Klassendiagramm mit den Klassen Fahrzeug, Auto, Motorrad und Fahrrad.

3. Erstellen Sie ein Klassendiagramm mit den Klassen Fahrzeug, Reifen und Innenausstattung.

4. Konstruieren Sie ein Klassendiagramm zu dem folgenden Bild von Anette Schamuhn. Das aufgeräumte Bild hilft Ihnen beim Auffinden der Klassen mit ihren Attributen und Methoden.

4.2 Objektorientierte Programmierung mit VBA

Marino Caponi möchte sich nun an die Umsetzung des Zeitrechnerprogramms machen. Allerdings weiß er nicht, wie er beginnen soll. Sein Neffe Enzo hatte ihm gesagt, dass die Klassen nur Baupläne für konkrete Objekte bzw. Instanzen seien. Wie aus den Klassen jedoch konkrete Objekte gemacht werden, hat er ihm nicht verraten. Allerdings erwähnte Enzo, dass Marino schon lange mit solchen Objekten arbeite und programmiere. Was meint Enzo damit nur?

Von der Klasse zum Objekt (bzw. zur Instanz)

Als grafische Oberflächen mit ihren Fensterkonzepten Einzug in die Programmierung hielten, wurde die ereignisorientierte und die objektorientierte Programmierung notwendig. Standardtypen wie *integer* und *double* reichten nicht mehr aus, um die verschiedenen Sorten von Fenstern und Schaltflächen anzusteuern. Man benötigte selbst definierte Datentypen, so genannte Klassen, mit eigenen Attributen (Eigenschaften) und Methoden (Funktionen). Klassen, die im Kapitel „Modellierung von Algorithmen" schon vorkamen, sind zum Beispiel:

- ListBox
- UserForm
- CommandButton
- Label
- TextBox

Modellierung von Algorithmen
▶ *Kapitel 2, Seite 108 ff.*

Attribute, die zu diesen Klassen gehören, sind zum Beispiel *.BackColor* oder *.Visible*. Methoden, die in diesem Zusammenhang schon vorgestellt wurden, sind unter anderem *.Clear* oder *.AddItem*.

> Die einzelnen Attribute und Methoden, die in einer Klasse zum Einsatz kommen, werden auch **Schnittstelle** (engl. interface) zu der Klasse genannt.

Schnittstelle
(engl.: interface)

Ein Ausschnitt des Klasseninterfaces zur Klasse ListBox würde zum Beispiel so aussehen:

ListBox	
+BackColor:	hex
+Visible:	boolean
+Clear()	
+AddItem()	

> Um Klassen verwenden zu können, muss in einem Programm eine **Instanz** bzw. ein **Objekt** vom Datentyp der Klasse gebildet werden. Die Begriffe Instanz und Objekt werden synonym verwendet. Sie bezeichnen beide ein real existierendes Objekt, das nach dem Bauplan einer Klasse erstellt wurde. Man sagt: „Die Klasse wird instanziert." oder „Ein Objekt wird erzeugt." So, wie in einem Programm eine Variable vom Datentyp *Integer* kann nun auch eine Instanz (= ein Objekt) vom Datentyp *ListBox* angelegt werden.

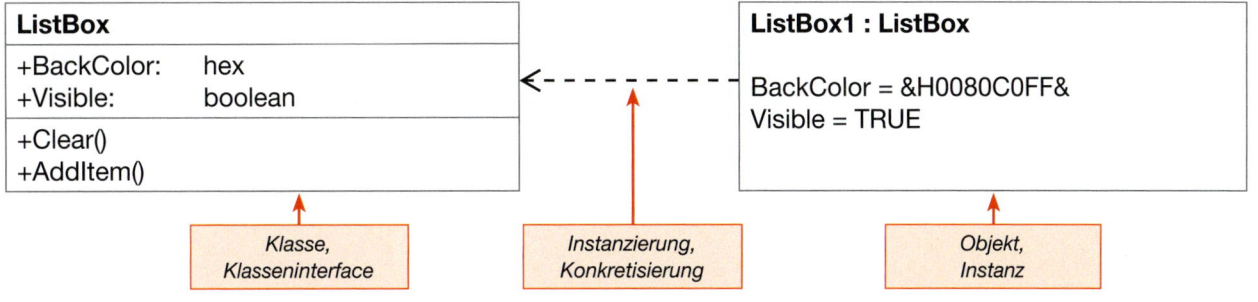

Mit diesem Vorwissen ist auch schon klar, in welchen drei Schritten selbst definierte Klassen in bestehende Programme integriert werden:

1. **Die Klasse muss mit ihren Attributen und Methoden angelegt werden.**
   Dieser Schritt wurde im Kapitel 3 nicht durchgeführt, weil die verwendeten Klassen schon bestanden, z. B. die Klasse *ListBox*.

2. **Die Klasse muss instanziert bzw. konkretisiert werden.**
   Das bedeutet, dass ein konkretes Objekt nach dem Bauplan der Klasse realisiert werden muss. Gleichzeitig muss das konkrete Objekt mit Startwerten initialisiert werden.
   Dieser Schritt wurde im Kapitel 3 mit dem Anlegen eines Objektes auf der UserForm durchgeführt. Es wurde dabei eine konkrete ListBox1 nach dem ListBox-Bauplan erzeugt. Beim Start des Programms wurde diese Listbox mit den eingestellten Eigenschaften initialisiert.

3. **Das konkrete Objekt kann im Programmcode angesprochen werden.**
   Dies erfolgt, indem man auf die öffentlichen Attribute und Methoden mit Hilfe des Punktoperators zugreift, wie z. B.:
   - `ListBox1.Visible = False` macht das Objekt (die Instanz) *ListBox1* vom Datentyp *ListBox* unsichtbar.
   - `ListBox1.Clear` löscht alle Inhalte aus dem Objekt (der Instanz) *ListBox1*, die nach dem Bauplan der Klasse *ListBox* erstellt wurden.

Die konkrete Umsetzung von selbst definierten Klassen und Objekten in VBA erfolgt nach den folgenden Schritten.

1. Anlegen einer Klasse

Falls im Projektfenster von VBA noch kein Klassenmodul angezeigt wird, kann dies über den Menüpunkt *Einfügen ▷ Klassenmodul* erfolgen. Der Klassenname kann dann bei der Eigenschaft (Name) im Eigenschaften-Fenster eingetragen werden. Er sollte mit *cls* für „class", dem englischen Wort für "Klasse", beginnen, damit eine Unterscheidung dieses neu definierten Datentyps von den Variablennamen möglich ist.

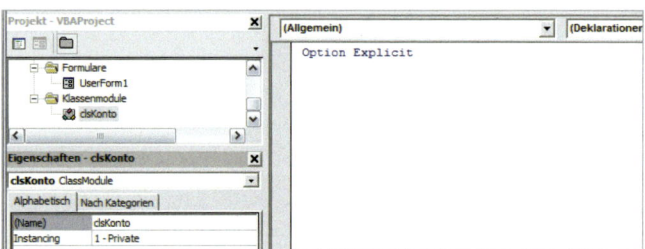

Mit dem Anlegen der Klasse erscheint in dem rechten Bereich des VBA-Fensters ein Code-Fenster, in dem alle Attribute als Variablen der Klasse deklariert und alle Methoden programmiert werden können. In VBA ist es allerdings nur möglich, Attribute und Methoden mit dem Sichtbarkeitsstatus *private* oder *public* anzulegen. Die Sichtbarkeit *protected* ist in VBA nicht verfügbar.

Bei den Methoden einer Klasse gibt es einige Aspekte, die zu beachten sind.

> Für jede Klasse muss es eine Methode geben, mit der die Attribute der Klasse initialisiert, also mit Startwerten versehen werden können. Diese Methode heißt **Konstruktor**. Weiterhin muss es für jede Klasse eine Methode geben, die ausgeführt wird, wenn ein Objekt zerstört werden soll. Diese Methode nennt man **Destruktor**. Im Destruktor können noch verschiedene Aufräumarbeiten erledigt werden, bevor das Objekt endgültig verschwindet.

In VBA lautet der Konstruktor in einer Klasse:

```
Private Sub Class_Initialize()
…
End Sub
```

Der Destruktor lautet:

```
Private Sub Class_Initialize()
…
End Sub
```

Man sieht, dass die beiden Methoden den Sichtbarkeitsstatus *private* haben, also nur innerhalb der Klasse verwendet werden können. Daher können sie auch in jeder Klasse genau denselben Namen haben. Der Konstruktor wird ausgeführt, wenn im Programm das Objekt tatsächlich aus der Klasse heraus erzeugt wird. Dazu ist zunächst eine Deklaration des Objektes vom Datentyp der Klasse und dann das tatsächliche Erzeugen des Objektes notwendig.

```
Dim objektname As klassenname

'Objekt aus Klasse erzeugen. Zu diesem Zeitpunkt wird der Kon-
struktor ausgeführt.
Set objektname = New klassenname
```

2. Datenkapselung bzw. Geheimnisprinzip

Ein weiteres Grundprinzip der objektorientierten Programmierung ist die **Datenkapselung** (auch **Geheimprinzip** oder **Geheimnisprinzip** genannt). Das bedeutet, dass nichts über die *private*-Attribute einer Klasse bekannt ist, außer es werden zum Anzeigen oder Verändern der Attribute die eigens dafür angelegten Methoden benutzt.

> Für jedes *private*-Attribut, das außerhalb der Klasse verwendet werden soll, muss es eine Methode zum Lesen bzw. eine weitere zum Verändern des Attributs geben. Diese Methoden haben üblicherweise die Bezeichnung **Get** zum Lesen und **Let** (oder **Set**, je nach Programmiersprache) zum Verändern der Klassenattribute. Den Zugriff auf die Klassenattribute über Methoden nennt man **Datenkapselung** oder **Geheimnisprinzip**.

In VBA lautet die Get-Methode eines Attributs:

```
Public Property Get externerAttributname() As datentyp
    externerAttributname = internerAttributname
End Property
```

Dabei muss der entsprechende Attributname sowie der entsprechende Datentyp des Attributs eingesetzt werden.

Die Let-Methode zum Verändern eines Klassenattributs lautet:

```
Public Property Let externerAttributname(ByVal neuerWert As datentyp)
    internerAttributname = neuerWert
End Property
```

Auch hier muss der entsprechende Attributname sowie der entsprechende Datentyp des Attributs eingesetzt werden.

3. Überlagerung

Beim Vererben kann es sein, dass die Attribute und Methoden einer Elternklasse nicht 100 %ig für die Kindklasse passen. In diesem Fall kann die Kindklasse die Namen des Attributs bzw. der Methode beibehalten, muss die konkreten Datentypen oder notwendigen Parameter aber so verändern, dass sie passen.

> Jede Methode, die für eine Unterklasse nicht ganz passend ist, kann durch eine andere Methode desselben Namens, jedoch mit unterschiedlichen Parametern, überschrieben werden. Diese Möglichkeit in der objektorientierten Programmierung, Methoden mit bestimmten Parametern durch eine gleichnamige Methode mit anderen Parametern zu ersetzen, wird **Überlagerung** genannt. Die Überlagerung ist eine Form von **Polymorphie**.

Marino Caponi beschließt, seinen Zeitrechner objektorientiert zu programmieren. Allerdings hat er nicht viel Zeit und möchte daher nur die Klasse *Zeitrechner* und nicht die Klasse *Rechner* in ein Programm umsetzen. Er notiert sich folgendes Klasseninterface für die Klasse *Zeitrechner*:

Zeitrechner	
-erste_h:	double
-erste_min:	double
-zweite_h:	double
-zweite_min:	double
-ergebnis_h:	double
-ergebnis_min:	double
-ergebnis_gesamt:	double
+berechne_differenz()	

Dann macht er sich an die Programmierung. Zunächst entwirft er die Oberfläche, in die er die Zeiten eintragen kann.

Danach programmiert er die Klasse. Er nennt sie *clsZeitrechner*. Er deklariert alle Klassenattribute als *private*. Für alle Attribute, für die es notwendig ist, erstellt er die Get- und Let-Methoden und fügt einen Konstruktor ein, in dem die notwendigen Initialisierungen vorgenommen werden.

Dabei wählt er die Attributnamen so, dass die klasseninternen Attributnamen relativ kurz sind und die Attributnamen, die für die Get- und Let-Methoden verwendet werden, einen sprechenden Namen haben, da diese Attributnamen nach außen sichtbar sind. Zum Schluss fügt er in der Klasse noch die Methode für die Differenzberechnung zwischen zwei Zeiten ein.

```
Option Explicit
Private e_h        As Double
Private e_min      As Double
Private z_h        As Double
Private z_min      As Double
Private erg_h      As Double
Private erg_min    As Double
Private erg_gesamt As Double

Public Property Let erste_h(ByVal neuerWert As Double)
   e_h = neuerWert
End Property
Public Property Let erste_min(ByVal neuerWert As Double)
   e_min = neuerWert
End Property
Public Property Let zweite_h(ByVal neuerWert As Double)
   z_h = neuerWert
End Property
Public Property Let zweite_min(ByVal neuerWert As Double)
   z_min = neuerWert
End Property
Public Property Get ergebnis_h() As Double
   ergebnis_h = erg_h
End Property
Public Property Get ergebnis_min() As Double
   ergebnis_min = erg_min
End Property
Public Property Get ergebnis_gesamt() As Double
   ergebnis_gesamt = erg_gesamt
End Property

Private Sub Class_Initialize()
   erg_h = 0
   erg_min = 0
   erg_gesamt = 0
End Sub

Public Function berechne_differenz()
   Dim abs_anfang, abs_ende As Integer
   'Uhrzeiten in Minuten umwandeln
   abs_anfang = e_h * 60 + e_min
   abs_ende = z_h * 60 + z_min

   'Falls beide Uhrzeiten am selben Tag sind
   If (abs_anfang <= abs_ende) Then
     erg_gesamt = abs_ende - abs_anfang
   'Falls eine Nacht dazwischenliegt
   Else
     erg_gesamt = abs_ende - (abs_anfang - 24 * 60)
   End If

   'Umwandeln der absoluten Minutenangabe in Stunden und
   Minuten
   'ACHTUNG! Hier wird die ganzzahlige Division verwendet
   (\ und nicht /)
   erg_h = erg_gesamt \ 60
   erg_min = erg_gesamt Mod 60
End Function
```

Jetzt möchte Marino Caponi das eigentliche Programm zu der UserForm schreiben, das eine Instanz der Klasse *clsZeitrechner* enthält.

Er deklariert eine Variable *zrech* und möchte gerade den Datentyp *clsZeitrechner* eintragen, als schon nach den ersten beiden Buchstaben ein Auswahlfenster erscheint, in dem die Klasse angeboten wird.

Nach der Deklaration erzeugt Marino Caponi das tatsächliche Objekt *zrech*. In dem Moment, wo er die erste Wertzuweisung machen möchte, öffnet sich nach der Eingabe des Punktoperators eine Liste mit den von ihm angelegten Attributen und Methoden.

Er programmiert das Programm zu Ende, das diesmal sehr übersichtlich ausfällt. Auf die Überprüfung, ob alle Eingaben auch richtig sind, also ob die Stunden zwischen 0 und 24 und die Minuten zwischen 0 und 60 liegen, verzichtet er ausnahmsweise.

```
Private Sub CommandButton1_Click()
  Dim zrech As clsZeitrechner
  'Objekt aus Klasse erzeugen. Zu diesem Zeitpunkt wird
  der Konstruktor ausgeführt.
  Set zrech = New clsZeitrechner
  'Einlesen der Werte
  zrech.erste_h = Val(TextBox_e_h.Text)
  zrech.zweite_h = Val(TextBox_z_h.Text)
  zrech.erste_min = Val(TextBox_e_min.Text)
  zrech.zweite_min = Val(TextBox_z_min.Text)
  'Berechnung
  zrech.berechne_differenz
  'Ausgabe
  Label_ergebnis.Caption = "Das sind " & zrech.ergebnis_
  gesamt & " Minuten, also " & zrech.ergebnis_h & " Stun-
  den und " & zrech.ergebnis_min & " Minuten."
End Sub

Private Sub CommandButton2_Click()
  End
End Sub
```

Marino Caponi ist zufrieden. Durch die Objektorientierung ist sein Programm viel übersichtlicher geworden.

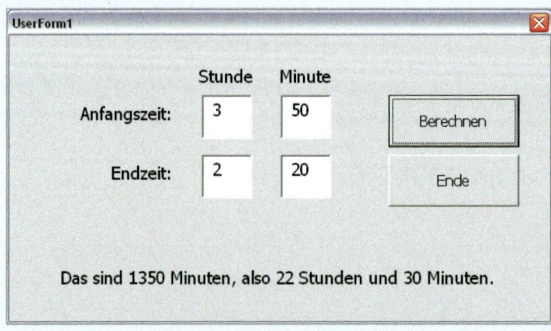

AUFGABEN

1 Entwickeln Sie nach dem Vorbild des folgenden Screenshots ein objektorientiertes Programm, das ein Girokonto simuliert.

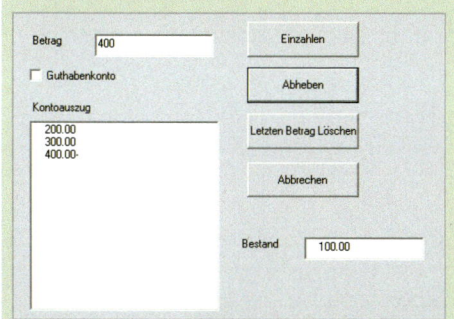

Konto	
bestand:	double
letzteEinzahlung:	double
guthabenK:	boolean
einzahlen()	
...	

Ergänzen Sie ein Attribut Zinsen und eine Schaltfläche Abschluss, mit deren Hilfe die Jahreszinsen für den aktuellen Bestand berechnet und aufgeschlagen werden können.

2 Ein objektorientiertes Programm zur Flächenberechnung von Rechtecken, Dreiecken und Kreisen soll aus den Klassen *Flaeche*, *Dreieck*, *Rechteck* und *Kreis* bestehen.
  a) Entwerfen Sie ein Klassendiagramm für die Flächenberechnung.
  b) Implementieren Sie das Flächenberechnungsprogramm nach den Vorgaben aus dem Klassendiagramm.

3 Ein objektorientiertes Programm zur Volumenberechnung von Quadern, Zylindern, Dreiecksprismen, Pyramiden, Kegeln und Tetraedern soll erstellt werden.
  a) Entwerfen Sie ein Klassendiagramm für die Volumenberechnung. Können Sie in diesem Klassendiagramm die Klassen der Flächenberechnung integrieren?
  b) Implementieren Sie das Volumenberechnungsprogramm nach den Vorgaben aus dem Klassendiagramm.

Prüfen Sie sich!

Aufgabe 1
Diese Sammlung von Objekten stellt ein abstraktes Bild dar, das in seine einzelnen Elemente zerlegt und "aufgeräumt" wurde.

Erstellen Sie für dieses aufgeräumte Bild ein Klassendiagramm mit seinen Attributen und Methoden, so dass das Bild mit Hilfe der Attribute und Methoden des Klassendiagramms wieder zum Original zusammengefügt werden könnte.

Aufgabe 2
Programmieren Sie die grundlegenden Aspekte, die zur Benutzung eines Guthabenkontos (also eines Kontos, das immer einen Kontostand größer gleich Null hat) notwendig sind. Erstellen Sie dazu die Klasse *clsGutKonto*:

clsGutKonto
-kontostand
-letzterBetrag
+kontostandAendern()
+kontostandAbfragen()
+letzterBetragSetzen()
+letzterBetragAbfragen()

Implementieren Sie die Methoden und bilden Sie die Instanz *privatKonto*. Initialisieren Sie die Instanz *privatKonto* mit *kontostand = 0* und *letzterBetrag = 0*. Der Benutzer des Programms soll einzahlen, abheben und die letzte Aktion stornieren können. Nach jeder Aktion soll der neue Kontostand angezeigt werden.

Achten Sie darauf, dass bei einem Guthabenkonto der Kontostand nicht negativ werden kann!

Aufgabe 3

In einem Metall verarbeitenden Betrieb sollen aus Blechstücken in den Abmessungen x cm · y cm (z. B. 50 cm · 80 cm) Metallbehälter mit einem möglichst großen Volumen hergestellt werden. Die Behälter werden durch Entfernen der (gepunkteten) Ecken und Biegen (an den gestrichelten Linien) der Seitenwände konstruiert:

Das Volumen des Behälters berechnet sich aus der Formel:

V = Länge · Breite · Höhe

Um die maximale Höhe zu ermitteln, müssen die Variablen (Attribute) Länge und Breite aus der Höhe abgeleitet werden. Für ein Blechstück mit 70 cm · 90 cm geht das wie folgt:

Länge = 80 − 2 · Höhe
Breite = 50 − 2 · Höhe

Die Volumenformel in Abhängigkeit von der Höhe lautet also:

V = (80 − 2 · Höhe) · (50 − 2 · Höhe) · Höhe

a) Lösen Sie die Aufgabe objektorientiert. Erstellen Sie eine Klasse *clsVolumen*.
b) Implementieren Sie die notwendigen Methoden zur Berechnung bzw. Ausgabe der Werte. Bilden Sie die **Instanz** *Schachtel* (mit Initialisierung der Instanz). Das „Herzstück" Ihrer Methoden ist dabei die Berechnung der maximalen Höhe. (Die „Schrittfolge" für die alternativen Höhen beträgt immer 1 Einheit.)

5 Multimediaanwendungen

5.1 Informationsdarstellung im World Wide Web

Marino Caponi wurde schon von einigen Gästen gefragt, warum er noch keine Site im Internet hat. Bisher wusste er nie, wofür das gut sein soll, da er doch regelmäßig eine Werbeanzeige in der Tageszeitung geschaltet hat. Doch nachdem er sich die Website von einigen anderen Restaurants angesehen hat, ist ihm klar, dass er mit einem Internetauftritt sehr viel mehr Möglichkeiten hat, sich und sein Ristorante zu präsentieren, als mit einer Anzeige in der Zeitung.

WWW, HTML, HTTP, FTP, Browser – Was ist das?

Das **World Wide Web (WWW)** ist der Teil des Internets, der am schnellsten wächst und mittlerweile am weitesten verbreitet ist. Das liegt vor allen Dingen daran, dass die Bedienung des WWW sehr einfach ist und der persönliche Nutzen sehr groß. Es reicht aus, einfach einen gewünschten Suchbegriff bei einer Suchmaschine oder eine Internetadresse in die Adresszeile des Browsers einzugeben, und schon werden einem die gesuchten Informationen am Bildschirm angezeigt. Und das Beste ist, es werden nicht nur Texte angezeigt, so wie es in den Anfangszeiten des WWW der Fall war, sondern durch die große Leistungsfähigkeit der PCs und schneller DSL-Verbindungen ist es auch möglich, Bilder, Grafiken, Sounds und Videos zu betrachten.

Zur Beschreibung der multimedialen Dokumente, die im WWW vernetzt sind, reicht einfacher Text nicht aus. Es muss beschrieben sein, wie der Text genau dargestellt werden soll, ob fett oder kursiv, welche Bilder an welcher Stelle zu dem Dokument gehören und ob auch noch Musik zu hören sein soll. Außerdem enthalten die Dokumente im WWW stets Sprünge oder Verweise auf andere Dokumente, sogenannte „Links".

hyper (engl.)
= über

language (engl.)
= Sprache

to mark up something (engl.)
= etwas kennzeichnen bzw. markieren; hier: eine Formatierungsanweisung für etwas geben

Die Sprache, mit der eine Internetseite beschrieben wird, heißt HyperText Markup Language (**HTML**). HTML bildet das Grundgerüst jeder Internetseite im WWW. Sie ist keine Programmiersprache, sondern „nur" eine **Textbeschreibungssprache**.

In HTML können jedoch kleine Java-Anwendungen (so genannte Java-Applets) oder Programmskripte in JavaScript, Perl oder PHP eingebettet sein.

Java, Perl
= Programmiersprachen

PHP
= Scriptsprache

Client-Server-Prinzip
= Kunde-Diener-Prinzip

Das WWW arbeitet nach dem **Client-Server-Prinzip**: Der Kunde (client, lokaler Computer) stellt eine Anfrage an den Diener (server, Computer im Internet), der ihm eine bestimmte Internetseite zeigen soll. Der Server sucht die gewünschte Seite mit den dazugehörigen Inhalten heraus und übermittelt eine Kopie derselben an den Client, wo sie dann auf dem Bildschirm dargestellt werden.

Wie in jedem Netzwerk, so gibt es auch im Internet Regeln und Vereinbarungen, wie und in welcher Reihenfolge die angeschlossenen Computer miteinander kommunizieren. Diese Vorgaben nennt man Protokoll.

Hinweis: Auch bei einem Treffen zweier oder mehrerer Staatsoberhäupter wird die Festlegung, wie und in welcher Reihenfolge bestimmte Handlungen zu erfolgen haben, Protokoll genannt.

Das Protokoll, das sicherstellt, wie die Inhalte der Webseiten vom Server auf den Client übertragen werden, heißt **Hypertext Transfer Protocol (HTTP)**.

Für sichere Internetverbindungen, wie sie beispielsweise beim Online-Banking oder beim Bezahlen in einem Onlineshop benötigt werden, wird das **HyperText Transfer Protocol Secure (HTTPS)** benutzt. Um ganze Dateien vom lokalen Client zum Webserver zu kopieren, wird das **File Transfer Protocol (FTP)** verwendet.

Zum Betrachten der Dokumente des WWW auf dem lokalen Computer ist ein Programm nötig, das die in der Textbeschreibungssprache HTML geschriebenen Seiten interpretieren und formatiert darstellen kann. Solche Programme heißen **Browser**. Die verbreitetsten Browser sind
- Microsoft Internet Explorer,
- Mozilla Firefox und
- Netscape Navigator.

to browse (engl.)
= umsehen

to browse through (engl.)
= durchblättern

Leider verfügt jeder Browser über gewisse Eigenarten, so dass z. B. die HTML-Dokumente von den verschiedenen Browsern unterschiedlich dargestellt werden. Damit Webdesigner bei der Erstellung von Webseiten zumindest einigermaßen sicher sein können, dass die von ihnen erstellten Webseiten von den verschiedenen Browsern gleich dargestellt werden, gibt es das **World Wide Web Consortium (W3C)**. Dieses Konsortium, dem über 370 zum Teil sehr namhafte Vertreter der Softwareindustrie angehören, legt die Standards für HTML und die weiteren Formatierungsmöglichkeiten bei Internetseiten fest, und sorgt für deren Weiterentwicklung und Kompatibilität. So können sich die Entwickler der Browsersoftware an diesen Richtlinien orientieren und dafür Sorge tragen, dass in Zukunft der HTML-Code möglichst von allen Browsern gleich dargestellt wird.

W3C im Internet:
www.w3c.de und
www.w3.org

Auf der Internetseite des W3C sind viele Informationen über Web-Standards und angesteuerte Ziele bei der Standardisierung zu finden. Trotzdem ist es sinnvoll, seine erstellten HTML-Seiten mit verschiedenen Browsern zu testen, um sicher zu sein, dass sie das gewünschte Aussehen haben.

Hyperlinks

Das Besondere an den Seiten im WWW ist, dass sie nicht nur multimedial sind, sondern, – ausgehend von einer Startseite – auch vielfach miteinander verknüpft. Diese Verknüpfungspunkte nennt man **Hyperlinks**.

multimedial
= Kombination verschiedener Medien, wie z.B. Text, Bild, Ton usw.

Die Verknüpfungen der einzelnen Seiten können zu unterschiedlichen Dokumentenstrukturen führen:
- Die **lineare Struktur** ist selbsterklärend. Der Benutzer kann sich in ihr nicht „verlaufen". Er gelangt nach einer festgelegten Reihenfolge stets zur nächsten Seite und hat somit eine relativ passive Rolle. Diese Struktur ist geeignet, um zum Beispiel eine Geschichte über mehrere Seiten zu erzählen oder einen Nutzer per „Guided Tour" an an neues Programm heranzuführen.

Guided Tour
= Text- oder/und audiobasierte Einführung in z.B. ein Lernprogramm. Dem unerfahrenen Nutzer werden Informationen vermittelt zur Handhabung, Zielsetzung, etc.

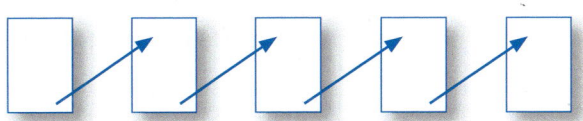

- Bei der **Baumstruktur** nimmt der Benutzer eine aktive Rolle ein. Diese stark hierarchisierende Struktur, die einem Thema Tiefe verleiht, wird häufig für umfangreichere Internetauftritte oder Inhalte verwendet.

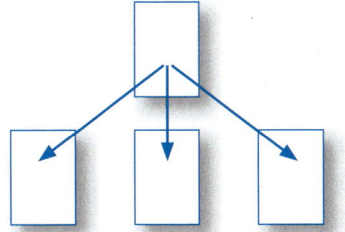

- Bei der **Netz-Struktur** besteht ein hohes Maß an Interaktivität. Der Benutzer kann spontan von einem Thema zum anderen springen. Allerdings kann er die komplette Struktur so einer Präsenz auch nur schwer überblicken.

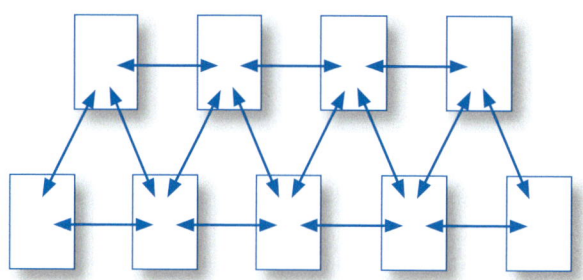

- Die **Sternstruktur** orientiert sich stark am Inhalt, der dargestellt werden soll. Sie wird meistens für relativ flache Strukturen verwendet, wie zum Beispiel ein Lexikon auf CD-ROM.

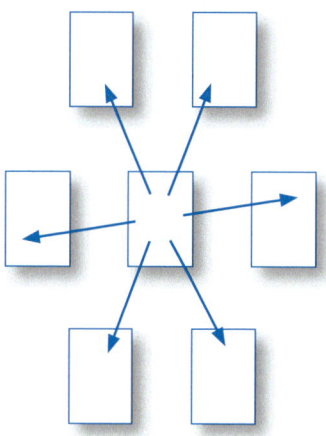

Meistens wird es bei der Navigation durch die Seiten einer Internetpräsenz eine Mischform der einzelnen Strukturen geben, jeweils passend zu den Inhalten, die in dem jeweiligen Bereich dargestellt werden sollen.

Homepage, Website, Webpage oder -seite und Sitemap

Die Bezeichnungen für einen Internetauftritt oder Teile davon werden sehr unterschiedlich und häufig auch falsch verwendet.

Eine **Website** besteht aus einzelnen miteinander verknüpften **Webseiten** (Webpages), die in der Regel multimediale Elemente beinhalten. Diese multimedialen Inhalte können Texte, Grafiken, Sounds, Videos usw. sein. Für die Webseiten ist es wichtig, dass sie besonders schnell vom Browser geladen werden können. Muss der Betrachter mehr als 3 Sekunden auf den Aufbau einer Webseite warten, ist die Wahrscheinlichkeit sehr hoch, dass er einfach weiterklickt und sich die Seite doch nicht ansieht.

Homepage (engl.)
= Hauptseite, Einstiegsseite

home (engl.)
= Zuhause

> Die erste Seite einer **Website** ist die **Homepage**. Sie heißt immer **index.html** oder **index.htm**. Sie ist das Aushängeschild der Internetpräsenz und sollte deshalb besonders ansprechend gestaltet sein.

page (engl.)
= Seite, Buchseite

site (engl.)
= Platz

aber: side (engl.)
= Seite im Sinne von Flanke, Körperseite

Um sich, vor allem bei größeren Internetauftritten, besser orientieren zu können, gibt es meistens eine **Sitemap**, die die Struktur der Webpräsenz wiedergibt.

Vergleicht man eine Internetpräsenz mit einem Buch, so wird die Bedeutung der verschiedenen Begriffe schnell deutlich:

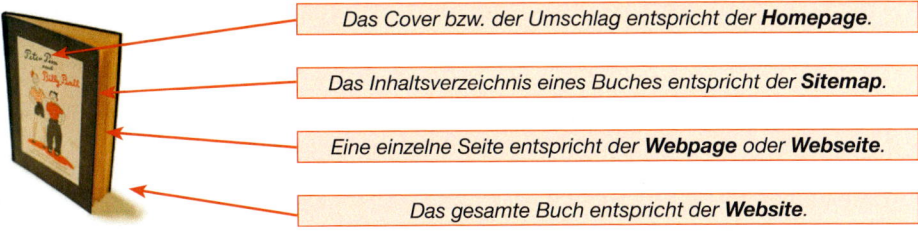

*Das Cover bzw. der Umschlag entspricht der **Homepage**.*

*Das Inhaltsverzeichnis eines Buches entspricht der **Sitemap**.*

*Eine einzelne Seite entspricht der **Webpage** oder **Webseite**.*

*Das gesamte Buch entspricht der **Website**.*

Gute Seiten – schlechte Seiten

Beim Surfen durch das Internet wird man sich auf einigen Seiten sehr viel länger aufhalten als auf anderen, weil einen genau diese Seite besonders anspricht. Aber worin unterscheiden sich gute von schlechten Internetseiten? Zum einen ist es sicherlich eine Frage des Geschmacks, ob einem eine Seite gut gefällt oder nicht.

Aber abgesehen davon gibt es auch einige objektive Kriterien, die man auf allen guten Internetseiten realisiert findet, wie zum Beispiel:
- Die Seite ist klar und übersichtlich gestaltet. Der Benutzer findet sich leicht zurecht.
- Die Website hat ein durchgängiges Layout. Der Benutzer weiß die ganze Zeit, auf wessen Seiten er sich befindet.
- Es gibt keine toten oder nicht aktuellen Hyperlinks.
- Die Schrift ist gut lesbar.
- Die Seite wird schnell im Browser geladen.
- Die Seite ist mit klaren, ansprechenden Farben gestaltet.
- Die Seite erfüllt die rechtlichen Bestimmungen.
- Auf der Seite finde ich die erwarteten Informationen.

Im Internet finden sich einige Checklisten, um die Qualität seiner eigenen Internetseite überprüfen zu können. Einzelne Kriterien werden im folgenden Kapitel noch genauer beleuchtet werden.

Erstellen von Websites

Das Wichtigste beim Erstellen einer Website ist, dass man konkrete Vorstellungen zu zwei Punkten hat:
- Wen möchte ich mit meiner Internetpräsenz ansprechen?
  (Frage nach der Zielgruppe)
- Welche Informationen möchte ich auf meinen Webseiten darstellen?
  (Frage nach dem Inhalt)

Die Zielgruppe ist dabei meistens schnell bestimmt. Wie in passender Weise auf eine Zielgruppe eingegangen werden kann, ist allerdings genau zu überlegen. Nicht nur die Texte auf der Website müssen zielgruppengerecht sein, auch die verwendeten Farben, Grafiken, Schrifttypen, Sounds, Navigationselemente etc. müssen für die Zielgruppe passen.

Langwieriger ist es, die gewünschten Informationen zu sammeln, aufzubereiten und in einer passenden Struktur und einem passenden Layout auf den Internetseiten darzustellen. Bei der Planung dieses Punktes kommen meistens entsprechende Hilfsmittel, wie zum Beispiel ein **Zustandsdiagramm** oder ein **Storyboard**, zum Einsatz.

Sind die Grundlagen für die Website hinreichend gut geplant, erfolgt die Umsetzung des Plans. Dafür werden, neben einem HTML-Editor, auch Programme für die Bild-, Sound- und eventuell für die Videobearbeitung benötigt.

Zustandsdiagramm
▶ *Kapitel 1.3, Seite 18 ff.*

Storyboard
▶ *Kapitel 5.5.4, Seite 253 ff.*

HTML-Editor
= Programm zum Erstellen von Internetseiten in HTML

Ist die Website fertig, so sollte sie, bevor sie im Internet veröffentlicht wird, noch ausführlich auf verschiedene Kriterien hin getestet werden:
- Funktionieren alle Hyperlinks?
- Werden die Seiten mit verschiedenen Browsern zufrieden stellend dargestellt?
- Werden die Seiten mit unterschiedlichen Bildschirmauflösungen zufrieden stellend dargestellt?
- Besitzen alle Seiten gültige Dateinamen ohne Leerzeichen, Sonderzeichen und Umlaute? Statt eines Leerzeichens kommt üblicherweise einen Unterstrich _ zur Anwendung, eines der wenigen erlaubten Sonderzeichen. Außerdem wird empfohlen, für Dateinamen nur Kleinbuchstaben zu verwenden, weil bei UNIX-Rechnern Groß- und Kleinschreibung unterschieden wird.
- Sind die Dateigrößen der einzelnen Bilder und Seiten so klein, dass die Seiten schnell im Internet übertragen und geladen werden können? Nicht jeder Benutzer des Internets besitzt einen DSL-Anschluss.
- Um die Webseiten auf HTML-Fehler überprüfen zu lassen, kann man einen Validations-Service der Website validator.w3.org benutzen. Nachdem die Internetadresse der Seite eingegeben und auf „Check" geklickt wurde, werden alle die Fehler und Warnungen ausgegeben, die es zum HTML-Code dieser Seite zu melden gibt.

UNIX
= Betriebssystem

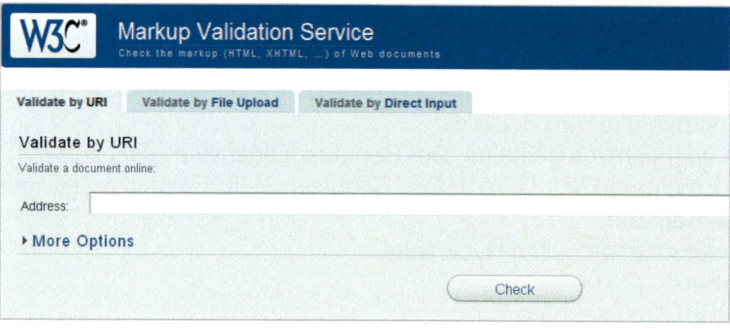

WebSpace
= Speicherplatz im Internet mittels eines Servers

to provide (engl.)
= bereitstellen, zur Verfügung stellen

Abschließend ist Speicherplatz im Internet nötig, ein so genannter **WebSpace**, um seine Website speichern und damit veröffentlichen zu können. Diese Dienstleistung wird von Internet-Service-Providern (ISP) angeboten. Sie bieten einem verschiedene Dienste rund um das Internet an, wie z. B. allgemein den Zugang zum Internet oder das Zurverfügungstellen von WebSpace- und E-Mail-Konten etc.

Je nachdem, welchen quantitativen und qualitativen Umfang die Website haben soll, gibt es unterschiedlich teure Angebote der ISPs. Zum Beispiel werden Perl und PHP nicht bei jedem Angebot unterstützt. Auch bezüglich der Größe des Transfervolumens kann es Beschränkungen geben. Soll nur eine Art elektronische Visitenkarte ohne serverseitige Programmierung im Internet veröffentlicht werden, reicht das billigste Paket in der Regel aus.

upload (engl.)
= hochladen

Für den Upload, also das Hochladen der Website auf den Server zum Zweck der Veröffentlichung der erstellten Internetseiten und der dazugehörigen Bilder und anderen Dateien, wird ein so genanntes File-Transfer-Programm (FTP) benötigt. Ein sehr gängiges, das kostenlos im Internet erhältlich ist, ist **WS_FTP** für Windows oder **Fetch** für Macintosh.

> Marino Caponi sieht sich gute und schlechte Seiten mit unterschiedlichen Browsern an. Er macht sich Gedanken darüber, was er mit einem Internetauftritt erreichen möchte. Nach längeren Überlegungen kommt er zu dem Entschluss, dass seine Website eine Art erweiterte Visitenkarte sein soll, die über Folgendes informiert:
> - Öffnungszeiten und Ruhetage, damit die Gäste nicht vor verschlossenen Türen stehen.
> - Adresse, Telefonnummer und Anfahrtsskizze, damit die Gäste das Ristorante finden und eventuell vorher einen Tisch bestellen können.
> - Auszüge aus der Speisekarte, um dem Betrachter der Seiten schon ein wenig den Mund wässrig zu machen.

- Bilder der Räumlichkeiten, damit der Betrachter u. a. einen ersten Eindruck bekommt, ob die Räume für eine geplante Feier geeignet sind.
- Hinweise auf besondere Aktionen und später dann jeweils eine Fotogalerie der besonderen Aktionen, um die Internetseite für die Gäste dauerhaft interessant zu gestalten.
- zusätzliche Texte, Geschichten und Rezepte, die je nach Jahreszeit oder besonderem Anlass wechseln, damit seine Gäste einen zusätzlichen Anreiz haben, häufiger auf seine Website zu schauen.

Zu der Struktur seiner Website hat er schon konkrete Vorstellungen. Ausgehend von der Homepage, die die Öffnungszeiten und die Adresse enthält, soll der Nutzer zu den Bereichen *Anfahrt, Speisen, Räumlichkeiten, Aktionen* und *Wissenswertes* gelangen. Auf die Seite *Wissenswertes* gelangt der Nutzer außerdem von der Seite mit den Speisen und mit den Aktionen, denn dort möchte Marino Caponi noch einige Hintergrundinformationen geben.

Des Weiteren ist gesetzlich gefordert, dass es eine Seite mit einem *Impressum* gibt, auf der die für die Website verantwortliche Person mit ihrer Adresse und, bei Geschäften, mit ihrer Handelsregisternummer und ihrer Umsatzsteuer-ID-Nummer, genannt wird. Insgesamt sieht die Navigationsstruktur, die sich Marino Caponi für seine Seiten ausgedacht hat, so aus:

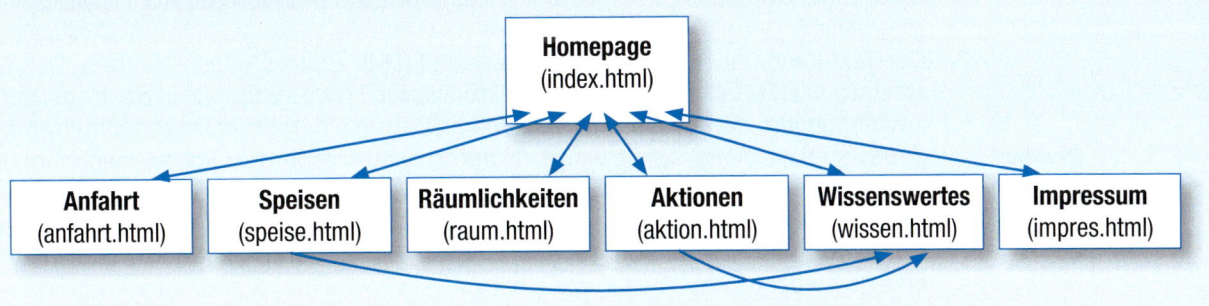

AUFGABEN

1
a) Suchen Sie im Internet eine Seite aus, die Ihnen besonders gut gefällt. Stellen Sie die Seite vor und erläutern Sie, was Ihnen an dieser Seite besonders gut gefällt.
b) Suchen Sie im Gegenzug eine Seite, die Ihnen überhaupt nicht gefällt. Stellen Sie die Seite vor und erläutern Sie, was Ihnen an dieser Seite nicht gefällt.

2
a) Beantworten Sie die Frage: „Was kann ich tun, um eine Website noch schlechter zu machen?"
b) Formulieren Sie aus den gefundenen Antworten positive Stichpunkte, die Sie beim Erstellen einer Website unbedingt beachten sollten.

3 Planen Sie eine Website zu Ihrer Person. Welche Inhalte sollen auf Ihre Seiten? Wen möchten Sie mit ihrer Website ansprechen? Welche Navigationsstruktur soll Ihrer Internetpräsenz zugrunde liegen?

4 Planen Sie eine Website für einen Sportverein. Welche Inhalte sollen auf den Seiten dargestellt werden? Wen möchten Sie mit der Website ansprechen? Welche Navigationsstruktur soll dieser Internetpräsenz zugrunde liegen?

5 Planen Sie den Teil einer Website, auf dem schrittweise ein Rezept für Nussecken beschrieben werden soll. Welche Inhalte sollen auf den jeweiligen Seiten dargestellt werden? Wen möchten Sie mit der Website ansprechen? Welche Navigationsstruktur soll dieser Internetpräsenz zugrunde liegen?

6 Suchen Sie verschiedene Angebote von Webpaketen bei unterschiedlichen Internetprovidern.
a) Erstellen Sie einen Angebotsvergleich für jemanden, der seine private Website veröffentlichen möchte. Die Website soll Informationen zu seiner Person und seinen Hobbys beinhalten.
b) Erstellen Sie einen Angebotsvergleich für jemanden, der plant, einen (hoffentlich) gut besuchten Online-Shop im Internet zu eröffnen.

5.2 Einführung in HTML

Welche Software ist notwendig?

Marino Caponi hat sich mehrere Internetseiten von anderen Restaurants angesehen und weiß nun ungefähr, wie seine Seite aussehen soll. Aber wie soll er anfangen? Braucht er nicht zunächst ein teures Programm zum Erstellen von Internetauftritten? Oder gibt es vielleicht sogar kostengünstige bzw. kostenlose Programme? Und benötigt er nicht auch Kenntnisse für die Programmierung?

Für das Schreiben von HTML-Seiten bieten sich drei verschiedene, unterschiedlich komfortable Möglichkeiten an:
1. Der Text kann mit Hilfe eines einfachen Text-Editors erfasst, die Datei mit der Endung .htm oder .html abgespeichert und danach mit einem Browser angesehen werden. Dies ist die einfachste, kostengünstigste, aber auch mühseligste Art, HTML-Seiten zu erstellen.
2. Der Text kann mit Hilfe eines textbasierten HTML-Editors erfasst werden. Das Erstellen von HTML-Seiten mit einem textbasierten HTML-Editor ist in der Regel auch kostengünstig, denn viele Editoren, wie z. B. Phase 5, gibt es umsonst im Internet (Freeware). Sie bieten schon einigen Komfort beim Anlegen der Textauszeichnungen, Links, Tabellen etc.
3. Die HTML-Seiten können mithilfe eines Wysiwyg-Editors (sprich: wisiwig, Abk. für „**W**hat **y**ou **s**ee **i**s **w**hat **y**ou **g**et"), wie zum Beispiel Frontpage oder Dreamweaver, erstellt werden. Das Arbeiten mit einem Wysiwyg-Editor ist zwar sehr komfortabel, die Anschaffung kostet aber viel Geld. Zudem führt der HTML-Code, den das Programm generiert, oft zu sehr viel längeren Ladezeiten für die Webseiten.

Freeware
= Software, die kostenlos genutzt werden kann

Teure und funktionsreiche Programme sind also nicht unbedingt notwendig, um eine schöne Internetseite zu erstellen. Es geht auch mit einem einfachen Texteditor. Wichtig ist dabei nur, dass der geschriebene Text (HTML-Code) ohne Formatierung gespeichert wird, wie das zum Beispiel in einem Textverarbeitungsprogramm wie Word der Fall wäre.

Wie sieht ein HTML-Code aus?

Viele professionelle Internetauftritte gefallen durch ihr besonderes Layout. Interessiert sich ein Nutzer, wie eine Internetseite genau gemacht wurde, so wählt er einfach über den Menüpunkt „**Ansicht**" des Browsers den Eintrag „**Quelltext**" oder „**Seitenquelltext anzeigen**" an (je nach Browser). Es erscheint ein Editorfenster, in dem der HTML-Code der aktuellen Internetseite angezeigt wird.

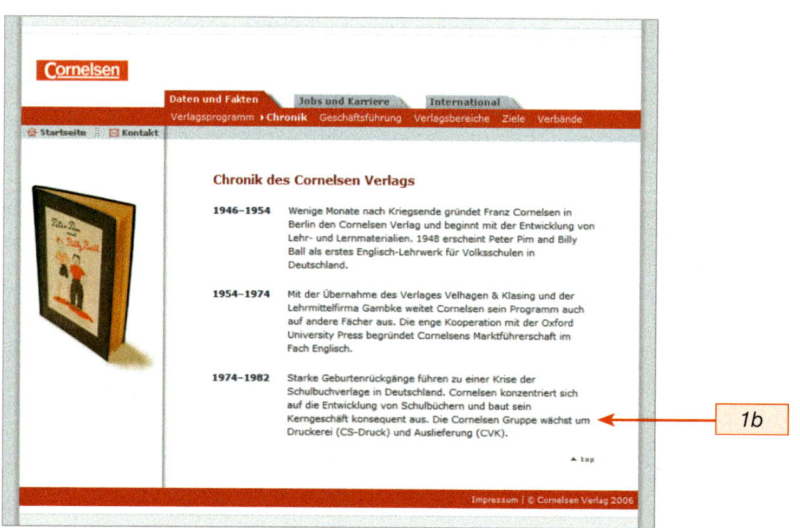

Der etwas gekürzte HTML-Code der Webseite mit der Cornelsen-Chronik sieht ohne die Javascript-Programmierelemente so aus:

```
<HTML>¶
<HEAD>¶                          1a
<TITLE>Der Cornelsen Verlag</TITLE>¶
<META http-equiv=Content-Type content="text/html; charset=iso-8859-1">¶
<LINK href="Der Cornelsen Verlag-Dateien/style.css" type=text/css rel=stylesheet>¶
</HEAD>¶
¶
<BODY leftMargin=0 topMargin=0 marginheight="0" marginwidth="0">¶
<TABLE height="100%" cellSpacing=0 cellPadding=0 align=center border=0>¶
  <TBODY>¶
    <TR vAlign=top>¶
      <TD width=8 background="Der Cornelsen Verlag-Dateien/lsr.gif"> </TD>¶
      <TD class=bgtab width=759><IMG height=22 alt=""¶
       src="Der Cornelsen Verlag-Dateien/blank.gif" width=1>¶
        <TABLE height=113 cellSpacing=0 cellPadding=0 width="100%" border=0>¶
          <TBODY>¶
            <TR>¶
              <TD vAlign=top>¶
   2             <TABLE cellSpacing=0 cellPadding=0 width=759 border=0>¶
                  <TBODY>¶
                    <TR>¶
                      <TD background="Der Cornelsen Verlag-Dateien/header_bg.gif" colSpan=2>¶
                      <IMG height=30 src="Der Cornelsen Verlag-Dateien/blank.gif" width=1> </TD></TR>¶
                    <TR>¶
```
…

```
              <TR vAlign=top>¶
                <TD class=txb>1974-1982</TD>¶           1b
   3            <TD class=tx>Starke Geburtenrückgänge führen zu einer Krise¶
                 der Schulbuchverlage in Deutschland. Cornelsen konzentriert¶
                 sich auf die Entwicklung von Schulbüchern und baut sein¶
                 Kerngeschäft konsequent aus. Die Cornelsen Gruppe wächst um¶
                 Druckerei (CS-Druck) und Auslieferung (CVK).</TD></TR>¶
              <TR>¶
.....¶
    </TABLE>¶
</BODY>¶
</HTML>¶
```

In diesen beiden Code-Auszügen sind deutlich die einzelnen Elemente zu erkennen, aus denen eine HTML-Seite besteht:
- Der eigentliche Text, der auf der Webseite dargestellt wird, ist hier schwarz gedruckt. Der Text wird, je nachdem, wo er steht, entweder in der Fensterleiste (1a) oder in dem Fenster selber (1b) dargestellt.
- Die HTML-Schlüsselwörter stehen in spitzen Klammern <> und heißen **Tags** (2). Sie kennzeichnen jeweils Beginn und Ende eines Textbereiches. Zum Beispiel steht <TD> für den Beginn und </TD> für das Ende einer Tabellenzelle. <TR> </TR> schließen eine Tabellenzeile ein. Die Tags sind im obigen Beispiel blau gefärbt.
- Bei genauem Hinsehen ist zu erkennen, dass einige Tags nicht nur aus einem Wort in spitzen Klammern bestehen, sondern aus mehreren (3). Hier werden bestimmte Eigenschaften (Attribute) für ein Tag festgelegt. Zum Beispiel wird mit <TR vAlign = top> festgelegt, dass die vertikale Ausrichtung des Zeileninhalts „oben" sein soll.

tag (engl.) = Schildchen, Marke, Etikett

Die vertikale Ausrichtung kann sein …

oben	mittig	
		unten

Wenn zu einem Tag ein oder mehrere zusätzliche Attribute angegeben wurden, wird trotzdem nur der Tag, ohne Angabe der Attribute, geschlossen. In diesem Beispiel würde also </TR> das Ende von <TR vAlign = top> anzeigen.

> **Tags** sind in spitze Klammern gesetzte HTML-Schlüsselwörter, die vom Webbrowser übersetzt werden und eine bestimmte Art der Darstellung von Texten und Multimedia-Elementen bewirken. Zu bestimmten HTML-Tags können zusätzliche Attribute angegeben werden, die die Art der Darstellung noch genauer bestimmen.

Das Tag <ol> leitet beispielsweise eine sortierte Liste ein. Die einzelnen Listeneinträge werden durch das Tag <li></li> eingeklammert.

Tag <ol>
= Abk. für: ordered list

Tag <ul>
= Abk. für: unordered list

Tag <li>
= Abk. für: list item

	HTML-Text	Aussehen im Browser

Setzt man dieses Tag ohne zusätzliche Attribute ein, ist das Ergebnis im Browser eine sortierte Liste, deren Listeneinträge mit 1., 2. und 3. nummeriert sind.	`<ol>`
	`<li>erstens</li>`
	`<li>zweitens</li>`
	`<li>drittens</li>`
	`</ol>`
		1. erstens
		2. zweitens
		3. drittens

Wird dieses Tag um die Attribute **start** und **type** ergänzt sowie mit den Werten „**3**" und „**I**" versehen, erhält man als Ergebnis im Browser eine sortierte Liste, deren Listeneinträge bei 3. beginnen und mit römischen Ziffern nummeriert sind.	`<ol start="3" type="I">`
	`<li>erstens</li>`
	`<li>zweitens</li>`
	`<li>drittens</li>`
	`</ol>`
		III. erstens
		IV. zweitens
		V. drittens

Die Syntax einer HTML-Anweisung sieht also so aus:

```
<TAG [ATTRIBUT1= Attributwert1 [ATTRIBUT2 = Attributwert2 […]]]> text </TAG>
```

oder für bestimmte Tags, wie zum Beispiel <br> für Zeilenumbruch oder <img> für das Einfügen eines Bildes:

```
<TAG [ATTRIBUT1= Attributwert1 [ATTRIBUT2 = Attributwert2 […]]]>
```

Wobei die Elemente in den eckigen Klammern optional sind und die eckigen Klammern in HTML nicht auftauchen.

Kommentare werden in HTML mit den Zeichen <!-- und --> eingeschlossen.

```
<!--Hier steht der Kommentar-->
```

Obwohl sich alle Internetseiten deutlich darin voneinander unterscheiden, wie sie erstellt wurden, welche Zusatztechniken sie benutzen usw., so haben sie doch eine Grundstruktur gemeinsam:
1. Alle HTML-Dokumente beginnen mit dem Tag <html> und enden mit </html>.
2. Innerhalb dieser beiden Schlüsseltags gibt es einen Bereich für übergeordnete Meta- oder Kopfinformationen, wie zum Beispiel den Namen des Autors oder Schlagwörter, die den Suchmaschinen beim Kategorisieren einer Seite helfen, eingeklammert durch Anfang und Ende des <head>-Tags. Im Head-Bereich befinden sich auch zusätzliche Informationen zur Formatierung, falls Cascading Style Sheets benutzt werden, oder auf der Seite verwendete Javascripts, sofern die Formatierungen und Skripte nicht in eine eigene Datei ausgelagert sind.
3. Zum Schluss folgt der Bereich für die eigentlichen Informationen, die vom Browser auf der Internetseite dargestellt werden sollen. Dieser Bereich ist eingeklammert durch den Anfang und das Ende des <body>-Tags.

Cascading Style Sheets
= Programmiersprache, mit der HTML-Dokumenten ergänzend Textformatierungen und Layouteigenschaften zugewiesen werden können

1	`<!-- Dokument -->` `<HTML>`

2	`<!-- Dokumentenkopf -->`
	`<HEAD>`
	`Folge von HEAD-relevanten Anweisungen`
	`</HEAD>`

3	`<!-- Dokumentenkörper -->`
	`<BODY>`
	`Folge von BODY-relevanten Anweisungen`
	`</BODY>`

1	`</HTML>`

Arbeiten mit dem Text-Editor

Ein Text-Editor ![] gehört standardmäßig zum Umfang eines Windows-Betriebssystems und ist zu finden unter folgendem Pfad:

Start ▷ Alle Programme ▷ Zubehör ▷ Editor

Mit diesem Editor kann der unformatierte (!) HTML-Text (HTML-Code) erfasst werden. Wenn dieser Text dann als Datei mit der Endung „.html" oder „.htm" gespeichert wird, wird die Datei beim Öffnen mit einem Browser als HTML-Seite interpretiert.

Kommentare werden in HTML durch <!-- und --> gekennzeichnet.
Alles, was in Kommentarzeichen steht, wird im Browser nicht dargestellt.

Für das schnelle Speichern im Editor kann man die Tastenkombination <STRG><S> verwenden und im Browser auf das Aktualisieren-Zeichen klicken, um sich die gespeicherten Änderungen anzeigen zu lassen.

Wichtig ist bei der Erstellung von HTML-Seiten mit einem Text-Editor, dass man sich bei den HTML-Tags nicht vertippt. Wenn man also beispielsweise für die Fensterüberschrift das Tag <titel> statt <title> verwendet, wird man nicht das gewünschte Ergebnis erzielen und lange nach dem Fehler suchen müssen.

Überschriften

Überschriften werden in HTML mit dem Tag <hx> erzeugt. Dabei ist h die Abkürzung für „header" und x steht für eine Zahl zwischen 1 und 6, je nachdem, wie groß die Überschrift sein soll. Unabhängig von ihrer Größe beinhaltet die Formatierung für die Überschrift, dass der durch <hx> eingeklammerte Text fett ist und sowohl vor als auch hinter der Überschrift ein Zeilenumbruch mit einigem Abstand zum vorangegangenen sowie zum nachfolgenden Text existiert.

Für Überschriften kann man ein zusätzliches Attribut für die Ausrichtung angeben. Das Attribut heißt „align" und als Attributwerte sind *left* für linksbündig, *center* für zentriert, *right* für rechtsbündig und *justify* für Blocksatz erlaubt.

HTML-Text	Darstellung des Textes
`Die <h1> Überschrift 1 </h1> hat die Größe 1.`	**Überschrift 1**
`<h2 align = "left"> Überschrift 2 </h2>`	**Überschrift 2**
`<h3 align = "center"> Überschrift 3 </h3>`	**Überschrift 3**
`<h4 align = "right"> Überschrift 4 </h4>`	**Überschrift 4**
`<h5> Überschrift 5 </h5>`	**Überschrift 5**

Absätze

In HTML können verschiedene Typen von Absätzen bestimmt werden, für die man, außer bei <pre>, die Textausrichtung (linksbündig, zentriert, rechtsbündig und Blocksatz) angeben kann. Am Anfang und am Ende dieser Absätze erfolgt jeweils ein Zeilenumbruch.

<p>
= Abk. für paragraph

- mit <p> wird ein Absatz definiert, der etwas Abstand zum vorhergehenden und nachfolgenden Text hat.

<div>
= Abk. für division

- mit <div> wird ein Abschnitt bestimmt, der sich ohne Abstand in den Text einfügt.

<pre>
= Abk. für prepared

- Mit <pre> wird ein vorformatierter Abschnitt bestimmt, bei dem Steuerzeichen für einen Zeilenumbruch, einen Tabulator und ein Leerzeichen wiedergegeben werden. Der Schrifttyp für vorformatierten Text ist Scheibmaschinenschrift (Courier).

HTML-Text	Darstellung des Textes
`Dieser <p align = "right"> Absatz wurde       mit </p> p gemacht.`	Dieser **Absatz wurde mit** p gemacht.
`Dieser <p> Absatz wurde       mit </p> p gemacht.`	Dieser **Absatz wurde mit** p gemacht.
`Dieser <div> Absatz wurde       mit </div> div gemacht.`	Dieser **Absatz wurde mit** div gemacht.

`Dieser <pre> Absatz wurde       mit </pre> pre gemacht.`	Dieser
	`Absatz`
	`wurde       mit`
	pre gemacht.

Sonderzeichen

Internetseiten werden nicht nur in Deutschland, sondern u.a. auch in Frankreich, der Türkei, Großbritannien, Norwegen und Italien betrachtet. Alle diese Länder haben etwas gemeinsam: Sie kennen die deutschen Umlaute ä, ö, ü und ß nicht. Was passiert jedoch mit den deutschen Umlauten in einem französischen Browser? Die Wahrscheinlichkeit, dass sie korrekt dargestellt werden, ist relativ gering. Damit jedoch die Umlaute und einige andere Sonderzeichen korrekt dargestellt werden, gibt es in HTML einige definierte Sonderzeichen. Sie beginnen alle mit „&" und enden mit „;". Hier eine Auswahl der Sonderzeichen:

ä	&auml;	®	&reg;	é	&eacute;
ö	&ouml;	©	&copy;	è	&egrave;
ü	&uuml;	±	&plusmn;	½	&frac12;
Ä	&Auml;	<	&lt;	¼	&frac14;
Ö	&Ouml;	>	&gt;	¾	&frac34;
Ü	&Uuml;	&	&amp;	Leerstelle	
ß	&szlig;	"	&quot;		

Zeilenumbrüche

Zeilenumbrüche werden, außer bei mit <pre> vorformatiertem Text, nicht aus dem HTML-Code übernommen. Möchte man an einer bestimmten Stelle einen Zeilenumbruch haben, muss man ihn mit <br> erzwingen.

Eine andere Möglichkeit, den auf einer Internetseite dargestellten Text optisch zu untergliedern, ist, neben Absätzen und Zeilenumbrüchen, eine eingefügte horizontale Linie. Für horizontale Linien kann man unter anderem Eigenschaften für die Dicke (size), die

Breite (width), die Ausrichtung (align) und die Schattierung (shade, noshade) der Linie bestimmen.

HTML-Text	Tag ist Abkürzung für	Darstellung des Textes
`Vor dem Zeilenumbruch   nach dem Zeilenumbruch.`	` ` break	Vor dem Zeilenumbruch nach dem Zeilenumbruch.

Text formatieren

Der Text, der im Browser dargestellt wird, kann mit vielen einfachen Textauszeichnungen formatiert werden. Die folgende Tabelle gibt eine Übersicht zu den Tags und ihrer Darstellung im Browser.

HTML-Text	Tag ist Abkürzung für	Darstellung des Textes
`Der <b> Text </b> ist fett.`	`<b>` bold	Der **Text** ist fett.
`Der <big> Text </big> ist groß.`	`<big>` big	Der Text ist groß.
`Der <i> Text </i> ist kursiv.`	`<i>` italic	Der *Text* ist kursiv.
`Der <small> Text </small> ist klein.`	`<small>` small	Der Text ist klein.
`Der <strike> Text </strike> ist durchgestrichen.`	`<strike>` strike	Der ~~Text~~ ist durchgestrichen.
`Der <sub> Text </sub> ist tiefgestellt.`	`<sub>` subscript	Der $_{Text}$ ist tiefgestellt.
`Der <sup> Text </sup> ist hochgestellt.`	`<sup>` superscript	Der ^{Text} ist hochgestellt.
`Der <tt> Text </tt> ist in Schreibmaschinenschrift.`	`<tt>` truetype	Der `Text` ist in Schreibmaschinenschrift.
`Der <u> Text </u> ist unterstrichen.`	`<u>` underline	Der Text ist unterstrichen.

Neben diesen allgemeinen Texteigenschaften kann auch konkret angegeben werden, welcher Schrifttyp Verwendung finden soll. Voraussetzung ist dabei allerdings, dass der Schrifttyp auf dem Computer installiert ist und dem Browser somit zur Verfügung steht. Weitere Attribute, die der Schrift zugewiesen werden können, sind die Größe und die Farbe.

HTML-Text	Darstellung des Textes
`Der <font face = "Arial"> Text </font> ist Arial.`	Der Text ist Arial.
`Der < font face = "Arial" size = "+2"> Text </font> ist groß und Arial.`	Der Text ist groß und Arial.
`Der < font face = "Arial" size = "16" color = "red"> Text </font> ist groß, Arial und rot.`	Der Text ist groß, Arial und rot.

Marino Caponi startet zuerst den Text-Editor von Windows über den folgenden Pfad:

Start ▷ Alle Programme ▷ Zubehör ▷ Editor

Nachdem sich der Text-Editor geöffnet hat, beginnt er mit dem Schreiben des HTML-Codes. Als Erstes trägt er den ersten und letzten Tag ein. Es ergibt sich folgendes Bild:

```
<html>

</html>
```

Danach ergänzt er zwischen dem Anfang- und Ende-Tag mit <body> den Text, der auf der Internetseite stehen soll.

```
<html>
<body>
Herzlich willkommen im Ristorante Da Marino.
Besuchen Sie uns und lassen Sie sich von Marino Caponi und
seinem Team verwöhnen ...
</body>
</html>
```

Leider wird der Text der Internetseite in einer einzigen Zeile angezeigt, die je nach Fenstergröße an unterschiedlichen Stellen umgebrochen wird. Marino Caponi möchte jedoch, dass der Text immer nach der Zeile „Herzlich Willkommen im Ristorante Da Marino" umgebrochen wird. Deshalb fügt er an dieser Stelle das Tag <br> für einen Zeilenumbruch ein. Oberhalb des Textkörpers ergänzt er zwischen dem Anfang- und Ende-Tag den Titel der Internetseite, der in der Titelleiste des Browserfensters stehen soll.

```
<html>
<head>
<title> ..::: Ristorante Da Marino :::..</title>
</head>
<body>
Herzlich willkommen im Ristorante Da Marino. <br>
Besuchen Sie uns und lassen Sie sich von Marino Caponi und
seinem Team verwöhnen ...
</body>
</html>
```

Das Ergebnis seiner Internetseite sieht nun so aus:

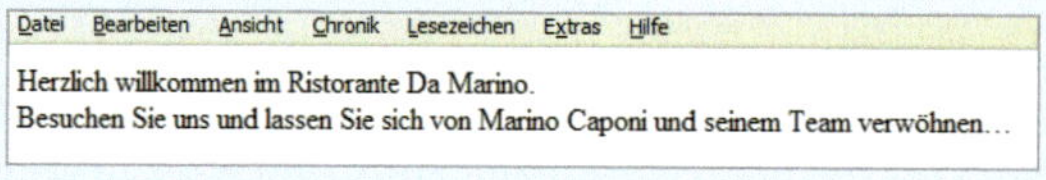

<u>D</u>atei <u>B</u>earbeiten <u>A</u>nsicht <u>C</u>hronik <u>L</u>esezeichen E<u>x</u>tras <u>H</u>ilfe

Herzlich willkommen im Ristorante Da Marino.
Besuchen Sie uns und lassen Sie sich von Marino Caponi und seinem Team verwöhnen...

Der Anfang ist gemacht. Aber so richtig aufregend findet Marino Caponi seine Seite bisher nicht. Er fügt noch eine Überschrift und eine horizontale Linie hinzu und probiert einige Textformatierungen aus.

```
<html>
<head>
<title> ..::: Ristorante Da Marino :::..</title>
</head>
<body>
```

```
<h1 align="center"> Da Marino </h1>
Herzlich <b>willkommen</b> im Ristorante <i>Da Marino</i>.
<br>
<u>Besuchen</u> <sup>Sie</sup> uns und lassen <sub>Sie</sub> sich von
<font face="Arial" size="+2">Marino Caponi</font> und sei-
nem Team verwöhnen...
Unsere Öffnungszeiten sind:
<pre>
Di-Fr    17:30 bis 24:00 Uhr
Sa-So    11:30 bis 24:00 Uhr</pre>
</body>
</html>
```

AUFGABEN

1 Erstellen Sie eine Internetseite nach folgender Vorlage:

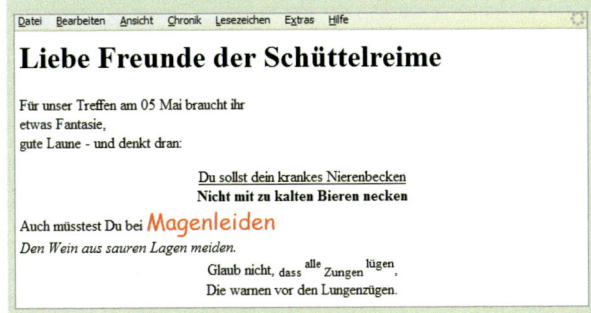

2 Erstellen Sie eine Internetseite mit dem Gedicht „Wenn die Möpse Schnäpse trinken" von James Krüss. Nehmen Sie folgenden Screenshot als Vorlage:

5.3 Strukturieren und Verknüpfen

Nach seinen ersten Schritten in HTML überlegt Marino Caponi, wie er die weiteren Informationen, die er in seinem Internetauftritt darbieten möchte, strukturieren soll. Außerdem müssen die Seiten, die er erstellt, auch noch miteinander verknüpft werden.

Damit sich der Betrachter auf dem Bildschirm orientieren kann, muss jede elektronische Publikation sehr gut strukturiert sein. Zur Untergliederung des Textes haben wir schon Abschnitte (<p> und <div>) und Zeilenumbrüche (<br>) kennen gelernt. Doch das allein reicht nicht aus, um eine Internetpräsenz mit Informationen zu verschiedenen Schwerpunkten hinreichend übersichtlich zu strukturieren. Auch das Einfügen von **horizontalen Linien** und **Listen** bietet die Möglichkeit, Übersichtlichkeit zu schaffen.

Um den Informationsdruck für den Betrachter zu verringern, stellt zudem das Verteilen der Informationen auf mehrere, durch Verweise miteinander verknüpfte Seiten ein wichtiges Element dar.

Horizontale Linien

Eine einfache Möglichkeit, den auf einer Internetseite dargestellten Text optisch zu untergliedern, ist das Eingefügen einer horizontalen Linie (<hr> = horizontale line). Ihr können verschiedene Eigenschaften zugewiesen werden. So ist es möglich, die Dicke (size), die Breite (width), die Ausrichtung (align) und die Schattierung (shade, noshade) der Linie zu bestimmen.

HTML-Text	Darstellung des Textes
Über der horizontalen Linie `<hr>` unter der Linie	Über der horizontalen Linie unter der horizontalen Linie
Über der horizontalen Linie `<hr size = "5">` unter der Linie	Über der horizontalen Linie unter der horizontalen Linie
Über der horizontalen Linie `<hr noshade size = "5">` unter der Linie	Über der horizontalen Linie unter der horizontalen Linie
Über der horizontalen Linie `<hr size = "1" width = "50%" align= "left" >` unter der Linie	Über der horizontalen Linie unter der horizontalen Linie
Über der horizontalen Linie `<hr size = "1" width = "50%" align= "center" >` unter der Linie	Über der horizontalen Linie unter der horizontalen Linie

Tag <ul>
= Abk. für: unordered list

Tag <ol>
= Abk. für: ordered list

Tag <dl>
= Abk. für: definition list

Tag <li>
= Abk. für: list item

Tag <dt>
= Abk. für definition list term

Tag <dd>
= Abk. für definition list definition

Listen

Einen Text kann man mit Hilfe von Listen in einzelne Punkte untergliedern. Dabei werden
- unsortierte Listen <ul> (Abk. für unordered list),
- sortierte Listen <ol> (Abk. für ordered list) und
- Definitionslisten <dl> (Abk. für definition list)

unterschieden.

Der Beginn einer Liste bewirkt eine Einrückung des Textes, der zu der Liste gehört. Die einzelnen Listeneinträge werden bei den sortierten und unsortierten Listen mit dem <li> Tag eingeklammert. Für diese Listen kann man die Attribute „type" und für die sortierten Listen auch noch den Startwert mit „start" angeben.

Bei den Definitionslisten wird der zu definierende Ausdruck mit dem Tag <dt> (Abk. für definition list term) und die Definition des Ausdrucks mit dem Tag <dd> (Abk. für definition list definition) geklammert.

HTML-Text	Darstellung des Textes	Möglichkeiten	
```Hier steht <ul> <li>erstens</li> <li>zweitens</li> <li>drittens</li> </ul>```	Hier steht • erstens • zweitens • drittens		
```Hier steht <ul type="square"> <li>erstens</li> <li>zweitens</li> <li>drittens</li> </ul>```	Hier steht ▪ erstens ▪ zweitens ▪ drittens	type = „circle" type = „square" type = „disc"	○ ▪ ●
```Hier steht <ol> <li>erstens</li> <li>zweitens</li> <li>drittens</li> </ol>```	Hier steht 1. erstens 2. zweitens 3. drittens		
```Hier steht <ol type="I" start=7> <li>erstens</li> <li>zweitens</li> <li>drittens</li> </ol>```	Hier steht VII. erstens VIII. zweitens IX. drittens	type = „I" type = „i" type = „A" type = „a"	I, II, III i, ii, iii A, B, C a, b, c

``Hier steht
<dl>
  <dt>LI</dt>
  <dd>list item</dd>
  <dt>OL</dt>
  <dd>ordered list</dd>
  <dt>UL</dt>
  <dd>unordered list</dd>
</dl>```
	Hier steht
	
	LI
	   list item
	OL
	   ordered list
	UL
	   unordered list		

Links

Das Besondere an elektronischen Publikationen oder dem WWW sind die Hyperlinks, mit denen alle Seiten vernetzt sind. Dabei kann man
- eine Seite mit sich selbst verlinken, wenn sie zum Beispiel sehr lang ist und man zurück an den Anfang möchte,
- eine Seite mit einer anderen Seite derselben Internetpräsenz verknüpfen und
- eine Seite mit einer ganz anderen Internetpräsenz verknüpfen.

Die Stelle, die den Hyperlink trägt, wird mit dem Tag <a> eingeklammert. Zusätzlich ist noch ein Attribut notwendig, das angibt, wohin nach einem Klick auf den Verweis gesprungen werden soll: href.

Tag <a>
= Abk. für anchor

Attribut href
= Abk. für hyper(text) reference

Die Grundsyntax für einen Verweis sieht dann so aus:

```
<a href="Pfad/Dateiname.end"> hier geht es zu Dateiname </a>
```

HTML-Text	Darstellung des Textes	Nach dem Klick auf „zweitens"...

`Hier steht erstens`
`<a href="zweite.html"> zweitens </a>`
	Hier steht erstens zweitens	...gelangt man zu der zweiten Seite mit dem Namen „zweite.html", mit dem Quellcode
		
		`Hier steht`
		`<a href="erste.html">erstens</a>`
		`zweitens`
		
		und mit dem Aussehen:
		
		Hier steht erstens zweitens

Wird dieser Grundsyntax das Attribut „title" hinzugefügt, so erscheint, wenn man mit der Maus über den Link fährt, ein Hinweis mit dem Inhalt von „title".

HTML-Text	Darstellung des Textes
`Hier steht erstens` `<a href="zweite.html" title="zur zweiten Seite"> zweitens </a>`	Hier steht erstens zweitens zur zweiten Seite

Der Verweis auf eine andere Seite kann auch aus der eigenen Website hinausführen. Dann muss die gesamte URL der Zielseite als Referenz angegeben werden.

URL
= Abk. für Uniform Resource Locator

HTML-Text	Nach dem Klick auf „zweitens"...
`Hier steht erstens` `<a href="http://www.cornelsen.de"> zweitens </a>`	...gelangt man zu der Internetseite www.cornelsen.de

Manchmal erfolgt auch auf ein und derselben Seite ein „Sprung". Dazu wird zuerst eine Sprungmarke mit dem Attribut „name" festgelegt, ein so genannter **Anker**. Der Sprung zu diesem Anker wird dann mit <a href="#..."> definiert.

Anker
(engl.: anchor)

HTML-Text	Darstellung des Textes	Nach dem Klick auf „zurück zum Anfang"...
`<a name="anfang"></a>` `Hier steht 1  ` `Hier steht 2  ` `Hier steht 3  ` `…` `Hier steht 500  ` `<a href="#anfang">` `zurück zum Anfang </a>`	… Hier steht 496 Hier steht 497 Hier steht 498 Hier steht 499 Hier steht 500 zurück zum Anfang	...gelangt man zu der Sprungmarke am Anfang: `Hier steht 1` `Hier steht 2` `Hier steht 3` `Hier steht 4` `…`

Wenn das Ziel eines Links nicht in demselben Fenster erscheinen, sondern ein neues Fenster dafür geöffnet werden soll, so wird dies mit dem Attribut „target = „_blank"" festgelegt.

HTML-Text	Nach dem Klick auf „zweitens"…
Hier steht erstens `<a href="http://www.cornelsen.de" target="_blank">` zweitens `</a>`	…wird die Seite www.cornelsen.de in einem neuen Fenster geöffnet.

Auch in ein E-Mail-Programm kann mit dem Tag <a> gesprungen werden. Dazu muss bei dem Wert für href das Wort „mailto:", gefolgt von der E-Mail-Adresse, eingegeben werden.

HTML-Text	Nach dem Klick auf „mail senden"…
Hier können Sie Cornelsen eine `<a href="mailto:info@cornelsen.de">` mail senden `</a>`	…startet das lokale Mailprogramm mit der entsprechenden E-Mail-Adresse im Empfänger 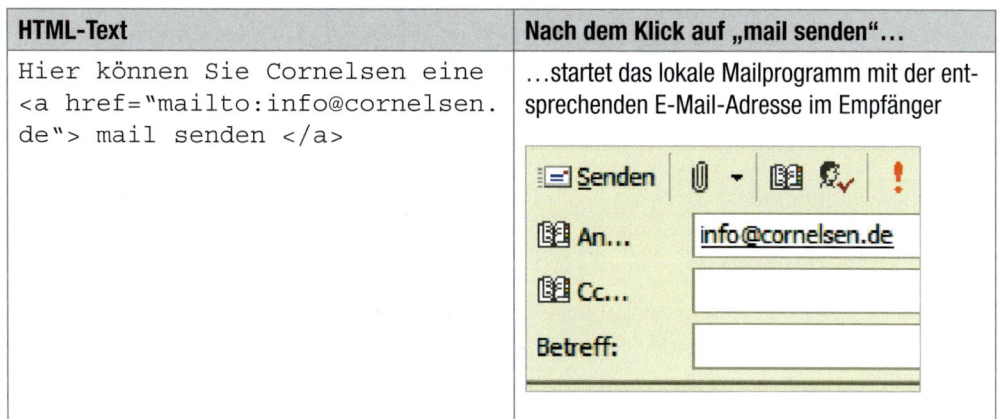

Der Nachteil ist, dass der E-Mail-Link nur bei denen funktioniert, die z. B. mit Outlook oder einem anderen lokalen E-Mail-Programm arbeiten. Alle anderen, die ihre E-Mails direkt bei ihrem Internet-Service-Provider verwalten, werden sich über die E-Mail-Links ärgern. Für sie wäre es sinnvoller, wenn sie eine E-Mail mit Hilfe eines Formulars verschicken könnten.

Marino Caponi sieht sich seine Internetseite an und versucht, sie etwas zu strukturieren. Als Erstes fügt er zwei Links auf die Seiten speise.html und wissen.html sowie eine horizontale Linie ein.

```html
<html>
<head>
<title> ..::: Ristorante Da Marino :::..</title>
</head>
<body>
<p align ="center">
<a href="speise.html" title="Hier finden Sie einen Auszug aus der
Speisekarte">Speisen</a> -
<a href="wissen.html" title="Hier finden Sie einige wissenswerte
Dinge">Wissenswertes</a>
</p>
<h1 align="center"> La Rosetta </h1>
Herzlich <b>willkommen</b> im Ristorante <i>Da Marino</i>.  <br>
<u>Besuchen</u> <sup>Sie</sup> uns und lassen <sub>Sie</sub> sich von
<font face="Arial" size="+2">Marino Caponi</font> und seinem Team
verwöhnen …
<hr size ="2" align ="center" width ="90%">
Unsere Öffnungszeiten sind:
<pre>
Di-Fr17:30 bis 24:00 Uhr
Sa-So11:30 bis 24:00 Uhr</pre>
</body>
</html>
```

Im Browser ergibt sich daraufhin folgendes Bild:

Danach erstellt er die Seite wissen.html, für die er schon einen Text vorbereitet hat. Er erklärt auf ihr einiges zu Olivenöl und Pasta. Die erklärten Begriffe werden oben auf der Seite als Links aufgelistet. Mit ihnen kann der Nutzer an die entsprechenden Stellen auf der Seite springen.

```
<html>
<head>
<title> ..::: Ristorante Da Marino :::...</title>
</head>
<body>
<a name="oben"></a>
<ul>
<li><a href="#oliven">Olivenöl</a>   </li>
<li><a href="#pasta">Pasta</a>       </li>
</ul>
<a name="oliven"></a><h3>Olivenöl</h3>
Oliven werden entweder
...

<br>
<a href="#oben">nach oben</a> <br>

<a name="past"></a> <h3>Pasta</h3>
Pasta, dieses phantastische
...

<br>
<a href="#oben">nach oben</a>
</body>
</html>
```

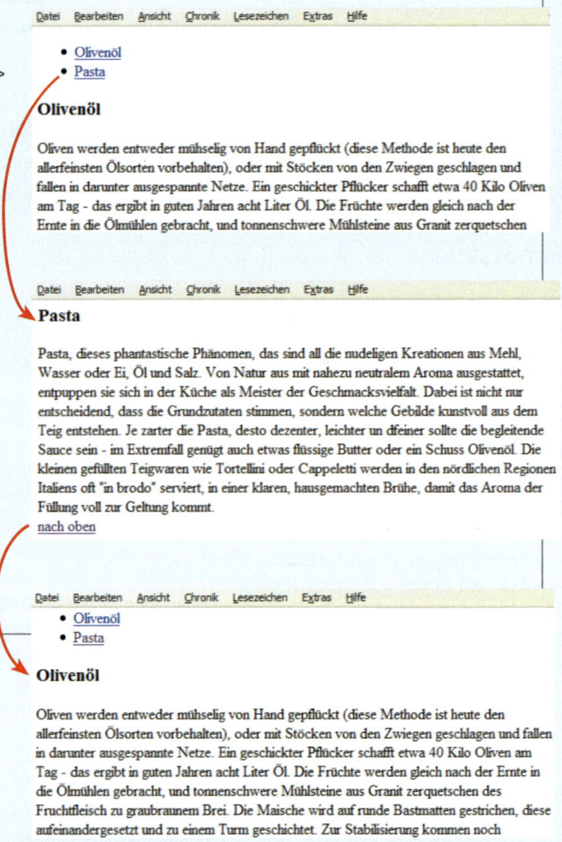

Marino Caponi klickt auf den Link „Pasta" und springt zu dem Kapitel „Pasta", das weiter unten auf der Seite steht. Nachdem er den Text zur Sicherheit noch einmal gelesen hat, klickt er auf den Link „nach oben" und ladet am Seitenanfang. Diesmal hat sich jedoch die Farbe des „Pasta-Links" verändert, weil dieser bereits besucht wurde.

AUFGABEN

① Erstellen Sie eine Internetseite mit Ihren fünf Lieblingsrezepten.
   a) Oben auf der Seite sind die Namen der Gerichte aufgelistet.
   b) Über einen Anker-Link gelangen Sie zu den jeweiligen Rezepten.
   c) Die Zutaten sind als Listen aufgeführt, danach folgt die Beschreibung, wie sie verarbeitet werden.
   d) Nach jedem Rezept gibt es einen Anker-Link, mit dem Sie wieder zum Seitenanfang gelangen.

> Nussecken
> Pizza
> Pfannkuchen
> Gemüsereis
> Mokkatorte
>
> **Nussecken**
> 100 g Zucker
> 200 g Mehl
> Alles vermischen und so weiter…
>
> nach oben

② Erstellen Sie für drei gute Freunde je eine Internetseite.
Außer dem Namen Ihres Freundes / Ihrer Freundin sollen jeweils folgende Dinge in einer Definitionsliste aufgelistet werden: Geburtsdatum, Lieblingfarbe, Hobbys, Lieblingsmusik, Lieblingslehrer/-in und Lieblingsfach. Außerdem soll darunter noch die lustigste Geschichte zu der Person aufgeschrieben werden.
Die drei Seiten sollen miteinander verlinkt sein.

> Anton - Lisa - Max
>
> **Anton**
>
> Geburtsdatum
>   10.10.1993
> Lieblingsfarbe
>   grün
> Hobbys
>   Gitarre spielen, chillen
> Lieblingsmusik…

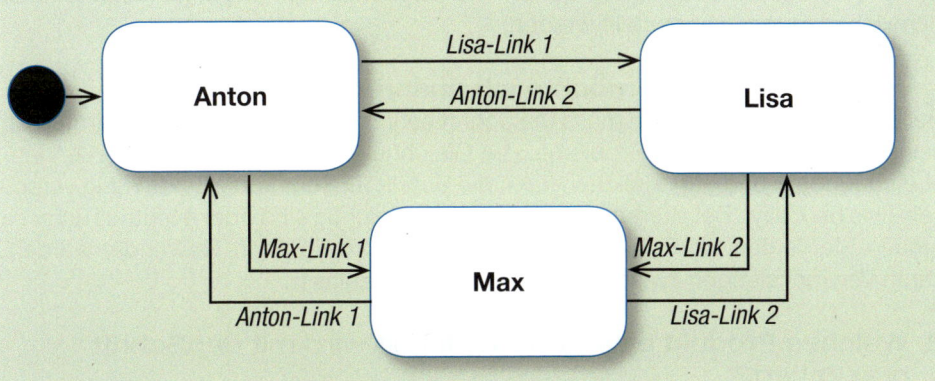

③ Erstellen Sie eine HTML-Seite, die eine Linkliste Ihrer Lieblingsinternetseiten enthält. Als Vorlage können Sie das nebenstehende Beispiel nutzen.

> **Wissen**
>
> ○ www.wikipedia.de
> ○ de.selfhtml.org
> ○ www.dradio.de
>
> **Kommunikation**
>
> ○ www.schuelervz.net

5.4 Schrift, Layout und Farben

5.4.1 Text und Layout

Marino Caponi möchte seine Website individueller gestalten. Dabei fragt er sich zuerst, in welcher Form er den Text aufbereiten soll, damit seine Gäste und weitere interessierte Nutzer seine Website im Internet immer wieder gerne besuchen. Neben dem reinen Informationsgehalt ist es ihm wichtig, dass der Text gut gegliedert ist. Außerdem überlegt Marino Caponi, welcher Schrifttyp am besten zum Ambiente seines Ristorante passt.

Seit der sumerischen Keilschrift (ca. 3000 v. Chr.) und der phönizischen Konsonantenschrift (ca. 2000 v. Chr.) haben sich viele verschiedene Schrifttypen entwickelt. Seit 1964 werden die verschiedenen Schrifttypen in der DIN 16518 klassifiziert. Dort werden in 11 unterschiedlichen Gruppen verschiedene Schrifttypen nach ihren Eigenschaften eingeteilt. Im Wesentlichen lässt sich für Schriften die folgende Grobeinteilung vornehmen:
- Serifenschriften (z. B. Times New Roman, Century, Georgia)
- serifenlose Schriften (z. B. Arial, Tahoma, Verdana)
- Frakturschriften (z. B. Old English Text MT)
- handschriftähnliche Schriften und Zierschriften (z. B. Bradley Hand ITC, Brush Script MT, Curlz MT)

Doch welcher Schrifttyp passt für welchen Zweck? Wie kann eine passende Auswahl aus dieser Vielzahl von Schriften erfolgen? Und wie soll der Gesamttext auf einer Seite strukturiert und gegliedert sein?

Um diese Fragen zu beantworten, sollten bei Beginn der Planung einer Website verschiedene Überlegungen angestellt werden:

1. Welche Zielgruppe möchte ich ansprechen?

Bei Erst- und Zweitklässlern muss die Schrift sehr nah an der von ihnen erlernten Schrift sein. Sie haben eventuell Probleme, die Gleichheit von „a" und „a" zu erkennen. Bei älteren Kindern und Jugendlichen kann die Schrift für sehr kurze Texte ruhig verspielter sein (wie bei Oilily). Bei älteren Menschen, die weitsichtig sind oder eventuell unter einem grauen Star leiden, sollte eine große, klar strukturierte Schrift verwendet werden, die kaum Verwechslungen zwischen den Buchstaben zulässt.

Serife
= kleiner Querstrich an Kopf und Fuß mancher Buchstaben

Frakturschrift
= Druckschriftart mit gebrochenen Bögen (Gegensatz: runde Schriftart mit ungebrochenen Bögen)

2. Welches Produkt bzw. welcher Inhalt wird mit der Schrift präsentiert?

Für die Präsentation von Spielzeug wird unter Umständen ein anderer Schrifttyp gewählt als für die Veröffentlichung wissenschaftlicher Texte. Auf jeden Fall sollte die Aussage des Textes zu seiner Erscheinung passen.

Schriftart (Font)	Anmutung
Arial Black	schwer
Letter Gothic	leicht
Futura Std	sachlich
Weber HandCV	verspielt
Künstler Script	romantisch

Eyecatcher (engl.)
= Hingucker, Blickfang

3. Welche Wirkung möchte ich mit meinem Text erzielen?

Bei einem Informativen Text steht die gute Lesbarkeit im Vordergrund. Eine Überschrift oder ein Stichwort soll dagegen vielleicht mehr ein Eyecatcher sein.

Die bisher genannten Fragen gelten sowohl für die Wahl von Schriften bei Printmedien als auch für die Präsentation im Internet. Aber speziell bei der Erstellung einer Internetpräsenz müssen noch weitere Aspekte Beachtung finden.

Printmedien
= gedruckte Medien, z. B. Buch, Zeitschrift, Zeitung, Flyer, Plakat

4. Ist der erstellte Text besonders klar strukturiert und gegliedert?
Im Internet studieren viele Leser einen Text nicht eingehend, sondern überfliegen ihn nur. Deshalb müssen Texte und Schriften besonders klar gegliedert und gut lesbar sein.

5. Steht auf dem Computer des Betrachters der Internetseite die von mir gewählte Schriftart zur Verfügung? Was mache ich, wenn dies nicht der Fall ist?

a) Zunächst besteht in HTML die Möglichkeit, eine Liste von Schriftarten anzugeben, die der Reihe nach überprüft, und, wenn sie vorhanden sind, benutzt werden. Der passende Tag dazu heißt:

```
<font face = "Tahoma, Arial, Helvetica">
```

Die passende Stylesheet-Eigenschaft heißt:

```
font-family: Tahoma, Arial, Helvetica
```

Diese Angaben bewirken, dass durch den Browser zunächst überprüft wird, ob die Schriftart „Tahoma" zur Verfügung steht. Wenn ja, wird sie verwendet, wenn nein, wird überprüft, ob die Schriftart „Arial" zur Verfügung steht. Ist „Arial" ebenfalls nicht vorhanden, wird geprüft, ob „Helvetica" verfügbar ist. Ist auch dies nicht der Fall, so wird die Standardschriftart des Browsers verwendet.

b) Gerade bei Logos steht die verwendete Schriftart dem Browser häufig nicht zur Verfügung. In diesem Fall können Logos und kurze Texte mit einem Bildbearbeitungsprogramm erstellt und als z. B. als GIF-Datei gespeichert und dann in die Seite eingefügt werden. Allerdings erhöht jedes Bild die Ladezeit einer Internetseite. Man sollte das Ziel, kleine und schnell ladbare Internetseiten zu erstellen, nicht aus dem Auge verlieren.

c) Bei elektronischen Publikationen wird die benötigte Schriftart auf der CD mitgeliefert und steht so dem Browser, sofern seine Nutzung hier notwendig ist, zur Verfügung.

elektronische Publikationen
z. B. Lernprogramme, digitale Nachschlagewerke

Im Internet und bei elektronischen Publikationen bestehen also bezüglich der verwendbaren Schrifttypen einigen Einschränkungen. Die Standardschriften, die es normalerweise auf jedem PC gibt, sind: Arial, Courier New und Times New Roman. Beim Mac entsprechen diese Schriften: Helvetica, Courier und Times.

Ist die Entscheidung für eine passende Schriftart gefallen, muss noch überlegt werden, wie die Überschriften und andere zusätzliche Informationen, wie z. B. Bildunterschriften, gestaltet sein sollen. Hier ist der Einsatz so genannter **Schriftfamilien** zu empfehlen, bei denen alle Schriftarten gut zueinander passen. Grundsätzlich sollten jedoch nicht mehr als zwei oder drei verschiedene Schriftarten auf einer Seite Verwendung finden.

Schriftfamilie
= Gruppe von Schriftarten, die gut zueinander passen, sich aber in bestimmten Merkmalen unterscheiden (z. B. Schriftbreite und -stärke).

Auf einem Bildschirm werden die Informationen (z. B. Texte) mit einer geringeren Auflösung dargestellt, als bei einer gedruckten Seite. Während bei einem Laserdrucker der Text auf einer Seite mit einer Auflösung von etwa 600 dpi (also 600 Punkte pro Zoll) gedruckt wird, erfolgt seine Darstellung am Bildschirm mit nur ca. 72 dpi. Mit dieser geringeren Auflösung lassen sich feine Striche und Abstände zwischen zwei Buchstaben weniger genau darstellen. Bei Texten, die am Bildschirm betrachtet werden, sollte die Wahl somit auf Schriftarten fallen, die eine **größere Laufweite** besitzen. Außerdem sollte der Zeilenabstand etwas größer sein als bei einer gedruckten Seite, und Unterstreichungen sollten vermieden werden.

Zwei Buchstaben oder einer?
r n...rn...m...m

Ein weiteres wichtiges Gestaltungselement für einen Text sind die verschiedenen Möglichkeiten der **Absatzausrichtung**. Es kann zwischen folgenden Varianten gewählt werden:

Linksbündig	Rechtsbündig	Blocksatz	Zentriert
Linksbündiger Text ist gut für alle kürzeren Texte. Es ist günstig für das Auge, den Zeilenanfang immer schnell finden zu können. Die Abstände zwischen den Worten sind immer gleichmäßig groß.	Mit rechtsbündigem Text kann man gestalten. Er wird z. B. benutzt für Bildunterschriften, die sich deutlich vom übrigen Text abheben sollen. Für längere Texte ist er nicht geeignet, weil die Augen den Zeilenanfang immer neu suchen müssen. Das ermüdet auf die Dauer.	Mengentexte wie in Büchern oder Zeitschriften werden im Blocksatz geschrieben. Blocksatz schafft klarer strukturierte Textflächen und Bildflächen, die den Augen die Orientierung erleichtern. Allerdings muss man durch geschickte Trennung darauf achten, dass zwischen den Worten keine zu großen Lücken entstehen.	Zentrierte Texte werden häufig für Werbeanzeigen, Urkunden, Titelblätter und Gedichte verwendet. Für längere Texte ist der so genannte Mittelachsensatz nicht geeignet. Er erzeugt viel Spannung und ermüdet das Auge beim Suchen des Zeilenanfangs.

Da am Monitor, im Gegensatz zu den meisten Büchern, das Lesen eines Textes im Querformat erfolgt, bietet es sich oft an, einen Text **mehrspaltig** zu gestalten. Diese Aufteilung erleichtert die Lesbarkeit eines Textes enorm, denn die Augen müssen einer Zeile nicht vom linken bis zum rechten Bildschirmrand folgen, und dann mühsam den neuen Zeilenanfang am linken Seitenrand suchen, sondern sie können sich in einem schmalen Bereich schnell und sicher bewegen. Ein weiterer Vorteil eines mehrspaltigen Aufbaus ist, dass Bilder in die Spalten einfügt werden können und sich so ein harmonisches Gesamtbild ergibt.

Dieser Text hat zu wenig Abstand zum Rahmen. Deshalb „erschlägt" er die Leserin und den Leser.

Was bei der Gestaltung eines Textes auch oft unterschätzt wird, ist, dass ein Text nur wirken kann, wenn er genügend **Raum** hat. Mit Raum ist der Abstand zwischen den Zeilen, den Absätzen, den Spalten und zum Seitenrand gemeint. Dieser Raum sollte großzügig genutzt werden. Allerdings ist er so zu bemessen, dass der Abstand zwischen den Zeilen, Absätzen und Spalten eng genug ist, um erkennen zu können, welche Inhalte zusammengehören.

Für die Lesbarkeit eines Textes ist es wichtig, dass zwischen **Text und Hintergrund** ein ausgewogener Kontrast besteht. Bei einer dunklen Schrift sollte die Wahl daher auf einen hellen Hintergrund fallen, bei einer hellen Schrift auf einen dunklen Hintergrund.

Wählt man ein **Bild als Hintergrund**, darf das Bild nicht zu kontrastreich sein, da die Schrift ansonsten nur schwer bzw. gar nicht lesbar ist. Kommt ein kontrastreiches Bild als Hintergrund zur Verwendung, gibt es einige Möglichkeiten, wie der Kontrast zwischen dem Text und dem Hintergrund verstärkt werden kann.

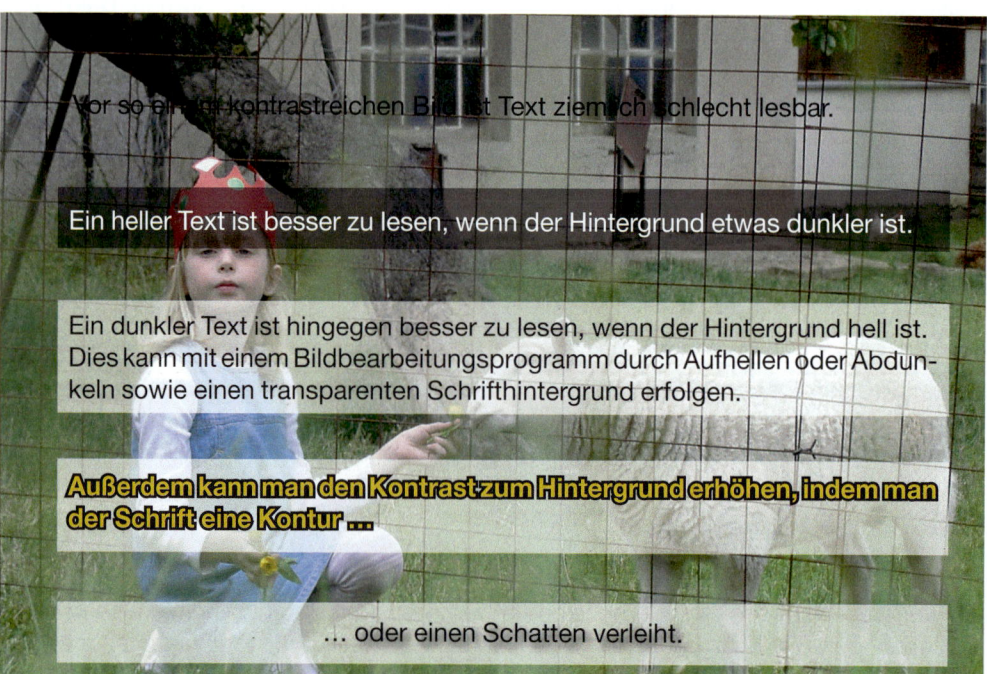

Bei Printmedien sind Serifenschriften besser lesbar, am Bildschirm serifenlose Schriften. Außerdem sollten am Bildschirm Schriften mit einer größeren Laufweite verwendet werden. Dies unterstützt die Lesbarkeit, weil die Buchstaben besser voneinander zu unterscheiden sind.

Werden verschiedene Schriftarten verwendet, sollten es auf einer Seite nicht mehr als zwei oder drei verschiedene Schriftarten sein, sonst wirkt die Seite zu unruhig.

Beim Hintergrund ist auf einen ausreichenden Kontrast zwischen dem Text und dem Hintergrund zu achten.

Textgestaltung

Bei der Gestaltung spielen die **Sehgewohnheiten** von Menschen eine große Rolle. Wird zum Beispiel eine Internetseite aufgerufen, fällt der Blick des Betrachters zuerst in die linke obere Ecke der Seite. Hier sollten die wichtigsten Informationen stehen. Danach scannt das Auge die Seite von links oben nach rechts unten. In dieser Reihenfolge sollten auch die Inhalte der Seite in ihrer Wichtigkeit sortiert sein.
Dazu kommen die **technischen Gegebenheiten** am Bildschirm. Bei niedrigen Auflösungen oder wenn das Fenster nur mit einem kleinen Ausschnitt geöffnet ist, sieht man nur den linken oberen Bereich der Internetseite. Auch in diesem Fall sollten alle wichtigen Inhalte sichtbar sein.

Marino Caponi überlegt sich, wie der Text auf seiner Website gestaltet sein sollte. Auf die Sehgewohnheiten am Bildschirm möchte er erst später eingehen, aber um die Schriftarten kann er sich jetzt schon kümmern. Da sein Ristorante kein romantisches Kerzenlicht-Lokal ist, sondern ein gut geführter Familienbetrieb, fallen alle romantischen und geschwungenen Schriftarten weg. Da am Bildschirm, wegen der geringeren Auflösung, keine Serifenschriften benutzt werden sollten, sieht er sich die serifenlosen Schriftarten an. Am besten gefällt ihm die Verdana. Und wenn es sie auf dem Rechner des Betrachters nicht gibt, so soll, je nach Betriebssystem, Arial oder Helvetica genommen werden.

Marino Caponi entfernt alle überflüssigen Formatierungen für seine Startseite und fügt zwei Zeilen zur Formatierung der Schrift in seine Homepage ein:

```html
<html>
<head>
<title> ..::: Ristorante Da Marino :::..</title>
</head>
<body>
<font face= "Verdana, Arial, Helvetica">
<p align ="center">
<a href="speise.html" title="Hier finden Sie einen Auszug aus der Speisekarte">Speisen</a> -
<a href="wissen.html" title="Hier finden Sie einige wissenswerte Dinge">Wissenswertes</a>
</p>
<h1 align="center"> Da Marino </h1>
Herzlich willkommen im Ristorante Da Marino.  <br>
Besuchen Sie uns und lassen Sie sich von Marino Caponi und seinem Team verwöhnen…
<hr size ="2" align ="center" width ="90%">
Unsere Öffnungszeiten sind:
<pre>
Di-Fr 17:30 bis 24:00 Uhr
Sa-So 11:30 bis 24:00 Uhr</pre>
</font>
</body>
</html>
```

AUFGABEN

1. Gestalten Sie eine druckbare Einladung für
   - eine Veranstaltung mit Westernreiten auf dem Reiterhof,
   - ein Konzert im Irish Pub,
   - eine romantische Hochzeit,
   - einen Kindergeburtstag eines achtjährigen Kindes,
   - eine LAN-Party,
   - die Eröffnung eines Blumenladens,
   - die Eröffnung eines Kiosk und
   - einen Tag der offenen Tür in einer Seniorenresidenz.

2. Suchen Sie sich aus dem Internet eine Abbildung zu einem naturwissenschaftlichen Sachverhalt (z. B. Motor, Photosynthese, Muskelgruppen beim Menschen usw.) und beschriften Sie diese Abbildung mit deutlich lesbaren Bezeichnungen.

5.4.2 Farben

Nachdem sich Marino Caponi mit den Möglichkeiten der Textgestaltung befasst hat, fragt er sich nun, wie er seine Website farblich gestalten kann, damit sie den Nutzer auch anspricht. Doch er weiß weder, welche Farben er verwenden soll, noch, wie man Farben in HTML verwendet.

Farben können bei multimedialen Anwendungen in ihrem ganzen Umfang ohne Rücksicht auf teure Druckerpatronen oder Ähnliches verwendet werden. Zunächst sollte man jedoch einige Dinge über Farben wissen.

Wahrnehmung von Farben

 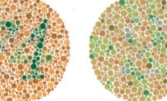

Bild 1 *Bild 2*

Bild 1: Normalsichtige erkennen eine 74, Rot-Grün-Verwechsler nichts.

Bild 2: Normalsichtige erkennen nichts, Rot-Grün-Verwechsler lesen eine 2.

nm = Nanometer (Einheit der Wellenlänge)

Wie nimmt ein Mensch Licht und Farben überhaupt wahr? Auf der Netzhaut des menschlichen Auges befinden sich zwei Sorten von Lichtrezeptoren. Die längeren, schlanken Zellen nennt man Stäbchen. Sie sind zuständig für das Hell-Dunkel-Sehen. Von ihnen gibt es ungefähr 18-mal mehr als von den kürzeren, dicken Zellen, die Zapfen heißen. Die Zapfen, von denen es drei verschiedene Typen gibt, sind zuständig für das Farbensehen. Jeder der drei Zapfentypen reagiert besonders empfindlich auf eine ganz bestimmte Wellenlänge: Die Blau-Zapfen auf Lichtwellen mit etwa 450 nm, die Grün-Zapfen auf etwa 530 nm und die Rot-Zapfen auf etwa 620 nm.

Etwa 8 % aller Menschen können bestimmte Farbtöne, meistens Rot- und Grüntöne, nicht voneinander unterscheiden. Sie sind farbenblind. Dieser Umstand sollte bei der Gestaltung von elektronischen Medien berücksichtigt werden, denn schließlich sollen möglichst viele Menschen von dem multimedialen Produkt angesprochen werden.

Farben werden von allen Menschen unterschiedlich empfunden. Jeder hat einen anderen Farbgeschmack, der z. B. von den aktuellen Modetrends beeinflusst wird. Trotzdem gibt es einige Grundregeln für die Nutzung von Farben, die zur Anwendung kommen sollten, da sie für die meisten Menschen gelten. Hier ist zum Beispiel die Einteilung in warme und kalte Farben und ihre Verwendung für unterschiedliche Einsatzgebiete zu nennen. Je nachdem, welches „Produkt" am Bildschirm dargeboten wird, ob beispielsweise wissenschaftliche Informationen oder Sportartikel, möchte man unterschiedliche Grundstimmungen beim Betrachter erzeugen.

Beispiel für eine kalte Farbe

Beispiel für eine warme Farbe

Beispiel für eine neutrale Farbe

Soll sich der Betrachter konzentrieren können und soll eine Präsentation seriös wirken, kommen für die Darstellung der Seite eher **kalte Farben** zum Einsatz. Zu den kalten Farben gehören Blau und Blaugrün.

Soll beim Betrachten einer Seite Energie ausgestrahlt und ein Gefühl der Zusammengehörigkeit vermittelt werden, so sollten **warme Farben** Verwendung finden. Zu den warmen Farben gehören Gelb, Orange und Rot.

Weiß, Grau und Schwarz gelten als **neutrale Farben**, die vielfältig einsetzbar sind. Es ist jedoch zu bedenken, dass am Bildschirm Weiß „pures Licht" bedeutet. Es kann also für die Augen sehr ermüdend sein, längere Zeit Schrift vor einem weißen Hintergrund zu lesen. Deshalb wird alternativ meistens ein Gelb- oder Blau-Ton genutzt.

Farben werden auch bestimmte **symbolische Bedeutungen** zugesprochen. Allerdings können diese Bedeutungen in verschiedenen Kulturkreisen ganz unterschiedlich aussehen. Diese Bedeutungen sollte man bei der Gestaltung von Webseiten nicht völlig außer Acht lassen.

Farbe	Bedeutung
	Die Farbe Rot ist eine aktive Farbe. Sie steht für Liebe, Aktivität, Macht, Leidenschaft und Stärke, aber auch für Aggressivität, Krieg, Blut, Feuer und Gefahr.
	Gelb erinnert an die Sonne. Sie steht für Wärme, Glück und Lebensfreude. Ein nicht so leuchtendes Gelb kann aber auch an Krankheit, Neid und Falschheit erinnern.
	Grün kann entspannend wirken und Ruhe, Geborgenheit und Hoffnung ausstrahlen. Ein giftiges Neongrün oder ein schmutziges Armeegrün wird diese Assoziationen wahrscheinlich nicht hervorrufen.
	Blau ist eine passive Farbe und wird zuerst mit Himmel und Wasser verbunden. Sie steht für Ferne und Kälte und somit auch für Sachlichkeit, Eleganz und Seriosität.
	Schwarz steht für Tod und Trauer, aber auch für Eleganz und Geheimnis. Für Ägypter ist sie die Farbe der Auferstehung, für Hebräer die Farbe des Verständnisses.
	Weiß gilt als die Farbe der Reinheit und Unschuld. Für Asiaten ist sie die Farbe der Trauer.

Neben diesen – eher subjektiven – Kriterien für die Verwendung von Farben gibt es auch günstige und ungünstige Farbkombinationen, die ihre Ursache in der menschlichen Physiologie haben. So sollte es vermieden werden, zwei Komplementärfarben nebeneinander zu setzen: Sie fangen an den Rändern an zu flimmern. Dieser Effekt zeigt sich z. B. bei einer grünen Schrift, die vor einem roten Hintergrund platziert wird. Hier einige Beispiele von ungünstigen Komplementärfarben-Kombinationen:

Grün – Magenta   Rot – Cyan   Blau – Gelb

Darstellung von Farben

Die Wahrnehmung einer Farbe wird im menschlichen Gehirn durch die Kombination der unterschiedlichen Reizintensitäten der drei Farbrezeptoren erzeugt. So sind die acht Farben, die vom Menschen am intensivsten wahrgenommen werden, die drei Grundfarben Rot, Grün, Blau und die direkten Mischungen aus diesen Farben: Cyan, Magenta, Gelb sowie Schwarz und Weiß.

Die in der Randspalte gezeigte Form der Farbmischung heißt **additive Farbmischung**. Bei ihr wird Licht in den Farben Rot, Grün und Blau miteinander gemischt, um alle anderen Farben zu erzeugen. Mischt man alle drei Grundfarben zu gleichen Anteilen, ergibt dies Weiß. Die additive Farbmischung wird bei allen elektronischen Geräten verwendet, bei denen mit Licht gearbeitet wird, wie zum Beispiel bei einem Monitor/Display oder einem Scanner. Es wird auch vom **RGB-Farbmodell** gesprochen.

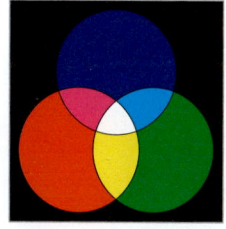

additive Farbmischung

RGB
*= **R**ed-**G**reen-**B**lue*
(Rot-Grün-Blau)

Bei einem Drucker oder anderen Gerät, das mit Pigmenten arbeitet, heißen die Grundfarben zum Mischen aller anderen Farben Cyan, Magenta und Gelb. Die Mischung aus diesen drei Farben ergibt theoretisch Schwarz. In der Realität führt die Mischung dieser drei Grundfarben jedoch meistens zu einem schmutzigen Braun, weshalb bei einem Drucker noch eine eigene Tintenpatrone für Schwarz verwendet wird. Diese Form der

subtraktive Farbmischung

CMYK
= **C**yan-**M**agenta-**Y**ellow-**B**lac**k**
(Cyan-Magenta-Gelb-Schwarz)

*Normalerweise benutzen wir das **Dezimalsystem**, ein Stellenwertsystem zu der **Basis 10**. Die Zahl 345 wird im Dezimalsystem aufgeschlüsselt in*
$3 \cdot 10^2 + 4 \cdot 10^1 + 5 \cdot 10^0 = (345)_{10}.$

*Das **Hexadezimalsystem** ist ein Stellenwertsystem zur **Basis 16**.*
$(3A5)_{16} =$
$3 \cdot 16^2 + 10 \cdot 16^1 + 5 \cdot 16^0$
$= 768 + 160 + 5$
$= (933)_{10}.$
Weil aus dem Dezimalsystem nur 10 Ziffern (0,…,9) zur Verfügung stehen, mussten für die Werte von 10 bis 15 noch Zahlzeichen dazu genommen werden. Man entschied sich für 10 -> A bis 15 -> F.

alink = active link
vlink = visited link

Farbmischung heißt **subtraktive Farbmischung**, denn je mehr verschiedenfarbige Pigmente übereinander gelegt werden, umso weniger Licht wird zum menschlichen Auge reflektiert. Hier wird auch vom CMYK-Farbmodell gesprochen.

Die Farbräume der beiden Farbmodelle sind nicht deckungsgleich. Deshalb kann es passieren, dass Farben im Ausdruck anders aussehen, als am Bildschirm. Dies muss unbedingt Beachtung finden, wenn Printmedien am Bildschirm hergestellt werden.

In HTML werden Farben mit dem RGB-Farbmodell dargestellt. Bei jedem HTML-Attribut, für das als Wert eine Farbe bestimmt werden kann, hat man verschiedene Möglichkeiten, die Farbe zu bestimmen:

1. Die einfachste Möglichkeit ist, den Farbnamen in englischer Sprache anzugeben. Um zum Beispiel die Hintergrundfarbe einer Seite rot zu färben, setzt man im `<body>`-tag das Attribut `bgcolor ="red"`. Das ist zwar die einfachste Möglichkeit, sie funktioniert aber nur für 16 Grundfarben und 120 weitere Farben.

black	#000000	gray	#808080
maroon	#800000	red	#FF0000
green	#008000	lime	#00FF00
olive	#808000	yellow	#FFFF00
navy	#000080	blue	#0000FF
purple	#800080	fuchsia	#FF00FF
teal	#008080	aqua	#00FFFF
silver	#C0C0C0	white	#FFFFFF

2. Die zweite Möglichkeit ist, die Rot-, Grün- und Blauanteile der gewünschten Farbe in hexadezimaler Schreibweise anzugeben. Dafür gibt man die Farbdefinition nach dem Schema #RRGGBB an. RR steht dabei für 256 verschiedene Rot-Anteile, GG für die Grün-Anteile und BB für die Blau-Anteile der gewünschten Farbe. Statt der Buchstaben R, G oder B gibt man also hexadezimale Ziffern zwischen 0 und F an, wie z. B.:

`<body bgcolor="#FF0000">`   erzeugt einen roten Seitenhintergrund
`<hr color="#003300">`   erzeugt eine dunkelgrüne horizontale Linie

Nicht nur die Hintergrundfarben, sondern auch die Text- und Linkfarben können in HTML angegeben werden. So heißt das Attribut für die Farbe des Textes `text`, eines Links `link`, eines aktiven Links `alink` und eines bereits besuchten Links `vlink`.

Wie anfangs erwähnt, kann die Farbdarstellung in verschiedenen Browsern abweichen. Aus diesem Grund wurde eine Liste websicherer Farben zusammengestellt. Diese Farben haben alle die Eigenschaft, dass die einzelnen Ziffern in der hexadezimalen Darstellung durch 3 teilbar sind und die beiden Stellen der jeweiligen Farbe gleich sind. Oder anders ausgedrückt: Alle dezimalen Farbwerte sind durch 51 teilbar. 6633CC, FF9900, CC6666 oder 333399 sind Beispiele für websichere Farben. Die dezimalen Farbanteile der Farbe 6633CC sind: Rot – 102, Grün – 51, Blau – 204.

Verwendung von Farben

Entsprechend ihrer Wahrnehmung werden Farben unterschiedlich eingesetzt. Durch den Einsatz von warmen Farben wie Gelb und Orange wird dem Betrachter einer Internetseite das Gefühl von Wohlbefinden und der Zugehörigkeit zu einer Gemeinschaft vermittelt. Sie sind also besonders geeignet, um den Betrachter z. B. in einen angeregten, kauflustigen Zustand zu versetzen. Dagegen bevorzugen viele Banken und Anbieter wissenschaftlicher Informationen eher kalte Farben für ihre Internetpräsenz. Sie wollen ein Gefühl von Sachlichkeit und Kompetenz vermitteln.

Mit Farben lassen sich nicht nur Stimmungen erzeugen. Sie können auch der Orientierung dienen. Soll zum Beispiel die Navigation auf einer Seite erleichtert werden, kann man für jeden Themenbereich eine eigene Farbe einsetzen, so dass der Betrachter der Website sich besser zurechtfindet. Ein Beispiel für diesen Einsatz von Farbe findet sich auf der Internetpräsenz „www.foerderverein-bioenergiedorf.de". Hier haben alle Seiten zu einem Thema eine bestimmte Leitfarbe, die der besseren Orientierung dienen soll. Schon auf der Startseite erscheint die Themenfarbe, sobald man die Maus über den jeweiligen Link bewegt.

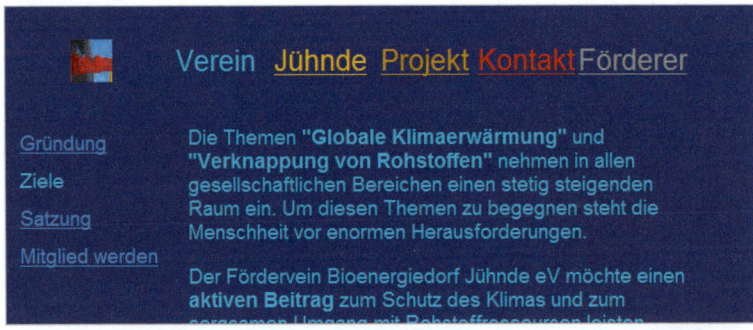

Quelle: www.foerderverein-bioenergiedorf.de

Marino Caponi überlegt, für welche Zielgruppe seine Website sein soll. Die Gäste, die er sich in seinem Ristorante wünscht, sind Menschen ab 17 Jahren aufwärts, die die italienische Küche zu schätzen wissen. Beim Betrachten seiner Website sollen folgende Assoziationen entstehen:
- Im Ristorante „Da Marino" ist es sauber und gemütlich.
- Die Bedienung ist zuvorkommend und freundlich.
- Die Speisen werden frisch und wohlschmeckend zubereitet.
- Das Personal tut alles dafür, dass ich mich gut fühle.
- Dort kann ich mich wie im Urlaub fühlen.

Als Hilfestellung für die Farbauswahl hat sich Marino Caponi von einer befreundeten Innenarchitektin ein paar Farbkarten besorgt. Er scannt sie ein und vergleicht sie miteinander.

Die 4. Farbkarte findet er zu finster, die Farben auf der 2. Farbkarte wirken zu kalt. Die Farben auf der 3. Farbkarte sind ihm zu romantisch und Blau, wie auf der 8. Farbkarte, wollte er eigentlich nicht verwenden.

Auf den restlichen 4 Farbkarten findet er zumindest einzelne Farben passend für seine Website.

Er ermittelt mit der Farbauswahl eines Bildbearbeitungsprogramms die RGB-Werte der einzelnen Farben und sucht anschließend websichere Farben, die so ähnlich aussehen. Da die verwendeten Farben außerdem zu seinem Logo passen sollen, beschränkt er sich mit der Farbpalette für seine Website auf folgende Farben:

990000	336600	666666
CC0000	669933	999999
FF3333	99CC66	CCCCCC
FFFFCC	CCFF99	FFFF99

Die Farben FF3333 (Rot), 669933 (Grün) und 999999 (Grau) kommen in seinem Logo vor. Diese Farben hat er in websicheren Intervallen aufgehellt und abgedunkelt. Zum Schluss hat er die Palette noch um zwei Gelbtöne ergänzt, die eigentlich auf seiner Website vorherrschen sollten. Mit Gelb, so denkt er, verbindet man Sonne, Lebensfreude und Heiterkeit, das passt gut zu seinem Ristorante. Mit Grün möchte er Geborgenheit und – wenn es hell genug – ist auch Frische suggerieren. Und Rot soll auf seinen Seiten neben Gemütlichkeit und Wärme auch für Leidenschaft stehen.

Marino Caponi setzt für seine Homepage folgende Farben ein:
`<body text="#333333" bgcolor="#FFFFCC" link="#CC3333" alink="#CCCCCC" vlink="#990000">`

Es ergibt sich ein hellgelber Hintergrund mit einer dunkelgrauen Schrift. Bei der dunkelgrauen Schrift ist der Kontrast zum Hintergrund nicht so hart und die Seite wirkt weicher und sympathischer. Die Linkfarben sind so eingestellt, dass ein noch nicht besuchter Link hellrot ist, ein aktiver Link hellgrau leuchtet und ein bereits besuchter Link dunkelrot ist.
Bei der horizontalen Linie ergänzt er das Attribut `color="#CCCCCC"`.

AUFGABEN

1 Gestalten Sie eine Webseite für
- eine Veranstaltung mit Westernreiten auf dem Reiterhof,
- ein Konzert im Irish Pub,
- eine romantische Hochzeit,
- einen Kindergeburtstag eines achtjährigen Kindes,
- eine LAN-Party,
- die Eröffnung eines Blumenladens,
- die Eröffnung eines Kiosk und
- einen Tag der offenen Tür in einer Seniorenresidenz.

Wählen Sie die hierfür passende Schriftarten, Farben und ein ansprechendes Layout.

2 a) Erstellen Sie eine Webseite für einen Sportverein Ihrer Wahl. Listen Sie die Spielerinnen und Spieler auf und beziehen Sie die Vereinsfarben in angemessener Weise in Ihre Gestaltung mit ein.
b) Suchen Sie im Internet eine Site, auf der sich ein berühmter Sportverein Ihrer Wahl vorstellt. Beurteilen Sie anhand vorher festgelegter Kriterien, wie gut dieser Verein seine Vereinsfarben in die Seiten integriert hat. Vergleichen Sie diese Seiten mit der Internetpräsenz Ihres lokalen Sportvereins.

5.5 HTML II

5.5.1 HTML-Editor Phase5

> Bisher hat Marino Caponi seine Internetseiten mit dem Texteditor erstellt. Gestern musste er jedoch eine ganze Stunde nach einem Fehler suchen. Er hatte `<titel>` anstatt `<title>` geschrieben. Da fällt ihm ein, dass seine Neffe Enzo ihm neulich erzählt hatte, dass es auch so genannte HTML-Editoren gibt, die einem die Arbeit mit HTML sehr erleichtern können.

Das Erstellen von Webseiten mit einem HTML-Editor ist sehr viel leichter, als alle Tags in einen Standardeditor einzutippen. Der bekannteste textbasierte HTML-Editor, der kostenlos im Internet verfügbar ist, ist Phase 5. Er hat eine aufgeräumte, übersichtliche Oberfläche und bietet alle Funktionalitäten, die ein textbasierter HTML-Editor haben muss.

textbasierter HTML-Editor
vgl. Kapitel 5.2, Seite 216

Zum Erstellen einer neuen Website wird zunächst ein Unterordner für dieses Projekt angelegt. Anschließend erfolgt der Start über den Menüpunkt *Projekt ▷ Neues Projekt*. In dem Fenster, das nun erscheint, wird der Projektname eingetragen, den das Projekt haben soll.

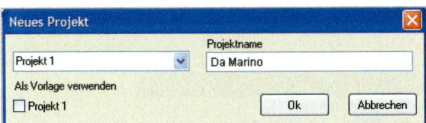

Nach einem Klick auf Ok erscheint das Dialogfenster für die Projekteinstellungen. Hier aktiviert man den Reiter *Lokale Verzeichnisse* und wählt als *Stammordner für Ihre Homepage-Dateien* das vorher angelegte Unterverzeichnis aus. Dieselbe Auswahl erfolgt auch für das *Standardverzeichnis für gemeinsame Dateien (Grafiken etc.)*. Die restlichen Einstellungen können in der vorliegenden Form übernommen werden. Um alle Eingaben zu aktivieren, wird das Fenster über einen Klick auf die Befehlsschaltfläche *Übernehmen* geschlossen.

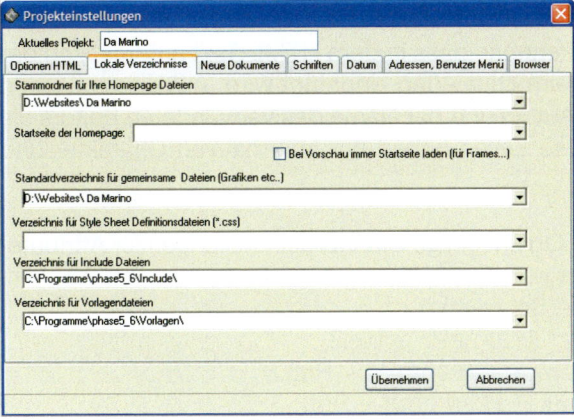

Nun wurde ein neuer Projektordner für ein neues Websiteprojekt angelegt. Um nun eine neue Website zu erstellen, muss der Menüpunkt *Datei ▷ Neues Dokument* angewählt werden oder ein Klick auf das Icon erfolgen.

Anschließend öffnet sich das folgende Dialogfenster:

In diesem Dialogfenster hat man die Möglichkeit, neben dem Dateinamen und dem Dateiordner, in dem die Datei gespeichert werden soll, den Titel und andere Informationen für den Kopfbereich anzugeben. Dabei werden die **Schlüsselwörter** in das Tag `<meta name="keywords" content="...">` statt der Punkte eingetragen. Diese durch Kommata getrennten Schlüsselwörter sind die Stichworte, die einem Suchprogramm das Auffinden dieser Seite zu einem bestimmten Suchbegriff erleichtern. Einen ähnlichen Zweck erfüllt auch die **Beschreibung**, nur dass hier keine einzelnen Wörter, sondern ein zusammenhängender, beschreibender Text eingetragen wird. Dieser Eintrag erscheint in dem HTML-Dokument bei dem Tag `<meta name="description" content="...">`.

meta (griech.) = übergeordnet
keyword (engl.) = Schlüsselwort
content (engl.) = Inhalt
description (engl.) = Beschreibung

Nach Bestätigung der Eingaben erscheint das Grundgerüst für die neue HTML-Seite im Arbeitsbereich.

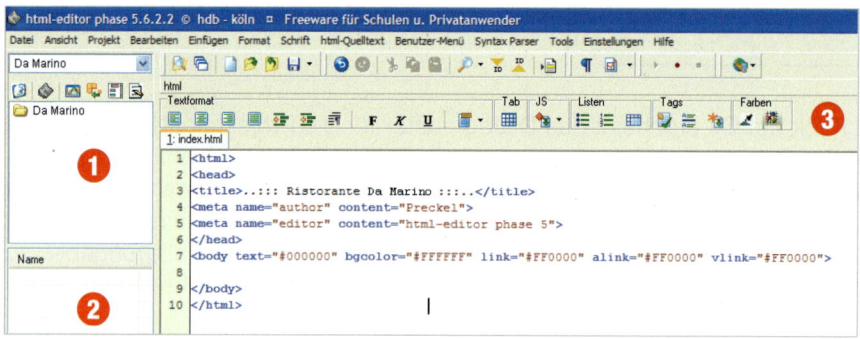

Im Arbeitsbereich von Phase 5 ist erkennbar, dass in dem HTML-Text automatisch der vorher eingegebene Titel der Seite beim <title>-Tag eingefügt wird. Außerdem werden in den Zeilen 4 und 5 der Name des Autors und der Name des verwendeten Editors als Meta-Informationen angegeben. Diese Zeilen haben nur informativen Charakter und können entfernt werden.

In der Zeile 7 fällt auf, dass der body-Tag um einige Standardeinstellungen für Attribute, die für die ganze Seite gelten, ergänzt wurde:
- die Textfarbe (`text="#000000"` – Schwarz)
- die Hintergrundfarbe (`bgcolor = "#FFFFFF"` – Weiß)
- die Farbe eines normalen Links (`link="#FF0000"` – Rot)
- die Farbe eines aktiven Links (`alink="#FF0000"` – Rot)
- die Farbe eines besuchten Links (`vlink="#FF0000"` – Rot)

Neben einer Menü- und einer Symbolleiste bietet Phase 5 noch einen Datei-Explorer ❶ mit einer Datei-Anzeige ❷ und zusätzliche Icons für HTML-Tags ❸, die über den Menüpunkt Ansicht auch noch um eine Farbpalette erweitert werden können.

In den HTML-Text kann man nun einen Tag einfügen, indem entweder
- der Tag eingetippt oder
- das passende Icon aus der HTML-Symbolleiste eingefügt oder
- im Menü *Schrift* ❹,
- im Menüpunkt *Format* ❺
- oder im Menüpunkt *Einfügen* ❻
der gewünschte Eintrag ausgewählt wird.

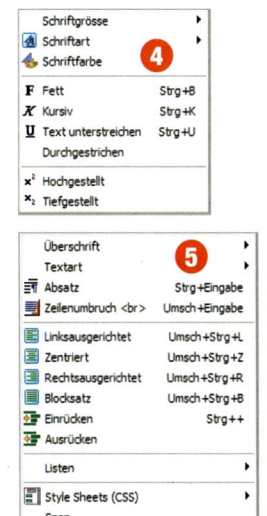

Nachdem alle Seiten nach den eigenen Wünschen bearbeitet wurden, wird alles über den Menüpunkt *Datei ▷ Speichern* oder *Datei ▷ Alle geänderten speichern* oder mit der Tastenkombination STRG + S oder dem Icon gespeichert.

Eine Vorschau der bisher erstellten Internetseite erhält man über den Menüpunkt *Ansicht ▷ Interner Browser* oder mit der Taste F9 oder nach einem Klick auf das Icon .

Marino Caponi versucht nun, seine erste Webseite, die er bereits erstellt hat, mit Hilfe von Phase 5 zu erzeugen. Zunächst übernimmt er den Text in seine Seite.

```
1: index.html
 1  <html>
 2  <head>
 3  <title>..::: Ristorante Da Marino :::..</title>
 4  <meta name="author" content="Preckel">
 5  <meta name="editor" content="html-editor phase 5">
 6  </head>
 7  <body text="#000000" bgcolor="#FFFFFF" link="#FF0000" alink="#FF0000" vlink="#FF0000">
 8  Speisen - Wissenswertes
 9  Da Marino
10  Herzlich willkommen im Ristorante Da Marino.
11  Besuchen Sie uns und lassen Sie sich von
12  Marino Caponi und seinem Team verwöhnen…
13  Unsere Öffnungszeiten sind:
14  Di-Fr       17:30 bis 24:00 Uhr
15  Sa-So       11:30 bis 24:00 Uhr
16  </body>
17  </html>
```

Zuerst legt er für die gesamte Seite die Schriftart fest. Dazu markiert er den Text, der auf der Seite stehen soll und wählt den Menüpunkt *Schrift ▷ Schriftart ▷ Verdana, Arial, Helvetica* aus. Durch diese Aktion wird der Seitentext mit dem <font>-Tag geklammert, der die Schriftart festlegt. Dann verändert er die Farben im <body>-Tag, so dass er eine dunkelgraue Schrift vor einem hellgelben Hintergrund erhält und die Linkfarben rot bzw. hellgrau sind:
`<body text="#333333" bgcolor="#FFFFCC" link="#CC3333" alink="#CCCCCC" vlink="#990000">`

Diese Farben kann er entweder eingeben oder er drückt die F4-Taste oder er öffnet über *Ansicht ▷ Farbpalette anzeigen* die Farbpalette und wählt jeweils die gewünschte Farbe mit einem Mausklick aus.

Für die Überschrift markiert Marino Caponi den Text „Da Marino" und klickt in der HTML-Symbolleiste auf , um dort die Überschrift h1 auszuwählen. Nun ist die Zeile 9 mit dem <h1>-Tag geklammert. Denselben Effekt hätte er auch über den Menüpunkt *Format ▷ Überschrift ▷ h1* oder die Tastenkombination *Strg + F1* erreichen können. Die Überschrift soll jetzt noch zentriert werden. Marino Caponi positioniert den Cursor nach "<h1" und fügt ein Leerzeichen ein. Schon klappt an der Cursorposition eine Auswahl der an dieser Stelle gültigen Attribute auf. Er wählt für die Überschrift *align="center"*. Am Ende der Zeile 10 fügt er über den Menüpunkt *Format ▷ Zeilenumbruch
* einen Zeilenumbruch ein.

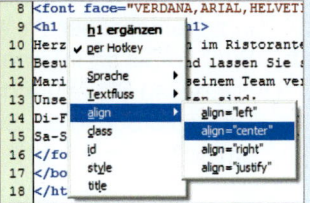

Für die Zukunft nimmt er sich jedoch vor, die Zeilenumbrüche mit der Tastenkombination Umschalt + Eingabe, also die Tasten mit den Symbolen ⇧ und ↵, zu erzwingen.

Die horizontale Linie vor den Öffnungszeiten fügt er über den Menüpunkt *Einfügen ▷ Horizontale Leiste* bzw. die Tastenkombination *Strg + H* ein. Diese Aktion erzeugt im Quelltext den Tag `<hr size="1" noshade>`. Marino Caponi findet es toll, dass nicht nur der hr-Tag, sondern auch einige grundlegende Attribute im Quelltext erzeugt wurden. Er ändert die Dicke der Linie auf `size ="2"` und fügt auf dieselbe Weise wie beim `<h1>`-Tag die Attribute `align="center"`, `color="#CCCCCC"` und `width ="90%"` ein. Danach markiert er die Öffnungszeiten und klammert sie über den Menüpunkt *Format ▷ Textart ▷Textdatei* (oder die Tastenkombination *STRG + ALT + P*) mit dem `<pre>`-Tag ein.

Zum Schluss muss er nur noch jeweils die Wörter „Speisen" und „Wissenswertes" markieren und über den Menüpunkt *Einfügen ▷ Hyperlink* oder die Tastenkombination *Strg + L* die beiden Wörter in Hyperlinks umwandeln. Er fügt den Hyperlinks das Attribut „title" mit einem entsprechenden Text hinzu, so dass beim Bewegen der Maus über den Hyperlink ein erläuternder Hinweis erscheint, der erklärt, was genau für Informationen hinter diesem Link warten. Damit die Links auch noch zentriert auf dem Bildschirm dargestellt werden, markiert Marino Caponi die Zeilen mit den Hyperlinks und klickt auf das Symbol . Mit dem Menüpunkt *Format ▷ Zentriert* oder der Tastenkombination *O + Strg + Z* hätte er dasselbe Ergebnis erzielt.

Marino Caponi sieht sich das Ergebnis mit der internen Vorschau an und ist sehr zufrieden. Er hat dieselbe Seite wie vorher erstellt, aber mit viel weniger Tippaufwand.

AUFGABEN

1 a) Erstellen Sie eine Webseite für ein Land Ihrer Wahl. Listen Sie die Fakten des Landes auf (Einwohnerzahl, Größe, etc.) und beziehen Sie die Landesfarben in angemessener Weise in Ihre Gestaltung mit ein.
   b) Suchen Sie im Internet eine Site, auf der sich ein Land Ihrer Wahl vorstellt. Beurteilen Sie anhand vorher festgelegter Kriterien, wie gut dieses Land seine Landesfarben in die Seiten integriert hat. Finden Sie diese Website ansprechend?

2 Informieren Sie sich über verschiedene HTML-Editoren und finden Sie Kriterien, anhand derer Sie die Programme vergleichen wollen. Erstellen Sie eine Entscheidungstabelle.

5.5.2 Tabellen

Marino Caponi hat bisher nur Texte auf seiner Website erfasst, die immer vom linken bis zum rechten Bildschirmrand verlaufen. Eigentlich weiß er aber, dass Texte am Bildschirm viel besser lesbar sind, wenn sie nur die halbe oder 1/3 der Bildschirmbreite einnehmen. Außerdem stört es ihn, dass die Öffnungszeiten in keiner ansprechenden Schriftart dargestellt werden. Er weiß jedoch nicht, wie er die Formatierung für die Öffnungszeiten hinbekommen soll. In einem Textverarbeitungsprogramm würde er einen Tabulator verwenden. Marino Caponi hat sich schon lange darüber gewundert, wie auf anderen Internetseiten die Texte immer an der richtigen Stelle stehen, egal wie groß oder wie klein man das Browserfenster zieht und egal wie groß oder wie klein der Bildschirm ist.

Tabellen auf Internetseiten haben in der Regel zwei Funktionen. Zuerst einmal dient eine Liste ganz klassisch zur Abbildung von Informationen. So kann sie z. B. dazu genutzt werden, Preislisten, Sportlerlisten nach Wettkämpfen oder Kalender darzustellen. Darüber hinaus (ein Grund, der nicht immer sofort ins Auge fällt) kann man seine Texte und Bilder in einem Browserfenster genau positionieren und so ein besseres Layout gewährleisten, was ohne Tabellen nicht so einfach möglich wäre. Tabellen, die zur genauen Positionierung von Bildschirmelementen verwendet werden, nennt man auch **„blinde Tabellen"**, da ihr Rahmen nicht sichtbar ist.

Eine Tabelle wird mit Hilfe eines <table>-Tags erzeugt. Sie besteht aus Zeilen, die mit dem <tr>-Tag geklammert werden und den einzelnen Zellen in einer Zeile, die durch das <td>-Tag markiert werden. Für den Fall, dass eine Tabelle eine Überschriftenzeile oder -spalte enthält, gibt es noch das <th>-Tag, bei dem der eingegebene Text zentriert und fett dargestellt wird. Eine Tabelle ist also immer nach folgendem Muster aufgebaut:

***table** (engl.) = Tabelle*

***<tr>** (engl.) = Abk. für table row*

***<th>** (engl.) = Abk. für table header*

***<td>** (engl.) = Abk. für table data*

```
<table>
        <tr>    <td> </td>       <td> </td>       <td> </td>      </tr>
                oder             oder             oder
                <th> </th>       <th> </th>       <th> </th>

        <tr>    <td> </td>       <td> </td>       <td> </td>      </tr>
                oder
                <th> </th>

        <tr>    <td> </td>       <td> </td>       <td> </td>      </tr>
                oder
                <th> </th>
                                                                  </table>
```

In einem einfachen Editor bedeutet eine Tabelle immer relativ viel Tippaufwand. In Phase 5 dagegen kann man eine Tabelle deutlich einfacher erstellen, denn es reicht aus, den Menüpunkt *Einfügen ▷ Tabelle* anzuwählen oder das Icon anzuklicken. Schon öffnet sich ein Dialogfenster, in dem die meisten Tags und Attribute eingestellt werden können. Als Hilfestellung kann das Aussehen der erstellten Tabelle immer am unteren Rand des Dialogfensters eingesehen werden.

Kann ein geänderter Parameter eindeutig einem Attribut zugeordnet werden, so wird der Name dieses Attributs in der Statuszeile des Fensters angezeigt. In dem Screenshot lautet also das Attribut für die Tabellenbreite *width*.

Weitere wichtige Attribute einer Tabelle sind neben den bisher schon für andere Tags kennen gelernten Attribute wie *bgcolor* für die Hintergrundfarbe oder *width* für die Breite die Attribute *cellspacing*, *cellpadding* und *border*. Die folgende Grafik veranschaulicht die zuletzt genannten drei Attribute:

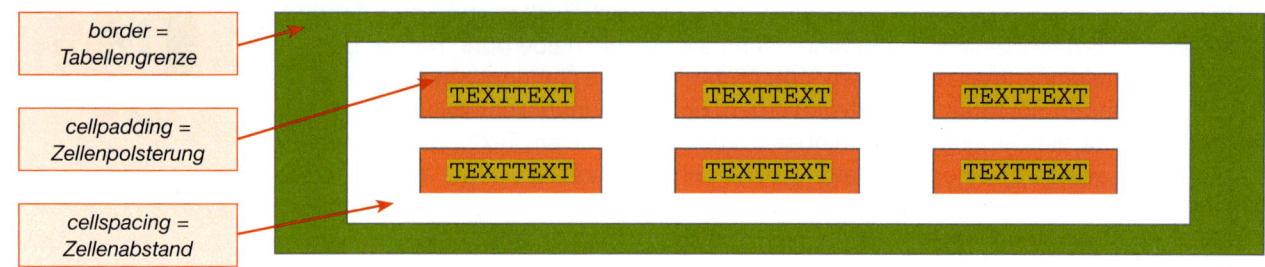

In dieser Grafik entsprechen die roten Rechtecke den Tabellenzellen, die mit dem <td>-Tag definiert werden. Der Abstand der Schrift (gelb markiert) von dem Zellenrand wird mit *cellpadding* angegeben. Die Einheit sind Pixel. Der weiße Bereich um die Tabellenzellen wird mit dem Attribut *cellspacing* in Pixeln bestimmt. Der grüne Bereich rund um die Tabelle wird mit dem Attribut *border* in Pixeln festgelegt.

Man kann in einer Tabelle nicht nur die horizontale Ausrichtung in der Form von linksbündig, zentriert oder rechtsbündig mit dem Attribut align angeben. Es ist auch ein Attribut für die vertikale Ausrichtung notwendig: valign. Dieses Attribut kann die Werte top für „oben", middle für „mittig" und bottom für „unten" annehmen.

`align="left"` `valign="top"`	`align="center"` `valign="top"`	`align="right"` `valign="top"`
`align="left"` `valign="middle"`	`align="center"` `valign="middle"`	`align="right"` `valign="middle"`
`align="left"` `valign="bottom"`	`align="center"` `valign="bottom"`	`align="right"` `valign="bottom"`

Manchmal passiert es, dass mehrere Zellen einer Tabelle zusammengefasst werden müssen (in einem Textverarbeitungsprogramm erfolgt dies über den Menüpunkt *Zellen verbinden*). Um dies zu erreichen, ist in den <td>-Tag das Attribut colspan="x" bzw. rowspan="x" einzutragen, je nachdem, ob die Zusammenfassung Spalten oder Zeilen betrifft. Statt des x wird die Anzahl der Spalten bzw. Zeilen angegeben, die zusammengefasst werden sollen.

`colspan="2"`		
		`rowspan="2"`

Marino Caponi möchte eine Tabelle für die Grundstruktur seiner Webseiten festlegen. Seine Tabelle, die über die ganze Seite geht, soll sich in 5 Spalten gliedern, die 15 %, 25 %, 20 %, 25 % und 15 % der Bildschirmbreite einnehmen. Bei den Zeilen braucht er zunächst nur 2: eine Zeile für die Links und eine Tabellenzeile für den Inhalt.

Er ruft über *Einfügen ▷ Tabelle* den Tabellenkonstruktor von Phase 5 auf und legt in dem Dialogfenster fest, dass eine Tabelle mit 2 Zeilen und 5 Spalten angelegt wird. Die Zellen sollen jeweils

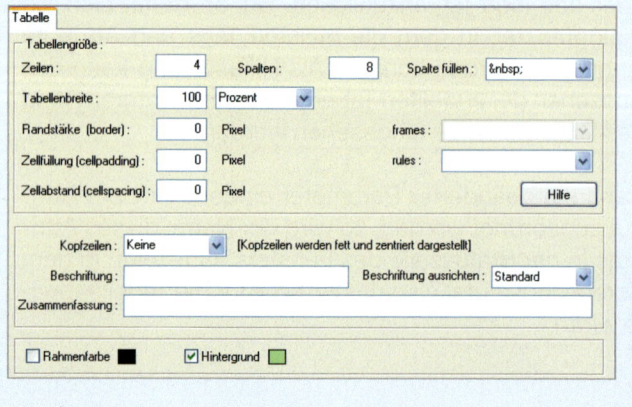

mit dem Sonderzeichen für ein Leerzeichen gefüllt sein. Dies ist nötig, weil sonst eine Tabellenzelle, die keinen Text enthält, nicht angezeigt würde. Die Abstände und Ränder stellt er auf 0 Pixel ein, die Tabellenbreite auf 100 % und für die Hintergrundfarbe bestimmt er ein helles Grün (#CCFF99).

Nachdem er auf die Befehlsschaltfläche *Tabelle einfügen* geklickt hat, erscheint folgender Quellcode in seinem HTML-Text:

```
<table width="100%" border="0" bgcolor="#CCFF99" cellpadding="0" cellspacing="0">
 <tr>
<td> </td>
   <td> </td>
   <td> </td>
   <td> </td>
   <td> </td>
 </tr>
 <tr>
   <td> </td>
   <td> </td>
   <td> </td>
   <td> </td>
   <td> </td>
 </tr>
</table>
```

8	`<table width="100%" height="100%" border="0" bgcolor="#CCFF99" cellpadding="0" cellspacing="0">`
9	`<tr height="80" bgcolor="#FFFF99" >`
10	`<td width="15%"> </td>`
11	`<td colspan="3" width="70%" align="right">`
12	`<a href="speisen.html" title="Auszug aus der Speisekarte" >Speisen</a> -`
13	`<a href="wisse.html" title="Informationen über einige wissenswerte Dinge">Wissenswertes</a>`
14	`</td>`
15	`<td width="15%"> </td>`
16	`</tr> <tr>`
17	`<td width="15%" > </td>`
18	`<td colspan="2" width="45%" valign="top">  `
19	`<h1 align="center">Da Marino </h1>`
20	`Herzlich willkommen im Ristorante Da Marino. `
21	`Besuchen Sie uns und lassen Sie sich von Marino Caponi und seinem Team verwöhnen…`
22	`<hr color="#CCCCCC" align="center" width="90%" size="2" noshade>`
23	`Unsere Öffnungszeiten sind:`
24	`<pre>`
25	`Di-Fr        17:30 bis 24:00 Uhr`
26	`Sa-So        11:30 bis 24:00 Uhr`
27	`</pre>`
28	`</td>`
29	`<td width="25%"> </td>`
30	`<td width="15%" bgcolor="#FFFF99"> </td>`
31	`</tr>`
32	`</table>`

Nun ergänzt er den HTML-Code in den einzelnen Zeilen, um die gewünschten zusätzlichen Einstellungen zu erreichen:
8. Er stellt die Höhe der Tabelle im <table>-Tag auf 100 % (*height = „100 %"*).
9. Die Höhe der ersten Zeile legt er auf 80 Pixel fest und gibt ihr ein helles Gelb als Hintergrundfarbe.
10. Die Breite der ersten Spalte legt er auf 15 % der Gesamttabelle fest.
11. Die nächsten drei Spalten fasst er mit `colspan="3"` zusammen, legt ihre Gesamtbreite auf 70 % (= 25 % + 20 % + 25 %) der Tabelle fest und richtet den Text in der Zelle rechts aus. Durch die Zusammenfassung fallen in dieser Zeile zwei Spalten bzw. Zellen weg.
12. In den Zeilen 12 und 13 fügt er die beiden Hyperlinks ein, die in der Zelle stehen sollen.
15. Nun muss er noch für die letzte Spalte in der ersten Zeile die Breite auf 15 % festlegen.

16. Für die zweite Zeile legt er keine Besonderheiten fest. Ihre Hintergrundfarbe soll die der Tabelle sein.
17. Die Breite der ersten Spalte beträgt 15 % der gesamten Tabellenbreite.
18. Die nächsten beiden Spalten werden wieder zusammengefasst und nehmen insgesamt 45 % (= 25 % + 20 %) der Tabellenbreite ein. Damit der Text immer oben in der Zelle beginnt, setzt er das Attribut für die vertikale (senkrechte) Ausrichtung auf den Wert „oben": valign="top".
19. In den folgenden Zeilen wird der Inhalt für diese Tabellenzelle eingefügt.
29. Die Breite der dritten Spalte in der zweiten Zeile wird auf 25 % der Tabellenbreite festgelegt.
30. Die letzte Spalte erhält eine Breite von 15 % und soll gelb gefärbt sein.

Über den Screenshot der Seite wurde das unsichtbare Tabellengitter gelegt, von dem die mittleren drei Spalten teilweise zusammengefasst sind.

Die Bildschirmaufteilung bei seinem Ergebnis gefällt ihm zwar ganz gut, aber irgendwie sieht die Seite noch sehr blass aus. Deshalb fügt er nach der Link-Zeile noch eine weitere Zeile ein, die 5 Pixel hoch ist (height = "5"), nur ein Leerzeichen enthält und deren Hintergrundfarbe dunkelrot ist. Sofort sieht seine Seite viel lebendiger aus.

```
<tr height="5" bgcolor="#cc0000">
   <td colspan="4"> </td>
   <td bgcolor="#FFFF99"> </td>
</tr>
```

Abschließend möchte er noch, dass die Öffnungszeiten in einer anderen Schrift erscheinen. Dazu fügt er in die bestehende Tabelle an der entsprechenden Stelle eine weitere Tabelle ein, die aus zwei Zeilen und zwei Spalten besteht. Damit die beiden Zeilen einen vernünftigen Abstand voneinander haben, legt er als Zellen-„Polster" cellpadding="5" fest.

```
...
   Unsere Öffnungszeiten sind: <br>
   <br>
   <table width="100%" border="0" cellpadding="5" cellspacing="0">
      <tr>
      <td>Di-Fr             </td>
      <td>17:30 bis 24:00 Uhr</td>
   </tr><tr>
      <td>Sa-So             </td>
      <td>11:30 bis 24:00 Uhr</td>
      </tr>
   </table>
...
```

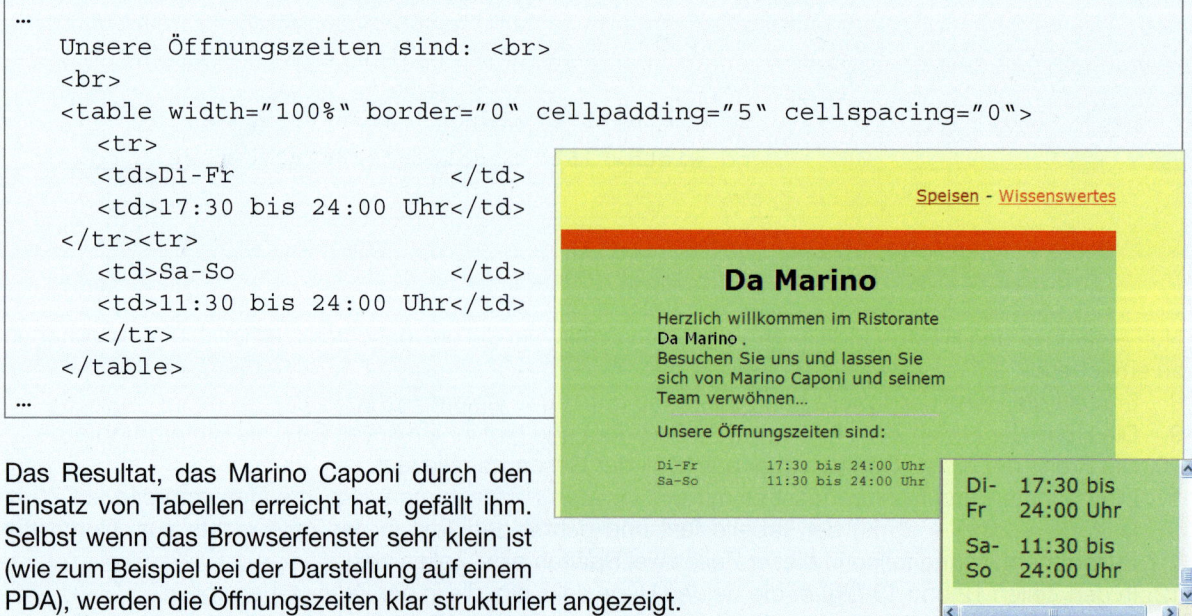

Das Resultat, das Marino Caponi durch den Einsatz von Tabellen erreicht hat, gefällt ihm. Selbst wenn das Browserfenster sehr klein ist (wie zum Beispiel bei der Darstellung auf einem PDA), werden die Öffnungszeiten klar strukturiert angezeigt.

AUFGABEN

1 Erstellen Sie eine Tabelle für das Spiel „Stadt, Land, Fluss" nach folgendem Vorbild.

Stadt	Land	Fluss
Berlin	Belgien	Blauer Nil
Celle	Chile	Colorado
Dortmund	Dänemark	Donau
Essen	Estland	Ems

2 Erstellen Sie eine Webseite mit einer Kalenderübersicht.

3 Erstellen Sie zwei Internetseiten nach folgendem Muster:

- Die Hintergrundfarbe der Seiten ist „lightcyan".
- Die Hyperlinks nehmen 60 % der Bildschirmbreite ein. Sie sind mit der Farbe „powderblue" hinterlegt. Es sind nur die blauen Links „Service" bzw. „Firma" wählbar. Für die anderen Begriffe existieren (noch) keine Seiten.
- Den Text für diese Aufgabe finden Sie auf der beiliegenden CD.

5.5.3 Bilder im Internet

Marino Caponi möchte nun noch Bilder in seine Website einbinden. Die Nutzer seiner Seite sollen dadurch einen Eindruck von seinem Ristorante bekommen und ein wenig auf das italienische Lebensgefühl eingestimmt werden. Außerdem darf sein Logo auf der Website natürlich auch nicht fehlen. Aber wie bindet er Bilder ein und was für Bilder bindet er ein? Sein Neffe Enzo hat ihm erzählt, dass nicht jedes Bild für eine Internetseite geeignet ist.

Einbinden von Bildern

Das Einbinden von Bildern in HTML-Seiten ist relativ einfach. Am folgenden Beispiel wird es deutlich:

```
<strong>Wandern um Jühnde</strong>
<p>
<img src="bilder/wanderw.jpg" width="140"
height="91" alt="Wanderwegschild mit Beschriftung
J1" align="left" hspace="15" vspace="5">
Um Jühnde herum gibt es ein paar wundervolle
<strong> Wanderwege </strong>, die idyllische
Ausblicke auf das Dorf und das niedersächsische
Bergland bieten.</p>
<p> Am nahegelegenen Gaußturm gibt ein <strong>
Geologie- und Bergbaupfad </strong> Aufschluss
über die geologische
Entstehung und Nutzung des Basaltberges.</p>
```

src (engl.)
= Abk. für source = Quelle

- Man fügt das <img>-Tag an der Stelle ein, an der das Bild erscheinen soll, und gibt in dem Attribut *src* den genauen Dateinamen inklusive Pfad des Bildes an. In diesem Fall steht das Bild *wanderw.jpg* in dem Unterverzeichnis „bilder". Es ist sinnvoll, für die Bilder einer Website ein eigenes Unterverzeichnis anzulegen. Nur so können die zu einer Internetpräsenz gehörenden Dateien einigermaßen strukturiert verwaltet werden. Der <img>-Tag ist einer der wenigen Tags, die nicht mit einem schließenden Tag</...> beendet werden.
- Die nächsten Attribute, die für das Bild angegeben werden, sind die Breite (*width*) und die Höhe (*height*) des Bildes. Es ist sinnvoll, dass das Bild genau diese Größe hat. Wenn ein größeres Bild auf diese Höhe und Breite festgelegt wird, sieht es zwar optisch genauso aus, verbraucht aber viel mehr Speicherplatz auf dem Webserver und es dauert sehr viel länger, bis es im Browser geladen ist.
- Der Text, der bei dem *alt*-Attribut angegeben ist, erscheint, wenn das Bild nicht geladen werden kann oder die Anzeige der Bilder im Browser ausgeschaltet ist. Außerdem wird dieser Text den Menschen vorgelesen, die einen so genannten Screen-Reader zum Betrachten von Internetseiten benutzen müssen: blinde und sehbehinderte Menschen. Das Füllen des *alt*-Attributes ist also ein Beitrag zum barrierefreien Internet.
- Das Attribut *align="left"* bewirkt, dass das Bild links ausgerichtet ist und der nachfolgende Text rechts um das Bild herumfließt.
- Damit der Text nicht direkt an dem Bild „klebt", werden die Attribute *hspace* und *vspace* benutzt, die in diesem Fall für 15 Pixel horizontalen Abstand nach rechts und links sowie 5 Pixel vertikalen Abstand nach oben und unten sorgen.

In Phase 5 erfolgt das Einfügen eines Bilds über den Menüpunkt *Einfügen ▷ Grafik einfügen* oder mit der Tastenkombination *Strg + I*. Besonders komfortabel ist es, wenn man ein Bild aus der Dateiliste mit der Maus per Drag&Drop nach rechts in den Arbeitsbereich zieht. In diesem Fall sind bereits die Attribute *src*, *height* und *width* mit den richtigen Werten für die Dateiquelle, der Höhe und der Breite des Bildes gefüllt.

Bilder als Links

Mit einem <a>-Tag können nicht nur Texte als Link geklammert werden, sondern auch Bilder. Wenn man also auf folgender Internetseite auf ein Bild klickt, so erfolgt über diesen Hyperlink eine Weiterleitung auf die entsprechende Seite.

```
...<tr>
<td> <a href="http://www.fnr.de" title="www.fnr.de">
<img src="bilder/logo_fnr.jpg" alt="Logo der FNR"></a>
</td><td>
...
</td><td>
<a href="http://www.izne.de" title="www.izne.de">
<img src="bilder/logo_izn.gif" width="120" height="42" alt="Logo des Interdisziplinären Zentrums für nachhaltige Entwicklung"></a> </td>
</tr>...
```

- Man klammert den <img>-Tag mit dem <a>-Tag ein.
- Das *title*-Attribut im <a>-Tag bewirkt, dass der darin enthaltene Text als Hinweis angezeigt wird, wenn der Mauszeiger über den Hyperlink bewegt wird.
- Der Text im *alt*-Attribut des <img>-Tags wird angezeigt, wenn das Bild nicht dargestellt wird. Ist ein Screen-Reader vorhanden, wird der Text vorgelesen.

Imagemaps (Hyperlinks aus Bildbereichen)

image (engl.) = Bild, Grafik

map (engl.) = Landkarte

Es gibt in HTML die Möglichkeit, ein Bild in mehrere Bereiche aufzuteilen und jeden dieser Bereiche mit einem Hyperlink zu versehen. In dem folgenden Beispiel sind auf dem Foto bei allen wichtigen Bauwerken Kreise eingefügt. Wird einer der eingekreisten Bereiche angeklickt, so gelangt man zu einer verlinkten Seite, auf der das Bauwerk genauer erklärt wird.

```
...
<strong>Die Bioenergieanlage</strong>
❶<map name="anlage">
    <area shape="circle" coords="413,218,25"
href="waage.html" alt="Waage" title="Waage">
    <area shape="circle" coords="272,165,20"
href="vorgrube.html" alt="Vorgrube"
title="Vorgrube">
❷   <area shape="circle" coords="374,100,30"
href="ferment.html" alt="Fermenter"
title="Fermenter">
...
</map>
<img src="bilder/fotoanla.jpg" width="480"
height="283" border="0" usemap="#anlage"❸
<div align="right"><i>Quelle: M&uuml;hlhausen /
<a href="http://www.landpix.de">www.landpix.de</a></i>
</div>
...
```

- Mit dem Tag `<map name="xy">` leitet man bei ❶ die Definition von verweissensitiven Flächen auf einer Grafik ein. Der Name, der in diesem Tag als Attributwert vergeben wird, ist ähnlich dem Ankernamen bei seiteninternen Verweisen und hat nichts mit dem Dateinamen des benutzen Bildes zu tun. Mit *</map>* wird der Definitionsbereich für die Verweisflächen wieder beendet. In der obigen Abbildung sind der Deutlichkeit halber die drei Bereiche rot eingekreist, die in dem Quelltext des Beispiels als verweissensitive Bereiche definiert werden.

- Innerhalb des <map>-Tags gibt es mehrere <area>-Tags, die die einzelnen verlinkten Flächen definieren. Bei ❷ wird mit dem Attribut *shape* als Form ein Kreis bestimmt. Mit dem Attribut *coords* wird der Mittelpunkt dieses Kreises bei 374,100 Pixeln und der Radius mit 30 Pixeln festgelegt. Die Pixelwerte sind absolute Angaben und haben ihren Ursprung in der linken oberen Ecke des Bildes. Anstatt des Radius kann man bei einem Kreis auch einen Punkt auf dem rechten Kreisbogen angeben. Dann gäbe es bei *coords* vier Koordinaten.
- In dem <img>-Tag wird bei ❸ für das eingefügte Bild mit dem Attribut *usemap="#xy"* auf die Definition der linksensitiven Bereiche verwiesen. Das heißt, fährt die Maus über die Grafik, gibt es bestimmte Bereiche, die man anklicken kann, um mit einem Hyperlink weitergeleitet zu werden. Fehlt das Attribut *usemap* in dem <img>-Tag, so wird beim Überfahren mit der Maus kein Link erkannt.

area (engl.) = Bereich, Fläche
shape (engl.) = Form, Gestalt
circle (engl.) = Kreis
rect (engl.) = Abk. für rectangle, Rechteck
poly (engl.) = Abk. für polygon, Vieleck
coords (engl.) = Abk für coordinates, Koordinaten
usemap (engl.) = benutze Karte

Allgemein können folgende Bereiche für ein Imagemap definiert werden:

Form	Koordinaten
Viereck `shape="rect"` (x_1, y_1) (x_2, y_2)	Notwendig sind die Koordinaten x_1, y_1, x_2, y_2 wobei x_1 = linke obere Ecke in Pixel (von links) y_1 = linke obere Ecke in Pixel (von oben) x_2 = rechte untere Ecke in Pixel (von links) y_2 = rechte untere Ecke in Pixel (von oben)
Kreis `shape="circle"` (x_1, y_1) (x_2, y_2) r	Notwendig sind die Koordinaten x_1, y_1, x_2, y_2 wobei x_1 = x-Koordinate des Mittelpunktes in Pixel y_1 = y-Koordinate des Mittelpunktes in Pixel (von oben) x_2 = x-Koordinate des Punktes auf dem rechten Kreisbogen in Pixeln y_2 = y-Koordinate des Punktes auf dem rechten Kreisbogen in Pixel (von oben) Statt x_2 und y_2 kann auch die Länge des Radius r in Pixel angegeben werden. In diesem Fall existieren nur drei Werte.
Vieleck `shape="poly"` (x_1, y_1) (x_2, y_2) (x_5, y_5) (x_4, y_4) (x_3, y_3)	Notwendig sind die Koordinaten $x_1, y_1, x_2, y_2, \ldots x_n, y_n$ wobei x_1 = erste Ecke in Pixel (von links) y_1 = erste Ecke in Pixel (von oben) x_2 = zweite Ecke in Pixel (von links) y_2 = zweite Ecke in Pixel (von oben) … x_n = letzte Ecke in Pixel (von links) y_n = letzte Ecke in Pixel (von oben)

Marino Caponi möchte nun ein Bild auf seiner Homepage einfügen. Dazu legt er in seinem Projektordner, in dem auch seine anderen Webseiten stehen, einen Unterordner für die Bilder an und kopiert ein Bild von sich in diesen Unterordner.

Dann klickt er in der Dateiliste den Namen des Bildes an und zieht ihn mit gedrückter Maustaste in den Arbeitsbereich an die Stelle im Quelltext, an der das Bild eingefügt werden soll.

```
43  </td>
44  <td width="25%">
45  <img src="bilder/MarinoCaponi.jpg" alt="" border="0" width="150" height="174"></td>
46  <td width="15%" bgcolor="#ffff99"> </td>
47  </tr>
48  </table>
```

Das Bild wird sofort mit dem richtigen Pfadnamen und der richtigen Bildgröße eingefügt. Marino Caponi ergänzt nur noch den Text für das *alt*-Attribut, positioniert sein Bild rechts oben in der Zelle und sieht sich die Seite an.

Das Ergebnis ist schon einigermaßen gut, aber sein Bild „klebt" ziemlich an den Rändern der Zelle. Er gibt mit den Attributen hspace und vspace dem Bild 15 Pixel „als Polster" zu der Umgebung.

Nun ist seine Homepage fertig. Der fertige Quelltext der Tabellenzelle, die das Bild enthält, lautet:

```
<td width="25%" valign="top" align="right">
  <img src="bilder/MarinoCaponi.jpg" alt="Marino Caponi
vor der Mauer seines Ristorante" border="0" width="150"
height="174" hspace="15" vspace="15">
</td>
```

AUFGABEN

1. Stellen Sie auf einer Website eine Tierart Ihrer Wahl vor. Achten Sie darauf, dass sich auf den Seiten einige Bilder befinden.

2. Erstellen Sie eine Website zu einer 1-Million-Euro-Frage nach folgendem Muster:

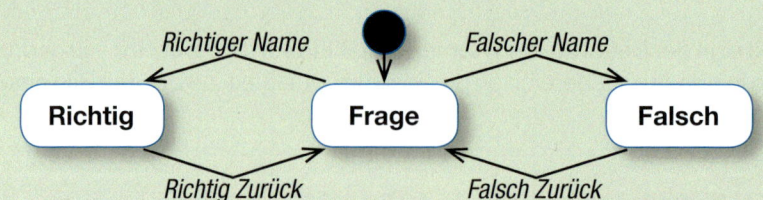

- Die Hintergrundfarben der Seiten sind #CC99FF bzw. #9966CC.
- Die Schrift- und Linkfarben sind Schwarz und Weiß. Die Schriftart ist Arial, fett.
- Die Farben der Tabelle sind #FF99CC und #330066.
- Das Bild „Daumen_hoch.gif" finden Sie auf Ihrer CD.

3. Erstellen Sie eine Webseite nach folgendem Muster:

Die Fotos und den Text finden Sie auf Ihrer CD. Der Text und die Fotos sollen eine Bildschirmbreite von 480 Pixeln einnehmen. Beim Überfahren der Bilder mit der Maus sollen die Tooltips „Gasmotor" bzw. „Generator" angezeigt werden. Wählen Sie selber passende Farben aus.

4. Erstellen Sie zu dem Bild buffet.jpg von der CD ein Imagemap. Bei einem Klick auf eine Speise soll man zu dem Rezept der Speise gelangen.

5. Machen Sie ein digitales Klassenfoto oder scannen Sie ein vorhandenes Klassenfoto ein. Definieren Sie für das Klassenfoto eine Imagemap, bei der drei Köpfe/Oberkörper Ihrer Mitschüler/-innen verlinkt sind. Erstellen Sie anschließend je einen Steckbrief zu den von Ihnen verlinkten Mitschüler/-innen. Versuchen Sie alle einzelnen Steckbriefe zu einem Gesamtwerk zusammenzuführen.

5.5.4 Storyboard

> Marino Caponi möchte seine Website nun möglichst schnell fertig stellen. Sein Neffe Enzo hat ihm angeboten zu helfen. Jetzt steht Marino Caponi vor dem Problem, wie er Enzo möglichst genau und eindeutig mitteilen kann, wie er sich die übrigen Seiten vorstellt. Ein Zustandsdiagramm wäre eine gute Möglichkeit, die Verlinkung der Seiten anzugeben, aber das ist ja nur ein Teil der Information, die Enzo braucht, um die fehlenden Seiten zu erstellen.

Storyboards kommen ursprünglich aus der Filmindustrie. Dort müssen komplexe Handlungsabläufe, der Text und die Bewegungen der Schauspieler, die Kameraeinstellungen, die Filmschnitte, das Heranzoomen und Entfernen der Kamera für jede Szene detailliert geplant werden. Hier folgt ein Ausschnitt des Storyboards von dem Film MATRIX:

Kamera	Erzählung	Neo
	Dieselbe Einstellung eines Computerbildschirms wie zu Beginn. Der Cursor pulsiert regelmäßig, abwartend. Ein Telefon klingelt.	
	Jemand hebt ab, und auf dem Bildschirm erscheint augenblicklich das Searchprogramm (Trace). Wir erkennen Neos Stimme.	(OFF) Ich weiß, dass ihr irgendwo da draußen seid. Ich kann euch jetzt spüren. Ich weiß, dass ihr Angst habt. Angst vor uns, Angst vor Veränderungen.
	Wir nähern uns den rasenden Kolonnen von leuchtenden Ziffern auf dem Bildschirm. Die Ziffern bleiben eine nach der anderen stabil.	(OFF) Wie die Zukunft wird, weiß ich nicht. Ich bin nicht hier, um euch zu sagen, wie die Sache ausgehen wird. Ich bin hier, um euch zu sagen, wie alles beginnen wird.
	Wir gleiten in den Bildschirm.	(OFF) Ich werde den Hörer auflegen und den Menschen das zeigen, was sie nicht sehen sollen. Ich werde ihnen eine Welt zeigen ohne euch. Eine Welt ohne Gesetze, ohne Kontrollen und ohne Grenzen. Eine Welt, in der alles möglich ist.
	Wir tauchen zwischen den Zahlen hindurch, brausen durch die Dunkelheit, werden von ein paar eng beieinander stehenden Sternen angezogen.	
	Die Sterne sind in Wirklichkeit die Löcher in der Sprechmuschel eines Telefons, von innen gesehen.	(OFF) Wie es dann weitergeht, das liegt ganz an euch.
	Wir preschen durch die Löcher.	
	Neo legt auf…	

Quelle: Wachowski, Larry & Andy: The Matrix, Burgschmiet Verlag, Nürnberg 2000

Storyboards werden nicht nur für Filme verwendet, sondern auch für elektronische Publikationen und Websites. Während elektronische Publikationen von der Komplexität ihrer Abläufe manchmal mit Filmen vergleichbar sind, sind Websites meistens sehr viel einfacher angelegt.

Ein Storyboard für eine Website enthält
- alle geplanten Seiten mit den Dateinamen, einer kurzen Inhaltsangabe und den Dateinamen der verwendeten Grafiken,
- die Verweise zwischen den Seiteninhalten,
- das geplante Seitenlayout mit den verwendeten Schriften, den verwendeten Farben sowie Angaben zu Besonderheiten und
- die Platzierung der Inhalte.

Marino Caponi erstellt für seinen Neffen Enzo ein Storyboard. Zuerst listet er alle Seiten mit den geplanten Dateinamen, den vorgesehenen Verlinkungen und den zu verwendenden Grafiken und sonstigen Dateien auf.

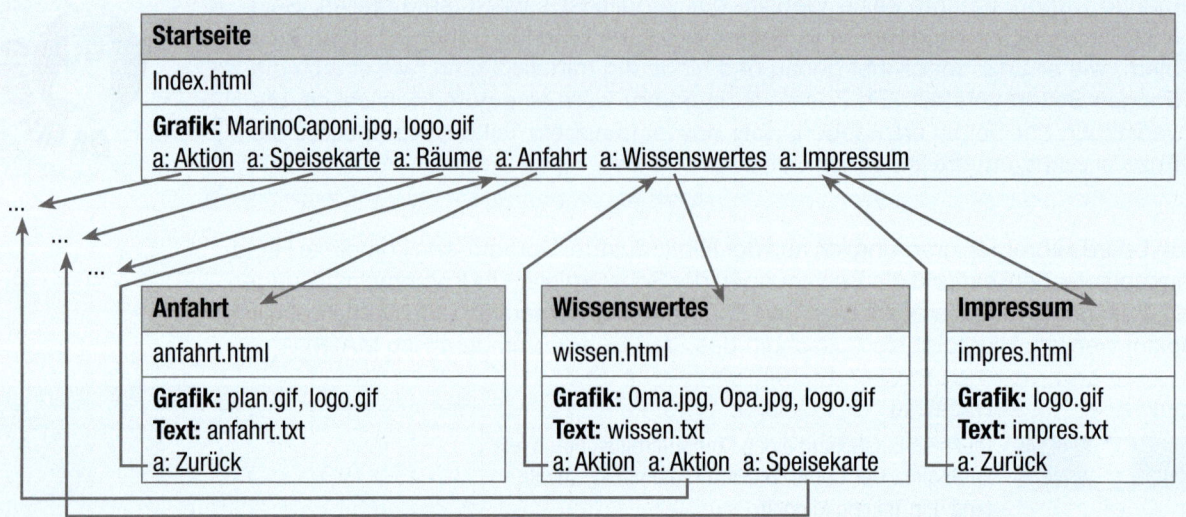

Anschließend macht er eine Skizze für die Platzierung der Seiteninhalte und listet die jeweiligen Hintergrundfarben auf.

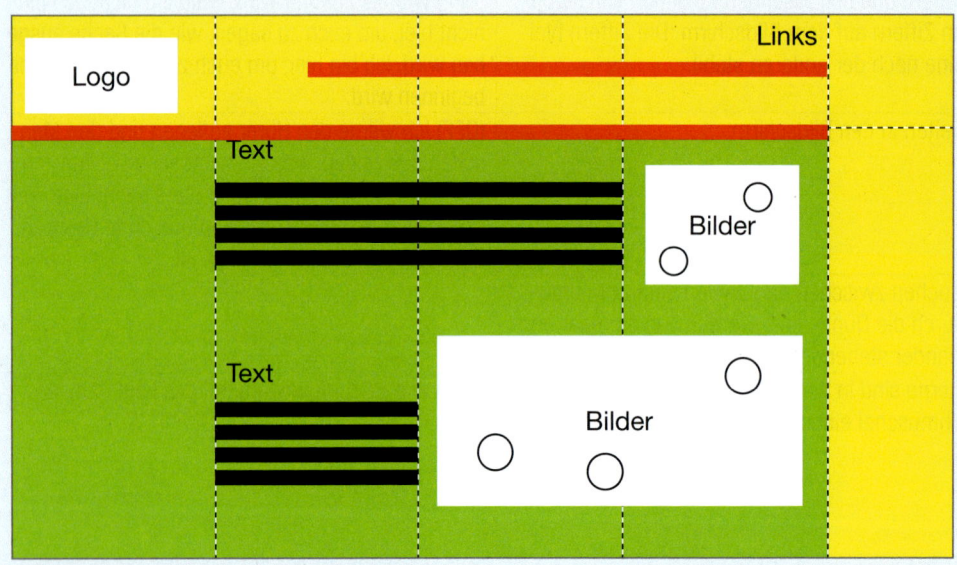

Schrift: Verdana, Arial, Helvetica
Farben: Hintergrund: *body*: sehr Hellgelb #FFFFCC, *table*: Hellgelb #FFFF99,
  einzelne Zellen: Hellgrün #CCFF99
  Schrift: dunkelgrau #333333
  Links: *normal*: rot #CC3333, *besucht*: hellgrau #CCCCCC, *aktiv*: dunkelrot #990000
  Andere Elemente: dunkelgrün #336600, grün #669933, hellgrün #99CC66, hellgrau #999999, dunkelgrau #666666

AUFGABEN

1
a) Erstellen Sie ein Storyboard für Ihre persönliche Website. Bereiten Sie Fotos und Texte vor, die Sie auf dieser Website veröffentlichen wollen.
b) Übergeben Sie das Storyboard und die vorbereiteten Materialien an Ihren Tischnachbarn / einen Partner, damit er/sie die entsprechende Website erstellen kann.

2 Untersuchen Sie Ihre Schulwebsite. Erstellen Sie ein Storyboard zu dieser Website.

5.5.5 Bilder und Formate

Marino Caponi beschließt, einige Bilder für seine Website selber zu machen. Das einzige gekaufte Bild, das auf der Website erscheinen soll, ist das Logo von seinem Ristorante. Er hat schon ein paar Fotos mit seiner Digitalkamera gemacht und die Fotos seiner Großeltern eingescannt. Aber warum haben seine Fotos die Endung „.jpg" und das Logo die Endung „.gif"? Es sind doch beides ganz normale Bilder?

Vektorgrafik - Rastergrafik

Zum rechtlichen Umgang mit Bildern, Texten, Musik, etc. beachten Sie bitte auch Seite 292 („Urheberrecht").

Es gibt zwei verschiedene Möglichkeiten, einen Kreis in einer Ebene zu beschreiben:

1. **Man gibt die Koordinaten des Mittelpunktes und die Länge des Radius an.**
   Dieses Vorgehen benutzt man bei Vektorgrafiken. So werden nur drei Werte gespeichert, die einen ganzen Kreis erzeugen können. Zusätzlich wird zu diesen drei Angaben noch die Liniendicke, die Linienfarbe, die Füllfarbe des Kreises usw. gespeichert. Ein weiterer Vorteil liegt beim Skalieren (Vergrößern) der Grafik. Soll der Kreis größer sein, so reicht es aus, den Wert des Radius zu verändern. Schon wird der Kreis genauso perfekt, aber größer dargestellt.

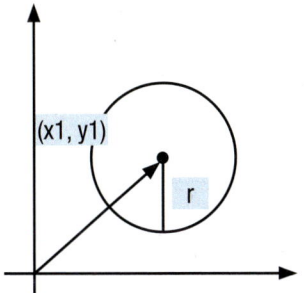 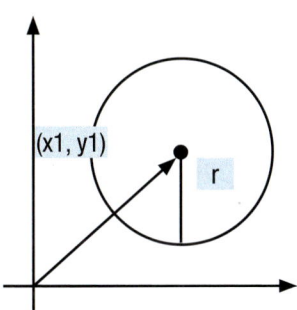

Vektorgrafiken werden für Bilder eingesetzt, die aus geometrischen Objekten bestehen und ohne Qualitätsverlust skaliert werden sollen, wie z.B. beim Entwurf von Autos, Maschinen oder Stadtplänen.

2. **Man gibt für jeden Punkt in der Ebene an, ob er auf der Kreislinie liegt oder nicht.**
   Dieses Vorgehen kommt bei Pixel- oder Rastergrafiken zum Einsatz. Für ein Raster von Bildpunkten (Pixeln) wird für jeden einzelnen Punkt festgelegt, ob er zur Kreislinie gehört, oder nicht.

   Für diesen Kreis, der in ein 9x9 Pixel großes Raster passt, ist es notwendig, 81-mal „Schwarz" oder „Weiß" zu speichern. Er braucht also 81 bit bzw. 11 Byte Speicherplatz.

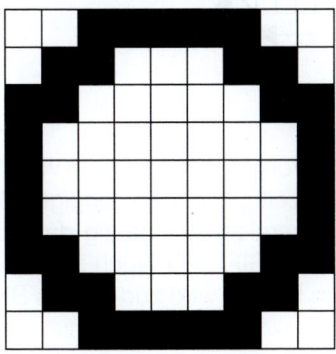

Das Vergrößern einer Pixelgrafik ist jedoch nicht ohne Qualitätsverlust möglich. Was vorher noch aussah wie ein perfekter Kreis, ist hinterher ein pixeliges Objekt mit vielen Treppenstufen.

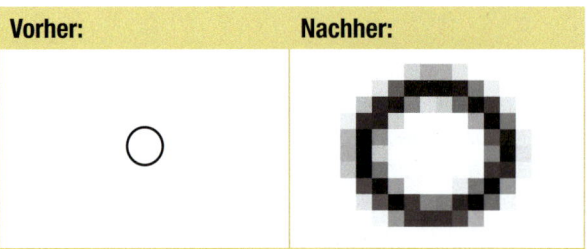

Vorher:	Nachher:

Es ist wichtig, darauf zu achten, dass eine Grafik in einer genügend hohen Auflösung vorliegt. Für den Bildschirm reicht eine Auflösung von 72 bis 90 dpi bei Bildern, die für den Druck bestimmt sind, sollte die Auflösung jedoch mindestens 200 dpi, besser noch 300 dpi betragen.

Trotz des hohen Speicherbedarfs und des Qualitätsverlustes beim Vergrößern werden häufig Pixelgrafiken verwendet. Dies hat zwei Gründe:
1. Unsere Umwelt besteht selten nur aus geometrischen Objekten. Deshalb sind Vektorgrafiken für Fotos ungeeignet.
2. Die bildverarbeitenden Geräte wie Scanner, Bildschirm oder Drucker arbeiten mit Pixeln. Für die Umwandlung von Vektoren in Pixel und umgekehrt ist also immer noch ein zusätzlicher Verarbeitungsschritt notwendig.

Bei **Vektorgrafiken** sind die Bilder aus geometrischen Objekten, bei **Raster- oder Pixelgrafiken** aus einzelnen Bildpunkten zusammengesetzt.

Speicherbedarf bei Pixelgrafiken

Der Speicherbedarf hängt von der Größe eines Bildes und von der Farbtiefe ab. Ein Bild mit 10x10 Pixel in den Farben Schwarz und Weiß benötigt theoretisch für jeden Bildpunkt nur ein Bit, um entweder die Farbe Schwarz oder Weiß zu speichern, also insgesamt **100 bit = 12,8 Byte**. Bei 8 Bit Farbtiefe, also $2^8 = 256$ möglichen verschiedenen Farben, braucht man theoretisch schon **800 Bit = 100 Byte**, um alle Bildinformationen zu speichern. Und bei 16,7 Millionen Farben, so wie es für viele Bildformate üblich ist, sind schon **2400 Bit = 300 Byte** zur Speicherung nötig.

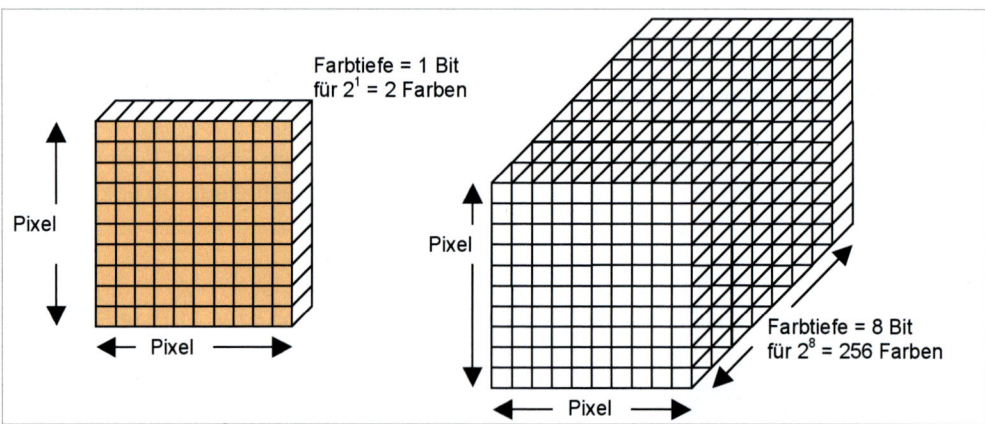

Grafikformate

Es gibt relativ wenig Grafikformate, die unabhängig sind vom Hersteller sowie von dem Programm, mit dem sie bearbeitet werden, und die gleichzeitig von allen gängigen Bildverarbeitungsprogrammen unterstützt werden. Im Printbereich wird häufig das TIFF-Format (auch TIF) verwendet, im Webbereich die Formate GIF, JPG (auch JPEG) und PNG. Auf Computern, die ein Windows-Betriebssystem haben, wird zudem das BMP-Format unterstützt.

Dateiendung	Näheres zum Grafikformat
.bmp	Das Windows-**Bit**map-Format wurde von Microsoft entwickelt. Ohne zu komprimieren speichert es für jeden Bildpunkt die Farbe mit einer Farbtiefe von 24 Bit ab. Wegen der erheblichen Dateigröße für ein Bild wird es im Internet nicht verwendet und wird von Browsern nicht angezeigt.
.tif	Das **t**agged **i**mage **f**ile **f**ormat (TIFF oder auch TIF; dt.: „etikettiertes Bilddateiformat") wurde von der Aktus Corporation entwickelt, die mittlerweile zu Adobe Systems gehört. Es ist betriebssystemunabhängig und ist der Marktstandard für den Austausch von Pixelgrafiken. Bei diesem Format kann man zwischen Farbtiefen von 1 bis 64 Bit wählen und verschiedene Kompressionsverfahren auf die Bilddaten anwenden. Diese unterschiedlichen Kompressionsverfahren können zu Kompatibilitätsproblemen bei der Bearbeitung eines Bildes mit verschiedenen Grafikprogrammen führen.
.gif	Das **g**raphics **i**nterchange **f**ormat (GIF; dt.: „Grafikaustauschformat") wurde von CompuServe entwickelt. Es hat eine Farbtiefe von 8 Bit, kann also nur $2^8 = 256$ Farben darstellen. Es verwendet ein Kompressionsverfahren, das vor allem für Grafiken und Strichzeichnungen (wie z. B. Logos) geringe Dateigrößen liefert. GIF-Bilder können im **Interlaced**-Modus angezeigt werden. Bei ihnen kann eine **transparente** Farbe bestimmt werden, so dass zum Beispiel der Hintergrund transparent ist und das Bild nicht rechteckig wirkt. Außerdem ist es beim GIF-Format möglich, mehrere Bilder in einer Datei abzuspeichern, wodurch **Animationen** entstehen, die gerne auf Internetseiten als Banner oder kleine Gimmicks verwendet werden.
.jpg oder .jpeg	Das **J**oint-**P**hotographic-**E**xperts-**G**roup-Format (JPEG oder auch JPG) wurde von eben dieser Standardisierungsorganisation entwickelt. Es hat eine Farbtiefe von 24 Bit und verwendet ein Kompressionsverfahren, das besonders geeignet ist für Fotos mit weichen Farbverläufen. Je nach Grad der Kompression kann es die Dateigröße eines Bildes um den Faktor 25 reduzieren. Allerdings ist diese Kompression nicht verlustfrei und kann, vor allem bei scharfen Konturen, zu unerwünschten Artefakten führen. Auch JPEG-Bilder können im Interlaced-Modus angezeigt werden.
.png	Das **P**ortable-**N**etwork-**G**raphics-Format (PNG, sprich „ping"; dt.: „tragbares Netzwerkgrafik-Format") wurde vom W3C (Abk. für World Wide Web Consortium, (siehe Kap. 5.1.1) entwickelt. Es hat eine Farbtiefe von bis zu 24 Bit und verwendet ein verlustfreies Kompressionsverfahren. PNG-Bilder können im Interlaced-Modus angezeigt werdenund eine transparente Farbe zugewiesen bekommen. Außerdem verfügen sie über einen Alpha-Kanal, das heißt, es können auch halbtransparente Farben gespeichert werden, so dass der Hintergrund durchschimmert.

1. Bild wird im Interlaced-Modus geladen: Obwohl das Bild erst sehr rudimentär geladen ist, kann man schon erkennen, was auf ihm abgebildet ist.
2. Bild ist fertig geladen.
3. Bild wird zeilenweise geladen: Obwohl der Ladevorgang dieselbe Zeit in Anspruch genommen hat wie beim ersten Bild, hat man doch eine deutlich schlechtere Vorstellung von dem, was einen auf dem fertig geladenen Bild erwartet.

interlaced (engl.) = ineinander verflochten) Interlacing bedeutet, dass ein Bild beim Laden in einem Browser schon in seiner Grobstruktur zu erkennen ist. Das Bild wird nach und nach immer schärfer, bis es vollständig geladen ist. So entsteht bereits während des Ladens ein ungefährer Eindruck von dem Bild. Das Gegenteil von interlaced ist der zeilenweise Aufbau eines Bildes.

Bei allen Grafikformaten, die im Internet oder anderen Netzwerken verwendet werden, ist es wichtig, dass die Bilder wenig Speicherplatz benötigen, damit sie schnell übertragen werden können. Da der Speicherplatz einer Pixelgrafik in erster Linie von der Farbtiefe abhängt, ist es sinnvoll, möglichst wenige Farben zu verwenden.
- Bilder, die nur aus den Farben Schwarz und Weiß bestehen, brauchen am wenigsten Speicherplatz: pro Pixel ein Bit.
- Sollen auf dem Bild auch einige Schattierungen zu sehen sein, so kann eine Graustufenpalette Verwendung finden. Bei ihr stehen pro Bildpunkt 8 Bit, also 256 verschiedene Graustufen zur Verfügung.
- Statt der Graustufen ist es auch möglich, eine andere Palette mit bis zu 256 Farben zu verwenden. Je weniger Farben man auf seiner Palette angibt, umso weniger Speicherplatz braucht das Bild.

Es ist nicht immer möglich, die Anzahl der Farben in seinem Bild zu reduzieren. Für diesen Fall wurden mehr oder weniger gute Kompressionsverfahren entwickelt. Ein sehr einfaches Verfahren besteht darin, dass alle Bildpunkte einer Farbe in einer Bildzeile zusammengefasst werden. Es müssen also nicht mehr für jeden Bildpunkt die Farbinformationen gespeichert werden, sondern nur noch für einen Bruchteil der Pixel.

Im folgenden Beispiel braucht man in der ersten Zeile bei einer angenommenen Farbtiefe von 24 Bit also nicht mehr 60-mal die Farbinformation (60 · 224 Bit), sondern nur noch 9-mal plus die Anzahlen der Pixel (9 · 224 Bit + 9 · Speicherplatz für die Anzahl). Somit können für die erste Zeile, vereinfacht gerechnet, fast 51 · 224 Bit Speicherplatz eingespart werden!

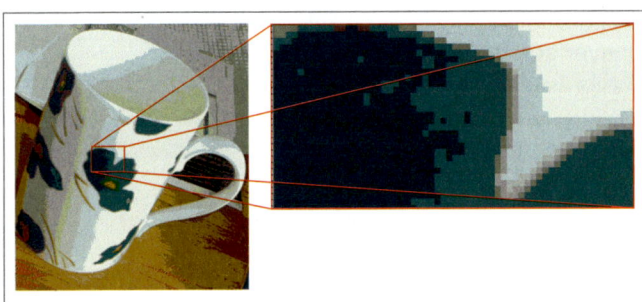

1. Zeile:
grau, 4, dunkelgrün, 6, dunkelgrau, 2, schwarz, 2, dunkelgrau, 2, dunkelgrün, 5, grau, 3, hellblau, 17, weiß, 19.
statt
grau, grau, grau, grau, dunkelgrün, dunkelgrün, dunkelgrün, dunkelgrün, dunkelgrün, dunkelgrün, dunkelgrau, dunkelgrau, schwarz, schwarz, dunkelgrau, dunkelgrau, dunkelgrün, dunkelgrün, dunkelgrün, dunkelgrün, dunkelgrün, grau, grau, grau, hellblau, hellblau, hellblau, hellblau, hellblau, hellblau, hellblau, hellblau, hellblau, hellblau, hellblau, hellblau,…

Ladezeiten

Um die Ladezeiten eines Bildes im Internet zu verkürzen, gibt es zwei Strategien.
1. Die Ladezeit eines Bildes wird nur scheinbar verkürzt.
2. Die Ladezeit eines Bildes wird tatsächlich verkürzt.

Bei einer scheinbaren Verkürzung, wird dem Betrachter während des Ladevorgangs schon ein Vorgeschmack auf das fertige Bild gegeben. Dies kann erreicht werden, indem man
- das Bild im **Interlaced-Modus** lädt oder
- zuerst ein **Schwarz-Weiß-Bild** lädt, bevor es an derselben Stelle durch das farbige Bild ersetzt wird.

Eine tatsächliche Verkürzung der Ladezeit eines Bildes ist nur anhand einer Änderung der beiden Größen zu erreichen, die für die Speichergröße verantwortlich sind: die Größe des Bildes und die Farbtiefe. Die Farbtiefe ist nur bei Bildern im GIF- oder PNG-Format veränderbar. Sehr sinnvoll ist es dabei, mit einer **optimierten Farbpalette** zu arbeiten. Das funktioniert aber nur, wenn das Bild höchstens 256 verschiedene Farben hat. Bei einer größeren Farbtiefe, wie bei Fotos fast immer der Fall, ist das Arbeiten mit einer reduzierten Farbpalette nur schwer möglich. Wird ein Foto auf einer Internetseite eingebunden, so erfolgt die Darstellung häufig als so genannter **Thumbnail**, also ein Foto etwa so groß wie ein Daumennagel. Erst nach einem Klick auf den „Daumennagel" wird es in voller Größe geöffnet. Häufig wird diese Art der Darstellung für digitale Fotoalben oder Listen genutzt.

Thumbnail
= Daumennagel

> Marino Caponi sieht sich sein Logo und seine Fotos an. Das Logo ist im GIF-Format gespeichert, weil es nur aus wenigen, klar voneinander abgegrenzten Farben besteht.
> Seine Fotos sind im JPG-Format gespeichert, weil sie aus sehr vielen verschiedenen Farben bestehen, die zudem noch über fließende, weiche Farbübergänge verfügen.
> Beide Bilder könnte er im PNG-Format abspeichern. Bei dem GIF-Bild würde er allerdings die Farbtiefe auf höchstens 8 Bit begrenzen.

AUFGABEN

1. Listen Sie Vor- und Nachteile des GIF-, JPEG- und PNG-Formats auf.
2. Wie viele verschiedene Farben lassen sich mit 4-Bit-Farbtiefe darstellen?
3. Wie viele verschiedene Farben stehen Ihnen in HTML zur Verfügung?
4. Wie viel Speicherplatz brauchen Sie für ein 9 x 9 Pixel großes Bild, das mit 256 verschiedenen Farben gespeichert wird?

5.6 Bildbearbeitung mit GIMP

5.6.1 Erste Schritte

Nun weiß Marino Caponi schon einiges über Grafikformate. Er hat zwei Fotos von seinen Großeltern eingescannt und möchte sie nun für seine Website bearbeiten. Sein Neffe Enzo hat ihm als Bildbearbeitungsprogramm GIMP empfohlen, weil es einfach zu bedienen und kostenlos im Internet erhältlich ist.

GIMP ist die Abkürzung für **G**NU **I**mage **M**anipulation **P**rogram. GNU ist eine Vereinigung, die Open-Source-Software anbietet. Ihre Mitglieder vertreten die Meinung, dass Programme nicht kommerziell vertrieben werden, sondern für jeden verfügbar sowie an die individuellen Bedürfnisse anpassbar sein sollten. GIMP bietet grundlegende Bildbearbeitungstechniken an, die so oder in ähnlicher Form auch in allen anderen Bildbearbeitungsprogrammen verfügbar sind.

GIMP – GNU
= Image Manipulation Program (dt.: GNU Bildbearbeitungsprogramm)

Open-Source-Software
= Software, bei der der Quellcode öffentlich zugänglich ist, so dass individuelle Anpassungen vorgenommen werden können.

GIMP starten

Nach dem Start von GIMP gelangt der Nutzer zunächst zu dieser Oberfläche:

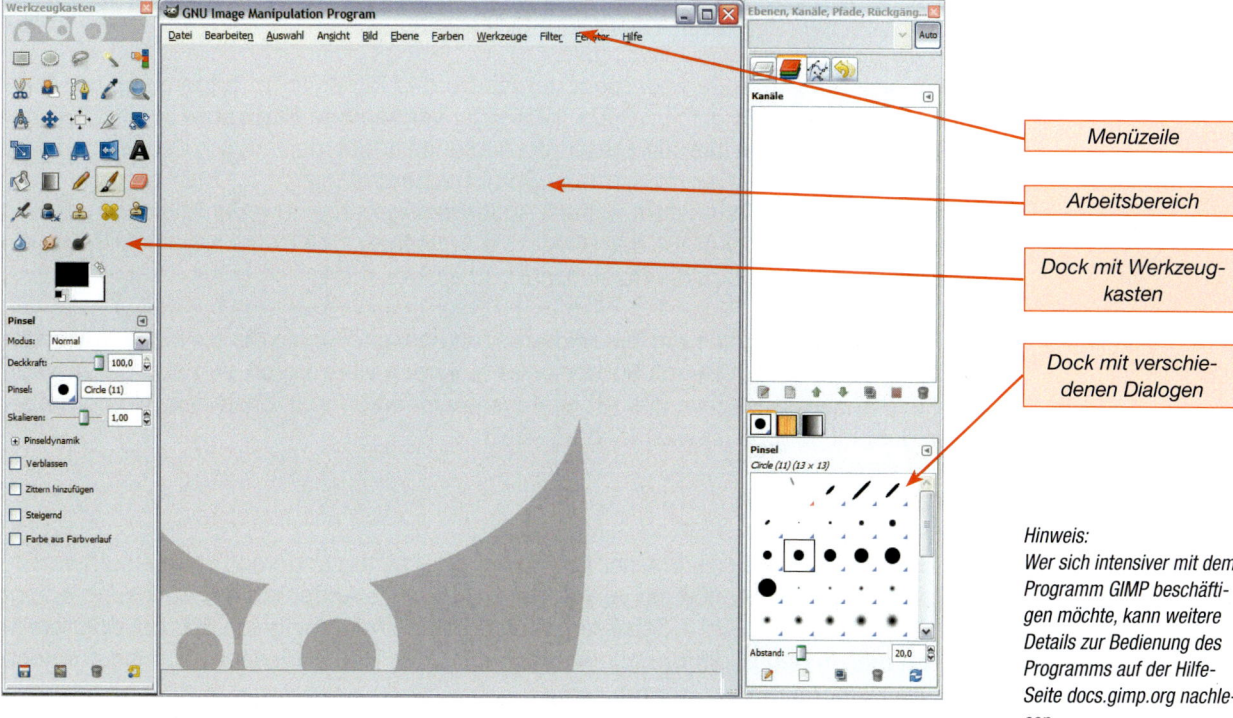

Hinweis:
Wer sich intensiver mit dem Programm GIMP beschäftigen möchte, kann weitere Details zur Bedienung des Programms auf der Hilfe-Seite docs.gimp.org nachlesen.

Die Oberfläche gliedert sich in drei Bereiche: die Arbeitsoberfläche in der Mitte und zwei so genannte Docks, die rechts und links neben ihr angeordnet sind. In diesen Docks können verschiedene Dialoge geöffnet sein.

Fehlt das linke und/oder rechte Dock oder ein gewünschter Dialog in einem der Fenster, so kann das fehlende Element über den Menüpunkt *Fenster ▷ Kürzlich geschlossene Docks*, *Fenster ▷ Andockbare Dialoge* oder *Fenster ▷ Werkzeugkasten* geöffnet werden.

Bildinformationen

Für die Bilder, die im Internet veröffentlicht werden, ist es wichtig, dass ihr Speicherbedarf möglichst gering ist. Bevor ein Foto auf einer Internetseite eingebunden wird, sollte daher ein Blick auf die Bildinformationen geworfen werden. Dazu öffnet man es zunächst in GIMP über den Menüpunkt *Datei ▷ Öffnen* und sieht sich die Größe des Bildes mit *Bild ▷ Bildinformationen* an.

In dem sich öffnenden Fenster steht der **Name** des Bildes (hier: Tulpen.jpg), die **Ausdehnung** (Größe) in Pixel (hier: 960 x 1280), der verwendete **Farbraum** (hier: RGB) und die Anzahl der **Ebenen** (hier: 1). Diese Informationen findet man auch in der Fensterleiste des Arbeitsbereiches. Der momentane **Speicherbedarf** (hier: 11,1 MB) ist auch in der Statuszeile des Arbeitsfensters notiert. Außerdem geben einem die Bildinformationen Auskunft über die Druckgröße des Bildes, die Auflösung, den Dateinamen inkl. Pfad, die Dateigröße, den Dateityp, die Pixelanzahl und einiges mehr.

Man sieht, dass die Auflösung des Bildes schon passend für die Darstellung am Monitor ist. Dagegen ist die Größe mit 960 x 1280 Pixel noch viel zu groß. Anhand der Angabe von 50 % in der Statuszeile des Arbeitsfensters ist erkennbar, dass das Bild normalerweise doppelt so groß ist wie hier dargestellt.

Auflösung ändern

Soll ein Bild für den Druck in einer Broschüre oder einem anderen Printmedium vorbereitet werden, ist die Auflösung von 72 ppi zu klein. Die Änderung der Auflösung erfolgt über den Menüpunkt *Bild ▷ Skalieren*. Wird dort eine Auflösung von 300 ppi eingestellt, so stellt man in den Bildinformationen fest, dass das Bild in dieser Auflösung nur noch sehr viel kleiner gedruckt werden kann.

Hinweis:
Die Auflösung eines Bildes wird in ppi angegeben, für das Drucken ist hingegen der dpi-Wert wichtig.

dpi
= dots per inch

ppi
= pixel per inch

Bei der Auflösung wird also gemessen, wie hoch die Punktdichte auf einer Länge von 2,54 cm (= 1 Zoll) ist.

Bildgröße ändern

Die Bildgröße ändert man über den Menüpunkt *Bild ▷ Skalieren*.

Wichtig ist es, darauf achten, dass die Kettenglieder neben den Eingabefeldern für die Breite und Höhe miteinander verbunden sind, damit sich die Größe des Bildes proportional ändert. Hässlich verzerrte Bilder, die nicht proportional skaliert wurden, sind im Internet und in Broschüren, keine Seltenheit.

Gibt man eine Breite von 450 Pixel an und drückt dann die Eingabetaste, so gleicht sich die Höhe mit 600 Pixel proportional an. Nach einem Klick auf die Befehlsschaltfläche *Skalieren* werden die Einstellungen ausgeführt. Das Bild hat eine Größe von 450 x 600 Pixel.

Bearbeitungsschritte rückgängig machen

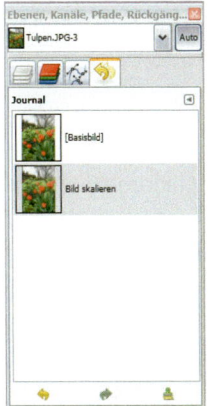

Ein aus Versehen ausgeführter Bearbeitungsschritt an dem Bild kann im rechten Dock im Journal wieder rückgängig gemacht werden. Dazu reicht ein Klick auf die Schaltfläche . Mit kann hingegen der letzte Bearbeitungsschritt wiederhergestellt werden. Zum Löschen aller Einträge des Journals ist ein Klick auf notwendig.

Bild beschneiden

Entspricht der Bildausschnitt nicht den Vorstellungen, so kann ein passender Bildausschnitt zugeschnitten werden. Man wählt dazu in dem Werkzeugkasten das Zuschneidewerkzeug aus und markiert damit den gewünschten Bildbereich. Der Bildbereich, der wegfallen würde, wird nun dunkel dargestellt. Die Ränder des auszuschneidenden Bereiches kann man nun noch mit der Maus korrigieren. Nach einem Doppelklick auf den zuzuschneidenden Bildbereich bleibt nur noch der ausgewählte Bereich des Bildes übrig, der Rest ist weggeschnitten.

Modus der Farbauswahl ändern

Um den Speicherbedarf eines Bildes zu verringern, kann es sinnvoll sein, dass für die Darstellung des Bildes nicht alle 2^{24} = 16,7 Millionen Farben des RGB-Farbraumes zur Verfügung stehen, sondern nur die auf dem Bild vorkommenden maximal 2^8 = 256 Farben, die auf einer Farbpalette zusammengefasst werden. Um dies zu ändern, wählt man den Menüpunkt *Bild ▷ Modus ▷ Indiziert* aus.

Es erscheint ein Dialogfenster, in dem man angeben kann, ob eine optimale Palette erzeugt oder eine internetoptimierte, eine Schwarz/Weiß- oder eine eigene Palette verwendet werden soll. Allerdings können diese Paletten nicht für ein JPG-Bild verwendet werden. Bei der Verwendung einer indizierten Farbumwandlung muss das Bild danach im PNG- oder GIF-Format gespeichert werden.

Bei weichen Farbverläufen, die im JPG-Format sehr gut dargestellt werden, kann es jedoch bei der Verwendung einer Palette zu sehr stufigen Übergängen kommen. Deshalb ist die Verwendung einer Palette nur für Bilder mit wenigen Farben und klaren Farbabstufungen geeignet. Legt man einem Foto mit weichen Farbverläufen eine **optimierte Palette** zugrunde, sind im Vergleich zum Original sehr deutlich die stufigen Übergänge zu erkennen.

Noch stärker wird dieser Effekt, wenn die **internetoptimierte Palette** verwendet wird. Bei dieser Option werden nicht die für das Bild relevanten Farben ausgewählt, sondern nur die websicheren Farben, bei denen die einzelnen Schattierungen relativ weit auseinander liegen. Diese Palette wird normalerweise nicht für Fotos verwendet, sondern für Hintergründe, die, passend zurechtgeschnitten, im Internet benutzt werden sollen. Sie kann jedoch durchaus für spezielle Effekte gewinnbringend eingesetzt werden.

Am härtesten ist der Kontrast bei der **Schwarz/Weiß-Palette**. Auch sie kann für bestimmte Effekte Verwendung finden. Zudem kann mit ihr ein schnell ladbares Vorabbild erzeugt werden, um die Ladezeit des echten Fotos subjektiv zu verkürzen.

Speichern

Konnte man das vorliegende Bild entsprechend den eigenen Wünschen verändern, sollte es nun über den Menüpunkt *Datei* ▷ *Speichern* abgespeichert werden. Je nach Bildformat erscheinen nun unterschiedliche Dialoge.

- Für das JPG-Format öffnet sich folgendes Dialogfenster:

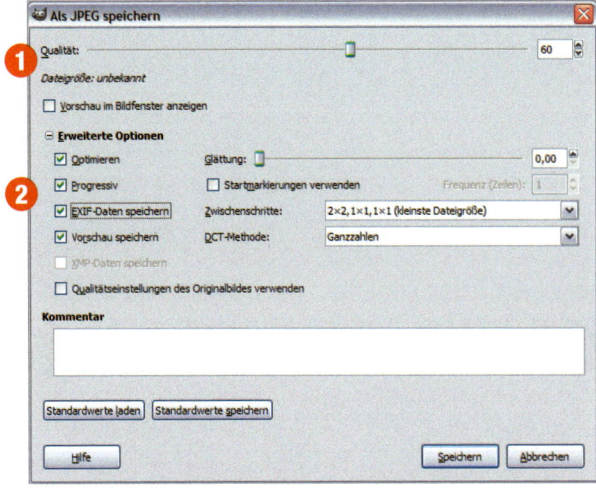

Interessant sind hierbei die Punkte *Qualität* ❶ und *Progressiv* ❷. Über den Punkt *Qualität* erfolgt die Einstellung der Kompressionsstärke der Datei. Beträgt die Dateigröße bei 100 % Qualität noch 174 kB, so reduziert sie sich bei einer Qualität von 60 % auf nur 41 kB! Speichert man das Bild mit einem zu hohem Qualitätsverlust, entstehen sehr hässliche Artefakte. Der Punkt *Progressiv* dient dazu, dass das Bild im interlaced-Modus angezeigt wird.

Artefakte
= Darstellungsfehler bei einer Computergrafik; häufig in Form von „Klötzchenbildung"

- Für das GIF-Format öffnet sich folgendes Dialogfenster:

 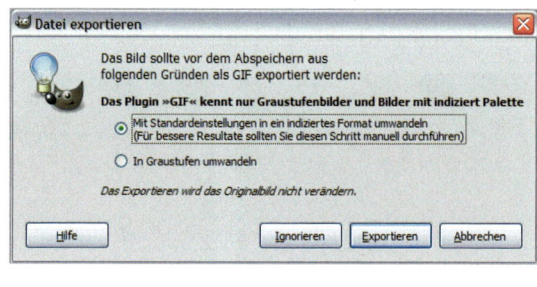

Hier kann man nur angeben, ob das Bild im interlaced-Modus angezeigt werden soll. Soll ein anderes Bildformat, das mehr als 256 Farben enthält, zu einem Gif-Bild konvertiert werden, so muss man in folgendem Fenster die Befehlsschaltfläche *Exportieren* auswählen, damit eine passende Farbpalette mit höchstens 256 Farben angelegt wird.

- Für das PNG-Format öffnet sich folgendes Fenster:

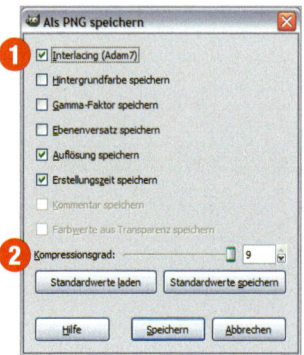

Hier erfolgt u. a. die Wahl von *Interlacing* ❶ und *Kompressionsgrad* ❷. Anders als beim JPG-Format lässt sich die Kompression beim PNG-Format rückgängig machen und ist somit verlustfrei.

Marino Caponi möchte auf die Seite „Wissenswertes" seiner Internetpräsenz ein Foto seiner Oma stellen, da er von ihr seine besten Nudelrezepte hat. Das Foto hat er bereits eingescannt und unter dem Namen Oma.jpg gespeichert. Nun öffnet er es mit GIMP und sieht sich die Bildeigenschaften dazu an.

Mit einer Größe von 2090 x 3212 Pixel und 263,1 kB sprengt es jeden Rahmen und ist viel zu groß für jede Internetseite. Er plant, das Bild in vier Schritten zu verkleinern:

1. Die Auflösung auf 72 ppi verringern, da das die übliche Auflösung für Bildschirmdarstellungen ist.
2. Das Bild so zuschneiden, dass überflüssige Randbereiche wegfallen.
3. Die Größe in Pixel auf die tatsächlich darzustellende Größe verringern.
4. Da das Bild nur aus wenigen Farben besteht, die Farbtiefe reduzieren und es mit einer optimierten Farbpalette darstellen, oder, wenn das wegen der weichen Farbverläufe nicht geht, im JPG-Format komprimieren.

Zum Verringern der Auflösung wählt Marino Caponi den Menüpunkt *Bild ▷ Bild skalieren* an und stellt die x- und y-Auflösung auf 72 Pixel ein. Danach klickt er auf die Befehlsschaltfläche *Skalieren*.

Dann benutzt er das Zuschneidewerkzeug aus dem Werkzeugkasten und schneidet die unerwünschten Randbereiche des Bildes weg. Mit einem Doppelklick auf den zugeschnittenen Bereich entfernt er die Randbereiche.

Dargestellt werden soll das Bild mit einer Breite von 170 Pixel, denn so passt es gut in die vierte Spalte des Seitenlayouts. Also wählt Marino Caponi wiederum den Menüpunkt *Bild ▷ Bild skalieren*, achtet in dem Dialogfenster darauf, dass die Kettenglieder hinter Breite und Höhe miteinander verbunden sind, so dass das Bild proportional skaliert wird, und gibt als Breite 170 Pixel ein. Nach dem Betätigen der Eingabetaste oder einem Klick in die Höhenangabe hat sich die Höhe automatisch proportional auf 253 Pixel angepasst.

Nach diesem Schritt speichert Marino Caponi das JPG-Bild mit einer Qualität von 100 % ab. Ein erneuter Aufruf der Bildinformationen zeigt ihm, dass sich die Dateigröße des Bildes von 263,1 kB auf 27 kB reduziert hat.

Zum Schluss versucht Marino Caponi, den Speicherbedarf seines Bildes noch dadurch zu verringern, dass das Bild weniger Farben pro Pixel speichert, also mit der Farbtiefe arbeitet. Da er weiß, dass man für so ein Foto mit weichen Farbverläufen nur für spezielle Effekte eine Palettenindizierung einsetzen kann, wählt er den Menüpunkt *Bild ▷ Modus ▷ Graustufen*. Dadurch werden aus den vergilbten Brauntönen Grautöne generiert. Das Foto sieht nun nicht mehr so nostalgisch aus, seine Dateigröße ist aber um 4,6 kB auf 22,4 kB geschrumpft.

Das erscheint ihm eine relativ geringe Dateigrößenänderung zu sein. Außerdem gefallen Marino Caponi diese vergilbten Brauntöne besonders gut. Deshalb macht er den letzten Bearbeitungsschritt rückgängig. Er speichert nun das Foto seiner Oma mit einer Qualität von 85 % unter dem Namen Omaklein.jpg. Die Reduzierung der Qualität um 15 % hat eine Dateigrößenreduktion von 27 kB auf 8,8 kB gebracht!

> **AUFGABEN**
>
> ① Bearbeiten Sie das Bild Opa.jpg von ihrer CD, so dass es hinterher mit einer Breite von 170 Pixel auf einer Webseite eingefügt werden kann. Reduzieren Sie die Dateigröße bei möglichst gleich bleibender Qualität. Wer schafft die kleinste Dateigröße?
>
> ② a) Bearbeiten Sie die Bilder tulpen.jpg, helleborus.jpg und huhn.jpg, so dass sie in der Größe eines Thumbnails vorliegen. Speichern Sie sie unter den Namen tulpen_klein.jpg, helleborus_klein.jpg und huhn_klein.jpg.
> b) Erstellen Sie eine Webseite, auf der die Thumbnails angezeigt werden. Nach einem Klick auf eines der kleinen Bilder soll in einem neuen Browserfenster das Bild in groß erscheinen.

5.6.2 Transparenz

Marino Caponi weiß nun, wie man Grafiken und Bilder für das Internet vorbereitet. Jetzt würde er gerne sein Logo auf der Website integrieren. Mit dem ersten Versuch hat er leider kein zufrieden stellendes Ergebnis erzielt.

Das eigentlich runde Logo steht in einem weißen Viereck auf dem gelben Hintergrund. Eigentlich dachte er, dass er sein rundes Logo problemlos und ohne weitere Bearbeitung auf der Website einfügen könnte. Ganz offensichtlich ist es nicht ganz so einfach.

Man kann in den Bildformaten GIF und PNG einzelne Farben als transparent definieren. Das bedeutet, es wird in HTML zwar ein rechteckiges Bild eingefügt, sieht aber den Hintergrund dieses Bildes nicht und hat deshalb den Eindruck, das Bild sei beispielsweise rund.

Das Bestimmen einer transparenten Farbe mit GIMP erfolgt über den Menüpunkt *Farben ▷ Farbe zu Transparenz*. Allerdings gibt es Situationen, in denen dieses Vorgehen zu Problemen führt, dann nämlich, wenn die Hintergrundfarbe, die transparent werden soll, auch in dem Objekt vorkommt, das nicht transparent werden soll. Ober wenn der Bereich, der transparent werden soll, aus mehreren Farben besteht. Für diese schwierigeren Fälle muss man die im Journal abgebildeten Arbeitsschritte durchführen, bevor die transparente Farbe bestimmt werden kann.

Schere

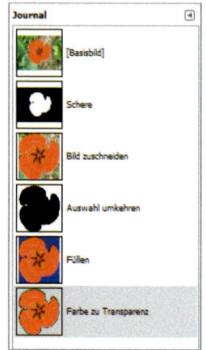

Zunächst wählt man das freizustellende Objekt mit der magnetischen Schere aus. Die magnetische Schere wird über den Menüpunkt *Werkzeuge ▷ Auswahlwerkzeuge ▷ Intelligente Schere* oder über das Icon im Werkzeugkasten aktiviert. Mit der magnetischen Schere klickt man in kurzen Abständen am Rand des ausgewählten Objekts entlang. Die Linien zwischen den Punkten verlaufen entlang der Kanten des ausgewählten Objekts. Nach einem Klick in das ausgewählte Objekt läuft eine so genannte Ameisenkolonne um das Objekt herum und markiert so die Auswahl.

Bild zuschneiden

Nun verkleinert man das Bild über den Menüpunkt *Bild ▷ Auf Auswahl zuschneiden*. Der Hintergrund wird später nicht mehr sichtbar sein.

Auswahl umkehren

Danach wählt man mit dem Menüpunkt *Auswahl ▷ Invertieren* den Hintergrund als Auswahl.

Füllen

Mit der Hilfe des Füllwerkzeugs, das über den Menüpunkt *Werkzeuge ▷ Füllwerkzeuge ▷ Füllen* oder das Icon im Werkzeugkasten aktiviert wird, kann der ganze Bereiche mit einer Farbe gefüllt werden. Die Wahl der gewünschten Farbe erfolgt durch einen Klick auf die Vordergrundfarbe (Auswahlbereich für Vorder- und Hintergrundfarben) im Werkzeugkasten. Im nun erscheinenden Dialogfenster kann die gewünschte Farbe bestimmt werden.

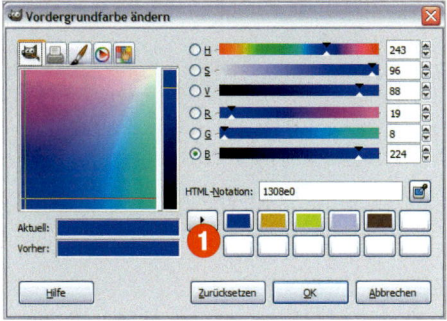
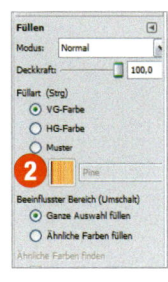

Bei unserem Tulpenbild ist es wichtig, eine Farbe ❶ auszuwählen, die in der Tulpe nicht vorkommt, denn diese Farbe wird später in eine Transparenz umgewandelt. Es würde komisch aussehen, wenn einzelne Bereiche der Tulpe dann auch transparent wären. Nach der Auswahl der Farbe ist darauf zu achten, dass in dem Füllen-Dialogfenster die Option *Ganze Auswahl füllen* ❷ markiert ist.

 Das Anwenden des Füllwerkzeugs auf das Bild liefert folgendes Ergebnis:

Farbe zu Transparenz

Nun muss noch der ausgesuchte Blauton als transparente Farbe deklariert werden. Dazu wählt man den Menüpunkt *Farben ▷ Farbe zu Transparenz*. Es erscheint das Dialogfenster *Farbe zu Transparenz*. Wichtig ist jetzt die Farbschaltfläche zwischen *Von:* und *zu Transparenz* ❸.

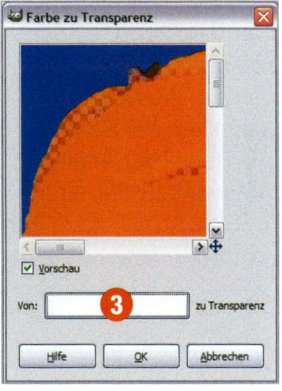

Ein Klick auf die Schaltfläche, und es erscheint das Dialogfenster *Auswahl der Transparenzfarbe*. Hier wird nun die Transparenzfarbe entweder über die Schieberegler ausgewählt, in dem Feld *HTML-Notation* eingegeben oder nach einem Klick auf die Pipette vom Bildschirm abgenommen.

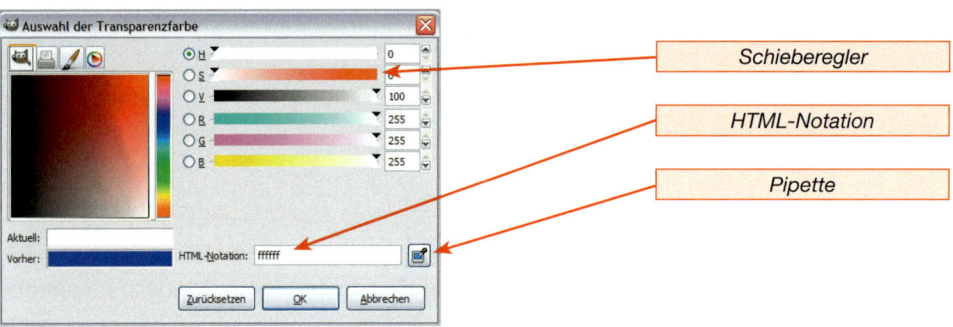

Nach der Bestätigung der transparenten Farbe mit *OK* sieht das fertig bearbeitete Bild so aus:

Der Hintergrund, der hier in einem grauen Schachbrettmuster dargestellt wird, ist der transparente Bereich. Das Bild muss jetzt nur noch gespeichert werden. Da es im JPG-Format keine transparente Farbe gibt und bei GIF-Bildern die Farbverläufe nicht fließend dargestellt werden können, speichert man das Foto im PNG-Format ab. Dazu muss jedoch gesagt werden, dass die Transparenz von PNG-Bildern in den Internet-Explorer-Versionen unter IE7 fehlerhaft dargestellt werden. In diesem Fall ist zu überlegen, die Tulpe im GIF-Format abzuspeichern. Bindet man das Bild nun in einer Internetseite ein, könnte das Ergebnis im Mozilla Firefox zum Beispiel so aussehen:

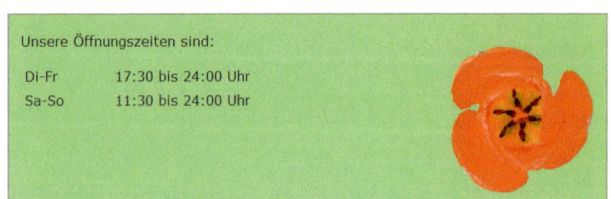

Marino Caponi öffnet sein Logo in GIMP und möchte nun den Hintergrund transparent machen, damit er das runde Logo für die Website verwenden kann. Zuerst wählt er mit dem elliptischen Auswahlwerkzeug , das er über *Werkzeug ▷ Auswahlwerkzeuge ▷ Elliptische Auswahl* aktiviert hat, den Kreis seines Logos aus. Der Schlagschatten, den das Logo wirft, lässt er außerhalb der ersten Auswahl. Bei einer zweiten elliptischen Auswahl zieht er den Kreis so, dass vor allem der Schlagschatten in der Auswahl ist. Dabei achtet Marino Caponi darauf, dass bei der elliptischen Auswahl der Modus so gewählt ist, dass die neue Auswahl zu der alten dazugezogen wird.

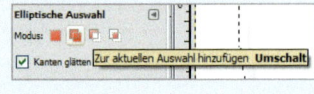

Als Ergebnis hat er das Logo und seinen Schlagschatten ausgewählt.

Dann kehrt Marino Caponi die Auswahl um, da er nur den Bereich außerhalb des Kreises verändern möchte.

Er versucht nun, eine transparente Farbe anzuwählen, was allerdings nicht funktioniert. Der gesamte untere Bereich des Menüpunkts *Farben*, zu dem auch der Punkt *Farbe zu Transparenz* gehört, kann nicht angewählt werden. Er überlegt, woran das liegen könnte. Als er sich den Menüpunkt *Bild ▷ Modus* ansieht, fällt ihm auf, dass der Punkt *Indiziert* markiert ist. Offensichtlich kann in diesem Modus keine transparente Farbe hinzugefügt werden. Er ändert diesen Eintrag zu *RGB*. Nun kann er eine transparente Farbe aussuchen. Allerdings muss er es vermeiden, Weiß als die gewünschte transparente Farbe auszuwählen, da ansonsten das gesamte Logo durchsichtig werden würde, da es sehr viel Weiß enthält.

Marino Caponi füllt daher den äußeren weißen Bereich außerhalb des Logos mit einer Farbe, die in dem Logo selbst nicht vorkommt. Seine Wahl fällt auf die Farbe Blau. Ob beim Füllen im Füllen-Dialogfenster beim beeinflussten Bereich die Option *Ähnliche Farben füllen* gewählt ist oder *Ganze Auswahl füllen*, ist in diesem Fall egal, weil die gesamte Auswahl weiß ist.

Erst nach diesem Schritt kann er über den Menüpunkt *Farben ▷ Farbe zu Transparenz* das Blau als transparente Farbe bestimmen und das nunmehr runde Logo speichern.

Zum Schluss fügt Marino Caponi sein neues rundes Logo in die Webseite ein.

AUFGABEN

1. Bearbeiten Sie das Bild Rostiger Hahn.jpg von der CD und versehen Sie es mit einem transparenten Hintergrund.

2. Bearbeiten Sie das Bild Vogelhaus.jpg von der CD so, dass das Anflugloch des Vogelhäuschens transparent ist.

5.6.3 Ebenen und Animationen

Mittlerweile surft Marino Caponi recht häufig durch das Internet. Dabei fällt ihm immer wieder auf, dass auf vielen Internetseiten Animationen eingebunden sind. Von seinem Neffen Enzo hat er gehört, dass das Erstellen solch kleiner Animationen auch über eine GIF-Datei möglich ist. Daher beschließt er, auch für seine Homepage eine kleine Animation zu erstellen. Wie aber geht er dabei am besten vor?

Animationen sind einzelne Grafiken, die wie ein Daumenkino hintereinander abgespielt werden und z. B. in einer GIF-Datei gespeichert sind. Soll mit GIMP eine „Daumenkino"-Animation erstellt werden, so erzeugt man die gewünschten Grafiken auf einzelnen Ebenen und speichert sie anschließend als animierte GIF-Datei ab. Wenn man diese GIF-Datei später in eine HTML-Seite einbindet und öffnet, werden die einzelnen Ebenen nacheinander abgespielt und verhalten sich wie bei einem Daumenkino.

Vorteile einer GIF-Animation sind, dass sie wenig Speicherplatz braucht und einen transparenten Hintergrund haben kann.

Ebenen

Die Zeichenflächen in GIMP heißen Ebenen. Man kann sie sich als einzelne Folien vorstellen, die in Form eines großen Stapels übereinander liegen. Bisher haben wir in GIMP immer mit einer Ebene, der Hintergrundebene, gearbeitet. Es ist aber oft sinnvoll, mit mehreren Ebenen zu arbeiten, weil sie unabhängig voneinander zu verschieben, kopieren, spiegeln oder anders zu verändern sind. Außerdem ist es möglich, sie auszublenden, um den Bearbeitungsfokus auf andere Ebenen zu richten, und sie später wieder sichtbar zu machen.

Ebenen werden in GIMP über das Ebenen-Dialogfenster (Aktivierung im rechten Dock) und das Ebenen-Menü verwaltet.

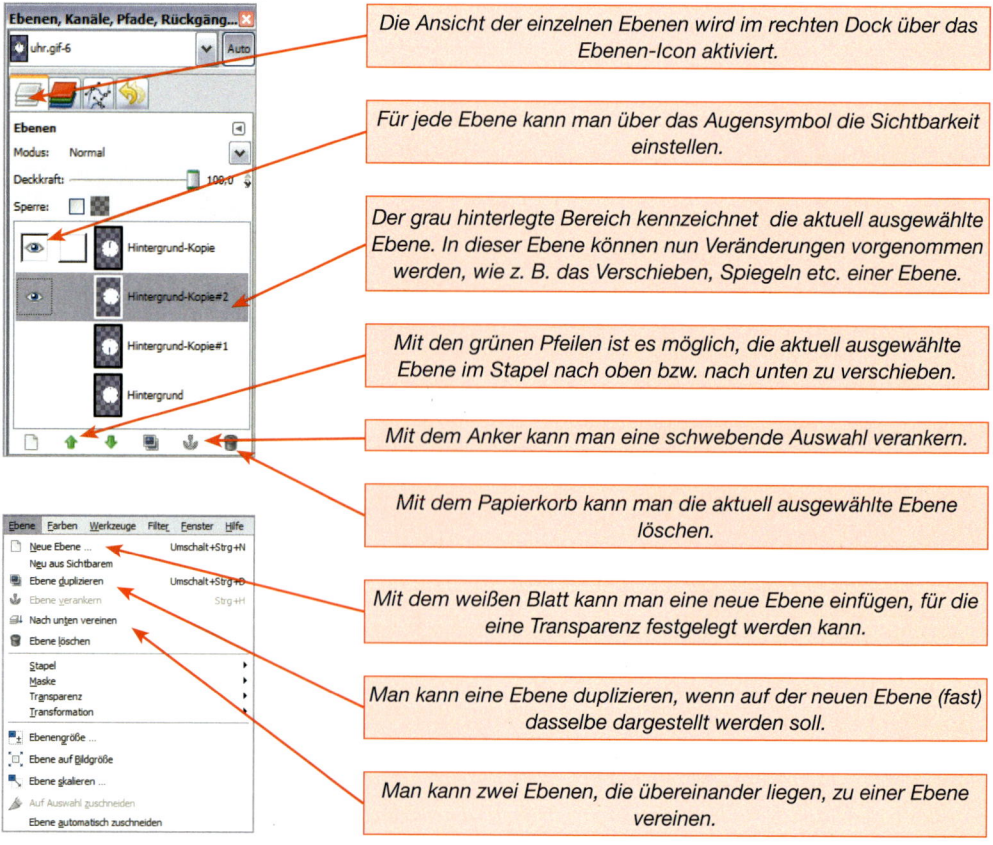

Text

Zum Schreiben eines Textes wird zuerst das Textwerkzeug aktiviert. Dies erfolgt über den Menüpunkt *Werkzeuge* ▷ *Text* oder das Textsymbol **A** im Werkzeugkasten. Um einen Text zu schreiben, reicht es aus, mit der Maus an die Stelle zu klicken, an der der Text erscheinen soll. Anschließend kann der Text in ein kleines Dialogfenster (GIMP-Texteditor) eingegeben werden. GIMP legt für jeden Text automatisch eine neue Ebene an.

Linien

Um in GIMP eine gerade Linie zu zeichnen, aktiviert man das Pinselwerkzeug oder das Stiftwerkzeug über den Menüpunkt *Werkzeuge* ▷ *Malwerkzeuge* ▷ *Pinsel* bzw. *Werkzeuge* ▷ *Malwerkzeuge* ▷ *Stift* oder nutzt die entsprechenden Icons im Werkzeugkasten. Dann zeichnet man den Anfangspunkt der Linie, bewegt die Maus an den gewünschten Endpunkt der Linie und drückt auf die Umschalt-Taste ⇧. Nun reicht ein Klick auf die linke Maustaste, und schon wird eine gerade Linie vom Anfangspunkt bis zum angesteuerten Endpunkt gezeichnet.

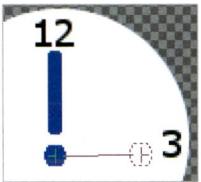

Animiertes GIF speichern

Sind alle Grafiken, die in einem animierten GIF nacheinander gezeigt werden sollen, gezeichnet und auf den einzelnen Ebenen fixiert, kann die Grafikdatei abgespeichert werden. Im folgenden Beispiel sind vier verschiedene Zeigerstände bei einer Uhr jeweils auf einer Ebene gespeichert.

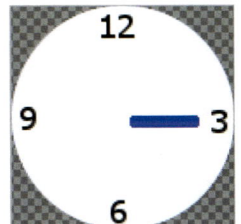 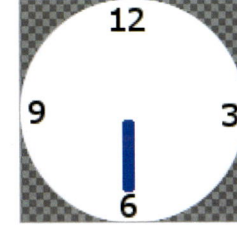 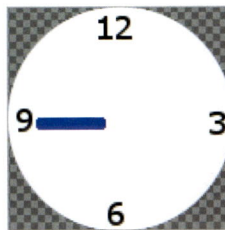 

Vor dem Abspeichern der vier Ebenen ist es sinnnvoll, sich die Vorschau anzusehen. Dies erfolgt über den Menüpunkt *Filter* ▷ *Animation* ▷ *Animation abspielen*. Es erscheint ein kleines Dialogfenster, in dem man seine Animation als Endlosschleife in Echtzeit, Zeitlupe, Zeitraffer oder schrittweise abspielen lassen kann.

Wenn die Vorschau den eigenen Vorstellungen entsprechend abläuft, können diese vier Ebenen als GIF-Datei abgespeichert werden. Vor dem endgültigen Speichern erscheint noch folgendes Dialogfenster, in dem das Abspeichern als Animation bestätigt werden muss.

Danach erscheint das GIF-Dialogfenster zum Speichern. Nun ist es auch möglich anzugeben, dass die Animation als unendliche Schleife erfolgen soll, wie lang die Pause zwischen zwei Einzelbildern sein soll und in welcher Form die einzelnen Bilder nacheinander erscheinen sollen, d. h. ob eine Ebene durch die nächste ergänzt oder ersetzt werden soll. In diesem Fall soll jede Folgeebene die vorhergehende ersetzen.

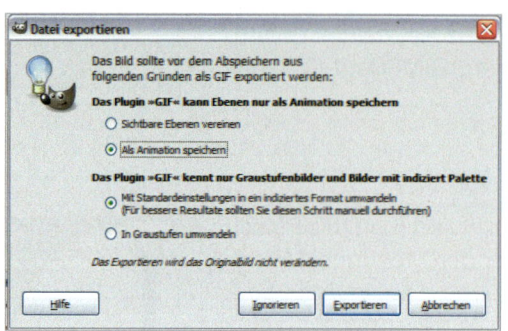
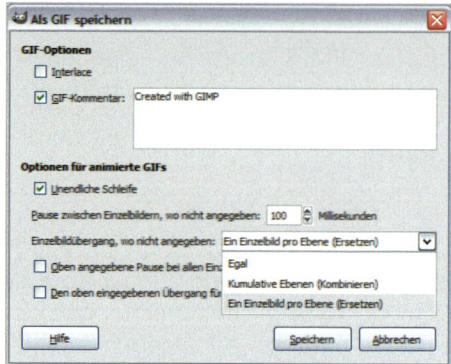

Marino Caponi erstellt mit dem Menüpunkt *Datei ▷ Neu* eine neue Datei in der Größe 200 x 200 Pixel und füllt den Hintergrund mit dem Füllwerkzeug in der Farbe #CC0000 aus. Dann tauscht er die Vorder- mit der Hintergrundfarbe mit Hilfe des kleinen weißen Pfeils aus. Er aktiviert über den Menüpunkt *Werkzeuge ▷ Text* das Textwerkzeug und schreibt auf seinen Hintergrund das Wort „Geburtstag?". Damit das Wort schön in der Mitte steht, aktiviert er das Ausrichten-Werkzeug über den Menüpunkt *Werkzeuge ▷ Transformationen ▷ Ausrichten*, klickt dann auf das Wort „Geburtstag?" und abschließend auf das Ausrichten-Symbol zum Zentrieren in der Mitte im Ausrichten-Dialogfenster im linken Dock. So fügt er auch noch die Worte „Hochzeit?" und „Jubiläum?" ein und zentriert sie.

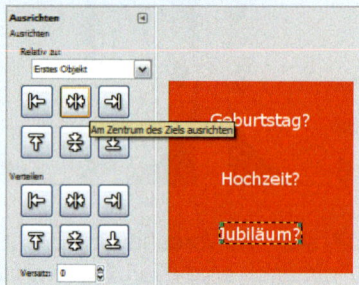

Bisher hat er vier verschiedene Ebenen erstellt: eine Ebene mit der Hintergrundfarbe Dunkelrot sowie drei Ebenen mit transparentem Hintergrund und verschiedenem Text. Marino Caponi schaltet die Sichtbarkeit der unteren drei Ebenen mit einem Klick auf das jeweilige Auge aus und sieht sich nur die oberste Ebene an:

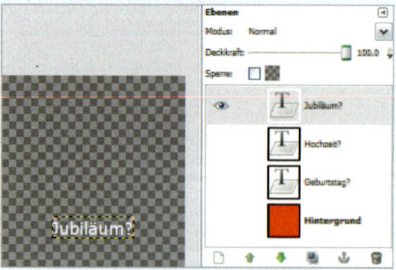

Was ihm jetzt noch fehlt, ist eine letzte Ebene mit einem finalen Satz. Diese letzte Ebene soll aber alle anderen Ebenen überlagern und deshalb Dunkelrot als Hintergrundfarbe haben und nicht transparent sein. Marino Caponi kopiert kurzerhand die rote Hintergrundebene.

Diese neu kopierte Ebene befördert er mit dem grünen Pfeil ganz nach oben auf den Ebenenstapel. Nun fügt er hier den dreizeiligen Text „Wir haben die richtigen Räume für Sie!" ein und formatiert ihn im Text-Dialogfenster so, bis er folgendes Ergebnis erhält:

Bei der Animation sollen die Einzelbilder in dieser Reihenfolge erscheinen:

Deshalb klickt Marino Caponi auf die oberste Textebene und wählt danach den Menüpunkt *Ebene ▷ Nach unten vereinen*, so dass er aus den obersten beiden Folien eine macht.

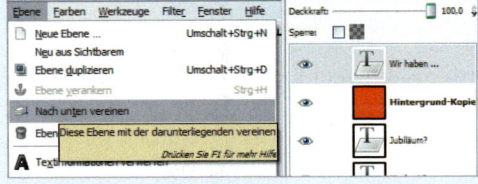

Seine Textanimation hat er jetzt fertig gestellt und muss sie nur noch abspeichern. Er speichert sie unter dem Namen „Textanimation.gif" ab und achtet im ersten Dialogfenster darauf, dass er die GIF-Datei *als Animation* speichert und **nicht** *alle sichtbaren Ebenen vereint*.

Im nächsten Dialogfenster stellt er als Pause zwischen den Einzelbildern 1000 Millisekunden ein, damit der Text auch in Ruhe gelesen werden kann. Weiterhin gibt er den Einzelbildübergang mit *Kumulative Ebenen (Kombinieren)* an, denn die Ebenen sollen jeweils durch die nächste folgende Ebene ergänzt werden.

Nun ist Marino Caponis Textanimation fertig. Nach dem Speichern kann er nun diese GIF-Animation mit dem <img>-Tag als ganz normales Bild in seine Website einbinden.

AUFGABEN

1. Erstellen Sie eine Diashow mit den Bildern Tulpe.jpg, Helleborus.jpg und Huhn.jpg von ihrer CD.

2. Erstellen Sie eine Animation mit einem pulsierenden Kreis, der abwechselnd größer und kleiner wird.

5.7 HTML III – CSS in HTML

Während sich Marino Caponi ausgiebig mit der Bildbearbeitung beschäftigt hat, hat sein Neffe Enzo die Zeit genutzt, um nach den Vorgaben des Storyboards die noch fehlenden Seiten für die Website ergänzt. Er erklärt seinem Onkel, dass er eine so genannte Style Sheet Datei mit allen Formatierungen für die Website angelegt hat. Nun müssen nur noch die Struktur und die Inhalte der jeweiligen Seite in die HTML-Datei geschrieben werden. Anschließend können die Formatierungen aus der CSS-Datei zur Anwendung kommen.

Storyboard
▶ *Kapitel 5.5.4, Seite 253 ff.*

Cascading Style Sheets

Cascading Style Sheets (CSS) sind eine Art **Formatvorlagen** für HTML. Mit Hilfe der CSS kann man an zentraler Stelle festlegen, wie bestimmte Tags formatiert sein sollen. Wenn man Cascading Style Sheets verwenden möchte, ist ein Eintrag in den <HEAD>-Informationen des HTML-Quelltextes nötig.

```
<head>
…
<style type="text/css">
<!—

Hier stehen die CSS-Anweisungen

-->
</style>
</head>
```

Hinweis:
In Phase 5 kann man den Einschub in den HEAD-Bereich mit dem Menüpunkt Format ▷ Style Sheets (CSS) ▷ Style Definition leicht generieren.

Das style-Tag ermöglicht die Eingabe von CSS-Anweisungen zwischen den HTML-Kommentarzeichen. Diese Kommentarzeichen sind notwendig, damit der dazwischenstehende Text nicht als HTML-Code interpretiert wird. Nur wenn der darstellende Browser das style-Tag mit dem Attribut `type="text/css"` kennt, kann er die CSS-Formatierungen umsetzen. Wenn er es nicht kennt, interpretiert er die CSS-Anweisungen als Kommentar und behandelt das style-Tag wie einen Rechtschreibfehler: Er ignoriert ihn.

Der prinzipielle Aufbau der Formatvorlagen in CSS sieht folgendermaßen aus:

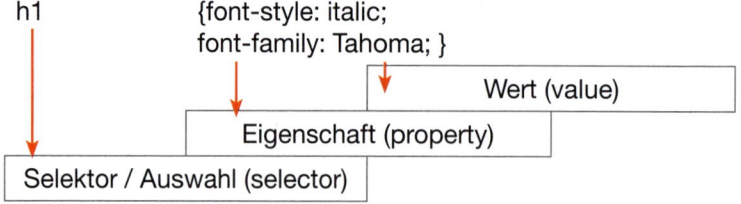

In Phase 5 kann man einzelne Style-Elemente, zumindest in ihrer Grundstruktur, leicht über den Menüpunkt *Format ▷ Style Sheets (CSS) ▷ Style Element definieren…* einfügen. Man hat in diesem Dialogfenster die Möglichkeit, aus Listen von möglichen Werten für bestimmte Selektoren, Eigenschaften und Values die passenden auszuwählen und zu einem Style-Element zusammenzustellen. Was man in diesen Listen nicht findet, kann man dann später von Hand ergänzen.

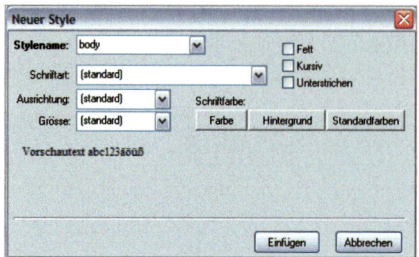

Ziel von CSS ist es unter anderem, dass in dem HTML-Text nur die Struktur der Seite mit den einzelnen Tags festgelegt werden muss. Alle Formatierungen, die vorher in den Attributen oder bestimmten Formatierungstags enthalten waren, sind in die CSS-Elemente, die zudem noch sehr viel umfassendere Formatierungsmöglichkeiten bieten, ausgelagert. Somit wird die HTML-Quelldatei um einiges übersichtlicher und strukturierter, wie das folgende Beispiel verdeutlicht:

Stadt	Land	Fluss
Berlin	Belgien	Blauer Nil
Celle	Chile	Colorado
Dortmund	Dänemark	Donau
Essen	Estland	Ems

Beschreibung der Stadt-Land-Fluss-Tabelle mit HTML	Beschreibung der Stadt-Land-Fluss-Tabelle mit HTML/CSS

<pre>...
<body bgcolor=gray>
<table border="0" width=100% bgcolor=black cellpadding=10>
<tr bgcolor=yellow>
<th> <font face=arial> <h1>Stadt</h1></font> </th>
<th> <font face=arial> <h1>Land</h1></font> </th>
<th> <font face=arial> <h1>Fluss</h1></font> </th>
</tr><tr>
<td bgcolor=red> <font color=white face=arial size=20>
Berlin </font></td>
<td bgcolor=green> <font color=white face=arial size=20>
Belgien </font></td>
<td bgcolor=blue> <font color=white face=arial size=20>
Blauer
Nil </font></td>
</tr>
<tr>
<td bgcolor=red> <font color=white face=arial size=20>
Celle</font> </td>
<td bgcolor=green> <font color=white face=arial size=20>
Chile </font></td>
<td bgcolor=blue> <font color=white face=arial size=20>
Colorado</font> </td>
</tr>
<tr>
<td bgcolor=red> <font color=white face=arial size=20>
Dortmund</font> </td>
<td bgcolor=green> <font color=white face=arial size=20>
Dänemark</font> </td>
<td bgcolor=blue> <font color=white face=arial size=20>
Donau </font></td>
</tr>
<tr>
<td bgcolor=red> <font color=white face=arial size=20>
Essen</font> </td>
<td bgcolor=green> <font color=white face=arial size=20>
Estland</font> </td>
<td bgcolor=blue> <font color=white face=arial size=20>
Ems</font> </td>
</tr>
</table>
</body></pre>
	<pre>...
	<style type="text/css">
	<!--
	body { font-weight: bold;
	   font-family: Arial;
	   color: #FFFFFF;
	   background: gray }
	table { background: #000000;
	   width: 100%; }
	th { color:#000000;
	   background: yellow;
	   font-size: 35px;
	   padding: 10px ; }
	td { font-weight: bold;
	   font-size: 50px;
	   padding: 10px ; }
	 .rot { background: red; }
	 .blau {background: blue;}
	 .gruen{background: green;}
	-->
	</style>
	</head>
	
	<body>
	<table>
	<tr> <th>Stadt </th>
	    <th>Land </th>
	    <th>Fluss </th> </tr>
	<tr> <td class="rot" >Berlin </td>
	    <td class="gruen" >Belgien </td>
	    <td class="blau">Blauer
	Nil </td>
	</tr>
	<tr> <td class="rot">Celle </td>
	    <td class="gruen">Chile </td>
	    <td class="blau">Colorado </td>
	</tr>
	<tr> <td class="rot">Dortmund</td>
	    <td class="gruen">Dänemark </td>
	    <td class="blau">Donau </td> </tr>
	<tr> <td class="rot">Essen</td>
	    <td class="gruen">Estland </td>
	    <td class="blau" > Ems </td> </tr>
	</table>
	</body></pre>

Beide Beschreibungen liefern dasselbe Ergebnis: Eine Tabelle mit einer gelben Überschriftzeile, einer roten Städte-Spalte, einer grünen Länder-Spalte und einer blauen Fluss-Spalte.

Der Unterschied ist, dass der Programmcode in der linken Spalte die Tabelle allein mit HTML-Tags und ihren Attributen erzeugt, der Programmcode in der rechten Spalte jedoch nur die Struktur der Seite mit HTML anlegt und alle Formatierungen mit CSS im Seitenkopf (`<head>`...`</head>`) vornimmt.

Dieser klar gegliederte Aufbau nach Formatierung und Seitenstruktur mit Hilfe von CSS hat folgende Vorteile:
- Die Trennung von Formatierung und Seitenstruktur führt zu einer besseren Übersichtlichkeit und Lesbarkeit des Quellcodes der Seite.
- Das Erzeugen der Seite ist weniger aufwändig, denn die Attribute zu den Tags müssen nicht mehrfach (redundant) angegeben werden, sondern sie werden nur an einer zentralen Stelle festgelegt.
- Änderungen in der Formatierung können relativ leicht und unkompliziert vorgenommen werden. Soll zum Beispiel die erste Spalte in einem dunkleren Rot dargestellt werden, reicht es, in HTML/CSS die Angabe „background: red;" durch background: #660000;" zu ersetzen. In reinem HTML müsste man bei jeder roten Zelle die Farbangabe ändern.
- Außerdem stehen in CSS sehr viel mehr Formatierungsoptionen (Eigenschaften) zur Verfügung als in reinem HTML. Daher hat man mit CSS sehr viel mehr Freiheit, um unkompliziert eine ansprechende Internetpräsenz zu gestalten.

Formate für Elemente (Tags)

Der einfachste Fall für die Formatierung mit CSS liegt vor, wenn für jedes Vorkommen eines bestimmten HTML-Tags das Format festgelegt werden soll. Bei diesem Vorgehen können jedoch nur die strukturgebenden Tags von HTML, wie zum Beispiel `<body>`, `<div>`, `<p>`, `<ol>`, `<li>` oder `<table>`, und nicht die formatierenden Tags, wie zum Beispiel `<b>` oder `<font>`, Verwendung finden.

Bei dieser Art der Formatierung schreibt man als Selektor den Namen des HTML-Tags ohne spitze Klammern. Dahinter folgen in geschweiften Klammern { } die betroffenen Eigenschaften dieses Elementtyps (Tags) mit den gewünschten Werten. Im vorherigen Beispiel werden *body* (Dokument), *table* (Tabellen), *th* (Tabellenüberschriften) und *td* (Tabellenzellen) auf diese Weise beschrieben. Wenn ein Format für mehrere HTML-Elementtypen definiert werden soll, gibt man alle gewünschten Elementtypen durch Kommata voneinander getrennt an:

```
h1 { font-family:Helvetica,sans-serif; }
h2 { font-family:Helvetica,sans-serif; }
```
hat dann also die gleiche Bedeutung wie:
```
h1, h2 { font-family:Helvetica,sans-serif; }
```

Eigenschaften für Style Sheets

HTML-Tag	Style Sheet-Eigenschaft	Ergebnis
`<b>`	`font-weight: bold`	formatiert Text fett
`<i>`	`font-style: italic`	stellt Text kursiv
`<font face="Arial">`	`font-family:"Arial"`	ändert Schriftart zu „**Arial**" Anstatt sich auf einen bestimmten Schriftfont wie Arial festzulegen, kann man auch einen Schrifttyp wie **serif**, **sans-serif** oder **monospaced** angeben.
`<font size="12">`	`font-size: 12px`	stellt die Größe der Schrift auf 12 Pixel ein. Die Größenangabe der Schrift kann auch mit **xx-small, x-small, small, medium, large, x-large** oder **xx-large** beschrieben werden.
`<font color="red">`	`color: red` `color: #FF0000`	formatiert die Schriftfarbe rot

HTML-Tag	Style Sheet-Eigenschaft	Ergebnis

---	`text-transform: upper-case`
	 `text-transform: lower-case`
	 `text-transform: capitalize`
		Wandelt Text um in:
		 Großbuchstaben
		
		 Kleinbuchstaben
		
		 Kapitälchen

---	`text-indent: 30px`	Die erste Zeile eines Textabschnittes ist um 30 Pixel eingerückt.
`<element align="center">` element steht für Tags wie zum Beispiel `<p>`, `<div>`, `<h1>` oder `<td>`	`text-align: center`	Zentriert den Text. Es sind auch „left" für linksbündig, „right" für rechtsbündig und „justify" für Blocksatz möglich.
---	`line-height: 1.5`	Die Textzeilen haben einen anderthalbfachen Zeilenabstand voneinander. Der Zeilenabstand kann auch in Pixel (z. B. 20 px), Punkt (z. B. 20 pt) oder als Prozentsatz (z. B. 120 %) der aktuellen Schriftgröße angegeben werden.
---	`margin-left: 50px`	Der Rand des Elementes hat einen linken Abstand von 50 Pixel. Man kann auch den rechten (**margin-right**), oberen (**margin-top**) und unteren (**margin-bottom**) Rand einstellen.
`<element bgcolor="blue">` element steht für die betroffenen Tags wie zum Beispiel `<table>`, `<body>` oder `<td>`	`background: blue` `background: #0000FF`	Formatiert den Hintergrund eines Elements blau.
`<element background="logo.gif">`	`background: url("logo.gif")`	Fügt das Bild „logo.gif" als Hintergrundbild ein.

Besondere Tags:

HTML-Tag	Style Sheet-Eigenschaft	Ergebnis
`<img height="80" width="120" src="..">`	`Img {height: 80px; width: 120p}`	Formatiert alle Bilder mit der Höhe 80 Pixel und der Breite 120 Pixel.
`<img src="…" align="left">`	`Img {float: left}`	Der Text umfließt das Bild am rechten Bildrand. Das Bild ist links vom Text.
`<ol type="A">`	`ol {list-type: upper-alpha}`	Die sortierte Liste wird mit großen Buchstaben durchnummeriert.

Formate für Klassen (Benutzerdefiniert)

Bei den CSS ist es auch möglich, benutzerdefinierte Formatklassen festzulegen. Diese Formatklassen können in HTML unterschiedlichen Elementen zugeordnet werden. Man bestimmt eine Formatdefinition für eine Klasse, indem man im Selektor einen Punkt setzt und direkt dahinter den Namen für die Klasse angibt. Nach dem Klassennamen folgen in geschweiften Klammern alle Eigenschaften mit den Werten, die für diese Klasse gelten sollen. In HTML wird diese Klasse dann in dem gewünschten Tag mit dem Schlüsselwort class=, gefolgt von dem Namen der Klasse in Anführungsstrichen aufgerufen.

CSS-Klasse	Aufruf in HTML
.rot {background: red;}	`<td class="rot">`

Für benutzerdefinierte Klassen und Individualformate werden in HTML gerne die Tags `<div>` und `<span>` benutzt. Diese Tags haben den Vorteil, dass sie keine vom Browser voreingestellten Formatierungen besitzen, wie zum Beispiel einen Abstand zur vorhergehenden Zeile (bei `<p>`) oder zusätzlich zum großen Abstand zu vorhergehenden oder nachfolgenden Abschnitten eine besonders große, fette Schrift (bei `<h1>`).

Der Tag <span> bewirkt von sich aus gar nichts. Der Tag <div> bewirkt nur einen Zeilenumbruch. Im Gegensatz zum Tag <br> kann man aber mit <div> </div> einen Abschnitt einfassen.

Individualformate

Besonders für Bereiche, die an einer bestimmten Stelle mit absoluten Koordinaten positioniert werden sollen, werden bei den CSS Individualformate verwendet. Man bestimmt ein Individualformat, indem im Selektor ein Gartenzaun (#) gesetzt und direkt dahinter der Name für das Individualformat angegeben wird. Danach folgen in geschweiften Klammern alle Eigenschaften mit den Werten, die für dieses Individualformat gelten sollen. In HTML wird dieses Individualformat meist in dem <div>- oder dem <span>-Tag mit dem Schlüsselwort id=, gefolgt von dem Namen des Individualformates in Anführungsstrichen aufgerufen.

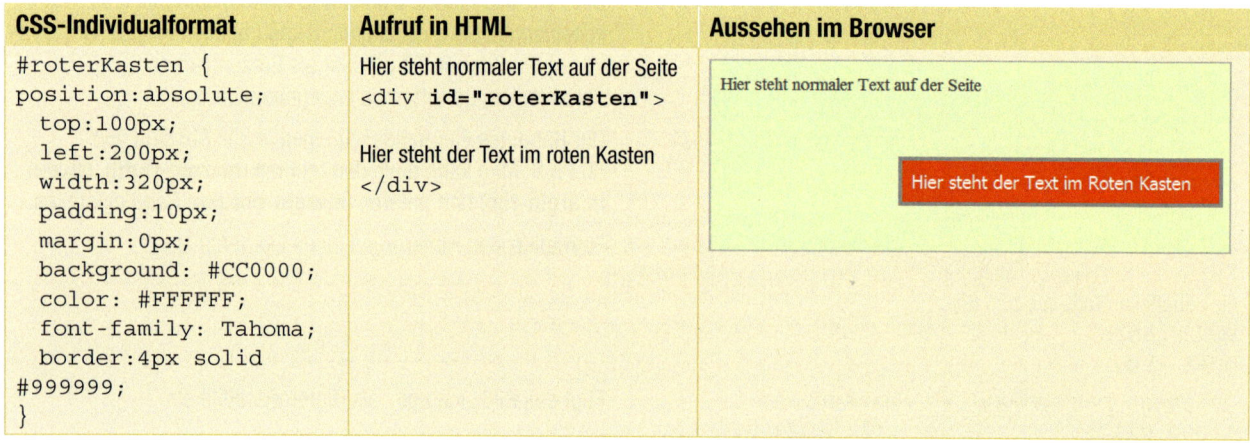

Pseudoformate

Für Elemente, die sich in HTML nicht eindeutig über Tags definieren lassen, werden bei den CSS so genannte Pseudoformate angelegt. Ein Pseudoformat wird bestimmt, indem man im Selektor den Namen des HTML-Tags, gefolgt von einem Doppelpunkt ‚schreibt und danach den Tag angibt. Danach folgen in geschweiften Klammern alle Eigenschaften mit den Werten, die für dieses Pseudoformat gelten sollen. In HTML ist ein besonderer Aufruf dieses Pseudoformats nicht nötig, es wird einfach benutzt.

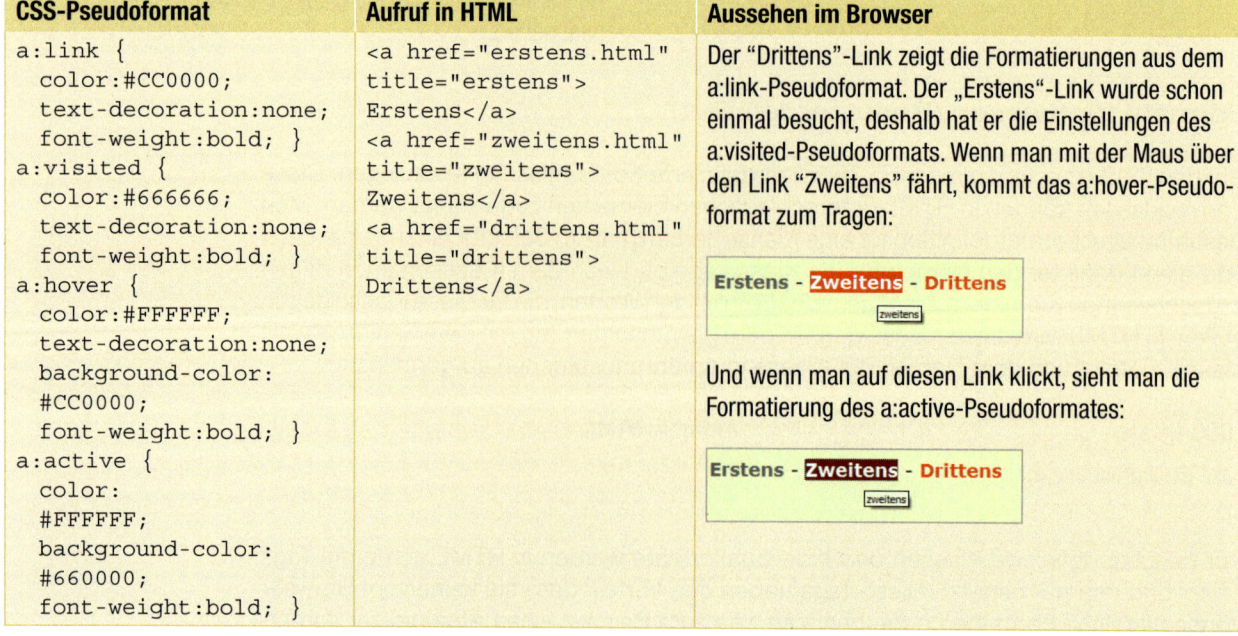

Die Eigenschaft *text-decoration:none* bedeutet, dass die Links nicht mit einer Unterstreichung versehen sind.

CSS als Extradatei

Wenn die Style-Definition am Anfang der HTML-Datei zu umfangreich wird oder die CSS von mehreren HTML-Dateien genutzt werden sollen, kann man die Style Sheets in eine externe Datei mit der Endung .css auslagern. Heißt diese Datei zum Beispiel „styles.css", so muss sie in der HTML-Datei nur mit Hilfe der Zeile `<link rel="stylesheet" type="text/css" href="styles.css">` eingebunden werden. Der ganze Bereich von `<style ty-pe="text/css"><!— bis --></style>` fällt dann weg. Was zwischen den Kommentarzeichen stand, steht nun in der neuen Datei „styles.css".

Marino Caponi sieht die Vorteile einer externen Formatierungsdatei ein, auch wenn es ihm etwas kompliziert erscheint. Er hat allerdings den Ehrgeiz, die CSS-Datei selbst zu erstellen. Die einzige Hilfe, die er dafür verwenden möchte, ist die Darstellung der HTML-Datei im Browser und die HTML-Datei im Editor, die Enzo passend zu den Stylesheets geschrieben hat. Im Browser sieht die HTML-Seite so aus:

Hier kann Marino Caponi folgende Einstellungen erkennen:
- Die Hintergrundfarbe der Seite ist hellgelb (#FFFFCC)
- Die Schrift ist serifenlos
- Die Schriftfarbe ist dunkelgrau (#333333) sein

Somit weiß er schon einmal die Einstellungen für das body-Element:

```
body {
    font-family: VERDANA,ARIAL,HELVETICA;
    color: #333333;
    background: #FFFFCC;     }
```

Dann sieht sich Marino Caponi die HTML-Datei im Browser an:

```
<html>
<head> <title>..::: Ristorante Da Marino :::..</title>
<link rel="stylesheet" type="text/css" href="styles.css">
</head>
<body>
<div id="streifenGelb">
<div id="seitenkopf">
   <img class="logo" src="bilder\Logo_rund.gif" alt="Logo">
   <a href="aktion.html" title="Veranstaltungen in unserem Haus">
   Aktionen</a>    -
   <a href="speisen.html" title="Auszug aus der Speisekarte">
   Speisen</a>    -
   <a href="raum.html" title="Einblick in unsere Räume" >Räume</a>    -
   <a href="anfahrt.html" title="So finden sie zu uns" >Anfahrt</a>    -
   <a href="wissen.html" title="Informationen über einige wissenswerte
```

```
      Dinge">Wissenswertes</a>      -
      <a href="impres.html" title="Verantwortlich für diese Seiten">
      Impressum</a>
</div></div>
<div id="seitenrumpf">
<table class="haupt" >
 <tr>
     <td colspan="4" width="85%" bgcolor="#CC0000" height="5px"> </td>
     <td class="gelb"> </td>
  </tr> <tr>
     <td width="15%"> </td>
     <td colspan="2"  width="45%">
       <br> <h1>Da Marino </h1>
       Herzlich willkommen im Ristorante Da Marino.<br>
       Besuchen Sie uns und lassen Sie sich von Marino Caponi und seinem
       Team verwöhnen …
       <br>           <hr noshade>         <br>
       Unsere Öffnungszeiten sind: <br> <br>
       <table>
       <tr >
       <td class="zeiten">Di-Fr        </td>
       <td class="zeiten">17:30 bis 24:00 Uhr</td>
       </tr><tr>
       <td class="zeiten">Sa-So        </td>
       <td class="zeiten">11:30 bis 24:00 Uhr</td>
       </tr>
       </table>
  </td>
     <td class="bilder">
     <img class="normal" src="bilder/MarinoCaponi.jpg" alt="Marino Caponi
     vor der Mauer des Ristorante" width="150" height="174">
       </td>
     <td class="gelb"> </td>
</tr>
</table>
</div></body> </html>
```

Bei der Überschrift „Da Marino", die zentriert auf dem Monitor erscheint, steht die Textausrichtung nicht mehr als Eigenschaft in dem Tag, und bei der horizontalen Linie fällt ihm auf, dass nur noch die Eigenschaft „noshade" in der HTML-Datei steht. Alle anderen Formatierungen zu den beiden Tags müssen wohl in der CSS-Datei stehen:

```
h1{
   text-align:center;     }
hr{
   color:#CCCCCC;
   text-align:center;
   width:90%;
   size:2px;        }
```

Bei den Links fällt ihm im Browser auf, dass, wenn er mit der Maus darüberfährt, der Hintergrund des Links rot wird und die Schrift weiß. Ansonsten besitzen die Links keine Unterstreichung und sind fett dargestellt. Die Farben der besuchten und aktiven Links scheinen gleich geblieben zu sein wie in der Version ohne CSS. Daraus folgert Marino Caponi, dass die CSS-Datei bezüglich der Links so aussehen müsste:

```
a {
   font-weight: bold;
   text-decoration: none;      }
a:link {
```

```
   color: #CC3333; }
a:alink {
   color: #CCCCCC; }
a:vlink {
   color: #990000; }
a:hover{
   color: #FFFFFF;
   background #CC0000;    }
```

Nun schaut sich Marino Caponi die Tabellenformatierungen an. Der hellgrüne Hintergrund und die Breite von 100 % werden in der HTML-Datei nirgendwo mehr erwähnt. Ebensowenig wie die Tatsache, dass die Linienstärke innerhalb der Tabelle 0 ist und die Zellen direkt aneinander stoßen. Auch für die Tabellenzellen sieht er nirgendwo erwähnt, dass ihre vertikale Ausrichtung „top" ist. Er ergänzt diese Beobachtungen bei den CSS-Eigenschaften:

```
table{
   background: #CCFF99;
   width:100%;
   border-spacing:0;
   border-width: 0;
   border-collapse: collapse;   }
td{
   vertical-align:top;             }
```

Marino Caponi markiert als Nächstes die Individualformate und findet die Formate *StreifenGelb*, *Seitenkopf* und *Seitenrumpf*. StreifenGelb enthält lediglich den Seitenkopf. Der Seitenkopf wiederum beinhaltet das Logo und die Links. Er nimmt an, dass das Individualformat StreifenGelb nur dazu da ist, um den oberen Bereich des Bildschirms mit einem kleinen Rand gelb zu färben. Weiterhin vermutet er, dass der Seitenkopf darauf liegt und nur so breit ist wie die ersten 4 Spalten der Tabelle, nämlich 85 %. In dem Seitenkopf stehen dann rechtsbündig alle Links mit etwas Abstand zum Rand des Bereiches. Insgesamt sind die beiden Bereiche nicht ganz so hoch wie das Logo, also etwa 100 Pixel.

Marino Caponi formuliert alle seine Vermutungen als CSS-Anweisungen, probiert noch etwas herum, bis die Pixelangaben passen und erhält folgendes Ergebnis:

```
#seitenkopf{
   width:85%;
   padding:10px;
   text-align: right;     }
#streifenGelb{
   background: #FFFF99;
   position:absolute;
   top:15px;
   left:10px;
   width:100%;
   height: 100px;         }
```

Marino Caponi berechnet, wo der StreifenGelb zu Ende ist und das Individualformat *Seitenrumpf* anfangen müsste. Er kommt zu dem Ergebnis, dass der Seitenrumpf bei 15+100=115 Pixel von oben beginnen müsste, wenn er direkt anschließen würde. Da aber eine hellgelbe Linie zwischen diesen beiden Individualformaten zu erkennen ist, fängt er wohl erst bei 125 Pixel von oben an.

```
#seitenrumpf{
   position:absolute;
   top:125px;
   left:10px;
   width:100%;
   height: 100%;           }
```

Jetzt ist Marino Caponi schon ziemlich weit fortgeschritten. Als Nächstes nimmt er sich die Bilder vor, für deren Formatierung die beiden Klassen „Logo" und „normal" definiert sind. Das Logo scheint absolut positioniert zu sein, es ragt sogar etwas über den gelben Streifen nach oben und unten hinaus. Auch die Höhe und Breite des Logos erscheint nicht mehr im <img>-Tag und muss nun in der CSS-Datei angegeben werden.

Bei seinem Foto ist die Ausdehnung des Bildes noch angegeben, nur der Abstand zur Umgebung fehlt. Er stellt folgende Angaben für die Bilder in die CSS-Datei:

```
img.logo{
   position:absolute;
   top:-10px;
   left:5px;
   width:150px;
   height: 128px;        }
img.normal {
   margin:15;            }
```

Jetzt hat Marino Caponi nur noch drei weitere Klassen, die er in der CSS-Datei definieren muss: „.haupt", „.zeiten", „.gelb" und „.bilder". Die Klasse „.gelb" scheint die rechte Tabellenspalte zu formatieren, die immer 15 % breit und gelb ist. Die Klasse „.bilder" legt offensichtlich die Formatierung für die Tabellenzelle fest, die die Bilder enthalten soll. Sie ist immer 25 % breit und rechts ausgerichtet. Die Klasse „.zeiten" scheint den Öffnungszeiten die notwendige Polsterung zum Zellenrand zu geben:

```
td.gelb {
   background:  #FFFF99;
   width:15%;            }
td.bilder {
   text-align: right;
   width: 25%;           }
.zeiten {
   padding:5px;          }
```

Nun fehlt Marino Caponi nur noch die Angabe für die Höhe der Tabelle, die mit der Klasse „.haupt" formatiert wird:

```
table.haupt {
   height: 100%;
   padding:0;            }
```

Marino Caponi probiert die HTML-Datei noch einmal zusammen mit seiner neu erstellten CSS-Datei aus und ist hochzufrieden. Die HTML-Datei ist viel übersichtlicher geworden, weil sie quasi keine Formatierungsangaben mehr enthält, und in der CSS-Datei kann er nun alle seine Formatierungen für alle Seiten zentral verwalten. Die Seite ist sogar durch die Individualformate und die feste Positionierung des Logos noch ansprechender geworden.

AUFGABEN

1. Auf der Internetseite www.csszengarden.com wird derselbe Inhalt immer mit unterschiedlichen CSS-Dateien dargestellt.
   a) Vergleichen Sie die CSS-Dateien von zwei verschiedenen Layouts ihrer Wahl. Stellen Sie die Styles Sheet-Eigenschaften in einer Tabelle gegenüber und erläutern Sie die Wirkung der einzelnen Eigenschaften.
   b) Verändern Sie eine CSS-Datei, die Sie vorher heruntergeladen haben, nach ihren Vorstellungen.

2. Erstellen Sie eine Website zur Aufgabe 3 aus dem Kapitel 5.5.3 auf Seite 252 unter der Verwendung von Cascading Style Sheets.

3. Erstellen Sie eine Website zu der 1-Million-Euro-Frage aus dem Kapitel 5.5.3 auf Seite 252 unter der Verwendung von Cascading Style Sheets.

5.8 Sounds

> Marino Caponi hat vor einigen Tagen einen Eventabend in seinem Ristorante veranstaltet. Jeder, der wollte, durfte die aufgebaute Bühne fünf Minuten lang für die Präsentation seines Könnens nutzen. Es gab an diesem Abend erstaunliche Auftritte, die für viel Begeisterung und Spaß gesorgt haben. Insbesondere die Gesangskünste einiger seiner Stammgäste waren außergewöhnlich gut. Nun würde er gerne in einer Nachlese nicht nur Bilder, sondern auch Hörproben des Abends auf seiner Website anbieten.

„Sounds" – gemeint sind Töne, Klänge, Laute, Musik bzw. akustische Signale im Allgemeinen – spielen in unserem täglichen Leben eine wichtige Rolle. Wir werden z. B. morgens durch das Klingeln des Weckers wach, hören gerne Radio oder legen Wert auf die Klingeltöne unseres Handys. Viele Thriller oder Horrorfilme werden durch die passende Filmmusik erst richtig spannend. Auch bei Computerspielen wird die Atmosphäre durch die Hintergrundmusik noch verstärkt. Diese Wichtigkeit von Tönen, Klängen etc. spiegelt sich auch im Bereich von Mutimedia wieder.

Multimedia
= Kombination verschiedener Medien, wie z. B. Texte, Bilder, Videos, Animationen etc.

Doch was muss grundsätzlich Beachtung finden, wenn bei multimedialen Anwendungen Töne zum Einsatz kommen? Die Wahrnehmung von Tönen ist für alle Menschen unterschiedlich, und so können akustische Signale, auch wenn sie gut gemeint sind, schnell störend wirken.

Wahrnehmung von Tönen

Das Hören ist – neben dem Riechen – einer der Sinne, dem sich ein Mensch nicht ohne weiteres entziehen kann. Es ist nicht möglich, ihn während des Schlafens einfach „auszuschalten". Auch am Tage sind schon Kopfhörer nötig, um bewusst **nicht** zu hören. Das Hören ist aber – ebenso wie das Riechen – kein sehr genauer Sinn. Die Wahrnehmung erfolgt beim Hören sehr viel subjektiver als beim Sehen.

Der tiefste Ton, den ein Mensch wahrnehmen kann liegt bei 18 Hz. Der höchste Ton, der wahrgenommen werden kann, ist für
- *ein neugeborenes Kind 23 000 Hz*
- *einen jungen Erwachsenen 18 000 Hz*
- *einen 35-jährigen Menschen 15 000 Hz*
- *einen 65-jährigen Menschen 5 000 Hz*

Beim Sehen werden durch die Lichtstrahlen, die in das Auge fallen, direkt die Stäbchen und Zapfen angeregt, die die Reize zum Gehirn weiterleiten. Beim Hören werden hingegen die Schallwellen, die das Ohr erreichen, über eine relativ komplizierte Kette von mechanischen Weiterleitungen über Trommelfell, Hammer, Amboss, Steigbügel, ovales Fenster und Ohrlymphe zu den Sinneszellen für das Hören geleitet. Durch die Sinneszellen im Ohr werden zwei verschiedene Signalarten wahrgenommen:

1. Die **Tonhöhe**, also die Frequenz der Schallwellen. Die unterschiedlichen Frequenzen von Schallwellen können sehr genau wahrgenommen werden. Für eine bestimmte Frequenz wird jeweils eine eng umgrenzte Gruppe von Hörzellen angesprochen. Schon eine Änderung der Tonhöhe um 0,3 % führt dazu, dass man diese Frequenzänderung bemerkt. (Im Vergleich dazu: Eine Helligkeitsänderung muss 1,6 % betragen, damit man sie wahrnimmt). Auf diese Weise können wir viele verschiedene Stimmen sowie Stimmungen in einer Stimme voneinander unterscheiden.

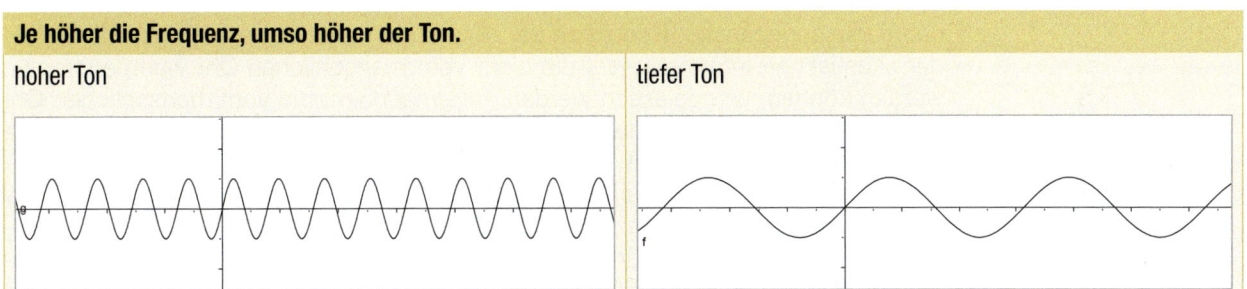

Je höher die Frequenz, umso höher der Ton.

| hoher Ton | tiefer Ton |

2. Die **Lautstärke**, also die Amplitude der Schallwellen. Die unterschiedlichen Lautstärken von Schallwellen können relativ schlecht voneinander unterschieden werden. Für die verschiedenen Lautstärken werden die Hörzellen unterschiedlich stark

gereizt. Man bemerkt erst dann, dass sich eine Lautstärke verändert hat, wenn sie sich um 10 % von der vorherigen Lautstärke unterscheidet. Die Wahrnehmung der Lautstärke ist auch abhängig von der Frequenz der gehörten Töne: hellere Töne werden lauter gehört als tiefere Töne.

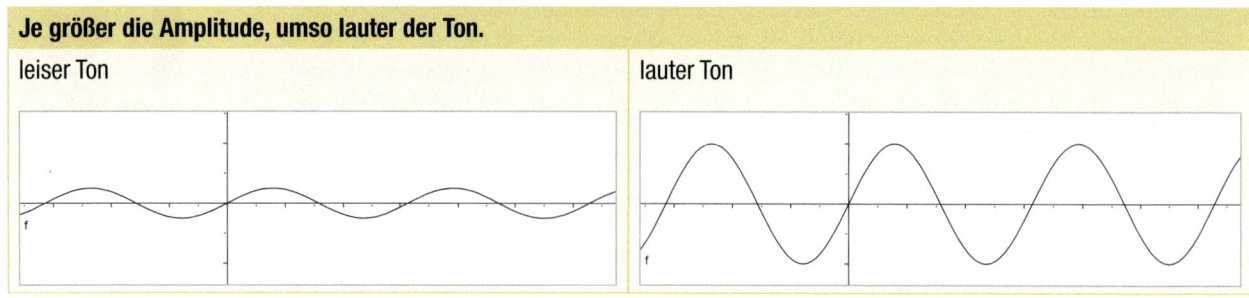

Je größer die Amplitude, umso lauter der Ton.
leiser Ton | lauter Ton

Es ist nicht zu unterscheiden, ob ein Chor mit 30 oder 31 Personen singt. Ob aber ein oder zwei Personen singen, kann man sehr gut unterscheiden. Es kommt also darauf an, um welchen Prozentsatz die Lautstärke zunimmt, damit ein Unterschied zu hören ist. Außerdem hängt die gehörte Lautstärke von der Frequenz der Töne ab. In einem Chor braucht man also mehr Bässe als Sopranistinnen, um beide Stimmen gleich laut zu hören.

Die Wahrnehmung von Schall funktioniert relativ träge: Nach einem lauten Ton kann man zum Beispiel erst einmal keine leiseren Töne mehr hören, bis sich die Ohrlymphe wieder etwas beruhigt hat.

Weil die objektive Lautstärke eines Schallsignals (Schalldruckpegel) stark von der subjektiv wahrgenommenen Lautstärke (Lautstärkepegel) abweichen kann, werden diese beiden Größen in unterschiedlichen Einheiten gemessen. Die Einheit für den Schalldruckpegel sind Dezibel [dB], die Einheit für den Lautstärkepegel sind Phon [phon].

Am differenziertesten können Menschen im Bereich der Sprache zwischen 200 Hz und 10 000 Hz hören.

Diese ganzen Eigenschaften des Hörens sind bei der digitalen Speicherung von Tönen grundlegend.

Audioformate

So, wie es bei den Grafikformaten das Vektor- und das Rasterformat gibt, so gibt es auch bei den Audioformaten zwei unterschiedliche Ansätze, die Töne zu speichern.
1. Jeder einzelne Ton wird mit seinem Anfangszeitpunkt, seiner Tonhöhe, seiner Klangfarbe (also dem erzeugenden Instrument) und seiner Tonlänge gespeichert. Diese Art der Speicherung von akustischen Informationen verwendet das MIDI-Format.
2. Ein Musikstück wird in seiner zeitlichen Abfolge mit einer bestimmten oder variablen Datentiefe abgetastet und gespeichert. Diese Art der Speicherung verwenden alle anderen hier vorgestellten Formate. Das WAVE-Format ist dabei nicht komprimiert und deshalb sehr speicherintensiv; alle anderen Formate arbeiten mit einer wahrnehmungsangepassten Reduktion der Audiodaten. Das bedeutet, dass die Anteile der akustischen Informationen, die nicht vom menschlichen Ohr wahrgenommen werden können, weggelassen werden. Informationen, die vom menschlichen Ohr nicht wahrgenommen werden, sind zum Beispiel Töne über 18 000 Hz oder leise sowie besonders laute Töne.

MIDI
= Musical Instrument Digital Interface

WAVE
= Waveform audio format

Zum Abspielen und Aufnehmen aller Audioformate sind so genannte **Codecs** notwendig. Codec ist die Abkürzung für **Co**dierer/**Dec**odierer und bedeutet, dass dieses Programm die akustischen Informationen in das jeweilige Format codiert bzw. aus der digitalen Datei wieder in akustische Signale decodiert.

Bei den Grafiken bestimmen die Farbtiefe und die Anzahl der Pixel den Speicherbedarf einer Bilddatei. Der Speicherbedarf einer Grafik wird in Bit angegeben. Bei Musikstücken bestimmen die **Sampling-Auflösung** (auch Bit-Tiefe genannt) und die **Sampling-Rate** den Speicherbedarf.

Die Sampling-Auflösung gibt an, in welcher Qualität die einzelnen abgetasteten akustischen Signale gespeichert werden. Sie ist vergleichbar mit der Farbtiefe bei Grafiken. Die Sampling-Rate gibt an, in welchem zeitlichen Abstand die Audiosignale abgetastet werden. Die Einheit der Sampling-Rate ist Hertz. Sie ist vergleichbar mit der Auflösung einer Grafik. Da eine Audiodatei nicht wie eine Grafik aus nur zwei Dimensionen besteht, sondern auch noch also die Dauer eines Musikstücks, hinzukommt, wird der Speicherbedarf einer Audiodatei quasi in Sekundenscheiben angegeben: in Kilobit pro Sekunde.

Für die **Sprachwiedergabe** ist eine Sampling-Rate von 8000 Hz und eine Sampling-Auflösung von 8 Bit-Mono völlig ausreichend. Das entspricht einem Speicherbedarf von 8 kbit/s. Für **Musik** ist der Speicherbedarf höher. Für CD-Qualität ist ein Speicherbedarf von 172 kbit/s notwendig, den man mit einer Sampling-Rate von 44100 Hz und einer Sampling-Auflösung von 16 Bit-Stereo erreicht.

.mid .kar	Das musical instrument digital interface (MIDI/dt.: „digitale Schnittstelle für Musikinstrumente") wurde ursprünglich von der International MIDI-Association entwickelt. In dieser Vereinigung haben Gerätehersteller von elektronischen Instrumenten, wie zum Beispiel Synthesizern und Keyboards, ein Dateiformat für den Datenaustausch normiert. Die Bitrate beträgt 31,25 kbit/s. Das besondere am MIDI-Format ist, dass es ein abstraktes Format ist, d.h. man kann Töne im MIDI-Format nicht nur aufnehmen, sondern sie auch erzeugen. Eine MIDI-Datei enthält die Steueranweisungen, die auf 16 verschiedenen Kanälen die für 128 verschiedene Instrumente passenden Töne generiert. Befindet sich auch eine Karaoke-Spur in der Datei, so hat sie die Endung .kar. MIDI-Dateien haben den Vorteil, dass sie durch ihre wenigen Informationen für jeden Ton sehr klein sind, und dass man wegen der elektronischen Klangerzeugung einzelne fehlerhaft aufgenommene Noten im Nachhinein bearbeiten kann. Leider fehlt ihnen jedoch die Klangdynamik, denn es sind nur die Klanghöhe und die Tonlänge für jeden Ton gespeichert. Die Wiedergabequalität ist stark abhängig von der verwendeten Soundkarte.
.wav	Das waveform audio format (WAVE) wurde von Microsoft und IBM entwickelt und gehört zu den am meisten verbreiteten Audioformaten. In ihm werden akustische Informationen als Folge digitaler Werte abgebildet, so dass ein möglichst originalgetreues Klangerlebnis entsteht. Leider sind WAVE-Dateien unkomprimiert und sehr speicherintensiv. Sie sind deshalb für die Verwendung im Internet nicht geeignet.
.mp3	Das **M**oving **P**ictures Experts Group Layer **3** Audio-Format (MP3) wurde vom Fraunhofer Institut für Integrierte Schaltungen in Erlangen entwickelt. Es ist ein Format, in dem Audiodaten verlustbehaftet komprimiert werden. Diese Kompression ist in verschiedenen Stufen wählbar zwischen 96:1 (Telefonqualität) bis 12:1 (CD-Qualität). Die Bitrate beträgt zwischen 8 und 320 kbit/s.
.ra	Das **R**eal**A**udio-Format (RealAudio) wurde von RealNetwork speziell für das Audiostreaming entwickelt. Streaming bedeutet, dass eine Audiodatei nicht erst vollständig geladen sein muss, bevor sie abgespielt werden kann, sondern schon während des Ladens wiedergegeben werden kann.
.wma	Das **W**indows **M**edia **A**udio-Format (WMA) wurde von Microsoft entwickelt. Es ist mit seinen Kompressionsraten vergleichbar mit dem MP3-Format, verfügt aber auch über Digital Rights Management-Funktionen (DRM/dt.: „digitale Rechteverwaltung"). Diese digitalen Rechte können zum Beispiel beinhalten, dass ein Musikstück nur einmal kopiert oder gebrannt werden darf.
.aac	Das advanced audio coding-Format (ACC) wurde erst um die Jahrtausendwende entwickelt und setzt auf den Erfahrungen von MP3 auf. Es stellt wohl das Audioformat der Zukunft dar.
.ogg	Das Ogg-Vorbis-Format wurde beim Open Source-Konsortium entwickelt. Open Source bedeutet, dass der Quellcode offen liegt und schnell auf alle möglichen Betriebssysteme portiert werden kann. Das Besondere an diesem Audio-Codec ist, dass er mit variablen Bitraten arbeitet. Variable Bitrate bedeutet, dass ein Musikstück nicht konstant mit z. B. 128 kbit/s abgetastet wird. Vielmehr wird dort, wo ein komplexes Klanggefüge abgetastet werden soll, mit einer hohen Bitrate, und dort wo ein sehr einfacher Klang abgetastet werden soll, mit einer niedrigen Bitrate gearbeitet. Dieses Vorgehen führt zu optimal komprimierten Audiodateien.

Audiorecorder

Zum Erstellen eigener Tondokumente reicht manchmal schon die Standard-Aufnahmemöglichkeit des Microsoft Betriebssystems aus. Bei Windows XP z. B. ist der dazu notwendige Audirecorder unter *Start ▷ Programme ▷ Zubehör ▷ Unterhaltungsmedien ▷ Audiorecorder* zu finden. Diesen Audiorecorder kann man intuitiv bedienen wie ein Diktiergerät. Die aufgenommene Datei speichert er im WAV-Format an der gewünschten Stelle ab.

Bearbeitung von Tondokumenten mit Audacity

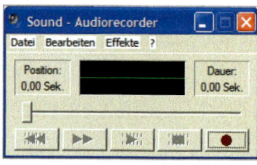

Es gibt allerdings auch deutlich umfangreichere Programme, mit denen Tondokumente erzeugt werden können. Ein relativ einfaches, das allerdings alle Grundfunktionalitäten zur Verfügung stellt, ist Audacity. Es handelt sich bei diesem Programm um eine Freeware, die kostenlos im Internet verfügbar ist. Mit diesem Programm kann man u. a.

- mehrere Spuren nacheinander aufnehmen und danach gleichzeitig (als „Orchester") abspielen,
- ein Musikstück importieren und auf einer neuen Tonspur dazu singen oder sprechen,
- einzelne Sequenzen, wie bei einem Textdokument, ausschneiden oder kopieren und an anderer Stelle wieder einfügen,
- einzelne Stellen des Tondokuments oder einer Spur leiser oder lauter machen,
- einzelne Stellen, das gesamte Tondokument oder einzelne Spuren mit einem Echo versehen, in der Geschwindigkeit verändern sowie in der Frequenz verändern.

Wenn man über einer Hintergrundmusik einen Text sprechen möchte, muss man beachten, dass das Ohr ein Organ ist, das nicht so leicht differenzieren kann. Damit sich also die gesprochene Stimme deutlich von der Hintergrundmusik abhebt, darf die Musik höchsten halb oder ein Viertel so laut sein wie der gesprochene Text, sonst versteht man nichts.

Die Programmoberfläche von Audacity setzt sich u. a. aus dem Menü, dem Arbeitsbereich, den Kontrollwerkzeugen, dem Mixer und den Bearbeitungswerkzeugen zusammen.

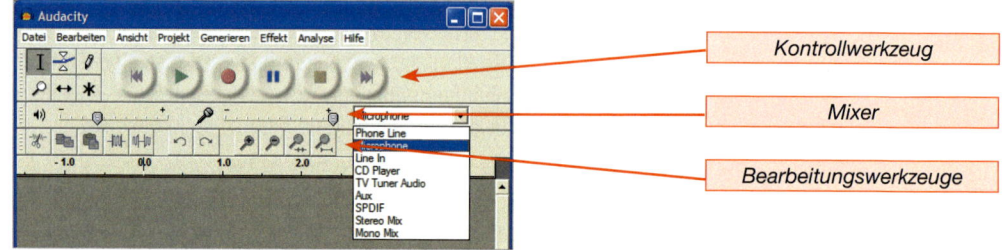

Kontrollwerkzeuge

Bei den Kontrollwerkzeugen gibt es neben den üblichen Steuerungstasten, wie zum Beispiel *Start* oder *Aufnahme*, auch sechs weitere Werkzeuge für die Bearbeitung der Tonspuren. Alle diese Werkzeuge sind in der folgenden Tabelle erklärt:

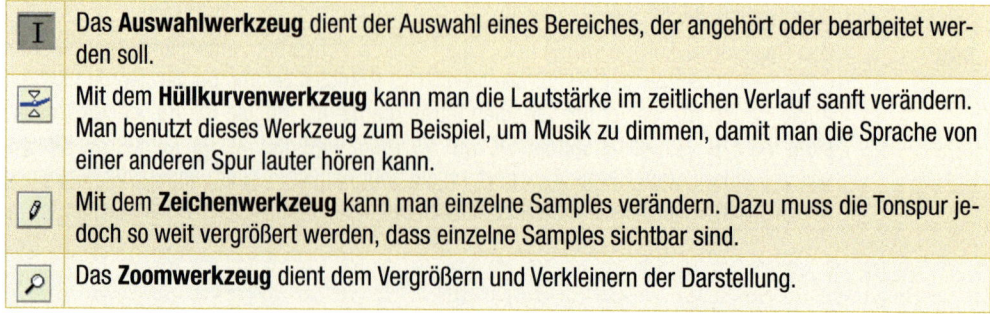

I	Das **Auswahlwerkzeug** dient der Auswahl eines Bereiches, der angehört oder bearbeitet werden soll.
	Mit dem **Hüllkurvenwerkzeug** kann man die Lautstärke im zeitlichen Verlauf sanft verändern. Man benutzt dieses Werkzeug zum Beispiel, um Musik zu dimmen, damit man die Sprache von einer anderen Spur lauter hören kann.
	Mit dem **Zeichenwerkzeug** kann man einzelne Samples verändern. Dazu muss die Tonspur jedoch so weit vergrößert werden, dass einzelne Samples sichtbar sind.
	Das **Zoomwerkzeug** dient dem Vergrößern und Verkleinern der Darstellung.

↔	Mit dem **Zeitverschiebungswerkzeug** kann man eine gesamte Tonspur nach links oder nach rechts verschieben. Dies ist nützlich, wenn zwei verschiedene Tonspuren nicht synchron aufgenommen wurden und sie dennoch gleichzeitig beginnen sollen.
∗	Das **Multifunktionswerkzeug** ist universell einsetzbar. Es ist ein „Meta-Werkzeug", das alle anderen bisher beschriebenen Werkzeuge zur Verfügung stellt, je nach Kontext des Mauszeigers und je nachdem, ob die rechte oder linke Maustaste betätigt wird.
⏮	**Springe zum Anfang**: Bewegt den Cursor zum Zeitpunkt 0.
▶	**Wiedergabe**: Beginnt die Wiedergabe an der Cursorposition. Wenn ein Bereich aus der Tonspur selektiert ist, wird nur dieser Bereich wiedergegeben.
↻	**Schleife**: Bei gedrückter Umschalttaste ändert sich der Wiedergabeknopf zu einem Schleife-Knopf, mit dem der ausgewählte Bereich aus der Tonspur immer wieder gespielt werden kann.
●	**Aufnahme**: Beginnt eine Aufnahme in der Sample-Rate des Projektes (sie wird in der linken unteren Ecke des Fensters angezeigt und kann dort auch geändert werden). Die neue Aufnahme beginnt an der aktuellen Cursorposition. Soll die Aufnahme zum Zeitpunkt 0 beginnen, muss zunächst der „Springe zum Anfang"-Knopf gedrückt werden.
⏸	**Pause**: Unterbricht die Aufnahme oder Wiedergabe, bis der Pause-Knopf erneut gedrückt wird.
■	**Stopp**: Beendet die Aufnahme oder Wiedergabe.
⏭	**Springe zum Ende**: Bewegt den Cursor zum Ende der Tonspur.

Mixer

Der Mixer hat drei Funktionen:
- Mit ihm bestimmt man die Lautstärke der Tonwiedergabe (Lautsprecher),
- die Lautstärke der Tonaufnahme (Mikrofon) und
- über ihn erfolgt die Wahl des Eingabegeräts.

Bearbeitungswerkzeuge

Neben den Kontrollwerkzeugen stehen in Audacity noch einige Bearbeitungswerkzeuge zur Verfügung.

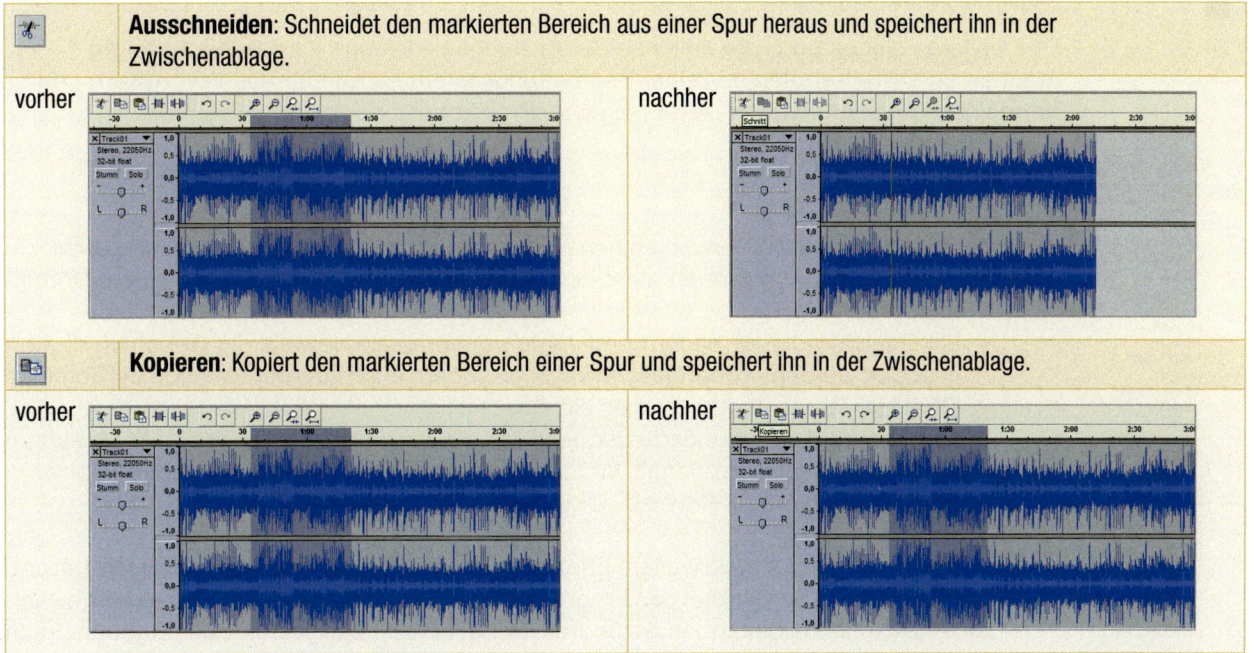

	Einfügen: Fügt den Inhalt der Zwischenablage an der Cursorposition ein.	
vorher	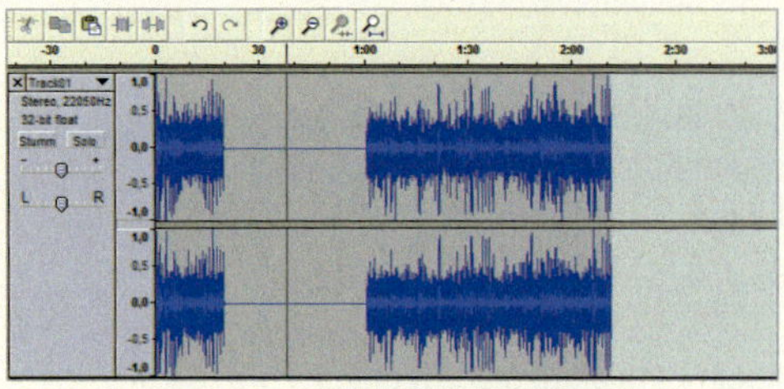	nachher
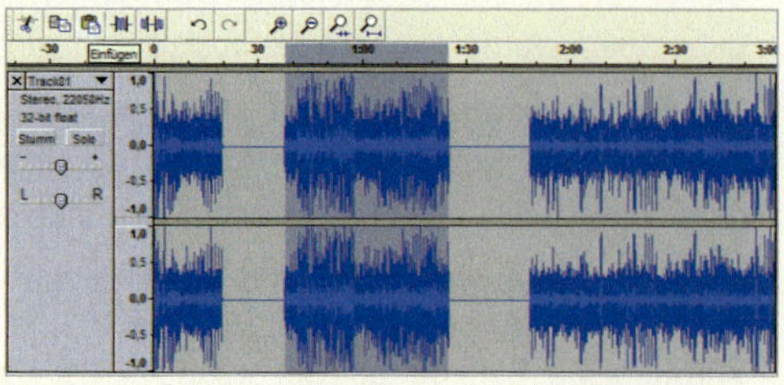	**Trim outside selection**: Löscht alles außerhalb des markierten Bereiches.	
vorher	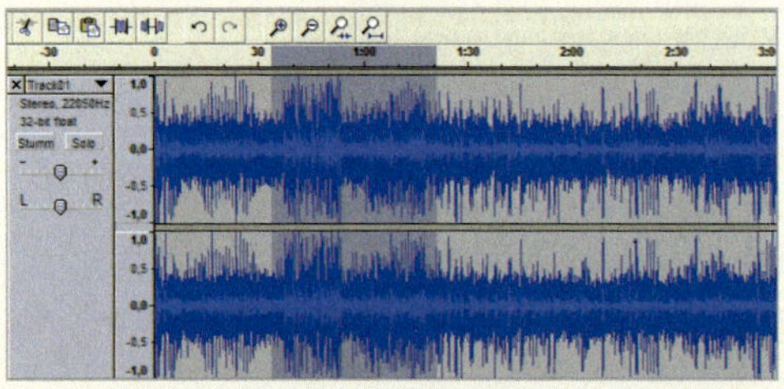	nachher
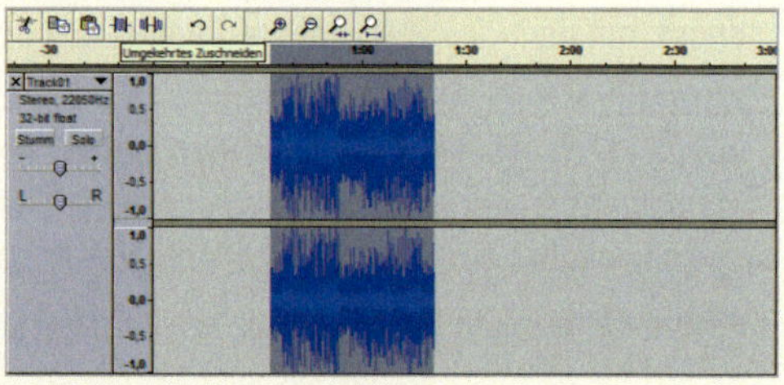	**Silence**: Fügt in dem markierten Bereich Stille ein.	
vorher		nachher
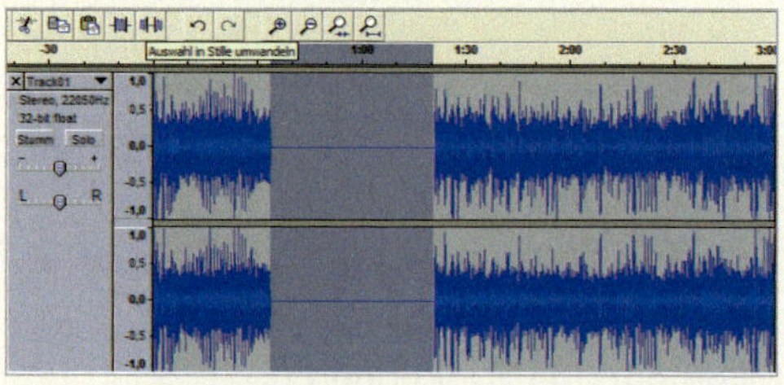	**Auswahl an Fenster anpassen**: Stellt nur den markierten Bereich im Fenster dar.	
vorher	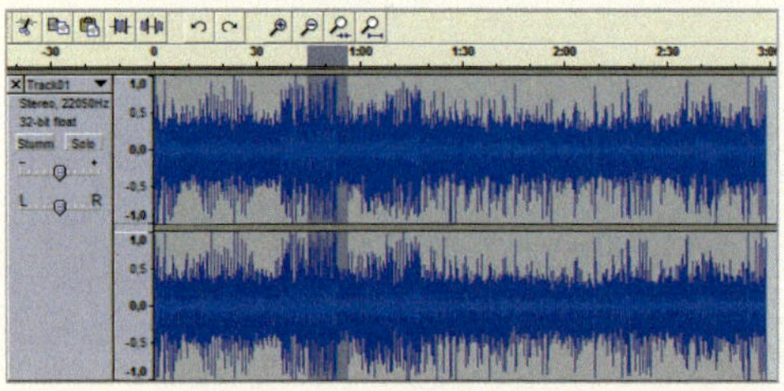	nachher
	**Projekt an Fenster anpassen**: Stellt das gesamte Projekt im Fenster dar.	
	Des weiteren gibt es noch die üblichen Bearbeitungswerkzeuge für das **Rückgängigmachen** und **Wiederholen** einzelner Bearbeitungsschritte sowie für das **Vergrößern** und **Verkleinern** des dargestellten Ausschnitts im Projektfenster.	

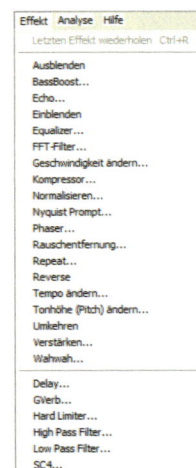

Effekte

Für einen markierten Bereich stehen in Audacity verschiedene Effekte zur Auswahl:
- Das *Ein-* und *Ausblenden* dient dem **sanften Ein- und Ausstieg** bei einem Hörbeitrag.
- Mit *Geschwindigkeit ändern* und *Tempo ändern* kann jeweils die **Geschwindigkeit** geändert werden, wobei *Geschwindigkeit ändern* auch zu einer Variation der Tonhöhe führt. Bei *Tempo ändern* ist dies nicht der Fall.
- *Reverse* dreht eine markierte Sequenz um: sie wird vertikal gespiegelt. Mit *Umkehren* wird sie horizontal gespiegelt. Würde man diese Effekte auf das Wort „AMO" anwenden, erhielte man mit *Reverse* „OMA" und mit *Umkehren* „∀WO".

Audacity bietet noch viele weitere Effekte. Sinnvoll ist es, die Effekte auszuprobieren und sich anzuhören. Dazu bietet das Programm die Möglichkeit, sich eine Probe des gewählten Effekts für drei Sekunden anzuhören. Bringt er nicht das gewünschte Ergebnis, kann er mit dem Rückgängig-Pfeil wieder entfernt werden.

Aufnehmen

Mit Audacity ist es auch möglich, Liveaufnahmen von einem Mikrofon, einem Mischpult, Kassetten, Vinylplatten oder Minidisks zu machen. Zum Aufnehmen über ein Mikrofon muss zuerst im Mixer das Eingabegerät *Microphone* angewählt werden. Der Start der Aufnahme erfolgt durch das Drücken des Aufnahmeknopfs , das Beenden der Aufnahme durch das Drücken des Stoppknopfs und die Wiedergabe durch das Drücken des Wiedergabeknopfs .

Einfügen einer Audiodatei

Das Importieren eines Musikstücks nach Audacity, um es z. B. als Hintergrundmusik zu verwenden oder einzelne Teile daraus zu verarbeiten, erfolgt über den Menüpunkt *Projekt ▷ Audio importieren*.

Hinweis:
Im Internet findet man unter www.hoerspielbox.de viele rechtsfreie Geräusche, die man für Hörspiele nutzen kann.

Bearbeiten eines Projektes

Beim Bearbeiten eines Projektes ist es sinnvoll zu wissen, welche Einstellmöglichkeiten man am Spurkopf hat, denn er enthält viele Informationen und Optionen zur Aufnahme und Wiedergabe einer Spur:

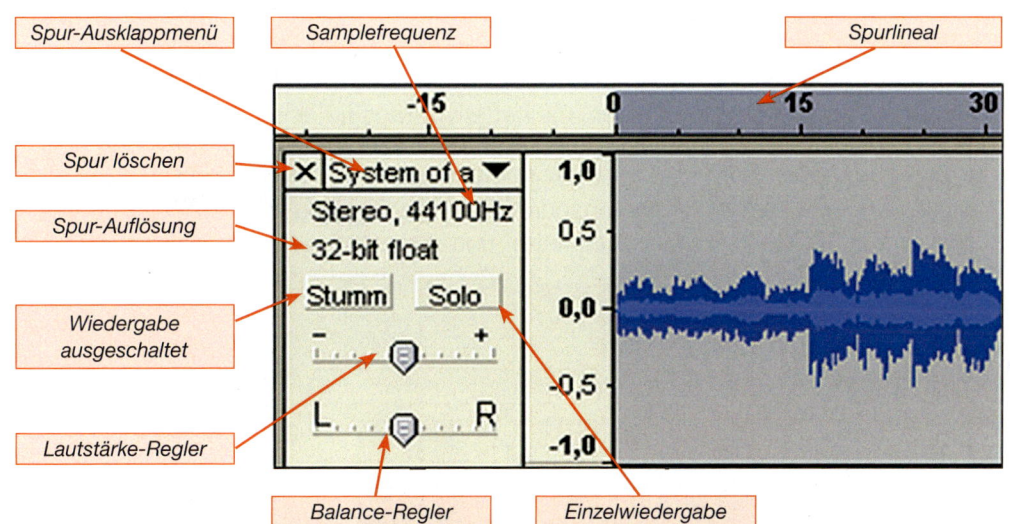

In einem Projekt können Musikspuren importiert und/oder selbst aufgenommen werden. Über das Spur-Ausklappmenü kann man den **Namen** der Spur verändern, eine **Stereospur aufteilen** oder **zwei Monospuren** zu einer Stereospur zusammenfassen. Zudem ist es möglich festzulegen, ob eine Spur auf dem **linken oder dem rechten Kanal** zu hören sein soll, was vor allem bei Hörspielen besonders viel Spannung erzeugen kann.

Darüber hinaus bietet Audacity noch weitere Möglichkeiten. So können auch Teile einer Spur ausgeschnitten, verschoben, leiser/lauter gemacht oder mit einem Echo versehen werden.

Ein kurzer Text vor einer Hintergrundmusik würde am Schluss z. B. so aussehen:

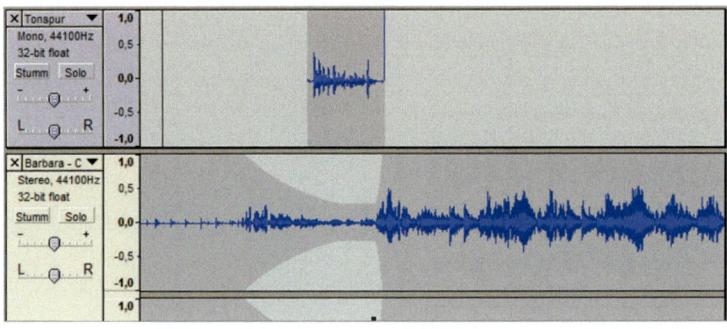

Speichern eines Projektes

Möchte man ein Audacity-Projekt nach der Bearbeitung nur sichern, um es dann später weiterzubearbeiten, reicht es aus, den Menüpunkt *Datei ▷ Speichern* zu betätigen. In diesem Fall werden die zur Bearbeitung notwendigen Dateien mit der Endung *.aup* als Audacity-Projekt abgespeichert.

Üblicherweise wird man sich aber das erzeugte Tondokument auf einem Abspielgerät, wie zum Beispiel einem MP3-Player oder einem CD-Spieler, anhören wollen. Möglicherweise soll das Tondokument auch in eine Internetseite eingebunden werden. In diesem Fall ist eine Datei mit der Endung *.aup* schlecht verwendbar, denn sie lässt sich ohne das Programm Audacity nicht abspielen. Soll das erstellte Tondokument auch für andere Anwendungen bzw. Geräte verfügbar sein, so muss beim Speichern des Projektes der Menüpunkt *Datei ▷ Exportieren als ...* ausgewählt und dann in dem gewünschten Format, z. B. als mp3-, wav- oder ogg-Datei, abgespeichert werden.

Einbinden von Sounds in HTML

Das Einbinden einer Audiodatei in eine Webseite funktioniert mit dem Tag `<bgsound src="NameDerDatei.mp3" loop="infinite">`. Statt *infinite* kann auch die Anzahl der gewünschten Wiederholungen eingefügt werden.

Marino Caponi hat das Programm Audacity geöffnet und über den Menüpunkt *Projekt ▷ Audio importieren* einen Klarinettenvortrag und einen Vortrag mit einem Horn von seiner Festplatte importiert. Eine Anmoderation für das Horn- und das Klarinettenstück hat er auch schon aufgenommen. Mit Hilfe des Spur-Ausklappmenüs am Tonkopf hat er die Tonspuren in Mono-Spuren umgewandelt und die Namen der Spuren in „Horn", „Klarinette" und „Stimme" geändert.

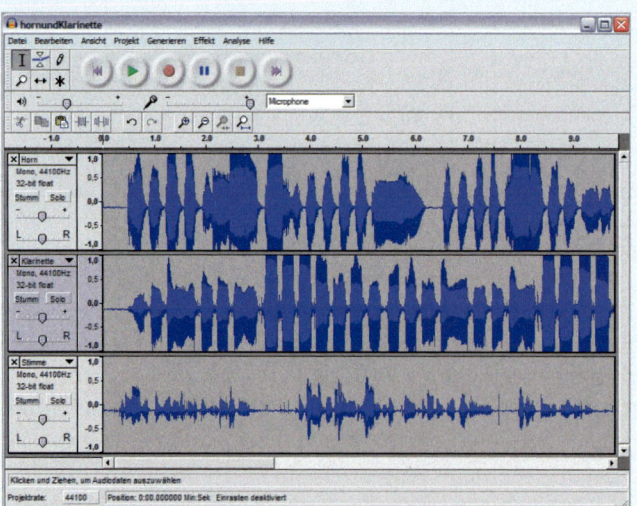

Nun möchte er aus diesen drei Spuren einen Hörbeitrag zusammenschneiden. Zuerst verschiebt er die Klarinettenspur mit dem Zeitverschiebungswerkzeug ↔ so, dass sie nach der ersten Anmoderation beginnt. Außerdem drosselt er mit dem Hüllkurvenwerkzeug die Lautstärke der Klarinettenspur, damit sie in der Lautstärke zu der Anmoderation passt. Einzelne Töne der Klarinette macht er mit Hilfe des Hüllkurvenwerkzeugs besonders leise, weil sie auf der Aufnahme sehr laut und schrill klangen.

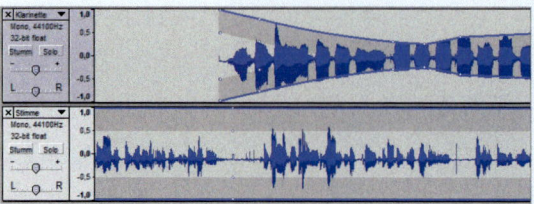

Die zweite Anmoderation muss er jetzt hinter das Klarinettenstück schieben. Hierfür aktiviert er wieder das Auswahlwerkzeug, schneidet die zweite Anmoderation aus, fügt hinter der ersten Anmoderation über den Menüpunkt *Generieren ▷ Stille* in die Stimme-Spur Stille ein und fügt die zweite Anmoderation dort in die Stimme-Spur ein, wo das Klarinettenstück zu Ende ist. Während dieser ganzen Arbeitsschritte hat er die Hornspur stumm geschaltet, damit er sich auf die Bearbeitung der unteren beiden Spuren konzentrieren kann.

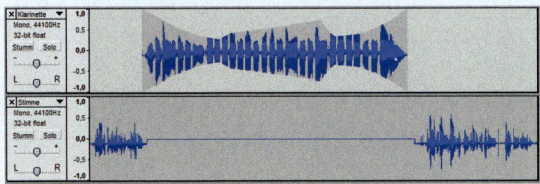

Nachdem die unteren beiden Spuren fertig sind, verschiebt er die Horn-Spur mit dem Zeitverschiebewerkzeug fast hinter die zweite Anmoderation, denn der Beginn des Hornstücks soll schon zu hören sein, während der Moderator noch spricht. Auch diese Spur macht Marino Caponi mit Hilfe des Hüllkurvenwerkzeugs etwas leiser. Zusätzlich markiert er den Anfang des Stücks mit dem Auswahlwerkzeug und lässt es mit Hilfe des Menüpunkts *Effekt ▷ Einblenden* langsam einblenden.

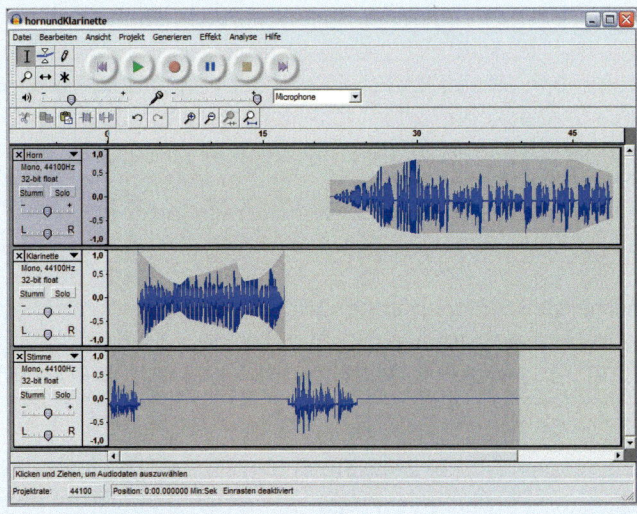

Nun kann Marino Caponi sich sein fertiges Tondokument anhören. In dieser Form möchte er es auf seine Website stellen. Dazu exportiert er es über den Menüpunkt *Datei ▷ Exportieren* als MP3 und speichert es in dem gewünschten Verzeichnis ab. Nun muss er die Datei nur noch auf seiner Website mit `<bgsound src="HornUKla.mp3" loop="1">` einbinden.

AUFGABEN

1. Vertonen Sie für den Unterricht ein Gedicht. Suchen Sie eine passende Hintergrundmusik und sprechen Sie den Text des Gedichtes darüber.
2. Erkundigen Sie sich im Internet darüber, was ein Podcast ist und wie man ihn veröffentlichen kann.
3. Erstellen Sie zu einem aktuellen Thema einen Hörbeitrag, den man theoretisch als Podcast veröffentlichen könnte. Nutzen Sie für Ihren Beitrag auch Musik und atmosphärische Geräusche bzw. Interviews.

5.9 Urheberrecht

Marino Caponi kommen mittlerweile immer neue Ideen, wie er seine Website noch ansprechender präsentieren kann. Das Einbinden von weiteren Fotos und eines musikalischen Stücks aus seiner Heimat als Hintergrundmusik hält er dabei für besonders interessant. Daher macht er sich auch gleich im Internet auf die Suche und wird schnell fündig. Die gefundenen Fotos und Lieder kopiert bzw. lädt er einfach auf seine Festplatte.

Als am Nachmittag sein Neffe Enzo vorbeischaut, erzählt Marino Caponi ihm voller Begeisterung von seinen neuen Ideen und zeigt ihm auch gleich die Fotos und die Musik, die er im Internet gefunden hat. Doch als Enzo hört, auf welche Art und Weise sich sein Onkel die Fotos und Musik aus dem Internet angeeignet hat, ist er entsetzt: „Du kannst doch nicht einfach fremde Fotos und Lieder auf deiner Internetseite verwenden! Du musst für alles bezahlen oder wenigstens den Urheber um Erlaubnis fragen. Weißt du, wie viel Zeit und Mühe es kostet, solche Materialien zu machen? Du verschenkst deine Pizza doch auch nicht einfach auf der Straße. Du möchtest für deine Arbeit bezahlt werden."

UrhG
= Urheberrechtsgesetz

Das Urheberrecht dient zum Schutz von **persönlichen geistigen Schöpfungen** (§ 2 UrhG). Als **Urheber** wird der Schöpfer des Werkes bezeichnet (§ 7 UrhG).

Beispielsweise sind an der Produktion eines Musikstücks in der Regel viele Personen beteiligt, die mit ihrer geistigen, künstlerischen oder technischen Leistung zum Entstehen beitragen. So gibt es einen oder mehrere Urheber, die die Musik komponieren und den Text schreiben, den ausübenden Künstler (Interpret), der das Musikstück interpretiert und den Tonträgerhersteller (Label), der das Musikstück aufnimmt, auf eine CD presst und vermarktet.

Der Interpret und der Tonträgerhersteller stehen in der Mitte bzw. am Ende der Fertigungskette und werden von vielen wahrgenommen. Der Urheber des Musikstücks, derjenige also, der die Idee hatte und diese Idee auch niedergeschrieben hat, kann leicht in Vergessenheit geraten.

Urheberrecht
= copyright

Das Urheberrecht schützt die geistigen Werke, Leistungen und finanziellen Interessen der Personen und Firmen, die z. B. ein Musikstück komponiert, ein Bild oder Foto angefertigt oder eine Computersoftware programmiert haben. Wer ein urheberrechtlich geschütztes Werk kopieren oder veröffentlichen will, benötigt das Einverständnis des Urhebers, eine so genannte Lizenz.

Lizenz
(lat.: licere = erlaubt sein)

Das Urheberrecht an eigenen Werken, z. B. einem Musikstück, besitzt automatisch der Urheber. Es muss weder angemeldet noch durch einen Copyrighthinweis deutlich gemacht werden. Das Urheberrecht erlischt erst 70 Jahre nach dem Tod des Urhebers.

Der Werkgenuss, also z. B. das Lesen eines Buches oder das Hören einer Musik, ist grundsätzlich frei. Für andere Zwecke, z. B. zum Veröffentlichen eines Bildes in einem Buch oder auf einer Webseite, wird in der Regel eine Lizenz benötigt.
Der Urheber kann Rechte zur Nutzung und Verwertung seines Werkes (Lizenzen) verkaufen oder kostenlos anderen überlassen. Oft übernehmen Agenturen (z. B. Bildagenturen oder die GEMA) den Verkauf der Lizenzen.

GEMA
= Gesellschaft für musikalische Aufführungs- und mechanische Vervielfältigungsrechte

Für bestimmte private und das Interesse der Allgemeinheit berührende Zwecke gibt es Gesetze, die das Urheberrecht einschränken. Zum Beispiel besteht das Recht, Werke zu zitieren, und das Recht zur Berichterstattung über aktuelle Geschehnisse.

Texte aus Büchern und dem Internet dürfen weder ganz noch teilweise abgeschrieben bzw. kopiert werden. Sie können allerdings zur Hilfe genommen werden, um sich über Themen zu informieren. Außerdem können die Texte zusammengefasst werden. Auch das Formulieren eines eigenen Textes auf Basis der gewonnenen Erkenntnisse sowie das Zitieren von kurzen Textausschnitten ohne Einverständnis ist zu kommerziellen Zwecken möglich.

Zitate und Zusammenfassungen sind deutlich zu kennzeichnen und mit einer Quellenangabe zu versehen:
- Bei einer Buchquelle sind der Buchtitel, der Name des Verfassers, das Erscheinungsjahr, die Auflage und die Seite des verwendeten Textes anzugeben.
- Bei einer Internetquelle sind die Internetadresse, der Autor sowie das Datum, an dem der Zitierende die Webseite aufgerufen hat, anzugeben.

Bilder und Fotos dürfen nur dann ohne Absprache mit dem Urheber Verwendung finden, wenn sie ausdrücklich entsprechend gekennzeichnet sind. Auch Zeichnungen und Grafiken, wie z. B. Logos und Comicfiguren, sind geschützt und dürfen nicht ohne Genehmigung veröffentlicht werden, auch dann nicht, wenn sie abgemalt wurden.

Beim Urheberrecht werden folgende wichtige Nutzungs- und Verwertungsrechte unterschieden:
- das Vervielfältigungsrecht
- das Recht zur Veröffentlichung
- das Recht der öffentlichen Zugänglichmachung
- das Verfilmungsrecht
- das Senderecht

Folgende Arten der Verwertungen sind für urheberrechtlich geschütztes Material ohne Lizenz **erlaubt**:
- das gemeinsame Ansehen von DVDs im privaten Rahmen
- das Hören von Musik auf einer privaten Party
- das Kopieren von Musik-CDs für wenige Freunde(<7), wenn die CDs keinen Kopierschutz haben
- das Zusammenstellen von Samplern (= gemischten Musik-CDs) und das Brennen auf CDs sowie das Zusammenstellen und Hören auf einem MP3-Player

Folgende Arten der Verwertungen sind für urheberrechtlich geschütztes Material ohne Lizenz **nicht erlaubt**:
- das Zeigen von DVDs auf öffentlichen Veranstaltungen
- das Spielen von Musik auf einer öffentlichen Party (hier sind Abgaben an die GEMA notwendig)
- das Zugänglichmachen und Veröffentlichen von urheberrechtlich geschützten Materialien ohne Erlaubnis des Urhebers im Internet
- das Vervielfältigen von kopiergeschützten Musik-CDs und DVDs (Es ist verboten, Programme zu verkaufen, zu besitzen oder zu benutzen, die einen Kopierschutz umgehen.)

Obwohl Marino Caponi auch weiterhin von der Idee angetan ist, seine Website durch das Einbinden von weiteren Fotos und Musik noch ansprechender zu gestalten, versteht er, dass eine Einverständniserklärung des Urhebers vorliegen muss, bevor er alles in seine Website einbindet. Da ihm insbesondere zwei der gefunden Landschaftsfotos aus seiner Heimat und ein Musikstück, das ideal als Hintergrundmusik wäre, gefallen, möchte er sich nun für die Materialien jeweils eine Lizenz besorgen.

Die Fotos stammen von der Website eines Fotografen. Marino Caponi ruft bei ihm an und erklärt ihm sein Anliegen. Als sich im Laufe des Gesprächs herausstellt, dass sie beide nicht nur aus Italien stammen, sondern auch in derselben Region aufgewachsen sind, erhält Marino Caponi recht schnell die Erlaubnis, die beiden gewünschten Fotos kostenlos für seine Website zu nutzen.

Anders sieht es hingegen bei dem Musikstück aus. Wie Marino Caponi herausgefunden hat, muss er direkt einen Lizenzvertrag mit der GEMA abschließen. Die zu zahlende Vergütung hängt dabei von dem Einsatz seiner Internetseite ab. Sie fällt z. B. höher aus, wenn Waren direkt zum Kauf über die Internetseite angeboten werden. Diese Information ist für Marino Caponi besonders interessant, da er auch mit dem Gedanken spielt, zukünftig einige italienische Spezialitäten über seine Website anzubieten.

AUFGABEN

1. Warum muss geistiges Eigentum geschützt werden? Begründen Sie.

2. Ordnen Sie erlaubte/unerlaubte Verwertungsarten von urheberrechtlich geschütztem Material den verschiedenen Verwertungsrechten zu.

3. Nennen Sie die Umstände, unter denen Sie geistige Werke, wie z. B. Fotos, Texte, Filme oder Software, ganz oder in Auszügen benutzen dürfen.

5.10 Barrierefreiheit

Da Marino Caponi wieder einmal wichtige Tipps von seinem Neffen Enzo erhalten hat – dieses Mal zum Thema Urheberrecht –, erzählt er ihm auch von einem kurzen Gespräch, das er am letzten Wochenende mit einem Stammgast geführt hat, der seit einem schweren Unfall im Rollstuhl sitzt. Dieser Stammgast erzählte ihm, um wie viel schwieriger das Leben für ihn geworden sei. Dass es so viele Kleinigkeiten gäbe, über die man sich normalerweise keine Gedanken mache, die für ihn aber nun eine unüberwindbare Hürde darstellen würden, die er ohne fremde Hilfe nicht meistern könne. Besonders froh sei er, dass es in Marino Caponis Ristorante keine Treppen gäbe und alle Türen breit genug seien, so dass er problemlos hindurchpasse. Auch das Benutzen eines Computers sei für ihn viel schwieriger geworden, weil er die Maus nicht mehr so präzise bewegen könne.

Nachdenklich geworden durch diese Aussagen seines Stammgastes fragt sich Marino Caponi, welche besonderen Kriterien er berücksichtigen muss, damit auch Menschen mit einem Handicap seine Website problemlos nutzen können.

8 % aller Menschen sind farbenblind. 10 % aller Männer haben eine Rot-Grün-Schwäche. Auf diese Tatsache muss man beim Erstellen von Multimediadokumenten unbedingt Rücksicht nehmen.

Barrierefrei bedeutet, dass das Bedienen einer Software oder einer Website auch mit einem Handicap und ohne fremde Hilfe möglich sein muss. Dabei sind ganz unterschiedliche Handicaps vorstellbar:
- das Surfen in einem Gebiet mit niedrigen Übertragungsraten, z. B. im Ausland oder in ländlichen Gebieten
- das Surfen mit einem PDA, der Grafiken nur unzureichend darstellen kann
- das Ausschalten der Darstellung von Grafiken, damit schneller gesurft werden kann
- das Nutzen einer Sprachausgabe oder eines Web-Readers statt eines Monitors, wegen einer Sehbehinderung bzw. Blindheit
- das Bedienen des Computers nur per Tastatur, da der Einsatz einer Maus nicht gewollt bzw. nicht möglich ist
- das eingeschränkte Bedienen eines Computers per Maus, da ein präziser Umgang aufgrund einer Behinderung nicht (mehr) möglich ist
- das Vorliegen einer eingeschränkten Sehfähigkeit, Blendempfindlichkeit, Weitsichtigkeit oder Farbenblindheit

w3
World Wide Web Consortium

Um die Barrierefreiheit einer Website zu überprüfen, hat die w3 eine Checkliste zur so genannten Accessibility (Zugänglichkeit) von Webseiten aufgestellt. Sie umfasst 66 Gebote, die zu einigen wesentlichen Punkten zusammengefasst werden können:

1. **Es sollten Inhalte angeboten werden, die dieselben akustischen und visuellen Informationen beinhalten.**
   Das heißt zum Beispiel, dass in jedem <img>-Tag das alt-Attribut mit einer Beschreibung für das Bild gefüllt sein muss, da das alt-Attribut angezeigt wird, wenn das Bild nicht geladen und vorgelesen wird, wenn ein Web-Reader zum Einsatz kommt.
2. **Es ist sicherzustellen, dass Text und Grafik auch dann verstanden werden, wenn sie ohne Farbe betrachtet werden.**
   Das heißt zum Beispiel, dass ein Hinweis wie „klicken Sie auf das rote Wort" nicht benutzt werden darf. Diese Information nützt weder einem farbenblinden Menschen, noch einem, der auf einen Web-Reader angewiesen ist. Auch das Vorliegen eines leichten technischen Defekts im Hinblick auf die Farbdarstellung oder eine schlechte Einstellung des Monitors sind zu berücksichtigen.
3. **Die Website sollte mit einem gültigen HTML-Code geschrieben werden und Style Sheets sollten zur Anwendung kommen.**
   Diese Grundregel sollte grundsätzlich befolgt werden, da alle Hilfsmittel, die dazu gedacht sind, Barrieren zu überwinden, auf der Grundlage eines aktuell gültigen HTML-Codes vorgenommen werden. Durch Style Sheets werden zudem die HTML-Dateien schlanker und es bleibt nur noch die Struktur der Informationen in ihnen bestehen, was z. B. die Verständlichkeit beim Vorlesen mit einem Web-Reader enorm erhöht.
4. **Es sollte eine klare und konsistente Navigation angeboten werden, eventuell auch eine Sitemap.**
   Das heißt, dem Benutzer sollte vor dem Drücken eines Links klar sein, was ihn erwartet. Wenn er einen bestimmten Inhalt auf einer Seite sucht, sollte er ihn möglichst einfach finden können.
5. **Webseiten sollten sehr klar und einfach formuliert sein.**
   Das heißt, auf komplizierte Formulierungen sowie auf lange, verschachtelte Sätze sollte verzichtet werden.

Marino Caponi überprüft anhand der genannten Kriterien, ob seine Internetseiten barrierefrei sind.

1. Er hat für jedes Bild das alt-Attribut mit einem beschreibenden Text versehen.
2. Er nimmt in seinen Texten keinen Bezug auf Farben. Seine Links sind so formatiert, dass der angesteuerte Link inverse Farben hat, das heißt, die Schrift ist bei ihm weiß und die Umgebung rot. So kann man auch ohne Farbe ganz genau erkennen, welchen Link man als Nächstes aktivieren würde.
3. Er hat nur gültige Tags in HTML verwendet, seine Seiten mit CSS gestaltet und sogar einen Validations-Check beim w3.org durchgeführt.
4. Eine Sitemap besitzt seine Website zwar nicht, allerdings erscheint ein Tooltipp, wenn ein Nutzer mit der Maus über einen Link fährt. Der Tooltipp gibt an, was sich hinter dem Link verbirgt. Ohnehin ist die Navigationsstruktur seiner Seiten sehr einfach gehalten, so dass sich dort jeder gut zurechtfinden kann.
5. Marino Caponi hat sehr darauf geachtet, die Texte auf seinen Seiten klar, einfach und unmissverständlich zu formulieren, so dass jeder Leser die Inhalte möglichst schnell erfassen und verstehen kann.

AUFGABEN

① Interviewen Sie ältere oder in ihrer Wahrnehmung eingeschränkte Personen aus ihrem Verwandten- oder Bekanntenkreis. Listen Sie die Probleme dieser Personen im Umgang mit Computern auf und überlegen Sie sich, wie Sie Abhilfe schaffen könnten.

② Stellen Sie einen Kriterienkatalog auf, den eine barrierefreie Website erfüllen muss. Überprüfen Sie, ob Ihre Schulwebsite alle diese Kriterien erfüllt.

③ Suchen Sie im Internet nach Seiten, die die Elemente für Barrierefreiheit aufweisen. Stellen Sie diese Elemente in einer Liste zusammen.

Prüfen Sie sich!

Aufgabe 1
Wie müsste der HTML-Code für folgende Seiten aussehen? Speichern Sie die Hauptseite unter Ihrem Namen ab (NachnameVorname.html).

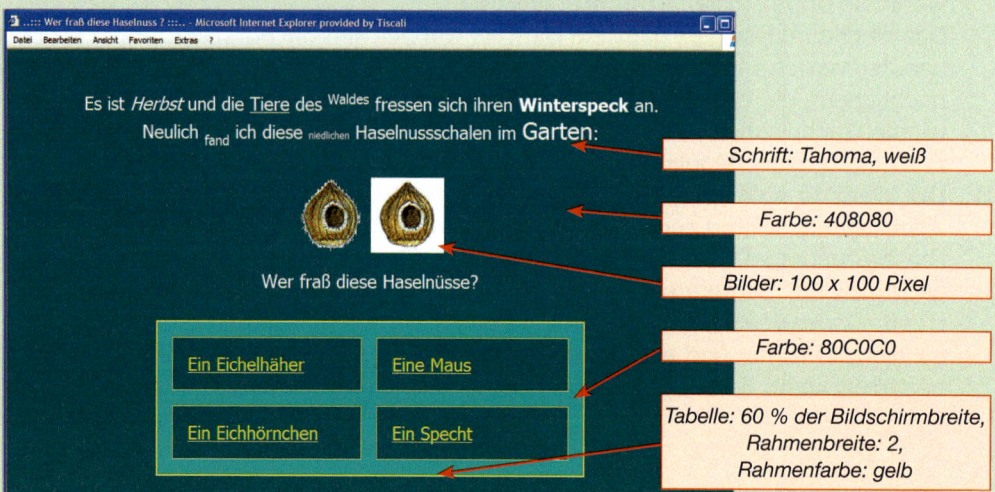

- Die Hyperlinks auf den Webseiten sollen in allen Zuständen die Farbe Gelb haben, nur auf der Richtig-Seite haben sie die Farbe Rot (sonst ist der Kontrast zur Hintergrundfarbe zu schwach).
- Bewegt man den Mauszeiger über die beiden Haselnussbilder, so soll beim linken Bild der Tooltip „1. Haselnuss" und beim rechten Bild „2. Haselnuss" erscheinen.
- Wenn man eine falsche Antwort anklickt, gelangt man auf die Seite mit dem Namen **Falsch.html** und dem Titel „..::: Klausur - FALSCH - :::..".
- Klickt man auf den Hyperlink „Eine Maus", so gelangt man zu der Seite **Richtig.html** mit dem Titel „..::: Klausur - RICHTIG - :::..".
- Von den Seiten **Falsch.html** und **Richtig.html** gelangt man jeweils mit dem Hyperlink „Zurück" zurück auf die Hauptseite.

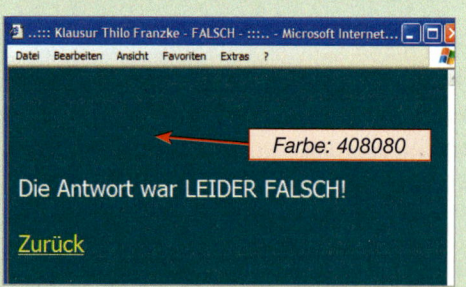 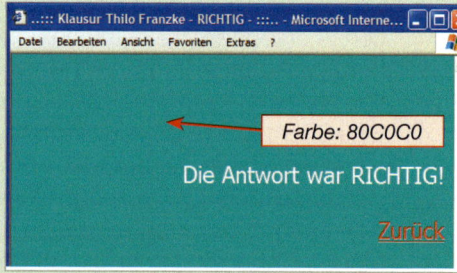

1. Wie erklären Sie sich das unterschiedliche Aussehen zwischen den beiden Bildern auf der Webseite?
2. Stellen Sie sich vor, Sie möchten Ihr eigenes Foto auf dieser Webseite veröffentlichen, welches Bildformat würden Sie dafür wählen? Warum?
3. Wie viel Speicherplatz wird theoretisch für das 100 x 100 Pixel große Haselnussbild benötigt, wenn Sie es mit einer Farbpalette von 16 verschiedenen Farben darstellen möchten?
4. Erläutern Sie die für die Website gewählte Farbe #80C0C0.
   (Was bedeuten z. B. die Zeichen sowie die Reihenfolge der Zeichen?)

Aufgabe 2

Erstellen Sie folgende Seiten im HTML-Code! Die Bilder stehen Ihnen auf ihrer CD zur Verfügung. Gestalten Sie die Seiten nach den beiliegenden Vorgaben.
Legen Sie für diese Website ein Verzeichnis mit Ihrem Namen an *(NachnameVorname)*.
Bedenken Sie die Konventionen für Dateinamen!
Setzen Sie überall für *Vorname* Ihren eigenen Vornamen und für *Nachname* Ihren eigenen Nachnamen ein.

1. Die Schriftart auf allen Seiten ist „Tahoma", die Schriftgröße ist „4".
2. Die Seiten bestehen hauptsächlich aus den Farben dunkelgrün= #669900, mittelgrün = #99cc33, hellgrün = ccff66 und orange = #cc9900.
3. Die Hyperlinks auf den Webseiten sollen **schwarz** sein, wenn sie noch nicht besucht wurden. Sie sollen von der Farbe **#cc9900** sein, wenn sie gerade aktiv sind, und von der Farbe **#669900**, wenn sie bereits besucht wurden. Sie sind mit der Farbe #99cc33 hinterlegt. Die Tabelle mit den Links ist 150 Pixel breit.
4. Beachten Sie bei der Seitenerstellung, dass Tabellen wichtige Positionierungshilfen sind!

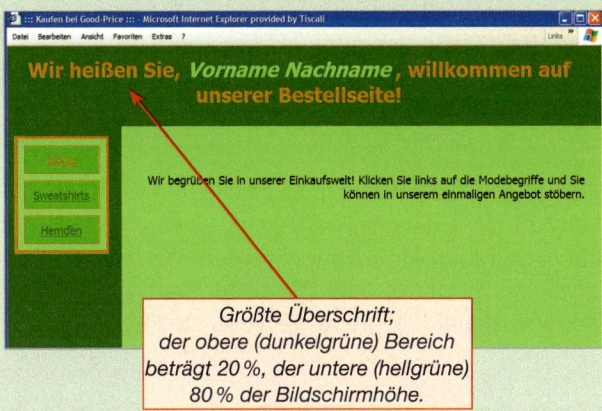

Größte Überschrift;
der obere (dunkelgrüne) Bereich beträgt 20 %, der untere (hellgrüne) 80 % der Bildschirmhöhe.

Der linke Bereich ist 180 Pixel breit.

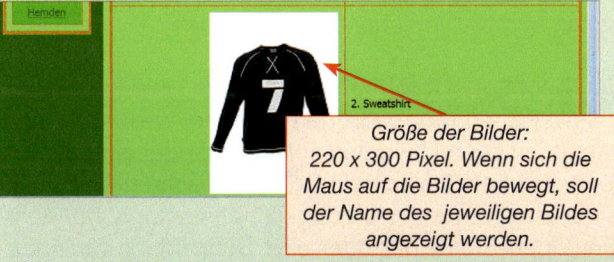

Größe der Bilder:
220 x 300 Pixel. Wenn sich die Maus auf die Bilder bewegt, soll der Name des jeweiligen Bildes angezeigt werden.

Dieser Link verweist auf den Anfang der Sweatshirtseite.

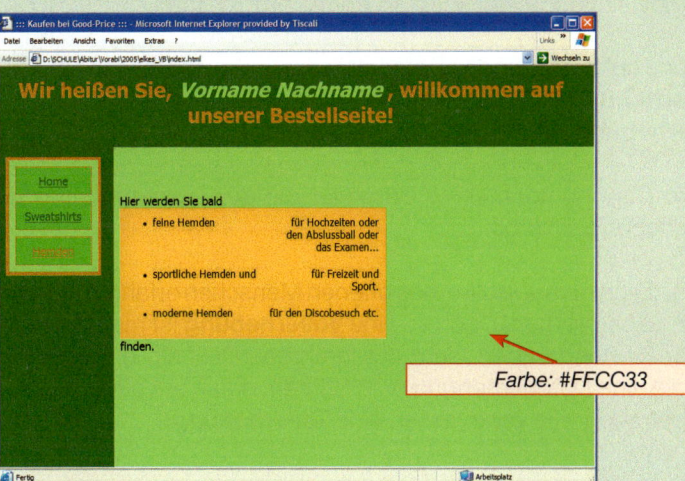

Farbe: #FFCC33

6 Statistische Analyseverfahren

6.1 Daten erheben

„Marino, deine italienischen Kekse sind ja so lecker! Nicht nur die Amaretti und Cantuccini. Am liebsten mag ich die ‚Pan di Stelle' – die Sternenkekse. Kannst du mir nicht aus Italien welche mitbringen? Und auch eine Kiste Lemon Soda – du weißt schon, diese leckere Zitronenlimonade. Ach ja, und einen Kanister Olivenöl hätte ich auch gern. Die Weißblechkanister sind so praktisch."

Marino Caponi lächelt. Solche Aufträge bekommt er häufiger von seinen Stammgästen: „Kannst du mir nicht dies und das und jenes mitbringen?", fragen sie. Mittlerweile fährt er mit einem Lieferwagen nach Italien, wenn er seine Verwandten besucht. Komfortabel ist das natürlich nicht. Doch er hat eine Idee: Könnte er daraus nicht ein Geschäft machen – italienische Spezialitäten importieren und wieder verkaufen? Eigentlich kein schlechter Gedanke, doch ob er hier genügend Abnehmer für seine Spezialitäten finden würde? Der Transport, die Miete für Lager- und Verkaufsraum, zusätzliche Arbeitskräfte für den Verkauf – ob sich das lohnt? Was soll er tun, um Antworten auf seine Fragen zu finden? Gibt es Möglichkeiten, Informationen zu erheben, die ihm seine Entscheidung erleichtern?

Täglich müssen viele Entscheidungen in Politik und Wirtschaft gefällt werden. Doch wie werden diese Entscheidungen gefällt? In der griechischen Antike war es üblich, vor wichtigen Entscheidungen das Orakel zu befragen. Heutzutage werden dazu statistische Daten zusammengetragen und analysiert. Auf der Grundlage dieser Daten kann man sich einen Überblick über die vergangene, die aktuelle und die voraussichtliche Situation verschaffen.

Was sind Erhebungen und welche Erhebungsverfahren gibt es?

Bei allen Erhebungen stellt sich die Frage: Wie kommt man an die gewünschten Informationen z. B. über das Kaufverhalten und die Vorlieben von Menschen?

Zuerst wird recherchiert, ob zu den benötigten Informationen bereits Daten vorliegen. Möchte ein Modedesigner beispielsweise ein Modegeschäft eröffnen, weiß aber nicht genau, in welcher Größe die Herrenhosen bestellt werden sollen, so findet er sicherlich entsprechende Daten zum durchschnittlichen Gewicht und zur durchschnittlichen Größe von Männern in dem Alter, das der Zielgruppe des Modegeschäfts entspricht. Wahrscheinlich wird es auch nötig sein, einen Schneider oder eine Schneiderin für Änderungen zu engagieren, um abweichende individuelle Größen anzupassen.

> Kann man bei einer Erhebung auf bestehendes Datenmaterial zurückgreifen, so spricht man von einer **Sekundärerhebung**. Müssen die benötigten Daten neu erhoben werden, ist dies eine **Primärerhebung**.

Liegen also, wie bei Marino Caponi, noch keine Daten für die gewünschten Informationen vor, ist eine Primärerhebung sinnvoll.

Am besten wäre es natürlich, wenn man von allen betroffenen Menschen erfahren könnte, wie sie zu einer bestimmten Sache stehen. Doch so eine **Vollerhebung** ist meistens aus organisatorischen und/oder Kostengründen nicht durchführbar. Deshalb entscheiden sich die meisten Betriebe, die eine Datenerhebung durchführen, dafür, nur einen Teil der betroffenen Menschen zu befragen. Sie veranlassen eine **Teilerhebung**.

> Eine Erhebung, bei der alle Betroffenen befragt werden, nennt man **Vollerhebung**. Die Menge aller für eine Umfrage interessanten Menschen heißt **Grundgesamtheit**. Bei einer Teilerhebung wird eine Stichprobe ausgewählt, also eine Teilmenge dieser **Grundgesamtheit**.

Bei einer Teilerhebung ist es sehr wichtig, wie man die Stichprobe aus der Grundgesamtheit der für diese Erhebung interessanten Menschen auswählt. Folgende drei Fragen sind dabei hilfreich:
- Wer gehört zur Grundgesamtheit?
- Welchen Umfang soll die Stichprobe annehmen?
- Wie soll die Stichprobe ermittelt werden?

Wer gehört zur Grundgesamtheit?

Als Erstes ist zu überlegen, von wem man überhaupt Informationen haben möchte. So wäre es beispielsweise sinnlos, die Besucher eines Fußballspiels oder die Bewohner eines Seniorenwohnheims nach ihren Wünschen für ein Warensortiment eines Schulkiosks zu befragen.

Welchen Umfang soll die Stichprobe annehmen?

Der Umfang einer Teilerhebung sollte präzise überlegt werden. Wenn sehr viele Menschen befragt werden, könnte die Erhebung sehr kostspielig ausfallen. Andererseits dürfen keinesfalls zu wenig Menschen in die Stichprobe miteinbezogen werden, sonst ergibt sich kein repräsentatives Abbild der Grundgesamtheit. Als Anhaltspunkt kann die folgende Tabelle aus der Wahrscheinlichkeitsrechnung dienen:

99 %		Umfang der Grundgesamtheit					
		100	1 000	10 000	100 000	1 000 000	10 000 000
Umfang der Stichprobe	10	38,8 %	40,5 %	40,7 %	40,7 %	40,7 %	40,7 %
	20	25,9 %	28,5 %	28,8 %	28,8 %	28,8 %	28,8 %
	50	12,9 %	17,8 %	18,2 %	18,2 %	18,2 %	18,2 %
	100	0,0 %	12,2 %	12,8 %	12,9 %	12,9 %	12,9 %
	200		8,2 %	9,0 %	9,1 %	9,1 %	9,1 %
	500		4,1 %	5,6 %	5,7 %	5,8 %	5,8 %
	1 000		0,0 %	3,9 %	4,1 %	4,1 %	4,1 %
	2 000			2,6 %	2,9 %	2,9 %	2,9 %
	5 000			1,3 %	1,8 %	1,8 %	1,8 %
	10 000			0,0 %	1,2 %	1,3 %	1,3 %

Quelle: Eicke, Beat: Statistik – Eine Einführung, Pythagoras Lehrmittel, 1. Auflage, 2003, S. 193

Die markierte Zelle dieser Tabelle bedeutet: Aus einer Grundgesamtheit von 10 000 Personen wählt man eine Stichprobe von 200 Personen zufällig aus und befragt sie. Die Resultate, die man bei dieser Befragung erhält, weichen mit einer Wahrscheinlichkeit von 99 % um höchstens 9,0 % von dem erzielten Abfrageergebnis ab.

Wenn sich also in einer Stichprobe für eine bestimmte Frage 50 % Zustimmung ergeben, so liegt der Prozentsatz der Befürworter in der Grundgesamtheit mit 99 % Wahrscheinlichkeit zwischen 41 % und 59 % (50 ± 9).

Hätte man bei einer Grundgesamtheit von 10 000 Personen nur 10 Personen befragt, von denen die eine Hälfte eine Frage befürwortet hätte und die andere nicht, so läge mit 99 % Wahrscheinlichkeit der Prozentsatz der Befürworter dieser Frage zwischen 9,3 % und 90,7 %. Man sieht deutlich, dass eine Stichprobe von 10 Personen in diesem Fall ziemlich sinnlos wäre.

Beim Betrachten der zuvor dargestellten Tabelle fällt auf, dass es unwichtig ist, ob die Grundgesamtheit 100 000 oder 10 000 000 Personen umfasst, die maximale Abweichung bei den einzelnen Stichprobengrößen bleibt ziemlich gleich. Man wählt also die Größe der Stichprobe nach der gewünschten Verlässlichkeit der Umfrage aus.

1. Man möchte bei einer Umfrage herausfinden, ob ein Supermarkt Biokartoffeln in sein Sortiment aufnehmen sollte. Bei dieser Überlegung spielt nicht nur die Bereitschaft der Kunden, diese Kartoffeln zu kaufen, eine Rolle, sondern auch, wie teuer diese Kartoffeln sind und wie ansprechend sie im Laden positioniert werden, ob es eventuell noch andere Bioprodukte im Laden gibt usw. Man kann mit einer solchen Umfrage also nur eine grobe Tendenz der Kundenmeinungen ermitteln. Ob die Aufnahme der Biokartoffel in das Sortiment des Supermarktes ein Erfolg werden kann, hängt nur zum Teil vom Ergebnis dieser Umfrage ab.

> Bei Umfragen zu Themen, bei denen eventuell auch andere Faktoren als die Meinung der Befragten eine Rolle spielen, reichen etwa 100 bis 200 Befragte aus, um sich ein Meinungsbild zu verschaffen.

2. Man möchte bei einer Meinungsumfrage herausfinden, wie die Wahlergebnisse wären, wenn jetzt gewählt würde. Abweichungen von 9 % wären zu dieser Frage schon extrem hoch, also würde man deutlich mehr als 200 Personen befragen. Man würde in diesem Fall versuchen, entweder eine möglichst große Stichprobe zu nehmen oder die Stichprobe nicht zufällig auszuwählen, so dass ein gezielter Querschnitt durch die Bevölkerung befragt wird. Dann wäre dies aber keine zufällige Stichprobe mehr.

> Bei Umfragen, die ein genaues Meinungsbild zu einem bestimmten Thema liefern sollen, muss der Stichprobenumfang möglichst groß gewählt werden, also mindestens 1 000 Personen (mit 99 % Wahrscheinlichkeit weniger als 4,1 % Abweichung) oder 2 000 Personen (mit 99 % Wahrscheinlichkeit weniger als 2,9 % Abweichung).

Für Umfragen, die sehr zuverlässig sein sollen, oder bei Fragen, bei denen die Bevölkerung gespalten ist (50 % dafür und 50 % dagegen), ist eine Abweichung, die mit 99 % Wahrscheinlichkeit nicht größer als 1,3 % beträgt (also für 10 000 Befragte), teilweise noch zu viel. Bei solchen Umfragen ist eine zufällige Auswahl der Stichprobe nicht sinnvoll.

Wie soll die Stichprobe ermittelt werden?

Betrachten wir ein einfaches, anschauliches Beispiel: In einem Käfig einer Zoohandlung laufen 20 Mäuse herum. Der Zoohändler möchte nach dem Zufallsprinzip drei Mäuse aus dem Käfig nehmen, um bei diesen drei Mäusen nachzusehen, ob sie eine bestimmte Krankheit haben. Wenn eine Maus von dieser Krankheit befallen ist, muss er alle Mäuse untersuchen. Wenn alle drei Mäuse gesund sind, nimmt er an, dass auch die anderen Mäuse gesund sind.

1. Möglichkeit: Er macht dreimal nacheinander die Käfigtür auf und holt sich die erste Maus, die er greifen kann, heraus.

Aber: Wird er dann nicht nur die vorwitzigsten Mäuse erwischen, die zu zahm oder zu langsam sind, um vor seiner Hand wegzurennen? Was ist mit den scheuen Mäusen, die sich irgendwo im Käfig in einem Häuschen oder einer Ecke verstecken? Vielleicht liegen gerade dort die kranken Mäuse?

2. Möglichkeit: Er nummeriert die 20 Mäuse und befestigt die Ziffern mit einem Gummiband an ihrem Bauch. Dann mischt er kleine Zettel mit den 20 Ziffern in einem Gefäß und zieht anschließend drei Ziffern mit geschlossenen Augen aus dem Gefäß. Die drei Mäuse mit diesen Ziffern holt er sich aus dem Käfig und untersucht sie.

Auf diese Weise hat der Zoohändler auf jeden Fall drei Mäuse wirklich zufällig ausgewählt. Wenn diese drei Mäuse gesund sind, kann er mit einer bestimmten Wahrscheinlichkeit davon ausgehen, dass alle Mäuse gesund sind.

Doch: Der Zoohändler weiß über die Krankheit an den Mäusen, die er untersucht, noch mehr. Wenn ein Tier erkrankt ist, breitet sich diese Krankheit zunächst unter allen gleichaltrigen Mäusen aus, bevor sie Mäuse einer anderen Generation befällt. Mit diesem zusätzlichen Wissen möchte der Zoohändler die Wahrscheinlichkeit erhöhen, dass alle Mäuse gesund sind, wenn die untersuchten drei Mäuse keine Krankheitsmerkmale zeigen.

3. Möglichkeit: Er ermittelt aus seinen Unterlagen das Alter der 20 Mäuse. Daraufhin wählt er gezielt drei Mäuse aus, die bestimmte Altersklassen repräsentieren, und untersucht sie.

Auf diese Weise hat der Zoohändler die Wahrscheinlichkeit erhöht, dass die drei untersuchten Mäuse auch wirklich eine Mäusegesundheit bezüglich der untersuchten Krankheit repräsentieren.

Es gibt verschiedene Möglichkeiten, eine bestimmte Stichprobe aus einer Grundgesamtheit zu ermitteln.

Die einfachste Möglichkeit ist, alle Personen zu befragen, die man leicht und einfach zu einer selbst festgelegten Zeit zufällig erreichen kann. Bei dieser Methode kann es aber ungewollt passieren, dass man für die Umfrage wichtige Personen nicht einbezieht, z. B. weil sie sich zum Zeitpunkt der Umfrage nicht an dem Befragungsort aufhalten.

Eine andere, etwas aufwändigere Möglichkeit ist es, aus einer bestimmten Grundgesamtheit eine zufällige Stichprobe auszuwählen, z. B. aus den Einträgen eines örtlichen Telefonbuchs oder den Hausbewohnern einer Straße.

Gibt es zusätzliche Informationen bezüglich des Verhaltens der Grundgesamtheit zu einer bestimmten Frage, so kann man die Stichprobe gezielt als repräsentativen Querschnitt durch die Grundgesamtheit anlegen. Dadurch erhöht sich die Wahrscheinlichkeit, dass das ermittelte Umfrageergebnis aus der gewählten Stichprobe auch für die Grundgesamtheit zutrifft.

Wie soll ein Fragebogen ausgefüllt werden?

Wenn geklärt ist, wie viele Menschen befragt werden sollen, ist zu überlegen, wie man an diese Personen herankommt. Man kann Menschen über das Internet erreichen, sie anrufen, ihnen einen Brief in den Briefkasten werfen oder sie auf der Straße ansprechen. Vielleicht gibt es zu einer bestimmten Uhrzeit einen bestimmten Ort, an dem viele Menschen, die zu einer Grundgesamtheit gehören, versammelt sind?

Es gibt viele verschiedene Möglichkeiten, die gewünschten Personen zu kontaktieren. Normalerweise wird man sich für eine der folgenden Arten, Informationen abzufragen, entscheiden:

1. **Fragebogen in Papierform**
   Eigentlich könnte man annehmen, dass die befragten Personen die Fragen am liebsten allein, in gemütlicher Atmosphäre zu Hause beantworten würden. Leider nehmen sich aber nur wenige Menschen die Zeit, einen Fragebogen zu Hause durchzuarbeiten. Falsch oder nicht verstandene Fragen werden in unbefriedigender Weise oder von einigen Personen sogar mutwillig falsch beantwortet. Wenn der Fragebogen dann doch ausgefüllt wird, findet er häufig nicht den Weg zurück zu demjenigen, der die Daten erhebt. Eine Postwurffragebogenaktion, deren Rücklauf 10 % bis 20 % beträgt, ist schon sensationell hoch.

2. Elektronischer Fragebogen

Um sicherzustellen, dass alle ausgefüllten Fragebögen auch ihren Weg zurück zu demjenigen finden, der die Daten erhebt, kann man den Fragebogen im Internet oder Intranet ausfüllen lassen. Ergänzend lassen sich beim Ausfüllen am PC zusätzliche Plausibilitätsprüfungen einbauen, z. B. eine Altersbegrenzung nicht über 110 Jahren und nicht unter 12 Jahren, so dass ein Fragebogen durch solche „Juxangaben" nicht unbrauchbar wird.

Besonders sinnvoll ist diese Art der Befragung, wenn alle Befragten sowieso an einem PC arbeiten – etwa im Intranet eines Unternehmens oder einer Schule. Auch wenn die zu befragende Grundgesamtheit räumlich weit auseinander wohnt bzw. einer sehr speziellen Interessengruppe angehört und anders schwer zu erreichen ist, bietet sich ein elektronischer Fragebogen an. So würde man z. B. eine Befragung aller Philatelisten auf einer häufig benutzten Briefmarkenwebsite platzieren.
Diese Methode spart Papier und viel Zeit bei der Auswertung der Daten, denn die liegen ja schon in elektronischer Form vor. Voraussetzung für einen elektronischen Fragebogen ist natürlich, dass ein PC und ein Internetanschluss vorhanden sind. Außerdem muss die befragte Person mit dem Medium Computer sicher umgehen können. Bei jüngeren Menschen ist dies wahrscheinlich kein Problem, bei älteren Menschen hingegen schon.

3. Interview

Bei einem Interview wird ein Fragebogen im Dialog mit der befragten Person ausgefüllt. Das hat den Vorteil, dass jeder Fragebogen vollständig und ernsthaft bearbeitet wird und mögliche Unklarheiten in der Fragestellung sofort geklärt werden können. Die Rücklaufquote beträgt in diesem Fall 100 %. Einen Nachteil hat jedoch auch das Interview: Es bindet sehr viel Zeit und man erreicht nur die Personen, die sich zufällig zu einem bestimmten Zeitpunkt an einem bestimmten Ort aufhalten und die der Interviewer für befragungswürdig hält – es sei denn, man hat die Stichprobe schon vorher festgelegt.

Genau abzuwägen ist, wann sich eine günstige Möglichkeit für ein Interview bietet. Eine abgehetzte Mutter mit zwei vollen Einkaufstaschen und quengelnden Kindern wird nicht so bereitwillig Auskunft geben wie eine entspannte Konzertbesucherin, die auf den Einlass in die Konzerthalle wartet und sich über etwas Abwechslung freut.

Die Grundgesamtheit, die Marino Caponi befragen will, umfasst alle Menschen, die in seinem Spezialitätengeschäft einkaufen würden. Er nimmt an, dass Leute aus anderen Stadtvierteln wahrscheinlich nicht kommen würden; sie müssten ihre Einkäufe zu weit tragen. Weiterhin nimmt er an, dass Kinder und sehr alte Menschen seinem Geschäft keinen großen Umsatz bringen würden. Deshalb legt er als Grundgesamtheit die Personen zwischen 17 und 80 Jahren fest, die in seinem Stadtviertel wohnen bzw. in seinem Stadtviertel einkaufen.

Marino Caponi weiß, dass etwa 50 000 Menschen in seinem Stadtviertel leben. Das sind ihm zu viele, um von allen eine Meinung einzuholen. Es reicht ihm völlig aus, wenn er von etwa 100 bis 200 Menschen eine Rückmeldung bekommt. Er muss ja später die Rückmeldungen auch ohne allzu großen Aufwand verarbeiten und auswerten können. Und wenn das Ergebnis der Umfrage mit 99 % Wahrscheinlichkeit um weniger als 12,8 % bzw. 9,0 % abweicht, so genügt es ihm.

Angenommen, die Umfrage ergäbe, dass sich 70 % der Befragten positiv zu einem italienischen Spezialitätengeschäft äußerten. Das hieße, dass mit 99 % Wahrscheinlichkeit 57,2 % bis 82,8 % bzw. 61 % bis 79 % aller Menschen, die in seinem Stadtteil wohnen oder einkaufen, ab und zu in seinem italienischen Spezialitätengeschäft einkaufen würden. Dieses Ergebnis wäre für ihn positiv genug, um den Schritt zu wagen.
Marino Caponi will seine direkten Nachbarn in jedem Fall mit in die Befragung einbeziehen, so dass sie zu seinem geplanten Geschäft Stellung nehmen können.

Deshalb plant er einen Postwurffragebogen für die Anwohner der vier am nächsten gelegenen Straßen.
Einen elektronischen Fragebogen schließt Marino Caponi aus. Er findet die Grundgesamtheit der für seine Befragung relevanten Personen in seinem Stadtviertel, also an einem ganz konkreten Ort.

Marino Caponi ist an einer hohen Rücklaufquote interessiert. Er überredet seinen Neffen Enzo und dessen Freundin Marietta, an drei Tagen alle möglichen Passanten in der nahe gelegenen Fußgängerzone zu interviewen. Doch damit sie nicht ungewollt nur eine bestimmte Zielgruppe ansprechen, vereinbaren sie, dass Enzo und Marietta jede siebte Person für ein Interview ansprechen.

AUFGABEN

1. Sie absolvieren ein Praktikum in einer Kantine, die zukünftig auch Kindergärten mit Mittagessen beliefern soll. Ihre Aufgabe ist es, von den Kindern zu erfahren, was sie gerne zu Mittag essen möchten. Die Akzeptanz des Kantinenessens bei den Kindern soll möglichst groß sein. Wie gelangen Sie an die Informationen der Kinder?

2. In Ihrer Schule soll ein neuer Kiosk eröffnet werden.
   a) Wie entscheiden Sie, welches Warensortiment in diesem Kiosk angeboten wird?
   b) Wie entscheiden Sie, wann der Kiosk geöffnet hat?

3. In dem Bericht zu einer Befragung, die in München durchgeführt wurde, heißt es: „Mit einer Wahrscheinlichkeit von 99 % wünschen sich 29,2 % bis 40,8 %, dass …"
   a) Wie viele Menschen wurden befragt?
   b) Wie viel Prozent beträgt das Umfrageergebnis?

6.2 Gestaltung von Fragebögen

Marino Caponi hat sich entschieden, etwa 250 Fragebögen drucken zu lassen. 100 davon will er in der Nachbarschaft verteilen, 100 soll sein Neffe Enzo mit seiner Freundin Marietta bei den geplanten Interviews ausfüllen und die restlichen Fragebögen will er in seinem Restaurant auslegen. Auf diese Weise hofft er, ein repräsentatives Bild über die Kaufbereitschaft für italienische Delikatessen zu erhalten. Jetzt muss er nur noch einen guten Fragebogen entwerfen, der ihm möglichst viele brauchbare Informationen liefert. Aber wie?

Fragen (Items)

Die wichtigste Regel bei der Erstellung von Fragebögen lautet: **„Wer falsch fragt, bekommt falsche Antworten."** Deshalb sollte man einen Fragebogen besonders gründlich planen und vorbereiten. Es ist notwendig, schon im Vorhinein zu bedenken, welche Ergebnisse der Fragebogen liefern sollte und – falls er sie nicht liefert – welche zusätzlichen Informationen man braucht, um abweichende Ergebnisse erklären zu können.

Auf keinen Fall sollte es passieren, sich die ganze Mühe umsonst zu machen: einen Fragebogen zu erstellen, zu drucken, zu verteilen und auszuwerten und hinterher doch nicht mehr zu wissen als vorher.

Es gibt verschiedene Möglichkeiten, Fragen zu stellen. Je nachdem, wie eine Frage gestellt wird, erhält man eine Antwort, mit der man etwas anfangen kann oder nicht. Grundsätzlich gibt es zwei Arten, Fragen zu stellen: offene oder geschlossene Fragen.

Dazu einige Beispiele:

Offene Fragen	Geschlossene Fragen	
Frage: Was halten Sie von dem Ristorante Da Marino? **Antwort:** Meiner Meinung nach …	**Frage:** Gefällt Ihnen das Ristorante Da Marino gut? **Antwort:** ☐ Ja ☐ Nein	
	Alternativfragen	**Selektivfragen**
	Frage: Waren Sie gestern in dem Ristorante Da Marino? **Antwort:** ☐ Ja ☐ Nein	**Frage:** Wann besuchen Sie das Ristorante Da Marino? **Antwort:** ☐ donnerstags ☐ freitags ☐ samstags ☐ sonntags

Bei einer **offenen Frage** gibt man dem Antwortenden die Möglichkeit, ausführlich seine Meinung zu äußern. Der Befragte hat die Möglichkeit, alle seine Ideen, zu nennen – vorausgesetzt, sie fallen ihm in diesem Augenblick ein. Natürlich muss man als auswertende Person die Schrift des Antwortenden lesen können und seine Formulierungen richtig verstehen, damit alle Antworten korrekt kategorisiert und ausgewertet werden können.

Bei **geschlossenen Fragen** wird der Befragte sehr viel schneller und lesbarer den Fragebogen ausfüllen können. Gibt es nur zwei Antwortalternativen, zwischen denen sich der Befragte entscheiden muss, wird von **Alternativfragen** gesprochen. Stehen mehrere Punkte zur Auswahl bereit, sind es **Selektivfragen**.

selektiv
(lat.: selectare = auswählen)

alternativ
(frz.: alternatif = wahlweise)

Jede Art zu fragen, hat ihre Vorteile:

Offene Fragen	Geschlossene Fragen
• Die Antworten des Befragten sind kreativ. • Es können auch Antworten gegeben werden, an die der Fragesteller vorher nicht gedacht hat.	• Die Antwortvorgabe reduziert die erforderliche Denkleistung der Auskunftsperson und erleichtert damit die Antwort. • Geschlossene Fragen stellen keine besonderen Anforderungen an das Ausdrucksvermögen der Auskunftsperson. • Bei der Analyse sind die Antworten leichter auszuwerten. • Der Fragebogen braucht eine kürzere Bearbeitungszeit. • Die Antworten der befragten Personen sind vergleichbar.

Es liegt auf der Hand, dass offene Fragen vorteilhafter sind, wenn man möglichst genaue und detaillierte Antworten bzw. Informationen erhalten möchte. Der große Nachteil offener Fragen liegt aber in ihrer schwierigeren Auswertbarkeit.

Stellen Sie sich vor, Sie müssten eine Umfrage mit 2 000 Befragten durchführen, und jeder würde auf die Frage „Was halten Sie von italienischem Essen?" eine ganze Seite als Antwort schreiben. Wie sollte eine Ergebnisanalyse in diesem Fall wohl aussehen? Sie wäre, realistisch betrachtet, kaum durchführbar.

Im Gegensatz dazu bieten geschlossene Fragen in dieser Hinsicht eine Menge Vorteile. Wenn man es schafft, die Nachteile geschlossener Fragen zu umgehen oder sie abzumildern, wäre dies sicher die bessere Frageform.

Um die Nachteile von geschlossenen Fragen zu verringern,
- sollte die Anzahl der Antwortalternativen nicht zu klein sein, um den Auskunftspersonen genug Entfaltungsspielraum zu lassen;
- sollten die Antwortkategorien alle realistisch denkbaren Antwortmöglichkeiten abdecken;
- können im Fragebogen auch Mischformen zwischen offenen und geschlossenen Fragen gewählt werden:

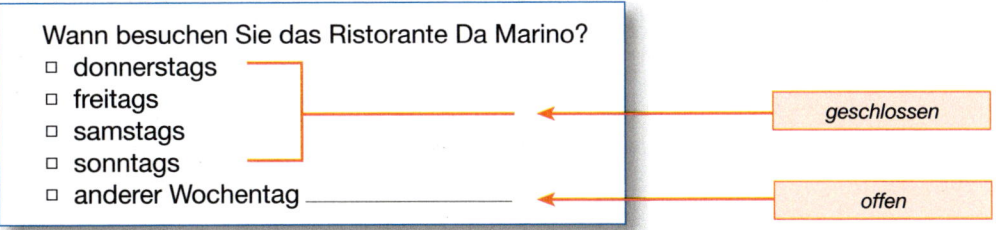

Die Fragen in einem Fragebogen sind nicht immer in Frageform, sondern durchaus auch als Aussage formuliert. Deshalb spricht man bei den einzelnen Punkten eines Fragebogens normalerweise nicht von Fragen, sondern von **Items**. Bezüglich der Formulierung der einzelnen Items sind einige Dinge zu beachten.

Item (engl.) = Einzelangabe, Punkt, (Rechnungs-)Posten; einzelner Punkt innerhalb eines Fragebogens

Die Items sollten **einfach** formuliert sein, das bedeutet:
- Der Fragebogen sollte mit minimalem Wortschatz auskommen.
- Die Items sollten einfach und kurz formuliert sein.
- Der Sprachstil sollte allgemein verständlich sein. Wenn der Fragebogen für eine bestimmte Zielgruppe gedacht ist, kann er sich der Umgangssprache dieser Zielgruppe bedienen (sollte dies aber nicht übermäßig tun).
- Fremdwörter und Abkürzungen sollten in dem Fragebogen vermieden werden.

Die Items sollten **neutral** formuliert sein, das bedeutet:
- Eine Beeinflussung der Antwort durch die Fragestellung sollte ausgeschlossen sein;
- Suggestivfragen sollten unbedingt vermieden werden,
  – also nicht: „Trinken Sie auch lieber Tee als Kaffee?",
  – sondern „Was trinken Sie lieber? ☐ Tee ☐ Kaffee".

Die Items sollten **eindeutig** sein, das bedeutet:
- Die Items müssen auf Anhieb vom Befragten verstanden werden.
- Es darf keinen Raum für Spekulationen oder Missverständnisse geben.

> Ein einzelner Fragepunkt eines Fragebogens heißt **Item**. Die Items in einem Fragebogen müssen **einfach**, **neutral** und **eindeutig** formuliert werden.

Sind die Items einfach, neutral und eindeutig formuliert, so muss man sich Gedanken darüber machen, wie man den Befragten in den Items anspricht. Wendet sich eine Frage direkt an den Befragten, so wird von einer **direkten Frage** gesprochen. Solche Fragen werden von den befragten Personen sehr oft ungern oder falsch beantwortet, besonders dann, wenn es sich um persönliche oder peinliche Themen handelt.

„Wann haben Sie sich zuletzt geduscht oder gebadet?" Diese direkte Frage würde fast immer mit „heute" oder „gestern" oder falsch beantwortet. Es wäre den meisten Menschen peinlich zuzugeben, wenn sie sich länger nicht gewaschen hätten.

Eine andere Möglichkeit wäre, die Frage zu **umschreiben**.

„Würden Sie mir bitte noch ein paar Fragen über Ihre Gewohnheiten bei der Körperpflege beantworten? Viele Menschen sagen, dass es schädlich für Haar und Kopfhaut ist, sich allzu häufig zu waschen. Sind Sie auch dieser Meinung und könnten Sie mir sagen, wann Sie zum letzten Mal geduscht oder gebadet haben?"

Eine weitere Möglichkeit ist, die Frage **indirekt** zu stellen.

„Halten Sie es für sinnvoll, hilfsbedürftige Kinder durch Geldspenden zu unterstützen?"
Anstatt: „Spenden Sie Geld für hilfsbedürftige Kinder?"

Im Allgemeinen werden die Befragten sehr persönliche Fragen, z. B. nach ihrem Einkommen oder Ähnlichem, aus Angst vor Datenmissbrauch eher nicht beantworten. Nur wenn sie für sich selber einen Vorteil darin sehen, diese persönliche Frage zu beantworten, werden die Befragten dies tun. Man sollte niemals Fragen stellen, die man selbst nicht ohne Überwindung oder Zwang freimütig beantworten würde.

> Die Beantwortung **indirekter Fragen** fällt vielen Befragten leichter, als die Beantwortung **direkter Fragen**. Es sollten daher nur solche Fragen gestellt werden, die man auch selber freimütig beantworten würde.

Funktionen der Items

Die Items können innerhalb eines Fragebogens auch eine bestimmte Funktion ausüben. Einige dieser Funktionen sind im Folgenden beispielhaft erläutert:

Eisbrecheritems
Sie dienen dem Warm-up am Anfang eines Fragebogens (vor allem bei einer persönlichen Befragung in Form eines Interviews). Sie sollen eine lockere, stressfreie Atmosphäre schaffen. In der Regel sind sie einfach zu beantworten und lassen meist individuelle Antwortmöglichkeiten zu, um die befragte Person zum Reden zu bringen.

Filteritems
Sie beenden die Befragung bzw. führen den Befragten aus der weiteren Befragung hinaus. Damit werden unsinnige Fragestellungen vermieden. Der Befragte wird dann automatisch zu einem anderen Themenkomplex geleitet.

> „5. Halten Sie ein Haustier?"
> ☐ Nein
> ☐ Ja

Wenn „Nein", machen Sie bitte weiter mit Frage 6, ansonsten bitte die nächste Frage beantworten.
„Welche Futtermarke verwenden sie?"

Kontrollitems
Sie dienen der Überprüfung, ob ein Befragter sich in verschiedenen Antworten widerspricht und damit vielleicht nicht authentisch und sorgfältig geantwortet hat.

> Item 3: „Was halten Sie von Hunden?"
> ...
> Item 12: „Wie sind Sie gegenüber Haustieren eingestellt?"

Logischerweise müssten beide Items ähnlich beantwortet werden. Ist das nicht der Fall, hätte sich der Befragte widersprochen. Dann könnte man in Erwägung ziehen, seinen Fragebogen aus der Auswertung herauszunehmen.

Außerdem kann es innerhalb eines Fragebogens auch Erläuterungen geben, die der Erklärung des Sachverhaltes dienen und dem Befragten helfen, ein Item besser zu verstehen.

Antworten auf die Items: Merkmale und ihre Skalierung

Die Antwort zu einem Item, das so genannte **Merkmal**, kann entweder quantitativ, also eine Zahl, oder qualitativ sein. Mit einem **quantitativen** Merkmal (z. B. Körpergröße, Jahresgehalt) kann man rechnen, mit einem qualitativen (z. B. Geschlecht, Herkunftsland) kann man nicht rechnen.

Die quantitativen Merkmale unterteilt man wiederum in diskrete und stetige Merkmale. Bei diskreten Merkmalen können nur bestimmte Werte angenommen werden, z. B. bei Zeugnisnoten in einem Fach oder der Anzahl der Geschwister. Stetige Merkmale können kontinuierliche Werte annehmen, wie es z. B. bei der Körpergröße der Fall ist.

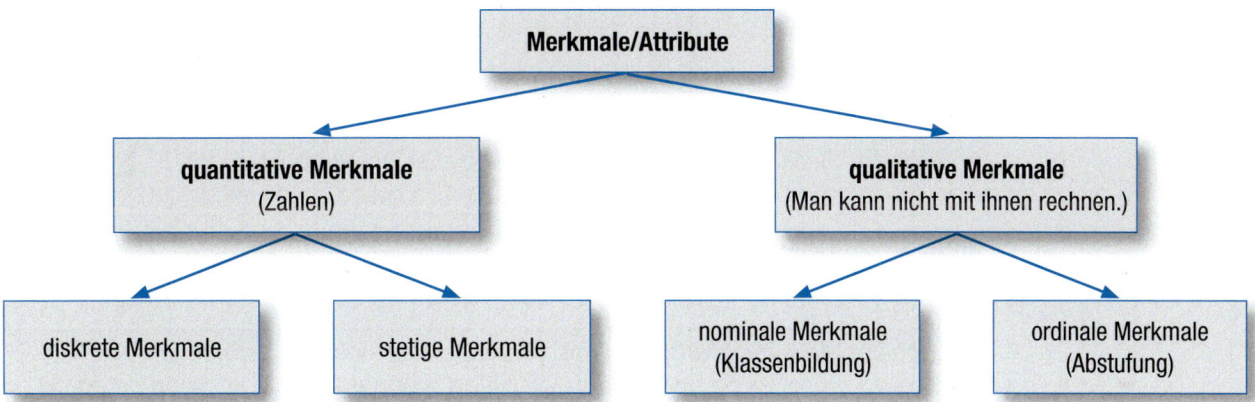

Die **qualitativen** Merkmale können nicht von vornherein mit einer Zahl angegeben werden. Damit sie nach der Befragung dennoch gut auszuwerten sind, werden oft Antwortmöglichkeiten in Form von Skalen vorgegeben. Man unterscheidet bei der **Skalierung** zwischen Nominalskalierung und Ordinalskalierung.

Nominalskalierung bedeutet, dass für die Antwort bestimmte Klassen genannt (nominiert) werden.

Geschlecht:	☐ männlich ☐ weiblich
Betriebstyp:	☐ Fachgeschäft ☐ Supermarkt ☐ Verbrauchermarkt

mono (gr.: mónos)
= eins, allein, einzeln, einzig

bi (lat.: bi-)
= Wortbildungselement mit der Bedeutung zwei, doppelt

ordo (lat.)
= Ordnung, Reihenfolge, Rang

nominalis (lat.)
= zum Namen gehörend, namentlich

Kontinuum (lat.: continuus)
= lückenloser Zusammenhang

Ordinalskalierung bedeutet, dass die Antworten in eine Ordnung zueinander gesetzt werden wie größer/kleiner, besser/schlechter, höher/niedriger usw. Dabei muss man sich genau überlegen, an welches Ende der Skala man welchen Zahlenwert bzw. welche Beurteilung schreibt.

Neben einem reinen **Kontinuum** ist prinzipiell zwischen monopolaren und bipolaren Skalen zu unterscheiden.

(reines Kontinuum)

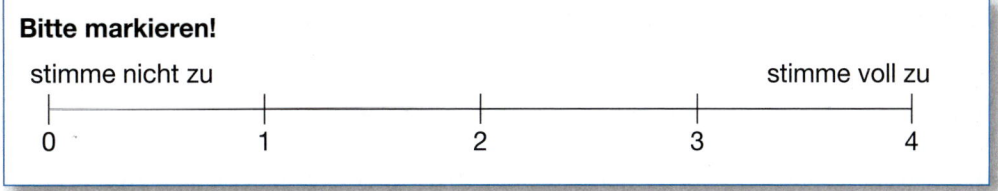

(monopolare Skala mit Zahlenvergabe)

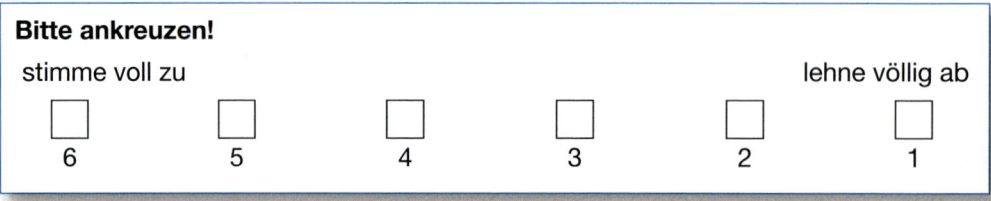
(monopolare Skala mit Zahlenvergabe)

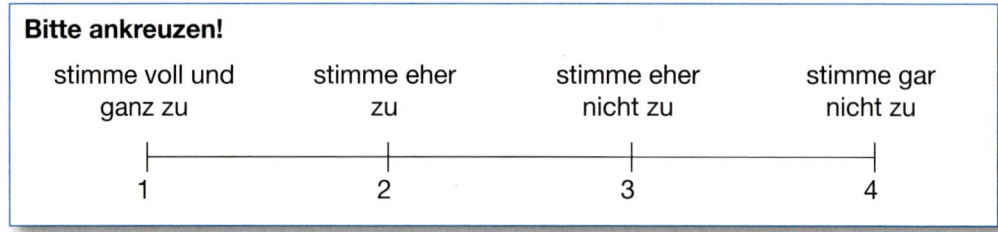
(monopolare Skala mit verbaler Umschreibung aller Antwortabstufungen)

(monopolare Skala mit grafischer Umschreibung aller Antwortabstufungen)

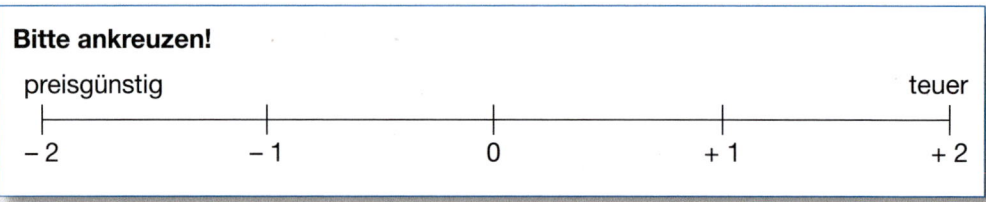
(bipolare Skala)

Meistens möchte man durch einen Fragebogen zumindest eine Tendenz in die eine oder die andere Richtung erkennen. Deshalb wird man sich häufig für eine Skala mit einer geraden Anzahl von Antwortabstufungen entscheiden. Dieser Skala kann man noch eine Kategorie hinzufügen wie „kann ich nicht beurteilen" oder „weiß ich nicht", falls der Befragte mit einem Item überhaupt nichts anfangen kann.

Aufbau eines Fragebogens

Bei einem Fragebogen kommt es darauf an, dass er Seriosität ausstrahlt und einen offiziellen Charakter hat. Jeder Befragte möchte das Gefühl haben, dass seine Zeit, die er für den Fragebogen bzw. für das Interview opfert, gut investiert ist und einem guten Zweck dient. Außerdem möchte jeder Befragte sicher sein können, dass seine Daten nicht missbraucht werden, sondern nur für die bei dieser Umfrage notwendigen Auswertungen verwendet werden.

Ein seriös gestalteter Fragebogen wird auf jeden Fall ernsthafter ausgefüllt werden als ein weniger gut ausgearbeiteter. Nicht ernsthaft ausgefüllte Fragebögen können bei der Auswertung einer Umfrage ein großes Problem darstellen. Deshalb sollte man alles dafür tun, dass die Fragebögen, die man verteilt, auch wirklich sorgfältig ausgefüllt und somit auch ausgewertet werden können. In einem Fragebogen sollten außer den einzelnen Items noch folgende Punkte enthalten sein:

- **Logo bzw. Name des Auftraggebers der Umfrage**
Damit der Befragte weiß, für welche Institution bzw. für wen er den Fragebogen ausfüllt, müssen Name und ein wiedererkennbares Logo aufgedruckt sein. Beispielsweise sollte das offizielle Logo der Schule auf einem Fragebogen stehen, mit dem Schüler im Rahmen einer Projektarbeit eine Umfrage starten.

- **Hinweis zum Datenschutz**
Auf dem Fragebogen sollte auf jeden Fall ein Satz zur Verwendung der Daten stehen. Der Befragte sollte wissen, was mit den Daten des ausgefüllten Fragebogens passiert. Man sollte ihm versichern, dass die Daten für keinen anderen als den hier angegebenen Zweck verwendet werden.

- **Hinweise zum Ausfüllen des Fragebogens**
Mit Hinweisen zum Ausfüllen des Fragebogens ist sicherzustellen, dass der Fragebogen auch wirklich korrekt ausgefüllt werden kann. Viele Menschen lesen in einem Fragebogen nur die Items und achten nicht unbedingt darauf, wie eine Skala beschriftet ist. Deshalb ist es sinnvoll, an zentraler Stelle noch einmal zu erläutern: „Bitte kreuzen Sie auf der vorgegebenen Skala ein Kästchen an. Entscheiden Sie sich für einen Wert. Falls Sie eine Frage nicht beantworten können, kreuzen Sie ‚weiß ich nicht' an."

- **Danksagung**
Der Fragende sollte sich bei dem Befragten explizit dafür bedanken, dass er sich die Zeit genommen hat, den Fragebogen auszufüllen. Es ist nicht selbstverständlich, von einem Befragten zu erwarten, dass er seine Besorgungen unterbricht oder seine Pläne verschiebt, um einen Fragebogen auszufüllen, von dem er keinen direkten Nutzen erwartet. Dies ist entsprechend zu würdigen.

Reihenfolge der Items

Es ist erstrebenswert, eine Atmosphäre zu schaffen, in der sich der Befragte beim Ausfüllen des Fragebogens wohl fühlt. Deshalb sollten die einzelnen Items so angeordnet sein, dass zuerst die einfachen, später die schwierigen und zum Schluss die unangenehmen Fragen gestellt werden.

Zu Beginn des Fragebogens werden die **Eisbrecheritems** eingesetzt. Sie versetzen den Befragten in eine positive Stimmung, denn er kann die Fragen leicht beantworten und wird angenehm auf das eigentliche Thema eingestimmt.

Ob die **demografischen Items**, also die Fragen nach Alter, Geschlecht usw., an den Anfang oder an das Ende gesetzt werden, ist individuell zu entscheiden. Einerseits sind diese Fragen so einfach, dass sie jeder beantworten kann, andererseits kann die Frage nach dem Alter oder dem Geschlecht abschreckend wirken, weil der Befragte sich durch diese „trockenen" Angaben kategorisiert fühlt. Er könnte denken: „Hier werde ich gleich in die Schublade Mann/Frau, jung/alt, etc. gesteckt." Besser ist es, mit leichten und spannenden Items zu beginnen, die den Befragten neugierig auf den Rest des Fragebogens machen.

Die **speziellen und schwierigeren Items** sollten eher am Ende des Fragebogens platziert werden. Erst wenn der Befragte sich hinreichend auf das Thema des Fragebogens eingestellt hat, wird er die schwierigeren Items zufriedenstellend beantworten können. Zu früh gestellte spezielle Fragen führen häufig zu weniger durchdachten Antworten.

Marino Caponi überlegt, welche Items für seinen Fragebogen wichtig sind. Einerseits möchte er, dass die Leute ihn schnell beantworten können, andererseits möchte er genügend Informationen herausziehen, so dass er anhand dieser Informationen einen Plan B einleiten kann. Ein möglicher Plan B könnte zum Beispiel sein, dass er kein Ladengeschäft mit italienischen Spezialitäten eröffnet, sondern einen Onlinehandel im Internet betreibt. Er überlegt sich Folgendes:
- Zunächst braucht er das Alter und das Geschlecht der befragten Person.
- Dann wäre es für ihn interessant zu wissen, ob die Person schon einmal oder mehrmals in Italien war.
- Weiterhin möchte er fragen, ob die Person häufiger selber kocht. Falls ja, ob sie auch italienische Speisen kocht oder ob sie solche gerne zubereiten würde. Falls nein, ob sie gerne italienische Lebensmittel isst oder italienische Getränke mag.
- Sodann soll die befragte Person mitteilen, ob sie in den bereits bestehenden Läden ausreichend viele italienische Lebensmittel kaufen kann. Falls nein, soll die Person aufschreiben, was ihr konkret fehlt.

- Zum Schluss soll die befragte Person noch ankreuzen, ob sie in einem italienischen Spezialitätengeschäft einkaufen und welche Kategorie von Lebensmitteln sie dort erwarten würde – oder ob sie ihre Einkäufe lieber über ein Onlinegeschäft abwickeln und welche Kategorie von Lebensmitteln sie dort bestellen würde.

Nachdem Marino Caponi überlegt hat, welche Inhalte er in seinem Fragebogen abfragen will, macht er sich daran, die einzelnen Items mit ihren Antworten konkret aufzuschreiben.

Alter	_____ Jahre	
Sie sind …	☐ männlich	☐ weiblich

Diese beiden Items, so überlegt sich Marino Caponi, wird er an das Ende des Fragebogens stellen. Zu Beginn startet er mit einer lockeren Frage, die den Befragten positiv einstimmt – etwa weil sie ihn an seinen letzten Urlaub erinnert:

Waren Sie schon einmal in Italien?	☐ noch nie	☐ 1- bis 2-mal	☐ 3- bis 7-mal	☐ häufiger als 7-mal

Bei den nächsten Items können die Befragten ihre Antworten in Kategorien einordnen: von „trifft voll zu" bis „trifft nicht zu". Durch eine solche Ordinalskala kann das Item als Aussage formuliert werden. Dadurch wirken die Items wie eine indirekte Frage – neutraler, nicht so neugierig – und sie werden von den Befragten bereitwilliger beantwortet.

Bei einzelnen Items möchte Marino Caponi den Befragten die Möglichkeit einräumen, sich zu enthalten, normalerweise ist dies aber nicht vorgesehen.

	trifft voll zu	trifft überwiegend zu	trifft weniger zu	trifft nicht zu	kann ich nicht beurteilen
Ich mag das italienische Lebensgefühl.	☐	☐	☐	☐	☐
Ich koche selbst für mich und andere.	☐	☐	☐	☐	☐
Falls Sie etwas anderes als „trifft nicht zu" angekreuzt haben:					
Ich koche gerne italienisch.	☐	☐	☐	☐	
Ich würde gerne mehr italienisch kochen.	☐	☐	☐	☐	
Ich esse gerne italienische Lebensmittel.	☐	☐	☐	☐	
Ich trinke gerne italienische Getränke.	☐	☐	☐	☐	
In den Geschäften werden ausreichend italienische Lebensmittel angeboten.	☐	☐	☐	☐	☐

An diesen Block fügt Marino Caponi noch die freie Frage nach den gewünschten einzelnen Lebensmitteln und Lebensmittelkategorien an.

Welche italienischen Lebensmittel, die Sie gerne kaufen würden, fehlen in den Sortimenten der bestehenden Läden?
_____
_____
_____

Würden Sie italienische Lebensmittel lieber in einem Ladengeschäft oder in einem Onlineshop im Internet einkaufen?	
☐ Laden	☐ Onlineshop
Welche Produkte würden Sie lieber in einem Laden einkaufen?	Welche Produkte würden Sie lieber in einem Onlineshop im Internet einkaufen?
☐ Gebäck (z. B. Panettone, Kekse, Grissini) ☐ Süßspeisen (z. B. Tiramisu) ☐ Käse ☐ Wurst und Fleisch	☐ Gebäck (z. B. Panettone, Kekse, Grissini) ☐ Süßspeisen (z. B. Tiramisu) ☐ Käse ☐ Wurst und Fleisch

☐ Gemüse und Obst ☐ Konserven und Eingelegtes (z. B. Oliven, Artischocken) ☐ Trockenprodukte (z. B. Pinienkerne, getrocknete Feigen) ☐ Kaffee/Espresso ☐ Wein ☐ Spirituosen (z. B. Grappa, Campari) ☐ andere Getränke (z. B. Lemon Soda) ☐ Sonstiges: _____	☐ Gemüse und Obst ☐ Konserven und Eingelegtes (z. B. Oliven, Artischocken) ☐ Trockenprodukte (z. B. Pinienkerne, getrocknete Feigen) ☐ Kaffee/Espresso ☐ Wein ☐ Spirituosen (z. B. Grappa, Campari) ☐ andere Getränke (z. B. Lemon Soda) ☐ Sonstiges: _____

Bevor Marino Caponi seinen Fragebogen ausdrucken kann, muss er noch sein Logo in den Fragebogen einfügen, kurz erläutern, warum er die Fragebogenaktion macht und was anschließend mit den Daten der Befragten geschieht. Danach gibt er noch einige Hinweise zum Ausfüllen des Fragebogens und fügt ganz am Schluss einen Satz des Dankes ein.

Sein fertig erstellter Fragebogen sieht so aus:

Kennen Sie das Ristorante „Da Marino"?
Dann wissen Sie, dass Sie dort immer in gemütlichem, südländischem Ambiente italienische Speisen genießen können. Auf Wunsch vieler Kunden überlegen wir, ob wir es Ihnen ermöglichen könnten, ein Stück Italien – italienische Delikatessen – mit nach Hause zu nehmen.

Bitte helfen Sie uns bei dieser Entscheidung, indem Sie diesen Fragebogen gewissenhaft und ehrlich ausfüllen.

Ihre Angaben werden vertraulich behandelt und nur für die Auswertung dieser Umfrage benutzt werden.

Waren Sie schon einmal in Italien?	☐ noch nie	☐ 1- bis 2-mal	☐ 3- bis 7-mal	☐ häufiger als 7-mal	
	trifft voll zu	trifft überwiegend zu	trifft weniger zu	trifft nicht zu	kann ich nicht beurteilen
Ich mag das italienische Lebensgefühl.	☐	☐	☐	☐	☐
Ich koche selbst für mich und andere.	☐	☐	☐	☐	☐
Falls Sie etwas anderes als „trifft nicht zu" angekreuzt haben:					
Ich koche gerne italienisch.	☐	☐	☐	☐	
Ich würde gerne mehr italienisch kochen.	☐	☐	☐	☐	
Ich esse gerne italienische Lebensmittel.	☐	☐	☐	☐	
Ich trinke gerne italienische Getränke.	☐	☐	☐	☐	
In den Geschäften werden ausreichend italienische Lebensmittel angeboten.	☐	☐	☐	☐	☐

Welche italienischen Lebensmittel, die Sie gerne kaufen würden, fehlen in den Sortimenten der bestehenden Läden?
_____
_____
_____

Würden Sie italienische Lebensmittel lieber in einem Ladengeschäft oder in einem Onlineshop im Internet einkaufen?

☐ Laden	☐ Onlineshop
Welche Produkte würden Sie lieber in einem Laden einkaufen?	Welche Produkte würden Sie lieber in einem Onlineshop im Internet einkaufen?
☐ Gebäck (z. B. Panettone, Kekse, Grissini) ☐ Süßspeisen (z. B. Tiramisu) ☐ Käse ☐ Wurst und Fleisch	☐ Gebäck (z. B. Panettone, Kekse, Grissini) ☐ Süßspeisen (z. B. Tiramisu) ☐ Käse ☐ Wurst und Fleisch

☐ Gemüse und Obst ☐ Konserven und Eingelegtes (z. B. Oliven, Artischocken) ☐ Trockenprodukte (z. B. Pinienkerne, getrocknete Feigen) ☐ Kaffee/Espresso ☐ Wein ☐ Spirituosen (z. B. Grappa, Campari) ☐ andere Getränke (z. B. Lemon Soda) ☐ Sonstiges: _____	☐ Gemüse und Obst ☐ Konserven und Eingelegtes (z. B. Oliven, Artischocken) ☐ Trockenprodukte (z. B. Pinienkerne, getrocknete Feigen) ☐ Kaffe/Espresso ☐ Wein ☐ Spirituosen (z. B. Grappa, Campari) ☐ andere Getränke (z. B. Lemon Soda) ☐ Sonstiges: _____

Alter _____ Jahre

Sie sind …   ☐ männlich   ☐ weiblich

Interessiert Sie das Resultat dieser Umfrage? Dann kommen Sie in den nächsten Wochen in unser Ristorante, dort werden wir die Ergebnisse dieser Fragebogenaktion aushängen.

Vielen Dank, dass Sie sich an dieser Umfrage beteiligt haben! Sie haben uns sehr geholfen.
Ihr Team vom Ristorante Da Marino

AUFGABEN

1 Ordnen Sie den folgenden Merkmalen (Attributen) die möglichen Ausprägungen (Werte) und die Art des Merkmals zu.

Beispiel: Geschlecht – männlich, weiblich – qualitativ, nominal
               Aktienkurs – 3,45; 22,76 – quantitativ, stetig

Klausurnote, Körpergewicht, höchster Bildungsabschluss, Bundesland des Wohnortes, Blutgruppe, Länge des Schulwegs, Transportmittel zur Schule, Summe des Ersparten, Zinssatz, Zufriedenheit mit Kreditinstitut, Beruf

2 Geben Sie jeweils zwei Merkmale (Attribute) und mögliche Ausprägungen (Werte) für die vier verschiedenen Merkmalsarten an.

3 Sie haben ein Praktikum in Ihrer Stadtverwaltung begonnen. Der Ausschuss zur „Attraktivitätssteigerung der Innenstadt" möchte gerne mit Hilfe eines Fragebogens etwas mehr über die Einkaufs- und Ausgehgewohnheiten der Mitbürger erfahren.

Folgenden Entwurf hat der Ausschuss bereits erarbeitet:

1.	Ich bin manchmal in der Innenstadt.	☺	☹
2.	Wenn ich darüber nachdenke, dann komme ich letztlich zu dem Schluss, dass die Innenstadt eigentlich recht zufriedenstellend ist.	☺	☹
3.	In den letzten 12 Monaten war ich in jedem Monat einmal in einer Boutique in der Innenstadt einkaufen.	☺	☹
4.	Die Geschäfte in der Innenstadt haben eine gute Auswahl und sind hübsch eingerichtet.	☺	☹
5.	Es ist nicht gut, wenn man in den Geschäften nicht zuvorkommend bedient wird.	☺	☹
6.	Ich gehe selten in die Innenstadt.	☺	☹
7.	Mit den Boutiquen in der Innenstadt bin ich ganz außerordentlich zufrieden.	☺	☹
8.	Die Läden in der Innenstadt sehen alle gleich aus, daran kann man nichts machen.	☺	☹
9.	Ich bin auch der Meinung, dass man in der Innenstadt mehr für die Jugendlichen tun sollte.	☺	☹
10.	In der City gibt es Locations, in denen man gut chillen und chatten kann.	☺	☹
11.	Früher bin ich gerne ins Kino gegangen.	☺	☹

Nun werden Sie von dem Ausschussleiter gebeten, den Fragebogen kritisch zu bewerten und zu verbessern. Gehen Sie dabei folgendermaßen vor:
1. Sehen Sie sich die Items genau an. Nicht alle Items sind optimal formuliert.
   a) Versuchen Sie zunächst, jedes der Items als befragte Person zu beantworten.
   b) Finden Sie heraus, was bei der Formulierung der jeweiligen Items schlecht oder missverständlich ist.
   c) Stellen Sie je eine allgemeine Regel auf, was in Zukunft zur Vermeidung eines solchen Fehlers zu beachten ist.

Beispiel: „Ich bin manchmal in der Innenstadt."
Diese Frage würde von jedem Befragten mit „Ja" beantwortet und hat somit keine Aussagekraft.
Regel: Keine Items verwenden, die jeder Befragte in gleicher Weise beantwortet.

2. Überlegen Sie sich, wie die einzelnen Items besser formuliert werden können.
3. Arbeiten Sie nun am PC.
   a) Geben Sie den Fragebogen mit den von Ihnen verbesserten Items in ein Textverarbeitungsprogramm wie z. B. MS-Word ein. (Benutzen Sie dazu Tabellen!)
   b) Ergänzen Sie die fehlenden notwendigen Angaben (Kopf des Fragebogens, Anleitung zum Ausfüllen des Fragebogens, ...).

4 In Ihrer Schule soll ein neuer Kiosk eröffnet werden.
   a) Wie entscheiden Sie, welches Warensortiment in diesem Kiosk angeboten wird?
   b) Wie entscheiden Sie, wann der Kiosk geöffnet hat?

6.3 Elektronische Datenerhebung mit GrafStat – erste Schritte

> Marino Caponi hat seinen Fragebogen entworfen, in einem Textverarbeitungsprogramm erstellt und ausgedruckt. Stolz zeigt er ihn seinem Neffen Enzo, um zu erfahren, was er von dem Fragebogen hält.
> „Da hast du dir aber viel Mühe gegeben, Onkel Marino. Noch besser wäre es, wenn alle Fragen auf eine Seite passen würden, dann bräuchtest du nicht so viel Papier. Hast du dir schon überlegt, mit welchem Programm du die Befragung auswerten möchtest? Mit einem Tabellenkalkulationsprogramm? Oder mit einem Statistikprogramm? Das wäre natürlich viel komfortabler. Und Änderungen an dem Formular ließen sich auch leichter vornehmen."

Das Programm GrafStat wurde von Uwe Diener mit Unterstützung der Bundeszentrale für politische Bildung extra für den Einsatz in Schulen für nicht-kommerzielle Zwecke entwickelt. Deshalb wird GrafStat von der Bundeszentrale für politische Bildung kostenlos zur freien Nutzung durch pädagogische Multiplikatoren und Institutionen abgegeben.

GrafStat ist ein übersichtliches und intuitiv verständliches Fragebogenprogramm, das sich nach dem Start mit folgender Oberfläche präsentiert:

Im oberen Bereich über den fünf Bearbeitungssäulen ist angegeben, mit welchem Fragebogen derzeit gearbeitet wird. In diesem Fall ist es *Befragung1.gdf*.

GrafStat setzt sich aus fünf Bearbeitungssäulen zusammen:

- **Fragebogen**
Hier kann man einen neuen Fragebogen mit Hilfe eines Assistenten in fünf Schritten erstellen, einen bereits bestehenden Fragebogen als aktuellen Fragebogen laden oder den aktuellen Fragebogen bearbeiten.

- **Fragebogen gestalten**
Hier kann man recht komfortabel entweder ein Druckformular oder ein Internetformular für einen Fragebogen gestalten.

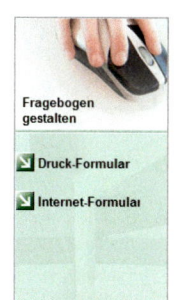

- **Daten erfassen**
Beim Datenerfassen kann man auswählen, ob die Fragebogendaten in Form eines Bildschirminterviews oder einer Listeneingabe erfasst werden sollen. Nachdem die Daten eingegeben sind, kann man die Fragebogendaten über den Punkt Urliste/Export in ein anderes Programm exportieren.

- **Daten auswerten und präsentieren**
Bei diesem Punkt kann man sich entweder eine Grundauswertung ansehen, die die wichtigsten Kennzahlen einer statistischen Datenanalyse enthält, oder man kann die Befragungsergebnisse grafisch als Diagramm darstellen.

- **Befragungen verwalten**
Bei der Verwaltung der Befragungen kann man eine komplette Befragung mit allen dazu gehörigen Dateien kopieren oder man kann Daten zusammenfügen, wenn sie von verschiedenen Personen oder in verschiedenen Dateien erfasst wurden. Weiterhin kann man die Daten verwalten, indem man sie nach ein oder zwei Merkmalen gewichtet, einzelne Variablen berechnet oder Daten löscht. Im letzten Punkt wird auf die drei GrafStat-Zusatzmodule GrafShow, GrafMath und GrafComposer hingewiesen.

Fragebogen mit GrafStat erstellen und gestalten

Soll eine Befragung mit GrafStat durchgeführt werden, so muss man zuerst einen Fragebogen über den Punkt *Fragebogen ▷ Neu anlegen*. Ist dies mit Hilfe des Fragebogenassistenten in fünf Schritten erledigt, so kann man den Fragebogen direkt bearbeiten. Bearbeiten bedeutet, die Items des Fragebogens anzulegen bzw. zu bearbeiten. Ist der zu bearbeitende Fragebogen nicht neu angelegt und enthält er bereits einige Daten, so erscheint folgender Warnhinweis:

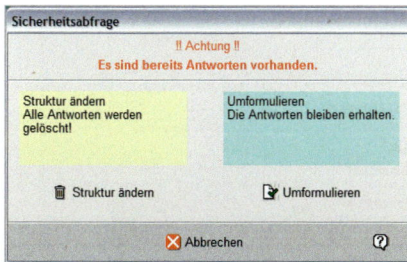

Bei diesem Warnhinweis muss eine Entscheidung fallen, ob grundlegende Änderungen an der Struktur des Fragebogens vorzunehmen sind und somit alle Daten gelöscht werden, oder ob nur kleine Umformulierungen vorzunehmen sind, so dass die Daten erhalten bleiben. Spätestens nach dieser Warnung öffnet sich das Fenster, in dem die einzelnen Items angelegt werden können.

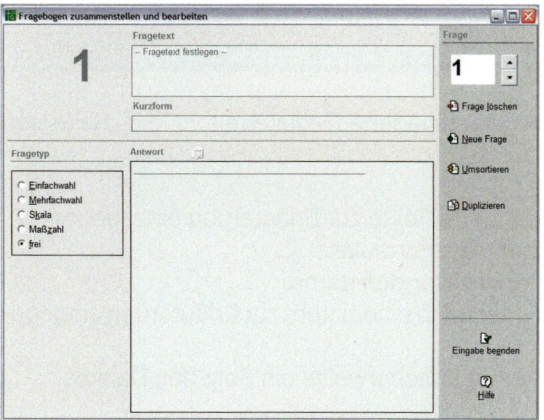

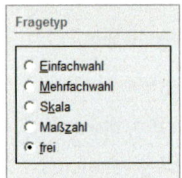

Im **rechten Bereich** dieses Fensters kann zwischen den einzelnen Fragen bzw. Items navigiert werden. Sind alle Items vollständig eingegeben, verlässt man das Bearbeitungsfenster über den Punkt *Eingabe beenden*.

Im linken Bereich des Fensters wird die Art eines Items festgelegt.
- Eine **Einfachauswahl** benutzt man für eine Nominalskala, bei der nur eine Kategorie ausgewählt werden darf.
- Für eine **Mehrfachauswahl** entscheidet man sich bei einer Nominalskala, bei der mehrere Werte angekreuzt werden dürfen.
- Eine **Skala** wählt man für eine Ordinalskala.
- Eine **Maßzahl** benötigt man für metrische, also quantitative Werte, wie z. B. *Alter* und *Körpergröße*.
- Die Option **frei** braucht man für freien Text, der z. B. bei *Sonstiges* eingetragen wird.

Wenn alle Items zu einem Fragebogen eingetragen sind, besteht die Möglichkeit, das Aussehen des Druck- bzw. Internetformulars zu verändern. Wir beschreiben an dieser Stelle beispielhaft die Formatierung eines Druckformulars, da diese häufiger in der Unterrichtspraxis eingesetzt werden. Die Formatierung eines Internetformulars ist in der Programmhilfe gut und ausführlich beschrieben.

Zur Vorbereitung des Fragebogens für den Ausdruck wählt man in der zweiten Hauptmenüsäule *Fragebogen gestalten* den Punkt *Druck-Formular*. In der Mitte des Bildschirms erscheint das Formular in der Druckversion. Links davon befindet sich eine Navigationsleiste, auf der zwischen den Seiten des Formulars hin- und hergeblättert werden kann. Die rechte Spalte auf dem Bildschirm dient der Einstellung von Ansichtsgröße, der Ergänzung und Formatierung des Fragebogens und dem Ausdruck des fertigen Formulars.

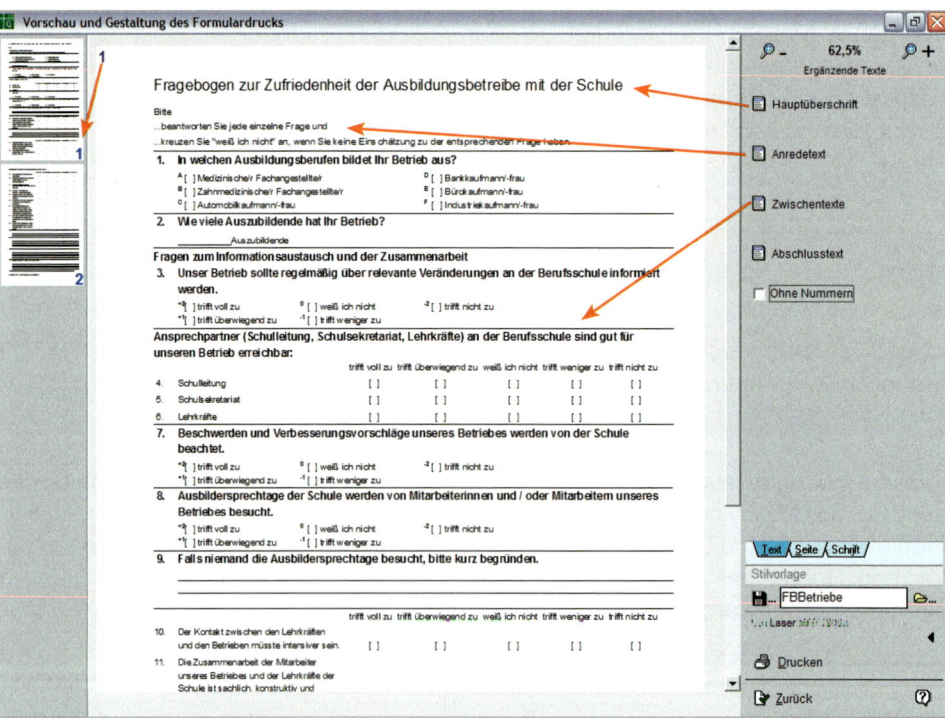

Im rechten Bildschirmbereich gibt es drei verschiedene Registerreiter: Text, Seite und Schrift.

Bei dem **Textregister** ist es möglich, zusätzliche Texte zur Erläuterung einzugeben:
- *Hauptüberschrift* ist die Überschrift über dem Formular.
- *Anredetext* kommt nach der Überschrift und vor den Items.
- *Zwischentexte* können wahlweise vor oder nach einem Item zur Erläuterung eingegeben werden.
- *Abschlusstext* beendet das Formular. Es ist üblicherweise ein Satz des Dankes.

Zusätzlich kann festgelegt werden, ob die Ziffern vor den einzelnen Items angezeigt werden sollen oder nicht.

Das **Seitenregister** erlaubt die Formatierung der Seite als Ganzes.

Je nachdem, ob das Formular im Hoch-, Querformat oder als Heft gestaltet werden soll, ist es möglich, eine unterschiedliche Anzahl an Textspalten für das Formular auszuwählen.

Weiterhin ist zu entscheiden, wie die Ränder des Formulars aussehen sollen, ob es zwischen den einzelnen Items eine Trennlinie oder auch eine Leerzeile geben soll und ob die Antwortmöglichkeiten platzoptimiert angeordnet werden sollen.

Fragen, die genau die gleichen Antwortkategorien haben, können zu einem Block zusammengefasst werden. So kann in manchen Situationen der Fragebogen übersichtlicher und platzsparender formatiert werden.

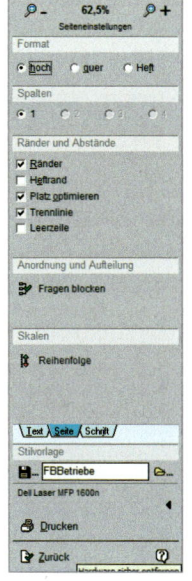

Fragen nicht geblockt:

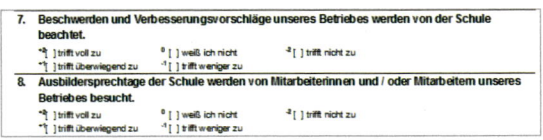

Fragen geblockt:

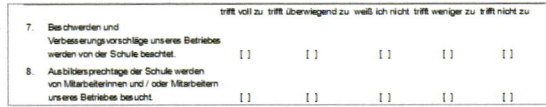

Zum Schluss kann die Antwortskala von aufsteigend zu absteigend (oder andersherum) geändert und die Null nachträglich in die Antwortskala aufgenommen bzw. aus ihr herausgenommen werden.

Das **Schriftregister** dient der Formatierung der einzelnen Texttypen, der Gesamtgröße des Textes und der Zeilenabstände.

Die Schriftarten, Schriftgrößen und der Schriftschnitt können für die Hauptüberschrift, die Zwischentexte, die vor bzw. nach den Fragen stehen, die Fragetexte und die Antwortmöglichkeiten (Items) einzeln angegeben werden. Die Anrede und der Abschlusstext werden gemeinsam formatiert.

Besonders praktisch sind die Schieberegler für die Schriftgröße und den Zeilenabstand, mit denen der Fragebogen leicht auf die gewünschte Größe gestaucht oder gedehnt werden kann.

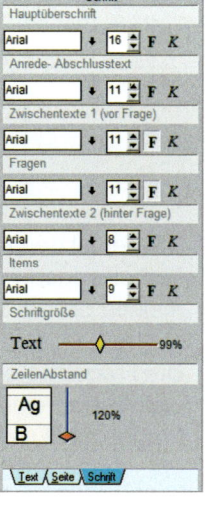

Marino Caponi startet GrafStat und erstellt zunächst einen neuen Fragebogen. Auf die erste Frage „Waren Sie schon einmal in Italien?" soll der Befragte genau eine Auswahl ankreuzen, deshalb wählt Marino Caponi den Fragetyp „Einfachauswahl" aus und trägt die entsprechenden Antworten ein. Die Kurzform der Fragen und Antworten füllt er nicht aus.

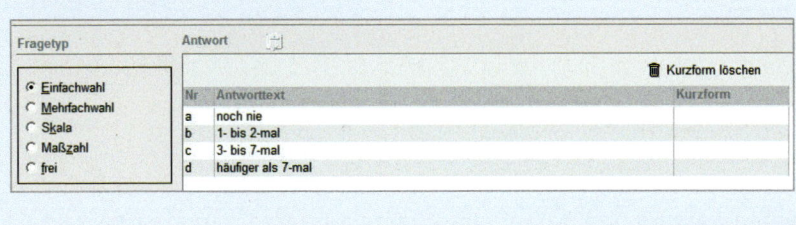

Bei den nächsten Items wählt Marino Caponi eine Skala von 1 bis 4 bzw. von 1 bis 5 aus; „trifft voll zu" ist dabei immer der Wert „1" zugewiesen. Durch diese Skala kann Marino Caponi auf den ersten Blick erkennen, wie relevant der Fragebogen für ihn ist: Je kleiner die Werte in diesem Block sind, umso interessanter wird der Fragebogen für ihn.

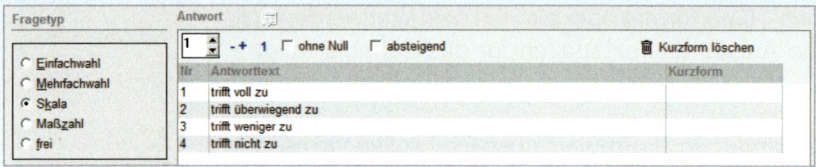

Da Marino Caponi bei diesen Items immer wieder dieselben Antwortkategorien eingeben muss, benutzt er die Schaltfläche „Duplizieren" am rechten Bildschirmrand.

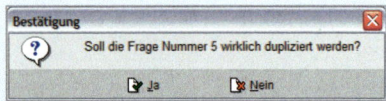

Mit dieser Schaltfläche kann er eine Frage an das Ende des bisherigen Fragebogens duplizieren und anschließend bearbeiten und abspeichern.
Auf die Frage, welche italienischen Lebensmittel in den Sortimenten der bestehenden Läden fehlen, sollen die Befragten mit einem freien Text antworten. Marino Caponi legt hierfür eine freie Antwort an. Er muss dazu nur die Anzahl der Linien, die dem Befragten zum Ausfüllen zur Verfügung stehen sollen, eingeben.

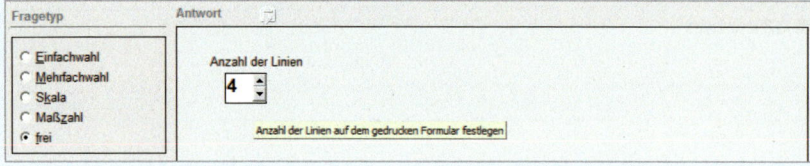

Nachdem Marino Caponi noch einmal eine Einfachauswahl für die Angabe des gewünschten Ladentyps angelegt hat, folgt eine Mehrfachauswahl für die verschiedenen Produkte, die gekauft werden können. Mehrfachauswahlen werden im Gegensatz zu Einfachauswahlen mit großen Buchstaben gekennzeichnet.

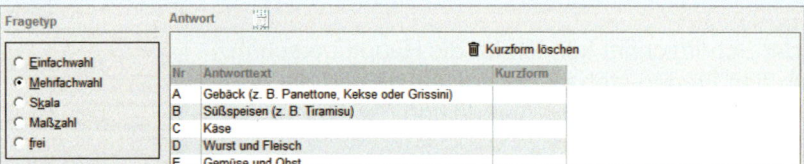

Bei der letzten Auswahlmöglichkeit „Sonstiges" sollen die Befragten die Gelegenheit bekommen, freien Text einzugeben. Hierfür muss noch ein gesondertes Item „Falls Sie ‚Sonstige' angekreuzt haben, welche meinen Sie genau?" mit einer freien Antwort angelegt werden.

Die Frage mit den Produktkategorien kopiert Marino Caponi für den Fall, dass die Befragten in einem Onlineshop einkaufen wollen, und ergänzt auch hier ein Item für „Sonstiges". Zum Schluss legt er die Fragen nach dem Alter und dem Geschlecht an. Für das Alter wählt er dabei den Fragetyp „Maßzahl".

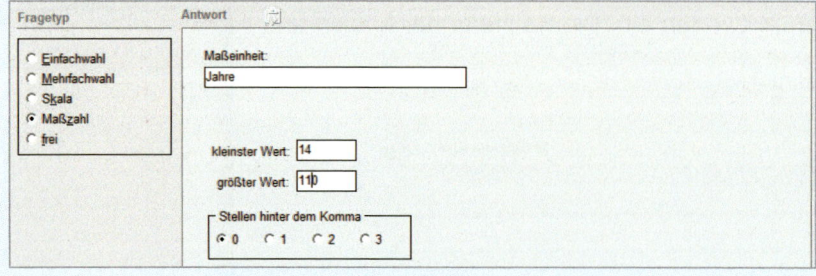

Nachdem Marino Caponi den Fragebogen vollständig in GrafStat eingegeben hat, sieht er sich in der Vorschau das Druckformular an. Folgende Punkte gefallen ihm noch nicht so gut:
- Das Formular erstreckt sich über zwei Seiten.
- Es gibt automatisch generierte Texte.
- Die Filterfragen sind noch nicht als solche erkennbar.
- Das Layout ist unübersichtlich.

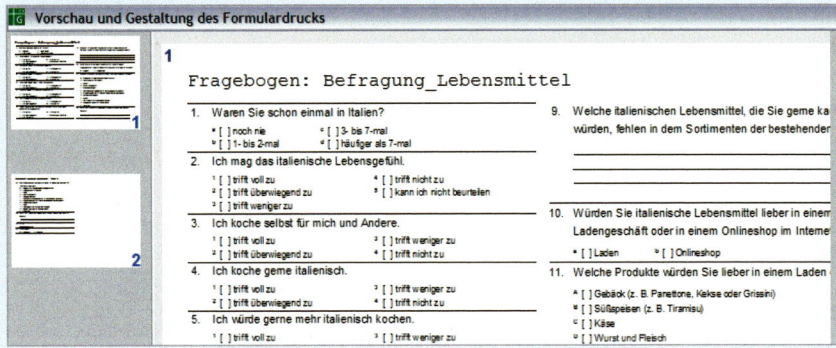

Marino Caponi verändert das Druckformular nach seinen Vorstellungen. Zuerst fügt er alle notwendigen erläuternden Texte ein:
- Die Hauptüberschrift soll „Italienische Delikatessen" lauten.
- Den Anredetext übernimmt er aus seinem Wordformular.
- Als Zwischentext fügt er vor Frage 4 ein: „Falls Sie in Frage 3 etwas anderes als ‚trifft nicht zu' angekreuzt haben, machen Sie bitte mit Frage 4 weiter, ansonsten geht es weiter mit Frage 6."
- Im Abschlusstext bedankt er sich bei den Befragten.

Nun gibt es keine automatisch generierten Texte mehr in dem Fragebogen und die Filterfragen sind auch als solche erkennbar.

Jetzt überlegt Marino Caponi, wie man auf dem Fragebogen Platz sparen könnte. Eine Möglichkeit wäre, die Fragen 3 bis 7 zu einem Frageblock zusammenzufassen. Er klickt also den Reiter *Seite* in der rechten Randspalte an und wählt dort den Punkt *Fragen blocken* aus. In dem nun erscheinenden Dialogfenster sind alle Items, die man blocken könnte, hell hinterlegt. Er klickt auf den Punkt *Neuer Frageblock* und fügt die einzelnen Items durch einen Klick in die Spalte *Block* in der entsprechenden Zeile zu dem Frageblock hinzu. Damit der Zwischentext vor Frage 4 gedruckt werden kann, muss er zwei Blöcke anlegen: der erste umfasst nur Frage 3, der zweite die Fragen 4 bis 7.

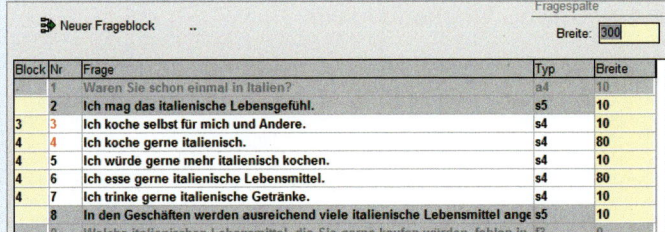

Marino Caponi probiert anschließend die verschiedenen Aufteilungsmöglichkeiten des Blattes aus: Hoch- oder Querformat, ein- oder zweispaltig. Am besten ist der Platz auf dem Fragebogen im zweispaltigen Querformat ausgenutzt.

Andere Möglichkeiten, auf dem Formular Platz zu sparen, sieht Marino Caponi nicht. Deshalb wechselt er nun zu dem Reiter *Schrift* in der rechten Randspalte. Die Schriftarten und Schriftgrößen, die dort eingetragen sind, erscheinen ihm zum größten Teil recht ansprechend. Er verkleinert allerdings den Anrede- und Abschlusstext und formatiert die Fragen fett. Dann bewegt er den Schieberegler für die Schriftgröße und für den Zeilenabstand so lange hin und her, bis der gesamte Fragebogen auf eine Seite passt.

Der fertige Fragebogen, den Marino Caponi später ausdrucken möchte, sieht so aus:

AUFGABEN

1 Erstellen Sie einen Fragebogen für Ihre Klasse in GrafStat als Druckformular.
Der Fragebogen soll folgende Fragen beinhalten:
1. Wie alt sind Sie?
2. Geschlecht
3. In welchen Ländern der EU waren Sie bereits im Urlaub?
4. Wie viel Geld haben Sie im Augenblick dabei?
5. Ich mag italienisches Essen gern.
6. Wie viel Zeit verwenden Sie pro Tag für Hausaufgaben?
7. Welche Länder, die nicht zur EU gehören, haben Sie bereits besucht?
8. Falls Sonstige, welche waren es?

2 Ziehen Sie Erkundigungen über Statistikprogramme ein. Finden Sie relevante Kriterien, nach denen Sie die Programme bewerten wollen, und erstellen Sie eine Entscheidungsmatrix.

3 a) Erstellen Sie den folgenden Fragebogen in GrafStat als Internetformular.
b) Führen Sie die Befragung online durch.

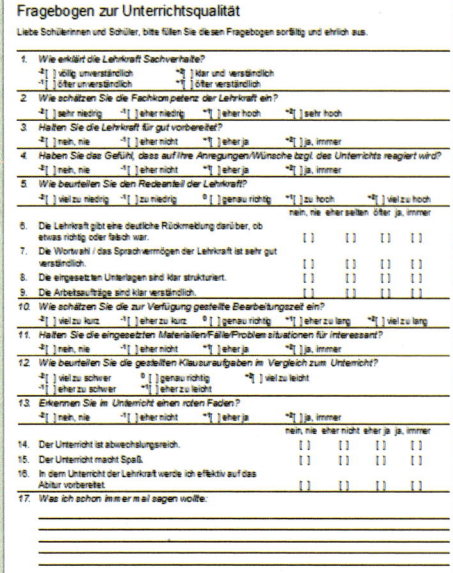

6.4 Daten zählen und gewichten

Marino Caponis Neffe Enzo und seine Freundin Marietta haben die Befragung der Nachbarn, Passanten und Gäste des Ristorante Da Marino erfolgreich durchgeführt. Von den Nachbarn sind sogar 40 Fragebögen der 100 verteilten zurückgekommen. Das ist eine sehr gute Rücklaufquote. Insgesamt liegen 190 Fragebögen vor ihnen und müssen ausgezählt werden. Eine ganz schön mühselige Arbeit …

Ziel einer Auswertung ist es, die Informationen, die in den Rohdaten (also den Fragebögen) stecken, zusammenzufassen. So wird es bei einer Klassenarbeit für jeden einzelnen Schüler bzw. jede einzelne Schülerin wichtig sein, welche Note er bzw. sie erreicht hat. Eine außenstehende Person wird wahrscheinlich eher an dem Klassenspiegel der Klassenarbeit interessiert sein, da diese aufzeigt, ob eine Klassenarbeit gut oder schlecht ausgefallen ist.

Die noch nicht bearbeiteten Daten, die durch eine Datenerhebung ermittelt wurden, heißen **Rohdaten**. Sie liegen oft in Form einer Liste, der **Urliste** vor. Wenn die Rohdaten nach ihrer Größe geordnet werden, heißt die entstandene Liste **Rangliste**. Die Daten können in einer **Häufigkeitstabelle** zusammengefasst werden, in der notiert ist, wie oft jede einzelne Ausprägung (jeder einzelne Wert) eines Merkmals (Attributs) vorkommt.

In der Häufigkeitstabelle können die Daten als **absolute Häufigkeit** oder als **relative Häufigkeit** angegeben sein. Die absolute Häufigkeit gibt die absolute Anzahl an, d.h. wie häufig ein Wert vorkommt. Die relative Häufigkeit gibt die Häufigkeit bezogen auf die Gesamtanzahl an.

Notenspiegel für eine Klassenarbeit:

absolute Häufigkeiten					
1	2	3	4	5	6
2	4	6	5	2	1

relative Häufigkeiten					
1	2	3	4	5	6
$\frac{2}{20} = 0{,}1$	$\frac{4}{20} = 0{,}2$	$\frac{6}{20} = 0{,}3$	$\frac{5}{20} = 0{,}25$	$\frac{2}{20} = 0{,}1$	$\frac{1}{20} = 0{,}05$

relative Häufigkeiten in %					
1	2	3	4	5	6
10%	20%	30%	25%	10%	5%

Das Auswerten der Rohdaten kann entweder manuell oder mit elektronischer Unterstützung geschehen.

Bei der **manuellen Auswertung** ist es üblich, für jedes Item eine Strichliste zu führen bzw. die einzelnen Werte für Maßzahlen und Texte für freie Eingaben zu notieren. Hat man bei der Auswertung seiner Umfrage nur das Ziel, die Antworthäufigkeiten für die einzelnen Items zu ermitteln, ist die manuelle Auswertung eine mögliche Vorgehensweise. Dienen die gewonnenen Daten jedoch noch zur Durchführung weiterer Analysen, ist es bei der manuellen Auswertung später ziemlich schwierig, Zusammenhänge (Korrelationen) zwischen einzelnen Items zu erkennen. Es ist z.B. nicht mehr festzustellen, ob Personen, die die Frage x mit „ja" beantwortet haben, auch die Frage y mit „ja" beantwortet haben.

Korrelation (lat.) = Zusammenhang

Sobald die Rohdaten in das entsprechende Programm eingegeben oder importiert wurden, erweist sich die **elektronisch gestützte Datenauswertung** als äußerst komfortabel: Mit wenigen Befehlen lassen sich statistische Kenngrößen und Diagramme erstellen. Zunächst jedoch stellt sich die Frage, welches Programm verwendet werden sollte.

- Ein **Tabellenkalkulationsprogramm** wie Excel ist gut dazu geeignet, die Rohdaten in die Tabellenblätter einzugeben, die Daten zu sortieren, zu zählen und zusammenzufassen. Die Auswertung kann zudem auch durch Diagramme unterstützt werden.
- Auch ein **Datenbankprogramm** wie Access kann gut zur Datenauswertung genutzt werden. In einzelnen Abfragen können – genau wie in Excel – statistische Funktionen auf die zusammengestellten Daten angewandt werden. In Formularen und Berichten können die Daten auch mit Grafiken visualisiert werden.
- Besonders komfortabel ist ein **Statistikprogramm**. Die Eingabe der Rohdaten ist durch eine grafische Oberfläche und die Plausibilitätskontrollen besonders angenehm. In der Grundauswertung liefert ein Knopfdruck alle relevanten Kenngrößen. Und auch komplizierte Auswertungen und grafische Darstellungen werden in einem Statistikprogramm unterstützt. Das bekannteste Statistikprogramm ist SPSS, doch auch mit einem einfach zu bedienenden Programm wie GrafStat können gute Ergebnisse erzielt werden.

Im Folgenden soll die computergestützte Datenauswertung mit GrafStat vorgestellt werden. In GrafStat ist es möglich, die Rohdaten mit Hilfe eines **Bildschirminterviews** oder über die **Listeneingabe** zu erfassen. Die Listeneingabe ist die deutlich schnellere Variante, denn hier kann man mit dem Ziffernblock der Tastatur arbeiten und hat pro Bildschirmseite einen Fragebogen ausgefüllt.

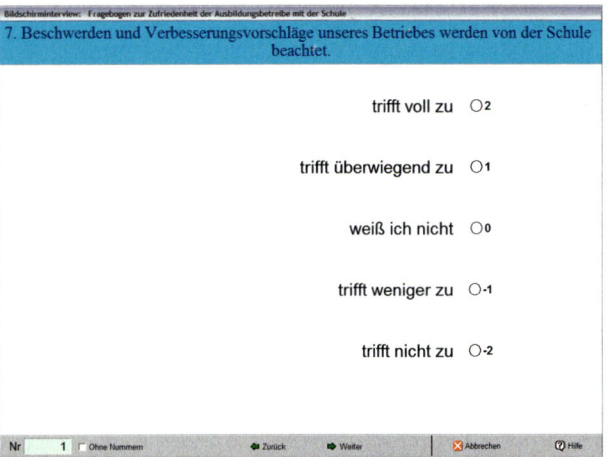 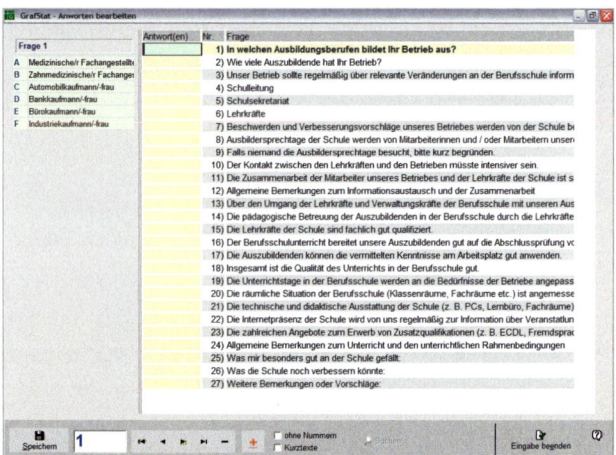

Die Urliste der Befragung kann man sich nach Eingabe der Rohdaten auf dem Bildschirm ansehen und bei Bedarf in eine ASCII-Datei im CSV-Format umwandeln, die von jedem anderen Programm eingelesen werden kann.

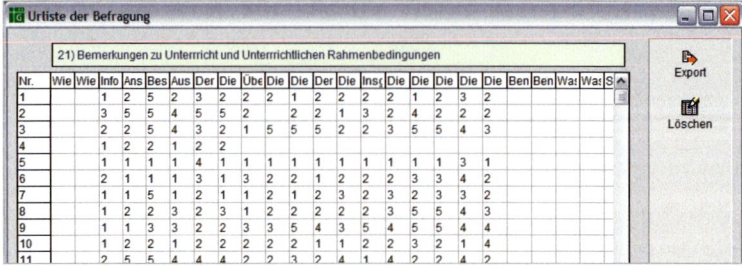

Haben mehrere Personen Rohdaten eingegeben, kann man die einzelnen Dateien, in denen die Rohdaten gespeichert sind, in der Menüsäule *Befragungen verwalten* durch den Punkt *Daten zusammenfügen* zusammenführen.

Marino Caponi erfasst die Fragebögen in GrafStat mit der Listeneingabe und sieht sich die Urliste an:

Nr	Wa	Ich	Ich	Ich	Ich	Ich	Ich	In	Wü	Welche Produ	Welche	Alte	Ge
1	c	1	2	1	1	1	1	2	a	ADE	I	30	b
2	c	1	1	3	2	2	2	2	a	ABCDE	HI	31	b
3	d	3	4			3	3	5	a	BCDEFI		31	a
4	b	2	2	2	3	2	3		a	AB	GHI	39	a
5	c	2	1	2	2	2	3	3	a	ABCDEFGHIJ		40	b
6	d	1	4			2	2	5	a	CDEHI		41	a
7	b	1	2	2	2	2	4	5	a	ABCDEI	FH	40	b
8	c	2	4			2	4	5	a	DEF	GHI	42	b
9	b	2	1	2	1	1	3	5	a	CDEF	GI	45	b
10	b	1	1	2	3	2	2	3	a	CDEI	AFGHJ	42	b
11													

AUFGABEN

1 Führen Sie die Schülerbefragung aus Aufgabe 1 des vorherigen Abschnitts (siehe Seite 320) durch.
  a) Tragen Sie die Ergebnisse der Befragung in zwei Gruppen mit Hilfe des Bildschirminterviews bzw. der Listeneingabe in GrafStat ein.
  b) Führen Sie die beiden Teildatenmengen der Befragung zusammen.

2 Vor einer Berufsbildenden Schule wurden für eine halbe Stunde die Anzahl der vorbeifahrenden Fahrzeuge gezählt. Berechnen Sie die relativen Häufigkeiten der einzelnen Fahrzeugtypen:

PKW	24
LKW	8
Motorräder	12
Fahrräder	16
Wohnmobile	4

3 Auf die Frage, wie viel Euro Taschengeld sie monatlich bekämen, machten im Jahr 2008 die Schülerinnen und Schüler aus zwei zwölften Klassen eines Fachgymnasiums folgende Angaben:
26, 0, 0, 30, 30, 0, 50, 0, 250, 65, 0, 90, 50, 0, 30, 20, 100, 250, 0, 0, 30, 50, 30, 20, 40, 40, 70, 80, 52, 60, 60, 50, 70, 100, 100, 40, 80, 70, 100, 50, 320
  a) Erstellen Sie aus dieser Urliste zunächst eine Rangliste und dann eine Häufigkeitstabelle.
  b) Fassen Sie die Taschengeldbeträge zu sinnvollen Klassen zusammen und geben Sie für die gewählten Klassen die absoluten und relativen Häufigkeiten an.

6.5 Daten auswerten

Marino Caponi hat alle Fragebögen in GrafStat eingegeben. Jetzt kann er an die Auswertung der Daten gehen. Doch welche Werte sind wichtig und als sinnvoll zu betrachten? Er hat gelesen, die Verteilung eines statistischen Merkmals sei vergleichbar mit einem Kieshaufen. Um den Kieshaufen zu beschreiben, muss man wissen, von wo bis wo er reicht, wo er seinen höchsten Punkt hat und ob er von seinem höchsten Punkt aus eher steil oder eher flach abfällt. Mit diesen Angaben kann sowohl die Lage und das Aussehen des Kieshaufens als auch die Verteilung eines statistischen Merkmals genau beschrieben werden.

Zur Beschreibung der Verteilung eines statistischen Merkmals sind zunächst die **Lagemaße** nötig. Sie beantworten folgende Fragen:
- Was ist der kleinste Wert? (Wo fängt der Kieshaufen an?)
- Was ist der größte Wert? (Wo hört der Kieshaufen auf?)
- Was ist der Mittelwert? (Wo liegt der Schwerpunkt?)
- Welcher Wert kommt am häufigsten vor? (Wo ist der Kieshaufen am höchsten?)
- Welcher Wert liegt bei einer Rangliste genau in der Mitte der Werte? (Wenn es möglich wäre, den Kieshaufen in Scheiben zu schneiden und diese Scheiben nebeneinander zu legen, welche Scheibe läge dann in der Mitte?)

Das **Minimum** und das **Maximum** einer Stichprobe sind der kleinste und der größte Wert in einer Liste. Auch das arithmetische Mittel lässt sich leicht berechnen: Man addiert alle Werte der Stichprobe und teilt die Summe durch die Anzahl der Werte.

> Der **Mittelwert (arithmetisches Mittel)** beschreibt den statistischen Durchschnittswert. Für den Mittelwert addiert man alle Werte einer Stichprobe und teilt die Summe durch die Anzahl der Werte.

$$\bar{x} = \frac{1}{n}(x_1 + \dots + x_n) \quad \text{kurz: } \bar{x} = \frac{1}{n}\sum_{i=1}^{n} x_i$$

Kommen die Merkmalsausprägungen $a_1, \dots, a_k$ mit den **absoluten Häufigkeiten** $H_1, \dots, H_k$ vor, so kann man rechnen:

$$\bar{x} = \frac{1}{n}(a_1 \cdot H_1 + \dots a_k \cdot H_k) \quad \text{kurz: } \bar{x} = \frac{1}{n}\sum_{i=1}^{k} a_k \cdot H_k$$

Sind $h_1, \dots, h_k$ die **relativen Häufigkeiten** von $a_1, \dots, a_k$, so gilt:

$$\bar{x} = (a_1 \cdot h_1 + \dots a_k \cdot h_k) \quad \text{kurz: } \bar{x} = \frac{1}{n}\sum_{i=1}^{k} a_i \cdot h_i$$

1, 2, 3, 5, 8, 10, 14:   Der Mittelwert ist $(1 + 2 + 3 + 5 + 8 + 10 + 14) : 7 = 43 : 7 =$ **6,14**
1, 1, 1, 1, 14:   Der Mittelwert ist $(1 \cdot 4 + 14 \cdot 1) : 7 = 18 : 7 =$ **2,57**

relative Häufigkeiten					
1	**2**	**3**	**4**	**5**	**6**
0,1	0,2	0,3	0,25	0,1	0,05

Der Mittelwert ist $1 \cdot 0{,}1 \; + \; 2 \cdot 0{,}2 \; + \; 3 \cdot 0{,}3 \; + \; 4 \cdot 0{,}25 \; + \; 5 \cdot 0{,}1 \; + \; 6 \cdot 0{,}05$
$\qquad\qquad\qquad = \; 0{,}1 \; + \; 0{,}4 \; + \; 0{,}9 \; + \; 1 \; + \; 0{,}5 \; + \; 0{,}3$
$\qquad\qquad\qquad = \; \mathbf{3{,}2}$

Der Mittelwert bietet häufig eine gute Orientierung (z. B. den Durchschnittsverbrauch eines Autos, die Durchschnittsnote, die Durchschnittsgehälter usw.), er muss aber kritisch hinterfragt werden. Wenn zum Beispiel ein Millionär in ein kleines, landwirtschaftlich geprägtes Dorf ziehen würde, stiege das Durchschnittsvermögen der Dorfeinwohner erheblich, ohne dass die ursprünglichen Einwohner etwas davon bemerken würden. Für diesen und ähnliche Fälle ist Folgendes zu beachten: Wenn einzelne Werte sehr stark von den übrigen Werten abweichen, gibt der Mittelwert einen falschen Eindruck der Werte wieder. Dann ist es sinnvoller, einen anderen Lageparameter zu betrachten: den Zentralwert oder Median.

> Der Wert in der Mitte einer Rangliste heißt **Zentralwert** oder **Median** $\tilde{x}$.

Hat die Rangliste eine ungerade Anzahl von Werten, so ist der mittlere Wert der Zentralwert.
Hat die Rangliste eine gerade Anzahl von Werten, so stehen zwei Werte in der Mitte. Als Zentralwert wird dann der Mittelwert dieser beiden Werte genommen.

1, 2, 3, 5, 8, 10, 14: Der Median ist **5**.
1, 1, 1, 1, 14: Der Median ist **1**.
1, 2, 3, 4, 5, 14: Der Median ist **3,5** (3 und 4 liegen um die Mitte herum – die Hälfte der Summe 7 ist 3,5).

Außer dem mittleren Wert ist es bezüglich eines statistischen Merkmals natürlich auch interessant zu wissen, welcher Wert am häufigsten gewählt wurde.

> Der Wert, der in der Liste am häufigsten vorkommt, heißt **Modalwert**.

Weiterhin braucht man zur Beschreibung der Verteilung eines statistischen Merkmals die Streuung der Werte. Sie beantwortet folgende Fragen:
- Wie groß ist der maximale Abstand zwischen den einzelnen Werten? (Welche Länge nimmt der Kieshaufen ein?)
- Um wie viel weichen die Werte vom Mittelwert ab? (Ist der Kieshaufen steil oder flach?)

> Der Abstand zwischen dem minimalen und dem maximalen Wert der Rangliste heißt **Spannweite**.

1, 2, 3, 5, 8, 10, 14: Die Spannweite beträgt: $14 - 1 = 13$.

Beim Messen der Abweichung einzelner Werte vom Mittelwert sollen die Werte stärker gewichtet werden, die weiter vom Mittelwert entfernt sind. Außerdem sollen die Werte, die vom Mittelwert nach unten abweichen, genauso behandelt werden, wie die Werte, die nach oben abweichen. Aus diesem Grund nimmt man als ein Streuungsmaß die Summe der quadrierten Abweichungen vom Mittelwert geteilt durch die Anzahl der Werte: die Varianz.

> Die **Varianz** s^2 ist ein Streuungsmaß, das die Verteilung von Werten x_i um den Mittelwert $\bar{x}$ kennzeichnet. Berechnet wird die Varianz, indem die Summe der quadrierten Abweichungen aller Werte vom arithmetischen Mittel durch die Anzahl der Messwerte dividiert wird.

$$s^2 = \frac{1}{n}[(x_1-\bar{x})^2 + \ldots + (x_n-\bar{x})^2] \quad \text{kurz:} \quad s^2 = \frac{1}{n}\sum_{i=1}^{n}(x_1-\bar{x})^2$$

Kommen die Merkmalsausprägungen $a_1, \ldots, a_k$ mit den **absoluten Häufigkeiten** $H_1, \ldots, H_k$ vor, so kann man rechnen:

$$s^2 = \frac{1}{n}[(a_1-\bar{x})^2 \cdot H_1 + \ldots + (a_k-\bar{x})^2 \cdot H_k] \quad \text{kurz:} \quad s^2 = \frac{1}{n}\sum_{i=1}^{n}(a_1-\bar{x})^2 \cdot H_1$$

Sind $h_1, \ldots, h_k$ die **relativen Häufigkeiten** von $a_1, \ldots, a_k$, so gilt:

$$s^2 = (a_1-\bar{x})^2 \cdot h_1 + \ldots + (a_k-\bar{x})^2 \cdot h_k \quad \text{kurz:} \quad s^2 = \frac{1}{n}\sum_{i=1}^{n}(a_1-\bar{x})^2 \cdot h_1$$

Bei dem Merkmal *Alter* in einer Stichprobe aus 5 Personen sind die Messwerte 14, 17, 20, 24 und 25 Jahre.

Der Mittelwert $\bar{x}$ beträgt also 100 : 5 = 20 Jahre.

Nun werden die Abweichungen der einzelnen Messwerte vom Mittelwert berechnet:
14 – 20 = –6
17 – 20 = –3
20 – 20 = 0
24 – 20 = 4
25 – 20 = 5

Die quadrierten Abweichungen betragen also 36, 9, 0, 16 und 25 und die Varianz damit 86 : 5 = 17,2 Jahre^2.

Die Varianz hat den Nachteil, dass sie eine andere Einheit als die anderen betrachteten Messwerte (im Beispiel: Jahre^2) hat. Daher wird in der Praxis häufig die **Standardabweichung**, also die Quadratwurzel aus der Varianz, zur Interpretation herangezogen.

> Die **Standardabweichung** ist ein Maß für die Streubreite der Werte eines Merkmals rund um den Mittelwert. Eine kleinere Standardabweichung gibt in der Regel an, dass die gemessenen Ausprägungen eines Merkmals enger um den Mittelwert herum liegen; eine größere Standardabweichung gibt eine stärkere Streuung an.

Für normalverteilte Merkmale gilt, dass 68 % aller Antworten innerhalb der Entfernung einer Standardabweichung nach oben und unten vom Mittelwert liegen. Im Umkreis von zwei Standardabweichungen sind es rund 95 % aller Werte.

$$s = \sqrt{s^2}$$

Es wurden 100 Personen gefragt, wie viel Geld sie im Schnitt mittags für Essen ausgeben. Der Mittelwert $\bar{x}$ liegt bei 6,50 €, die Standardabweichung bei s = 0,60. Das heißt, dass die durchschnittliche Entfernung aller Antworten zum Mittelwert 0,60 € beträgt. Das Merkmal weist eine glockenartige Verteilung auf – es ist normalverteilt. Daher lässt sich ableiten, dass rund 68 % aller Befragten der Stichprobe mittags zwischen 5,90 € und 7,10 € ausgeben (6,50 € +/– 0,60 €).

Analog zu den Lagemaßen gibt es auch ein Streuungsmaß, das nicht die Streuung um den Mittelwert herum angibt, sondern um den Median herum. Die Bezeichnung für dieses Streuungsmaß heißt **Quartil**.

> Man unterscheidet drei Quartile, die die gezählten Werte in vier Viertel unterteilen.

Ein Viertel der Werte liegt zwischen dem **minimalen Wert** und dem **unteren Quartil**. Das zweite Viertel der Werte liegt zwischen dem unteren Quartil und dem **Median**. Das dritte Viertel der Werte liegt zwischen dem Median und dem **oberen Quartil** und das letzte Viertel der Werte zwischen dem oberen Quartil und dem **maximalen Wert**. Das bedeutet, drei Viertel aller Werte sind kleiner als das obere Quartil.

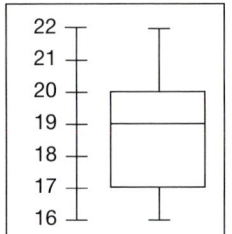

Boxplot

> Marino Caponi startet mit GrafStat in der Menüsäule *Daten auswerten und präsentieren* den Punkt *Grundauswertung*. Die Liste, die nun erscheint, liefert ihm schon einige wichtige Werte.
>
> 1) Waren Sie schon einmal in Italien?
> ```
>            noch nie        0      (0,00%)
>         1- bis 2-mal       40    (36,36%)
>         3- bis 7-mal       50    (45,45%)
>     häufiger als 7-mal     20    (18,18%)
>               Summe       110
>         ohne Antwort        0
> ```

Die Merkmale, für die die Antwort eine Einfach- oder Mehrfachauswahl ist, werden gezählt, und für sie werden die absolute und die relative Häufigkeit angegeben.

```
5) Ich würde gerne mehr italienisch kochen.
                trifft voll zu         20    (22,22%)
          trifft überwiegend zu        50    (55,56%)
             trifft weniger zu         10    (11,11%)
               trifft nicht zu         10    (11,11%)
                         Summe         90
                  ohne Antwort         20
                     Mittelwert      2,11
                         Median         2
```

Für die Merkmale, bei denen die Antwort eine Skala ist, werden neben der absoluten und der relativen Häufigkeit auch der Mittelwert und der Median angegeben.

```
15) Alter
                      Antworten      110
                   ohne Antwort        0
                        Minimum       13
                        Maximum       55
                     Mittelwert    38,636
```

Für die Merkmale, bei denen die Antwort eine Maßzahl (z. B. Alter) ist, werden die Antworten gezählt und das Minimum, das Maximum und der Mittelwert angegeben.

Nun könnte Marino Caponi noch die Standardabweichung oder die Quartile der einzelnen Ergebnisse ausrechnen, um herauszufinden, wie übereinstimmend die Antworten der befragten Personen in den einzelnen Punkten sind, doch ihm reicht für seine Zwecke die Grundauswertung aus.

AUFGABEN

1 Eine Umfrage nach der Körpergröße der Anwohner einer Straße hat folgende Rohdaten geliefert:

1,72	1,76	2,21	1,76	1,58
1,86	1,71	1,80	1,82	1,75
0,86	1,84	1,22	1,97	1,65

Ermitteln Sie zu diesen Daten die Lagemaße Maximum, Minimum, Mittelwert, Median und Modalwert sowie die Streuungsmaße Spannweite und Standardabweichung.

2 Eine Umfrage ergibt, dass Schüler im Durchschnitt 8,00 € im Monat für Süßigkeiten ausgeben. Die Standardabweichung für die Umfrage ist mit s = 20 Ct. angegeben.
  a) Wie groß ist der Prozentsatz der Schüler, die mehr als 7,80 € für Süßigkeiten ausgeben?
  b) Wie groß ist der Prozentsatz der Schüler, die zwischen 7,80 € und 8,20 € für Süßigkeiten ausgeben?
  c) Bei einer weiteren Umfrage ergibt sich derselbe Mittelwert, aber eine Standardabweichung von nur s = 10 Ct. Wie hoch ist nun der Prozentsatz der Schüler, die zwischen 7,80 € und 8,20 € für Süßigkeiten ausgeben?

3 Erfassen Sie die Umfrage aus Aufgabe 1 in Excel.
  a) Erstellen Sie aus den Rohdaten eine sortierte Liste.
  b) Berechnen Sie die Lage- und die Streuungsmaße aus Aufgabe 1 mit Hilfe der Statistikfunktionen in Excel.
  c) Zeichnen Sie ein passendes Diagramm zur Darstellung der Werte.

6.6 Daten darstellen

6.6.1 Grundlagen der grafischen Darstellung statistischer Daten

Marino Caponi muss nun die gewonnenen Daten möglichst anschaulich darstellen und in seinem Ristorante aushängen. Er hat schon geplant, für jedes Item ein Diagramm auszudrucken. Aber welche Art von Diagramm passt zu welchem Item?

Zur Veranschaulichung von statistischem Datenmaterial ist es sinnvoll, die gewonnenen Zahlen in Diagrammen zu visualisieren. Es gibt allerdings für die verschiedenen Kennzahlen unterschiedlich geeignete Diagrammtypen. Deshalb sollte man vor der grafischen Darstellung statistischer Daten genau überlegen, welche Darstellungsform die am besten geeignete ist. Prinzipiell unterscheiden sich die Darstellungen von relativen und von absoluten Häufigkeiten.

Diagramme zur Darstellung von absoluten Häufigkeiten

Punktdiagramm
Die einfachste Möglichkeit, Daten in einem Diagramm darzustellen, ist, sie als Punkte in ein Koordinatensystem einzutragen. Das macht man normalerweise, um sich einen Überblick über die vorhandenen Daten zu verschaffen oder zwei Merkmale zueinander in ein Verhältnis zu setzen.

In dem folgenden, links abgebildeten Diagramm ist die Körpergröße von 15 verschiedenen Personen abgebildet. Normalerweise würde man diesen Sachverhalt in einem Säulendiagramm darstellen. Aber welche Klassengröße soll für die einzelnen Säulen gewählt werden? Das Punktdiagramm liefert eine Übersicht, wie viele Datenpunkte in welche Klasse fallen würden, so dass man eine vernünftige Klassenbreite wählen kann.

Im rechten Diagramm sind die Größen *Körpergröße* und *Alter* gegeneinander aufgetragen. Aus diesem Diagramm ist zu erkennen, dass bei sehr jungen Menschen unter 10 Jahren die Körpergröße relativ zum Alter zunimmt, dagegen ab einem gewissen Alter stark divergiert.

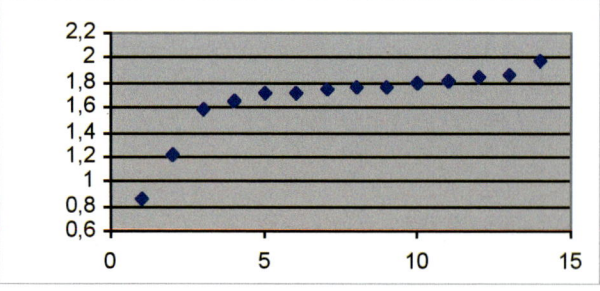
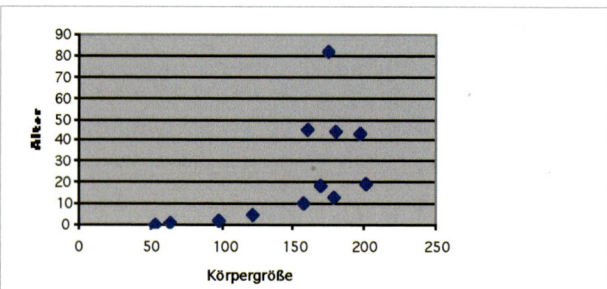

Blasendiagramm
In Blasendiagrammen kann man ähnlich wie in Punktdiagrammen zwei Größen gegeneinander auftragen. Die Blasen können jedoch auch auf einer geografischen Karte auftauchen. Immer enthalten sie im Vergleich zum Punktediagramm eine oder zwei Dimensionen mehr: die Größe und die Farbe. Für ein vernünftiges Blasendiagramm muss man allerdings darauf achten, dass die Fläche der Blasengröße auch wirklich proportional zu der dargestellten Zahl ist.

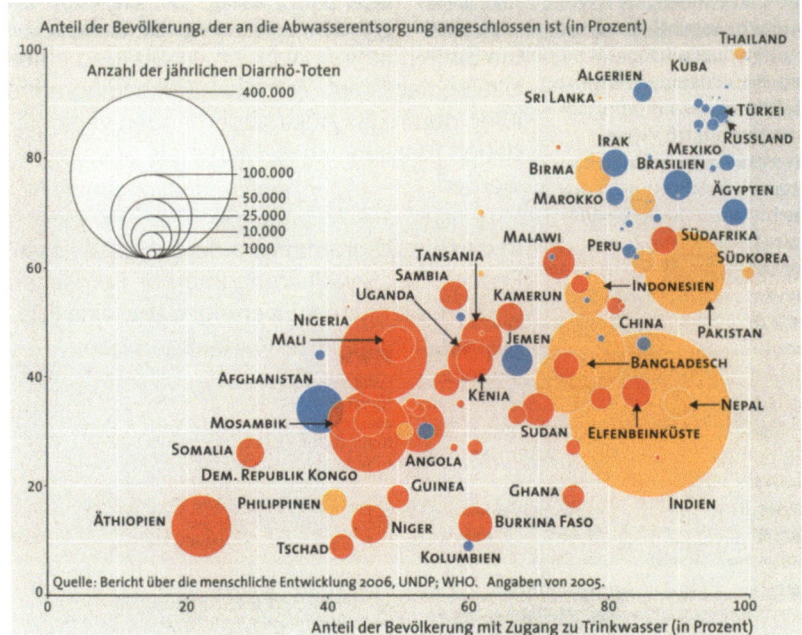

In obigem Blasendiagramm sind vier Dimensionen dargestellt. Neben dem Anteil der Bevölkerung, der Zugang zum Trinkwasser hat, und dem Anteil der Bevölkerung, der an die Abwasserentsorgung angeschlossen ist, wird in der Größe der Blasen die Zahl der jährlichen Diarrhö-Toten angegeben. Anhand der Farbe der Blasen ist zu erkennen, ob das betroffene Land in Südasien (gelb), in Subsahara-Afrika (rot) oder der sonstigen Welt liegt.

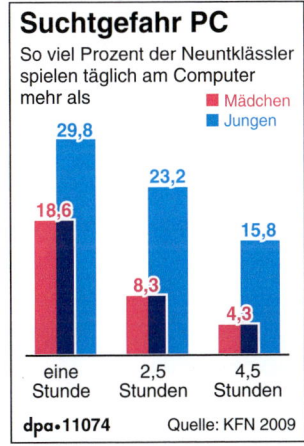

Säulendiagramm
Bei einem Stab- oder Säulendiagramm werden die absoluten Häufigkeiten der einzelnen Klassen eines Merkmals durch Säulen dargestellt. So ist gut zu erkennen, welche Merkmalsklasse häufiger vorkommt als eine andere.

In diesem Beispiel ist die Suchtgefahr des PCs durch ein Säulendiagramm eindrucksvoll dargestellt. Die Aussage des Diagramms wird noch dadurch unterstützt, dass die Säulen in aufsteigender Reihenfolge sortiert sind.

Stapeldiagramm
Werden die einzelnen Säulen eines Diagramms noch in Unterklassen einer Merkmalsausprägung unterteilt, so erhält man ein Stapeldiagramm. Durch ein Stapeldiagramm kann man einzelne Arten innerhalb der absoluten Häufigkeit einer Merkmalsklasse noch differenzierter darstellen.

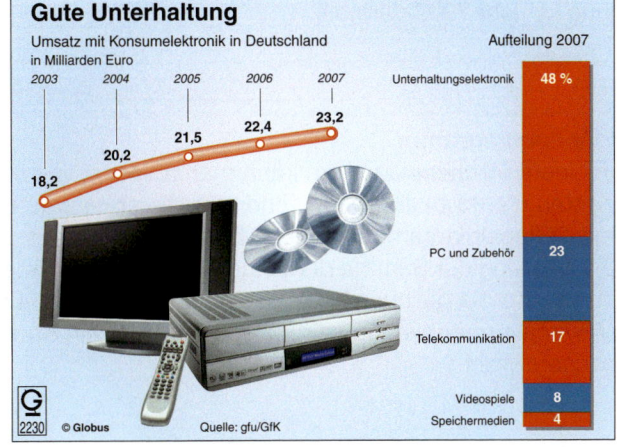

In diesem Stapeldiagramm wird dargestellt, auf welche Bereiche der Umsatz mit Konsumgüterelektronik entfällt. Zusätzlich wird die Umsatzentwicklung durch ein Liniendiagramm aufgezeigt.

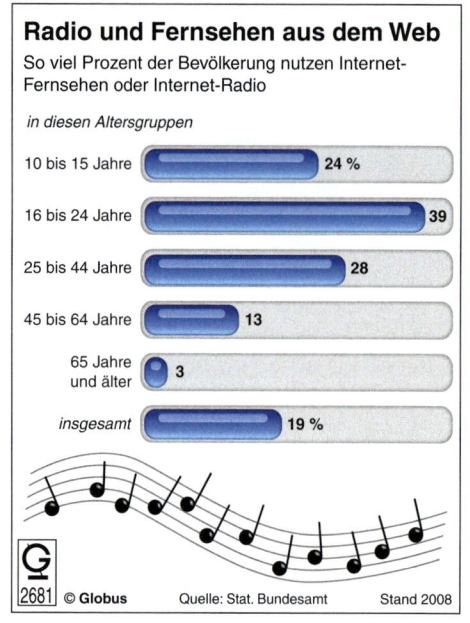

Balkendiagramm
Ein Balkendiagramm ist ein um 90° gedrehtes Säulendiagramm. Auch ein Balkendiagramm kann durch das Aneinanderhängen verschiedener Klassen eines Merkmals „gestapelt" werden.

In diesem Diagramm wird dargestellt, wie viel Prozent der Bevölkerung Internet-Fernsehen und -Radio nutzen. Es erfolgt dabei eine Gliederung in verschiedene Altersgruppen.

Liniendiagramm
Bei einem Liniendiagramm werden einzelne Datenpunkte miteinander verbunden. Dadurch kann man auch bequem Zwischenwerte zwischen den Datenpunkten ablesen. Deshalb sollte es auch nur für stetige und nicht für diskrete Merkmale verwendet werden, denn bei diskreten Merkmalen muss man die Linien in Treppenform zeichnen, oder die Zwischenwerte ergeben mitunter gar keinen Sinn. Es eignet sich besonders, um den zeitlichen Verlauf einer Merkmalsausprägung darzustellen.

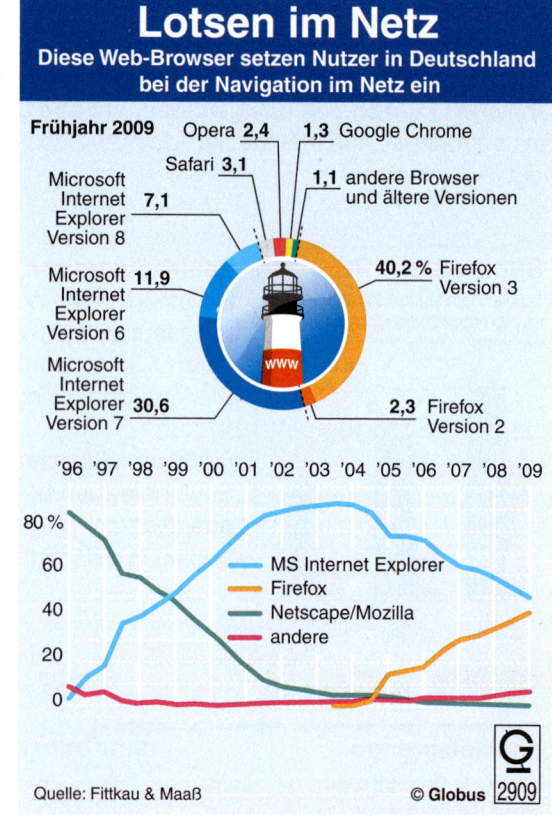

In diesem Diagramm wird die Nutzung von Web-Browsern visualisiert. Man kann deutlich sehen, dass der MS Internet Explorer seit 2004 stetig an Boden verloren hat. Zudem wird das Liniendiagramm noch durch ein Kreisdiagramm ergänzt, welches die Verteilung im Jahr 2009 darstellt.

Flächendiagramm
In einem Flächendiagramm kann man ablesen, wie sich mehrere Merkmale über einen Zeitraum entwickeln. Die Flächen für die abgebildeten Merkmale werden, ähnlich wie beim Stapeldiagramm, einfach übereinander gelegt. Deshalb kann man besonders die Entwicklung der Summe der eingezeichneten Merkmale gut verfolgen. Auch hier gelten im Prinzip die gleichen Voraussetzungen wie beim Liniendiagramm: Die dargestellten Merkmale sollten stetig sein, ansonsten sind ein Säulen- oder ein Stapeldiagramm die bessere Wahl.

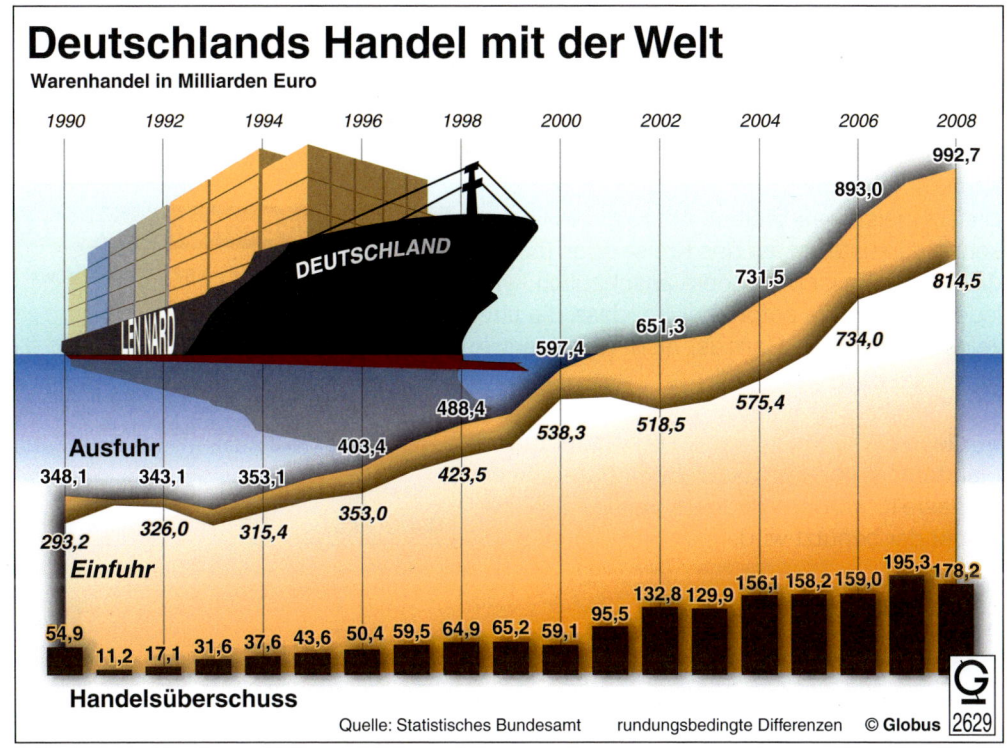

In diesem Flächendiagramm wird Deutschlands Außenhandel visualisiert. Insgesamt ist eine deutliche und nahezu kontinuierliche Steigerung sowohl der Einfuhren als auch der Ausfuhren in den Jahren 1992 bis 2008 zu sehen, nur zweimal unterbrochen von Rückgängen der Ausfuhren und/oder der Einfuhren. Das Flächendiagramm veranschaulicht den andauernden Vorsprung der Ausfuhrkurve vor der Einfuhrkurve.

Die Veränderungen dieses Saldos zwischen Ausfuhren und Einfuhren (Exportüberschuss) im Laufe der Zeit werden im vorliegenden Diagramm zusätzlich durch ein Säulendiagramm gezeigt.

Kartogramme
Möchte man die räumliche Verteilung eines Merkmals darstellen, so ist es sinnvoll, ein Kartogramm zu wählen. Hier sind absolute Häufigkeiten zu Klassen zusammengefasst und in verschiedenen Farben dargestellt.

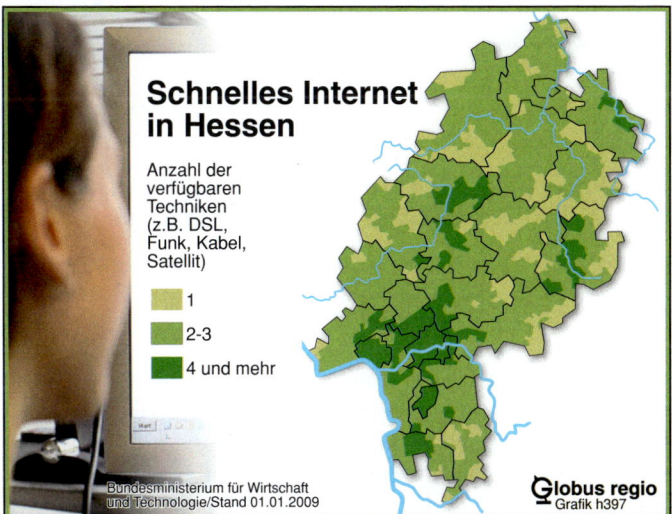

In diesem Kartogramm sind die in Deutschland verfügbare Internet-Techniken dargestellt. Es ist darauf zu achten, dass ein Kartogramm die Aussagen durch passende Farben unterstützt. Zusätzlich zu den farblichen Markierungen ist es auch denkbar, ein zusätzliches Merkmal (eine zusätzliche Dimension), z. B. in Form von Säulen, in einem Kartogramm unterzubringen.

In den bisherigen Diagrammen wurden die absoluten Häufigkeiten dargestellt. Für relative Häufigkeiten eigenen sich andere Darstellungsarten.

Diagramme zur Darstellung von relativen Häufigkeiten

Kreisdiagramm
Die am meisten verbreitete Art, relative Häufigkeiten darzustellen, ist das Kreis- oder Tortendiagramm. Es ist besonders anschaulich, weil jedem Menschen sofort klar ist, dass die einzelnen Anteile ein Ganzes, also 100 % ergeben.

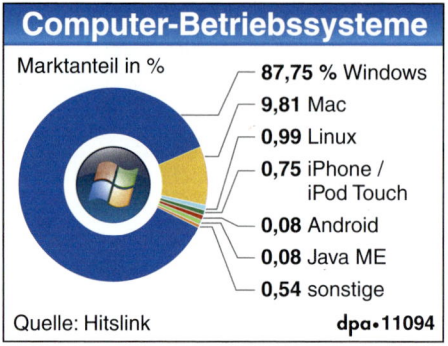

In diesem Diagramm sind die prozentualen Marktanteile von Computer-Betriebssystemen dargestellt, wobei Windows von 87,7 % der Anwender benutzt wird.

Streifendiagramm
Möchte man die relativen Häufigkeiten von mehreren Einheiten einander gegenüberstellen, bietet sich ein Streifendiagramm an.

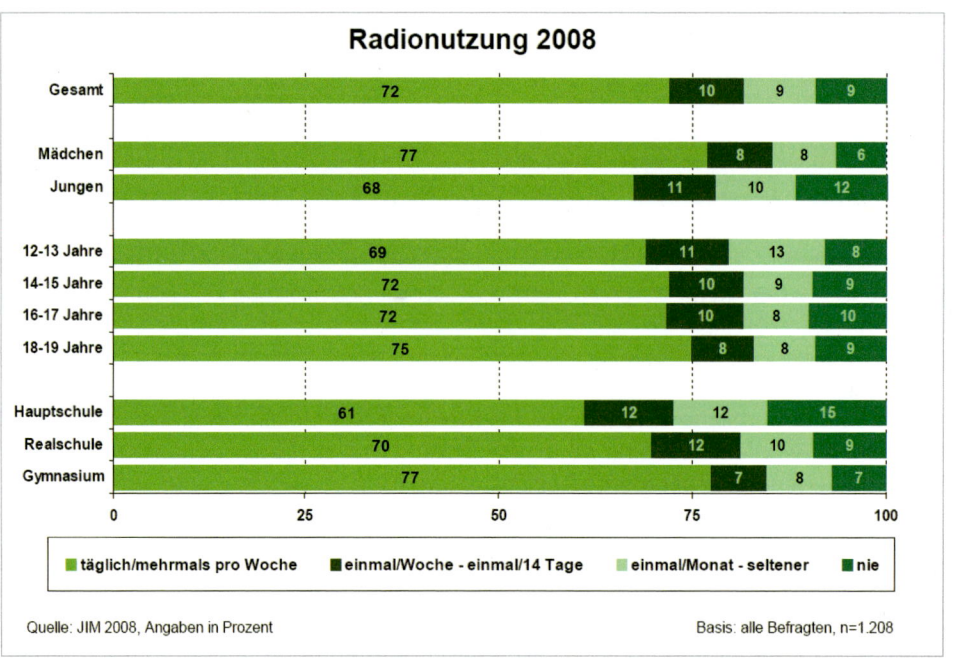

In diesem Diagramm ist die Radionutzung von 12–19-Jährigen dargestellt. Es zeigt sich, das fast dreiviertel der Befragten täglich bzw. mehrmals pro Woche Radio hören.

Kartogramme
Auch bei den relativen Häufigkeiten kann man Kartogramme einsetzen.

Zusammenfassend halten wir fest: Die grafische Darstellung von Daten dient dazu, viele Informationen mit einem Blick erfassbar zu machen. Neben vielen anderen Detailfragen, über die man sich bei der Darstellung seiner Daten Gedanken machen muss, spielt die Anzahl der darzustellenden Merkmale – die Dimension – eine zentrale Rolle. Häufig hat man es mit grafischen Darstellungen zu tun, bei denen in einem Achsenkreuz zwei verschiedene Werte bzw. Dimensionen abzulesen sind. Es kann jedoch auch notwendig sein, deutlich mehr als nur zwei Dimensionen darzustellen.

So zum Beispiel in einer Wetterkarte. Hier sind wesentlich mehr als nur zwei Dimensionen abgebildet: die geografische Lage, die Temperatur, die Windrichtung und -stärke, der Bewölkungsgrad usw.

Obwohl so viele verschiedene Dimensionen abgebildet sind, müssen sie doch auf einen Blick zu erkennen und interpretierbar sein. Genau das muss auch mit der Darstellung von statistischen Daten erreicht werden: viele Informationen übersichtlich auf einen Blick erfassbar zu machen. Es ist eine große Kunst, die richtigen Daten mit Hilfe der richtigen Diagrammtypen informativ darzustellen. Es kann dabei sinnvoll sein, mehrere Diagrammtypen miteinander zu kombinieren – wie im folgenden Beispiel, in dem sich ein Kreisdiagramm und ein Stapeldiagramm ergänzen.

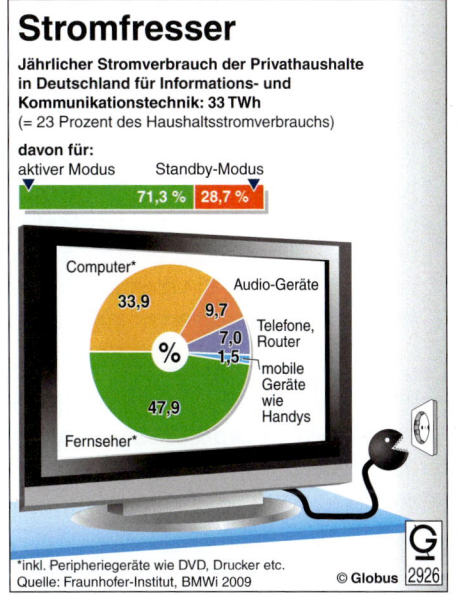

Marino Caponi überlegt sich, welche Diagrammtypen für seine Auswertung gut passen würden. Für die Geschlechterverteilung bietet sich auf jeden Fall ein Kreisdiagramm an. Die Items, die mit Skalen bewertet werden, möchte er mit Hilfe von Säulendiagrammen veranschaulichen. Und für die verschiedenen Lebensmittel, die die Befragten ankreuzen können, will er zwei Balkendiagramme für das Ladengeschäft und den Internetshop nebeneinander stellen.

AUFGABEN

1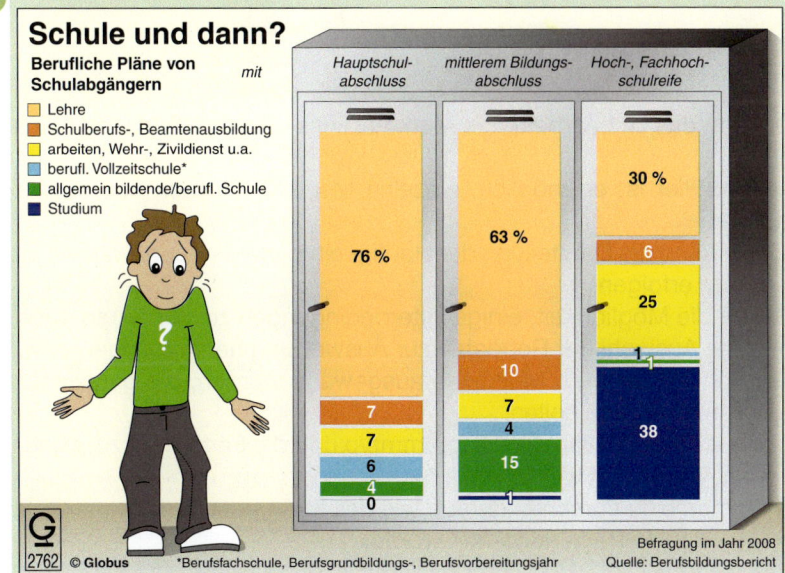

Das abgebildete Diagramm stellt die beruflichen Pläne von Schulabgängern dar.
a) Welcher Diagrammtyp wurde für die Darstellung gewählt?
b) Interpretieren Sie das Diagramm. Was fällt Ihnen besonders auf?
c) Welche andere Darstellungsform könnten Sie nutzen? Begründen Sie Ihre Entscheidung.

2 Geben Sie an, mit welcher Art von Diagramm Sie folgende Merkmale visualisieren würden:
a) die Länge des Schulwegs Ihrer Klassenkameraden
b) den Notenspiegel einer Klausur
c) die Notenspiegel der letzten Klausuren in den Fächern Deutsch, Mathematik und Englisch

6.6.2 Elektronische Datenaufbereitung mit GrafStat

Marino Caponi hat sich entschieden, welche Arten von Diagrammen für ihn infrage kommen. Wie soll er die Diagramme nun erstellen? Er möchte eine ganz einfache Auswertung durchführen, ohne besonders schwierige Analysen. Da er die Ergebnisse auch später in seinem Ristorante auslegen möchte, ist es ihm besonders wichtig, dass die aufbereiteten Daten problemlos von seinen Gästen verstanden werden. Auch für die elektronische Aufbereitung der Daten nutzt er GrafStat.

Das Fragebogenprogramm GrafStat bietet die Möglichkeit, die Daten einer Erhebung grafisch darzustellen. Dazu wählt man in der Menüsäule *Daten auswerten und präsentieren* den Punkt *Grafische Auswertung*. Nun öffnet sich ein Fenster mit mehreren Reitern, in denen die gewünschten Einstellungen für die Auswertung vorgenommen werden können.

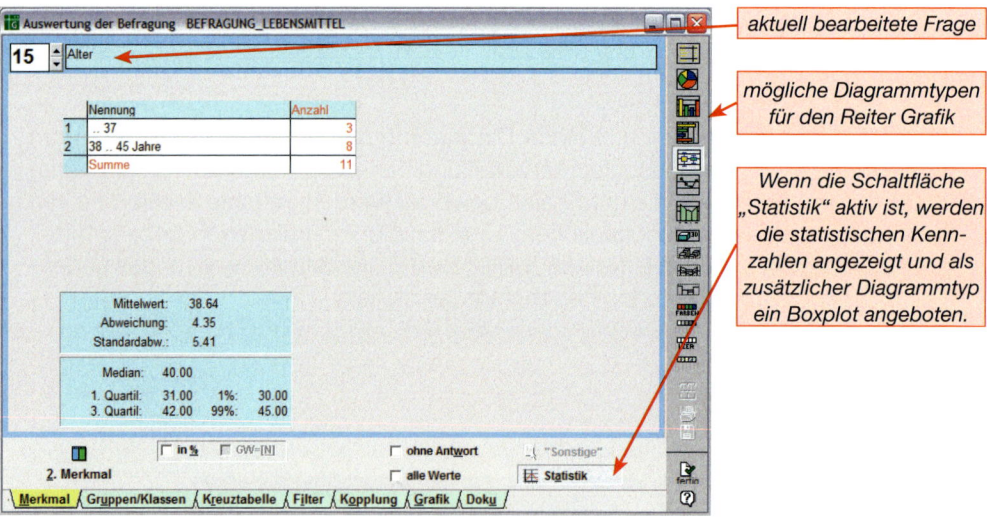

- **Merkmal:** Hier kann das zu bearbeitende Merkmal links oben am Bildschirm ausgewählt werden.
- **Gruppen/Klassen:** Hier ist es möglich, einzelne Merkmalsklassen übersichtlicher zusammenzufassen.
- **Kreuztabelle:** Hier kann die Darstellung der Häufigkeiten zweier ausgewählter Merkmale in Tabellenform erfolgen.
- **Filter:** Hier besteht die Möglichkeit, einige Filterbedingungen zu setzen, so dass nur eine eingeschränkte Auswahl der Rohdaten zur Auswertung herangezogen wird.
- **Kopplung:** Hier können mehrere Merkmale ausgewählt werden, die gemeinsam in einer Grafik dargestellt werden sollen.
- **Grafik:** Hier besteht die Auswahl, den Diagrammtyp und die Farben vorzugeben, mit denen ein Merkmal visualisiert werden soll.
- **Doku:** Hier erhält man eine Vorschau darauf, wie das fertig gestellte Diagramm in einer Dokumentation der Umfrage aussehen würde.

Zur schnellen Visualisierung einer Umfrage ist GrafStat sehr gut geeignet. Sollen jedoch kompliziertere Diagramme gezeichnet werden und schwierigere statistische Funktionen zur Anwendung kommen, dann ist ein Tabellenkalkulationsprogramm wie Excel die bessere Wahl.

Marino Caponi möchte nun die Grafiken für seine Umfrage erzeugen. Zuerst erstellt er ein Kreisdiagramm für die Geschlechterverteilung. Er startet den Punkt *Grafische Auswertung*, wählt die Frage 16 aus, klickt auf den Reiter *Grafik* und wählt dort das Symbol für das Kreisdiagramm.

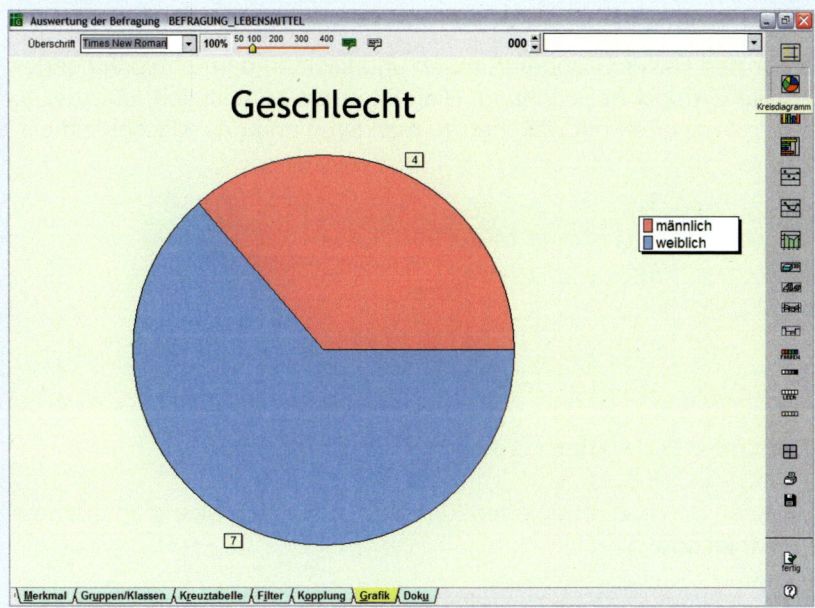

Die Farbwahl des Diagramms hält Marino Caponi nicht für besonders gelungen: Rosa für männlich und Hellblau für weiblich. Er klickt in der rechten Symbolleiste das Symbol FARBEN für die Farbwahl an. Es erscheint nun am oberen Bildschirmrand eine Farbpalette. Dort wählt er seine gewünschten Farben aus und zieht sie mit gedrückter Maustaste in die Zielfläche hinein.

Danach möchte er noch die Zahlen an dem Kreisdiagramm entfernen. Er klickt auf die rechte Maustaste und entfernt in dem nun erscheinenden Menü das Häkchen bei *Grafik mit Werten* beschriften. Als Resultat erhält er ein etwas verändertes Kreisdiagramm.

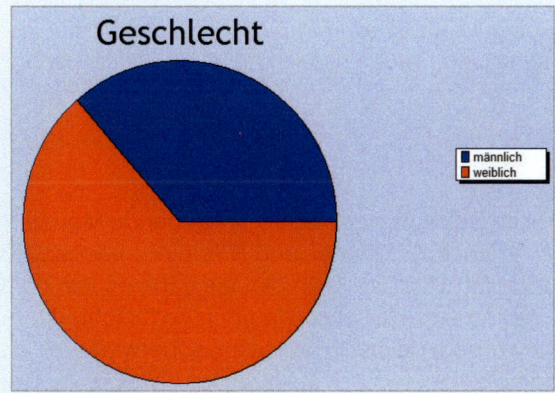

Nun fällt ihm ein, dass es interessant wäre zu wissen, wie viele Männer und wie viele Frauen kochen bzw. nicht kochen. Er wählt den Reiter *Merkmal* und klickt auf das zweite Merkmal. In dem nun erscheinenden rechten Bildschirmrahmen wählt er als zweites Merkmal die Frage Nummer 3 *„Ich koche selbst für mich und andere."* aus. Diese beiden Merkmale sieht er sich nun unter dem Reiter *Kreuztabelle* an, nachdem er am unteren Bildschirmrand ein Häkchen bei % gesetzt hat.

Marino Caponi findet diese Kreuztabelle noch etwas unübersichtlich. Er überlegt sich, die Antworten „trifft voll zu" und „trifft überwiegend zu" zusammenzufassen zu „kocht selbst". Analog verknüpft er die Antworten „trifft weniger zu" und „trifft nicht zu" in der Klasse „kocht nicht".

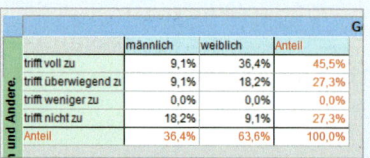

Dazu aktiviert er den Reiter *Gruppen/Klassen* und klickt in dem entsprechenden Item in die Spalte *Gruppenbezeichnung*. Hier hat er die Möglichkeit, die zusammenzufassenden Antworten mit Häkchen zu markieren und den Klassentext einzutragen.

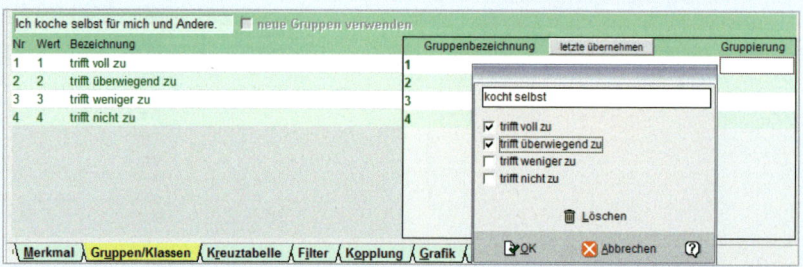

Die Grafik, die er zu den neu gruppierten Klassen mit einem Balkendiagramm erzeugt, sieht wie folgt aus:

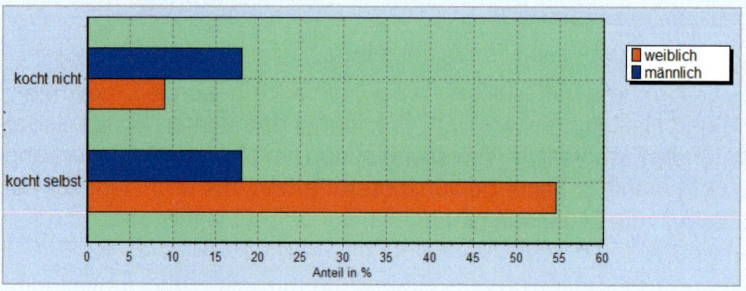

Er findet es jedoch seltsam, dass etwa 55 % der Frauen selbst kochen und etwa 9 % nicht. Was ist aber mit den restlichen 36 %?

Da fällt ihm ein, dass es auf dem Reiter *Kreuztabelle* ein paar mögliche Optionen gab. Er hatte ausgewählt, dass Männer und Frauen sowie Köche und Nichtköche zusammen 100 % ergeben sollten.

Das Diagramm liest er also so: Von allen Befragten gab es 18 % kochende Männer, 55 % kochende Frauen, 18 % nicht kochende Männer und 9 % nicht kochende Frauen. Er findet, dass das Diagramm den Eindruck erweckt, als gäbe es fast nur kochende Frauen. Dabei wird dieses Diagramm ja schon dadurch verfälscht, dass viel mehr Frauen als Männer befragt wurden, deshalb gab es logischerweise auch mehr kochende Frauen als kochende Männer.
Aus diesem Grund findet er es sinnvoller, wenn entweder Männer und Frauen 100 % ergeben oder Köche und Nichtköche. Er wählt also eine andere Option aus:

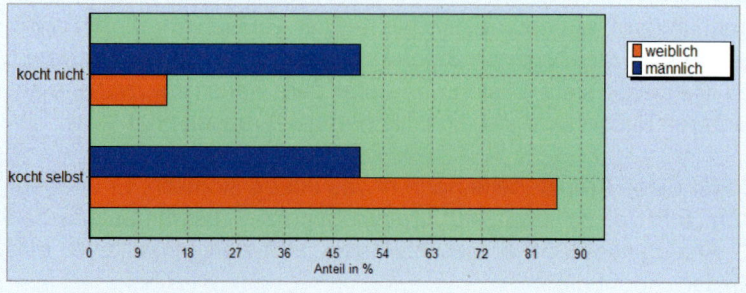

Hier ergeben alle Frauen zusammen 100 % und alle Männer 100 %. Dieses Diagramm interpretiert Marino Caponi so: 86 % der Frauen kochen und 14 % kochen nicht. Bei Männern hält es sich die Waage: 50 % kochen, 50 % kochen nicht.

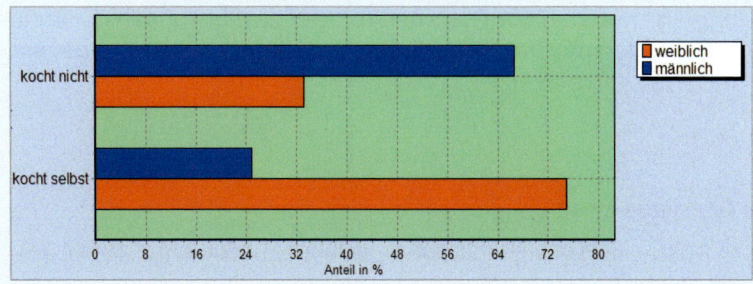

In diesem Diagramm ergeben die Köche ebenso wie die Nichtköche 100 %. Marino Caponi sieht: 75 % der Köche sind Frauen und 25 % sind Männer. Von den nicht kochenden Personen sind 67 % Männer und 33 % Frauen.

Je nachdem, was er mit seiner Umfrage suggerieren möchte, kann er ein passendes Diagramm wählen. Das einzig Gerechte wäre jedoch nur ein Diagramm, bei dem die Frauen bzw. die Männer eine Grundgesamtheit ergeben, denn nur da fällt es nicht ins Gewicht, dass mehr Frauen als Männer befragt wurden.

AUFGABEN

1 Visualisieren Sie die Ergebnisse der von Ihnen durchgeführten Schülerbefragung mit passenden Diagrammen:

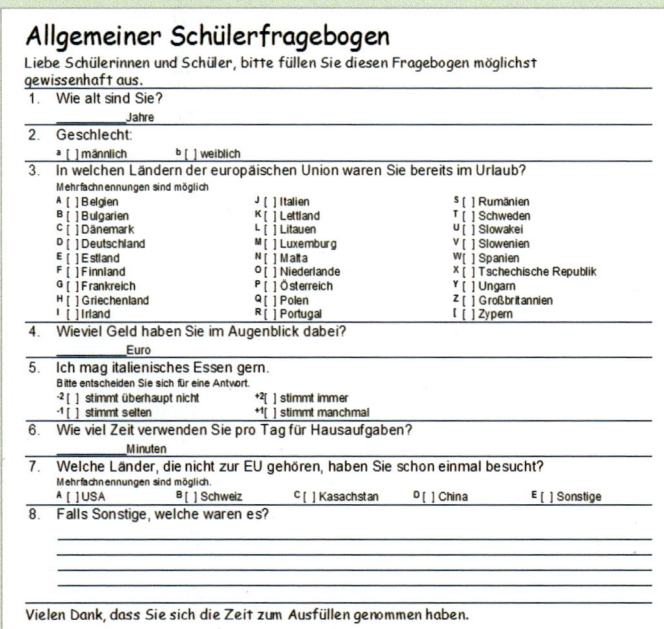

2 Bei einer Umfrage wurden 1600 Personen befragt, wie oft sie durchschnittlich im Jahr ins Theater gehen.

Theatergänge	0	1	2	3	4	5
Anzahl	434	624	308	156	54	24

Berechnen Sie den Mittelwert und den Median.
Geben Sie die relativen Häufigkeiten an.

Prüfen Sie sich!

Aufgabe 1
Im Friseursalon „Haarscharf" wird darüber Buch geführt, welche Leistungen die Kunden wie oft in Anspruch nehmen. Nennen Sie vier Variablen, die hierfür erhoben werden können, und geben Sie deren Datentypen an.

Aufgabe 2

99%	Umfang der Grundgesamtheit						
		100	1 000	10 000	100 000	1 000 000	10 000 000
Umfang der Stichprobe	10	38,8%	40,5%	40,7%	40,7%	40,7%	40,7%
	20	25,9%	28,5%	28,8%	28,8%	28,8%	28,8%
	50	12,9%	17,8%	18,2%	18,2%	18,2%	18,2%
	100	0,0%	12,2%	12,8%	12,9%	12,9%	12,9%
	200		8,2%	9,0%	9,1%	9,1%	9,1%
	500		4,1%	5,6%	5,7%	5,8%	5,8%
	1 000		0,0%	3,9%	4,1%	4,1%	4,1%
	2 000			2,6%	2,9%	2,9%	2,9%
	5 000			1,3%	1,8%	1,8%	1,8%
	10 000			0,0%	1,2%	1,3%	1,3%

Eine Umfrage in Ihrer Stadt ergab, dass 67 % der Befragten gerne mit ihrem Friseur über alltägliche Themen reden.

Wie viele Menschen müssen befragt worden sein, wenn mit 99 %iger Wahrscheinlichkeit zwischen 62,9 % und 71,1 % aller Menschen Ihrer Stadt dieser Meinung sein sollen?

Aufgabe 3
Am Tag des Abiturballs bekommen im Friseursalon „Haarscharf" viele Abiturientinnen eine Hochsteckfrisur. Als sie nach ihrem Alter gefragt werden, ergibt sich folgende Urliste:

Alter in Jahren																			
18	24	20	20	19	18	19	22	21	21	20	19	18	20	21	20	22	21	18	21	20

Berechnen Sie für diese Urliste das Minimum, das Maximum, den Modalwert und den Mittelwert.

Geben Sie die absolute und die relative Häufigkeit jedes Alters und die Standardabweichung an.

Aufgabe 4
3 000 Jugendliche wurden befragt, ob sie es befürworten würden, wenn ihre Lieblings-Fastfoodkette Salat aus biologischem Anbau anbieten würde. Von den Befragten waren 21,5 % sehr dafür, 41,2 % waren eigentlich dafür, 12,4 % waren unentschieden, 16,7 % waren eigentlich dagegen und der Rest sehr dagegen.

Geben Sie die absoluten Häufigkeiten zu diesem Umfrageergebnis an.

Aufgabe 5

Eine Befragung einer 13. Klasse eines Fachgymnasiums bezüglich ihrer monatlichen Einnahmen und Ausgaben ergab folgende Ergebnisse:

Allgemeine Angaben			Einnahmen				Ausgaben									
Alter	Geburtsland	männl./weibl.	Taschengeld	Verwandtschaft	Job/Arbeit	sonst.	Fahrzeug	Disko/Kino (Ausgehen)	Alkohol	Hobby	Handy	Kleidung	Musik	Bücher/Zeitschriften	Snacks/Essen	Zigaretten	Sonstiges
18	Deutschland	w	0	0	650	0	0	22	15	0	0	150	15	0	13	0	0
18	Deutschland	w	30	0	0	0	0	5	0	0	0	0	15	10	0	0	0
19	Rumänien	w	50	0	300	0		50	0	0	0	100	0	10	20	0	0
18	Deutschland	w	30	0	0	0	0	0	0	0	0	0	17	0	0	13	0
19	Deutschland	m	20	0	0	0	0	6	7	7	0	0	0	0	0	0	0
18	Deutschland	m	40	30	0	0	0	0	0	46	0	0	16	8	0	0	0
18	Deutschland	m	40	0	0	0	10	0	0	60	0	0	20	0	0	0	0
19	Deutschland	m	70	0	0	0	0	0	0	20	20	0	0	0	0	20	10
20	Kasachstan	w	80	0	0	0	0	30	0	0	10	40	0	0	0	0	0
20	Deutschland	m	52	15	325	0	0	20	13	35	5	0	0	0	25	20	0
20	Deutschland	m	60	30	300	0	0	15	10	0	30	50	0	0	10	10	10*
19	Deutschland	w	60	0	100	0	0	15	15	0	40	0	0	0	10	0	0
20	Deutschland	m	50	0	200	0	0	15	5	10	15	60	30	5	5	0	15*
20	Polen	m	70	0	0	70	0	30	50	0	0	0	0	4,5	20	25	0
19	Deutschland	m	100	0	0	0	0	15	50	5	15	2,5	0	2,5	10	0	0
19	Deutschland	m	100	20	120	0	120	20	30	0	5	0	28	5	20	12	0
20	Deutschland	m	40	0	300	0	125	40	0	0	5	0	0	5	20	0	15*
18	Deutschland	m	80	0	0	0	30	20	0	0	0	0	0	15	0	0	0
20	Deutschland	w	70	25	0	0	45	25	15	0	25	0	0	0	0	20	0
20	Deutschland	m	100	0	75	0	0	40	30	0	15	0	40	0	0	20	0
20	Deutschland	w	50	0	0	0	0	30	0	0	0	0	0	7	10	10	10*
19	Deutschland	w	320	0	0	0	100	30	30	0	60	0	0	10	20	30	15*

* Ausgaben für Kosmetik und Frisör.

a) Berechnen Sie, wie viel € die Schülerinnen und Schüler durchschnittlich für Frisör und Kosmetik ausgeben.
b) Erstellen Sie aus der Spalte „Job/Arbeit" eine Rangliste und bestimmen Sie den Median, den Mittelwert und die Standardabweichung.
c) Nennen Sie drei interessante Sachverhalte, die Sie mit Hilfe dieser Umfrageergebnisse untersuchen würden. Begründen Sie Ihre Wahl.
d) Geben Sie für die drei zu untersuchenden Sachverhalte geeignete Visualisierungsmöglichkeiten an.

7 E-Commerce

7.1 Arten der Handelsbeziehungen

E-Shop (engl.)
= virtueller Marktplatz.
E-Shops sind über einen Internetzugang erreichbar. Die Bezeichnungen Online-Shop oder Web-Shop sind ebenfalls üblich.

E-Commerce (engl.)
= elektronischer Handel

> Marino Caponi weiß durch seine Umfrage, dass nicht nur seine Restaurantgäste Interesse an importierten Spezialitäten aus Italien haben. Allerdings scheut er sich davor, für den Verkauf der italienischen Lebensmittel ein eigenes Ladenlokal anzumieten und dort auch außerhalb der Restaurantöffnungszeiten eine Verkäuferin oder einen Verkäufer zu beschäftigen, zumal er sich den Verkauf von frischem italienischem Obst und Gemüse sehr schwierig vorstellt. Von seinem Neffen Enzo hat Marino Caponi schon häufiger etwas über E-Shops gehört. Er hat sogar schon einmal selber etwas im Internet gekauft. Das könnte eine Möglichkeit für einen „sanften" Einstieg in den Spezialitätenverkauf sein.
>
> Marino Caponi möchte nun etwas mehr über das Thema E-Commerce erfahren. Was steckt hinter dem Begriff? Gibt es verschiedene Arten von E-Commerce? In welchem Bereich des elektronischen Handels würde er sich mit seinem E-Shop, in dem er importierte Delikatessen und Weine aus Italien verkauft, befinden? Und böte ein E-Shop im Vergleich zu einem nicht-elektronischen Spezialitätengeschäft wirklich nur Vorteile?

Entstehung

Ein Unternehmen erzielt seine Erlöse, vereinfacht gesagt, dadurch, dass es Rohstoffe beschafft, daraus etwas produziert und die fertig produzierten Produkte verkauft. Nebenbei fallen natürlich noch diverse Verwaltungstätigkeiten, wie Rechnungen schreiben, Löhne und Gehälter auszahlen, Umsatzsteuererklärungen anfertigen etc., an.

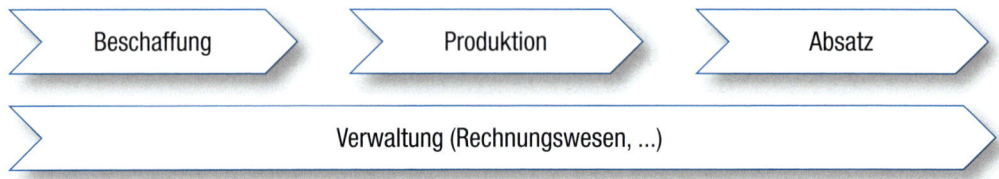

Mit Beginn des Computerzeitalters wurde die EDV immer konsequenter in einigen betriebsinternen Bereichen aus der Produktion und der Verwaltung eingesetzt. Später ermöglichte das Internet die Ausweitung der elektronischen Datenverarbeitung auf betriebsexterne Bereiche, wie zum Beispiel die Beschaffung, den Absatz und weitere Bereiche der Verwaltung.

Medienbruch
= Ein Vorgang wird nicht vollständig am Computer durchgeführt, sondern muss einmal auf Papier ausgedruckt werden, um dann in ein anderes EDV-System wieder eingegeben zu werden.

Das Ziel ist für viele Betriebe, die gesamte Prozesskette in einem Unternehmen von der Beschaffung bis zum Absatz computergestützt ohne einen Medienbruch abzuwickeln.

Das bedeutet, man möchte durch einen möglichst papierlosen Ablauf (also keine Eingangsrechnungen mehr eingeben, keine Zollpapiere mehr ausdrucken, keine Rechnungen mehr in Papierform versenden) Zeit und Kosten sparen und einen möglichst optimalen und automatisierten Ablauf im Unternehmen garantieren..

> Als **E-Business** (Electronic Business) bezeichnen wir hier den umfassenden Handel mit Hilfe moderner Informations- und Kommunikationstechnologien. Wird auf einer Website eine Bestellmöglichkeit von Waren angeboten, bezeichnet man dies als **E-Commerce**.

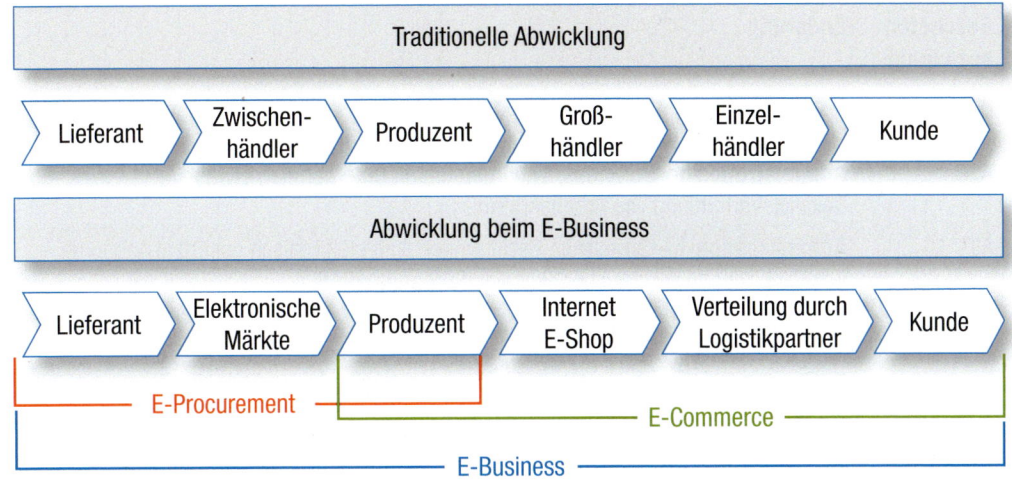

Der weitgehende Wegfall der einzelnen Händlerstufen führt zu einer zunehmenden Globalisierung und Vernetzung. E-Business schafft eine höhere Markttransparenz und integriert die Kunden stärker in die gesamte Wertschöpfungskette. Die Kommunikation eines Unternehmens mit Lieferanten und Kunden verläuft sehr viel schneller. Diese kürzeren Wege erleichtern das Outsourcing bestimmter Unternehmensbereiche. Die globale Erreichbarkeit erleichtert allerdings auch den Eintritt oder den Wechsel eines Unternehmens in den Markt.

Die Vorteile von E-Business liegen auf der Hand:
- Aufträge können in einem Unternehmen schneller bearbeitet werden. Das heißt das Versenden von Bestellungen etc. geschieht im Internet schneller als mit der Post, und die Durchlaufzeiten im Unternehmen selbst sind viel kürzer.
- Transaktionskosten, wie Porto und Kosten für Arbeitskräfte, die Bestellungen in das unternehmensinterne EDV-System eintippen, werden eingespart.
- Reisekosten werden eingespart, weil Vertreter nicht mehr so häufig die Betriebe zum Aufnehmen von Bestellungen besuchen müssen.
- Der Kundendienst kann effizienter gestaltet werden und schneller reagieren.
- Es werden Kosten eingespart, indem der Kunde im Internet mehr Aktivitäten übernimmt: Er gibt zum Beipiel seine Bestellung selbstständig ein und braucht keine persönliche Beratung.

Arten von E-Business bzw. E-Commerce

E-Business kann anhand der jeweiligen Nutzer untergliedert werden.

Die Rollen „Käufer" und „Verkäufer" können durch diverse Personengruppen wahrgenommen werden. Man differenziert hier zwischen:
A = Administration/Government (Behörden/Regierung)
B = Business (geschäftliche Handelspersonen)
C = Consumer (private Handelspersonen).

Aus diesen Handelsgruppen ergeben sich die folgenden Geschäftsbeziehungen, die in einer Matrix dargestellt werden können.

Abnehmer \ Anbieter	A	B	C
A	A2A	A2B	A2C
B	B2A	B2B	B2C
C	C2A	C2B	C2C

Geschäfts-beziehung	Erklärung
A2A	**Administration-to-Administration**-Beziehungen werden durch elektronischen Verkehr zwischen Behörden realisiert.
A2B	**Administration-to-Business**: Behörden bieten Unternehmen etwas an. Beispiel: Vermittlung von Arbeitskräften.
A2C	**Administration-to-Consumer**-Beziehungen sind elektronisch gestützte Angebote von Behörden an Verbraucher. Beispiel: Bürgerinformation
B2A	**Business-to-Administration**: Unternehmen bieten einer Behörde etwas an. Beispiel: elektronische Umsatzsteuervoranmeldung, elektronische Abwicklung von Zollformalitäten oder Abwicklung von Ausschreibungen.
B2B	**Business-to-Business**-Beziehungen finden zwischen gewerblichen Handelspartnern statt. Es handelt sich hierbei in der Regel um Firmen und deren Lieferanten. Beispiel: Unternehmen bestellen bei Unternehmen.
B2C	**Business-to-Consumer**: elektronischer Handel zwischen Unternehmen und Privatkunden, der sich immer stärker verbreitet. Beispiele: iTunes (Download von Musik und Videos), Lufthansa (Flugtickets) oder Amazon (Bücher).
C2A	**Consumer-to-Administration**: Verbraucher bieten einer Behörde etwas an. Beispiel: Steuererklärung (ELSTER)
C2B	**Consumer-to-Business**: Verbraucher bieten Unternehmen etwas an. Beispiel: my-hammer.de, elektronische Bewerbung
C2C	**Consumer-to-Consumer**: Handelsbeziehungen zwischen Privatpersonen, die klassisch über Anzeigenblätter angebahn wurden, aber immer häufiger über das Internet abgewickelt werden. Beispiel: Gebrauchtwagenhandel zwischen Privatpersonen

Genau genommen untergliedert sich **E-Business** in zwei Bereiche. Während **E-Procurement** die Beziehung zwischen einem Unternehmen und seinen Lieferanten darstellt, steht **E-Commerce** für die Handelsbeziehung zwischen einem Unternehmen und seinen Kunden, den Verbrauchern. Im Allgemeinen werden die Begriffe E-Business und E-Commerce synonym verwendet.

Kennzeichnend für E-Commerce ist, dass über das Internet eine Handels- oder Dienstleistungsbeziehung zwischen Käufer und Verkäufer abgewickelt wird. Mit E-Commerce wird zum Teil ein völlig neuer Vertriebskanal eröffnet. Die klassische Verteilung der Waren über Zwischen- und Einzelhändler fällt teilweise gänzlich weg, und der Kunde bekommt so einen direkteren und schnelleren Kontakt zum Unternehmen.

Im Vergleich zu der früher üblichen Markterschließung eines Unternehmens, ist die Markterschließung mit Hilfe von E-Commerce sehr viel schneller und ohne großen Aufwand möglich. Gerade deshalb ist E-Commerce mit seinen E-Shops gerade für kleine und mittlere Unternehmen eine interessante Option.

Die Transaktionen innerhalb eines Bestellvorgangs gliedern sich in vier Phasen auf:
1. Informationsphase
2. Preisfindung und Bestellung
3. Bezahlung
4. Versand und Lieferung

Während dieser einzelnen Phasen können **Klickstromanalysen** stattfinden, die Waren- und Informationsangebote auf den Shopseiten für den Kunden personalisieren und das Klickverhalten des Kunden protokollieren. Außerdem muss während dieser Phasen die Datensicherheit der persönlichen Kundendaten gewährleistet sein.

Informations-phase	Websites bieten umfangreiche Informationen zu den verschiedensten Themengebieten an. So können z. B. über eine Unternehmens-Website überall auf der Welt aktuelle Informationen zu dem Unternehmen sowie zu seinen Produkten und Dienstleistungen abgerufen werden. Websites sind somit die erste Anlaufstelle für Menschen mit Internetzugang, um sich umfangreiche Informationen zu beschaffen, z. B. über bestimmte Produkte eines Unternehmens oder über die Inhaltsstoffe einer Kekssorte. Die Waren können unkompliziert und schnell verglichen werden, ohne verschiedene Kaufhäuser aufsuchen zu müssen.
Preisfindung und Bestellung	Für die Art und Weise, wie der Preis bei einem E-Shop festgelegt wird, gibt es viele verschiedene Möglichkeiten vom Warentausch über die Auktion bis hin zum Festpreis. Auf jeden Fall wird die Ware mit einem Mausklick ausgesucht und zusammengestellt.
Bezahlung	Je nach dem Sicherheits- und Anonymitätsbedürfnis des Anbieters bzw. des Verbrauchers sind viele verschiedene Zahlungsarten in E-Shops möglich.
Versand- und Lieferung	Der Versand und die Lieferung der bestellten Waren wird meist durch Partnerunternehmen übernommen. Teilweise kann man als Verbraucher sogar im Internet abrufen, wo sich die zu liefernde Ware im Augenblick befindet. Bei der Auslieferung der Waren kommen neue Technologien zum Zuge, die die Automatisierung der Kontrolle des Warenflusses ermöglichen, so genannte RFID-Chips.

RFID (engl.)
= Abk. für Radio Frequency Identification; kleine Chips mit einer Antenne, die wie ein Preisetikett auf der Ware kleben und von denen auf dem Chip gespeicherte Informationen abgerufen werden können. Sie können auch als Peilsender fungieren.

Chancen und Risiken

Die Pflege einer Website kann von überall aus erfolgen und ist somit nicht mit einem bestimmten Standort oder Arbeitsplatz verbunden. Des Weiteren verursacht eine Internetpräsenz keine hohen Kosten. Die einzigen Kosten, die gegebenenfalls anfallen, sind die Kosten für Erstellung und Pflege der Website sowie die Kosten für den Kauf oder die Miete der Domain. Je nach Domainname können die Preise allerdings variieren. Dennoch sind sie in der Regel deutlich günstiger als die Miete einer Immobilie.

Domain
= die eindeutige Adresse einer Website

Für ein Unternehmen bieten sich somit folgende **Chancen**:
- Mit einem E-Shop ist das Unternehmen an keine Öffnungszeiten gebunden. Die Kunden können rund um die Uhr an sieben Tagen in der Woche einkaufen.
- Mit einem E-Shop hat das Unternehmen keinen Standortnachteil. Es ist weltweit von jedem Handy, PDA oder PC mit Internetzugang erreichbar.
- Sollten neue Produkte verfügbar oder alte nicht mehr verfügbar sein, können diese Änderungen in dem E-Shop schnell aktualisiert werden.
- Durch Klickstromanalysen können leicht Kundenprofile erstellt werden. Diese Informationen können auch zur Unterstützung der Kunden beim Kauf („Sie haben sich zuletzt diese Artikel angesehen") oder zur Analyse von Trends benutzt werden.
- Kleinere Unternehmen haben bei der Einrichtung eines E-Shops die gleichen Chancen wie große Unternehmen, da der Kunde üblicherweise ein bestimmtes Produkt sucht und eher selten einen bestimmten Shop „betritt".
- Durch die weitgehende Automatisierung des Informations- und Bestellvorgangs ist eine enorme Zeit- und Kostenersparnis gegenüber einem normalen Ladengeschäft möglich.
- Bei einem E-Shop fallen die üblichen Kosten, die man für einen Verkaufsraum hat, wie Miete, Heizung, usw. weg.
- Ein E-Shop ist immer auf dem Markt präsent, auch wenn dessen Inhaber gerade im Urlaub ist.

Um im Wettbewerb mit anderen E-Shops zu bestehen, gibt es auch Herausforderungen für die Unternehmen. Durch diverse Suchmaschinen ist es für Verbraucher zwar einfach, an bestimmte Informationen heranzukommen, für Unternehmer aber umso komplizierter, sich über Schlüsselwörter, so genannte **Keywords**, die begehrten Plätze oben in der Ergebnisliste zu sichern. Wer bei dieser Platzsicherung auf „Nummer sicher" gehen möchte, kann sich die guten Plätze auch erkaufen.

Suchmaschinen
dienen zur Recherche im Internet, wie z. B. Google oder Yahoo.

Sobald es zu einem Verkauf kommt, ist der Aufwand größer, der beim Austausch zwischen Ware und Geld entsteht. So muss die verkaufte Ware erst verpackt und verschickt werden. Für den Geldtransfer müssen Bankdaten angegeben werden. Generell ist die Übermittlung personenbezogener Daten im Internet ist ein sensibles Thema. Hier ist es für den Betreiber eines E-Shops notwendig, eine, für den Verbraucher, sichere Technik anzubieten.

Doch nicht nur die Datenübertragungstechnik, auch die eigentliche Internetpräsenz sollte den aktuellen Techniken und Standards entsprechen. Durch ständige Weiterentwicklungen von Browsern und Programmier- bzw. Scriptsprachen ist es unumgänglich, eine Website regelmäßig zu pflegen und somit technisch als auch inhaltlich aktuell zu halten. Neben der modernen technischen Lösung sind auch der erste Eindruck und die Nutzerfreundlichkeit der Website von großer Bedeutung. Fühlt sich der User desorientiert, d. h. kann er die gewünschten Informationen nicht schnell finden, verlässt er die Seite umgehend wieder.

Für ein **Unternehmen** bieten sich somit auch **Risiken**:
- Für die Erstellung eines E-Shops entstehen unter Umständen hohe Vorlaufkosten.
- Da die Kunden beim Erstkauf unbekannt sind, weiß man nichts über deren Zahlungsmoral.
- Es ist schwerer, eine Kundenbindung aufzubauen, da es selten einen persönlichen Kontakt gibt.
- Durch ständig notwendige Aktualisierungen des Shops ist ein hoher Wartungs- und Pflegeaufwand nötig, für den man eventuell gewisse HTML- bzw. Programmierkenntnisse braucht.
- Es ist schwer, sich in dem riesigen Angebot konkurrierender Shops hervorzuheben; Marktanteile können deshalb leichter verloren gehen.
- Die Verpackung und der Versand der bestellten Waren stellen einen hohen logistischen Aufwand dar.
- Die Sicherheit der privaten Daten muss jederzeit gewährleistet sein.
- Der Shop muss jederzeit verfügbar und Informationen zu der Bestellung abrufbar sein.

Doch nicht nur für den Anbieter, auch für den **Verbraucher** ergeben sich bei der Nutzung eines E-Shops gewisse Chancen und Risiken, auch der Benutzer muss das Für und Wider abwägen.

Positive Aspekte sind:
- Man kann im Wohnzimmer einkaufen, muss also kein Auto bewegen, steht nicht im Stau, muss keinen Parkplatz suchen und keine Parkgebühren bezahlen. Man spart also Zeit und Kosten und der Einkauf ist bequem, weil man sich nicht bewegen muss.
- Manche Unternehmen bieten im Internet spezielle Angebote und Rabatte an, die es im Ladengeschäft nicht gibt, weil sie mehr Kunden zum Einkauf im Internet bewegen wollen. Der Einkauf in einem E-Shop bringt also eventuell Preisvorteile.
- Die E-Shops stehen rund um die Uhr offen. Man ist also unabhängig von den normalen Ladenöffnungszeiten.
- Im Internet sind direkte Preisvergleiche möglich, was in normalen Geschäften doch einen erheblichen Zeit- und Kilometeraufwand bedeuten würde.
- Artikel, die es in Deutschland nicht gibt, kann man in anderen Ländern einkaufen. Aber bei dieser Form der Globalisierung sollte man beim Kauf elektronischer Geräte vorsichtig sein: DVDs aus USA lassen sich nicht unbedingt in Deutschland abspielen, in vielen Ländern funktioniert das Stromnetz nicht mit 220 V, und die Steckdosenform ist anders.
- Kundenbewertungen helfen einem unter Umständen bei der Entscheidungsfindung, ob man einen bestimmten Artikel kaufen soll oder nicht.
- Das Schnuppern in einem E-Shop findet anonym statt.

Negative Aspekte sind:
- Das Einkaufen ist zwar bequem, aber man trifft dabei keine Menschen, mit denen man kommunizieren könnte. Es fehlt das soziale Einkaufserlebnis.
- Wenn man häufig im Internet kauft, gefährdet man den stationären Einzelhandel in der näheren Umgebung. Auf diese Geschäfte sind besonders Verbraucher angewiesen, die keinen Internetanschluss haben und mit der Technik nicht umgehen können.
- Der Shopbetreiber sammelt viele Daten von seinen Kunden. Unseriöse Shopbetreiber könnten das Datenschutzgesetz missachten und die persönlichen Daten verkaufen.
- Für die Geschäftsabwicklung braucht man einen funktionierenden Internetzugang, und ist damit den Gefahren aus dem Internet ausgesetzt (Phishing, Trojaner).
- Die Artikel in einem E-Shop können nicht angefasst, angesehen und ausprobiert werden. Es fehlt das haptische Vergnügen eines Einkaufs.
- Die Artikel, die man in einem E-Shop bestellt, stehen einem nicht sofort zur Verfügung, sondern erst nach einer gewissen Lieferzeit. Manchmal sind die Artikel auch vergriffen und können erst einen Monat später geliefert werden.
- Weil die gewünschten Artikel im Web-Shop in einer Datenbank verborgen sind und nicht wie in einem normalen Ladengeschäft mit einem Blick entdeckt werden können, hat man oft Schwierigkeiten, die gesuchten Produkte im Web zu finden.

Marino Caponi überlegt, welche Art von E-Commerce auf ihn zutreffen würde. Da er als geschäftliche Handelsperson seine Waren an Endverbraucher anbieten würde, träfe auf ihn die Beziehung B2C zu.

Marino Caponi wägt ab, ob die Nachteile, die so ein E-Shop mit sich bringen kann, auch auf ihn zutreffen oder ob die Vorteile überwiegen.

Vorlaufkosten
Da er schon gute HTML- und Datenbankkenntnisse hat, wird er es mit Enzos Hilfe schon schaffen, einen E-Shop aufzubauen. Im schlimmsten Fall wird er sich ein fertiges Shopsystem kaufen und nach seinen Wünschen anpassen. Auf keinen Fall wird er aber einen professionellen Webanwendungsentwickler engagieren, damit die Vorlaufkosten nicht allzu hoch ausfallen.

Zahlungsmoral der anonymen Kunden
Am Anfang wird Marino Caponi nur einige einfache Zahlungsmöglichkeiten anbieten können. Damit er nicht auf seinen Kosten sitzen bleibt, hat er sich überlegt, dass alle Kunden nur bis zu einem maximalen Betrag bestellen dürfen, wenn sie nicht per Vorkasse bezahlen. Erst wenn der ausstehende Betrag beglichen wurde, dürfen sie neue Waren bestellen.

Kundenstammbildung
Da Marino Caponi den E-Shop als zusätzlichen Absatzweg zu seinem Ristorante nutzen möchte, ist die oft schwierige Kundenstammbindung kein Problem für ihn: Seinen Kundenstamm bildet er mit seinem Ristorante.

Wartungs- und Pflegeaufwand
Da er sich bereits gut mit den notwendigen Technologien auskennt, kann er die Wartung und Pflege selbst betreiben oder seinen Neffen Enzo damit beauftragen.

Verpackung und Versand
Für den Versand der Waren und die Bearbeitung der eingegangenen Bestellungen muss Marino Caponi sowieso eine neue Arbeitskraft einstellen. Bis sich diese neue Arbeitskraft rechnet, wird er den Versand jedoch selbst in die Hand nehmen müssen.

Sicherheit der privaten Daten
Die Sicherheit der privaten Kundendaten zu gewährleisten, ist sein größtes Problem. Er muss hierbei nicht nur garantieren, dass die Kundendaten in seiner Datenbank sicher verwahrt werden, sondern er muss auch dafür sorgen, dass die

Kundendaten über eine SSL-Verbindung (secure socket layer) gesendet und so von keinem Dritten eingesehen werden können.

Shop jederzeit verfügbar
Auf diesen Punkt hat Marino Caponi selbst relativ wenig Einfluss. Der Shop wird bei seinem ISP auf dem Server liegen. Dieser ist also dafür zuständig, dass sein Shop verfügbar ist. Im Gegenzug bezahlt Marino Caponi ja auch mehr dafür, dass seine Internetseite einen Shop enthält.

Marino Caponi ist davon überzeugt, dass ein E-Shop als zusätzlicher Absatzkanal zu seinem Ristorante sich nur positiv auf sein Geschäft auswirken kann: Das Ristorante ist Werbung für seinen Internetshop, und sein Internetshop ist Werbung für sein Ristorante.

ISP = Internet Service Provider

AUFGABEN

1 Welche Arten von E-Commerce treffen auf folgende Beziehungen zu?
a) Anton bestellt ein Buch im Internet
b) Ein Süßigkeitenhersteller bestellt Zucker bei der Südzucker AG.
c) Die Bürobedarf GmbH sucht sich eine Aushilfskraft im Online-Portal des Arbeitsamtes aus.
d) Frau G. macht ihre Steuererklärung mit Elster.
e) Gaye ersteigert einen MP3-Player bei einer Online-Auktion.

2 a) Entwickeln Sie eine Entscheidungsmatrix mit Beurteilungskriterien zu E-Shops.
b) Untersuchen Sie zwei E-Shops Ihrer Wahl mit Hilfe Ihrer Entscheidungsmatrix.
c) In welchen Bereichen haben die von Ihnen ausgewählten Shops Stärken, wo haben Sie Verbesserungsbereiche? Welchen Shop würden Sie als Muster für Ihren eigenen favorisieren?

7.2 Erstellung eines E-Shops

7.2.1 Anforderungsanalyse und -spezifikation

Trotz einiger Risiken entscheidet sich Marino Caponi dafür, einen E-Shop zu eröffnen. Insbesondere das stetige Nachfragen seiner Stammgäste hat ihn überzeugt. Doch bevor über seinen E-Shop die ersten italienischen Spezialitäten verkauft werden können, muss er sich überlegen, wie er seinen E-Shop am besten aufbaut. Was ist unbedingt zu beachten und wie fängt er an?

Zudem stellt sich Marino Caponi bereits jetzt die wichtige Frage, wie die Leute bei ihm bezahlen sollen. In seinem Ristorante bekommt er sein Geld in bar. Manchmal, nach Feierlichkeiten, stellt er eine Rechnung und muss manchmal lange auf sein Geld warten. Aber wie ist das bei einem E-Shop? Wie kann er da sichergehen, dass er sein Geld bekommt?

Auch weiß Marino Caponi aus Erfahrung, dass sich die Gewährung von Rabatten und die Zugabe kleiner Geschenkportionen sehr verkaufsfördernd auswirken kann. Daher hat er als eine Anforderung die Umsetzung eines individuellen Bonus- und Rabattprogramms formuliert. Er kann sich vorstellen, sowohl in Abhängigkeit vom Einkaufswert als auch auf Grundlage der Dauer der Kundenbeziehung individuelle Rabatte auf den Rechnungsbetrag sowie kostenlose Zugaben zu gewähren. Wichtig ist ihm, dass dies bei der Ermittlung des Gesamtrechnungsbetrages automatisch berücksichtigt wird.

Bevor die technische Umsetzung eines E-Shops begonnen werden kann, ist es notwendig, sich über die Vorgehensweise Gedanken zu machen. Zunächst müssen die folgenden Anforderungen genau analysiert werden:
- Welche Erwartungen haben die Kunden an den E-Shop?
- Welche Erwartungen hat der Shop-Betreiber an seinen E-Shop?

Der Shop-Betreiber sollte sich bewusst sein, dass nicht nur die Kunden bestimmte Anforderungen an den E-Shop haben, sondern dass auch er Anforderungen an seinen Shop hat. Er muss vor allem bestimmte (eilige) Administrationen selbst durchführen können. Ist z. B. ein Produkt nicht mehr verfügbar, muss er dies schnell online veröffentlichen können. Eine weitere Anforderung sollte die strukturierte Kundenverwaltung sein. Hierbei muss definiert werden, ob er die Verwaltung der Kunden über den E-Shop selbst, z. B. durch eine Login-Funktion, oder unabhängig von diesem organisieren möchte.

Für die virtuellen Handelsgeschäfte, vor allem bei den B2C-Handelsbeziehungen, gelten die gleichen Grundprinzipien wie beim klassischen Handel. So wie z. B. ein Kaufhaus oder ein Anbieter von Dienstleistungen muss auch der E-Shop Kunden werben, verschiedene Produkte bzw. Dienstleistungen im Angebot haben sowie Serviceleistungen bieten. In einem klassischen Kaufhaus kann sich ein Käufer orientieren, sich einen Überblick über die Produkte verschaffen und sich beraten lassen. Diese Grundgegebenheiten eines Kaufhauses gelten ebenso für ein virtuelles Kaufhaus.

Ein E-Commerce-System setzt sich aus folgenden Komponenten zusammen:

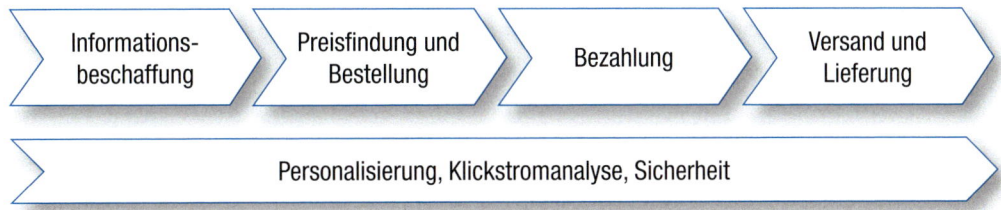

Quelle: Andreas Böhm, Elisabeth Felt: E-Commerz kompakt, Spektrum Akademischer Verlag, Heidelberg/Berlin 2001, Seite 27

Das bedeutet, dass während der gesamten Informationsbeschaffung, der Preisfindung, der Bestellung und der Bezahlung Klickstromanalysen stattfinden, die Waren- und Informationsangebote auf den Shopseiten möglichst für den Kunden personalisiert sind und natürlich während dieser Prozesse die Sicherheit beim Datenaustausch im Internet gewährleistet sein muss.

Siehe hierzu
▶ *Kapitel 8.2, Seite 378 ff.*

Woran erkennt man einen guten E-Shop?

In einem virtuellen Kaufhaus geht es sehr anonym zu: Man steht nicht einem Menschen gegenüber, den man als vertrauenswürdig oder dubios einschätzen kann. Daher ist es für einen E-Shop sehr wichtig, einen seriösen und Vertrauen erweckenden Eindruck zu machen. Die folgenden Anhaltspunkte, können dabei helfen, einen E-Shop als seriös zu identifizieren:
- Zunächst sollte man bei einem E-Shop auf den ersten Eindruck und das äußere Erscheinungsbild achten: Macht der Shop einen guten Eindruck oder haben Sie ein schlechtes Gefühl?
- Gibt es Bekannte, die schon einmal Erfahrungen mit diesem Shop gemacht haben oder findet man in Internetportalen Bewertungen zu diesem Shop?
- Ist die Produktpalette des Shops auf den Kunden zugeschnitten oder wird auf die Produkte sehr reißerisch aufmerksam gemacht („Super-Sonderangebot")?
- Wie sehen die Serviceleistungen rund um die Produkte aus. Ist das Artikelsortiment gut strukturiert? Gibt es eine funktionierende Suchfunktion?
- Werden die Produkte hinreichend gut beschrieben (möglichst mit Bildern)? Sind eventuell erforderliche Maßeinheiten angegeben?
- Sind die Preise als Endpreise inklusive Mehrwertsteuer angegeben? Sind auch die anderen Preisbestandteile wie Rabatte, Zölle und Versandkosten angegeben?
- Wie staffeln sich die Versandkosten? Sind sie besonders hoch oder in einem vernünftigen Rahmen?

- Wie sieht es mit einer Gewährleistung bzw. Garantie aus?
- Werden in dem Shop nur die unbedingt für die Bestellung notwendigen Daten abgefragt? Klärt der Händler über die Verwendung der persönlichen Daten auf?
- Sind die Allgemeinen Geschäftsbedingungen (AGB) üblich und fair?
- Besitzt der Shop ein Gütesiegel, wie zum Beispiel Trusted Shops, TÜV-Süd, IPS oder EHI?
- Sind im Impressum die notwendigen Daten korrekt angegeben?

Besonders der letzte Punkt ist für die Identifikation eines seriösen Internetshops sehr wichtig.

> Im Impressum, das einfach zugänglich sein muss, müssen neben dem Namen, der Anschrift und der Art des Unternehmens auch eine verantwortliche Person, das Registergericht, die Handelsregisternummer und die Umsatzsteuer-Identifikationsnummer eingetragen sein. Dabei darf die Adresse keine Postfachadresse sein, außerdem muss der Name des Unternehmens korrekt angegeben werden. Denn dann kann ein Kunde beim Unternehmensregister des Bundesanzeigers (www.ebundesanzeiger.de) die Jahresabschlüsse und sonstige wichtige Informationen, die das Unternehmen betreffen, abrufen.

Was ist bei den einzelnen Komponenten eines E-Commerce-Systems zu beachten?

Da es online keine Möglichkeit gibt, den Käufer über ein Verkaufsgespräch anzulocken, gelten in einem E-Shop die intuitive Orientierung und die ergonomische Benutzbarkeit der Geschäftsprozesse als wichtige Kriterien, um den eventuellen Käufer im Shop zu halten.

Informationsbeschaffung

Auf jeden Fall sollte der Käufer die Möglichkeit haben, sich schnell in dem E-Shop zu orientieren, sich diverse Produkte anzuschauen, zu vergleichen und genaue Details und weiterführende Informationen zu erhalten. Eine Suchfunktion kann hierbei große Hilfe leisten.

Preisfindung und Bestellung

Für die Preisfindung sind die unterschiedlichsten Varianten denkbar. Folgende Modelle der Preisfindung seien hier genannt:
- **Katalogmodell**: Im E-Shop wird vom Unternehmen ein Preis festgelegt, den der Käufer akzeptieren muss. Tut er das nicht, so findet der Handel nicht statt. Der festgelegte Preis gilt in diesem Modell nur dann nicht, wenn für einzelne Personen ein besonderer Rahmenvertrag oder eine besondere Rabattstaffel existiert. Dieses Preismodell wird bevorzugt für relativ geringwertige Güter verwendet, die normalerweise von mehreren vergleichbaren Anbietern bei einem relativ stabilen Preisniveau angeboten werden.
- **Auktion**: In einem Auktionshaus werden vom Initiator der Auktion ein Minimalpreis und die Dauer der Auktion festgelegt. Die willigen Käufer können gleichzeitig auf das Produkt bieten. Nach Ablauf der Zeit bekommt derjenige die Ware, der den höchsten Preis geboten hat. Dieses Modell wird bevorzugt für Einzelstücke, Restbestände oder gebrauchte Waren verwendet.
- **Ausschreibung**: Bei einer Ausschreibung wird von dem potenziellen Käufer ein Kaufgesuch formuliert, auf das der potenzielle Anbieter mit einem Angebot reagieren kann. Ausschreibungen werden oft für Nicht-Standard-Produkte oder sehr hochwertige Güter verwendet. Aber auch bestimmte Gesundheitsleistungen, wie zum Beispiel ein

Zahnersatz, können durch eine Ausschreibung, die auch „umgekehrte Auktion" genannt wird, erhandelt werden.
- **Tauschbörse**: Auf Tauschbörsen werden gar keine Preise festgesetzt. Der Initiator des Tausches bietet ein Produkt zum Tausch an, woraufhin ein williger Tauschhändler ein anderes Produkt zum Tausch anbieten kann. Wenn beide einverstanden sind, findet der Tausch statt.

Die eigentliche Bestellung, also der Abschluss des Handels, muss durch zwei Willenserklärungen der beteiligten Handelspartner erfolgen. Dabei gelten das Abschicken der Bestellung als Willenserklärung des Kunden und die Bestellbestätigung als Willenserklärung des Händlers.

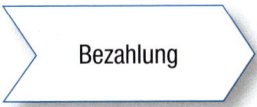
Bezahlung

Die **Zahlungsarten** im Internet sind sehr vielseitig; die technische Umsetzung einer sicheren Zahlungsmethode in einem virtuellen Kaufhaus ist viel komplexer, als in einem realen. Beim E-Commerce muss die Zahlungs- bzw. Handelsbetätigung zusätzlich abgesichert werden, da das Internet für jeden frei zugänglich ist.

Während in Kaufhäusern üblicherweise bar, mit EC-Cash oder mit Kreditkarte bezahlt wird, sind im Internet sehr viel mehr Zahlungsarten möglich und üblich. Sie variieren je nach den Vorlieben der Kunden und den Bedürfnissen und Möglichkeiten der Shopbetreiber.

Zahlungsarten im Internet ▶ Kapitel 7.2, Seite 350

Besonders einfach ist es hierbei für den Shopbetreiber, die Offline-Zahlungsarten anzubieten, bei denen keine streng vertraulichen Kontodaten über das Internet ausgetauscht werden müssen. Sie stellen allerdings einen Medienbruch in dem ansonsten rein digitalen Kaufvorgang dar.

Die Kunden favorisieren meist die Bezahlmöglichkeiten, die ihnen auch aus ihrem bisherigen Alltag geläufig sind.

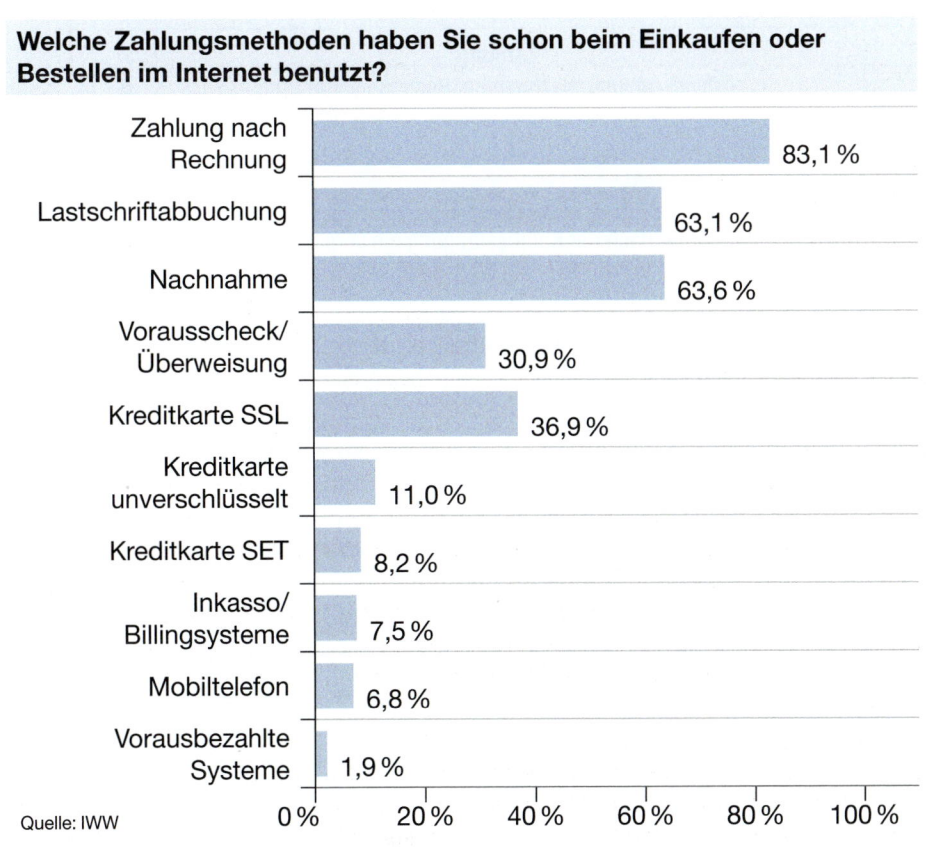

Welche Zahlungsmethoden haben Sie schon beim Einkaufen oder Bestellen im Internet benutzt?

Zahlung nach Rechnung	83,1 %
Lastschriftabbuchung	63,1 %
Nachnahme	63,6 %
Vorausscheck/Überweisung	30,9 %
Kreditkarte SSL	36,9 %
Kreditkarte unverschlüsselt	11,0 %
Kreditkarte SET	8,2 %
Inkasso/Billingsysteme	7,5 %
Mobiltelefon	6,8 %
Vorausbezahlte Systeme	1,9 %

Quelle: IWW

Bei den Bezahlvorgängen, die rein über das Internet abgewickelt werden, müssen die persönlichen Bankdaten über eine SSL-Verbindung gesendet werden. Das Bestehen einer solchen Verbindung erkennt man daran, dass in der Adresszeile nicht mehr „http", sondern „https" steht und dass in der Statusleiste des Browserfensters ein kleines Schloss erscheint. Bei dem SSL-Übertragungsmodus wird dieselbe Datenverschlüsselungstechnik angewendet, die auch beim Internet-Banking eingesetzt wird; sie bietet optimalen Schutz.

Für den E-Shop-Betreiber bedeutet es einen gewissen Aufwand, andere Bezahlsysteme als Vorauskasse, Nachnahme und Rechnung anzubieten. Er muss die für die jeweilige Zahlungsart notwendigen Internetverbindungen zur Verfügung stellen, eventuell notwendige Gerätschaften anschaffen und zum Beispiel an die Kreditkartenfirmen eine regelmäßige Gebühr entrichten. Andererseits kann man aber an den sorgfältig ausgewählten, auf die Kundenbedürfnisse abgestimmten Bezahlmöglichkeiten auch die Seriosität eines Shops erkennen.

Die verschiedenen Zahlungsmöglichkeiten unterscheiden sich dadurch, dass der Verbraucher entweder das Geld im Nachhinein bezahlt wie bei einer Rechnung, oder vorab entrichtet, wie zum Beispiel bei Vorkasse. Es gibt auch die Möglichkeit mit E-Geld die Ware zu bezahlen. E-Geld gibt es in zwei Formen: Kartengeld (Chipcard-Cash-Verfahren) oder Netzgeld (Internet-Cash-Verfahren).

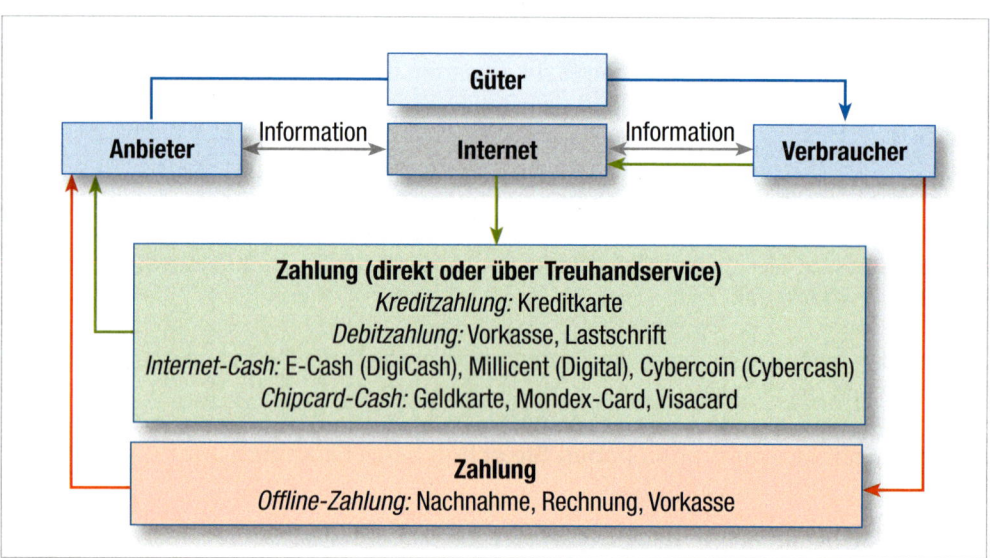

Zahlungsart	Erklärung
Vorauskasse	Bei der Vorauskasse überweist der Käufer nach der Kaufbestätigung die vereinbarte Summe auf das Konto des Verkäufers. Dieser Weg ist der für den Verkäufer beste Weg, da er sein Geld hat, bevor er die Ware verschickt.
Rechnung	Die Variante, die für den Käufer angenehmer ist, ist die Bezahlung per Rechnung. Hier ist der Käufer sicher, dass er die gekaufte Ware auch erhält, da er die Rechnung erst zu bezahlen braucht, nachdem die Ware angekommen ist.
Nachnahme	Eine weitere Methode ist die Nachnahme, die für beide Seiten eine faire Möglichkeit darstellt. Hier bezahlt der Käufer die Ware direkt beim Empfang an den Überbringer (z. B. den Postboten). Diese dritte Person bzw. das Unternehmen, für das diese Person arbeitet, ist an der eigentlichen Handelsbeziehung nicht beteiligt. Allerdings muss der Käufer für Nachnahmelieferungen eine bestimmte Gebühr bezahlen, die den Kaufpreis erhöht.
Kreditkarte	Während die Kreditkarte in den USA als Standardzahlungsmittel gilt, ist sie in Deutschland noch im Kommen. Der Zahlvorgang findet direkt online beim Kauf statt, indem die Kreditkartennummer und ein Sicherheitscode über eine sichere SSL-Verbindung verarbeitet werden. Der Vorteil bei der Bezahlung mit Kreditkarte ist, dass der Zahlende das Recht hat, eine unberechtigte Zahlung innerhalb einer bestimmten Frist zu widerrufen.

PayPal	PayPal wurde von und für eBay entwickelt und hat sich mittlerweile auch für andere E-Commerce-Geschäfte etabliert. Solange Käufer und Verkäufer ein PayPal-Konto besitzen, kann der Handel darüber abgeschlossen werden. Der Empfänger der Ware zahlt pro Transaktion eine geringe Gebühr. Dieser Treuhandservice wird vor allen Dingen beim Kauf wertvoller Gegenstände im Rahmen von Auktionen in Anspruch genommen. So kann der Anbieter sicher sein, dass er sein Geld bekommt, allerdings erst, wenn der Käufer den Betrag, den er zuvor auf das Treuhandkonto überwiesen hat, freigibt, nachdem er die Ware erhalten und für gut befunden hat.
Lastschrift	Während bei der klassischen Überweisung der Käufer (Zahlungspflichtige) der Auslöser des Zahlungsvorganges ist, veranlasst bei einer Lastschrift der Verkäufer (Zahlungsempfänger) den Vorgang. Der Käufer muss dem Verkäufer lediglich seine Kontodaten übermitteln. Ähnlich wie bei der Zahlung mit Kreditkarte hat der Kunde die Möglichkeit, den abgebuchten Betrag zurückbuchen zu lassen.
E-Cash	Die Bezahlverfahren mit einer virtuellen Geldbörse eignen sich besonders zur Bezahlung kleinerer Beträge. Sie bieten das höchstmögliche Maß an Anonymität beim Bezahlen im Internet.

Alle Zahlungsverkehrsvorgänge sollten über eine sichere **SSL**-Verbindung abgewickelt werden. Bei Seiten die mit https (HyperText Transfer Protocol Secure) anstatt mit http angezeigt werden, handelt es sich um sichere Verbindungen. Das sichere Hypertext-Übertragungsprotokoll dient der verschlüsselten Datenübertragung zwischen Webserver und Browser.

Es gibt viele verschiedene Gründe, warum sich ein Kunde gerade für die eine und nicht für die andere Bezahlmöglichkeit entscheidet.

Kriterien für die Auswahl einer Zahlmethode

- Einfache Handhabung/unkompliziert: 65,5 %
- Keine/geringe Kosten: 63,1 %
- Belastungszeitpunkt (erst Ware, dann Geld): 56,0 %
- Absicherung im Schadensfall: 53,6 %
- Stornierungsmöglichkeit: 49,4 %
- Umfang der Angabe persönlicher Daten: 42,6 %
- Nachvollziehbarkeit der Umsätze: 38,7 %
- Zeitaufwand des Bezahlvorgangs: 29,5 %

Quelle: marktagent.com

> Versand und Lieferung

Unter diesem Punkt sollte dem Kunden auf jeden Fall die Möglichkeit gewährt werden, zwischen normalem- und Expressversand zu wählen. Eventuell kann man ihm auch die Wahl des Versandunternehmens überlassen.

Das Preisfindungsmodell, das Marino Caponi in seinem E-Shop verwenden möchte, ist das **Katalogmodell**, da er ganz normale Waren zu üblichen Preisen verkaufen möchte.

Weiterhin hat er sich überlegt, dass er in einem ersten Schritt nur die **Zahlungsmöglichkeiten** anbieten möchte, die für ihn keinen zusätzlichen Aufwand bedeuten: Vorkasse, Rechnung und Nachnahme.

Im Hinblick auf die Bezahlung und auch die Attraktivität seines E-Shops hat er sich bereits ein **Rabattsystem** überlegt. Das soll so funktionieren:

- Wird ein neues Produkt dem Warenkorb hinzugefügt, so ist der Preis des neuen Produkts dem bisherigen Gesamtpreis hinzuzuaddieren.
- Führt ein Kunde einen Bestellvorgang aus und übersteigen die aktuell im Warenkorb enthaltenen Produkte einen Wert von 75 Euro, so ist auf den Gesamtbetrag ein Rabatt von 5 % anzurechnen und anzuzeigen.
- Führt ein Kunde einen Bestellvorgang aus und übersteigen die aktuell im Warenkorb enthaltenen Produkte einen Wert von 125 Euro, so ist auf den Gesamtbetrag ein Rabatt von 9 % anzurechnen und anzuzeigen.
- Handelt es sich bei dem bestellenden Kunden um jemanden, der erstmalig einen Einkauf im E-Shop tätigt, so ist dem Warenkorb eine Geschenkportion Mailänder Pralinen hinzuzufügen.

Zur besseren Übersichtlichkeit zeichnet Marino Caponi den Algorithmus mit Hilfe eines Struktogramms auf:

Kunde startet den Bestellprozess				
Wiederhole, solange der Kunde einen weiteren Artikel dem Warenkorb hinzufügt				
Addiere den Preis des zuletzt gewählten Artikels auf den bisherigen Gesamtbetrag				
Ja	Gesamtbetrag > 75 €			Nein
Ja	Gesamtbetrag > 125 €	Nein	Setze den Rabatt gleich 0	
Berechne Rabatt = aktueller Betrag · 9 %		Berechne Rabatt = aktueller Betrag · 5 %		
Reduziere die Summe um den ermittelten Rabatt und erstelle die Rechnung				
Ja	Neukunde			Nein
Füge dem Warenkorb einen Geschenkartikel hinzu			-	
Zeige eine Bestätigung des Warenkorbs und des Gesamtrechnungsbetrages an				

AUFGABEN

1 Erstellen Sie ein Struktogramm, das den Algorithmus einer automatischen Lagerverwaltung beschreibt. Der Algorithmus soll folgende Anforderungen erfüllen:
- Wird ein neues Produkt dem Warenkorb hinzugefügt, so ist der Lagerbestand zu prüfen.
- Handelt es sich bei dem Produkt, das dem Warenkorb hinzugefügt wurde, um einen Wein, so soll ein Warnhinweis generiert werden, wenn weniger als 25 Flaschen dieser Weinsorte auf Lager sind.
- Handelt es sich bei dem Produkt, das dem Warenkorb hinzugefügt wurde, um eine verderbliche Delikatesse, deren Haltbarkeitsdauer weniger als 4 Wochen beträgt, so soll ein Warnhinweis generiert werden, wenn der verbleibende Lagerbestand dieses Produkts geringer ist als die Anzahl der von diesem Produkt innerhalb der letzten 7 Tage verkauften Einheiten.
- Handelt es sich bei dem Produkt, das dem Warenkorb hinzugefügt wurde, um eine verderbliche Delikatesse und dessen Haltbarkeitsdauer beträgt weniger als 6 Wochen, so soll ein Warnhinweis generiert werden, wenn der verbleibende Lagerbestand dieses Produkts geringer ist, als die Anzahl der von diesem Produkt innerhalb der letzten 14 Tage verkauften Einheiten.

2
a) Erstellen Sie eine Liste mit den jeweiligen Vor- und Nachteilen für den Shop-Betreiber und den Kunden bei den einzelnen Zahlungsarten.
b) Welche Zahlungsart dürfte Ihrer Meinung nach auf keinen Fall bei einem Erotik-Shop fehlen? Begründen Sie Ihre Auswahl.
c) Welche Zahlungsart würden Sie auf jeden Fall bei einem Online-Handy-Shop empfehlen? Begründen Sie Ihre Auswahl.

3 Sie machen ein Praktikum in einer Kosmetikfirma, die auch einen E-Shop betreibt. Der Chef dieser Firma hat von einem Bekannten gehört, dass es bei der Kreditkartenzahlung neue verbesserte Formen geben soll: das WebPos-Verfahren und das SET-Verfahren. Er beauftragt Sie, sich darum zu kümmern, und gibt Ihnen folgende Arbeitsaufträge:
a) Informieren Sie sich über die Funktionsweise der beiden Verfahren.
b) Erstellen Sie eine Tischvorlage, auf der die Funktionsweisen der beiden Verfahren anschaulich dargestellt sind.
c) Erörtern Sie, welche Vor- und Nachteile die beiden Verfahren haben, und geben Sie eine begründete Empfehlung ab, die als Grundlage für die Entscheidungsfindung verwendet werden kann.

4 Welche Art von Preisfindungsmodell wird in den folgenden Beispielen angewendet?
a) Armin braucht eine Zahnkrone für einen Backenzahn und tut dies auf einer entsprechenden Seite im Internet kund.
b) Annina ist mittlerweile zu groß für ihr Fahrrad geworden. Sie fotografiert es und bietet es unter Angabe eines Mindestpreises auf einer entsprechenden Internetseite an.
c) Annika hat ein Buch gelesen, das immer noch fast wie neu aussieht. Sie möchte es zu einem bestimmten Preis weiterverkaufen und tut dies auf einer entsprechenden Seite im Internet kund.
d) Alfons hat von seiner Tante zum Geburtstag einen elektrischen Dosenöffner bekommen, hat aber leider überhaupt keine Verwendung für so ein Gerät. Allerdings würde er unheimlich gerne mal wieder ein paar neue DVDs ansehen. Dies tut er auf einer entsprechenden Internetseite kund.

5 Informieren Sie sich über RFID-Chips. Welche Chancen und Risiken sehen Sie in dieser Technologie?

7.2.2 Systemdesign, Umsetzung und Test

Bis jetzt konnte Marino Caponi wichtige Informationen für sein Vorhaben sammeln. Chancen und Risiken eines E-Shpos sind ihm nun klar, über die Ansprüche der potenziellen Nutzer und seine eigenen konnte er sich ein Bild machen, und auch mit den Zahlungsarten hat er sich genauer auseinandergesetzt.

Dennoch gibt es einen wesentlichen Punkt, der ihn nicht in Ruhe lässt. Welche Struktur oder, wie Enzo letztens meinte, welches Systemdesign bietet sich für seinen E-Shop an?

Vor der eigentlichen Umsetzung ist es sinnvoll, sich über das Besondere an einem E-Shop Gedanken zu machen. Außerdem ist es durchaus angebracht, sich bereits bestehende E-Shops anzuschauen, um sich einen Überblick über wesentliche Elemente zu verschaffen.

Systemdesign

Grundlegend für einen E-Shop sind die Präsentation der zu verkaufenden Produkte, ein Warenkorb für die ausgewählten Produkte, der Kauf- bzw. Zahlvorgang und ein Login für regelmäßige Kunden. Besucht ein Kunde einen E-Shop, sollte dieser sich sofort **orientieren** können, was er hier kaufen kann. Dabei ist es am sinnvollsten, die Produkte zu kategorisieren. Um den User langsam an die Detailinformationen eines Produktes heranzuführen, eignet sich die folgende Baumstruktur, die so genannte Top-Down-Struktur (vom Oberbegriff zum Detail).

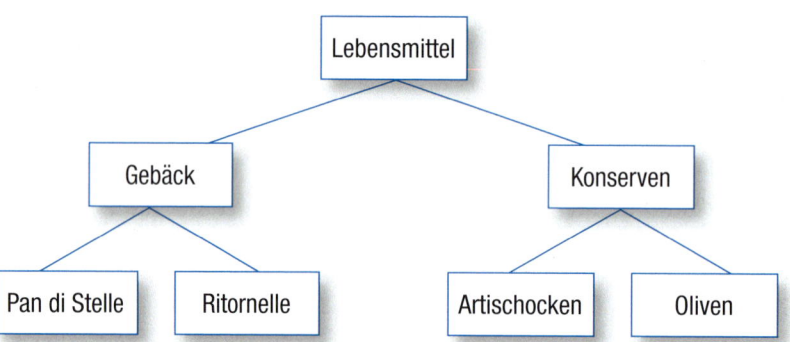

Außerdem sollte bei einer durchdachten Struktur auch eine Suchfunktion nicht fehlen. Diese beschleunigt die gezielte Suche nach einem Produkt enorm und dient insbesondere den Nutzern, die genau wissen, was sie suchen.

Wie in einem Kaufhaus sollte der Kunde auch in einem E-Shop mehrere Waren sammeln können. Dafür benötigt er einen **virtuellen Warenkorb**. Dieser muss ständig abrufbar sein und muss die wichtigsten Informationen über das ausgewählte Produkt anzeigen, wie z. B. Name, Anzahl und Preis. Außerdem muss der Warenkorb die Möglichkeit bieten, Produkte hinzuzufügen oder herauszunehmen.

Es sollte deutlich erkennbar gemacht werden, wie der **Kaufvorgang** gestartet werden kann. Der Kaufvorgang sollte von jeder Seite aus gestartet werden können, insbesondere sollte vom Warenkorb aus deutlich werden, welche Schritte noch nötig sind, um den Kaufvorgang abzuschließen.

Die zum Kaufvorgang gehörenden Schritte sind in der Regel:
- Artikelauswahl bzw. -bestätigung
- Eingabe von Name, Anschrift und Versandadresse
- Auswahl der Versandart und -schnelligkeit
- Auswahl der Zahlungsart
- Bestätigung des Kaufvorgangs

Für Kunden, die regelmäßig einkaufen, sollte es die Funktion geben, sich einzuloggen. Diese **Funktion** kann den Inhalt von Warenkörben speichern, individualisierte Angebote unterbreiten und den Kaufvorgang durch Speicherung privater Daten beschleunigen.

Umsetzung und Test

Vor der Implementierung eines E-Shops sollte die Frage nach der zum Einsatz kommenden Software geklärt werden. Soll eine **Individual-** oder eine **Standardsoftware** genutzt werden? Bei einer Individualsoftware entscheidet sich der Betreiber dafür, die Software komplett selbst zu bauen. Gründe dafür können sein, dass es keine Standardsoftware gibt, die den Ansprüchen des Betreibers entspricht, oder dass dem Betreiber vorhandene Software nicht gut genug ist. Die Vorteile bei der Neuentwicklung liegen auf der Hand. Die selbst programmierte Software existiert nur einmal und kann beliebig individualisiert, d. h. an die jeweiligen Anforderungen angepasst werden. Außerdem bedeutet eine Eigenentwicklung, dass die Software rechtmäßig dem Betreiber gehört. Die Nachteile sind jedoch, dass ein hoher Entwicklungsaufwand entsteht, der in der Regel mit hohen Kosten und beträchtlichen Zeitaufwand verbunden ist.

Bei der **Eigenentwicklung (Individualsoftware)** muss die Architektur einer Website im Vorfeld geplant werden. Sobald eine Website mehr als nur für Informationszwecke genutzt wird, kann man von drei Schichten sprechen:
- Präsentationsschicht
- Verarbeitungsschicht
- Datenhaltungsschicht (Datenbanken)

Die **Präsentationsschicht** ist der Teil, den der Anwender auf der Oberfläche einer Website wahrnimmt. Diese Schicht steht für das Design und das Layout der Seite und wird mit HTML, CSS und evtl. Flash erstellt. Ein besseres Augenmerk muss hier auf die ergonomische Dialoggestaltung gelegt werden.

Ergonomische Digitalsteuerung
▶ *Kapitel 3.5.1, Seite 116*

Die **Verarbeitungsschicht** beinhaltet die eigentliche Logik einer Anwendung. Sobald spezielle Funktionen, wie ein Login, eine Suchanfrage oder ein Bezahlvorgang, auf einer Website möglich sein sollen, gibt es eine Verarbeitungsschicht. Diese Schicht sorgt dafür, dass die vom User eingegebenen Daten gelesen und verarbeitet werden.
Da HTML und CSS nicht ausreichen, komplexe Internetseiten zu bauen, lassen sich in HTML diverse Scriptsprachen einbetten, die die Möglichkeit bieten, mehr Verarbeitungslogik einzubauen, als es HTML bietet. Beispiele für diese Sprachen sind JavaScript und PHP.

JavaScript-Anwendungen werden im Webbrowser der Internetnutzer ausgeführt. Bei Seiten auf denen PHP genutzt wird, werden die Anwendungen auf dem Webserver ausgeführt, was den Vorteil hat, dass die Seite unabhängig vom Webbrowser funktioniert.

Handelt es sich um komplexere Anwendungen, bei denen z. B. Kundenadressen oder Ähnliches in Datenbanken gespeichert werden sollen, dann gibt es zusätzlich eine **Datenhaltungsschicht**. Bei dieser Schicht handelt es sich um eine Datenbank, in der Daten gespeichert und sortiert werden, wie z. B. bei MySQL, DB2 oder Oracle.

Standardsoftware kann in Form fertiger Software-Bauteile erworben werden und bringt wenig Entwicklungsaufwand mit sich. Je nach Vorlieben hat der Betreiber hier die Möglichkeit, mit Online-Homepage-Baukästen, grafischen Webeditoren oder Skriptpaketen zu arbeiten.

Bevor ein E-Shop in den Einsatz geht, muss dieser ausreichend getestet werden. Der Test darf nicht unterschätzt werden. Denn auch wenn die Programmierer sehr sorgfältig arbeiten, sind Fehler unvermeidbar. Je nach Softwareprojekt sollten ca. 20 bis 30 % des gesamten Projektaufwands für diverse Tests eingeplant werden.

Auch für die Wartung eines E-Shops sollte ausreichend Zeit eingeplant werden. Aufgrund von Browser-Updates oder allgemeinen technologischen Erneuerungen ist es notwendig, die Website regelmäßig zu pflegen.

Geschäftsprozesse mit EPKs darstellen

Geschäftsprozesse werden in der Regel nicht mit Aktivitätsdiagrammen dargestellt, sondern mit erweiterten ereignisgesteuerten Prozessketten (EPK). EPKs sind speziell für die Abbildung und Analyse von Geschäftsprozessen in einem Betrieb entwickelt worden. Sie sind daher speziell auf die Bedürfnisse in einem Betrieb zugeschnitten und sind nicht so vielseitig einsetzbar wie Aktivitätsdiagramme.

Ereignisgesteuerte Prozessketten setzen sich aus Tätigkeiten, Ereignissen und Junktoren (Verknüpfungen) zusammen. Wenn die EPKs um die Symbole für die Organisationseinheit und für die Informatikobjekte (Daten) ergänzt werden, erhält man erweiterte ereignisgesteuerte Prozessketten (eEPKs). Diese Methode wird zur bildhaften Darstellung der zu modellierenden Geschäftsprozesse verwendet.

Aktivitätsdiagramm
▶ Kapitel 1.2, Seite 13

In den eEPKs werden folgende Notationselemente benutzt:

Symbol	Erklärung	Entsprechendes Zeichen im Aktivitätsdiagramm
Ereignis	Ein Geschäftsprozess beginnt immer mit einem Ereignis und endet mit einem Ereignis. Ein Ereignis stößt eine Tätigkeit an. Ein Ereignis ist das Ergebnis einer Tätigkeit. Ein Ereignis kann keine Entscheidung sein, sondern nur das Ergebnis einer Entscheidung.	Ein von außen kommendes Ereignis entspricht dem Signal-Empfang, der in Kap. 1.2 nicht thematisiert wurde. Signalsendung ▷ Signalempfang Ein Ereignis kann aber auch als Bedingung an einem Kontrollfluss stehen.
Tätigkeit	Eine Tätigkeit wird von einer Organisationseinheit durchgeführt. Einer Tätigkeit werden die zur Ausführung notwendigen Informationsobjekte zugeordnet.	Aktion
Organisationseinheit	Organisationseinheiten sind betriebliche Stellen oder Abteilungen, die für die Ausführung von Tätigkeiten verantwortlich sind.	Aktivitätsbereich 1 | Aktivitätsbereich 2
Objekt	Objekte werden in eEPKs normalerweise im Sinne von Informationsobjekten verwendet. Sie werden zum Ausführen einer Tätigkeit gebraucht.	Objekt
∧	**Logisches UND (AND)** Ereignisse, die gleichzeitig erfüllt sein müssen, damit die nächste Tätigkeit erfolgen kann, werden mit einem UND verbunden. Parallel ablaufende Tätigkeiten verzweigen mit einem UND. Eine UND-Verzweigung kann sowohl auf ein Ereignis als auch auf eine Tätigkeit folgen. Nach einer UND-Verzweigung müssen die parallelen Tätigkeitsstränge auch wieder mit einem UND zusammengeführt werden.	Gabelung Vereinigung Verbindung
∨	**Logisches ODER (OR)** Wenn alle Ereignisse zutreffen können, aber nicht müssen, verzweigt man nach der Entscheidung darüber (einer Tätigkeit) mit einem ODER (OR). Wenn alle Tätigkeiten durchgeführt werden, können, aber nicht müssen, verknüpft man sie mit einem ODER (OR).	Entscheidung Verbindung
XOR	**Logisches EXCLUSIVES ODER (XOR)** Trifft entweder das eine oder das andere Ereignis zu, verzweigt man nach der Entscheidung darüber (einer Tätigkeit) mit einem EXKLUSIVEN ODER (XOR). Soll entweder die eine oder die andere Tätigkeiten durchgeführt werden, verknüpft man sie mit einem EXKLUSIVEN ODER (XOR).	Für die Entscheidung bzw. Verbindung müssen die entsprechenden Bedingungen formuliert sein.

Marino Caponi erarbeitet zusammen mit seinem Neffen Enzo eine mögliche ereignisgesteuerte Prozesskette zum Teilprozess der Produktsuche.

Für die Prozessmodellierung definieren sie folgende Bedingungen:
1. Ausgangspunkt ist die Anzeige der Startseite (Homepage) des E-Shops.
2. Dem Nutzer ist die Suche mit Hilfe eines Suchfeldes zur Eingabe von Suchbegriffen sowie mit Hilfe eines Katalogs in Form eines Menübaums zu ermöglichen.
3. Das Suchergebnis ist unabhängig davon, ob das Produkt auf Lager vorrätig ist.
4. Der Prozess endet mit der Darstellung der Suchergebnisse.

Es ergibt sich folgendes Bild:

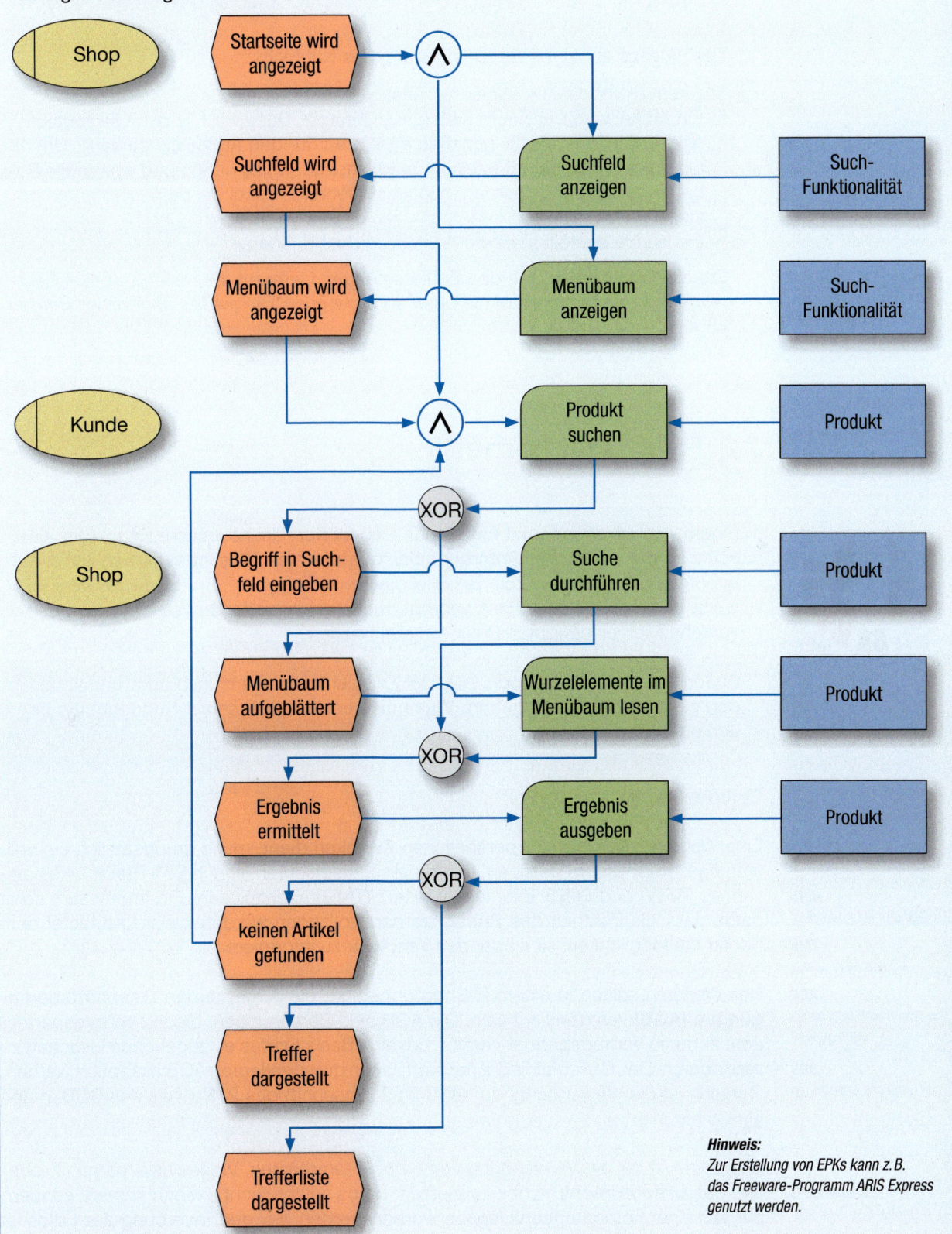

Hinweis:
Zur Erstellung von EPKs kann z. B. das Freeware-Programm ARIS Express genutzt werden.

AUFGABEN

1 Visualisieren Sie den Teilprozess der Verkaufsabwicklung im E-Shop mit Hilfe einer erweiterten Ereignisgesteuerten Prozesskette. Ausgangspunkt ist ein vorhandener Warenkorb, für den die Produktauswahl bereits abgeschlossen ist.

Folgende Prozessschritte sind notwendig:
1. Festlegung der Versandadresse
2. Auswahl der Versandart mit den Optionen: normaler Versand und Express-Versand
3. Auswahl der Zahlungsart mit den Optionen: Vorauskasse, Nachname, Kreditkarte.

Der Prozess endet mit der Bestätigung des Kaufvorgangs.

2 In einem E-Shop fallen folgende Tätigkeiten an:
- Ein Artikel wird bei einem Lieferanten bestellt. Dazu wird, je nach saisonalen Angeboten, der jeweils günstigste Lieferant für den Artikel ausgewählt. Um die Lieferkosten für eine Bestellung möglichst gering zu halten und eventuelle Rabatte auszunutzen, werden möglichst mehrere Artikel bei dem Lieferanten bestellt.
- Ein Kunde bestellt mehrere Artikel aus dem E-Shop.

Erstellen Sie ein ERD mit den Entitätsmengen Lieferant, Bestellung, Artikel Rechnung und Kunde, mit dem die oben angegebenen Tätigkeiten abgebildet werden können.

ERD
Entity-Relationship-Diagramm
▶ *Kapitel 2.5.5, Seite 76*

7.3 Recht im Internet

Einem wesentlichen Punkt hat Marino Caponi noch keine weitere Beachtung geschenkt: den rechtlichen Anforderungen des Internets. Was muss er rechtlich alles beachten? Wie muss er zum Beispiel die Preise angeben? Brutto, netto? Was ist, wenn er sich bei einem Preis vertippt, muss die betreffende Ware dann zu dem versehentlich eingetippten Preis verkauft werden?

Außerdem hat Marino Caponi in letzter Zeit viel über Datenmissbrauch und abhanden gekommene Daten gehört. Was muss er bezüglich seiner Kundendaten beachten?

Online-Recht

Eine Website, die nicht nur persönlichen Zwecken dient, muss grundsätzlich ein vollständiges **Impressum** besitzen. Die Impressumspflichten sind in §55 Rundfunkstaatsvertrag (RStV) und in §5 Telemediengesetz (TMG) nachzulesen. Ein Impressum sorgt dafür, dass die Echtheit des Betreibers nachvollzogen werden kann, und bietet dem Käufer die Möglichkeit, sich über den Verkäufer zu informieren.

RStV
= Rundfunkstaatsvertrag
TMG
= Telemediengesetz

Des Weiteren sollten in einem E-Shop unbedingt die **Allgemeinen Geschäftsbedingungen (AGB)** veröffentlicht sein. Die AGB sind Bedingungen, die ein Vertragspartner dem anderen Vertragspartner vorgibt, um eine Basis für das einzugehende Geschäft zu vereinbaren. Das Geschäft findet nur statt, wenn die vorgelegten AGB akzeptiert werden. Geregelt ist die Verwendung von AGB im 2. Abschnitt des 2. Buches des BGB in den §§ 305 bis 310.

AGB
= Allgemeine Geschäftsbedingungen
BGB
= Bürgerliches Gesetzbuch

Außerdem ist bei der Verwendung von Fotos, Fremdtexten, Videos usw. darauf zu achten, das **Urheberrecht** nicht zu verletzen. Fotos sollten nicht einfach kopiert, sondern nur aus einer Fotodatenbank legal erworben werden. Bei der Erwerbung des Fotos ist es wichtig, auf die Lizenzbedingungen zu achten und sicherzugehen, dass diese die

Urheberrecht
▶ *Kapitel 5.9, Seite 292*

Veröffentlichung im Internet erlauben. In der Regel kann man Bilder für diesen Zweck aus Datenbanken im Internet oder auf CD günstig erwerben und verwenden.

Fernabsatzrecht

Das so genannte Fernabsatzrecht ist eine Sammlung von Maßnahmen, die den Verbraucher bei Verträgen, die über Fernkommunikationsmittel geschlossen wurden, schützen sollen. Bei solchen Fernabsatzverträgen kann es leicht sein, dass der Verbraucher gegenüber den Vertreibern von Waren unterlegen ist, und zwar in Bezug auf Fachkenntnis und Informationen über die Ware. Dieses Ungleichgewicht zwischen Verkäufer und Käufer soll durch das Fernabsatzrecht ausgeglichen werden.

§ 312 b des BGB und die BGB-Informationspflichten-Verordnung enthalten das Fernabsatzgesetz. Es regelt die Informationspflichten, die ein Unternehmer beim Abschluss von Fernabsatzverträgen im elektronischen Handel mit einem Verbraucher zu beachten hat.

> **Fernabsatzverträge** sind Verträge, die zwischen einem Unternehmer und einem Verbraucher unter ausschließlicher Verwendung von Fernkommunikationsmitteln abgeschlossen werden.

Das **Fernabsatzrecht** beinhaltet einige wichtige **Informationspflichten**, die zur Wahrung des Gleichgewichts von Unternehmer und Verbraucher bei Fernabsatzverträgen dienen:
- zur Identität des Anbieters (Impressumspflicht)
- zu Merkmalen der angebotenen Waren
- zur Art und Zusammensetzung der Preise
- zum Bestehen eines Widerrufs- oder Rückgaberechts

Das **Impressum** eines Unternehmens sollte auf jeden Fall folgende Punkte enthalten:
- Name und Anschrift des Seitenbetreibers (eine Postfach-Adresse ist hier nicht erlaubt)
- Name des Vertretungsberechtigten des Unternehmens, also in der Regel des Geschäftsführers
- andere Kontaktdaten, wie Telefonnummer, E-Mail-Adresse oder Faxnummer
- Angaben zur Eintragung ins Handels- bzw. ins Vereinsregister mit entsprechender Registernummer
- das zuständige Registergericht
- die Umsatzsteuer-Identifikationsnummer
- den Haftungsausschluss, der besagt, dass man für die Inhalte der extern verlinkten Seiten keine Haftung übernimmt
- bestimmte Zusätze, die für bestimmte Berufsgruppen notwendig sind, wie zum Beispiel
  - die Aufsichtsbehörde für Versicherungen, Immobilienunternehmen und Banken,
  - die zuständige Kammer mit Angaben zur Berufsbezeichnung etc. bei freien Berufen.

Zu allen angebotenen Waren müssen die **wesentlichen Merkmale** beschrieben sein.

Die **Preise** der Waren müssen für den Verbraucher einschließlich aller Steuern und sonstiger Bestandteile angegeben sein, das heißt, für den Verbraucher werden immer Bruttopreise angegeben. Gegebenenfalls zusätzlich anfallende Liefer- und Versandkosten müssen deutlich angegeben werden.

Vertippt sich der Betreiber eines E-Shops bei der Eingabe von Preisen, muss der Kaufvertrag wegen Irrtums nicht geschlossen werden. Für das Zustandekommen eines Kaufvertrages sind zwei Willenserklärungen erforderlich:
1. die Bestellung des Käufers
2. die Bestellbestätigung des Verkäufers

Hat der Shop-Betreiber sich versehentlich bei einem Preis vertippt, wird er keine Bestellbestätigung zu den vom Kunden angenommenen Preisen schicken, der Kaufvertrag kommt in diesem Fall nicht zustande.

In § 312 d BGB ist das **Widerrufs- und Rückgaberecht** bei Fernabsatzverträgen beschrieben.

> 1) Dem Verbraucher steht bei einem Fernabsatzvertrag ein Widerrufsrecht nach § 355 zu. Anstelle des Widerrufsrechts kann dem Verbraucher bei Verträgen über die Lieferung von Waren ein Rückgaberecht nach § 356 eingeräumt werden.

Das bedeutet, dass man als Verbraucher einen im Internet abgeschlossenen Kaufvertrag bis zwei Wochen nach Erhalt der Ware ohne Angabe von Gründen widerrufen kann, denn allzu schnell hat man im Internet an der falschen Stelle mit der Maus geklickt oder hat sich am Telefon zu einem „Ja" überreden lassen.

> 2) Die Widerrufsfrist beginnt abweichend von § 355 Abs. 2 Satz 1 nicht vor Erfüllung der Informationspflichten gemäß § 312 c Abs. 2, bei der Lieferung von Waren nicht vor dem Tage ihres Eingangs beim Empfänger, bei der wiederkehrenden Lieferung gleichartiger Waren nicht vor dem Tage des Eingangs der ersten Teillieferung und bei Dienstleistungen nicht vor dem Tage des Vertragsschlusses.

Das bedeutet, dass der Verkäufer die Pflicht hat, den Käufer über dieses Widerrufsrecht zu informieren. Die Widerrufsfrist beginnt dann mit dem Zeitpunkt, an dem man über das Widerrufsrecht informiert wurde, bzw. mit dem Tag, an dem die Ware beim Verbraucher eintrifft. Hat der Verkäufer versäumt, den Kunden rechtzeitig über das Widerrufsrecht zu informieren, verlängert sich die Widerrufsfrist. Das Widerrufsrecht gilt nicht für verderbliche Waren, für Waren, die speziell für den Kunden angefertigt wurden, und für CDs und Software, die nicht mehr versiegelt sind.

Datenschutz und Datensicherheit

Datenschutz und -sicherheit
▶ *Kapitel 9.5, Seite 408*

Im Vergleich zur klassischen Datenverarbeitung mithilfe von Karteien und Akten hat die Verarbeitung von Daten mittels EDV-Anlagen eine ganz neue Qualität:
- Selbst sehr große Datenbestände können in kurzer Zeit nach verschiedenen Merkmalen durchsucht werden (z. B. Rasterfahndung).
- Daten können relativ problemlos vervielfältigt und an andere übertragen werden (z. B. innerhalb des Internet).
- Die verwalteten Datenmengen werden häufig automatisch erhoben. Die Größe der von Rechnern verwalteten Datenbestände ist kaum mehr überschaubar.

Man kann die Richtigkeit seiner gespeicherten Daten im Einzelfall überhaupt nicht mehr überprüfen. Und ob die Daten von jedem auch wirklich nur in der zulässigen Art und Weise benutzt werden, lässt sich auch nicht nachvollziehen. Nicht alles, was technisch machbar ist, dient somit auch dem Wohl des Einzelnen. Besondere Sicherheitsbestrebungen eines Staates können durchaus im Widerspruch zu den persönlichen Bedürfnissen stehen und bestimmte Institutionen dazu verleiten, persönliche Daten zu anderen als den ursprünglich vorgesehenen Zwecken zu benutzen.

> Unter Datenschutz versteht man den Schutz personenbezogener Daten vor dem Missbrauch durch Dritte (nicht zu verwechseln mit Datensicherheit).

BDSG = Bundesdatenschutzgesetz

Um den Einzelnen zu schützen, der den zunehmenden Fluss seiner Daten nicht mehr verfolgen, geschweige denn steuern kann, wurde das Bundesdatenschutzgesetz (BDSG) erlassen.

> Zweck dieses Gesetzes ist es, den Einzelnen davor zu schützen, dass er durch den Umgang mit seinen personenbezogenen Daten in seinem Persönlichkeitsrecht beeinträchtigt wird (§1 Abs. 1 BDSG).

Das Persönlichkeitsrecht ist eines der umfassendsten Grundrechte, die dem Bürger unmittelbar gegen den Staat und mittelbar gegen Dritte zur Verfügung stehen. Artikel 2 Abs. 1 GG beschreibt eine Kernaussage für den Datenschutz.

GG = Grundgesetz für die Bundesrepublik Deutschland

> Jeder hat das Recht auf freie Entfaltung seiner Persönlichkeit, soweit er nicht die Rechte anderer verletzt und nicht gegen die verfassungsmäßige Ordnung oder das Sittengesetz verstößt (Artikel 2 Abs. 1 GG).

Das Recht auf informationelle Selbstbestimmung soll dem Einzelnen ermöglichen, sich seine Privatsphäre zu erhalten und verhindern, dass er deshalb in zunehmende Abhängigkeit von Staat und Wirtschaft gerät, weil diese immer mehr von ihm wissen. Auch soll es davor schützen, persönliche Zusammenhänge aufgrund einzelner Informationen oder gar ein datenbezogenes Abbild vom Leben eines Menschen zu erhalten.

Allerdings braucht auch der Staat in großem Umfang personenbezogene Daten, um vielfältige Aufgaben richtig erfüllen zu können. Schulen, Sozialämter, Steuerbehörden oder Polizei könnten ihre Aufgaben nicht ordentlich erfüllen, wenn sie allein auf die freiwillige Mitwirkung der Menschen angewiesen wären. Das Recht auf informationelle Selbstbestimmung kann deshalb nicht unbegrenzt sein. Dabei sind grundsätzlich folgende Punkte zu beachten:
- Personenbezogene Daten dürfen nur mit Einwilligung des Betroffenen gespeichert werden oder wenn dies eine Rechtsvorschrift erlaubt.
- Nur das erforderliche Minimum an Daten darf verlangt werden.
- Die Daten dürfen grundsätzlich nur für den Zweck verwendet werden, für den sie erhoben worden sind.

Daher gilt es, darauf zu achten, wem und wie eine Erhebung oder Speicherung erlaubt wurde. Um eigene Daten selber zu schützen, können folgende Maßnahmen ergriffen werden:
- Einrichtung einer Firewall
- sichere Passwörter
- verschlüsselte Datenübermittlung
- getrennte Rechner, einen für interne Zwecke und einen für das Internet
- E-Mail-Filter

Als Verkäufer ist es wichtig, die Rechte des Bürgers zu kennen und zu achten:
- **Einwilligung** des Betroffenen, wenn keine Rechtsvorschrift die Datenverarbeitung erlaubt (Regelfall im Bereich Wirtschaft; §13 BDSG)
- **Auskunft** über die zu seiner Person gespeicherten Daten, den Zweck der Speicherung, die Adressaten dieser Daten und die Herkunft der Daten, falls diese an Dritte übermittelt werden (§§19, 33 und 34 BDSG)
- **Berichtigung** falscher Daten (§20 Abs. 1 BDSG)
- **Sperrung**, wenn die Richtigkeit der Daten vom Betroffenen bestritten wird (zweifelhafte Daten; §20 Abs. 4 BDSG)
- **Löschung** von unzulässig gespeicherten Daten bzw. von solchen Daten, die zur Erfüllung der Aufgabe nicht mehr erforderlich sind (§20 Abs. 2 BDSG)
- **Anrufung** des öffentlichen Datenschutzbeauftragten (§§21 und 38 BDSG)
- **Registereinsicht** beim öffentlichen Datenschutzbeauftragten, um zu erfahren, bei welchen öffentlichen Stellen welche Daten von den Bürgern erfasst sind, damit bei diesen Stellen gegebenenfalls das Auskunftsrecht ausgeübt werden kann (§26 Abs. 5, §38 Abs. 2 und §33 BDSG)
- **Schadensersatz** verlangen (§§7 und 8 BDSG)
- **Widerspruch** gegen Erhebung und Verarbeitung von Daten, da bei vielen Formularen pauschal zur Erhebung, Speicherung und Weitergabe zugestimmt werden soll; solchen Passagen muss der Verbraucher nicht zustimmen; er darf sie streichen.

Der Verarbeiter muss nach §5 BDSG verschiedene technisch-organisatorische Maßnahmen beachten:
- Die Art und Weise der Maßnahmen richtet sich nach dem jeweiligen Stand der Technik.
- Werden personenbezogene Daten in nicht automatisierten Dateien oder Akten verar-

beitet, so sind insbesondere Maßnahmen zu treffen, um den Zugriff Unbefugter bei der Bearbeitung, der Aufbewahrung, dem Transport und der Vernichtung zu verhindern.

Werden personenbezogene Daten automatisiert verarbeitet, so sind Maßnahmen zu treffen, die je nach der Art der zu schützenden personenbezogenen Daten geeignet sind:

1. Unbefugten ist der Zugang zu den Datenverarbeitungsanlagen, mit denen personenbezogene Daten verarbeitet werden, zu verwehren (**Zugangskontrolle**).
2. Es ist zu verhindern, dass Datenträger unbefugt gelesen, kopiert, verändert oder entfernt werden können (**Datenträgerkontrolle**).
3. Die unbefugte Eingabe von Daten in den Speicher sowie die unbefugte Kenntnisnahme, Veränderung oder Löschung gespeicherter personenbezogener Daten ist zu verhindern (**Speicherkontrolle**).
4. Die Benutzung von Datenverarbeitungssystemen mithilfe von Einrichtungen zur Datenübertragung durch Unbefugte ist zu verhindern (**Benutzerkontrolle**).
5. Es ist zu gewährleisten, dass die zur Benutzung eines Datenverarbeitungssystems Berechtigten ausschließlich auf die ihrer Zugriffsberechtigung unterliegenden personenbezogenen Daten zugreifen können (**Zugriffskontrolle**).
6. Es sollte Aufzeichnungen darüber geben, an welche Stellen wann welche personenbezogenen Daten übermittelt worden sind (**Übermittlungskontrolle**).
7. Es ist zu gewährleisten, dass nachträglich überprüft und festgestellt werden kann, welche personenbezogenen Daten zu welcher Zeit von wem in Datenverarbeitungssysteme eingegeben worden sind (**Eingabekontrolle**).
8. Es ist zu gewährleisten, dass personenbezogene Daten, die im Auftrag verarbeitet werden, nur entsprechend den Weisungen des Auftraggebers verarbeitet werden können (**Auftragskontrolle**).
9. Es ist zu gewährleisten, dass bei der Übertragung personenbezogener Daten sowie beim Transport von Datenträgern diese nicht unbefugt gelesen, kopiert, verändert oder gelöscht werden können (**Transportkontrolle**).
10. Die innerbehördliche oder innerbetriebliche Organisation ist so zu gestalten, dass sie den besonderen Anforderungen des Datenschutzes gerecht wird (**Organisationskontrolle**).

Marino Caponi überarbeitet zunächst das Impressum für seinen E-Shop.

Da Marino GmbH
Restaurantallee 33
12345 Berkölnurt
Telefon 03240 123
Fax: 03240 124
E-mail: info@damarino.de

Vertretungsberechtigte Geschäftsführer: Marino Caponi, Rosella Caponi

Registergericht: Amtsgericht Berkölnurt
Registernummer: HRB 1860

Umsatzsteuer-Identifikationsnummer: DE1461461

Inhaltlich Verantwortlicher: Marino Caponi (Anschrift siehe oben)

Haftungshinweis: Trotz sorgfältiger inhaltlicher Kontrolle übernehmen wir keine Haftung für die Inhalte externer Links. Für den Inhalt der verlinkten Seiten sind ausschließlich deren Betreiber verantwortlich.

Des Weiteren macht sich Marino Caponi Gedanken darüber, wie er den Datenschutz für seine Kundendaten gewährleisten kann. Er will folgende Maßnahmen ergreifen:

1. In Zukunft schließt er sein Arbeitszimmer ab. Nur seine Frau und er haben dann noch einen Schlüssel für diesen Raum.
2. Er richtet für die Bearbeitung der Online-Bestellungen einen eigenen Account auf seinem PC ein, so dass man immer ein Passwort eingeben muss, wenn man auf die Kundendaten zugreifen möchte.
3. Er unterweist alle Personen, die mit den Online-Bestellungen zu tun haben, darüber, was sie bezüglich des Datenschutzes zu beachten haben.

Diese Maßnahmen, so denkt er, sollten für die Testphase seines E-Shops genügen. Falls es aber notwendig sein sollte, ist er natürlich jederzeit dazu bereit, weitere Maßnahmen zur Gewährleistung des Datenschutzes zu ergreifen. Auf jeden Fall ist er sensibel für dieses Thema und hält die Ohren offen.

AUFGABEN

1 Welche der unten genannten Geschäftsvorgänge fallen unter das Fernabsatzgesetz?
Begründen Sie Ihre Entscheidung!
a) Artur bestellt eine Pizza per Telefon.
b) Annika kauft die neue CD über das Internet und erhält sie 4 Tage später per Post geliefert.
c) Naomi bestellt telefonisch bei einem Versandhaus ein Kleid. Als es Schwierigkeiten mit der Lieferung gibt, fährt sie in die Geschäftsräume des Unternehmens und holt das Kleid dort direkt ab.
d) Die Fleißig GmbH kauft per Internetbestellung 20 Messgeräte bei einem Spezialhersteller.
e) Norbert hat sich aus seiner Wohnung ausgeschlossen. Er geht zur Nachbarin und sucht sich aus dem Telefonbuch einen Schlüsseldienst, bei dem er anruft, damit dieser ihm die Tür öffnet. Mit seinem Anruf landet er bei einem Call-Center, das ihm einen Schlosser aus der Umgebung zum Öffnen der Tür vorbeischickt.

2 Ein Schüler bestellt bei einem Versandhaus ein Karnevalskostüm.

Datum der Bestellung:	10. Januar 2009
Zusage der Lieferung:	11. Januar 2009
Versand der Ware:	13. Januar 2009
Lieferung erfolgt am	16. Januar 2009

Die Belehrung über das Widerrufsrecht erfolgt bei der Zusage der Lieferung, Bezahlung erfolgt durch Abbuchung.
a) Wann kommt ein Kaufvertrag zustande?
b) Wann beginnt die Widerrufsfrist?
c) Wie lange dauert die Widerrufsfrist?
d) Wann endet die Widerrufsfrist?

Prüfen Sie sich!

Aufgabe 1
Sie sind Mitarbeiterin bzw. Mitarbeiter der Bürohandel GmbH. Das Unternehmen ist als Bürobedarfshandel im Einzel- und Großhandelsbereich tätig.
Aufgrund der starken Veränderungen in diesem Marktsegment plant der Geschäftsführer, die bisherigen Abläufe im Absatzbereich durch eine moderne Verkaufsstruktur zu ersetzen. Mittelfristig möchte das Unternehmen Onlinebestellmöglichkeiten besonders für Endverbraucher einrichten.

a) Es werden grundsätzlich 3 Gruppen von Beteiligten am E-Commerce unterschieden und dementsprechend mehrere Arten von E-Commerce. Geben Sie einen Überblick über diese Arten und geben Sie für jede Art ein eindeutiges Beispiel an.
b) An welcher Art von E-Commerce wird sich die Bürohandel GmbH mit ihrem E-Shop beteiligen? Geben Sie die Art an und begründen Sie Ihre Antwort.
c) Geben Sie eine Definition des Begriffes E-Commerce.

Aufgabe 2
Einer der Gesellschafter der Bürohandel GmbH (siehe Aufgabe 1) steht dem Vorhaben E-Shop sehr skeptisch gegenüber. Um für die nächste Gesellschafterversammlung gut vorbereitet zu sein, sollen Sie für den Geschäftsführer zusammenstellen, welche Chancen bzw. Vorteile und welche Risiken bzw. Nachteile aus Unternehmenssicht mit der Einführung des E-Shops verbunden sein können.

Aufgabe 3
Der Geschäftsführer der Bürohandel GmbH möchte eingehend über das Widerrufsrecht für die Verbraucher informiert werden. Erläutern Sie ihm die wichtigsten Informationen stichwortartig.

Aufgabe 4
Auch wenn viele innovative Bezahlsysteme derzeit auf den Markt drängen, so beherrschen doch die klassischen Bezahlverfahren weiterhin die Transaktionen. Erfolgsaussichten auf dem Massenmarkt haben allein jene neuen Systeme, welche die Besonderheiten des E-Commerce berücksichtigen. Aber auch die Akzeptanz von etablierten E-Shops und Dienstleistern im Zahlungsverkehr spielt eine wichtige Rolle.

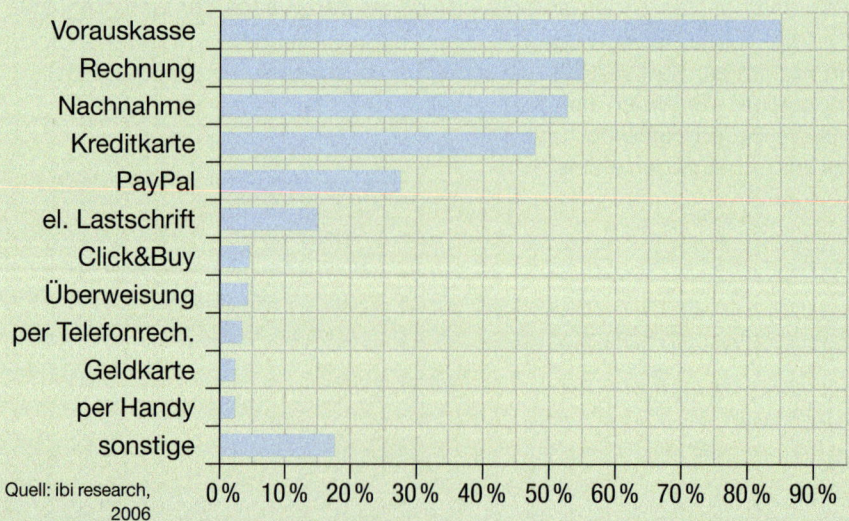

a) Unterscheiden Sie zwei Zahlungsverfahren Ihrer Wahl (außer Rechnung)!
b) Nennen Sie drei Vorteile eines selbst gewählten Zahlungsverfahrens und erläutern Sie, warum Ihrer Meinung nach genau dies das Zahlungsverfahren der Zukunft ist!

Aufgabe 5
Was verstehen Sie unter „digitaler Signatur" und welchen Nutzen hat eine digitale Signatur für den E-Commerce?

Aufgabe 6

> *13. Oktober 2008, 02:02 Uhr*
>
> **Hacker hatten Zugriff auf Angaben von 30 Millionen Handy-Kunden – Forderungen nach schärferen Kontrollen**
>
> **Bonn** – Die Datenschutzpannen bei der Deutschen Telekom reißen nicht ab. Am Samstag räumte das Unternehmen ein, dass Daten von mehr als 30 Millionen Handy-Kunden inklusive ihrer Bankangaben mit Hilfe weniger Benutzerangaben und eines Passwortes abgerufen und manipuliert werden konnten.
>
> Diese Sicherheitslücke sei aber binnen 24 Stunden geschlossen worden, sagte ein Unternehmenssprecher. Seit Donnerstagnacht sei ein illegaler Zugriff auf die Vertriebsdatenbank der Mobilfunktochter T-Mobile nicht mehr möglich. Mit einem neuen Verfahren sollen Zugriffe Unbefugter auf die Daten künftig ausgeschlossen sein.
>
> Zugang zu der Datenbank von T-Mobile haben zahlreiche Mitarbeiter in den T-Punkt-Läden. Die Zugangsdaten kursierten laut einem Bericht des „Spiegel" auch in Hacker-Kreisen. „Spiegel"-Redakteure hätten sich in das Kundensystem einloggen und Daten wie Adressen oder Bankverbindungen einsehen und ändern können. Selbst Sperrungen von Sim-Karten, Änderungen von Tarifen oder das Anlegen neuer Einzugsermächtigungen wären möglich gewesen. (…)
>
> Laut „Spiegel" schloss die Telekom das Leck erst, nachdem sie am Donnerstag mit den Recherchen konfrontiert worden war. Ein Sprecher der Telekom sagte, mittlerweile sei ein Verfahren eingeführt worden, das mit einer Transaktionsnummer (TAN) Eingriffe von Unbefugten ausschließe und Teil des am Freitag vorgestellten Maßnahmenpakets für Datenschutz sei. Bislang gebe es keine Hinweise, dass es tatsächlich einen Zugriff auf die Kundendatenbank gegeben habe. Die Telekom werde nachforschen, ob und in welcher Form ein Datenmissbrauch stattgefunden habe.
>
> Bei dem TAN-Verfahren kann demnach der Vertriebsmitarbeiter nur auf die Daten des Kunden zugreifen, wenn er von diesem eine gültige TAN erhält. Diese bekomme der Kunde vom System automatisch generiert per SMS auf sein Handy, wenn er einen Service in Anspruch nehmen wolle. Erst wenn der Telekom-Mitarbeiter die TAN eingebe, könne er die Daten des Kunden lesen und bearbeiten.
>
> Quelle: AFP/AP, zitiert nach: www.welt.de (abgerufen am 01.07.2009)

a) Nennen Sie die Rechte, die jeder Bürger in Bezug auf seine Daten hat.
b) Die Anlage zu § 9 BDSG enthält insgesamt 10 technische und organisatorische Maßnahmen, die bei der Verarbeitung von personenbezogenen Daten mit EDV-Anlagen beachtet werden sollen:
   1. Zugangskontrolle
   2. Datenträgerkontrolle
   3. Speicherkontrolle
   4. Benutzerkontrolle
   5. Zugriffskontrolle
   6. Übermittlungskontrolle
   7. Eingabekontrolle
   8. Auftragskontrolle
   9. Transportkontrolle und
   10. Organisationskontrolle.

   Beschreiben Sie die genaue Bedeutung von fünf dieser technisch-organisatorischen Maßnahmen. Beurteilen Sie jeweils, ob die beschriebene Maßnahme im oben geschilderten Fall hinreichend gut getroffen wurde und begründen Sie Ihre Entscheidung.

c) Erläutern Sie die Aufgabe des Datenschutzbeauftragten in einem Betrieb.

8 Geheime Kommunikation

8.1 Steganographie, GTIN, ISBN und Prüfziffern

> Marino Caponi schlägt den Roman „Illuminati" von Dan Brown auf und liest. In diesem Thriller suchen Robert Langdon und Vittoria Vetra nach einem Hinweis, wo die Illuminati (ein Geheimbund) die verschwundenen Kardinäle versteckt halten. Sie stoßen bei ihrer Suche auf ein Buch, in dem sie einen geheimen Hinweis vermuten und tatsächlich auch finden: „ (…) Vittoria ließ nicht von der Seite ab. Sie drehte sie weiter, immer in Neunzig-Grad-Schritten. Ich habe die Zeilen vorher nicht gesehen, weil sie in den Schnörkeln verborgen sind. (…)"
> (Quelle: Dan Brown: Illuminati, Lübbe, Bergisch Gladbach 2003, S. 287)
>
> Geschickt, denkt Marino Caponi, geheime Nachrichten so zu verstecken, dass sie niemandem auffallen, nur dem, der weiß, dass dort eine Botschaft versteckt ist.

Schon immer entwickelten Menschen Verfahren, um geheime Botschaften zu übermitteln – sei es in Kriegszeiten oder im alltäglichen Leben. Zudem war es in früheren Zeiten einfacher, eine geheime Botschaft zu verfassen, da nur die wenigsten Menschen lesen oder gar schreiben konnten. So schrieb Leonardo da Vinci seine geheimen Aufzeichnungen in Spiegelschrift. Dies reichte als „Geheimbotschaft" aus, denn nur Schriftkundige konnten mit seiner Spiegelschrift etwas anfangen.

steganos (gr.) = bedeckt
graphein (gr.) = schreiben

Steganographie

Simon Singh berichtet in seinem Buch „Geheime Botschaften – Die Kunst der Verschlüsselung von der Antike bis in die Zeiten des Internet" Folgendes:

„… Bei Herodot (einem griechischen Geschichtsschreiber) findet sich … eine … Episode, bei der das Verbergen der Nachricht … genügte, um ihre sichere Übermittlung zu gewährleisten. Er schildert die Geschichte des Histiaeus, der Aristagoras von Milet zum Aufstand gegen den persischen König anstacheln wollte. Um seine Botschaft sicher zu übermitteln, ließ Histiaeus den Kopf des Boten rasieren, brannte die Nachricht auf seine Kopfhaut und wartete dann ab, bis das Haar nachgewachsen war. Offensichtlich haben wir es mit einer historischen Epoche zu tun, in der man es nicht so eilig hatte. Der Bote jedenfalls hatte dem Augenschein nach nichts Verdächtiges bei sich und konnte ungehindert reisen. Als er am Ziel ankam, rasierte er sich den Kopf und hielt ihn dem Empfänger der Botschaft hin."
(Quelle: Simon Singh: Geheime Botschaften – Die Kunst der Verschlüsselung von der Antike bis in die Zeiten des Internet, Hanser Verlag 1999, S. 19–20)

„Die sogenannte Steganographie … läuft im Computer zu wahrer Höchstform auf. Die Programmiererin Romana Machado … hat ein subversives Programmchen namens Stego entwickelt, das Daten in beliebigen elektronischen Bildern versteckt …, so subtil, dass der Betrachter völlig ahnungslos bleibt, ob das Papstporträt nicht vielleicht in Wirklichkeit eine Anleitung zum Bombenbau ist."

(Quelle: Der Spiegel 36/1996, Seite 211)

Die Methode, geheime Nachrichten bei der Übermittlung zu verstecken, nennt man **Steganographie**. Nicht nur im antiken Griechenland wurden Möglichkeiten entwickelt, geheime Botschaften unentdeckt zu versenden, auch aus anderen Ländern ist dies bekannt: So schrieben Chinesen zum Beispiel Botschaften auf feine Seide, rollten die Seide zu Bällchen und tauchten dann die Bällchen in Wachs. Diese in Wachs getauchten Bällchen musste der Bote verschlucken, um sie beim Empfänger der Botschaft wieder unverdaut auszuscheiden.

Giovanni Porta, ein italienischer Wissenschaftler des 15. Jahrhunderts, beschrieb, dass man eine Botschaft mit einem Gemisch aus Alaun und Essig auf die Schale eines hart gekochten Eis schreiben könne. Diese Tinte würde durch die poröse Schale ziehen und auf dem Eiweiß sichtbar sein. Man kann sie also erst lesen, nachdem das Ei gepellt wurde.

Viele Geheimtinten, wie zum Beispiel Zitronensaft, die auch heute noch gerne von Kindern benutzt werden, beruhen darauf, dass die Tinte zwar unsichtbar ist, aber durch den hohen Kohlenstoffgehalt beim Erhitzen über einer Flamme oder unter einem heißen Bügeleisen sichtbar wird.

Kehren wir zur Neuzeit zurück. Im Medienzeitalter können Botschaften steganographisch versendet werden, indem sie in den Pixeln von Bildern oder Audiodateien versteckt werden. Es gibt zahlreiche Programme, die solche Ver- und Entschlüsselungen vornehmen. Bei dem Verstecken einer Nachricht in einem Bild enthält zum Beispiel jedes Pixel immer ein Bit der verborgenen Botschaft. Wenn das Bit mit dem niedrigsten Stellenwert verändert wird, kann man beim bloßen Betrachten des Bildes keinen Unterschied feststellen. Erst wenn die Entschlüsselungssoftware auf dieses Bild angewendet wird, offenbart sich die eigentliche Botschaft. Natürlich ist dieses Verfahren, verborgene Botschaften zu versenden, sehr speicherintensiv. Die verschickte Nachricht ist viel größer als die versteckte, denn jedes Bildpixel, das aus 8 bis 24 Bit besteht, enthält immer nur ein Bit der eigentlichen Botschaft. Die Farbtiefe des Bildes ist also jeweils um ein Bit geringer.

> Bei der **Steganographie** wird die zu übermittelnde Botschaft verborgen. Wenn der Übermittler der Botschaft abgefangen wird, ist nicht erkennbar, dass er überhaupt eine Botschaft bei sich trägt.

Verborgene Informationen – die Prüfziffern

Beim Verkauf von Waren spielen Computer eine große Rolle. Die hergestellten Waren gelangen vom Hersteller über den Großhändler in die Geschäfte. Dort werden sie in die Regale einsortiert und vom Endverbraucher an der Kasse bezahlt. Früher kostete das Auszeichnen der Ware, das Aufkleben eines Preisetiketts und das Eintippen der Preise an der Kasse sehr viel Zeit. Damit die Distribution und der Verkauf von Waren international computergestützt erfolgen konnten, wurde 1977 von zwölf Staaten in Europa eine einheitliche Artikelnummer, die **European Article Number (EAN)**, eingeführt. Diese Einführung verlief sehr erfolgreich, so dass das Nummernsystem der EAN auch von Ländern auf anderen Kontinenten (z. B. von den USA, Kanada oder Japan) übernommen wurde. Anfang 2009 erfolgte eine Umbenennung. Der Begriff EAN wurde durch die Bezeichnung **Global Trade Item Number (GTIN)** ersetzt.

*Die **EAN** ist eine internationale Artikelnummer, die entgegen ihrem Namen auch in Ländern außerhalb Europas für über 90 % aller Waren benutzt wird.*

GTIN-Kurznummer = ehem. EAN-8

Heutzutage müssen nicht mehr alle mit GTIN versehenen Waren zusätzlich mit einem Preis ausgezeichnet werden. Es reicht aus, wenn der Preis auf einem Preisschild am Regal angebracht ist. Das ist zwar für die Kunden manchmal etwas unübersichtlich, aber für die Mitarbeiter eines Supermarktes eine große Arbeitserleichterung. Sie können an den Scannerkassen die Warendaten sehr schnell erfassen, indem sie von jedem Artikel die GTIN über ihren Strichcode einscannen. Der Preis ist in einer Datenbank gespeichert, die über ein zentrales Datenbanksystem mit den Scannerkassen verbunden ist. Der Preis wird sofort ermittelt und zur Gesamtsumme addiert. Durch dieses Verfahren werden Tippfehler umgangen, die früher beim Eintippen der Preise entstanden sind.

Um die richtige Zuordnung von Preisen zu Artikeln gewährleisten zu können, muss die GTIN jedes Artikels eindeutig sein, es darf also keinen zweiten Artikel mit derselben Kennzeichnung geben. Ein weiteres Kriterium ist, dass gleiche Artikel auch die gleiche Nummer besitzen und beim Scannen möglichst keine Verwechslungen mit anderen Artikeln auftreten können.

*Primärschlüssel
▶ Kapitel 2.1.2, Seite 30*

Am bekanntesten ist die GTIN-13 (ehem. EAN-13), eine 13-stellige Zahl. Die 13 Stellen bieten genügend Kombinationsmöglichkeiten von Artikelnummern für Firmen, die ihre Artikel mit einem EAN-Strichcode versehen. Der EAN-Strichcode dient zur Verschlüsselung der 13-stelligen GTIN-Artikelnummer. Die 13 Ziffern sind in drei Blöcke aufgeteilt. Die ersten zwei Ziffern bezeichnen das Herkunftsland, die nächsten fünf Ziffern die Herstellerfirma, die fünf Ziffern danach den Artikel und die letzte Ziffer ist eine Prüfziffer.

*GTIN-13 = ehem. EAN-13

Der EAN-Strichcode dient auch zur Verschlüsselung der 8-stelligen GTIN-Artikelnummer.*

Ein Beispiel:
Die Backmischung für Krustenbrot von der KATHI-Rainer Thiele GmbH aus Halle/Saale hat die abgebildete GTIN bzw. EAN-Strichcode. Die Ziffern haben die folgende Bedeutung:

Global Trade Item Number		EAN-Strichcode
40	Produkt wurde in Deutschland hergestellt.	
12367	KATHI® Rainer Thiele GmbH aus Halle/Saale	
01240	Backmischung für Krustenbrot	
0	Prüfziffer	

ISBN

Seit 2007 ist die ISBN 13-stellig.

Auch für Bücher gibt es eine eindeutige Kennzeichnung: die **International Standard Book Number**, kurz ISBN, die es seit 1972 gibt. Sie ist eine 10-stellige Zahl, die aus den Ziffern 1 bis 9 und einem X besteht (das X steht für die Zahl 10). Jeweils vier bzw. fünf Gruppen gehören zusammen. Die einzelnen Gruppen können dabei, ganz nach ihrer Notwendigkeit, unterschiedlich lang sein. Deshalb werden sie üblicherweise durch Bindestriche voneinander getrennt.

Durch diese internationale Artikelnummer für Bücher ist es möglich, jedes Buch, das auf der Welt erscheint, über seine ISBN eindeutig zu identifizieren. Da es aber immer mehr Medien gibt – neben Büchern z. B. auch Hörbücher – und die Kapazität freier Verlagsnummern für neue Verlage aus dem osteuropäischen und englischen Sprachraum erschöpft war, wurden die Ziffern der bisherigen 10-stelligen ISBN auf 13 Stellen erweitert. Bei den Überlegungen für eine erweiterte ISBN spielten unter anderem auch andere internationale Artikelnummern eine Rolle. Letztendlich wurde die neue ISBN in ihrem Ziffernumfang an die European Article Number (EAN) angepasst.

Die neue ISBN-13 gilt seit dem 1. Januar 2007. Sie wurde um drei Stellen erweitert, indem der bisherigen ISBN die Ziffern 978 oder 979 vorangestellt wurden. So ergeben sich doppelt so viele Nummern zur Identifizierung von Büchern wie vor 2007.

Jeder Zifferngruppe in der ISBN-13 kommt eine besondere Bedeutung zu. Hier die ISBN-13 zur „Beruflichen Informatik":

Präfix (lat.) = Vorsilbe

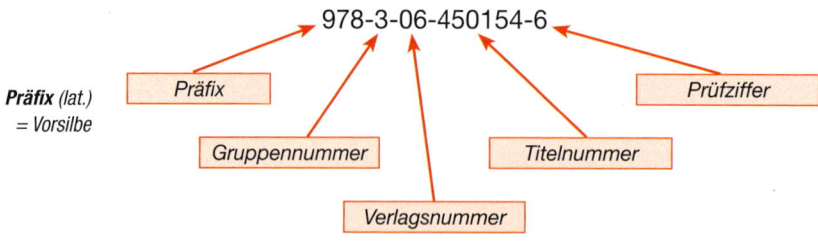

Bestandteile der ISBN	Beispiel	
Die ersten drei Ziffern sind das der ISBN-13 hinzugefügte **Präfix**. Es sind die Ziffern 978 bzw. 979, die jeder alten 10-stelligen ISBN vorangestellt wurden.	978	
Die erste Zifferngruppe der eigentlichen ISBN ist die **Gruppennummer**. Sie steht für die nationale oder geografische Gruppe oder die Sprachgruppe. Sie ist so gewählt, dass je nach Anzahl der in dieser Gruppe erscheinenden Publikationen hinreichend viele Ziffern für die restlichen Informationen der ISBN übrig bleiben. Der sehr großen englischen Sprachgruppe stehen beispielsweise die Ziffern 0 oder 1 zur Verfügung. Andere verbreitete Sprachen, wie Französisch (2), Deutsch (3), Japanisch (4), Russisch (5) und Chinesisch (7) haben ebenfalls eine einstellige Gruppennummer. Bei diesen Gruppen bleiben jeweils 8 Stellen übrig, um den Verlag und das Buch zu verschlüsseln.	3	deutschsprachiger Raum

Seltenere Sprachen haben zwei- (z. B. 82 = Norwegisch und 88 = Italienisch) bis fünfstellige (z.B. 99935 = Haiti) Gruppennummern. Je weniger Verlage und Publikationen es in einem Land gibt, umso umfangreicher kann die Gruppennummer ausfallen. In diesen Ländern stehen für die Verschlüsselung der Bücher und der Verlage entsprechend weniger Stellen zur Verfügung. In der Schweiz wiederum wird je nach Sprache der Publikation die 2 (Französisch), 3 (Deutsch) oder 88 (Italienisch) verwendet.		
Die zweite Zifferngruppe, die **Verlagsnummer**, ist die Kennzahl für den Verlag. Große Verlage haben hier nur wenige Ziffern, kleine Verlage viele, weil sie weniger Ziffern für die einzelnen Titel benötigen. So hat der Cornelsen-Verlag die Verlagsnummer 06 und somit die Möglichkeit, mit einer sechsstelligen Titelnummer 1 000 000 verschiedene Buchnummern zu vergeben. Ein anderes Beispiel: Der Microsoft-Press-Verlag in Deutschland hat die Verlagsnummer 86645 und kann mit einer 3-stelligen Titelnummer nur 1 000 verschiedene Buchnummern vergeben.	06	Cornelsen Verlag
Die dritte Zifferngruppe, die **Titelnummer**, ist eine vom Verlag frei wählbare Kennzahl für ein Buch. Dabei müssen nicht nur die verschiedenen Titel, sondern auch die Ausführungen unterschieden werden. Deshalb hat ein Taschenbuch eine andere Titelnummer als ein fest gebundenes Buch (Hardcover).	450154	Berufliche Informatik
Die letzte Ziffer, die **Prüfziffer**, dient zum Erkennen von Tippfehlern. Sie wird aus den vorangehenden Ziffern berechnet. Dabei wird die Prüfziffer bei der ISBN-10 und der ISBN-13 nach unterschiedlichen Verfahren ermittelt. Die ISBN-10 zum oben angegebenen Beispiel wäre: 3-06-450154-2.	6 (ISBN-13)	
Bei der ISBN-10 kann es vorkommen, dass als Prüfziffer eine 10 herauskommt. In diesem Fall wird die 10 durch ein X, also die römische 10, ersetzt – da nur eine Stelle für die Prüfziffer zur Verfügung steht.	2 (ISBN-10)	

Grundsätzliche Überlegungen zur Ermittlung von Prüfziffern

In einer Prüfziffer ist die Information aus der gesamten Artikelnummer komprimiert versteckt. Aber wie kann man die Information auf nur eine Ziffer verdichten? Vollständig verdichten lässt sich die Information der gesamten Artikelnummer natürlich nicht, sonst wäre die Artikelnummer an sich überflüssig. Was man jedoch machen kann, ist, die Information der Artikelnummer so zu verdichten, dass alle möglichen Eingabe- oder Übertragungsfehler bezüglich der Artikelnummer auffallen und dadurch die Eingabe bzw. Übertragung der Nummer erneut erfolgen kann.

Wie kann so eine Komprimierung vor sich gehen? Wir teilen die Überlegungen dazu zunächst in mehrere Schritte auf:

1. Schritt
Nehmen wir als Beispiel eine 6-stellige Artikelnummer „121212". Um einen großen Teil der Information, die in dieser Artikelnummer steckt, auf eine Ziffer zu verdichten, kann man zum Beispiel die Quersumme bilden. Für die Quersumme addiert man alle Ziffern dieser Zahl (1+2+1+2+1+2) und erhält als Ergebnis 9. Das wäre nach diesem Verfahren die Prüfziffer der Artikelnummer. Die vollständige Artikelnummer inklusive Prüfziffer würde somit „1212129" lauten.

2. Schritt
Angenommen, man hat eine 6-stellige Artikelnummer „123456". Die Quersumme für diese Zahl ergibt $(1 + 2 + 3 + 4 + 5 + 6) = 21$. Diese Zahl ist jedoch zweistellig; man wollte aber eine einstellige Zahl erzeugen. Um aus einer zweistelligen eine einstellige Zahl zu generieren, gibt es verschiedene Möglichkeiten:
1. Man bildet so oft die Quersumme, dass am Schluss nur noch eine Ziffer übrig bleibt.
   $2 + 1 = 3$; Prüfziffer = 3.
   Diese Möglichkeit ist ungünstig, weil nicht von vornherein zu erkennen ist, wie oft die Quersumme gebildet werden muss.

Modulo-Funktion
▶ *Kapitel 3.5.4, Seite 141 ff.*

2. Man streicht die erste Stelle (die Zehnerstelle) weg, so dass nur die letzte Stelle (die Einerstelle) übrig bleibt. Prüfziffer = 1.
   Etwas abgewandelt wäre es auch möglich, die Quersumme durch eine andere Zahl zu teilen und zu schauen, was als Rest übrig bleibt. Dieses Verfahren wäre auf jeden Fall denkbar. Häufiger wird aber noch ein anderes Verfahren eingesetzt.
3. Man überlegt, welche Zahl zu dieser addiert werden müsste, damit sich ein Vielfaches von 10 ergibt (21 + 9 = 30; 30 = ein Vielfaches von 10). Prüfziffer = 9.
   Alternativ könnte auch so vorgegangen werden: Man teilt die Quersumme durch eine andere Zahl, guckt, was als Rest übrig bleibt, und subtrahiert den Rest noch einmal von der Zahl. Die meisten Algorithmen zur Berechnung von Prüfziffern benutzen diese Methode, weil in jeder Programmiersprache die Modulo-Funktion zur Ermittlung dieser Zahl zur Verfügung steht. Anschließend wird die ermittelte Quersumme auf den nächsten vollen Zehner ergänzt oder auf ein Vielfaches von 11. Diese Ergänzung entspricht dann der Prüfziffer.

3. Schritt

Angenommen, beim Einscannen oder Eintippen der Artikelnummer an der Kasse oder bei der Übertragung der Artikelnummer im Computersystem ist ein Fehler unterlaufen.

1. Statt der Artikelnummer **1**23456 wurde die Nummer **2**23456 erfasst.
   In diesem Fall ergeben die Quersummen und somit auch die Prüfziffern der beiden Artikelnummern unterschiedliche Werte:
   1 + 2 + 3 + 4 + 5 + 6 = **21**
   2 + 2 + 3 + 4 + 5 + 6 = **22**
2. Statt der Artikelnummer **12**3456 wurde die Nummer **21**3456 erfasst.
   In diesem Fall wurden nur zwei Ziffern vertauscht. Die Quersummen und somit auch die Prüfziffern der beiden Artikelnummern ergeben die gleichen Werte:
   1 + **2** + 3 + 4 + 5 + 6 = 21
   2 + **1** + 3 + 4 + 5 + 6 = 21

Um gegen diese Art von Fehlern gewappnet zu sein, kann man die einzelnen Stellen der Artikelnummer mit unterschiedlichen Faktoren gewichten – es wird eine **gewichtete Quersumme** gebildet. Bei der GTIN sind zum Beispiel die einzelnen Stellen einer Artikelnummer immer abwechselnd mit dem Faktor 1 und 3 gewichtet, wobei die Stelle, die am weitesten rechts steht, immer den Faktor 3 erhält. Dadurch bekommt die Stelle der Prüfziffer den Faktor 1.

Die gewichtete Quersumme der Artikelnummer 123456 berechnet sich also wie folgt:
1 · 1 + 3 · 2 + 1 · 3 + 3 · 4 + 1 · 5 + 3 · 6 = 1 + 6 + 3 + 12 + 5 + 18 = 45

Oder etwas übersichtlicher dargestellt:

Gewichte/Stellenwerte	1	3	1	3	1	3	gewichtete Quersumme
Artikelnummer	1	2	3	4	5	6	= Summe der Produktwerte
Produktwerte	1	6	3	12	5	18	**45**

Die fehlerhaft eingegebene Artikelnummer aus dem obigen Beispiel ergibt dann:

Gewichte/Stellenwerte	1	3	1	3	1	3	gewichtete Quersumme
Artikelnummer	2	1	3	4	5	6	= Summe der Produktwerte
Produktwerte	2	3	3	12	5	18	**43**

Mit diesem Verfahren der gewichteten Quersumme lassen sich auch Fehler wie das Vertauschen von zwei nebeneinander stehenden Ziffern erkennen.

4. Schritt

Angenommen, bei der Eingabe der Artikelnummer wurden zwei Ziffern vertauscht, die nicht direkt nebeneinander stehen. Es wurde zum Beispiel statt 123456 die 125436 eingegeben. Dieser Fall kann mit der einfachen 1-3-Gewichtung nicht erkannt werden.

Gewichte/Stellenwerte	1	3	1	3	1	3	gewichtete Quersumme
Artikelnummer	1	2	5	4	3	6	= Summe der Produktwerte
Produktwerte	1	6	5	12	3	18	**45**

Für solche Fälle gibt es eine differenziertere Gewichtung, die zum Beispiel bei dem Modulo-11-Verfahren der ISBN-10 zum Einsatz kommt. Bei dieser Gewichtung wird jede Stelle mit einem unterschiedlichen Gewicht versehen, und zwar ausgehend von der kleinsten Stelle mit 2, 3, 4, usw. Bei dieser Gewichtung hat die Prüfziffer wiederum das Gewicht 1.

Gewichte/Stellenwerte	7	6	5	4	3	2	gewichtete Quersumme
Artikelnummer	1	2	5	4	3	6	= Summe der Produktwerte
Produktwerte	7	12	25	16	9	12	**81**

Diese Quersumme unterscheidet sich deutlich von der korrekten Artikelnummer:

Gewichte/Stellenwerte	7	6	5	4	3	2	gewichtete Quersumme
Artikelnummer	1	2	3	4	5	6	= Summe der Produktwerte
Produktwerte	7	12	15	16	15	12	**77**

Berechnung der Prüfziffern bei der ISBN-10

Am komplexesten und damit aber auch am sichersten ist das Prüfziffernverfahren der ISBN-10. Es heißt **Modulo-11-Verfahren**. Die Berechnung der Prüfziffer geschieht in folgenden Schritten:

Berechnungsschritte			Erläuterung am Beispiel der ISBN-10: 3-464-41413-2
	im Kopf	im Computer	
1	Gewicht zuordnen	Jeder Ziffer wird ein Gewicht zugeordnet, rechts beginnend mit der 2.	Gewichte/Stellenwerte: 10 9 8 7 6 5 4 3 2 Artikelnummer: 3 4 6 4 4 1 4 1 3
2	mit Gewicht multiplizieren	Jede Ziffer der ISBN-10 wird mit ihrem Gewicht multipliziert.	Gewichte/Stellenwerte: 10 9 8 7 6 5 4 3 2 Artikelnummer: 3 4 6 4 4 1 4 1 3 Produktwerte: 30 36 48 28 24 5 16 3 6
3	Produktwerte addieren	Alle Produktwerte werden addiert.	Gewichte/Stellenwerte: 10 9 8 7 6 5 4 3 2 Artikelnummer: 3 4 6 4 4 1 4 1 3 Produktwerte: 30 36 48 28 24 5 16 3 6 Summe **196**
4a	Summe auf das nächste Vielfache von 11 ergänzen	Ermitteln des Rests, der sich bei der Division der Summe durch 11 ergibt. **Hinweis:** Die Restwertfunktion heißt **Modulo**.	196 mod 11 = **9** **Hinweis:** Zur Berechnung kann man gut den Taschenrechner verwenden, den man z. B. auf dem PC unter Windows so findet: *Start ▷ Alle Programme ▷ Zubehör ▷ Rechner*. Stellt man dort den Menüpunkt *Ansicht* auf *Wissenschaftlich*, steht einem die Taste *Mod* zur Modulo-Berechnung zur Verfügung.
4b		Ist der Rest größer als 0, so wird er von 11 subtrahiert.	9 > 0, also 11 − 9 = **2**

5	falls bisheriges Ergebnis = 10, durch X ersetzen	Ist diese Ergänzung = 10, so wird die Zahl durch ein X ersetzt.	Im aktuellen Beispiel ist die Ergänzung < 10. Deshalb folgt hier ein abweichendes Beispiel, in dem die Prüfziffer X wäre.									
			Gewichte/Stellenwerte	10	9	8	7	6	5	4	3	2	Summe
			Artikelnummer	3	4	6	4	4	1	4	2	3	
			Produktwerte	30	36	48	28	24	5	16	6	6	**199**
			199 mod 11 = 1 11 − 1 = 10 10 = **X**									
6	Ergebnis mit Prüfziffer vergleichen	Vergleichen des Ergebnisses mit der tatsächlichen Prüfziffer	2 = 2									

Berechnung der Prüfziffern bei der ISBN-13 und der EAN

Im Zuge der Vergrößerung des Zahlenraumes für die ISBN wurde das Prüfziffernverfahren vereinfacht und an das Verfahren der Prüfziffernberechnung bei der EAN angepasst.

Der Algorithmus zur Berechnung funktioniert ähnlich wie bei der ISBN-10, nur die Gewichtung wurde vereinfacht und die Referenzzahl des Verfahrens von 11 auf 10 geändert. Damit sind zwar weniger Fehler erkennbar, aber die meisten Fehler, die beim Scannen passieren, sind Einzelfehler durch verschmutzte oder feuchte Scanflächen. Solche Einzelfehler werden mit dem neuen Verfahren immer gefunden. Fehler, die mit dem neuen Verfahren nicht so gut erkannt werden, sind Vertauschungsfehler. Die kommen aber beim Scannen so gut wie nie vor. Nur wenn eine Verkäuferin oder ein Verkäufer die ISBN von Hand eintippt, können diese Fehler unterlaufen. Die manuelle Eingabe von Artikelnummern wird aber immer seltener.

Die Berechnung der ISBN-13 bzw. einer EAN geschieht nach dem **EAN-Verfahren** und funktioniert so:

Berechnungsschritte			**Erläuterung am Beispiel der ISBN-13: 978-3-464-41413-2**										
	im Kopf	**im Computer**											
1	Gewicht zuordnen	Jeder Ziffer wird ein Gewicht zugeordnet, rechts beginnend mit der 3.	Gewichte/Stellenwerte	1	3	1	3	1	3	1	3	1	3
			Artikelnummer	9	7	8	3	4	6	4	4	1	4	1	3
2	mit Gewicht multiplizieren	Jede Ziffer der ISBN-13 wird mit ihrem Gewicht multipliziert.	Gewichte/Stellenwerte	1	3	1	3	1	3	1	3	1	3
			Artikelnummer	9	7	8	3	4	6	4	4	1	4	1	3
			Produktwerte	9	21	8	9	4	18	4	12	1	12	1	9
3	Produktwerte addieren	Alle Produktwerte werden addiert.	Gewichte/Stellenwerte	1	3	1	3	1	3	1	3	1	3	Summe
			Artikelnummer	9	7	8	3	4	6	4	4	1	4	1	3	
			Produktwerte	9	21	8	9	4	18	4	12	1	12	1	9	**108**
4a	Summe auf das nächste Vielfache von 10 ergänzen	Ermitteln des Rests, der sich bei der Division der Summe durch 10 ergibt.	108 mod 10 = **8**										
4b		Ist der Rest größer als 0, so wird er von 10 subtrahiert.	8 > 0, also 10 − 8 = **2**										
6	Ergebnis mit Prüfziffer vergleichen	Vergleichen des Ergebnisses mit der tatsächlichen Prüfziffer	2 = 2										

Wie ersichtlich, fällt der fünfte Schritt der ISBN-10 bei der Berechnung weg. Weil die Referenzzahl nun 10 lautet, werden zwar nicht mehr so viele Fehler erkannt, da 10 keine Primzahl ist, aber als Prüfziffern ergeben sich nur noch Zahlen zwischen 0 bis 9. So muss keine zweistellige Zahl mehr durch ein X ersetzt werden. Dieses Beispiel verdeutlicht, dass ein Stück Sicherheit für ein einfacheres und schnelleres Verfahren aufgegeben wurde.

Marino Caponi hat eine Datenbank mit all seinen Kochbüchern – und das sind einige – angelegt. Er bekommt ab und zu von seiner Familie den Ernteüberschuss an Tomaten, Zucchini und Melonen aus dem Garten, und die Datenbank erleichtert es ihm, die passenden Rezepte mit bestimmten Hauptzutaten aus seinen Kochbüchern zu finden. Leider sind die Kochbücher ziemlich abgegriffen – eine Folge der häufigen Benutzung in der Küche. So kann Marino Caponi beim besten Willen nicht mehr genau erkennen, ob die ISBN-13 eines Kochbuchs 978-3-589-23655-8 oder 978-3-589-23855-8 heißt. Also probiert er es aus: Er schreibt sich die Gewichte der ISBN über die Nummer, multipliziert die einzelnen Ziffern und berechnet die Summe der Produkte.

Gewichte/Stellenwerte	1	3	1	3	1	3	1	3	1	3	1	3	Summe
Artikelnummer	9	7	8	3	5	8	9	2	3	8	5	5	
Produktwerte	9	21	8	9	5	24	9	6	3	24	5	15	**138**

Er ergänzt 138 auf 140 und erhält als Prüfziffer 2. Das kann nicht stimmen. Also versucht er es noch einmal mit der anderen ISBN-13.

Gewichte/Stellenwerte	1	3	1	3	1	3	1	3	1	3	1	3	Summe
Artikelnummer	9	7	8	3	5	8	9	2	3	6	5	5	
Produktwerte	9	21	8	9	5	24	9	6	3	18	5	15	**132**

Er ergänzt 132 auf 140 und erhält als Prüfziffer 8. Er trägt also als ISBN für sein Kochbuch die Nummer 978-3-589-23655-8 in seine Datenbank ein.

AUFGABEN

1. Erstellen Sie ein Struktogramm für die Ermittlung der Prüfziffer im Modulo-11-Verfahren.

2. a) Erstellen Sie ein VBA-Programm, das die Quersumme einer eingegebenen Zahl berechnet.
   b) Erstellen Sie ein VBA-Programm, das die Berechnung von Prüfziffern nach dem EAN-Verfahren ermöglicht.
   c) Erstellen Sie ein VBA-Programm, das eine eingegebene ISBN-Nummer auf Richtigkeit überprüft.

3. Ziehen Sie Erkundigungen über Steganographieprogramme ein. Legen Sie Beurteilungskriterien für die Programme fest. Erstellen Sie eine Entscheidungsmatrix.

VBA
▶ *Kapitel 3.5, Seite 116 ff.*

8.2 Kryptographie

8.2.1 Transposition – Umsortieren von Buchstaben

Fibonacci-Folge
eine unendliche Folge von Zahlen, bei der sich die jeweils folgende Zahl durch Addition der beiden vorhergehenden ergibt (benannt nach Leonardo Fibonacci)

Marino Caponi liest momentan das Buch „Sakrileg" von Dan Brown. Dort versuchen Sophie Neveu und Robert Langdon die verschlüsselte Botschaft von Sophies Großvater zu entschlüsseln: *„13-3-2-21-1-1-8-5 Draconian devil! Oh, lame saint!"* Sie kommen ziemlich bald darauf, dass die Ziffern der umgestellten Fibonacci-Zahlenfolge 1-1-2-3-5-8-13-21 entsprechen und die Worte ein Anagramm für: *„Leonardo da Vinci! The Mona Lisa!"* sind.

Marino Capioni hat dabei die Idee, am 28. Januar, dem Europäischen Datenschutztag, eine besondere Aktion in seinem Ristorante zu starten: Er plant, verschlüsselte Botschaften an alle seine Gäste zu verteilen. Wer seine Botschaft entschlüsseln kann, erhält ein Getränk seiner Wahl gratis. Jetzt muss er nur noch wissen, welche verschiedenen Möglichkeiten der Verschlüsselung es gibt.

Kryptos (gr.)
= verborgen

Ist bekannt, dass sich irgendwo eine geheime Botschaft versteckt, wird in der Regel so lange gesucht, bis diese Botschaft gefunden ist. Damit die gefundene Nachricht aber nicht sofort gelesen werden kann, ist es vorteilhaft, sie mittels Kryptographie zu verschlüsseln.

Skytale (gr.)
= ältestes militärisches Verschlüsselungsverfahren

Skytale

Vor über 2500 Jahren lag Sparta ständig im Streit mit seinen Nachbarn im alten Griechenland. Zum Versenden und Empfangen geheimer militärischer Nachrichten wurde daher ein Trick verwendet: Ein Lederband wurde spiralförmig um einen Holzstab gewickelt, die Nachricht längs des Stabes daraufgeschrieben, sodass die Buchstaben später auf dem Lederband untereinander standen, und dann wieder abgewickelt. Damit das Lederband nicht auffiel, konnte der Bote es als Gürtel benutzen oder damit seinen Panzer zusammenschnüren. Der Empfänger der Botschaft wickelte das Lederband spiralförmig um einen Holzstab mit dem gleichen Durchmesser, die **Skytale**, und siehe da – die Botschaft war zu lesen.

Dieses Verfahren der Verschlüsselung nennt man **Transposition**. Es werden nur die vorhandenen Buchstaben in einer anderen Reihenfolge verwendet. Die Anzahl der möglichen verschiedenen Reihenfolgen ist enorm: Bei dem Wort „Fuchs" zum Beispiel gibt es $5 \cdot 4 \cdot 3 \cdot 2 \cdot 1$, also $5!$ verschiedene Möglichkeiten, die Buchstaben anzuordnen. Bei einem ganzen Satz wären es noch viel mehr Möglichkeiten. Deshalb braucht der Empfänger der Nachricht ein handhabbares System, mit dem er die mittels Transposition verschlüsselte Nachricht wieder entschlüsseln kann. Die Skytale ist so ein System.

transponieren
(lat.: transponere)
= versetzen, umsetzen

n! = Fakultätsfunktion
Die Fakultätsfunktion ist eine sehr schnell wachsende Funktion.

> Bei der **Transposition** wird die Stellung der Buchstaben in einem Satz oder Wort verändert. Zur Entschlüsselung eines damit verschlüsselten Textes bedarf es eines handhabbaren Systems, eines Algorithmus, mit dem der Text wieder leicht entschlüsselt werden kann.

So ein handhabbares System kann beispielsweise eine Skytale sein oder eines der im Folgenden beschriebenen Verfahren.

Gartenzaun-Chiffre

Ein anderes Beispiel für die Transposition ist die sog. Gartenzaun-Transposition, mit der Kinder gerne ihre Botschaften verschlüsseln. Bei ihr werden jeweils alle Buchstaben, die an geraden Positionen, und alle Buchstaben, die an ungeraden Positionen stehen, zu einem Wort zusammengefügt.

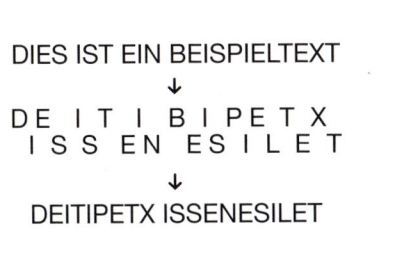

Zum Entschlüsseln der Nachricht hängt man hinter den ersten Buchstaben des ersten Wortes den ersten Buchstaben des zweiten Wortes und so weiter.

Anagramm

Transpositionen werden häufig in Rätselheften verwendet. Dort sind in Anagrammen Informationen durch beliebiges Vertauschen der Buchstaben verschlüsselt.

Ein Beispiel aus der Musikgeschichte ist der auf dem Album „L.A. Woman" von The Doors zu findende gleichnamige Titelsong. Dort heißt es: „Mr. Mojo risin'(…)" – ein Anagramm für den Namen „Jim Morrison", den Sänger der Band.

Anagramm
(gr.: anagraphein)
= umschreiben

Sandorf-Verschlüsselung

In dem Roman „Mathias Sandorf" von Jules Verne wird ein ganz besonderes Transpositionsverfahren beschrieben, quasi eine zweidimensionale Skytale.

	E	D	R	I
Eine geheime Botschaft wird in Form eines Quadrats versendet, das lauter Buchstaben enthält. Leider gibt es keinen Hinweis darauf, wie aus diesen Buchstaben ein vernünftiger Satz entstehen kann.	S	E	X	E
	T	I	E	T
	D	S	T	S
Der Empfänger dieses Buchstabenquadrats besitzt, genau wie der Absender, eine Schablone, die er über das Buchstabenquadrat legt, so dass nur die relevanten Buchstaben sichtbar bleiben, die er dann in der angegebenen Reihenfolge lesen kann.		1		2
			3	
		4		

Der Empfänger der geheimen Nachricht legt die Schablone über das Buchstabenquadrat, notiert die Buchstaben aus den offenen Feldern, dreht dann die Schablone um 90 Grad und schreibt die nächsten vier Buchstaben auf. So geht es immer weiter, bis die Schablone dreimal gedreht wurde, also in vier verschiedenen Positionen auf dem Buchstabenquadrat lag.

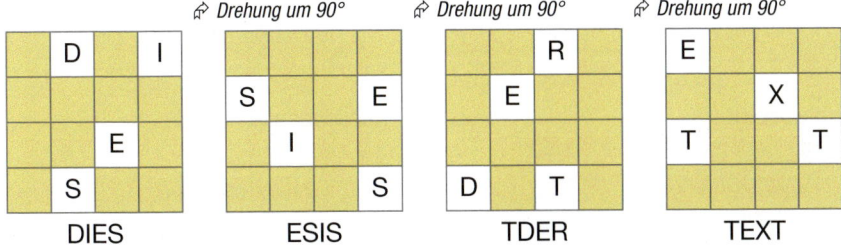

Die verschlüsselte Botschaft lautet also: „Dieses ist der Text".

Solch eine Sandorf-Verschlüsselungs-Schablone lässt sich leicht selbst herstellen. Dazu wird lediglich ein Quadrat in der gewünschten Größe, hier 4 x 4 Felder, benötigt. Zuerst wählt man ein erstes Feld aus, das später in der Schablone ausgestanzt werden soll. Dieses Feld ist in der ersten Abbildung auf der folgenden Seite dunkel gefärbt.

Danach markiert man die Felder, die nach einer jeweiligen 90-Grad-Drehung der Schablone sichtbar wären – sie sind hier etwas heller eingefärbt:

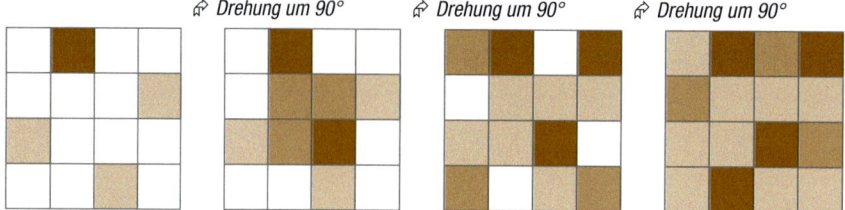

Anschließend wird ein zweites Feld ausgewählt, das später in der Schablone ausgestanzt werden soll. Auch hier erfolgt wieder jeweils eine 90-Grad-Drehung und die Markierung der sichtbaren Felder. Dieses Verfahren wendet man so lange an, bis alle Felder des Quadrats markiert sind. Die dunklen Felder ergeben die Bereiche der Schablone, die ausgestanzt werden müssen. Bei einem 4 x 4 Felder großen Quadrat müssen es vier Felder sein.

Da Marino Caponi mittlerweile unterschiedliche Verschlüsselungsverfahren kennen gelernt hat, möchte er verschiedene „Geheimbotschaften" an seine Gäste verteilen. Er hat auch schon einige Ideen. Zunächst verschlüsselt Marino Caponi den Satz „ITALIEN IST WUNDERBAR" mit der Gartenzaun-Transposition und erhält: „IAINSWNEBR TLEITUDRA".

Danach verschlüsselt er den Satz „MARINO IST DER BESTE" auf einer Skytale mit einem Umfang von vier Buchstaben. Als verschlüsselte Botschaft erhält er: „MOETAIRERSBXITEXNDS", wobei er einige Leerzeichen der besseren Lesbarkeit wegen durch ein X ersetzt hat.

Abschließend erstellt Marino Caponi noch ein Anagramm. Er nutzt dafür den Begriff „Restaurantchef" und vertauscht alle Buchstaben, so dass er das Anagramm „Stefan Trauchner" erhält.

AUFGABEN

1 Lösen Sie folgende Anagramme:
   a) Welchen Beruf hat Bea Hemm?
   b) Welchen Beruf hat Herr Scittelmies?
   c) Als was arbeitet Arndt Wil?
   d) Als was arbeitet Torstin Radami?

2 a) Erstellen Sie ein Struktogramm bzw. einen Programmablaufplan zu der Ver- bzw. Entschlüsselung mit einer Skytale.
   b) Programmieren Sie in VBA ein Programm, das das Ver- und Entschlüsseln einer Botschaft mit einer Skytale simuliert.

3 Programmieren Sie in VBA ein Programm, das die Gartenzaun-Transposition durchführt.

Zum Verschlüsseln: Zum Entschlüsseln:

8.2.2 Substitution – Ersetzen von Wörtern und Buchstaben

> Marino Caponis Aktionstag zum Europäischen Datenschutztag war ein voller Erfolg. Viele Betriebe hatten zu diesem Anlass Tische für eine Betriebsfeier reserviert, so dass Marino Caponi und sein Team alle Hände voll zu tun hatten, um die zahlreichen Gäste mit der gewohnten Aufmerksamkeit zu verwöhnen. Als Marino Caponi spät abends anfängt, in seinem Ristorante etwas aufzuräumen, findet er auf einem Tisch einen Zettel.
>
>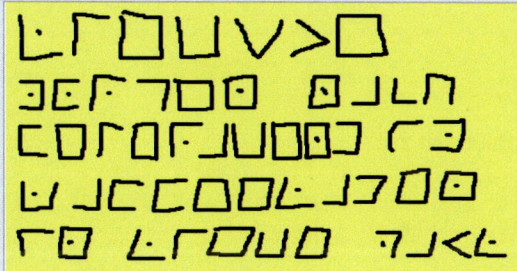
>
> „Oh, eine geheime Botschaft", denkt er, „wie niedlich." Die Zeichen kommen ihm irgendwie bekannt vor.

Verwendet man zum Verschlüsseln einer Nachricht auch Buchstaben, die nicht in der ursprünglichen Botschaft enthalten sind, so spricht man nicht mehr von Transposition, sondern von **Substitution**. Bei der Substitution wird zwischen den Buchstaben des ursprünglichen Textes, dem **Klartextalphabet**, und den Buchstaben des verschlüsselten Textes, dem **Geheimtextalphabet**, unterschieden. Bei der Substitution können einzelne Buchstaben oder ganze Wörter durch Geheimtextzeichen ersetzt.

transponere (lat.)
= versetzen

substituere (lat.)
= ersetzen

> Wenn bei der Substitution einzelne Buchstaben ersetzt werden, so nennt man dies **Chiffrieren**, wenn ganze Wörter durch Geheimtextzeichen ersetzt werden, **Codieren**. Diese beiden Wörter werden allerdings im täglichen Gebrauch nicht so streng unterschieden.

Die einzelnen Möglichkeiten der geheimen Kommunikation lassen sich in folgendem Schaubild zusammenfassen:

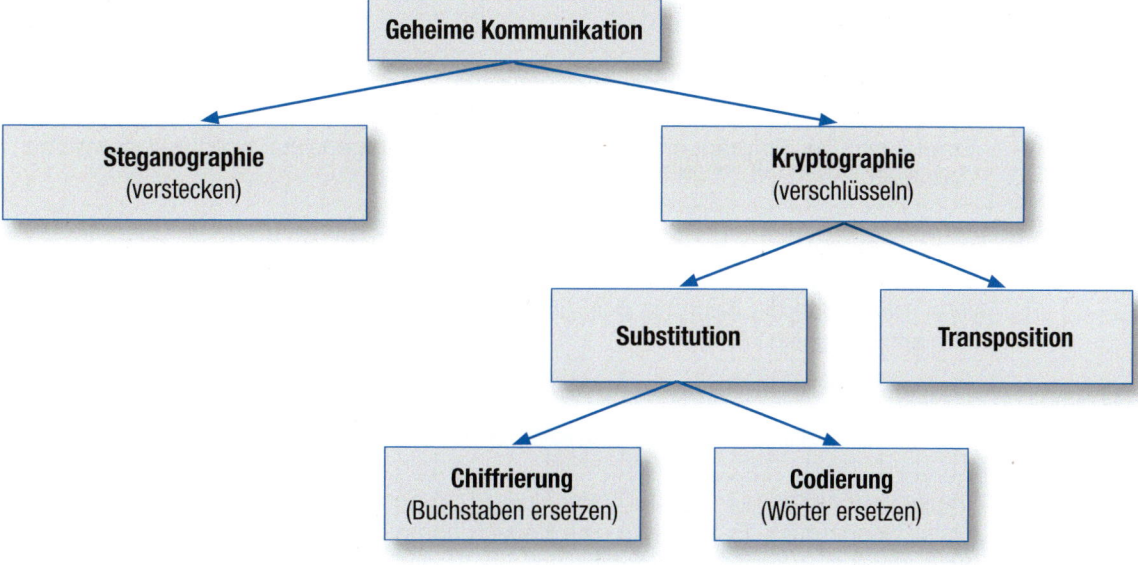

Quelle: Simon Singh: Codes – Die Kunst der Verschlüsselung, Carl Hanser Verlag, München/Wien 2002.

Freimaurer-Chiffre

Freimaurer
= ein im 18. Jahrhundert gegründeter Bund, der aufklärerische und humanistische Ziele verfolgte

Eine einfache Möglichkeit der Chiffrierung ist die Freimaurer-Chiffre. Die Freimaurer-Chiffre wurde im 18. Jahrhundert erstmals von den Freimaurern verwendet. Bei ihr wird jeder Buchstabe des Alphabets nach folgender Weise durch ein Symbol ersetzt, das aus Strichen und z. T. Punkten besteht:

Das Wort Schule würde dann also verschlüsselt zu:

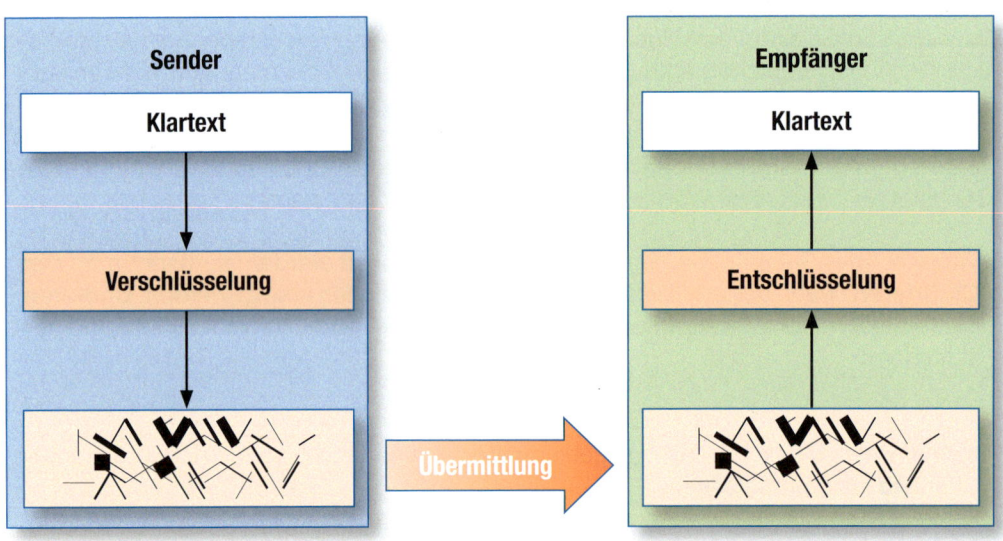

Prinzipiell kann man das Übermitteln einer geheimen Nachricht mit der Freimaurer-Chiffre wie folgt darstellen:

> Der Sender einer Nachricht verschlüsselt die Nachricht mit Hilfe eines bestimmten Verschlüsselungsverfahrens und übermittelt die verschlüsselte Nachricht an den Empfänger. Der Empfänger entschlüsselt die empfangene Nachricht mit demselben Verfahren.

Die Freimaurer-Chiffre hat einen großen Nachteil: Sobald jemand weiß, dass diese Art des Chiffrierens benutzt wurde, kann er die Nachricht entschlüsseln. Es wäre besser, wenn man durch die Kenntnis des Verschlüsselungsverfahrens den Geheimtext noch nicht entschlüsseln könnte.

Cäsar-Verschlüsselung (monoalphabetische Verschlüsselung)

Eine weitere einfache Form der Verschlüsselung geht auf den römischen Staatsmann Julius Cäsar zurück. Er benutzte eine Substitutions-Chiffre, bei dem er jeden Buchstaben durch den Buchstaben ersetzte, der drei Stellen weiter im Alphabet stand.

Klartextalphabet	a	b	c	d	e	f	g	h	i	j	k	l	m
Geheimtextalphabet	D	E	F	G	H	I	J	K	L	M	N	O	P
Klartextalphabet	n	o	p	q	r	s	t	u	v	w	x	y	z
Geheimtextalphabet	Q	R	S	T	U	V	W	X	Y	Z	A	B	C

Aus einem a wurde also ein D, aus einem b ein E usw.

Die Wörter „Berufliche Informatik" würden verschlüsselt zu „EHUXIOLFKH LQIRUPDWLN".

Statt nur um drei Stellen kann man die Buchstaben auch um vier, um fünf oder beliebig viele Stellen verschieben. Aber eine Verschiebung um 0 oder 26 Stellen wäre sinnlos, weil dann der Geheimtext genauso aussehen würde wie der Klartext.

Vor dem Versenden einer geheimen Nachricht müssten der Sender und der Empfänger vereinbaren, dass die Nachricht mit der Cäsar-Verschiebung chiffriert sein soll. Doch dies allein genügt nicht. Die geheime Botschaft kann nur entschlüsselt werden, wenn auch zusätzlich bekannt ist, um wie viele Stellen das Geheimtextalphabet verschoben wurde.

> Die Cäsar-Chiffrierung besteht im Gegensatz zur Freimaurer-Chiffre **nicht nur aus einem Algorithmus**, der angibt, auf welche Weise das Klartext- und das Geheimtextalphabet ineinander überführt werden, sondern auch aus einem **Schlüssel**, der angibt, um wie viele Zeichen die Alphabete gegeneinander verschoben werden. Da beim Sender und beim Empfänger derselbe Schlüssel verwendet wird, spricht man von **symmetrischer Verschlüsselung**.

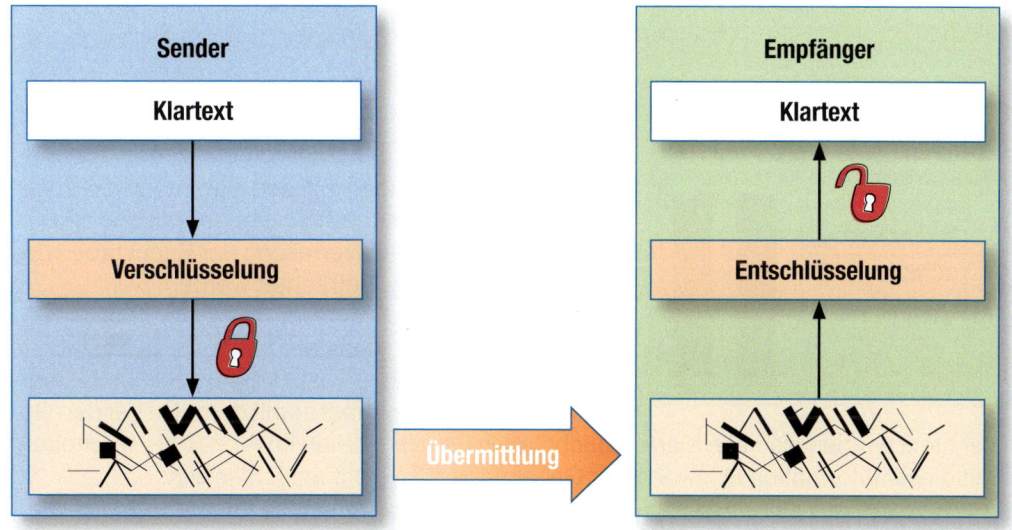

Angenommen, ein Empfänger erhält folgenden Geheimtext:

ZIVQMWGLIHVIMLYRHIVXKVEQQQILPQMXIMRIQZMI
VXIPPMIVAEWWIVJYIKIHEREGLRSGLIMRIRIWWPSIJ
JIPSIPYRHDAERDMKKVEQQLIJILMRDYZIVKMWWHE
WWEPDRMGLXYRHJIVXMKMWXHIVTMDDEXIMK

Dem Empfänger ist zwar bekannt, dass der Text mit der Cäsar-Chiffrierung verschlüsselt wurde, er kann ihn jedoch nicht ohne weiteres dechiffrieren. In diesem Fall gibt es zwei Möglichkeiten, wie es doch gehen könnte:

1. **Mit Hilfe einer Dechiffrierscheibe**
   Sie wird wird so lange gedreht, bis sich die Buchstaben so ausrichten, dass ein vernünftiger Text herauskommt.

2. **Mit Hilfe der Häufigkeitsverteilung der Buchstaben**
   Hierbei werden die Häufigkeiten der vorkommenden Buchstaben betrachtet. Bei jedem längeren Text sind die Buchstaben des Alphabets mit einer bestimmten Häufigkeit vertreten. Am häufigsten ist das „E" vorhanden, am zweithäufigsten das „N" usw. Natürlich sieht diese Häufigkeitsverteilung für jede Sprache etwas anders aus und in kürzeren oder sehr speziellen Texten kann es sein, dass es Verschiebungen in der Häufigkeitsverteilung der Buchstaben gibt. Im Allgemeinen ist sie aber recht gut anwendbar.

Häufigkeitsverteilung der Buchstaben des deutschen Alphabets

Buchstabe	Häufigkeit in %	Buchstabe	Häufigkeit in %	Buchstabe	Häufigkeit in %	Buchstabe	Häufigkeit in %
a	6,51	h	4,76	o	2,51	v	0,67
b	1,89	i	7,55	p	0,79	w	1,89
c	3,06	j	0,27	q	0,02	x	0,03
d	5,08	k	1,21	r	7,00	y	0,04
e	17,40	l	3,44	s	7,27	z	1,13
f	1,66	m	2,53	t	6,15		
g	3,01	n	9,78	u	4,35		

Quelle: Simon Singh: Codes, München 2002. Zitiert nach Albrecht Beutelspacher: Kryptologie, Braunschweig 1993

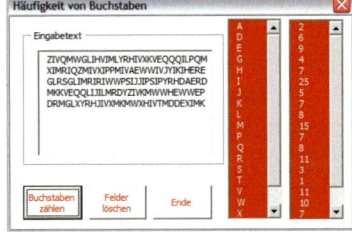

Im vorliegenden Beispiel müssen also zuerst die Buchstaben des verschlüsselten Textes gezählt und im Hinblick auf die Häufigkeitsverteilung der Buchstaben des deutschen Alphabets betrachtet werden.

Nun ist zu erkennen, dass der häufigste Buchstabe in dem Geheimtext ein „I" ist. Dieser Buchstabe entspricht im Klartextalphabet somit dem „E". Für den Geheimtext wurden also alle Klartextbuchstaben um vier Stellen im Alphabet verschoben. Mit dieser Information lässt sich der Geheimtext nun leicht entschlüsseln.

Buchstabe	Häufigkeit	Buchstabe	Häufigkeit	Buchstabe	Häufigkeit	Buchstabe	Häufigkeit
A	2	H	7	O	–	V	11
B	–	I	25	P	7	W	10
C	–	J	5	Q	8	X	7
D	6	K	7	R	11	Y	5
E	9	L	8	S	3	Z	3
F	–	M	15	T	1		
G	4	N	–	U	–		

Auch dieses verbesserte Verfahren, das nicht nur einen Algorithmus, sondern auch einen Schlüssel benötigt, ist also relativ leicht zu knacken. Somit stellt sich die Frage, ob es auch eine Möglichkeit gibt, die Verwendung der Häufigkeitsanalyse zu überlisten?

Vigenère-Verschlüsselung (polyalphabetische Verschlüsselung)

Polyalphabetische Verschlüsselung
Verschiedene monoalphabetische Chiffrierungen werden im Wechsel benutzt.

Der französische Diplomat Blaise de Vigenère (1523–1596) stieß mit 26 Jahren auf eine alte Schrift des Mathematikers Leon Battista Alberti (1404–1472). Dieser schlug darin vor, zur Verschlüsselung nicht – wie bei der Cäsar-Chiffre – nur ein Alphabet zu verwenden, sondern zwei oder mehrere, zwischen denen eine Abhängigkeit besteht. Im Alter von 39 Jahren baute de Vigenère diese Idee aus und entwickelte die nach ihm benannte Verschlüsselung.

> Die **Vigenère-Verschlüsselung** ist eine Form der **polyalphabetischen Verschlüsselung**.

Der Vorteil dabei ist, dass nicht nur ein Alphabet, sondern 26 verschiedene Geheimtextalphabete zur Verschlüsselung einer Nachricht verwendet werden. Jedes einzelne Geheimtextalphabet entspricht dabei einer Cäsar-Verschlüsselung mit dem Schlüssel, der vor der Buchstabenzeile steht. Zur Festlegung der Zeile, die man zur Verschlüsselung eines bestimmten Buchstabens braucht, legt man ein Codewort fest.

Nachfolgend soll das Wort „Knochen" verschlüsselt werden, das Codewort lautet „MOPS".

Blaise de Vigenère (1523–1596)

Man geht wie folgt vor:
1. Das Codewort wird fortlaufend über dem Klartext notiert, so dass klar ist, welchem Buchstaben des Codewortes welcher Buchstabe des Klartextes zugeordnet wird.
2. Über die Spalte des jeweiligen Klartextbuchstabens und die Zeile des Codewortbuchstabens kann nun der Geheimtextbuchstabe abgelesen werden.

Codewort	M	O	P	S	M	O	P
Klartext	k	n	o	c	h	e	n
Geheimtext	W	B	D	U	T	S	C

Klar	a	b	c	d	e	f	g	h	i	j	k	l	m	n	o	p	q	r	s	t	u	v	w	x	y	z
A	A	B	C	D	E	F	G	H	I	J	K	L	M	N	O	P	Q	R	S	T	U	V	W	X	Y	Z
B	B	C	D	E	F	G	H	I	J	K	L	M	N	O	P	Q	R	S	T	U	V	W	X	Y	Z	A
C	C	D	E	F	G	H	I	J	K	L	M	N	O	P	Q	R	S	T	U	V	W	X	Y	Z	A	B
D	D	E	F	G	H	I	J	K	L	M	N	O	P	Q	R	S	T	U	V	W	X	Y	Z	A	B	C
E	E	F	G	H	I	J	K	L	M	N	O	P	Q	R	S	T	U	V	W	X	Y	Z	A	B	C	D
F	F	G	H	I	J	K	L	M	N	O	P	Q	R	S	T	U	V	W	X	Y	Z	A	B	C	D	E
G	G	H	I	J	K	L	M	N	O	P	Q	R	S	T	U	V	W	X	Y	Z	A	B	C	D	E	F
H	H	I	J	K	L	M	N	O	P	Q	R	S	T	U	V	W	X	Y	Z	A	B	C	D	E	F	G
I	I	J	K	L	M	N	O	P	Q	R	S	T	U	V	W	X	Y	Z	A	B	C	D	E	F	G	H
J	J	K	L	M	N	O	P	Q	R	S	T	U	V	W	X	Y	Z	A	B	C	D	E	F	G	H	I
K	K	L	M	N	O	P	Q	R	S	T	U	V	W	X	Y	Z	A	B	C	D	E	F	G	H	I	J
L	L	M	N	O	P	Q	R	S	T	U	V	W	X	Y	Z	A	B	C	D	E	F	G	H	I	J	K
M	M	N	O	P	Q	R	S	T	U	V	W	X	Y	Z	A	B	C	D	E	F	G	H	I	J	K	L
N	N	O	P	Q	R	S	T	U	V	W	X	Y	Z	A	B	C	D	E	F	G	H	I	J	K	L	M
O	O	P	Q	R	S	T	U	V	W	X	Y	Z	A	B	C	D	E	F	G	H	I	J	K	L	M	N
P	P	Q	R	S	T	U	V	W	X	Y	Z	A	B	C	D	E	F	G	H	I	J	K	L	M	N	O
Q	Q	R	S	T	U	V	W	X	Y	Z	A	B	C	D	E	F	G	H	I	J	K	L	M	N	O	P
R	R	S	T	U	V	W	X	Y	Z	A	B	C	D	E	F	G	H	I	J	K	L	M	N	O	P	Q
S	S	T	U	V	W	X	Y	Z	A	B	C	D	E	F	G	H	I	J	K	L	M	N	O	P	Q	R
T	T	U	V	W	X	Y	Z	A	B	C	D	E	F	G	H	I	J	K	L	M	N	O	P	Q	R	S
U	U	V	W	X	Y	Z	A	B	C	D	E	F	G	H	I	J	K	L	M	N	O	P	Q	R	S	T
V	V	W	X	Y	Z	A	B	C	D	E	F	G	H	I	J	K	L	M	N	O	P	Q	R	S	T	U
W	W	X	Y	Z	A	B	C	D	E	F	G	H	I	J	K	L	M	N	O	P	Q	R	S	T	U	V
X	X	Y	Z	A	B	C	D	E	F	G	H	I	J	K	L	M	N	O	P	Q	R	S	T	U	V	W
Y	Y	Z	A	B	C	D	E	F	G	H	I	J	K	L	M	N	O	P	Q	R	S	T	U	V	W	X
Z	Z	A	B	C	D	E	F	G	H	I	J	K	L	M	N	O	P	Q	R	S	T	U	V	W	X	Y

Die Zeilen, die für die Verschlüsselung eines Textes mit dem Codewort MOPS gebraucht werden, sind hier farbig markiert.

Als Ergebnis erhält man das Geheimwort WBDUTSC. Obwohl der Buchstabe „n" zweimal im Klartext vorkommt, ist dies im Geheimtext nicht mehr zu erkennen. Die Häufigkeitsanalyse hilft also beim Entschlüsseln dieses Codes nicht weiter. Tatsächlich ist die Vigenère-Verschlüsselung bei beliebig langem Codewort nicht zu knacken.

Es bleibt aber eine Schwierigkeit: Wie können der Sender und der Empfänger einer geheimen Nachricht ihr Codewort sicher austauschen?

Marino Caponi nimmt den Zettel mit der Freimaurer-Chiffre, den er gefunden hat, und versucht, ihn zu entschlüsseln. „LIEBSTE", entziffert er, „MORGEN NACH FEIERABEND IM KAFFEELADEN IN LIEBE PAUL".

„Das hätte der Paul aber wirklich besser verschlüsseln können", denkt Marino Caponi. Deshalb beschließt er, ein VBA-Programm für die Cäsar-Verschlüsselung zu schreiben.

Als **Eingabeparameter** für das Programm braucht er den zu verschlüsselnden Text *(Klartext)* und den Schlüssel *n*, also die Anzahl der Stellen, um die jeder einzelne Buchstabe im Alphabet verschoben werden soll.

Dann macht er sich Gedanken über die Umsetzung des Algorithmus. Dieser muss so funktionieren, dass der Klartext Buchstabe für Buchstabe durchgegangen und jeder Buchstabe um die angegebene Zahl *n* im Alphabet verschoben wird. Aber wie kann man es erreichen, dass ein Buchstabe durch einen anderen ersetzt wird, der im Alphabet ein paar Stellen weiter rechts steht?

Um dies zu verstehen, ist es wichtig zu wissen, wie die Buchstaben im Computer dargestellt werden – nämlich durch Zahlen und nicht durch Zeichen. Damit in allen Computern die gleichen Zahlen für die gleichen Buchstaben verwendet werden, hat sich der **American Standard Code for Information Interchange** (deutsch: Amerikanischer Standardcode für den Informationsaustausch), kurz **ASCII** (sprich: *aski*), etabliert. Obwohl im ASCII-Code insgesamt 8 Bit, also 256 Möglichkeiten für die Darstellung von Zeichen zur Verfügung stehen, sind nur die ersten 7 Bit, also 128 Zeichen, standardisiert.

Die restlichen 128 Zeichen differieren je nach Art und Herkunft der Programme. Im ASCII werden die Buchstaben, die im Alphabet aufeinander folgen, auch durch aufeinander folgende Zahlen dargestellt. So kann man mit Hilfe der abgebildeten Tabelle erkennen, dass ein „Q" dem ASCII-Zeichen 81 entspricht und ein „z" der 122. Die Umlaute ä, ö und ü sind in den nicht standardisierten 128 Zeichen von ASCII codiert, weil sie nicht in allen Ländern benötigt werden.

ASCII-Zeichensatz

+	0	1	2	3	4	5	6	7	8	9
30				!	"	#	$	%	&	'
40	(	)	*	+	,	-	.	/	0	1
50	2	3	4	5	6	7	8	9	:	;
60	<	=	>	?	@	A	B	C	D	E
70	F	G	H	I	J	K	L	M	N	O
80	P	Q	R	S	T	U	V	W	X	Y
90	Z	[	\	]	^	_	`	a	b	c
100	d	e	f	g	h	i	j	k	l	m
110	n	o	p	q	r	s	t	u	v	w
120	x	y	z	{			}	~			

Nun weiß Marino Caponi, dass er nur jeden einzelnen Buchstaben in ein ASCII-Zeichen umwandeln, die ASCII-Zahl um drei erhöhen und das Ergebnis wieder als Buchstaben darstellen muss. Zur besseren Übersicht zeichnet er für sein Verschlüsselungsprogramm ein Struktogramm.

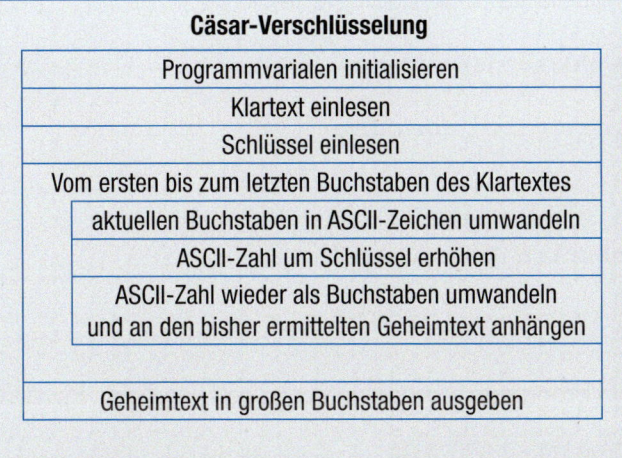

Dann macht er sich daran, alles zu programmieren. Zuerst gestaltet er eine Formularoberfläche für das Programm. Da Marino Caponi plant, mit seinem Programm später auch Texte zu entschlüsseln, legt er gleich noch den Optionsknopf „Verschlüsseln" an, so dass er später nur noch die Option „Entschlüsseln" ergänzen muss. Nachdem er auf den Optionsknopf geklickt hat, soll über den großen weißen Feldern die Beschriftung „Klartext" und „Geheimtext" erscheinen.

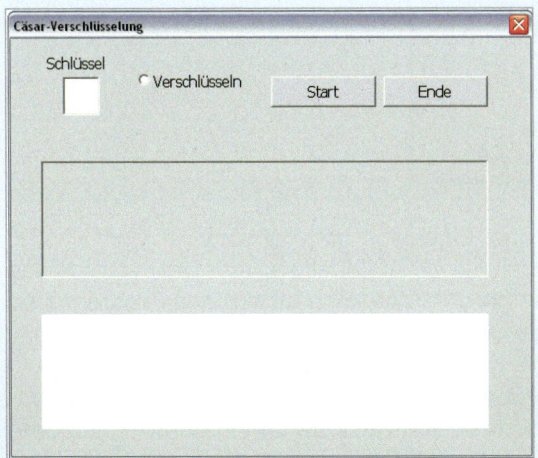

Das Programm, das er nach dem Struktogramm erstellt, sieht so aus:

```
Option Explicit
Dim klartext, geheimtext, buch_klar, buch_geheim As String
Dim buch_ascii As Integer
Dim i, schluessel As Integer
Private Sub Option_verschl_Click()
    Label3.Caption = "Klartext:"
    Label4.Caption = "Geheimtext:"
End Sub
Private Sub CommandButton_Start_Click()
schluessel = Val(TextBox1.Text)
buch_ascii = 0
If Option_verschl.Value = True Then
    klartext = TextBox2.Text
    geheimtext = ""
    For i = 1 To Len(klartext)
```

Die großen weißen Felder werden beschriftet.

Der Schlüssel wird eingelesen, und die Variable für die Buchstaben wird initialisiert.

Der Klartext wird eingelesen, und die Variable für den Geheimtext wird initialisiert.

> *Jeder einzelne Buchstabe des Klartextes wird in sein ASCII-Zeichen umgewandelt. Dieses wird um den Schlüssel erhöht, wieder in einen Buchstaben umgewandelt und an den Geheimtext angehängt. Zum Schluss wird der Geheimtext in großen Buchstaben ausgegeben.*

```
      buch_klar = Mid(klartext, i, 1)
      buch_ascii = Asc(buch_klar)
      buch_ascii = buch_ascii + schluessel
      buch_geheim = chr(buch_ascii)
      geheimtext = geheimtext & buch_geheim
   Next i
   Label1.Caption = UCase(geheimtext)
Else
   MsgBox "Bitte eine Option auswählen", 0, "Achtung"
End If
End Sub

Private Sub CommandButton_Ende_Click()
   End
End Sub
```

Marino Caponi probiert sein Programm aus und verschlüsselt das Wort „Pizza".

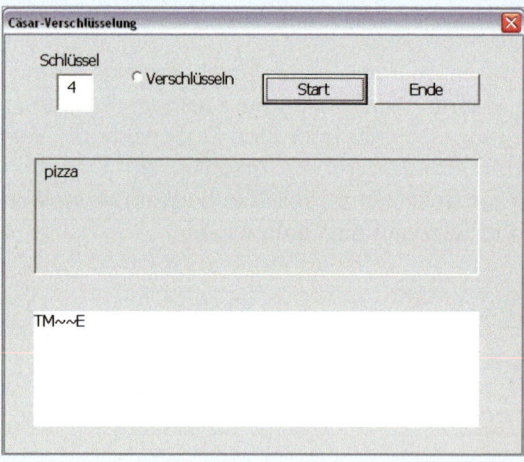

Der Geheimtext sieht merkwürdig aus. Eigentlich hätte anstatt „~" dort ein „D" stehen sollen. Marino Caponi sieht sich die ASCII-Tabelle an und zählt vom „z" aus vier Zeichen weiter. Ja, so landet er bei „~". Wie kann er nun das Programm so verändern, dass er sich nur innerhalb der Buchstaben „a" bis „z" bewegt?

Er müsste also sicherstellen, dass, wenn das Geheimtextzeichen den Buchstabenbereich verlässt, dies sofort bemerkt und eine Rückführung in den Buchstabenbereich vorgenommen wird.

Er fügt folgende Programmzeilen ein:

```
…
buch_geheim = chr(buch_ascii)
If (buch_geheim < "a" Or buch_geheim > "z") And (buch_klar >= "a" And buch_klar <= "z") Then
    buch_geheim = Chr(Asc(buch_geheim) - 26)
End If

If (buch_geheim < "A" Or buch_geheim > "Z") And (buch_klar >= "A" And buch_klar <= "Z") Then
    buch_geheim = Chr(Asc(buch_geheim) - 26)
End If
geheimtext = geheimtext & buch_geheim
…
```

Anschließend versucht er es noch einmal:

Cäsar-Verschlüsselung
Schlüssel: 4
● Verschlüsseln [Start] [Ende]

Klartext:
pizza

Geheimtext:
TMDDE

Diesmal sieht das Ergebnis zufrieden stellend aus.

AUFGABEN

1 Schreiben Sie in VBA passend zu Marino Caponis Cäsar-Verschlüsselungsprogramm ein Entschlüsselungsprogramm.

2 Entschlüsseln Sie folgenden Text mit der Vigenère-Verschlüsselung und dem Codewort MOPS:
LKTARZT FUQWL MB SWY RTJ PWG KMUI WD VPL MBVKF
OQWD VPT MBVKF JDJ PSB VQF SAD GPYF SG CQBDL WSXFQB OOQWUWX

3 Verschlüsseln Sie das Wort „abitur"
 a) mit der Cäsar-Chiffre und dem Schlüssel 5.
 b) mit der Vigenère-Verschlüsselung und dem Codewort „JOE".

8.3 Asymmetrische Verschlüsselungsverfahren – der RSA-Algorithmus

Marino Caponi hat sich im Internet ein neues Kochbuch ausgesucht. Nun ist er gerade dabei, dieses Kochbuch zu bezahlen. Die Adresse in der Adresszeile des Browsers hat sich dabei plötzlich geändert von „http://" zu „https://" und rechts unten in der Statuszeile ist ein kleines, symbolisiertes Vorhängeschloss zu sehen. „Weißt du, was das zu bedeuten hat?", fragt er seinen Neffen Enzo, der gerade in sein Arbeitszimmer kommt. „Ja, klar. Das bedeutet, dass du deine Daten ab jetzt über eine sichere Datenleitung, dem sogenannten „Secure Socket Layer", verschlüsselt schickst. Das hat etwas mit asymmetrischer Verschlüsselung und dem RSA-Verfahren zu tun."

Secure Socket Layer (engl.)
= sichere Sockelschicht

Für die sichere Datenkommunikation im Internet, zum Beispiel bei Bezahlvorgängen in Onlineshops, muss gewährleistet sein, dass die versendeten Daten auf ihrem Weg durch das Internet nicht von Unbefugten gelesen oder verändert werden können. Zu diesem Zweck werden Sie verschlüsselt gesendet.

Aber wie funktioniert das genau? Alle Verschlüsselungsverfahren, die bisher vorgestellt wurden, haben einen großen Nachteil: Beide Kommunikationspartner benutzen denselben geheimen Schlüssel. Aber wie kann, z. B. bei einem Onlinebuchandel, ein geheimer Schlüssel ausgetauscht werden, ohne dabei Gefahr zu laufen, dass eine dritte Person diesen abfängt und für sich selbst nutzen kann?

Eine Möglichkeit wäre, dass der geheime Schlüssel in zwei Teilen per Post, also nicht per Internet, gesendet wird. Allerdings würde der gesamte Kaufvorgang dadurch sehr viel mehr Zeit in Anspruch nehmen. Somit müsste der Käufer letztlich länger auf sein Buch warten.

Wenn zum Ver- und Entschlüsseln derselbe Schlüssel verwendet wird, ist das geheime Übermitteln dieses Schlüssels unmöglich.

Ein weiteres Problem, das der Onlineshop mit seinen geheimen Schlüsseln hat, ist, dass er für jeden Kommunikationspartner einen eigenen Schlüssel braucht. Das können bei einem Onlineshop sehr viele sein!

Bei einer sicheren Datenkommunikation im Internet ergeben sich also zwei grundlegende Probleme:
1. Die Verteilung eines geheimen Schlüssels über das Internet ist unmöglich.
2. Die Anzahl der notwendigen Schlüssel für ein symmetrisches Verschlüsselungsverfahren ist riesig.

*Eine Einwegfunktion ist eine Funktion, für die es keine Umkehrfunktion gibt. Die Quersumme und die Restwertfunktion sind Beispiele dafür.
Beispiel:
5 mod 3 = 2
8 mod 3 = 2*

Man kann also nicht sagen, auf welchen Wert 2 bezüglich mod 3 zurückzuführen ist.

Mit diesem Problem beschäftigten sich in den 1970er Jahren einige Computerwissenschaftler und Mathematiker in den USA. Sie hatten die Idee, dass es für die Schlüsselverteilung eine **Einwegfunktion** geben müsse, die aber nur fast eine Einwegfunktion ist – für die es also unter Kenntnis eines bestimmten Wertes doch eine Umkehrfunktion gibt. 1977 fanden Ronald Rivest, Adi Shamir und Leonard Adleman solch eine Einwegfunktion, die man zwar leicht in eine Richtung rechnen (verschlüsseln) kann, zu der es aber nur unter ganz bestimmten Bedingungen (d. h. durch Kenntnis eines geheimen privaten Schlüssels) eine Umkehrfunktion gibt. Diese Funktion ist heute bekannt als RSA-Algorithmus, benannt nach ihren drei Entdeckern Rivest, Shamir und Adleman.

Das Prinzip des RSA-Algorithmus

Es gibt drei Schlüssel:
- einen geheimen, privaten Schlüssel, den nur eine Person besitzt,
- einen öffentlichen Schlüssel, der an alle Kommunikationspartner verteilt wird, und
- einen Kontrollschlüssel, den beide Seiten benötigen, damit sicher ist, dass der private und der öffentliche Schlüssel auch zusammengehören.

Der Onlineshop, der die geheimen Bankverbindungen seiner Kunden lesen möchte, beantragt bei einem Trust-Center, also einer „Institution des Vertrauens", die solche Schlüsselpaare verwaltet, ein Schlüsselpaar. Diese sogenannten SSL-Zertifikate kosten je nach Menge der beabsichtigten Transaktionen etwa 40 € bis 200 € pro Jahr.
Von diesem Schlüsselpaar behält der Onlineshop den einen (geheimen, privaten) für sich und verteilt den anderen (öffentlichen) an alle seine Kommunikationspartner (Kunden). Den öffentlichen Schlüssel kann wirklich jeder kennen, denn er dient in diesem Fall nur zum Verschlüsseln der persönlichen Bankdaten. Sind die Bankdaten einmal verschlüsselt, können sie nicht mehr entschlüsselt werden. Das Verschlüsseln mit dem öffentlichen Schlüssel ist eine Einwegfunktion. Aber eben nur fast, denn mit dem privaten Schlüssel kann man die verschlüsselten Daten doch wieder entschlüsseln.

Mit diesem Verfahren sind die beiden eingangs erwähnten Probleme gelöst:
1. Auch über unsichere Kanäle können die Schlüssel für die geheime Kommunikation ausgetauscht werden.
2. Der Onlineshop braucht für alle seine Kunden nur ein einziges Schlüsselpaar für den Austausch vertraulicher Informationen.

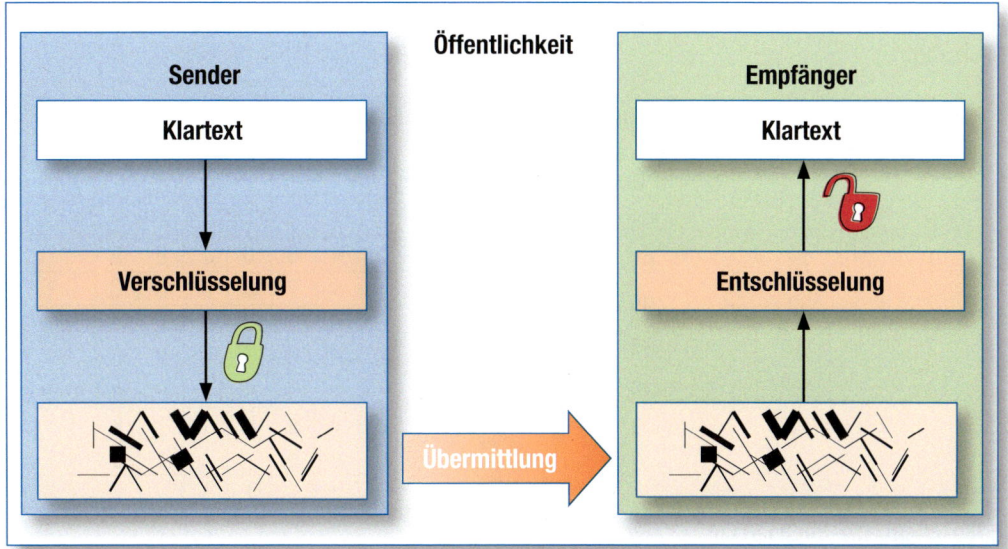

Da der dritte Schlüssel von beiden Parteien benötigt wird, können wir ihn in dem Schaubild vernachlässigen.

Der RSA-Algorithmus konkret

Für die Ver- und Entschlüsselung ist ein öffentlicher Schlüssel e und ein privater Schlüssel d notwendig. Diese beiden Schlüssel sind Primzahlen. Außerdem wird noch eine Zahl n sowohl zum Ver- als auch zum Entschlüsseln benötigt, anhand derer man erkennen kann, ob die beiden Schlüssel e und d zusammengehören. Die Ermittlung dieser Zahlen geschieht nach dem nebenstehenden Algorithmus.

Dazu folgendes Beispiel:
1. p = 11 und q = 17
2. n = 11 · 17 = 187
3. phi(n) = 10 · 16 = 160
4. phi(n) + 1 = 161

Die beiden einzigen Teiler von 161 sind 7 und 23 → e = 7; d = 23.

Von diesen beiden Teilern wird der kleinere als öffentlicher Schlüssel gewählt und der größere als privater Schlüssel. Falls bei diesem Verfahren herauskommt, dass e und d gleich sind, müssen zwei neue Primzahlen gesucht werden. Das wäre zum Beispiel der Fall für p = 11 und q = 13.

In diesem Beispiel wurden nur sehr kleine Primzahlen verwendet. In der Realität sind es aber sehr große, deren Länge von Zeit zu Zeit an die Notwendigkeiten angepasst werden. Für hinreichend große Zahlen gilt das RSA-Verfahren als sicher. Nach dem gegenwärtigen Stand der Technik würden mehr als 10^{12} Jahre Rechenzeit benötigt, um eine entsprechende Verschlüsselung zu knacken.

Die **Verschlüsselung** funktioniert dann so, dass der ASCII-Wert (oder eine andere Darstellungsform innerhalb des Computers) des Klartextbuchstabens k wie folgt mit Hilfe des öffentlichen Schlüssels e in den Geheimtextwert g umgewandelt wird:

$g = k^e \bmod n$

Die **Entschlüsselung** mit dem privaten Schlüssel d funktioniert analog:

$k = g^d \bmod n$

Es soll zum Beispiel das Wort PIZZA mit dem öffentlichen Schlüssel e = 7 und n = 187 verschlüsselt werden. Falls der Taschenrechner mit den sehr großen Werten, die sich hier ergeben, bzw. der Restwertfunktion *mod* nicht klarkommt, kann man den Windows-

Schlüssel e
(e = Abk. für engl.: encrypt; verschlüsseln)

Schlüssel d
(d = Abk. für engl.: decrypt; entschlüsseln)

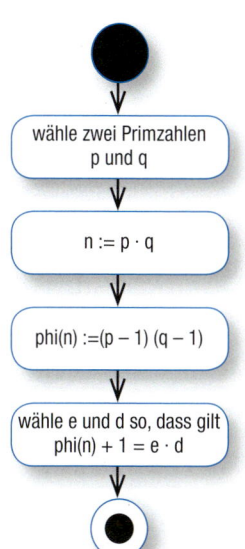

Am 5.12.2003 war in der Hessischen/Niedersächsischen Allgemeinen zu lesen:

„US-Student Michael Shafer hat die 6 320 430 Stellen lange Zahl $2^{20\,996\,011} - 1$ als neue größte Primzahl entdeckt. Primzahlen sind Zahlen, die sich nur durch 1 und sich selbst teilen lassen. Die neue Rekord-Primzahl ist über zwei Millionen Stellen länger als der vorige Spitzenreiter. Die Entdeckung kostete 25 000 Jahre Rechenzeit auf rund um den Globus vernetzten Computern."

Taschenrechner unter *Start ▷ Zubehör ▷ Rechner* in seiner wissenschaftlichen Ansicht benutzen.

Buchstabe	ASCII-Wert	Verschlüsselter Wert ($g = k^e \bmod n$)
P	80	75
I	73	61
Z	90	95
Z	90	95
A	65	142

ASCII-Zeichensatz										
+	0	1	2	3	4	5	6	7	8	9
30				!	"	#	$	%	&	'
40	(	)	*	+	,	-	.	/	0	1
50	2	3	4	5	6	7	8	9	:	;
60	<	=	>	?	@	A	B	C	D	E
70	F	G	H	I	J	K	L	M	N	O
80	P	Q	R	S	T	U	V	W	X	Y
90	Z	[	\	]	^	_	`	a	b	c
100	d	e	f	g	h	i	j	k	l	m
110	n	o	p	q	r	s	t	u	v	w
120	x	y	z	{			}	~			

Die digitale Signatur

Ein weiteres Problem beim Versenden von Daten im Internet ist die Gewährleistung, dass ein bestimmtes Dokument in genau der vorliegenden Form von einem bestimmten Absender stammt. Durch die Verschlüsselung in der bisher genannten Form kann diese Forderung nicht erfüllt werden, denn sie stellt nur sicher, dass eine Nachricht während der Datenübertragung von niemandem gelesen werden kann. Was aber passiert, wenn jemand unter falschem Namen eine Nachricht verschlüsselt und versendet?

authentifizieren
(lat.: authenticus)
= beglaubigen, die Echtheit bezeugen, die Legitimation des Benutzers bestätigen

Um diese Gefahr zu umgehen, wird eine authentifizierte Nachricht benötigt, so dass die Richtigkeit des Inhalts gewährleistet ist. Es werden also elektronische Daten gebraucht, die dieselbe Funktion erfüllen wie eine Unterschrift auf einem Vertrag. So eine **digitale Unterschrift** (= **digitale Signatur**)
- darf von niemand anderem als dem Absender erstellt werden können,
- muss für jeden nachvollziehbar sein, das heißt, es muss erkennbar sein, dass diese digitale Unterschrift tatsächlich von dem einen Absender stammt,
- darf nicht von der Nachricht getrennt werden können.

Die Lösung hierfür bietet eine **Public-Key-Verschlüsselung** mit dem RSA-Verfahren, allerdings mit zwei kleinen Modifikationen:

1. Angehängt an die eigentliche Nachricht, wird die digitale Signatur in komprimierter Form zusätzlich mitverschickt. Die Komprimierung erfolgt mit einer sogenannten **Hash-Funktion**. Eine Hash-Funktion ist eine Einwegfunktion, die so ähnlich funktioniert wie eine Quersumme bzw. die Bestimmung der Prüfziffer beim EAN- oder Modulo-11-Verfahren. Man kann anhand des Ergebnisses dieser Funktion erkennen, ob an dem Text etwas verändert wurde. Mit dem Ergebnis ist der Text jedoch nicht zu rekonstruieren.

Hash-Verfahren
(engl.: hash)
= gestreute Speicherung

2. Der private und der öffentliche Schlüssel werden umgedreht. Das heißt, der Absender verschlüsselt seine Nachricht mit seinem privaten Schlüssel, was nur ihm möglich ist. Der Empfänger der Nachricht kann sie dann mit dem öffentlichen Schlüssel des Absenders wieder entschlüsseln und lesen. Er weiß somit, dass die Nachricht nur von dem Absender mit dem entsprechenden privaten Schlüssel geschickt worden sein kann. Verschlüsselt wird bei der digitalen Signatur allerdings nicht der ganze Text, sondern nur das Ergebnis der Hash-Komprimierung, da es schneller geht.

Bei dem Verfahren der digitalen Signatur ist es ausreichend, wenn nur das Ergebnis der Hash-Komprimierung mit dem privaten Schlüssel des Absenders verschlüsselt wird. Der Empfänger kann die Hash-Komprimierung mit dem öffentlichen Schlüssel des Absenders entschlüsseln. Dadurch weiß er, dass die Nachricht von diesem Absender stammt. Nachdem er die Originalnachricht selbst hash-komprimiert hat und feststellt, dass dieses Ergebnis mit der entschlüsselten digitalen Signatur übereinstimmt, weiß der Empfänger, dass die Nachricht genau so, wie sie vorliegt, vom Absender „unterschrieben" wurde.

Die Nachricht selbst wird durch die digitale Signatur **nicht** verschlüsselt. Soll die Nachricht unterwegs von niemandem gelesen werden können, muss der Absender sie noch zusätzlich mit dem öffentlichen Schlüssel des Empfängers verschlüsseln. Nur so kann einzig und allein der Empfänger sie lesen, nachdem er die Nachricht mit seinem privaten Schlüssel entschlüsselt hat.

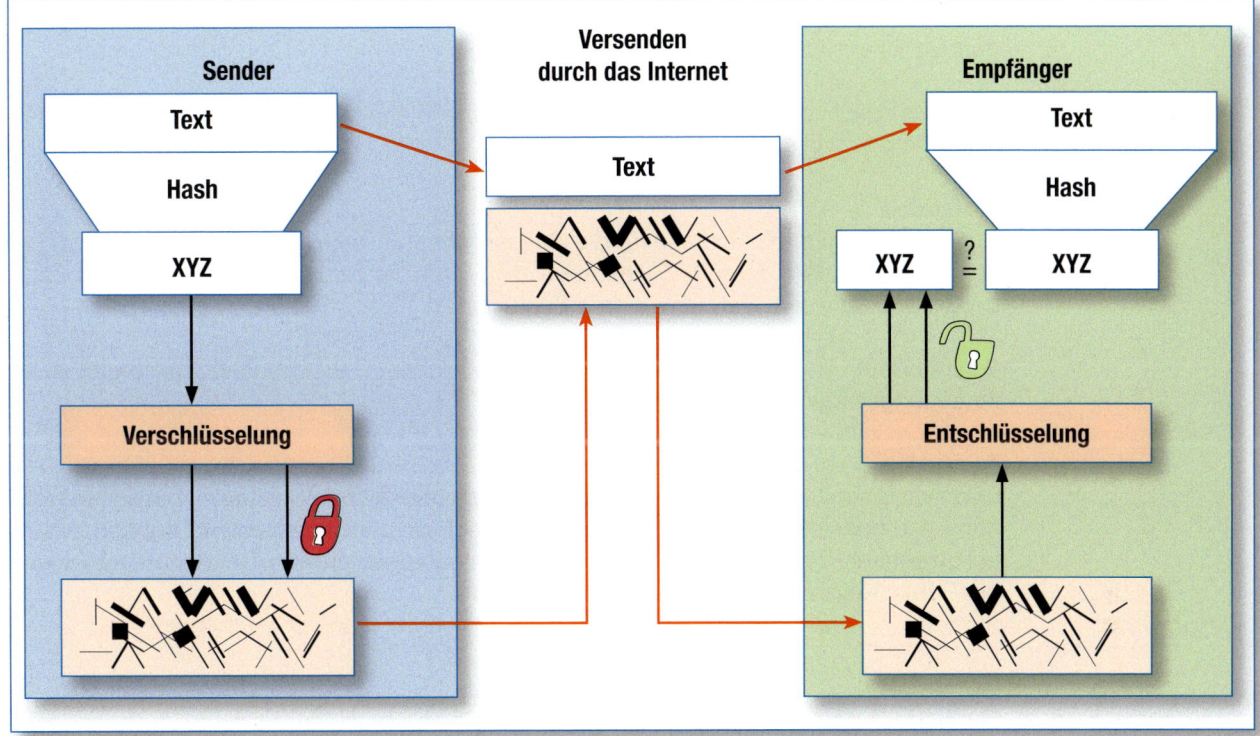

Marino Caponi hat von seinem Neffen Enzo eine RSA-verschlüsselte Zahlenfolge bekommen. Diese soll er nun mit dem privaten Schlüssel d = 23 und n = 187 wieder entschlüsseln.

Verschlüsselter Wert	Entschlüsselter-Wert (k = g^d mod n)	Buchstabe
75	80	P
61	73	I
95	90	Z
95	90	Z
142	65	A

Marino Caponi erhält das Wort PIZZA.

AUFGABEN

1 a) Finden Sie ein neues Schlüsselpaar e und d mit einem dazugehörigen n.
b) Verschlüsseln Sie das Wort „Nudel" mit diesen Schlüsseln nach dem RSA-Verfahren.

2 Entschlüsseln Sie die Nachricht 135 – 118 – 114 – 65 – 66 – 57.
Der öffentliche Schlüssel (Public Key) lautet (23; 143); der private Schlüssel (Private Key) lautet (47; 143).

3 Erklären Sie den Unterschied zwischen symmetrischer und asymmetrischer Verschlüsselung.

4 Welche Maßnahmen können Sie ergreifen, um Folgendes zu verhindern:
a) Ihre E-Mail wird auf dem Weg zum Empfänger von einer nicht befugten Person gelesen.
b) Ihre E-Mail wird auf dem Weg zum Empfänger abgefangen und mit verändertem Inhalt weitergeschickt.
c) Ihre E-Mail geht auf dem Weg zum Empfänger verloren.

Prüfen Sie sich!

Aufgabe 1
Die Prüfziffern werden mit Hilfe des Modulo-11-Verfahrens ermittelt. Ein Kunde gibt folgende PIN ein: 63919. Diese Eingabe führt zu einer Fehlermeldung des Automaten.

Wie muss die Prüfziffer korrekt lauten, wenn davon ausgegangen wird, dass die ersten vier Ziffern richtig sind?

Aufgabe 2
Unterstellen Sie als Grundlage für die Caesar-Verschlüsselung ein Klartextalphabet mit den Eigenschaften, dass 26 Buchstaben ohne Umlaute existieren und der Buchstabe A die Stelle 0 aufweist. Der verwendete Schlüssel ist 15.

Verschlüsseln und Entschlüsseln Sie ein „P". Welcher „Geheimbuchstabe" ergibt sich? Ihr Lösungsweg muss deutlich sein.

Aufgabe 3
Ermitteln Sie mit Hilfe des RSA-Verfahrens einen öffentlichen Schlüssel (public key) und den dazu passenden privaten Schlüssel (private key). Ihr Lösungsweg anhand zweier frei gewählter Primzahlen muss dabei detailliert und deutlich sein. Der Private Key sowie der Public Key sind als solche zu kennzeichnen.

Aufgabe 4
Ein Handelsbetrieb mit eingerichtetem Web-Shop verschlüsselt seine Auftragsdaten nach dem Public-Key-Verfahren.
a) Beschreiben Sie das Public-Key-Verfahren.
b) Beschreiben Sie den wesentlichen Unterschied des Verfahrens gegenüber einem symmetrischen Verschlüsselungssystem.
c) Sie erhalten eine Nachricht von einem bekannten Absender. Die Nachricht ist mittels RSA-Verfahren verschlüsselt worden.

Ihr Public Key lautet : (23, 143)
Ihr Private Key lautet: (47, 143).
Der Inhalt der Nachricht ist:
135-118-114-65-66-57.
Was bedeutet diese Nachricht in Klarschrift?

ASCII-Zeichensatz

+	0	1	2	3	4	5	6	7	8	9
30				!	"	#	$	%	&	'
40	(	)	*	+	,	-	.	/	0	1
50	2	3	4	5	6	7	8	9	:	;
60	<	=	>	?	@	A	B	C	D	E
70	F	G	H	I	J	K	L	M	N	O
80	P	Q	R	S	T	U	V	W	X	Y
90	Z	[	\	]	^	_	`	a	b	c
100	d	e	f	g	h	i	j	k	l	m
110	n	o	p	q	r	s	t	u	v	w
120	x	y	z	{			}	~			

Aufgabe 5
Beim Senden und Empfangen einer E-Mail verwendet der Sender das Schlüsselpaar public key (23,187) und private key (7,187). Der Empfänger nutzt das Schlüsselpaar public key (101,551) und private key (5,551).
a) Beschreiben Sie das Verfahren der digitalen Signatur.
b) Der Sender möchte eine Nachricht versenden. Als unverschlüsselte Signatur ergibt sich der Buchstabe „D". Welche verschlüsselte Signatur wird übertragen? Ihr Lösungsweg muss deutlich sein.
c) Was gewährleistet die digitale Signatur?

Aufgabe 6
a) Nennen Sie verschiedene Ihnen bekannte Transpositionsverfahren.
b) Verschlüsseln Sie den Namen der Band „Snow Patrol" mit einem Transpositionsverfahren Ihrer Wahl.

Aufgabe 7
Erstellen Sie ein VBA-Programm zur Ver- und Entschlüsselung mit dem RSA-Algorithmus. Zusätzlich soll auch die digitale Signatur zu dem versendeten Text berechnet werden.

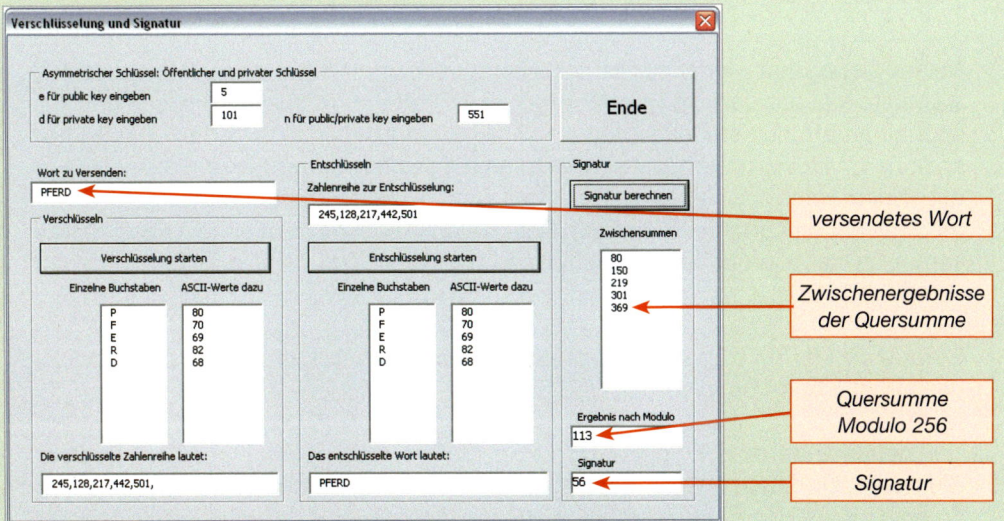

Hinweis:
Damit der RSA-Algorithmus, bei dem es durch die Potenzierung zu sehr großen Zahlen kommt, ausgeführt werden kann, muss man sich mit einer kleinen Schleife zur Potenzierung behelfen. Anstatt

```
neuer_wert = alter_wert ^ exponent MOD n
```

wobei je nach Ver- oder Entschlüsselung neuer_wert und alter_wert das Geheimtext- oder das Klartextzeichen sind und exponent entweder e oder d ist, nimmt man die Schleife

```
neuer_wert = 1
For i = 1 To exponent
   neuer_wert = neuer_wert · alter_wert
   neuer_wert = neuer_wert MOD n
Next i
```

Aufgabe 8
Ermitteln Sie die Prüfziffern nach dem für die jeweilige ISBN festgelegten Verfahren:
a) 3-470-54521
b) 978-3-470-54521

Aufgabe 9
a) Nennen Sie verschiedene, Ihnen bekannte symmetrische Substitutionsverfahren.
b) Verschlüsseln Sie den Namen der Band „Snow Patrol" mit einem Ihnen bekannten polyalphabetischen Substitutionsverfahren und dem Codewort „CARS".

9 Netzwerke

9.1 Grundlagen

> Marino Caponi hat wieder einmal sein Handy verloren. Als ihm dieses Missgeschick das erste Mal passiert ist, war der Ärger groß, hatte er doch alle Adressen und Telefonnummern seiner Bekannten und Freunde ausschließlich in dem Handy gespeichert. Mittlerweile erfasst er alle Daten auf seinem Computer und gleicht diese mit seinem Handy ab. Als er die Daten mit seinem neu gekauften Handy abgleichen möchte, hat er jedoch ein Problem. Sein Datenkabel, mit dem er sein altes Handy immer an den Computer angeschlossen hat, lässt sich nicht mit seinem neuen Handy verbinden.
>
> Gerade als Marino Caponi sich auf den Weg machen will, um ein neues Kabel zu besorgen, kommt Enzo vorbei. Und Enzo hat – wie immer – einen Tipp parat:
>
> „Ein neues Kabel ist gar nicht nötig, Onkel Marino. Dein neues Handy verfügt über Bluetooth. Und da ich weiß, dass auch dein Computer bluetoothfähig ist, kannst du dein neues Handy ganz einfach kabellos mit deinem Computer verbinden. Du hast dann ein PAN: ein Personal Area Network."

In der modernen Kommunikation haben Netzwerke mittlerweile einen festen Platz. So gibt es heutzutage kaum noch ein Unternehmen, das auf den Einsatz von Netzwerktechnologien verzichten kann. Selbst im privaten Bereich haben sich Netzwerke etabliert.

> Ein Netzwerk kennzeichnet ein räumlich verteiltes System von elektronischen Geräten (in der Mehrzahl Computer), die miteinander verbunden sind. Ziel ist es, den Datenaustausch zu beschleunigen sowie den Zugriff auf die gemeinsam genutzten Daten für alle in dem Verbund zu vereinfachen.

Werden Computer, z. B. über Kabel, miteinander verbunden (d. h. vernetzt), ist ein schneller Datenaustausch zwischen ihnen möglich. Ein Nutzer eines Computers, der Teil eines Netzwerkes ist, kann so auf die Festplatten oder Speichermedien der anderen angeschlossenen Computer zugreifen. Es entsteht der Eindruck, als wären diese Medien Teil des eigenen Computers. Auch Dateien oder Software, die sich auf einem anderen Computer befinden, können bearbeitet bzw. benutzt werden. Außerdem ist es möglich, periphere Geräte, wie z. B. Laserdrucker oder Scanner, von mehreren Computern aus anzusteuern oder Nachrichten zwischen den verbundenen Computern auszutauschen.

Die Klassifizierung von Netzwerken erfolgt anhand von zwei Kriterien:
- Größe
- Verbindungsart

LAN-Party
= Veranstaltung, bei der private Computer in einem zur Verfügung gestellten Netzwerk miteinander verbunden werden, um gegeneinander zu spielen

lokal
= örtlich; hier: auf einen bestimmten Standort bezogen

Klassifizierung von Netzwerken nach der Größe		
Netwerk	**Abkürzung steht für**	**Erklärung**
PAN	Personal Area Network	Kennzeichnet das Verbinden von Geräten in unmittelbarer Nähe des Computers, z. B. Maus, Tastatur, PDA, Handy. Außerdem zählt u. a. auch das Verbinden von Handy zu Handy und eines Handys mit einer Freisprecheinrichtung via Bluetooth dazu.
LAN	Local Area Network	Wird von privaten Betreibern und Unternehmen eingesetzt, um lokal Computer miteinander zu verbinden. Beispiel: das Netzwerk einer LAN-Party, welches lokal begrenzt auf eigene Technik zugreift.

Klassifizierung von Netzwerken nach der Größe		
Netwerk	**Abkürzung steht für**	**Erklärung**
WAN	Wide Area Network	Erstreckt sich über einen größeren geografischen Bereich. Die Anzahl der angeschlossenen Computer ist nicht begrenzt. WANs werden z. B. genutzt, um LANs miteinander zu verbinden oder den Zugang zum Internet zu nutzen.
GAN	Global Area Network	Bezeichnet die global vernetzen WANs. Der Begriff findet eher selten Verwendung. Im Sprachgebrauch kann sich ein Computer im WAN seines Providers befinden und nutzt damit heute selbstverständlich und fast unsichtbar auch das GAN (z. B. das Internet).

Neben einer Klassifizierung von Netzwerken nach ihrer Größe kann auch eine Klassifizierung anhand der Verbindungsart erfolgen. So können Computer über unterschiedliche Techniken miteinander vernetzt werden. Im privaten Bereich gewinnt die drahtlose Vernetzung über WLAN und einen Router immer mehr an Bedeutung. In Unternehmensnetzwerken kommen auch heute noch fast ausschließlich die drahtgebundenen Techniken zum Einsatz. Hier dominiert das Fast Ethernet, das jedoch langsam vom Gigabit Ethernet abgelöst wird. Beide zuletzt genannten Techniken benutzen ähnliche (zum Teil identische) Topologien, so dass lediglich bei der Computer-, Server- und Verteilhardware (Switch) Änderungen vorgenommen werden müssen.

Allen Möglichkeiten gemeinsam ist das Ziel, Dienste zur Verfügung zu stellen, z. B. den Zugriff auf Drucker, Speicher, Datenbanken, Warenwirtschaftssysteme bis hin zu VoIP oder dem Internet ähnlichen Diensten, wie beispielsweise dem lokal begrenzten Intranet.

Erfolgt die Verbindung der einzelnen Komponenten in einem Netz drahtlos, so wird von einem „wireless network" gesprochen. In diesem Fall wird den bereits bekannten Klassifizierungen nach der Größe ein W für „wireless" vorangestellt.

Provider
= Anbieter von Dienstleistungen rund um das Internet (Internet-Service-Provider)

Ethernet
= Basistechnologie der Datennetztechnik (kabelgebunden)

VoIP
= Abk. für Voice over IP; telefonieren unter Nutzung eines Computernetzwerks

Intranet
= ein nicht-öffentliches Netzwerk; kommt häufig in Unternehmen zum Einsatz, um den Daten- und Informationsaustausch zwischen den Mitarbeitern zu erleichtern

Klassifizierung von Netzwerken nach der Größe			
Netzname	**Abkürzung steht für**	**Standards**	**Reichweite**
WPAN	Wireless Personal Area Network	Bluetooth	10 m – 30 m
WLAN	Wireless Local Area Network	IEEE 802.11 a/b/g/n	bis 100 m; im Freien über Richtantennen auch viel weiter
WWAN	Wireless Wide Area Network	GSM, GPRS, UMTS, Wimax	bis 30 km

Das Arbeiten in einem Netzwerk bringt insbesondere in Unternehmen und Organisationen erhebliche Vorteile mit sich. Dazu zählen:

Vorteile von Netzwerken	
verringerte Softwarekosten	Ein Programm muss nur einmal auf einem Computer im Netz installiert werden und kann – je nach Zugriffsregelung – von allen anderen Computern aus mitgenutzt werden. Notwendig ist dafür eine Netzwerklizenz für das Programm. Die Kosten für Programme können somit – je nach Lizenzpolitik des Anbieters – erheblich gesenkt werden. Ist die Lizenz für die Nutzung eines Programms z. B. auf 5 Benutzer (User) beschränkt, kann das Programm auch auf 10 oder mehr Computern installiert sein. Starten lässt sich die Applikation jedoch netzweit gleichzeitig nur 5-mal.
verringerte Hardwarekosten	Teure periphere Geräte (z. B. Farblaserdrucker, Scanner usw.) müssen nur einmal gekauft werden, da sie von allen Computern im Netz verwendet werden können. Die peripheren Geräte benötigen für den Betrieb im Computernetzwerk jedoch einen besonderen Anschluss, d. h. sie müssen netzfähig sein. So kann z. B. jeder Grafiker im Netzwerk den großen DIN-A0-Plotter benutzen. Es genügt also, einen einzigen Plotter anzuschaffen, der außerdem viel besser ausgelastet ist. Aber auch räumlich bietet das Netzwerk Möglichkeiten.

9 Netzwerke

Physische Datenträger
benachrichtigen nicht, sie sind Träger der Nachricht.

Groupware
= Software, die das Arbeiten einer Gruppe in einem Netzwerk unterstützt

Authentifizierung
= Nachweis einer Zugangsberechtigung

Vorteile von Netzwerken	
einheitliche Datenbestände	Verändert ein Benutzer von seinem Computer aus den Inhalt einer Datenbank oder einer Datei auf einem Netzlaufwerk, so können alle anderen Computer im Netzwerk sofort mit den veränderten Daten arbeiten. Der Zugriff auf im Netzwerk zugängliche Datenbanken kann von allen Benutzern gleichzeitig erfolgen. Änderungen liegen allen Benutzern in Echtzeit vor. Das Ablegen von Dateien im Netzwerk erspart den Datenaustausch über andere Datenträger. So wird auch verhindert, dass von einem Dokument zeitgleich verschiedene Versionen erstellt und ausgetauscht werden („Verversionierung").
vereinfachter Austausch von Nachrichten durch Groupware	Eine Nachrichtenübermittlung im Computernetz ist wesentlich schneller, als die klassische Kommunikation über physische Datenträger (Cd-ROMs, USB-Sticks) oder ausgedruckte Rundschreiben. Für den Informationsaustausch fallen keine Fremdgebühren an. Das Versenden von dringenden, wichtigen Nachrichten oder Einladungen zu Sitzungen wird zeitlich auf ein Minimum reduziert – das Erstellen einer Nachricht kommt dem Schreiben einer SMS gleich. Grundlage eines entsprechenden Dienstes ist meist eine Groupware, die einheitlich von allen Beteiligten genutzt wird (z. B. Outlook mit Exchange Server, Tobit David, Lotus Notes oder Greyhound).
hohe Datensicherung durch zentrale Datensicherung	Durch eine Authentifizierung über eine Nutzernamen- und Kennwortabfrage wird der Zugriff durch nicht berechtigte Personen verhindert. In aller Regel werden Datenbestände in einem Netzwerk täglich sequenziell gesichert und in größeren Abständen vollständig gespeichert. Der Ausfall eines Computers im Netzwerk hat keine Folgen für die Datensicherheit. Ein auf Speichern von Daten optimiertes System ist wesentlich „ausfallsicherer" als Clients und Workstations.
verringerter Administrationsaufwand	Bei großen (länderübergreifenden) Netzwerken kann über eine Ferninstallation Software auf die Computer gespielt werden. Zudem ist es einem Systemverwalter durch spezielle Fernwartungstools möglich, hunderte von Computern in einem Netzwerk gleichzeitig auf einem aktuellen und einheitlichen Stand zu halten. Das heißt, dass der Administrator nicht zu jedem Arbeitsplatzcomputer gehen muss. Halten sich außerdem alle Benutzer daran, ihre Arbeitsdateien stets zentral auf einem Netzlaufwerk abzulegen, verringert sich der administrative Aufwand zur Datensicherung noch weiter.

Um die Vorteile seines neuen Handys zu nutzen, kauft Marino Caponi sich eine Freisprecheinrichtung, die er per Bluetooth mit seinem Handy verbindet. So ist er in der Lage, auch während des Autofahrens zu telefonieren, ohne dass er sein Handy an ein störendes Kabel anschließen muss. So hat er jetzt sein eigenes WPAN, eine Wireless Personal Area Network.

Zudem hat ihm ein Bekannter ein Handy gezeigt, mit dem er unbegrenzt im World Wide Web sein kann – wenn er einen entsprechenden Vertrag abschließt. Mit solch einem Handy wäre er tatsächlich ein Teil eines WWAN (Wireless Wide Area Network).

AUFGABEN

1 Erkundigen Sie sich im Internet, auf welcher Frequenz in einem WLAN gesendet wird. Können Sie sich vorstellen, warum Mikrowellengeräte oft Störfaktoren in einem WLAN darstellen?

2 Für ein PAN bzw. WPAN gibt es an einem Computer viele verschiedene Anschlüsse. Erkundigen Sie sich über die folgenden Begriffe, listen Sie Vor- und Nachteile auf und geben Sie Beispiele an, welche Geräte man an diesen Schnittstellen anschließen kann:
Bluetooth, COM, Firewire, IrDA, LPT und USB.

9.2 Topologien, Hierarchien und technische Komponenten in Netzwerken

> Marino Caponis Wohnung befindet sich gleich über seinem Ristorante. Um ins Internet zu gehen, nutzt er bis jetzt ausschließlich den Computer in seinem Arbeitszimmer. Mittlerweile findet er es jedoch sehr lästig, nur von dort aus einen Internetzugang zu haben. Oft hat er, bevor ab 18:00 Uhr die ersten Gäste kommen, noch ein wenig Zeit, in der er gerne seine E-Mails abrufen und Lebensmittelbestellungen aufgeben würde. Allerdings kann er sich in dieser Zeit nicht mehr in sein Arbeitszimmer zurückziehen, da er einige Stammgäste hat, die auch gerne schon vor 18:00 Uhr kommen und die er willkommen heißen möchte. Außerdem hat sich seine Frau einen Laptop gekauft, mit dem sie auch ins Internet gehen möchte, wenn ihr Mann an seinem Computer im Arbeitszimmer arbeitet.
>
> Als Enzo von seiner Tante hört, welches Problem Marino hat, gibt er seinem Onkel einen Rat: „Richtet euch doch ein kleines Netzwerk ein." Obwohl Marino Caponi bereits einige Kenntnisse zu diesem Thema hat, fragt er sich dennoch, wie das konkret funktionieren soll?

Soll ein Netzwerk aufgebaut werden, so ist zunächst zu überlegen, wie die einzelnen Komponenten des Netzwerks miteinander verbunden sein sollen und wie der Zugriff auf die Ressourcen gesichert werden kann. Es geht somit um die Klärung der Netzwerktopologie.

> Der Begriff **Topologie** bezeichnet die Art und Weise, wie Computer über Kabel in einem lokalen Netzwerk miteinander verbunden sind. Die Vernetzungsstrukturen lassen sich anschaulich durch Linien und Knoten darstellen. Die Linien repräsentieren dabei den Datenfluss, die Knoten die Computer.

Grundsätzlich können Bus-, Stern-, und Ringstrukturen unterschieden werden. In der Praxis treten aber meist Mischungen dieser idealtypischen Topologien auf.

Busstruktur oder lineare Struktur

Bei einer Bus- oder linearen Struktur sind die einzelnen Computer kettenförmig (einer nach dem anderen) über ein Kabel miteinander verbunden. Dem Netzwerk können mit wenig Aufwand weitere Computer hinzugefügt werden. Bei dieser Form existiert keine zentrale Stelle, die alle Abläufe regelt.

Vorteile	Nachteile
• Das Gesamtnetz wird nicht oder nur unwesentlich gestört, wenn ein Computer ausfällt. • Das Verkabeln bzw. Erweitern des Netzwerkes ist recht einfach und kostengünstig. • Ein Netzwerkknoten (Hub oder Switch) ist nicht nötig (keine aktiven Netzwerkkomponenten).	• Geringe Übertragungsgeschwindigkeit, weil die Netzwerkbandbreite geteilt werden muss, da immer nur eine Nachricht zwischen zwei Computern aktiv sein kann. • Sind sehr viele Computer in einer Busstruktur zusammengeschlossen und versuchen mehrere Nutzer gleichzeitig, eine Nachricht zu senden, kann es zu Konflikten kommen. • Kompletter Ausfall des Netzes, wenn das Kabel an einer Stelle getrennt wird.

Sternstruktur

An einem zentralen Netzwerkknoten (Hub oder Switch) sind mehrere Computer sternförmig angeschlossen. Dieses Netzwerk kann ohne großen Aufwand durch zusätzliche Computer erweitert werden, die ebenfalls an dem zentralen Netzwerkknoten angeschlossen werden. Der Datenaustausch, auch der zwischen zwei untergeordneten Computern, verläuft immer über den zentralen Netzwerkknoten. Diese Art von Netzwerktopologie ist bei Kleinstnetzen – etwa bei LANs im Büro – weit verbreitet.

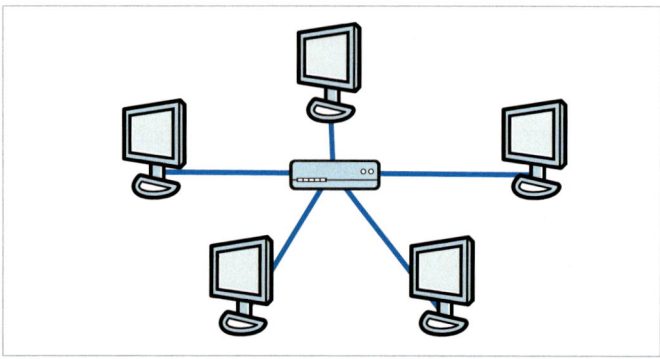

Vorteile	Nachteile
• Das Gesamtnetz ist leicht zu erweitern und zu pflegen (einfache Fehlersuche). • Fällt ein Computer im Netzwerk aus, so hat dies keine Auswirkung auf das Netzwerk. • Wenn ein Switch genutzt wird, sind hohe Übertragungsraten möglich.	• Fällt der zentrale Netzwerkknoten aus, bricht das gesamte Netz zusammen. • Der Datendurchsatz des zentralen Netzwerkknotens ist sehr hoch, da alle Netzverbindungen über ihn laufen.

Ringstruktur

Bei dieser Art Netzwerktopologie entsteht durch den Zusammenschluss der Computer ein geschlossener Ring. Jeder Computer ist somit immer mit zwei weiteren verbunden. Eine Information durchläuft somit den Ring, bis sie bei ihrem Empfänger angekommen ist. In diesem Netzwerk kann jeder Computer die Funktion eines Repeaters übernehmen, d.h. er kann eingehende Signale verstärken. Diese Netzwerktopologie wird für lokale Netzwerke nur noch selten verwendet.

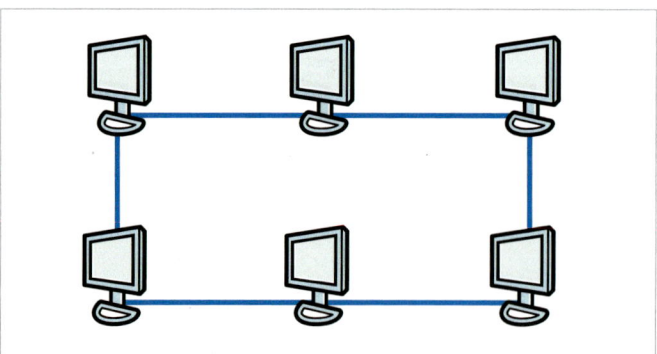

Vorteile	Nachteile
• Jeder Computer kann als Repeater (Verstärker) arbeiten. • Die Überbrückung großer Entfernungen ist möglich. • Der Datenaustausch ist sicherer als bei der Bus- oder Sternstruktur.	• Wenn sehr viele Computer am Ring angeschlossen sind, kann die Übertragungsdauer recht groß werden. • Die Ringstruktur ist anfällig gegenüber dem Ausfall von angeschlossenen Computern. • Das Ringsystem ist technisch aufwändig und deshalb relativ teuer.

Neben der Bus-, Ring- und Sterntopologie gibt es noch weitere Sonderformen, die jeweils einen bestimmten Zweck erfüllen.

Vermaschtes Netz

In dieser dezentralen Topologie wird jeder Computer mit einem oder mehreren anderen verbunden. Dies führt zu einem sehr leistungsfähigen und störsicheren Netzwerk, das aber aufgrund seines hohen Verkabelungsaufwandes sehr kostenintensiv ist. Diese Form kommt zum Einsatz, wenn sehr hohe Leistungsanforderungen erfüllt werden müssen, etwa zur Verbindung von Server- und Speichersystemen.

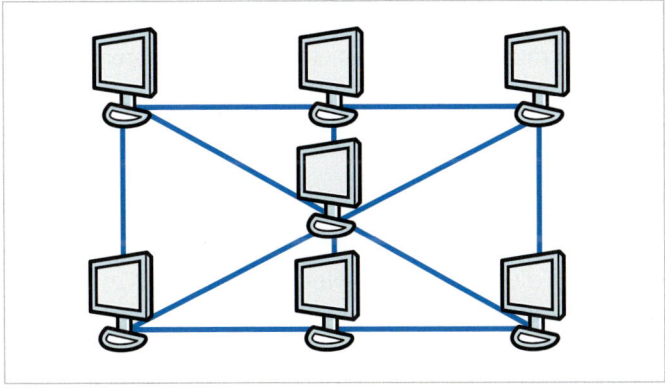

Vorteile	Nachteile
• Ein vermaschtes Netz ist die sicherste Form eines Netzwerkes. • Fällt ein Computer aus, so ist weiterhin eine Kommunikation in dem Netzwerk möglich. • Das Netzwerk besitzt eine sehr hohe Leistungsfähigkeit.	• Das Errichten des Netzwerkes ist mit sehr hohen Kosten verbunden. • Der Aufwand für die Administration ist sehr hoch.

Baumstruktur

Hier sind mehrere Bus- oder auch Ringsysteme über einen zentralen Strang miteinander verbunden. Das heißt, ausgehend von diesem Strang zweigen einzelne Äste ab, an denen die jeweiligen Stationen hängen. Diese Form wird z. B. oft dann realisiert, wenn in einem Raum Netzwerksteckdosen fehlen oder mehrere Gebäude an einen oder mehrere Server angebunden werden sollen.

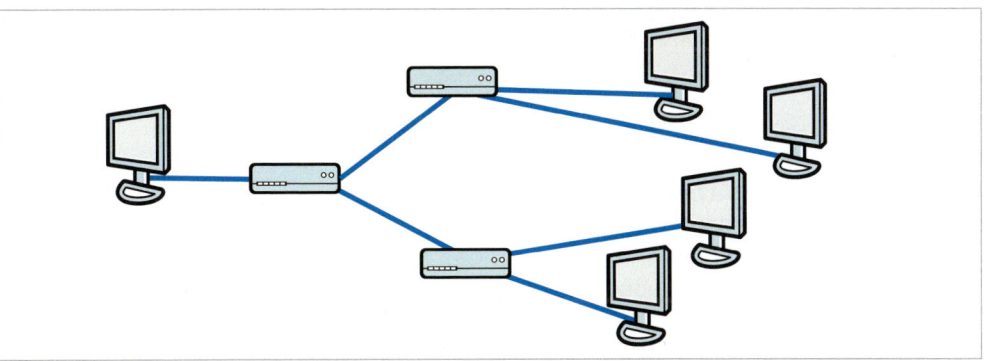

Vorteile	Nachteile
• Fällt ein Computer im Netzwerk aus, so hat dies keine Auswirkungen auf das Netzwerk. • Das Netzwerk kann jederzeit erweitert werden. • Es können große Entfernungen überbrückt werden.	• Fällt ein Verteilerknoten aus, so sind alle Computer davon betroffen, die mit ihm verbunden sind. • Das Netzwerk ist stark hierarchisiert.

Zellstruktur

Die Zellstruktur kommt bei Wireless-Netzwerken zum Einsatz. In der Umgebung eines so genannten Access-Points können in einem bestimmten Umkreis, der Zelle, die Geräte aufgestellt werden, die in das Netzwerk integriert werden sollen. Im einfachsten Fall entspricht diese Form des Netzwerkes der Sternstruktur. Die Verbindung zum Access-Point, der alles organisiert, erfolgt über WLAN.

Hierarchie der Computer im Netz

Hierarchie = System von Elementen, die einander über- oder untergeordnet sind

Für die Auswahl eines lokalen Netzwerks ist es von Bedeutung, ob als Server ein eigenes System zur Verfügung gestellt werden muss oder ob das Gerät eines anderen Anwenders die Funktion des Servers übernimmt.

Peer-to-peer-Netze

peer (engl.) = gleichrangig

Peer-to-peer-Vernetzung = alle Computer im Netzwerk haben die gleiche Rangordnung.

Peer-to-peer-Netze bestehen aus **gleichrangigen** Computern. Sie erlauben die wechselseitige Nutzung der Peripheriegeräte der angeschlossenen Computer (z. B. Laufwerke, Drucker etc.). Technisch können die Peer-to-peer-Netze mit einer Netzwerkkarte pro Computer und einer Kabelverbindung realisiert werden. Die aktuellen Betriebssysteme können leicht um Peer-to-peer-Anwendungen erweitert werden, bringen aber auch eigene Erweiterungen mit, wie z. B. eine Drucker- oder Laufwerksfreigabe.

Diese Funktionen sind je nach Betriebssystem mehr oder minder komfortabel einzurichten und umfassen nicht die Funktionalität, die ein Serversystem für gewöhnlich mit sich bringt. Für die meisten Privatanwender – aber auch für kleinere Arztpraxen oder Anwaltskanzleien – sind diese Funktionen jedoch vollkommen ausreichend.

ICQ (engl.) (ausgesprochen „I seek you") = „Ich suche dich"

ICQ ist ein Instant-Messaging-Programm, mit dem das Chatten und Versenden von Nachrichten über das Internet möglich ist.

Eine der berühmtesten Peer-to-peer-Anwendungen ist das von vielen Leuten genutzte ICQ. Aber auch Filesharing und Skype gehören dazu. Die Liste ist lang, sogar das Counterstrike-Spiel kann als Peer-to-peer-Anwendung durchgeführt werden.

Serverzentrierte Netze

Ein (Leit-)Computer übernimmt hier die Funktion des Servers. Die angeschlossenen Arbeitsstationen nutzen sowohl Daten als auch Programme, die auf dem Server gespeichert sind. Es wird von einem **Client-Server-Netz** gesprochen.

> Bei einer **Client-Server-Vernetzung** hat ein bestimmter Computer im Netzwerk eine übergeordnete Stellung (= Server). Auf diesem Computer sind die Programme und die Mehrheit der Daten gespeichert. Die Client-Computer müssen Programme und Daten vom Server laden.

Bei einer Client-Server-Vernetzung sind folgende Arbeitsweisen möglich:

1. **Mehrplatzfähige Arbeitsweise**
   Alle angeschlossenen Arbeitsstationen (Clients) können wie bei einer Mehrplatzanlage gleichzeitig auf den Datenbestand des Servers zugreifen, Daten autonom bearbeiten und sie anschließend wieder auf dem Server speichern. Mehrere Nutzer können in derselben Kundenkartei arbeiten oder – bei modernen Bürosystemen – sogar denselben Kundendatensatz bearbeiten (mit automatischer Versionierung). Ansonsten bleibt der aktuell bearbeitete Datensatz für die übrigen Benutzer gesperrt.

2. **Teilautonome Arbeitsweise**
   Die Arbeitsstationen können teilweise unabhängig voneinander Programme sowie allen zugängliche Daten vom Server laden und diese autonom und mehrplatzfähig bearbeiten. Mehrere Benutzer können z. B. ein Textverarbeitungsprogramm starten und eigene Dateien erstellen oder bearbeiten. Mit der Einschränkung von Zugriffsrechten kann dabei verhindert werden, dass ein Benutzer die Datei eines anderen

Benutzers überschreibt, wenn er den gleichen Dateinamen verwendet. Ein Austausch der Dateien mit den anderen Arbeitsstationen ist jedoch über den Server möglich. Ein erstelltes Textdokument, das in einem definierten Verzeichnis gespeichert ist, kann z. B. von einem zweiten Benutzer aus diesem Verzeichnis aufgerufen, bearbeitet und wieder zurückgespeichert werden. Anschließend hat auch der erste Benutzer die Möglichkeit, das Dokument auf seinen Bildschirm zu holen und es weiter zu bearbeiten.

3. **Autonome Arbeitsweise**
   Die Arbeitsstationen haben eigene Laufwerke und können unabhängig vom Netzwerkanschluss arbeiten. Programme und Daten werden auf lokalen Datenträgern (Festplatten) verwaltet. Der Benutzer verwendet Programme und Daten, die auf der Festplatte seines Computers gespeichert sind, oder er hat Daten aus dem Netz auf seine Festplatte geladen und bearbeitet die Daten mit einem Programm seines Computers.

Technische Komponenten von Client-Server-Netzwerken

Viele Betriebe arbeiten mit einem Client-Server-Netzwerk. Es gibt einen Server, der über große Hauptspeicher- und Festplattenkapazität verfügt. Alle anderen Computer im Netzwerk können auf die Festplatten des Servers zurückgreifen. Die untergeordneten Computer besitzen zwar einen schnellen Prozessor, aber nur eine kleine Festplatte und gegenüber dem Server relativ wenig Hauptspeicher. Programme werden, wenn nötig, von der Festplatte des Servers in den Hauptspeicher eines untergeordneten Computers geladen. So kann z. B. die Ausstattung einer Werbeagentur mit Computern recht kostengünstig gehalten werden.

Server

Ein Client-Server-Netzwerk besteht aus den folgenden unterschiedlichen Komponenten:

Server

Zu den Hauptaufgaben des Servers gehört die möglichst schnelle Vermittlung von Informationen zwischen der Zentrale und den Arbeitsstationen sowie die Speicherung von Daten, die von den angeschlossenen Teilnehmern gemeinsam genutzt werden sollen.

to serve (engl.)
= bedienen

Merkmale des Servers:
- leistungsfähiger Prozessor
- Hauptspeicher mit hoher Kapazität
- Festplatte mit hoher Kapazität, schnellem Zugriff und hoher Datenübertragungsrate
- CD-Rom- und/oder DVD-Laufwerk
- Grafikkarte (auch Bildschirmkarte genannt)
- Sicherungslaufwerk, das in den Server zur Datensicherung eingebaut werden kann

Arbeitsstation

Arbeitsstationen (Workstations)

Arbeitsstationen sind extrem leistungsfähige Computer, meist auf Basis eines RISC-Prozessors. Dieser Prozessor hat einen Befehlssatz aus einer kleineren Anzahl von einfacheren Befehlen, als dies z. B. bei allen Intel-CPUs bis zum Pentium Pro der Fall ist. Bekannte Hersteller von Workstations sind Silicon Graphics, Sun und DEC. Diese Arbeitsstationen werden für rechenintensive Grafikanwendungen genutzt, für die herkömmliche PCs zu langsam sind.

work station (engl.)
= Arbeitsstationen

RISC (engl.)
= Abk. für Reduced Instruction Set Computer

Das Standard-Betriebssystem für Workstations ist UNIX. Jedoch zeichnet sich ab, dass der Unterschied zwischen Workstations und Desktop-PCs zusehends schwinden wird, da PCs immer leistungsfähiger werden.

Drucker

Netzwerkdrucker

In einem Netzwerk werden Drucker als so genannte Netzwerkdrucker und/oder lokale Drucker in das Netzwerk eingebunden. Auf Netzwerkdrucker können mehrere Benutzer zugreifen. Der Druckauftrag eines Netzwerkteilnehmers an einen Netzwerkdrucker wird nicht direkt zum Drucker, sondern erst zum Server geleitet und dort in einem Verzeichnis oder einer Datei auf der Serverfestplatte (Warteschlange) abgelegt. Von hier wird der Druckauftrag seiner Priorität entsprechend an den Netzwerkdrucker weitergeleitet.

Um den Computer und die Peripheriegeräte, wie z. B. Drucker, an das Netz anschließen zu können, sind folgende Komponenten erforderlich:

Network Interface Card *(engl.)* = Netzwerkkarte

Netzwerkadapter

Der Informationsaustausch zwischen einem Computer bzw. einem Peripheriegerät und dem Netz erfolgt über eine Schnittstelle, die allgemein als Netzwerkadapter bzw. als Netzwerkkarte bezeichnet wird. Über diese Schnittstelle werden die Daten Bit für Bit (bitseriell) übertragen und in adressierten Datenpaketen der Netzleitung übergeben. Über die Adresse gelangen die Datenpakete an ihr Ziel.

Netzwerkkarte

Im Handel gibt es die passenden Netzwerkkarten für die verschiedenen Netzwerksysteme. Zudem haben moderne PCs integrierte Netzwerkschnittstellen auf der Hauptplatine.

Übertragungsleitungen

Zur bitseriellen Übertragung von Informationen sind nur zwei Drähte erforderlich, die als so genannte Koaxialkabel, verdrillte Kupferkabel oder als so genannte Lichtwellenleiter (LWL) im Handel angeboten werden. Für die Übertragung sehr großer Datenmengen werden Glasfaserkabel genutzt. Für den Einsatz von Glasfaserkabeln sind besondere Lichtsende- und Empfangsstationen, so genannte elektrooptische Wandler, notwendig. Mit Lichtleiterkabeln können Daten extrem schnell (mehrere GBit pro Sekunde) übertragen werden, und die Übertragung wird nicht durch elektromagnetische Felder (z. B. Transformatoren in elektrischen Geräten) gestört. Um ein Glasfaserkabel herum wird kein elektromagnetisches Feld erzeugt, wie dies z. B. bei der elektrischen Übertragung in Kupferkabeln der Fall ist. Glasfaserkabel sind demzufolge abhörsicher. Übertragungen zwischen Datenverarbeitungsanlagen sind auch ohne Kabel möglich, z. B. durch Infrarot oder durch Funksignale.

Netzwerkkabel

Verteiler, Verstärker, Brücken

Wenn Computer in einer sternförmigen Netzwerkstruktur angeordnet werden, so ist ein zentraler Netzwerkknoten erforderlich, über den die Daten verteilt werden. Diese Aufgabe kann z. B. ein Hub übernehmen. Grundsätzlich gibt es zwei Arten von Verteilern: passive, die für die Verteilung der Daten zuständig sind, und aktive, die zusätzlich auch eine Verstärkung des Signals übernehmen, wodurch Daten über größere Distanzen übertragen werden können.

Hub *(engl.)* = (Netzwerk-)Knotenpunkt

Bridge *(engl.)* = Brücke

Switch *(engl.)* = Schalter

Router *(engl.)* = Verteiler, Wegbereiter

Gateway *(engl.)* = Tor, Eingang

Mittels Bridges oder Switches werden Verbindungen zwischen verschiedenen Netzwerksegmenten hergestellt. Router sind intelligente Verteiler, die ein Datenpaket entsprechend seiner Zieladresse in einen bestimmten Netzwerkstrang leiten. Bei Leitungs- oder Stationsüberlastungen wählt der Router alternative Pfade zum jeweiligen Zielknoten aus. Schließlich entscheidet er darüber, ob Daten in seinem Netz bleiben sollen oder in ein anderes Netz weitergegeben werden. Mit dem Gateway wird die Schnittstelle zwischen zwei verschiedenen Netzwerksystemen bezeichnet. In der Regel werden ein PC oder ein Server als Gateway eingesetzt.

Netzwerkbetriebssysteme

Ein Netzwerk benötigt für seine grundsätzliche Funktion Betriebssystemkomponenten, die ausschließlich auf dem Server installiert sind. Dieses Betriebssystem ist unabhängig von dem der angeschlossenen Arbeitsstationen. Netzwerkbetriebssysteme benötigen so genannte Protokolle, um die Kommunikation (= Datenübertragung) zwischen den Computern im Netz zu ermöglichen.

> Marino Caponi überlegt sich, wie sein Netzwerk aussehen sollte. Da das Datenaufkommen in seinem Ristorante doch überschaubar ist, beschließt er, dass ein eigener Server nicht erforderlich ist. Zudem muss er die Frage beantworten, ob ein drahtgebundenes oder ein drahtloses Netzwerk für seine Anforderungen sinnvoller ist. Da er die Kosten für sein Netzwerk möglichst gering halten möchte, entscheidet er sich für ein WLAN.
>
> Neben den Endgeräten, die schon vorhanden sind, benötigt Marino Caponi nun lediglich noch einen WLAN-Router, den er über die Telefonleitung anschließt. Zudem möchte er sich ohnehin einen neuen Drucker anschaffen. Hierbei wird er darauf achten, dass dieser auch netzwerkfähig ist.
>
> Auf der Basis seiner Überlegungen erstellt Marino Caponi folgenden Plan. Als Netzwerktopologie nutzt er eine Zellstruktur.
>
>
>
> Marino Caponi erkennt anhand seines Plans, dass sein Netzwerk, das er als Zellstruktur angelegt hat, auch einer Sternstruktur entspricht.

AUFGABEN

1. Welche verschiedenen Netzwerktopologien kennen Sie? Erläutern Sie diese und geben Sie jeweils deren Vor- und Nachteile an.
2. Informieren Sie sich, wie Ihr schulinternes LAN aufgebaut ist. Zeichnen Sie einen Plan Ihres Schulnetzwerks.
3. Welche technischen Komponenten sind für ein Netzwerk erforderlich? Erläutern Sie die einzelnen Komponenten.

9.3 Kommunikation zwischen Computernetzen

Marino Caponi hat ein kleines Netzwerk nach den Anweisungen und Tipps von Enzo aufgebaut. Damit das Verwalten und Bearbeiten von Mails für alle Beteiligten komfortabler wird, möchte Marino Caponi das E-Mail-Programm Outlook benutzen. Dafür muss er allerdings in einem Dialogfenster einen POP-Server definieren.
„Was soll denn das nun wieder sein?", fragt er sich.

Die E-Mails, die man erhält, werden bei einem Mail-Provider gespeichert bzw. von diesem aus versendet. Um einen reibungsfreien Ablauf der Kommunikation zwischen den einzelnen Computern gewährleisten zu können, müssen strenge Regeln eingehalten werden.

> Der geordnete Ablauf einer Kommunikation zwischen Computern unterliegt strengen Regeln, die als Protokolle bezeichnet werden.

Vereinbart werden muss nicht nur die Art, wie Buchstaben, Zahlen und Bilder übertragen werden. Es muss auch gesichert sein, dass die Information den richtigen Empfänger erreicht und dass einzelne Informationen während der Übertragung nicht verloren gehen oder verfälscht werden. Für die fehlerfreie Übermittlung ist daher eine Kontrolle erforderlich. Bei komplizierten Netzwerken wird auch der Weg der Übermittlung vereinbart und überprüft. Unbefugte dürfen keinen Zugriff auf die Informationen erlangen können.

Der Austausch von Nachrichten erfordert zumeist ein Zusammenspiel verschiedener Protokolle, die unterschiedliche Aufgaben wahrnehmen. Dieses Zusammenspiel lässt sich beherrschen, indem die einzelnen Protokolle in verschiedenen Schichten angeordnet werden. Jedes Protokoll einer bestimmten Schicht ist für die Erledigung bestimmter Aufgaben zuständig. Protokolle höherer Schichten verwenden Dienste von Protokollen tieferer Schichten. Zusammen bilden die Protokolle einen Protokollstapel (auch Schichtenmodell genannt).

Das ISO/OSI-7-Schichtenmodell

OSI = Open System Interconnection (offenes System für Kommunikationsverbindungen)

Das OSI-7-Schichtenmodell dient als Referenzmodell für herstellerunabhängige Kommunikationssysteme. OSI (Open System Interconnection) bedeutet „offenes System für Kommunikationsverbindungen" und wurde von der ISO entwickelt. OSI beruht auf dem DoD-Schichtenmodell, auf dem das Internet basiert.

ISO = International Organization for Standardization (Internationale Organisation für Normung)

Das OSI-Referenzmodell beschreibt 7 Schichten, denen jeweils bestimmte Aufgaben bei der Kommunikation zwischen zwei Systemen zugeordnet sind.

DoD = Department of Defense (US-Verteidigungsministerium)

Schicht 7	Anwendungsschicht	anwendungsorientierte Schichten
Schicht 6	Darstellungsschicht	
Schicht 5	Kommunikationssteuerungsschicht	
Schicht 4	Transportschicht	transportorientierte Schichten
Schicht 3	Vermittlungsschicht	
Schicht 2	Sicherungsschicht	
Schicht 1	Bitübertragungsschicht	
Übertragungsmedium		

ISO/OSI-7-Schichtenmodell		
Schicht	Bezeichnung	Erklärung
1	Bitübertragungsschicht (Physical Layer)	Definition der nachrichtentechnischen Hilfsmittel
2	Sicherungsschicht (Data Link Layer)	Zusammenfassung von Datenpaketen (aus binären Informationen)
3	Vermittlungsschicht (Network Layer)	wichtigste Aufgabe: Routing, Finden des optimalen Wegs
4	Transportschicht (Transport Layer)	Ende-zu-Ende-Verbindung, Verbindungselement
5	Kommunikationssteuerungsschicht (Session Layer)	Verbindung von Prozessen, Synchronisation der Prozesse
6	Darstellungsschicht (Presentation Layer)	Überführung der Daten in ein Standardformat sowie einheitliche Interpretation
7	Anwendungsschicht (Application Layer)	Dienste, die die Anwendungen unterstützen

In der folgenden Tabellen werden die verschiedensten Protokolle, Übertragungs- und Vermittlungstechniken den einzelnen Schichten zugeordnet. Viele Protokolle und Übertragungsverfahren kombinieren Funktionen mehrerer Schichten. Deshalb ist die Darstellung in der Tabelle nicht vollkommen trennscharf. Vor allem das heutzutage wichtigste Protokoll, das so genannte Transmission Control Protocol/Internet Protocol (TCP/IP), das auch im Internet verwendet wird, unterscheidet nur fünf verschiedene Schichten.

Schicht	OSI-Modell	Protokoll	Geräte zur Weiterleitung von Daten
7	Anwendung	SMB, NCP, DAP	---
6	Darstellung	NetBIOS	---
5	Kommunikation	NetBIOS	---
4	Transport	TCP, UDP, SPX, NetBEUI	Layer-4-Switch (bezieht Port-Nummern mit ein)
3	Vermittlung	IP, IPX, ICMP, T.70, T.90, X.25, NetBEUI	Router, Layer-3-Switch (IP-Adressierung)
2	Sicherung	LLC/MAC, X.75, V.120, ARP, HDLC, ATM	Bridge, Switch (MAC-Adressierung)
1	Übertragung	Ethernet, Token Ring, FDDI, V.110, X.25, Frame Relay, V.90, V.34, V.24, SONET/SDH	Repeater (Signalverstärkung, Portanschluss)

Schicht	TCP/IP-Familie	Protokolle	Geräte zur Weiterleitung von Daten
5, 6, 7	Anwendungsschicht	HTTP, SMTP, FTP, POP	---
4	Transportschicht	TCP, UDP	Layer-4-Switch (bezieht Port-Nummern mit ein)
3	Internetschicht	IP, IPsec, ARP	Router, Layer-3-Switch (IP-Adressierung)
1, 2	Netzwerk- oder Linkschicht	---	Bridge, Switch (MAC-Adressierung)
			Repeater (Signalverstärkung, Portanschluss)

Beispielhaft sollen im Folgenden einige der Protokolle und Technologien aus obiger Tabelle näher vorgestellt werden.

Protokolle

NetBEUI (Network Basic Extended User Interface)

NetBEUI wurde von IBM im Jahr 1985 für das Betriebssystem OS/2 entwickelt. Später griffen die Firmen Microsoft, Intel und Novell das Protokoll auf und entwickelten es unter der Bezeichnung NetBIOS Extended User Interface weiter. NetBEUI wird seitdem in Windows-basierten Netzwerken eingesetzt, verliert aber zusehends an Relevanz.

IPX/SPX (Internet Packet Exchange / Sequenced Packet Exchange)

IPX/SPX ist das von Novell Netware verwendete Übertragungsprotokoll, das sich vor dem Versenden um die Aufteilung der Daten in einzelne Pakete kümmert sowie um den späteren Zusammenbau der Pakete am Ziel der Übertragung. SPX ist ein Protokoll, mit dem das Netzwerkbetriebssystem Novell Netware Übertragungen als Ergänzung durchführt. SPX stellt abgesicherte und verbindungsorientierte Paketübertragungen her. Auch dieses Übertragungsprotokoll wird immer seltener verwendet.

RFC (engl.) = Abk. für Request for Comment

FTP (engl.) = Abk. für File Transfer Protocol

NFS (engl.) = Abk. für Network File System

Host (engl.) = Wirt, Gastgeber; hier: Computer, der Dienste in einem Rechnernetz zur Verfügung stellt

TCP/IP (Transmission Control Protocol/ Internet Protocol)

Die Protokolle dieser Familie wurden in den 1970er Jahren für den Austausch von Daten in Computernetzen konzipiert, die mit Computern verschiedener Hersteller und unterschiedlichen Betriebssystemen arbeiten. Die Protokollspezifikationen sind in so genannten RFC-Dokumenten dargelegt. Wegen ihrer großen Verbreitung stellen die TCP/IP-Protokolle Quasi-Standards dar. Zu ihnen gehören mehrere Dienstprogramme der höheren OSI-Schichten (5–7), z. B. HTTP, FTP und NFS.

FTP ermöglicht es, die Dateidienste eines anderen Systems interaktiv zu nutzen sowie Dateien zwischen den Systemen hin- und herzukopieren. NFS ermöglicht den Zugriff auf entfernte Systeme (transparenter Dateizugriff). Im Unterschied zu TCP werden keine gesicherten virtuellen Verbindungen zwischen kommunizierenden Hosts aufgebaut. Deshalb ist es für den Einsatz in lokalen Netzen vorgesehen. TCP/IP hat sich inzwischen als Standard für PC-Netzwerke durchgesetzt.

Übertragungsmedien/Standards

Ethernet

Bezeichnet eine Datennetztechnik für LANs mit Hilfe von Kabeln. Sie ermöglicht den Datenaustausch in Form von Datenblöcken zwischen allen in einem lokalen Netz angeschlossenen Geräten, wie z. B. Computern und Druckern. Per Glasfaserkabel können heute LANs über weite Entfernungen mittels der Ethernet-Technik miteinander verbunden werden.

Fiber Distributed Data Interface (FDDI)

FDDI bezeichnet eine ISO-Norm, die 1989 als erster internationaler Standard für ein Hochgeschwindigkeitsdatennetz entwickelt wurde. Das FDDI-Protokoll ist eine der wenigen Zugriffsmethoden, die speziell für eine hohe Bandbreite und die Verwendung eines Glasfasersystems entworfen wurde. Inzwischen wurde der FDDI-Standard erweitert und auch für die Übertragung über geschirmte und ungeschirmte verdrillte Kupferleitungen standardisiert. FDDI-Netze nutzen Ringtopologien. Sie sind durch die Entwicklung von Fast- und Gigabit-Ethernet größtenteils überflüssig geworden.

ISDN (engl.) = Abk. für Integrated Services Digital Network

Asynchronous Transfer Mode (ATM)

ATM dient nicht nur als Übertragungstechnik, sondern bezeichnet eine Netztechnik, die ursprünglich als Basis für ein Breitband-ISDN mit integriertem Kabelfernsehen entwickelt wurde. Heute dient die ATM-Netztechnik als Transportmedium in lokalen, öffentlichen und privaten Hochgeschwindigkeitsnetzwerken.

In einem ATM-Netz werden die Nutzdaten in Zellen konstanter Größe verpackt und in einem Header mit Steuerinformationen versehen. Durch Mechanismen zur Verkehrssteuerung und durch verschiedene Service-Klassen lassen sich verschiedene Durchsatzraten und Mindestverzögerungszeiten erzeugen. Die Übertragungsrate der Nutzdaten ist von der Übertragungsrate im ATM-Netz entkoppelt. Dadurch lassen sich in ATM-Netzen fast alle Übertragungsarten nachbilden: synchron, asynchron, verbindungsorientiert und verbindungslos mit konstanter oder variabler Übertragungsrate. ATM wird zunehmend durch Ethernet-basierte Technologien verdrängt.

SONET/SDH

SDH bzw. dessen amerikanischen Variante SONET sind Multiplexverfahren, die es ermöglichen, mehrere Datenströme über eine optische Leitung zu transportieren. SDH ist ein Transportprotokoll, mit dem man klassische Sprachdaten, ATM-Zellen und IP-Daten übertragen kann. Sprache und Daten werden dafür in virtuellen Containern übertragen. SDH ist in der Lage, die Container zu selektieren und weiterzuvermitteln, ohne den gesamten Übertragungsrahmen und alle darin enthaltenen Verbindungen entschlüsseln zu müssen. Man spricht von Switched Virtual Connections (virtuell geschaltete Verbindungen). SDH ist insbesondere bei Weitverkehrsnetzen sehr verbreitet.

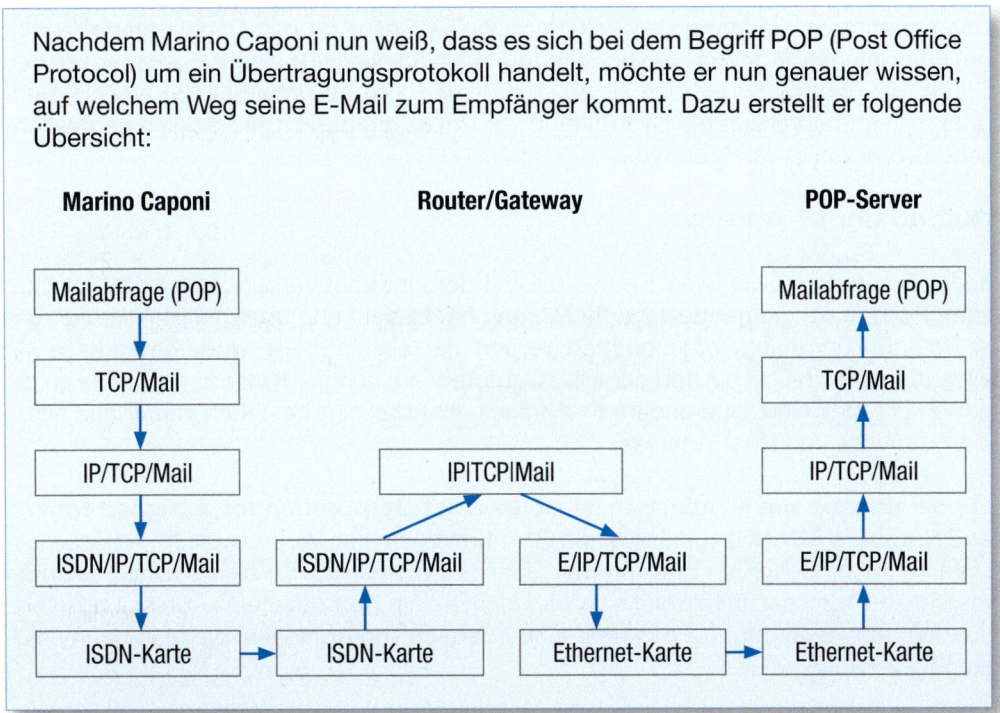

AUFGABEN

1. Erklären Sie das ISO/OSI-7-Schichtenmodell. Trennen Sie dabei die anwendungsorientierten Schichten von den transportorientierten Schichten.

2. Mittlerweile gibt es eine Vielzahl von Protokollen. Nennen Sie drei und erläutern Sie diese.

9.4 TCP/IP

> Kaum hat Marino Caponi das Problem mit dem POP-Server geklärt, da tritt auch schon das nächste Problem mit seinem Netzwerk auf. Bis jetzt war es ihm nicht möglich, den Laptop seiner Frau in das Netzwerk einzubinden. Enzo gibt ihm daraufhin den Rat, die IP-Adresse des Laptops zu prüfen.

Für die Kommunikation zwischen zwei technischen Geräten ist es notwendig, dass jedes Gerät in der Lage ist, dem anderen Gerät Daten zu senden. Um sicherzustellen, dass die Daten auch an der richtigen Stelle ankommen, muss das Gerät eindeutig benannt (= adressiert) sein. Dies geschieht mit Hilfe einer IP-Adresse. IP-Adressen (Internet Protokoll Adressen) werden bei jedem IP-Paket in die Quell- und Zieladressfelder eingetragen. Jedes IP-Paket enthält damit sowohl die Adresse des Senders als auch die des Empfängers.

Aufbau von IP-Paketen

Bei einem IP-Paket handelt es sich um einen Datenblock, der zusätzlich die Informationen enthält, die erforderlich sind, um den Datenblock dem Empfänger zuzustellen. Das Datengramm ist wiederum das Paketformat. Die Definition des Datengramms erfolgt über das Internet Protokoll. Ein IP-Datengramm setzt sich aus einem Header sowie den Daten, die übertragen werden sollen, zusammen. Die maximale Größe eines Datengramm liegt theoretisch bei 64 KByte. In der Praxis ergibt sich allerdings eine tatsächliche Größe von etwa 1500 Byte.

Aufbau der IP-Adresse

Jeder Computer sowie jeder Router, der mit dem Internet verbunden ist, verfügt über eine IP-Adresse, die mindestens 32 Bit lang ist. Dabei kann über die IP-Adresse eine eindeutige Zuordnung vorgenommen werden, da kein Computer dieselbe Adresse wie ein anderer besitzt. Ist ein und derselbe Computer an mehrere Netze angeschlossen, so hat er für jedes Netz eine andere IP-Adresse. IP-Adressen bestehen immer aus Netzwerk-Adresse und Host-Adresse.

ICANN
= Internet Corporation for Assigned Names and Numbers

Für die Vergabe von IP-Adressen ist die **Internet Corporation for Assigned Names and Numbers (ICANN)** zuständig, die über ihre regionalen Vertreter die IP-Adressen an Unternehmen, Behörden und Internet Service Provider (ISP) vergibt. Beantragt man mehrere IP-Adressen für ein Netz, so wird nicht jedem Computer eine Adresse zugeteilt, sondern man bekommt für das Netz einen Bereich von Adressen, die man dann selbständig verwalten muss.

IPv4 (Internet Protocol Version 4)

IPv4-Adressen sind 32 Bit große Zahlen, die als gepunktete Dezimalnotation geschrieben werden. Hierbei wird die 32 Bit große Zahl in 4 Byte-Blöcke aufgeteilt, die durch Punkte voneinander getrennt sind. Als niedrigste IP-Adresse ergibt sich somit 0.0.0.0, als höchste 255.255.255.255.

Grundsätzlich werden IP-Adressen in unterschiedliche Klassen unterteilt:

Adressklasse	Adressbereich		
A	0.0.0.0/8	bis	127.255.255.255
B	128.0.0.0/16	bis	191.255.255.255
C	192.0.0.0/24	bis	223.255.255.255
D	224.0.0.0/4	bis	239.255.255.255 (Multicast-Gruppen)
E	240.0.0.0/4	bis	255.255.255.255 (experimentelle bzw. reservierte Adressen)

IPv6

Aufgrund der rasant wachsenden Benutzerzahlen im Internet wird das IPv4 in Kürze nicht mehr ausreichend Adressraum bieten. Daher ist es erforderlich, das IP-Protokoll in naher Zukunft zu ändern. Zur Zeit wird eine neue Version des IP-Protokolls entwickelt: das **IPv6**. Seine wesentlichsten Vorzüge sind:

- Statt 32 Bit stehen 128 Bit für Adressen bereit. Theoretisch lassen sich damit 2128 Adressen vergeben.
- Das Header-Format wird geändert. Statt 13 enthält IPv6 nur noch 7 Header. Dadurch soll es den Routern ermöglicht werden, Pakete schneller zu verarbeiten.
- Im Protokoll selbst sind nun Mechanismen zur sicheren Datenübertragung enthalten (Authentifikation, Datenintegrität und Datenverlässlichkeit).
- Das Protokoll ist erweiterbar. Damit ist es offen für zukünftige Verbesserungen.

Private IP-Adressen

Es gibt Adressbereiche, die nur für private Netze bestimmt sind, d. h. sie sind nicht im Internet sichtbar. IP-Nummern aus dem privaten Adressbereich dürfen im Internet nicht weitergeleitet werden. Deshalb können diese Adressen beliebig oft in nicht-öffentlichen Netzen eingesetzt werden.

Adressklasse	Adressbereich
A	10.0.0.0 bis 10.255.255.255
B	172.16.0.0 bis 172.31.255.255 (Es gibt 16 Klasse-B-Netzwerke, diese bestehen jeweils aus ca. 65.000 Hosts.)
C	192.168.0.0 bis 192.168.255.255 (Es gibt 256 Klasse-C-Netze, die je 254 Hosts enthalten können.)

Subnetting

Ziel der Einteilung von IP-Adressen in Adressklassen war es, dass durch den Netzwerkteil ein physikalisches Netzwerk klar zu identifizieren ist, um somit die Weiterleitung eines Pakets zu diesem Netzwerk einfacher zu gestalten. Dadurch ergibt sich allerdings ein erhebliches Problem: Wird pro physikalischem Netz eine Netzwerkadresse vergeben, so wird der IP-Adressraum viel schneller aufgebraucht als erforderlich.
Dieses Problem wird gelöst, indem man ein Netz für die interne Verwendung in mehrere Teilnetze aufteilt. Nach außen ist diese Unterteilung nicht erkennbar. Bei diesem so genannten Subnetting wird also ein Teil der Hostadresse dazu genutzt, den Netzwerkteil zu erweitern.

Domain-Namen

Anfangs wurden die IP-Adressen im Internet genau wie oben beschrieben vergeben. Allerdings ist es für die meisten Menschen schwierig, sich eine zwölfstellige Zahl als Internetadresse zu merken. Deshalb wurde 1984 der „Domain Name Service (DNS)" eingeführt, bei dem in einer Datenbank die Zuordnung der momentanen IP-Adresse zu einem bestimmten Domain-Namen abgefragt werden kann.
Domain-Namen im Internet bestehen aus mindestens zwei Teilen, die durch einen Punkt voneinander getrennt sind: **Domain** und **Top-level-Domain** (z. B. goettingen.de). Hierzu kann vorn noch eine **Subdomain** treten, z. B. stadtbibliothek.goettingen.de.
Normalerweise werden in einem Domain-Namen alle Buchstaben kleingeschrieben. Umlaute („ä", „ö", „ü"), „ß" und bestimmte weitere Zeichen sind nicht erlaubt.

> Mittlerweile konnte Marino Caponi den Laptop seiner Frau in das Netzwerk einbinden. Für das Netzwerk hat er eine private IP-Adresse gewählt, und er nutzt eine Subnetzmaske. Er hat sich für eine private IP-Adresse entschieden, da diese im Internet nicht geroutet werden kann. Ein weiterer Vorteil ergibt sich aus der Minimierung des administrativen Aufwands.
> Der von ihm genutzte Adressbereich ist nur innerhalb seines privaten Netzwerkes sichtbar. Dennoch könnte er auch in einem anderen Netz denselben Bereich verwenden. Die erforderliche Eindeutigkeit einer IP-Adresse bleibt durch die eingeschränkte Sichtbarkeit dennoch erhalten.

Die gewählte Subnetzmaske ergibt sich aus folgender Tabelle:

Klasse	Subnetzmaske
Klasse A	255.0.0.0
Klasse B	255.255.0.0
Klasse C	255.255.255.0

Marino Caponi sieht in der Verschleierung seiner lokalen IP-Adresse auch einen erheblichen Gewinn für seine Privatsphäre.

AUFGABEN

1
a) Wie viele Bit stehen in den Klassen A, B und C für die unterschiedlichen Netze zur Verfügung?
b) Wie hoch ist die Anzahl der möglichen Netze in den Klassen A, B und C?
c) Wie hoch ist die maximale Anzahl von Hostrechnern pro Netz in den Klassen A, B und C?

2 Welche Unterschiede gibt es zwischen IPv4 und IPv6? Gehen Sie in diesem Zusammenhang auf die Probleme hinsichtlich des Adressraumes ein.

Datenschutz
▶ *Kapitel 7.3, Seite 360 ff.*

9.5 Datenschutz und Datensicherheit

Marino Caponi hat es geschafft. Sein kleines Netzwerk funktioniert genauso wie es soll. Dennoch ist er noch nicht ganz fertig mit der Arbeit. Enzo hat ihm dazu geraten, das Netz gegen unerwünschten Zugriff von Dritten und somit auch vor Viren und Würmern zu schützen. Denn wenn in einem Netzwerk nur ein einziger Computer mit Viren verseucht ist, werden die Schadprogramme automatisch auf alle anderen Komponenten im Netzwerk übertragen. Doch was kann er dagegen unternehmen? Reicht ein Anti-Viren-Programm alleine aus?

Während der Datenschutz den Missbrauch personenbezogener Daten verhindern soll, dient die Datensicherheit dazu, der Zerstörung von gespeicherten Daten und Programmen, wie z. B. durch irrtümliches Überschreiben, durch Computerviren oder durch physikalische Einwirkungen auf Speichermedien, vorzubeugen. Im engeren Sinne bezeichnet Datensicherung auch die Verschlüsselung der Daten oder die Verwendung einer digitalen Unterschrift zum Schutz vor unberechtigtem Zugriff.

Kryptografie
▶ *Kapitel 8.2, Seite 374 ff.*

Kryptografie

Unter Kryptografie versteht man die Verschlüsselung von Daten unter Verwendung komplexer Algorithmen, um die Daten vor unberechtigter Einsicht durch Dritte zu schützen. Dabei wird ein Text nach einer bestimmten Methode (Algorithmus) in eine scheinbar unsinnige Zeichenfolge umgewandelt.

Firewall

Betriebliche Netze sollten nicht direkt, sondern nur über eine so genannte Firewall mit dem öffentlichen Netz verbunden werden. Eine Firewall ist ein aus Hardware- und Softwarekomponenten gebildetes Schutzsystem, mit dem man ungestört aus dem betrieblichen Computernetz (LAN) auf das öffentliche Netz zugreifen kann. Es schützt das betriebliche Computernetz vor externen Angriffen.

Header (engl.)
= *Kopf*

Die meisten Firewallsysteme beinhalten das **Packet Filtering**, bei dem ein so genannter **Screening Router** den Header eines jeden Datenpakets kontrolliert, das zwischen Internet und Firmennetz ausgetauscht wird. Im Header sind bestimmte Informationen gespeichert, wie z. B. die IP-Adresse des Senders und des Empfängers sowie der benutzte Internetservice. Der Router entscheidet gemäß seinen Vorgaben, ob er das Paket durchlässt oder zurückweist.

Proxyserver

In einem optimal organisierten Schutzsystem wird eine Internetverbindung nicht direkt von einer Arbeitsstation im betrieblichen Netz, sondern von einem Stellvertreter, dem Proxyserver, aufgebaut. Der Proxyserver kann zusätzlich die Aufgabe eines Internetbeschleunigers übernehmen, indem er häufig nachgefragte Informationen aus dem öffentlichen Netz zwischenspeichert und sie innerhalb des betrieblichen Netzes allen angeschlossenen Arbeitsstationen schneller als bei einem direkten Internetzugriff zur Verfügung stellt. Der Proxyserver regelt den gesamten Internetverkehr. Nur über ihn können Kontakte zu Internetservern hergestellt und Daten abgerufen werden. Durch diese Schleuse kann ein Unternehmen den Verkehr zwischen Internet und dem eigenen, lokalen Netz protokollieren und jederzeit nachvollziehen.

Die wesentlichen Möglichkeiten der Datensicherheit sind
- das regelmäßige Zwischenspeichern von Dokumenten auf Festplatte während der Bearbeitung,
- das zusätzliche Speichern von Daten auf externen Datenträgern, z. B. Wechselfestplatten, Magnetbändern usw.,
- die Aufbewahrung von magnetischen und optischen Datenträgern in Stahlschränken o. Ä., um sie gegen Brand, Diebstahl, Zerstörung zu schützen,
- die Sicherung von Daten nach dem so genannten Generationenprinzip. Dieses stellt sicher, dass immer mehrere Sicherungen in verschiedenen zeitlichen Abstufungen („Großvater", „Vater", „Sohn") vorhanden sind, um verschiedene Versionen für eine mögliche Wiederherstellung zur Verfügung zu haben. Sind die „Sohn"-Daten beschädigt, werden sie aus den „Vater"-Daten wieder erzeugt und die „Vater"-Daten gegebenenfalls aus den „Großvater"-Daten.

> Marino Caponi hat schon viel darüber gehört, wie wichtig es ist, sein privates Netzwerk zu schützen. Da er für sein kabelloses Netzwerk einen Router nutzt, verfügt sein System bereits über eine **Firewall**. Zwar ist ihm klar, dass es bei ihm wohl kaum Fälle von Sabotage oder Spionage geben wird, dennoch möchte er einen Systemmissbrauch vermeiden. Dabei konzentriert er sich auf die Probleme, die durch Viren, Würmer sowie Trojanische Pferde (Spyware) entstehen können. Auch wenn er eine absolute Sicherheit, d. h. die Abwehr jedes denkbaren Angriffs, kaum erreichen wird, so möchte er zumindest eine statistische Sicherheit gewährleisten, d. h. den Aufwand für einen möglichen Angreifer so hoch gestalten, dass der Nutzen in keinem Verhältnis dazu steht.
>
> Als weitere Maßnahmen, neben dem Nutzen der Firewall, sind für Marino Caponi besonders wichtig:
> - regelmäßiges Aktualisieren seiner Software
> - Verwendung einer Antiviren-Software
> - Benutzerrechte einschränken
> - wichtige Daten verschlüsseln (Kryptographie)
> - immer Sicherungskopien erstellen
> - seine Mitarbeiter für den korrekten Umgang sensibilisieren

AUFGABEN

1 Grenzen Sie Datenschutz und Datensicherheit voneinander ab. Geben Sie jeweils drei Möglichkeiten an, wie in einem Unternehmen mit dieser Problematik umgegangen werden sollte.

2 a) Was ist unter einer Firewall zu verstehen?
b) Aus welchen Komponenten besteht ein entsprechendes Schutzsystem?
c) Recherchieren Sie, in welcher Form das Netzwerk Ihrer Schule geschützt ist.

Prüfen Sie sich!

Aufgabe 1
Sie erhalten den Auftrag, für ein kleines Unternehmen ein Netzwerk aufzubauen. Ihr Auftraggeber erwartet von Ihnen zwei Lösungsvorschläge. Es ist ihm besonders wichtig, dass Sie Ihre Planung genau dokumentieren.

Weitere Angaben sind:
- Unternehmen aus dem Dienstleistungssektor
- 20 Büroarbeitsplätze
- Datenzugriff von allen Arbeitsplätzen aus erforderlich
- 5 netzwerkfähige Drucker vorhanden

Erstellen Sie die geforderten zwei Lösungsvorschläge. Informieren Sie Ihren Auftraggeber über alle Komponenten, die im Netzwerk zum Einsatz kommen müssen und die noch erforderlich sind. Gehen Sie auch auf die Themen Datenschutz und Datensicherheit ein.

Aufgabe 2
Ihre Eltern haben sich einen neuen Laptop und Router gekauft. Da sie wissen, dass Sie sich mit dem Thema auskennen, bitten sie Sie, ihnen bei dem Einrichten eines drahtlosen Netzwerkes zu helfen. Außerdem möchten Ihre Eltern auch wissen, ob sie problemlos weitere Geräte in das Netzwerk einbinden können.
a) Unterscheiden Sie die Begriffe WPAN, WLAN und WWAN. Geben Sie an, um was für ein Netz es sich bei Ihren Eltern handelt.
b) Erstellen Sie einen Plan, aus dem Ihre Eltern sehen können, wie das Netz aufgebaut ist.
c) Geben Sie an, ob weitere Geräte in das Netzwerk eingebunden werden können. Wenn ja, welche Voraussetzungen müssen diese Geräte erfüllen.
d) Erklären Sie anhand des vorliegenden Beispiels, wie wichtig die IP-Adresse ist.

Aufgabe 3
Die Hierarchie der einzelnen Computer in einem Netzwerk spielt eine wichtige Rolle. Somit ist es für die Auswahl eines lokalen Netzwerks von großer Bedeutung, ob als Server ein eigenes System zur Verfügung gestellt werden muss oder ob das Gerät eines anderen Anwenders die Funktion des Servers übernimmt.
a) Erklären Sie die Funktion eines Peer-to-peer-Netzes. Welchen Stellenwert nimmt bei dieser Hierarchie die Gleichrangigkeit der einzelnen Computer ein?
b) Erklären Sie die Funktion eines serverzentrierten Netzes. Gehen Sie dabei auf die folgenden Arbeitsweisen ein:
    - mehrplatzfähige Arbeitsweise
    - teilautonome Arbeitsweise
    - autonome Arbeitsweise

Aufgabe 4
Sie haben sich für einen Ausbildungsplatz als Informatikkaufmann/-frau beworben und sind zu einem Vorstellungsgespräch eingeladen worden. Während des Gesprächs werden Sie nach den folgenden technischen Komponenten gefragt: Server, Workstation, Hub, Bridge, Switch, Router, Gateway.

Erklären Sie die einzelnen technischen Komponenten und geben Sie dabei an, welche Aufgaben in einem Netzwerk von ihnen übernommen werden.

Aufgabe 5
Erläutern Sie die folgenden Begriffe, die für das Thema „Kommunikation zwischen Computernetzen" von besonderer Wichtigkeit sind:
- ISO/OSI-7-Schichtenmodell
- Protokolle
- Übertragungsmedien/Standards

Werkzeugkasten

Visual Basic

Formularobjekte

Symbol	Steuerelementtyp	Erläuterung
A	Bezeichnungsfeld (engl.: Label)	In ein Bezeichnungsfeld schreibt man Texte, die vom Benutzer nicht verändert werden sollen, z. B. Beschriftungen, Überschriften und Ausgabewerte.
abl	Textfeld (engl.: TextBox)	In Textfelder werden Werte vom Benutzer eingegeben.
	Befehlsschaltfläche (engl. CommandButton)	Mit einer Befehlsschaltfläche kann man ein Programm starten oder beenden.
	Anzeige (engl.: Image)	Mit diesem Steuerelement fügt man ein Bild (z. B. ein Firmenlogo) in ein Formular ein.
	Optionsgruppe (engl.: Frame)	In einer Optionsgruppe fasst man Umschaltflächen, Optionsfelder oder Kontrollkästchen zusammen. Wenn diese Steuerelemente in einer Optionsgruppe stehen, kann aus ihnen jeweils genau eines ausgewählt werden.
	Umschaltfeld (engl.: ToggleButton), Optionsfeld (engl.: OptionButton), Kontrollkästchen (engl.: CheckBox)	Mit einer Umschaltfläche, einem Optionsfeld oder einem Kontrollkästchen kann man Ja/Nein-Werte auswählen.
	Kombinationsfeld (engl.: ComboBox)	Dies ist eine Kombination aus einem Textfeld und einem Listenfeld. Man kann einen Wert eingeben oder auf das Steuerelement klicken, um sich eine Liste anzeigen zu lassen, aus der man einen Wert auswählen kann.
	Listenfeld (engl.: ListBox)	In Listenfeldern kann man eine Liste von Werten anzeigen lassen oder aus einer Liste vorgegebene Werte auswählen.
	Registersteuerelement	Das Registersteuerelement dient der inhaltlichen Gliederung eines Formulars über mehrere Seiten. Die Seiten sind über die Registerkarten aufrufbar.
	Drehfeld (engl.: SpinButton)	Ein Drehfeld-Steuerelement wird verwendet, um durch einen Wertebereich oder eine Liste von Elementen zu blättern oder um den Wert, der in einem Textfeld-Steuerelement angezeigt wird, zu ändern.
	Bildlaufleiste (engl.: ScrollBar)	Im Gegensatz zu den vorangegangenen Elementen ist das eigenständige Bildlaufleiste-Steuerelement kein integraler Bestandteil irgendeines anderen Steuerelements. Wenn Sie das Bildlaufleiste-Steuerelement verwenden möchten, um den Wert eines anderen Steuerelements abzurufen oder einzustellen, müssen Sie Code für die Ereignisse oder Methoden des Bildlaufleiste-Steuerelements schreiben. Soll das Bildlaufleiste-Steuerelement z. B. verwendet werden, um den Wert eines Textfeld-Steuerelements (TextBox) zu aktualisieren, können Sie Code schreiben, der die Value-Eigenschaft des Bildlaufleiste-Steuerelements liest und dann die Value-Eigenschaft des Textfeld-Steuerelements festlegt.

Operatoren

Operator	Zeichen	Beispiel	
Verknüpfungsoperator für Zeichenketten	&	wert = 33 label1.Caption = wert & "Flaschen"	Ergebnis: „33 Flaschen"
Additionsoperator	+	5+3	Ergebnis: 8
Subtraktionsoperator	-	5-3	Ergebnis: 2
Multiplikationsoperator	*	5*3	Ergebnis: 15
Divisionsoperator	/	5/3	Ergebnis: 1,67
Modulodivisionsoperator (Restdivision)	MOD	5 MOD 3	Ergebnis: 2
Divisionsoperator zur ganzzahligen Division	\	5\3	Ergebnis: 1
Potenzierungsoperator	^	5^3	Ergebnis: 125
Ungleich-Operator	<>	5<>3	Ergebnis: WAHR
Kleiner-als-Operator	<	5<3	Ergebnis: FALSCH
Kleiner-oder-gleich-Operator	<=	5<=3	Ergebnis: FALSCH
Größer-als-Operator	>	5>3	Ergebnis: WAHR
Größer-oder-gleich-Operator	>=	5>=3	Ergebnis: WAHR
Zuweisungs- und Gleichheitsoperator	=	Gleichheitsoperator: 5=3 Zuweisungsoperator: a = a+3	Ergebnis: FALSCH Ergebnis: a wurde um 3 erhöht
Und-Operator	AND		
Oder-Operator	OR		
Nicht-Operator	NOT		

Formularobjekte mit ihren Methoden

ListBox	`ListBox1.Additem zahl`
	Fügt den Wert, der in der Variablen „zahl" steht, als neuen Wert in dem Listenfeld mit dem Namen „ListBox1" an.
	`ListBox1.Clear`
	Löscht alle Werte aus dem Listenfeld mit dem Namen „ListBox1".

Programmstrukturen

Deklaration	**Option Explicit** **Dim** variable1 [, variable2 [,…]] **As** datentyp Bei der Deklaration (lat.: Bekanntgabe) mit **Dim** wird durch den Datentyp festgelegt, wie viel Speicherplatz für jede Variable reserviert werden muss. Damit die Datentypen in VBA auch wirklich konsequent benutzt werden, muss in der ersten Zeile des Programms „Option Explicit" stehen Mögliche Datentypen sind z. B.: **Boolean** (Wahrheitswerte (wahr/falsch)) **Integer** (ganze Zahlen) **Double** (Kommazahlen) **String** (Zeichenketten(Wörter)) **Achtung:** Die Variablen dürfen niemals so heißen, wie Objekte (Eingabefelder, Optionsknöpfe,…) auf dem Formular!
Deklaration einer Matrix	**Dim** matrix (1 **To** n[, 1 **To** m[,...]]) **As** datentyp
Deklaration einer Klasse	**Dim** objektname **As** klassenname

| FOR-Schleife | ```
Dim I As Integer
For i = startwert To endwert
    Anweisungen;
    ...
Next i
``` |
| DO..WHILE-Schleife | ```
Do While Bedingung
    Anweisungen;
    …
Loop
``` |
| DO..UNTIL-Schleife | ```
Do Until Bedingung
Anweisungen;
    …
Loop
``` |
| einfache Fallunterscheidung | ```
If Bedingung Then
    Anweisungen1
Else
    Anweisungen2
End If
``` |
| mehrfache Fallunterscheidung | ```
If Bedingung1 Then
    Anweisungen1
ElseIf Bedingung2 Then
    Anweisungen2
ElseIf …
…
Else
    AnweisungenSonst
End If
``` |
| Funktionen | ```
Function Funktionsname (ByVal parametername1 As Datentyp,…)
As Datentyp
Anweisungen
Funktionsname = Rückgabewert
End Function

Oder:
Function Funktionsname (ByRef parametername1,…) As Datentyp
Anweisungen
Funktionsname = Rückgabewert
End Function
``` |
| Get-Funktion für Klassen | ```
Public Property Get externerAttributname() As datentyp
    externerAttributname = internerAttributname
End Property
``` |
| Let-Funktion für Klassen | ```
Public Property Let externerAttributname(ByVal neuerWert As datentyp)
    internerAttributname = neuerWert
End Property
``` |
| Konstruktor für Klassen | ```
Private Sub Class_Initialize()
…
End Sub
``` |
| Destruktor für Klassen | ```
Private Sub Class_Terminate()
…
End Sub
``` |
| Anlegen einer Klasse im Programm | `Set objektname = New klassenname` |

Häufig benutzte Funktionen in VBA

Funktion	Wirkung
x = **Val** (TextBox1.Text)	Wandelt die Zeichenkette, die man aus dem Eingabefeld „TextBox1" des Formulars eingelesen hat, in eine Zahl um (damit 6+6=12 ist und nicht =66).
round (x,2)	Rundet die Zahl x auf 2 Nachkommastellen.
x = **InputBox**("Geben Sie bitte eine Zahl ein:")	Es erscheint ein Eingabefenster, in das man einen Wert eingeben kann. Dieser eingegebene Wert wird, nachdem das Fenster geschlossen wurde, in die Variable „x" geschrieben.
MsgBox "Wählen Sie eine Option!", 0, "Achtung"	Erzeugt eine Messagebox (ein kleines Fenster) mit der Überschrift „Achtung", einer OK-Schaltfläche und dem Text „Wählen Sie eine Option!".
Label1.Caption = **format** (x,"#,##0.00")	Die Variable x wird formatiert in das Ausgabefeld Label1 geschrieben: Hat x den Wert 12, so erscheint in dem Ausgabefeld „12,00", hat x den Wert 1234,8, so erscheint in dem Ausgabefeld „1.234,80".
right (wort, n)	Gibt die letzten n Buchstaben des Zeichenstrings aus, der in der Variablen „wort" gespeichert ist. Beispiel: wort = „AFFE" right (wort,2) Ergebnis: „FE"

Access

Datentypen in Access

Datentyp	Spezifizierung	Beschreibung	Größe
Text		Eingabe von Texten oder Zeichenketten	bis 255 Zeichen
Memo		längere Zeichenketten	bis 65.535 Zeichen
Zahl		numerische Werte mit folgenden Feldgrößen	
	Byte	ganze Zahl zwischen 0 und 255	1 Byte
	Integer	ganze Zahlen von -32.768 bis 32.767	2 Byte
	Long Integer	ganze Zahlen von $-2.147.483.648$ bis $2.147.483.647$	4 Byte
	Single	Zahlen von $-3,402823 \cdot 10^{38}$ bis $-1,401298 \cdot 10^{-45}$ für negative Werte und von $1,401298 \cdot 10^{-45}$ bis $3,402823 \cdot 10^{38}$ für positive Werte	4 Byte
	Double	Zahlen von $-1,79769313486231 \cdot 10^{308}$ bis $-4,94065645841247 \cdot 10^{-324}$ für negative Werte und von $1,79769313486231 \cdot 10^{308}$ bis $4,94065645841247 \cdot 10^{-324}$ für positive Werte	8 Byte
Datum/ Uhrzeit		Ermöglicht ein Datenfeld mit Datum und/oder Uhrzeit mit verschiedenen Formaten	8 Byte
Währung		Dieser Datentyp entspricht einer Zahl mit der Formatierung in einer Währung (z. B. €). Im Gegensatz zu den Typen Single und Double wird hierbei nicht mit Fließkomma gerechnet, sondern mit Festkomma. Die Genauigkeit beträgt links vom Dezimalzeichen bis zu 15 Stellen und rechts davon 4 Stellen.	8 Byte
Autowert		Entspricht einem Long-Integer-Wert, allerdings wird der Wert automatisch festgelegt. In den meisten Fällen wird der Wert jeweils um 1 hoch gesetzt (inkrementiert), es sind aber auch Zufallswerte möglich.	4 Byte
Ja/Nein		Felder enthalten nur einen von zwei Werten, z. B. Ja/Nein, Wahr/Falsch (True/False) bzw. Ein/Aus.	1 Bit
OLE-Objekt		Wird verwendet, um Daten, z. B. Dokumente, Bilder, Klänge oder in anderen Programmen erstellte binäre Daten, zu speichern.	bis 1 GB
Hyperlink		Legt eine Hypertext-Verknüpfung zu einer Zielmarkierung in einer beliebigen Datei oder einer URL im Internet an.	bis 64000 Zeichen
Nachschlage-Assistent		Erstellt eine Auswahl eines Wertes aus einer anderen Tabelle mit Hilfe eines Kombinationsfeldes.	4 Byte

Die Standardfeldgröße für Textfelder (50 Zeichen) und Zahlenfelder (Long Integer) kann man für Tabellen und Abfragen über den Menüpunkt *Schaltfläche „Office"* ▷ *Accessoptionen* ▷ *Objekt-Designer* ändern.

Datentypen in SQL

Felddatentyp	Speicher-bedarf	Beschreibung	MS-Access-SQL	Oracle
BYTE	1 Byte	eine ganze Zahl von 0 bis 255	X	
SINGLE	4 Bytes	eine Gleitkommazahl einfacher Genauigkeit, die die folgenden Werte annehmen kann: $-3{,}402823 \cdot 10^{38}$ bis $-1{,}401298 \cdot 10^{-45}$ für negative Werte; $1{,}401298 \cdot 10^{-45}$ bis $3{,}402823 \cdot 10^{38}$ für positive Werte; und 0	X	
DOUBLE	8 Bytes	eine Gleitkommazahl doppelter Genauigkeit, die die folgenden Werte annehmen kann: $-1{,}7976931348623 \cdot 10^{308}$ bis $-4{,}94065645841247 \cdot 10^{-324}$ für negative Werte; $-4{,}94065645841247 \cdot 10^{-324}$ bis $1{,}7976931348623 \cdot 10^{308}$ für positive Werte; und 0	X	
SHORT bzw. INTEGER	2 Bytes	eine kurze Ganzzahl von -32.768 bis 32.767	X	
LONG	4 Bytes	eine lange Ganzzahl von -2.147.483.648 bis 2.147.483.647	X	
NUMBER[(p[,s])]		Zahl, p Stellen lang, s Stellen hinter dem Dezimalpunkt; p zwischen 1 und 38, Standard: 38; s zwischen -84 und 127		X
DATETIME DATE	8 Bytes	eine Datums- oder Zeitangabe ab dem Jahr 100 bis zum Jahr 9999	X	
DATE	8 Bytes	Datum, möglich zwischen 01.01.4712 v.u.Z. und 31.12.4712		X
TEXT CHAR	1 Byte pro Zeichen	von 0 bis 255 Zeichen	X	X
LONGTEXT	1 Byte pro Zeichen	von 0 bis maximal 1,2 Gigabytes	X	
LONGBINARY	nach Bedarf	von 0 bis zu einem Maximum von ungefähr 1 Gigabyte wird von OLE-Objekten benötigt	X	

Formularobjekte

Symbol	Steuerelementtyp	Erläuterung
Aa	Bezeichnungsfeld	In ein Bezeichnungsfeld schreibt man Texte, die immer angezeigt werden sollen, z.B. Beschriftungen und Überschriften.
abl	Textfeld	In Textfeldern werden Daten aus Tabellen (bei verbundenen Feldern) oder Werte (bei berechneten Feldern) angezeigt. Beim Erstellen wird automatisch ein dazugehöriges Bezeichnungsfeld mit erzeugt.
[xyz]	Optionsgruppe	In einer Optionsgruppe fasst man Umschaltflächen, Optionsfelder oder Kontrollkästchen zusammen. Wenn diese Steuerelemente in einer Optionsgruppe stehen, kann aus ihnen genau eines ausgewählt werden.
	Umschaltfläche Optionsfeld Kontrollkästchen	Mit einer Umschaltfläche, einem Optionsfeld oder einem Kontrollkästchen kann man Ja/Nein-Werte auswählen.
	Kombinationsfeld	Dies ist eine Kombination aus einem Textfeld und einem Listenfeld. Man kann einen Wert eingeben oder auf das Steuerelement klicken, um sich eine Liste anzeigen zu lassen, aus der man einen Wert auswählen kann. Kombinationsfelder brauchen in Formularen weniger Platz als Listenfelder, weil die Liste erst angezeigt wird, wenn sie geöffnet wird. Außerdem hat man im Gegensatz zum Listenfeld auch die Möglichkeit, einen beliebigen Wert einzutragen, der nicht in der Liste vorhanden ist.

Werkzeugkasten

Symbol	Steuerelementtyp	Erläuterung
	Listenfeld	Bei Listenfeldern kann man aus einer Liste vorgegebene Werte auswählen. Die Liste wird im Gegensatz zum Kombinationsfeld permanent angezeigt, und der Wert des Steuerelements ist auf die Listeneinträge beschränkt.
	Befehlsschaltfläche	Mit einer Befehlsschaltfläche kann man Makros (z. B. zum Öffnen von Formularen) oder Programme starten.
	Bild	Mit diesem Steuerelement fügt man ein Bild (z. B. ein Firmenlogo) in ein Formular ein.
	Ungebundenes Objektfeld	Bei einem Objektfeld fügt man ein OLE-Objekt ein, das keine Verbindung zu einer Tabelle oder Abfrage hat.
	Gebundenes Objektfeld	Bei einem gebunden Objektfeld fügt man ein OLE-Objekt ein, das eine Verbindung zu einer Tabelle oder Abfrage hat.
	Seitenumbruch	Wenn ein Formular zu lang ist, kann man mit diesem Steuerelement einen manuellen Seitenumbruch einfügen.
	Registersteuerelement	Das Registersteuerelement dient der inhaltlichen Gliederung eines Formulars über mehrere Seiten. Die Seiten sind über die Registerkarten aufrufbar.
	Unterformular/-bericht	Mit diesem Steuerelement kann man innerhalb des bestehenden Formulars ein neues Formular einfügen, das in einer 1:1- oder 1:n-Beziehung zu dem bestehenden Formular steht.
	Linie Rechteck	Mit einer Linie oder einem Rechteck kann man ein Formular optisch gestalten.
	ActiveX-Steuerelement	Über dieses Symbol kann man sich ActiveX-Steuerelemente für fortgeschrittene Anwendungen anzeigen lassen.

1:1-Beziehung = Zu jedem Datensatz des Formulars gehört ein Datensatz im Unterformular.
1:n-Beziehung = Zu jedem Datensatz des Formulars gehören mehrere Datensätze im Unterformular.

Mit **Operatoren** können Sie Berechnungen, Vergleichs- und Textoperationen durchführen. Mit arithmetischen Operatoren werden Berechnungen angestellt, mit Vergleichsoperatoren können Vergleiche zwischen zwei Ausdrücken vorgenommen werden.

Arithmetische und Textoperatoren

Operator	Bedeutung	Beispiel	
+	plus (Addition)	6 + 2	Ergebnis: 8
–	minus (Subtraktiion)	6 - 2	Ergebnis: 4
*	mal (Multiplikation)	6 · 2	Ergebnis: 12
/	geteilt durch (Division)	6 / 2	Ergebnis: 3
^	hoch (Potenzierung)	6 ^ 2	Ergebnis: 36
&	Textverkettung (Konkatenation)	„Hokus" & „pokus"	Ergebnis: „Hokuspokus"
\	geteilt durch (ganzzahlige Division)	7 \ 2	Ergebnis: 3
MOD	Modulo (Restwertfunktion)	7 MOD 2	Ergebnis: 1 (denn 7 \ 2 = 3 Rest 1)

Vergleichsoperatoren

Operator	Bedeutung	mathematisches Symbol	Beispiel
=	gleich	=	Schulden = 30
>	größer als	>	Schulden > 30
<	kleiner als	<	Schulden < 30
>=	größer oder gleich	≥	Schulden >= 30
<=	kleiner oder gleich	≤	Schulden <= 30
<>	ungleich	≠	Schulden <> 30

Logische Operatoren

Operator	Bedeutung				Beispiel
UND	Verknüpft zwei Wahrheitswerte A und B nach folgendem Muster:				Diabetiker UND Schulden > 30
	A	B		Ergebnis	(Ergebnis: alle Diabetiker, die mehr als 30 € Schulden haben)
	WAHR	WAHR		WAHR	
	WAHR	FALSCH		FALSCH	
	FALSCH	WAHR		FALSCH	
	FALSCH	FALSCH		FALSCH	
ODER	Verknüpft zwei Wahrheitswerte A und B nach folgendem Muster:				Diabetiker ODER Schulden > 30
	A	B		Ergebnis	(Ergebnis: alle Diabetiker und alle Personen, die mehr als 30 € Schulden haben, also auch die Diabetiker, die mehr als 30 € Schulden haben)
	WAHR	WAHR		WAHR	
	WAHR	FALSCH		WAHR	
	FALSCH	WAHR		WAHR	
	FALSCH	FALSCH		FALSCH	
NICHT	Verneinung Behandelt einen Wahrheitswert A nach folgendem Muster:				NICHT (Schulden > 0)
	A		Ergebnis		(Ergebnis: alle Personen, die keine Schulden haben)
	WAHR		FALSCH		
	FALSCH		WAHR		

Sonstige Operatoren bzw. Funktionen

Operator	Bedeutung	Beispiel
ZWISCHEN ... UND ...	Entspricht dem Ausdruck: >= ... UND <= ...	ZWISCHEN 0 UND 30 (Ergebnis: alle Datensätze, bei denen der Wert >= 0 und <= 30 ist)
IN( )	Überprüfung, ob ein Wert in einer Menge von Werten enthalten ist	IN(„Müller", „Meier", „Schulze") (Ergebnis: alle Datensätze, bei denen der Name Müller, Meier oder Schulze ist)
WIE	Wird zum Vergleich einer gesuchten Zeichenkette verwendet. *: steht für beliebig viele Zeichen ?: steht für genau ein Zeichen	WIE „M*" (Ergebnis: alle Datensätze, bei denen der Name mit „M" beginnt, z.B. Maas, Mai, Meier, Modrow, ...) WIE „M?ller" (Ergebnis: alle Datensätze die als ersten Buchstaben des Namens „M" und als 3. bis 6. Buchstaben „ller" aufweisen, z.B. Miller, Möller, Müller, ...)
JAHR()	Liefert das Jahr eines Datums.	JAHR(07.04.1995) (Ergebnis: 1995)
MONAT()	Liefert den Monat eines Datums.	MONAT(07.04.1995) (Ergebnis: 04)
TAG()	Liefert den Tag eines Datums.	TAG(07.04.1995) (Ergebnis: 07)
DATUM()	Liefert das aktuelle Datum.	DATUM() (Ergebnis: das heutige Datum)

In den Kriterienausdrücken der Abfragen können Sie Datenbankfelder (Attribute) oder ihre Inhalte verwenden. Datenbankfelder werden in eckige Klammern [] gesetzt, ihre Inhalte in Anführungszeichen „", wenn es sich um einen Text handelt, und in Rauten ##, wenn es sich um ein Datum handelt. Für Zahlen braucht man keine Klammerung.

HTML – Übersicht

Erläuterungen

Symbol	Bedeutung
...	Attribut(e) oder Inhalt
„t" oder „y" (Alternative)	x oder y
ELEMENT_1	Sprachelement 1
⇨ELEMENT_2	⇨: 2 kommt nur als Inhalt von 1 vor!
[ELEMENT_1]	Sprachelement 1 ist optimal

Sprachelemente; Varianten (Syntax)

<TAG optionale Attribut(e)> oder
<TAG optionale Attribut(e)> Inhalt </TAG> Schachtelung ist möglich

Dokumentenaufbau

```
<!-- Dokument -->
<HTML>
   <!-- Dokumentenkopf-->
   <HEAD>
   Folge von HEAD-relevanten Anweisungen
   </HEAD>
   <!-- Dokumentenkörper-->
   <BODY ...>
   Folge von BODY-relevanten Anweisungen
   </BODY>
</HTML>
```

Allgemeine Elemente

<!-- text --> **Kommentar**	
Farbnamen: black, silver, gray, white, maroon, red, purple, fuchsia, green, lime, olive, yellow, navy, blue, teal, aqua	
Farbwerte: "#*rrggbb*" *R*ed-*G*reen-*B*lue, hex kodiert z. B. Bgcolor="#ffff00"_ Hintergrund gelb (größerer Wert ⇨ sattere Farbe)	
URL: **abs**olut und **rel**ativ	
abs: typ://host:port/pfad/ datei?parameter=wert& ...	**rel**: (teil)pfad/ datei?parameter=wert& ...
<**HTML**> kopf_und_körper </**HTML**>	Dokument
<**HEAD**> anweisungen_kopf </**HEAD**>	Kopf
⇨<**TITLE**> text </**TITLE**>	Dokumententitel
⇨<**BGSOUND** Src="URL" ...>	Musik einbinden
Loop="infinite"| "1"...	endlos|1mal.. wiederholen
<**BASE** ...>	Basis für relative URLs
Href="URL" tritt anstelle des Dokumenten-URL	
Target="name"	_top	_parent	_self	_blank	

<**BODY** ...> anweisungen_ körper </**BODY**>	Körper
Text="farbname"	"#rrgg-bb"	normaler Text
Link="farbname"	"#rrgg-bb"	Link
Vlink="farbname"	"#rrgg-bb"	besuchter Link
Alink="farbname"	"#rrgg-bb"	während des Drückens
Bgcolor="farbname"	"#rrggbb"	Hintergrund
Background="URL"	Hintergrundbild

Anker, Link

<**A** ...> ... </**A**>	Verankerung eines Web-Dokuments
Href="URL"	absoluter oder relativer URL
Name="#marke"	Zielmarke in einem Dokument
Target="name"	_top	_parent	_self	_blank	
Title="Titel"	Erläuterung des Links

Zeichenelemente

<**FONT** ...> ... </**FONT**>	Zeichensatz
Color="farbname"	"#rrggbb"	Schriftfarbe
Size=wert	Schriftgröße(1-7 oder relativ (+1, +2, ...))
Face="art1, art2 ..."	Schriftart (die 1. legale gilt)
<**BASEFONT** ...>	Normalschriftgröße festlegen
Size=wert	Schriftgröße
<**B**> ... </**B**>	Fettschrift (bold)
<**I**> ... </**I**>	Kursivschrift (italic)
<**U**> ... </**U**>	Unterstreichung
<**TT**> ... </**TT**>	Festpunktschrift (TeleType)
<**BIG**> ... </**BIG**>	Text größer als normal
<**SMALL**> ... </**SMALL**>	Text kleiner als normal
<**STRIKE**> ... </**STRIKE**>	Durchstreichung
<**SUB**> ... </**SUB**>	Subskript
<**SUP**> ... </**SUP**>	Superskript
<**BLINK**> ... </**BLINK**>	blinkender Text

Struktur-/Blockelemente

<Hx ...> ... </Hx> (x = 1...6); Align=center | left | right	Überschrift x: Größe; x=1: maximal
<P ...> ... [</P>] Align=center | left | right	Absatz
<DIV ...> ... </DIV> **Align=center | left | right**	Abschnitt (Division) justieren zentriert, links-, rechtsbündig
<CENTER> ... </CENTER>	zentrieren (vgl. DIV)
<PRE> ... </PRE>	Vorformatiertes: Steuerzeichen wie NL, TAB, Leerzeichen werden wiedergegeben
** **	Zeilenumbruch
<NOBR> ... </NOBR>	Zeilenumbrüche unterdrücken
<HR ...> Align=center | left | right Noshade Size=wert Width="pixel" | "prozent%"	horizontale Linie, zentriert, links-, rechtsbündig unschattiert Breite der Linie Breite in Pixel | % Fenster

Listen

<UL ...> ... </UL>	ungeordnete Liste
⇨**<LI> ... [</LI>]** Type=disc | circle | square	Listenelement (ungeordnete Liste) Aufzählungssymbol
<OL ...> ... </OL> Start=wert Type=1 | a | A | i | I	geordnete (numerierte) Liste Startwert num. / alphabetisch / römisch
⇨**<LI> ...]</LI>]** Type=1 | a | A | i | I Value=wert	Listenelement (geordnete Liste) num. / alphabetisch / römisch neue Nummer (danach fortlaufend weiter)
<DL> ... </DL>	Glossar (Definitionsliste)
⇨**<DT> ... </DT>**	Term, z.B. Abkürzung
⇨**<DD> ... </DD>**	Beschreibung des Terms
<DIR> ... </DIR>	Verzeichnisliste

Bilder, Bildkarten

<IMG Src="URL" ...> Alt="text" Lowres="URL" Align=left | right | top | middle | bottom | texttop | absmiddle | baseline | absbottom	Grafik einbinden Textanzeige während des Ladens / Popup vorläufiges Bild geringer Auflösung
Width=wert Height=wert	Breite/Höhe in Pixel
Vspace=wert Hspace=wert	Abstände zum Bild in vertikaler bzw. horizontaler Richtung
Usemap="#bildkartenname" Border=wert	verwendete Bildkarte Randstärke
<MAP ...> ... <MAP> Name="name"	Sensorenkataster Bildkartenname
⇨**<AREA ...>**	verweissensitive Flächen (Sensorflächen)
Shape=rect | circle | polygon	Form der Sensorfläche
Coords="x1, y1, x2, y2"	Rechteckkoordinaten
Coords="x, y, r"	Kreiskoordinaten
Coords="x1, y1, x2, y2, x3, y3, ..."	Polygonecken
Href="URL"	aktivierbarer Hypermedialink
Nohref	eine Fläche deaktivieren

Tabellen

<TABLE ...> ... </TABLE> Align=center | left | right	Tabelle zentriert, links-, rechtsbündig
Border=wert	Randdicke (0 kein Rand)
Cellpadding=wert	Abstand zwischen Rand und Text
Cellspacing=wert	Abstand Zelle / Zelle
Width="pixel" | "prozent%"	Breite in Pixel / % Fenster
Height="pixel" | "prozent%"	Höhe in Pixel / % Fenster
Bordercolor="farbname"|"#rrggbb"	Tabellenrand
Bgcolor="farbname"|"#rrggbb"	Hintergrundfarbe
Background="URL"	Hintergrundbild
⇨**<COLGROUP...> ...</COLGROUP>**	Spaltenaufteilung
Width="pixel" | "prozent%"	Breite in Pixel / % Tab.
Span=wert	Breite gilt für so viele Spalten
⇨⇨**<COL** Width = „wert" > wert_x = pixel | prozent%" | * (* für Rest)	
⇨**<TR ...> ... </TR>** Align=center | left | right	Zeile zentriert, links-, rechtsbündig
Width="pixel" | "prozent%"	Breite in Pixel / % Tab.
Height="pixel" | "prozent%"	Höhe in Pixel / % Tab.
Bgcolor="farbname" |"#rrggbb"	Hintergrund
Background="URL"	Hintergrundbild
⇨**<TH ...> ... </TH>**	"Heading": fett zentriert (Attribute wie bei <TD>)

Werkzeugkasten

⇨<**TD** ...> ... </**TD**> Align=left | center | right Valign=top | middle | bottom | baseline	"Data": Normalschrift linksbündig
Nowrap	kein automatischer Zeilenumbruch
Width="pixel" | "prozent%"	Breite in Pixel / % Tab.
Height="pixel" | "prozent%"	Höhe in Pixel / % Tab.
Colspan=wert	Zellen horizontal zusammenfassen
Rowspan=wert	Zellen vertikal zusammenfassen
Bgcolor="farbname" | "#rrggbb"	Hintergrund
Background="URL"	Hintergrundbild

Frames

<**FRAMESET** ...> ... </**FRAMESET**>	Framecontainer
Rows | Cols="wert_1, wert_2, ..."	wert_x = pixel | prozent% | * (* für Rest)
Border=wert	Dicke des Randes in Pixel
⇨<**FRAME** ...> name="frame_name" | _blank | _self | _parent | _top src="URL"	individueller Frame
Noresize	keine Größenänderung durch den Nutzer
Scrolling=auto | yes | no	Bildlaufleiste am Rand des rechten Fensters zulassen
Marginwidth=wert	horizontale Berandung in Pixel
Marginheight=wert	vertikale Berandung in Pixel
Frameborder=yes | no	Frameberandung ja/nein
<**NOFRAMES**> ... </**NOFRAMES**>	Inhalt anzeigen, falls Browser Frames nicht unterstützt

Einige Sonderzeichen

ä	&auml;	Ä	&Auml;	ß	&szlig;
ö	&ouml;	Ö	&Ouml;	é	&eacute;
ü	&uuml;	Ü	&Uuml;	è	&egrave;
®	&reg;	±	&plusmn;	½	&frac12;
©	&copy;	&	&amp;	¼	&frac14;
<	&lt;	"	&quot;	¾	&frac34;
>	&gt;	„harte" Leerstelle			

Quellen:
http://www.w3c.org   HTML-Referenzen
http://de.selfhtml.org   Tutorial (St. Münz)

Logische Operatoren und Mengenoperatoren

Logische Operationen lassen sich auf verschiedene Arten darstellen:
- Man kann sie als Verknüpfung von Mengen visualisieren: Durchschnitt ∩, Vereinigung ∪, Komplement ⁻.
- Man kann sie mit Symbolen der Aussagenlogik aufschreiben: UND ∧, ODER ∨, NICHT ¬.
- Man kann ihre Ergebnisse in einer Wahrheitswertetabelle auflisten.

Dabei gibt es drei Grundelemente von logischen Operatoren:

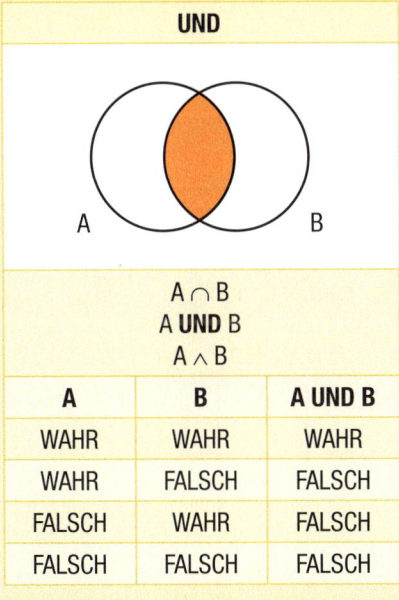

UND

$A \cap B$
A **UND** B
$A \wedge B$

A	B	A UND B
WAHR	WAHR	WAHR
WAHR	FALSCH	FALSCH
FALSCH	WAHR	FALSCH
FALSCH	FALSCH	FALSCH

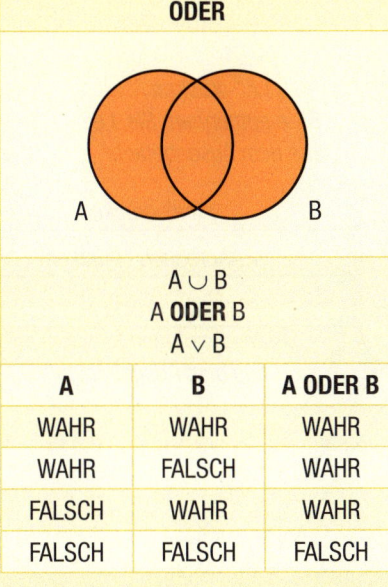

ODER

$A \cup B$
A **ODER** B
$A \vee B$

A	B	A ODER B
WAHR	WAHR	WAHR
WAHR	FALSCH	WAHR
FALSCH	WAHR	WAHR
FALSCH	FALSCH	FALSCH

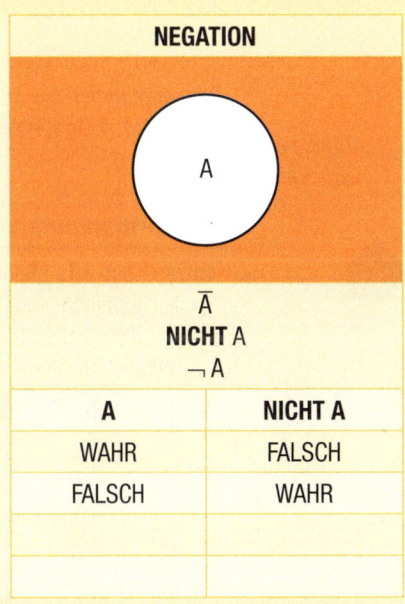

NEGATION

$\overline{A}$
NICHT A
$\neg A$

A	NICHT A
WAHR	FALSCH
FALSCH	WAHR

Aus diesen drei Grundelementen lassen sich weitere häufig benutzte logische Operatoren herleiten

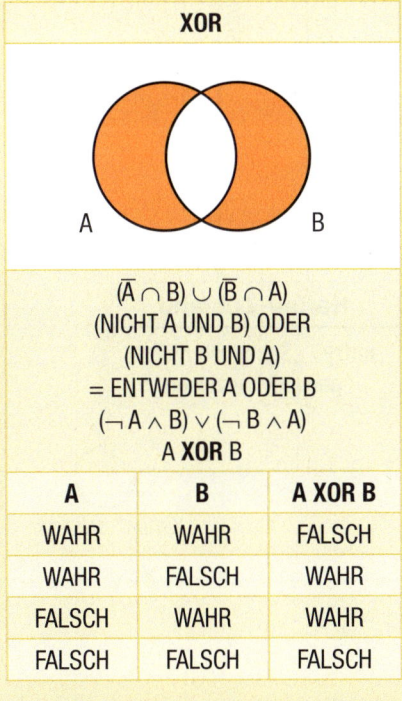

XOR

$(\overline{A} \cap B) \cup (\overline{B} \cap A)$
(NICHT A UND B) ODER
(NICHT B UND A)
= ENTWEDER A ODER B
$(\neg A \wedge B) \vee (\neg B \wedge A)$
A **XOR** B

A	B	A XOR B
WAHR	WAHR	FALSCH
WAHR	FALSCH	WAHR
FALSCH	WAHR	WAHR
FALSCH	FALSCH	FALSCH

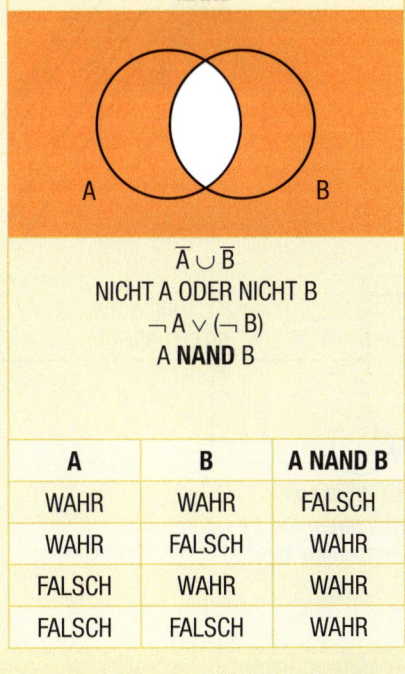

NAND

$\overline{A} \cup \overline{B}$
NICHT A ODER NICHT B
$\neg A \vee (\neg B)$
A **NAND** B

A	B	A NAND B
WAHR	WAHR	FALSCH
WAHR	FALSCH	WAHR
FALSCH	WAHR	WAHR
FALSCH	FALSCH	WAHR

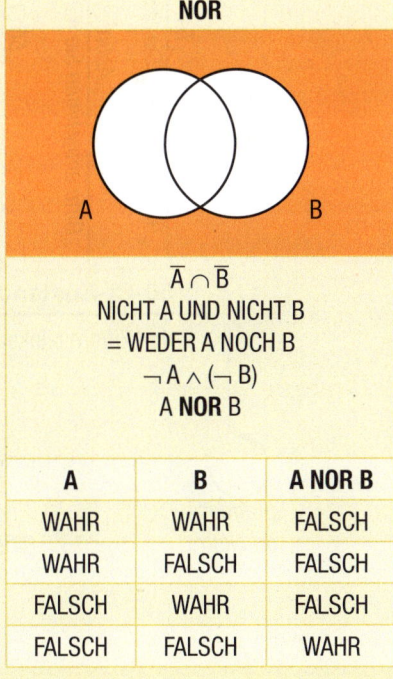

NOR

$\overline{A} \cap \overline{B}$
NICHT A UND NICHT B
= WEDER A NOCH B
$\neg A \wedge (\neg B)$
A **NOR** B

A	B	A NOR B
WAHR	WAHR	FALSCH
WAHR	FALSCH	FALSCH
FALSCH	WAHR	FALSCH
FALSCH	FALSCH	WAHR

Während die Operatoren NAND und NOR vor allem in der Schaltalgebra, die zur Beschreibung digitaler elektrischer Schaltungen dient, eine wichtige Rolle spielen, wird XOR auch bei der Darstellung von Geschäftsprozessen und anderen Abläufen häufig benutzt.

Lösungen der Klausuraufgaben

Kapitel 1   S. 23

Aufgabe 1

Zustandsdiagramm eines Getränkeautomaten

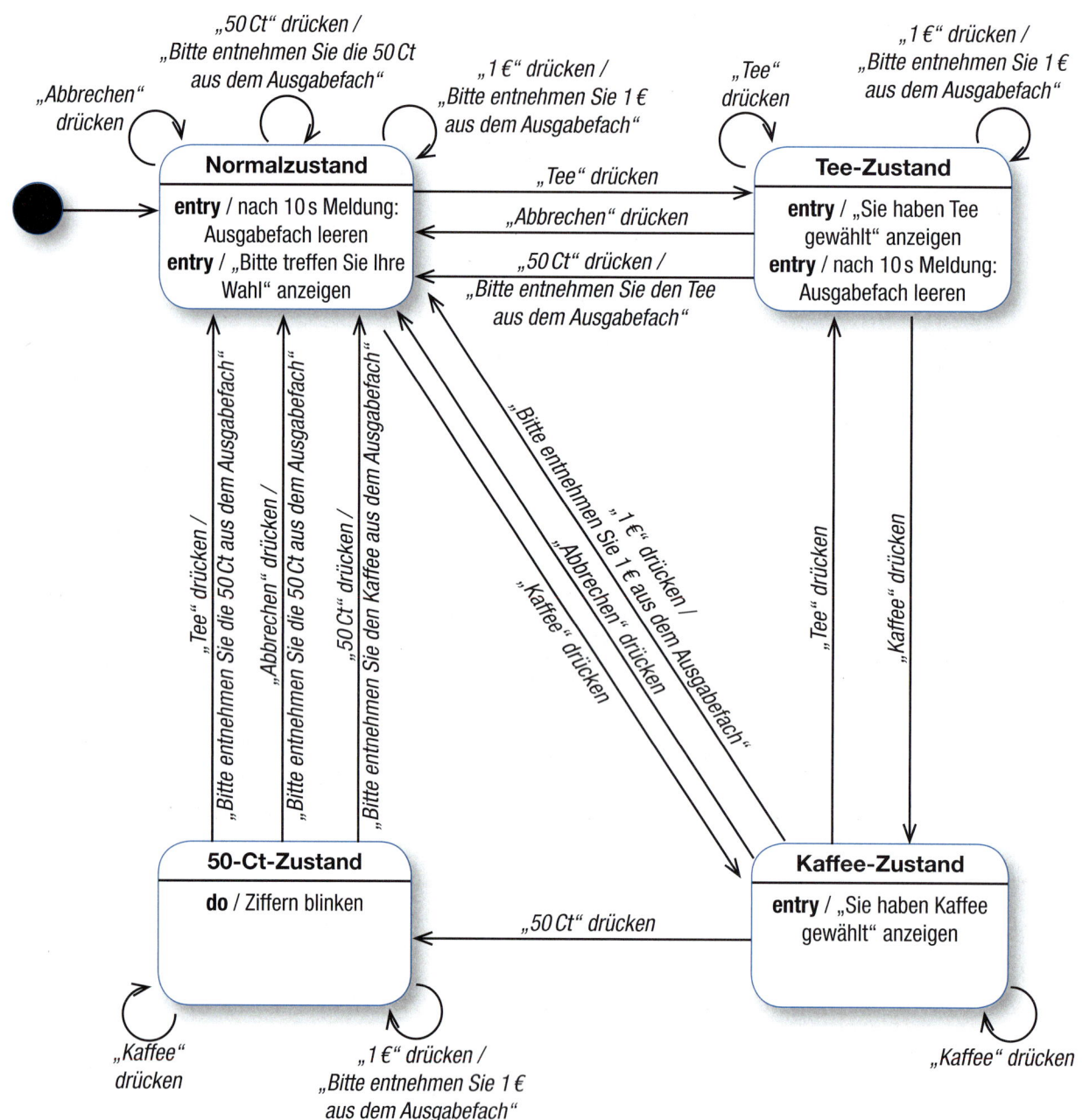

Aufgabe 2

Zustandsdiagramm Tierlexikon

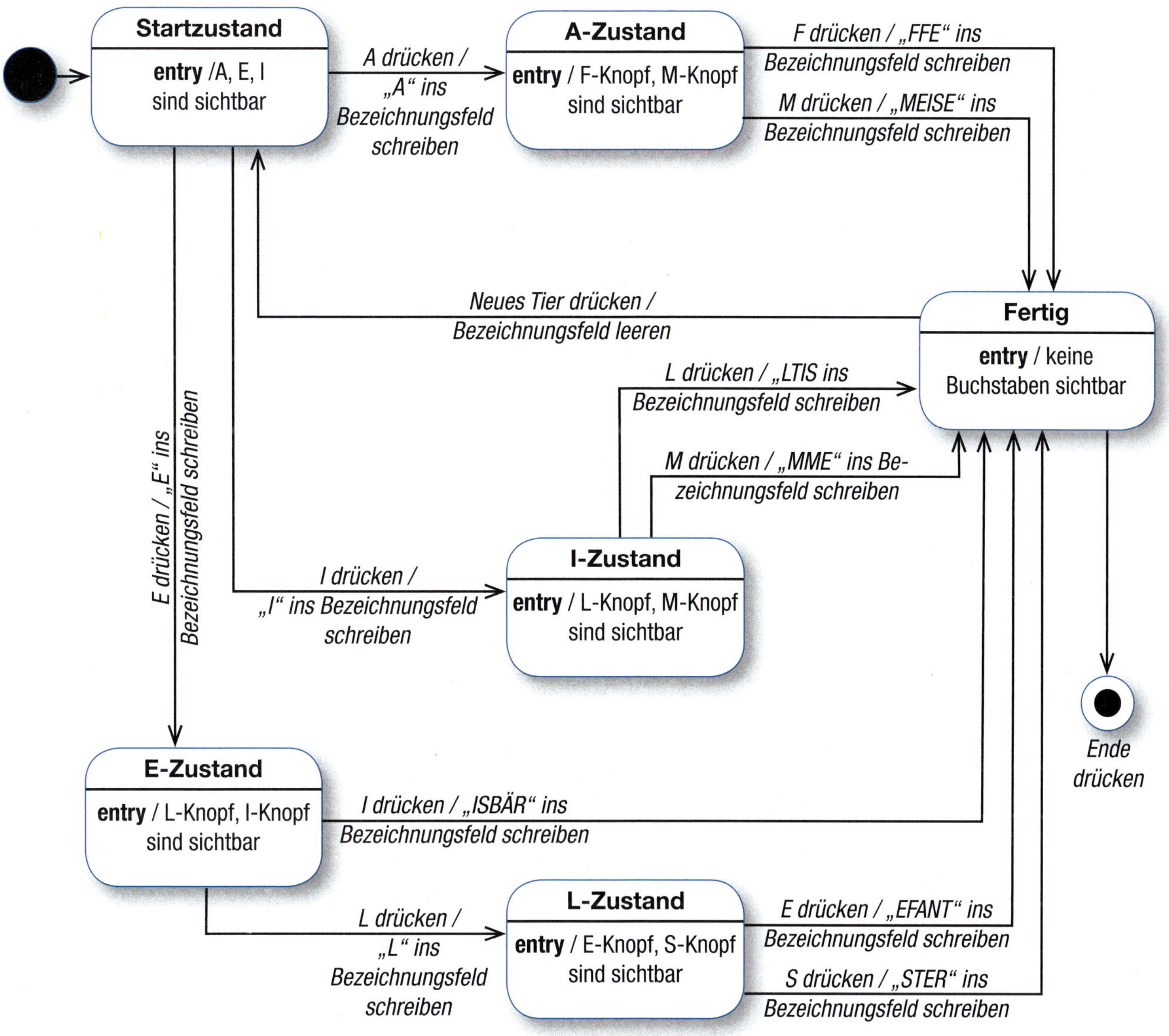

[Zustandsdiagramm mit folgenden Zuständen und Übergängen:

- **Startzustand** – entry /A, E, I sind sichtbar
- **A-Zustand** – entry / F-Knopf, M-Knopf sind sichtbar
- **I-Zustand** – entry / L-Knopf, M-Knopf sind sichtbar
- **E-Zustand** – entry / L-Knopf, I-Knopf sind sichtbar
- **L-Zustand** – entry / E-Knopf, S-Knopf sind sichtbar
- **Fertig** – entry / keine Buchstaben sichtbar

Übergänge:
- Startzustand → A-Zustand: A drücken / „A" ins Bezeichnungsfeld schreiben
- A-Zustand → Fertig: F drücken / „FFE" ins Bezeichnungsfeld schreiben
- A-Zustand → Fertig: M drücken / „MEISE" ins Bezeichnungsfeld schreiben
- Startzustand → I-Zustand: I drücken / „I" ins Bezeichnungsfeld schreiben
- I-Zustand → Fertig: L drücken / „LTIS ins Bezeichnungsfeld schreiben
- I-Zustand → Fertig: M drücken / „MME" ins Bezeichnungsfeld schreiben
- Startzustand → E-Zustand: E drücken / „E" ins Bezeichnungsfeld schreiben
- E-Zustand → Fertig: I drücken / „ISBÄR" ins Bezeichnungsfeld schreiben
- E-Zustand → L-Zustand: L drücken / „L" ins Bezeichnungsfeld schreiben
- L-Zustand → Fertig: E drücken / „EFANT" ins Bezeichnungsfeld schreiben
- L-Zustand → Fertig: S drücken / „STER" ins Bezeichnungsfeld schreiben
- Fertig → Startzustand: Neues Tier drücken / Bezeichnungsfeld leeren
- Fertig → Ende: Ende drücken]

Kapitel 2 S. 100–101

Aufgabe 1. – 6.

Anrede des Kunden, Vorname, Nachname, Straße, PLZ, Ort, Telefonnummer, Kundennummer, Rechnungsnummer, Rechnungsdatum, Artikelnummer, Bezeichnung, Größe, Preis/Stück, Anzahl und MwSt.

Der MwSt-Satz sollte gespeichert werden, weil er sich häufiger ändert und somit der Schlüssel zum Nettopreis der Rechnung ist. Der Gesamtpreis der einzelnen Positionen bzw. der Rechnung sollte wegen der Redundanzfreiheit einer Datenbank nicht als Attribut in der Datenbank gespeichert werden.

Enität ist ein einzelnes Objekt, dem Informationen zugeordnet werden.
Einzelne Enitäten sind die Elemente einer Enitätsmenge.

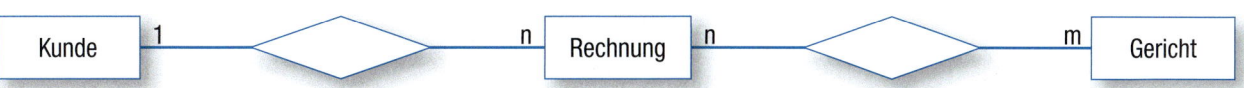

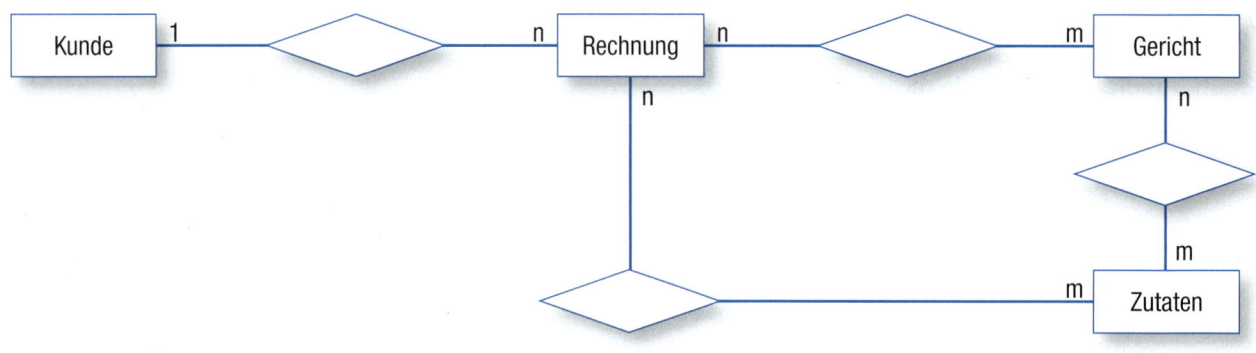

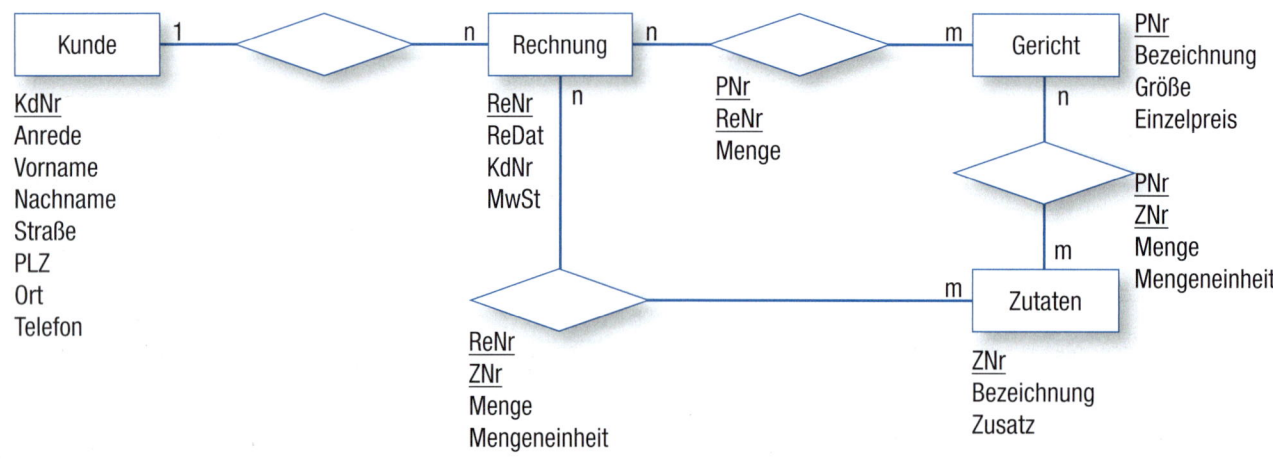

Kapitel 3   S. 192–193

Aufgabe 1
Achtung: Hier wird \ und nicht / benutzt, also die ganzzahlige Division.

i	j	p	Ausgabe in Listenfeld
2		TRUE	2
3	2	TRUE	3
4	2	FALSE	
4	3	FALSE	
5	2	TRUE	
5	3	TRUE	
5	4	TRUE	5

Das Programm gibt die Primzahlen bis i aus und überprüft für jede Zahl, ob sie einen ganzzahligen Teiler hat. Hat sie einen ganzzahligen Teiler, passiert nichts, hat sie keinen, wird sie ausgegeben.

Aufgabe 2
a)
```
Option Explicit
Private Sub CommandButton1_Click()
Dim i, j, ende As Integer
Dim p As Boolean
ende = Val(TextBox1.Text)
ListBox1.Clear
For i = 2 To ende
   p = True
   For j = 2 To i - 1
      If (i \ j) * j = i Then
         p = False
      End If
   Next j
'ausgabe in Listenfeld
   If p Then
       ListBox1.AddItem i
   End If
Next i
End Sub
Private Sub CommandButton2_Click()
End
End Sub
```

b) Bei der Eingabe von 10 000 muss man sehr lange auf die Ergebnisse warten.
c) In C++ würde es sehr viel schneller ausgeführt werden, weil der Programmcode nicht während der Ausführung des Programms interpretiert werden muss, sondern schon vorher in compilierter Form vorliegt.

Aufgabe 3

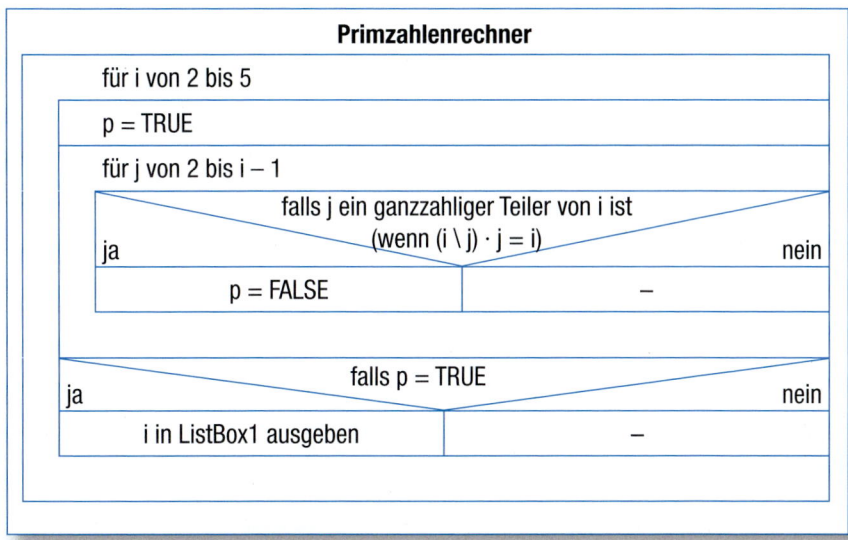

Aufgabe 4

```
1   Beginn der Klick-Prozedur
2   Deklaration der Variablen nKisten als ganze Zahl.
3   Deklaration der Variablen dBetrag als Kommazahl
4   Der Inhalt der TextBox1 wird der Variablen nKisten als Zahl zugewiesen.
5   Falls nKisten kleiner oder gleich 10 ist, dann
6      multipliziere nKisten mit 80 und weise das Ergebnis der Variablen dBetrag zu.
7   Wenn andernfalls nKisten kleiner als 100 ist, dann
8      multipliziere nKisten mit 70 und weise das Ergebnis der Variablen dBetrag zu.
9   Wenn andernfalls nKisten kleiner oder gleich 1000 ist, dann
10     multipliziere nKisten mit 60 und weise das Ergebnis der Variablen dBetrag zu.
11  Andernfalls
12     multipliziere nKisten mit 50 und weise das Ergebnis der Variablen dBetrag zu.
13  Ende der Fallunterscheidung
14  Der Text "Der Gesamtpreis beträgt soundsoviel € !" wird mit dem Betrag dBetrag aus-
    gegeben.
15  Ende der Klick-Prozedur
```

Aufgabe 5
a) integer – Datentyp für eine ganze Zahl
b) double – Datentyp für eine Dezimalzahl
c) Val() – wandelt Wert in eine Zahl um
d) &-Zeichen – dient zur Konkatenation von Zeichenketten, also zum Aneinanderhängen

Aufgabe 6

Kistenprogramm			
Anzahl der Kisten einlesen			
nKisten			
<= 10	< 100	<= 1000	sonst
dBetrag = nKisten · 80	dBetrag = nKisten · 70	dBetrag = nKisten · 60	dBetrag = nKisten · 50
dBetrag ausgeben			

Aufgabe 7

```
1   Private Sub CommandButton1_Click()      Beginn der Klick-Prozedur
2       Dim i As Integer                    Deklaration der Variablen i als ganzer Zahl
3       For i = 0 To 9                      Für i von 0 bis 9 (wiederhole 10mal)
4           Listbox1.Additem (i * 2 + 1)    Das Ergebnis von (i*2 + 1) wird in der Listbox
                                            ausgegeben
5       Next i                              i wird um Eins erhöht
6   End Sub                                 Ende der Klick-Prozedur
```

i	ListBox
0	1
1	3
2	5
3	7
4	9
5	11
6	13
7	15
8	17
9	19

Aufgabe 8

```
1   Private Sub CommandButton1_Click()
2   Dim i, note, summe As Integer
3   Dim durchschnitt As Double
4   summe = 0
5   For i = 1 To 20
6   note = InputBox("Bitte Note eingeben")
7   summe = summe + note
8   Next i
9   durchschnitt = Round(summe / 20, 2)
10  Label1.Caption = "Der Notendurchschnitt beträgt: " & durchschnitt
11  End Sub
```

Kapitel 4   S. 208–209

Aufgabe 1

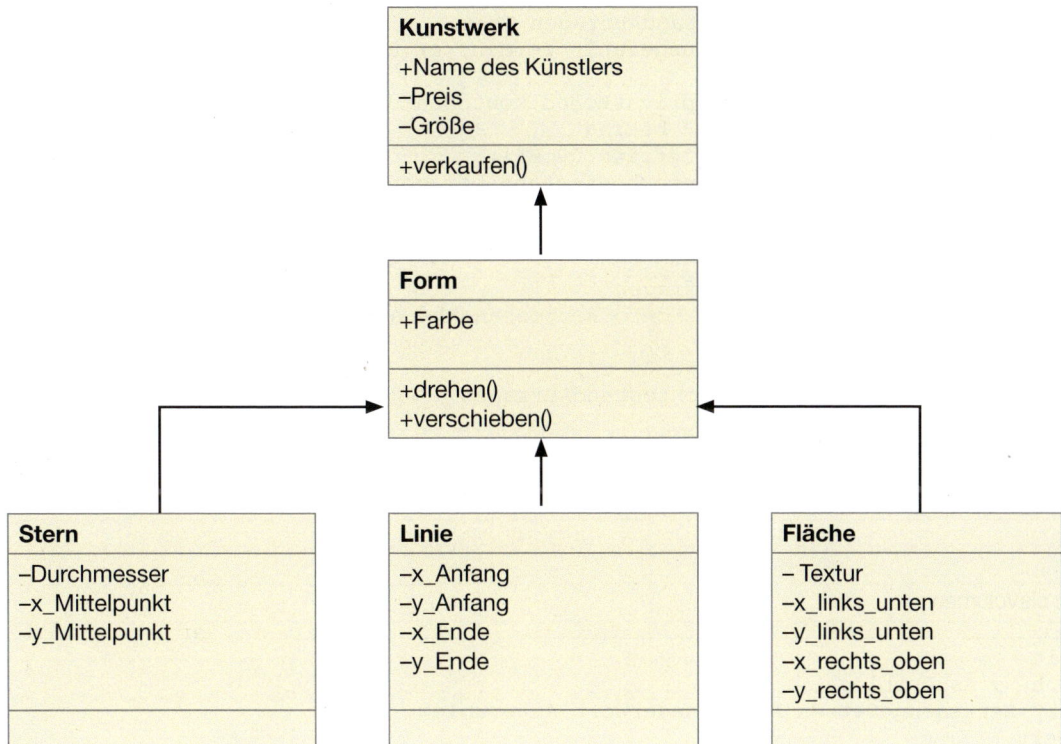

Aufgabe 2
Klassenmodul: clsGutKonto

```
Option Explicit
Private kontoStand, letzterBetrag As Double

Public Property Let kontostandAendern(ByVal neuerWert As Double)
    kontoStand = neuerWert
End Property
Public Property Let letzterBetragSetzen(ByVal neuerWert As Double)
    letzterBetrag = neuerWert
End Property
Public Property Get kontostandAbfragen() As Double
    kontostandAbfragen = kontoStand
End Property
Public Property Get letzterBetragAbfragen() As Double
    letzterBetragAbfragen = letzterBetrag
End Property

Private Sub class_initialize()
    kontoStand = 0
    letzterBetrag = 0
End Sub
```

Formular mit Quellcode

```
Option Explicit
Dim privatKonto As clsGutKonto
Dim betrag, neuerKontostand As Double

Private Sub UserForm_Initialize()
    Set privatKonto = New clsGutKonto
End Sub
Private Sub CommandButton1_Click()
  betrag = Val(TextBox1.Text)
  privatKonto.kontostandAendern = privatKonto.kontostandAbfragen + betrag
  privatKonto.letzterBetragSetzen = betrag
```

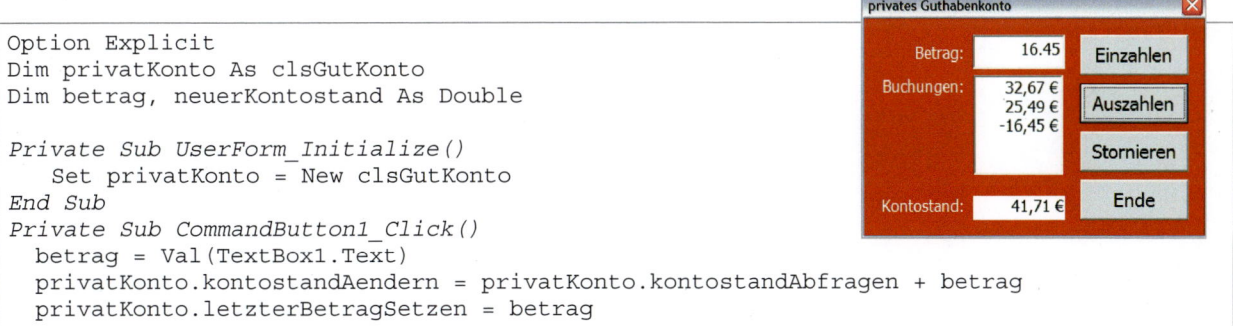

```
        ListBox1.AddItem Format(betrag, "##,##0.00 €")
        Label3.Caption = Format(privatKonto.kontostandAbfragen, "##,##0.00 € ")
End Sub
Private Sub CommandButton2_Click()
    betrag = -Val(TextBox1.Text)
    If Abs(betrag) > privatKonto.kontostandAbfragen Then
        MsgBox ("Der Betrag kann nicht ausgezahlt werden, er übersteigt Ihr Guthaben!")
    Else
        privatKonto.kontostandAendern = privatKonto.kontostandAbfragen + betrag
        privatKonto.letzterBetragSetzen = betrag
        ListBox1.AddItem Format(betrag, "##,##0.00 €")
        Label3.Caption = Format(privatKonto.kontostandAbfragen, "##,##0.00 € ")
    End If
End Sub
Private Sub CommandButton3_Click()
  betrag = -privatKonto.letzterBetragAbfragen
  privatKonto.kontostandAendern = privatKonto.kontostandAbfragen + betrag
  privatKonto.letzterBetragSetzen = 0
  ListBox1.AddItem Format(betrag, "##,##0.00 €")
  Label3.Caption = Format(privatKonto.kontostandAbfragen, "##,##0.00 € ")
End Sub
Private Sub CommandButton4_Click()
  End
End Sub
```

Aufgabe 3

a) Klassenmodul: clsVolumen

```
Option Explicit
Private l, b, h, v As Double
Public Property Let laengeSetzen(ByVal neuerWert As Double)
    l = neuerWert
End Property
Public Property Let breiteSetzen(ByVal neuerWert As Double)
    b = neuerWert
End Property
Public Property Let hoeheSetzen(ByVal neuerWert As Double)
    h = neuerWert
End Property
Public Property Get laenge() As Double
    laenge = l
End Property
Public Property Get breite() As Double
    breite = b
End Property
Public Property Get hoehe() As Double
    hoehe = h
End Property
Public Property Get volumen() As Double
    berechne_volumen
    volumen = v
End Property
Private Sub class_initialize()
    l = 0
    b = 0
    h = 0
    v = 0
End Sub
Public Function berechne_volumen()
    v = (l - (2 * h)) * (b - (2 * h)) * h
End Function
```

b) Formular mit Quellcode

```
Option Explicit
Dim Schachtel As clsVolumen
Dim i, kurz, letztes_volumen As Double

Private Sub UserForm_Initialize()
    Set Schachtel = New clsVolumen
End Sub
Private Sub CB_Berechnen_Click()
    Schachtel.laengeSetzen = Val(TextBox1.Text)
    Schachtel.breiteSetzen = Val(TextBox2.Text)
    'kürzere Seite des Rechtecks ermitteln
    If Schachtel.breite > Schachtel.laenge Then
        kurz = Schachtel.laenge
    Else
        kurz = Schachtel.breite
    End If
    'solange Höhen probieren, bis größtes Volumen gefunden
    letztes_volumen = 0
    For i = 1 To kurz
        Schachtel.hoeheSetzen = i
        If letztes_volumen > Schachtel.volumen Then
            Schachtel.hoeheSetzen = i - 1
            i = kurz
        Else
            letztes_volumen = Schachtel.volumen
        End If
    Next i
    Label_hoehe.Caption = Schachtel.hoehe
    Label_volumen.Caption = Schachtel.volumen
End Sub

Private Sub CB_Ende_Click()
    End
End Sub
```

Kapitel 5   S. 296–297

Die Lösungen befinden sich auf der beiliegenden CD-ROM.

Kapitel 6   S. 338–339

Aufgabe 1
1.) Eine mögliche Antwort wäre:
– Art der Leistung (waschen, schneiden, färben, fönen, …) – qualitativ/nominal
– Preis für die Leistung – quantitativ/diskret
– Haarlänge des Kunden – quantitativ/stetig
– geschätztes Alter des Kunden – quantitativ/diskret
2.) Wenn die Stadt nur aus 1 000 Einwohnern besteht (was für eine „Stadt" sehr unwahrscheinlich ist), waren es 500 Personen; ansonsten waren es 1 000 Personen, die befragt worden sein müssen.
3.) Minimum: 18
Maximum: 24
Modalwert: 20
Median: 20
Mittelwert: 20,095
absolute Häufigkeit: 18 – 4, 19 – 3, 20 – 6, 21 – 5 , 22 – 2, 24 – 1, insgesamt also 21 Personen
relative Häufigkeit: 18 – 19,05 %, 19 – 14,29 %, 20 – 28,57 %, 21 – 23,81 %, 22 – 9,52 %, 24 – 4,76 %
Standardabweichung: 1,546

Aufgabe 4
8,2 % der Jugendlichen waren sehr dagegen.

Insgesamt waren von den 3 000 Jugendlichen
    sehr dafür: 645
    eigentlich dafür: 1 236
    unentschieden: 372
    eigentlich dagegen: 501
    sehr dagegen: 245

Aufgabe 5
a) (10+15+10+15) : 22 = 2,27 €
b) Rangliste: 0, 0, 0, 0, 0, 0, 0, 0, 0, 0, 0, 0, 0, 75, 100, 120, 200, 300, 300, 300, 325, 650
Median = 0, den Mittelwert = 107,727 und die Standardabweichung = 170,829.
c) Freie Antwort möglich, z. B.: Verdienen Mädchen mehr als Jungen? Laden Jungen die Mädchen in der Disco ein? Wofür geben Jungen mehr Geld aus als Mädchen? Wie viel Taschengeld bekommen die 18- bis 20-jährigen?
d) Abhängig von der untersuchten Fragestellung.

Kapitel 7   S. 364–365

Aufgabe 1
a) A = Administration (Verwaltung, Regierung), B = Business (Unternehmen), C = Consumer (Verbraucher)
b) B2C, weil die Bürohandel GmbH ein Unternehmen ist (B) und Onlinebestellmöglichkeiten für Endverbraucher (C) geschaffen werden sollen.
c) E-Commerce im engeren Sinne bezeichnet den Handel zwischen Unternehmen und Endverbrauchern.

Aufgabe 2

Chancen:	Risiken:
– keine Öffnungszeiten, Online-Verkauf rund um die Uhr möglich	– eventuell hohe Vorlaufkosten
– kein Standortnachteil	– anonyme, unbekannte (Erst-)Kunden
– schnelle Korrektur von Fehlern möglich	– Kundenstammbildung schwierig
– Einstellen von Angeboten auch möglich	– hoher Wartungs- und Pflegeaufwand
– durch Klickstromanalysen genauere Marktforschung möglich	– hoher Konkurrenzdruck
– Chancengleichheit von kleinen und großen Unternehmen	– zusätzliche Kosten für Verpackung und Versand
– Zeit- und Kostenersparnis	– Datenschutzmaßnahmen sind einzuhalten
– keine Kosten für Verkaufsräume	– Verfügbarkeit des Shopservers muss sichergestellt sein
– keine Betriebsferien	

Aufgabe 3
Der Kunde muss bei Vertragsabschluss über Widerrufsrecht informiert werden. Ist dies geschehen, kann der Kunde zwei Wochen nach Vertragsabschluss bzw. nach Lieferung der Ware ohne Angabe von Gründen von dem Vertrag zurücktreten.

Aufgabe 4
individuelle Schülerantwort

Aufgabe 5
Eine digitale Signatur ersetzt die bei wichtigen Verträgen notwendige handschriftliche Unterschrift. Für eine qualifizierte digitale Signatur müssen folgende Punkte gelten:
1. Sie muss eindeutig dem Schlüsselinhaber zugeordnet und nur von ihm eingesetzt werden können.
2. Es muss eine Verknüpfung zu den signierten Daten bestehen, so dass nachträgliche Manipulationen an diesen Daten erkannt werden können.
3. Es muss ein sicheres Zertifikat einer angemeldeten oder freiwillig akkreditierten Zertifizierungsstelle verwendet werden.

Aufgabe 6

a)
- Benachrichtigung über Datenspeicherung
- Auskunft über gespeicherte Daten
- Berichtigung falscher Daten
- Sperrung von unerwünschten Daten
- Löschung von unerwünschten Daten

b)

3. Speicher-kontrolle	Die unbefugte Eingabe in den Speicher sowie die unbefugte Kenntnisnahme, Veränderung oder Löschung gespeicherter personenbezogener Daten soll verhindert werden. *Eine Speicherkontrolle wurde nicht gewährleistet, somit konnten Hacker die Speicherinhalte manipulieren.*
5. Zugriffskontrolle	Es ist zu gewährleisten, dass die zur Benutzung eines Datenverarbeitungssystems Berechtigten ausschließlich auf die ihrer Zugriffsberechtigung unterliegenden Daten zugreifen können. *Eine Zugriffskontrolle wurde evtl. nicht gewährleistet, denn es konnten auch Unberechtigte auf die Kundendaten zugreifen.*
8. Auftrags-kontrolle	Es muss gewährleistet werden, dass im Auftrag verarbeitete Daten nur entsprechend den Weisungen des Auftraggebers verarbeitet werden. *Auftragskontrolle wurde nicht gewährleistet, denn Daten konnten auch nicht auftragsgemäß verarbeitet werden.*
10. Organisations-kontrolle	Die innerbehördliche oder innerbetriebliche Organisation ist so zu gestalten, dass sie den besonderen Anforderungen des Datenschutzes gerecht wird. *Organisationskontrolle wurde nicht gewährleistet, denn offensichtlich wurde die innerbetriebliche Organisation nicht so gestaltet, dass sie den besonderen Anforderungen des Datenschutzes gerecht wird. Ein oder mehrere Außendienstmitarbeiter haben entgegen den Datenschutzrichtlinien ihre Zugangsdaten weitergegeben.*

c) Der Datenschutzbeauftragte hat sicherzustellen, dass die Datenschutzbestimmungen in der betrieblichen Praxis beachtet werden. Zu diesem Zweck kann er sich in Zweifelsfällen an die jeweils zuständige Aufsichtsbehörde wenden.

Kapitel 8 S. 390–391

Aufgabe 1
Die Prüfziffer lautet 6.

Aufgabe 2
Die Buchstaben haben die Werte von 0 bis 25
„P" wäre 15
$(15 + 15) \mod 26 = 4$
4 wäre „E"
wenn ich „E" wieder entschlüsseln möchte:
„E" wäre 4
$(4 - 15) \mod 26 = (4+26 - 15) \mod 26 = (30 - 15) \mod 26 = 15$
15 wäre „P"

Aufgabe 3
Zwei Primzahlen z. B. p = 19, q = 29 wählen;
Produkt n = 19*29 = 551 berechnen,
Eulersche Phi-Funktion berechnen und den Wert 1 addieren 18 · 28 + 1 = 505, Ergebnis 551 durch Faktorzerlegung in 5 · 101 zerlegen, Faktoren e = 5 und d = 101 zur Schlüsselwahl nutzen:
private key(5, 551) und public key(101,551)

Aufgabe 4
a) Der Empfänger erzeugt zwei Schlüssel: einen öffentlichen (public key), der dem Absender direkt übergeben wird oder der bei einer sicheren Zertifizierungsstelle hinterlegt werden kann, und einen geheimen (private key), der bei ihm verbleibt und zur Entschlüsselung dient. Die Entschlüsselung ist nur mit der Kombination beider Schlüssel möglich. Der Sender verschlüsselt mit dem öffentlichen Schlüssel des Empfängers, der jedermann bekannt sein kann. Der Empfänger entschlüsselt mit seinem geheimen privaten Schlüssel.
b) Während bei symmetrischen Verfahren nur einer oder zwei den Schlüssel kennen dürfen, wird dieses Prinzip hier völlig auf den Kopf gestellt: Jeder kennt oder hat den Schlüssel, aber nur einer kann mit dem dazugehörigen privaten Schlüssel lesen.
c) Es wurde das Wort VORABI verschlüsselt gesendet.

Aufgabe 5
a) Der Absender erzeugt eine Signatur mit seinem privaten Schlüssel und fügt sie dem Dokument bei. Der Empfänger prüft die Signatur mit dem öffentlichen Schlüssel des Senders. Gibt es keine Fehler dabei, ist das Dokument verifiziert.
b) Verschlüsselung mit private-key Sender (digitale Signatur)
D(ASCII 68) 68^7 mod 187 = 51
Übertragung über das Internet von der Nachricht und der Signatur 51
c) Die digitale Signatur erlaubt eine „echte" Unterschrift, die den Schreiber identifiziert, die Echtheit des Dokuments bestätigt bzw. eine Warnung darstellt, wenn eine Nachricht gefälscht wurde. Sie gewährleistet also Authentizität und Echtheit eines Dokuments.

Aufgabe 6
a) Skytale, Gartenzaun-Chiffre, Anagramm, Sandorf-Verschlüsselung
b) Gartenzaun: SOPT ONWARL

Aufgabe 7

```
Option Explicit

Function ModuloPotenz(ByVal alter_wert As Integer, ByVal exponent As Integer, ByVal n
As Integer) As Integer
    Dim i As Integer
    'neuer_wert ist zwar eine ganze Zahl, aber der integer-Speicherplatz
    'ist zu gering für die Werte, die neuer_wert annehmen kann.
    Dim neuer_wert As Double
    neuer_wert = 1
    For i = 1 To exponent
       neuer_wert = neuer_wert * alter_wert
       neuer_wert = neuer_wert Mod n
       Next i
    ModuloPotenz = neuer_wert
End Function

Private Sub CommandButton1_Click()
   Dim sKlar, sVersch As String
   Dim i, e, d, n, nKlar, nVersch, laenge As Integer
   Dim cKlar As String
   'Einlesen der Schlüssel
   e = Val(TextBox_e.Text)
   d = Val(TextBox_d.Text)
   n = Val(TextBox_n.Text)

   'Einlesen des Klartextes
   sKlar = TextBox_klar.Text

   'Länge des Klartextes bestimmen
   laenge = Len(sKlar)

   'Ausgabefelder initialisieren
   sVersch = ""
   ListBox1_buchst.Clear
   ListBox1_ascii.Clear
   TextBox1_versch.Text = ""

   'jeden Buchstaben des Klartextes einzeln lesen, ASCII-Wert ermitteln
   'und verschlüsseln
   For i = 1 To laenge
       cKlar = Mid(sKlar, i, 1)
       nKlar = Asc(cKlar)
       ListBox1_buchst.AddItem cKlar
       ListBox1_ascii.AddItem nKlar

   'verschlüsselten Wert berechnen
       nVersch = ModuloPotenz(nKlar, e, n)
       sVersch = sVersch & nVersch & ","
   Next i
   'verschlüsselte Zeichen im csv-Format ausgeben
   TextBox1_versch.Text = sVersch
End Sub
Private Sub CommandButton2_Click()
```

```
    Dim sKlar, sZahl, sVersch As String
    Dim i, e, d, n, nKlar, nVersch, laenge As Integer
    Dim cKlar, cTemp As String
    'Einlesen der Schlüssel
    e = Val(TextBox_e.Text)
    d = Val(TextBox_d.Text)
    n = Val(TextBox_n.Text)

    'Einlesen der verschlüsselten Zahlen
    sVersch = TextBox2_versch.Text

    'Länge des verschlüsselten Textes bestimmen
    laenge = Len(sVersch)

    'Ausgabefelder initialisieren
    sKlar = ""
    cTemp = ""
    ListBox2_buchst.Clear
    ListBox2_ascii.Clear
    TextBox2_klar.Text = ""

    'jede verschlüsselte Zahl des Geheimtextes einzeln lesen, entschlüsseln
    'und Buchstabe dazu ermitteln
    For i = 1 To laenge
        'lies die Zeichen bis zum nächsten Komma und wandle sie in eine Zahl um
        sZahl = ""
        cTemp = ""
        Do While (cTemp <> ",") And (i <= laenge)
           cTemp = Mid(sVersch, i, 1)
           If cTemp <> "," Then
            sZahl = sZahl & cTemp
            i = i + 1
           End If
        Loop
        nVersch = Val(sZahl)

        'entschlüsselten Wert berechnen
        nKlar = ModuloPotenz(nVersch, d, n)
        cKlar = Chr(nKlar)

        ListBox2_buchst.AddItem cKlar
        ListBox2_ascii.AddItem nKlar

        sKlar = sKlar & cKlar
    Next i
    'entschlüsselten Text ausgeben
    TextBox2_klar.Text = sKlar

End Sub

    Private Sub CommandButton3_Click()
    Dim sKlar, sVersch As String
    Dim i, e, d, n, nKlar, nVersch, laenge, nZwisum As Integer
    Dim cKlar As String

    'Einlesen der Schlüssel
    e = Val(TextBox_e.Text)
    d = Val(TextBox_d.Text)
    n = Val(TextBox_n.Text)
    'Einlesen des Klartextes
    sKlar = TextBox_klar.Text

    'Länge des Klartextes bestimmen
    laenge = Len(sKlar)

    'Ausgabefelder initialisieren
    sVersch = ""
    nZwisum = 0
    ListBox_zwisum.Clear
    'jeden Buchstaben des Klartextes einzeln nehmen, in ASCII umwandeln
    'und aufsummieren.
```

```
        For i = 1 To laenge
            cKlar = Mid(sKlar, i, 1)
            nKlar = Asc(cKlar)
            nZwisum = nZwisum + nKlar

            ListBox_zwisum.AddItem nZwisum
        Next i
        'Modulo der Quersumme berechnen
        nZwisum = nZwisum Mod 256
        Label_quersum.Caption = nZwisum

        'Quersumme für Signatur verschlüsseln
        nVersch = ModuloPotenz(nZwisum, d, n)
        Label_signatur.Caption = nVersch

End Sub

Private Sub CommandButton4_Click()
    End
End Sub
```

Aufgabe 8
a) 9
b) 9

Aufgabe 9
a) Freimaurer, Cäsar, Vigenère
b) Vigenère: UNFO RAKJQL

Kapitel 9 S. 410

Aufgabe 1
individuelle Schülerantwort
Es sollte eine Topologie genutzt werden, die der Größe des Unternehmens angemessen ist (siehe Seite 395 ff.). Zudem muss eine Nennung und Erklärung der eingesetzten technischen Komponenten erfolgen (siehe Seite 399 ff.). Abschließend sollte eine Erläuterung der Möglichkeiten von Datenschutz und Datensicherheit erfolgen (siehe Seite 408 f. sowie Kapitel 8 Seite 366 ff.).

Aufgabe 2
a) siehe Seite 393
b) siehe Beispiel Seite 401
c) siehe Seite 392 f.
d) siehe Seite 406 f.

Aufgabe 3
a) siehe Seite 398
b) siehe Seite 398 f.

Aufgabe 4
siehe Seite 399 f.

Aufgabe 5
siehe Seite 402 ff.

Stichwortverzeichnis

1. Normalform 82
1:1-Beziehung 77, 416
1:n-Beziehung 77, 98, 416
2. Normalform 83
3. Normalform 84
4GL 114

A
A2A 342
A2B 342
A2C 342
Abfrage, erstellen 52
Abfragen 27, 38, 46
Abfragen, Aggregatfunktionen 56
Abfragen, berechnete Felder 54
Abfragen, leere Felder 57
Abfragen, mehrere Tabellen 96
Ablauf, linearer 110
Absatzausrichtung 231
Absätze 220, 232
AAC 285
Access 24, 26, 91, 414
AddItem 153
AGB 358
Aggregatfunktionen 56
Aggregation 197
Akteur 10
Aktionsabfrage 47, 59
Aktionsknoten 14
Aktivitätsbereich 14, 356
Aktivitätsdiagramm 13, 356
Aktualisierungsabfrage 59
Algebra, relationale 70
Algorithmen 109
Algorithmusbegriff 108
Allgemeine Geschäftsbedingungen (AGB) 358
Alternative 110
Alternativfragen 304
Anagramm 374, 375
Analyseverfahren, statistische 298
Anforderungsanalyse 347
Anforderungsspezifikation 347
Anfügeabfrage 59
Animationen 270
Anker 226
Ansichten 28
Anwendungsfall 10
Anwendungsfalldiagramm 9, 196
Anwendungsschicht 402, 403
Anzahl 56
Anzeige 130
Arbeitsstationen 399
Arbeitsweise, autonome 399
Arbeitsweise, mehrplatzfähige 398
Arbeitsweise, teilautonome 398
Array 164
Artefakte 263
Assembler 114
Assoziation 10
Assoziation, binäre 89
ATM 404
Attribut 78, 88, 195
Attribut, identifizierendes 78
Audacity 286
Audiodatei 285, 289
Audioformate 284
Audiorecorder 286
Auflösung 231, 260

Aufnehmen 289
Auftragskontrolle 362
Auswahlabfrage 47, 59
Auswahlwerkzeug 266, 286
Authentifizierung 394

B
B2A 342
B2B 342
B2C 342
Balkendiagramm 330
Barrierefreiheit 294
Baumstruktur 211, 354, 397
BDSG 360
Bearbeitungswerkzeuge 287
Befehlsschaltfläche 42, 118
Benutzerkontrolle 362
Berichte 27, 61
Berichts-Assistent 61
Berichtsentwurf 61
Berichtstool 61
Bezeichnungsfeld 21, 42
Beziehung 76
Beziehungen 92
Beziehungstyp 76
BGB 358
Bildbearbeitung 259
Bilder, Formate 248, 249, 255
Bildgröße 251, 261
Bildinformationen 260, 265
Bildschirminterview 315, 322
Binomialkoeffizient 183
Bitmap 257
Bit-Tiefe 285
Bitübertragungsschicht 402, 403
Blasendiagramm 328
Boole'sche Algebra 138
Boolean 139, 146, 412
Bridge 400, 403
Browser 210
Brücken 400
Bubble-Sort 187
Bundesdatenschutzgesetz 360
Bürgerliches Gesetzbuch 358
Busstruktur 395

C
C2A 342
C2B 342
C2C 342
Caption 119, 123
Cäsar-Verschlüsselung 378, 381
Cascading Style Sheets 218, 274
Chiffrieren 377
Client-Server-Netzwerke 399
Client-Server-Prinzip 210
CMYK 235
Code-and-fix-Verfahren 102
Codecs 284
Codefenster 119
Codieren 381
Codierer 284
Computernetze 402, 404
Copyright 292
CSS 218, 274
Currency 139

D
Darstellungsschicht 402, 403
Data Control Language 25
Data Definition Language 25
Data Manipulation Language 25
Data Query Language 25
Daten, auswerten 315, 324
Daten, darstellen 328
Daten, erheben 298
Daten, private 344, 355
Datenauswertung 321
Datenbank 24
Datenbankmanagementsystem 24
Datenbankmodell, relationales 68
Datenbankprogramm 24, 322
Datenbanksystem 24
Datenbestand, konsistenter 65
Datenblattansicht 28, 33, 38
Datenerhebung 298, 321
Datenerhebung, elektronische 314
Datenhaltungsschicht 355
Datenintegrität 35, 65, 407
Datenkapselung 196, 203
Datenmodell, logisches 66
Datenmodell 66
Datenmodellierung 64
Datenmodellierung, Bottom-Up 82
Datenmodellierung, Top-Down 76
Datensatz 30
Datenschutz 65, 360, 408
Datensicherheit 360, 408
Datenträger, physische 394
Datenträgerkontrolle 362
Datentyp 30
DB 24
DBMS 24
DBS 24
DDL 25
Decodierer 284
Desktop-PC 399
Destruktor 202, 413
Detailtabelle 92
Differenzmenge 75
DML 25
Domain 69, 343
Double 129, 139
Dpi 231, 260
DQL 25
DRM 285
Drucker 400
Durchschnitt (Mengen) 74
Durchschnitt (Mittelwert) 324

E
EAN-Verfahren 372
Ebenen 270
E-Business 340
E-Cash 351
E-Commerce 340
Effekte 19
Eigenentwicklung 355
Eigenschaften 112
Eigenschaftenfenster 115
Eingabekontrolle 362
Einwegfunktion 386
Eisbreheritems 306
Elternklasse 198
Empfänger 378
Endzustand 19

Entitätenintegrität 35
Entitätsmenge 76
Entitätstyp 76
Entity Relationship Modell 76
Entscheidungsknoten 15
Entwurfsansicht 28
EPK 356
E-Procurement 342
ERD 76, 196
Prozesskette, ereignisgesteuerte 356
Ereignisse 19, 116, 356
Erhebungen 298
Erhebungsverfahren 298
E-Shop 340, 347
Ethernet 393
European Article Number 372
EVA-Prinzip 129
Events 19
Extend-Beziehung 11
Eyecatcher 230

F
Fakultätsfunktion 383
Fallauswahl 110
Fallunterscheidung 153
Fallunterscheidung, einfache 129
Fallunterscheidung, mehrfache 146
Farbauswahl 237
Farben 234
Farben, kalte 234
Farben, neutrale 235
Farben, warme 234
Farbmischung, additive 235
Farbmischung, subtraktive 235
Farbpalette 238
Farbpalette, optimierte 258
FDDI 404
Feldeigenschaften 31
Feldname 30
Fernabsatzrecht 359
Fernabsatzverträge 359
Fibonacci-Folge 374
File Transfer Protocol 210
Filter 45
Filteritems 306
Firewall 361, 408
Flächendiagramm 330
Font 123
FOR-Anweisung 159
Formatklassen, benutzerdefinierte 277
Formularansicht 28
Formular-Assistent 38
Formulare 38
Formularfenster 119
Fourth Generation Language (4GL) 114
Frage, direkte 305
Frage, geschlossene 304
Frage, indirekte 306
Frage, offene 304
Fragebogen 303
Fragebogen, elektronischer 302
Fragebogen, Papierform 301
Fragen 303
Freeware 216
Freimaurer-Chiffre 378
Fremdschlüssel 68, 72, 78
FTP 210
Function-Prozedur 181
Funktionen 36, 57

Funktionsabfragen 56

G
Gabelung 15
Gartenzaun-Chiffre 374
Gateway 400
Geheimnisprinzip 203
Geheimtextalphabet 377
GEMA 292
Generalisierung 11
GIF 257
GIF, animiertes 271
GIMP 263
Global Area Network (GAN) 393
Global Trade Item Number 367
GNU 259
Grafikformate 256
GrafStat 314
Groupware 394
Grundgesamtheit 299
Grundgesetz (GG) 361
Zugangskontrolle 362
GTIN 367
Guards 19
Guided Tour 211
Gültigkeitsregel 35

H
Handel, elektronischer 340
Handelsbeziehungen 340, 342
Hash-Funktion 388
Häufigkeit, absolute 321, 324, 331
Häufigkeit, relative 321, 324, 332
Häufigkeitstabelle 321
Header 243, 408
High Level Language 114
Homepage 212
Host 404
HTML-Editor 213
Hub 395, 396, 400
Hyperlinks 211, 249
Hypertext Markup Language (HTML) 210
Hypertext Transfer Protocol (HTTP) 210
Hypertext Transfer Protocol Secure (HTTPS) 210

I
ICANN 406
ICQ 398
Imagemaps 249
Impressum 215, 358
Include-Beziehung 11
Individualformate 278
Individualsoftware 355
Informationsdarstellung 210
Informationspflichten 359
Inner Join 72, 95
Integer 139
Integrität, referentielle 25
Interlaced-Modus 257
International Standard Book Number (ISBN) 368
Internet 248, 358
Interview 302
Intranet 395
IP-Adresse 406
IP-Adresse, private 407
IP-Pakete 406

IPv4 406
IPv6 407
IPX/SPX 404
ISBN-10 369, 371
ISBN-13 368, 369, 372
ISDN 404
ISO/OSI-7-Schichtenmodell 404
Items 303, 305
Items, demografische 309
Items, schwierigere 309
Items, spezielle 309

J
JPEG 256, 257

K
Kapselung 195
Kardinalität 76
Kartogramme 331
Keywords 240, 343
Kindklasse 198
Klartextalphabet 377
Klasse 88
Klassenmodellierung 88
Klickstromanalysen 342, 343
Kombinationsschlüssel 79
Kommentar 123
Kommunikationssteuerungsschicht 402, 403
Komposition 197
Konstante 142, 176
Konstruktor 202, 413
Kontextmenü 28
Kontinuum 307
Kontrollfluss 14
Kontrollitems 306
Kontrollkästchen 39, 147
Kontrollwerkzeuge 286
Kreditkarte 350
Kreisdiagramm 332
Kreuztabellenabfrage 47
Kryptografie 408
Kunden, anonyme 344, 345, 429
Kundenstammbildung 345, 429

L
Ladezeiten 258
Lagemaße 324
Lastschrift 351
Laufweite 231
Lautstärke 283
Layout 230
Lichtwellenleiter (LWL) 400
Linien, horizontale 224
Liniendiagramm 330
Links 225, 236, 240
Listen 224
Listeneingabe 322
Listenfeld 153, 167
Lizenz 292
Local Area Network (LAN) 392

M
Makros 27, 117
Maschinensprache 113
Mastertabelle 92
Maximum 56, 324
Median 325
Medienbruch 340

Merkmal, diskretes 307, 330
Merkmal, nominales 307
Merkmal, ordinales 307
Merkmal, qualitatives 307
Merkmal, quantitatives 307
Merkmal, stetiges 307
Methoden 153, 197, 412
MIDI 284
Minimum 56, 324
Miniwelt 66
Mittel, arithmetisches 324
Mittelwert 56, 324
Mixer 286
Mod 141
Modalwert 325
Modellierung, objektorientierte 194
Module 195, 27
Modulo-11-Verfahren 371
Modulo-Operator 141
MP3 285
Multifunktionsleiste 26
Multimedia 210
Multimedial 210
Multiplizitäten 89

N
n:m-Beziehung 77
Nachnahme 350
NetBEUI 403
Netz, serverzentriert 398
Netz, vermaschtes 397
Netz-Struktur 212
Netzwerkadapter 400
Netzwerkbetriebssysteme 401
Netzwerke 388
Netzwerkkabel 400
Netzwerkkarte 400
NFS 404
Nominalskalierung 307
Normalisierung 82

O
Oberklasse 196
Objekte 116, 356
Objektfluss 15
Objektknoten 15
Objektorientierung 194
Ogg-Vorbis-Format 285
Online-Shop 340
Open System Interconnection 402
Open-Source 25
Open-Source-Software 259
Operatoren, arithmetische 35
Operatoren, logische 35
Optionsfeld 146
Optionsgruppe 147, 411, 415
Organisationskontrolle 362
OSI 402

P
Packet Filtering 408
Palette 257, 262
Palette, internetoptimierte 262
PAN 392
Parameterabfrage 47
Parameterabfragen 52
PayPal 351
Peer-to-Peer-Netze 398
Personal Area Network 392
Phase5 239

Pixelgrafiken 255
PNG 257
Polymorphismus 198
Ppi 260
Präsentationsschicht 355
Primärerhebung 298
Primärschlüssel 30
Produkt, kartesisches 71
Programmablaufplan 109
Programmiersprachen 113
Programmiersprache, höhere 114
Programmierung, objektorientierte 201
Projekt-Explorer 118
Projektion 46, 70
Protokoll 210
Prototyping 101
Provider 214, 393
Proxyserver 408
Prozeduren 181
Prüfziffern 367
Pseudoformate 278
Public-Key-Verschlüsselung 388
Punktdiagramm 328
Punktoperator 122

Q
QBE-Abfragen 48
Quartil 326
Quersumme, gewichtete 370

R
Rastergrafik 255
RealAudio 285
Recht im Internet 358
Referenz 68
Reihe 164
Relationen 68
Relationenschema 68
Relationenschreibweise 69
Restwert-Operator 141
RFC 404
RFID 343
RGB 120, 235
RGB-Farbmodell 235
Ringstruktur 396
RISC 399
Rohdaten 82, 321
Router 400
RSA-Algorithmus 382
RStV 358
Rückgaberecht 360
Rundfunkstaatsvertrag 358

S
Sampling-Auflösung 285
Sampling-Rate 285
Sandorf-Verschlüsselung 375
Säulendiagramm 328
Schema, externes 67
Schema, internes 66
Schema, konzeptionelles 66
Schicht, anwendungsorientierte 402
Schicht, transportorientierte 402
Schleife, fußgesteuerte 175
Schleife, gezählte 158
Schleife, kopfgesteuerte 171
Schlüsselattribute 78
Schlüsselwörter 217
Schnittstelle 201

Schrift 230
Schriftfamilien 231
Schwarz/Weiß-Palette 262
Screening Router 408
Sehgewohnheiten 233
Seitenansicht 28
Seitenquelltext 216
Sekundärerhebung 298
Select-Case-Anweisung 110
Selection-Sort 187
Selektion 46
Selektivfragen 304
Semantik 89
Sender 378
Sequenz 110
Server 210
Sicherheit 404
Sicherungsschicht 402
Sichtbarkeit 198
Signatur, digitale 388
Single 139
Sitemap 212
Skalierung 311
Skytale 374
Softwareentwicklung 102
Softwarelebenszyklus-Modell 103
SONET/SDH 405
Sounds 283
Source 248
Spannweite 325
Speicherbedarf 139, 256, 285
Speicherkontrolle 362
Spiralmodell 105
Sprachwiedergabe 285
SQL 26
SQL-Abfrage 50
Src 248
SSL 346, 350
Standardabweichung 326
Standardwert 88
Stapeldiagramm 329
Startzustand 19
Statistikprogramm 322
Steganographie 366
Sternstruktur 212
Steuerelemente, berechnete 39
Steuerelemente, gebundene 39
Steuerelemente, ungebundene 39
Stichprobe 299
Storyboard 253
Streifendiagramm 332
String 129
Struktogramm 109
Struktur, lineare 211
Strukturdiagramme 9
Style Sheets 274
Subnetting 407
Substitution 373
Suchmaschinen 210, 343
Summenbildung 156
Switch 393, 396, 400
Syntax 50, 416
Systemdesign 354
Systemgrenze 10

T
Tabelle, Abfragen 46
Tabellen 30
Tabellen filtern 45
Tabellen, blinde 247
Tabellenkalkulationsprogramm 322
Tag 217

TCP/IP 404
Teilerhebung 299
Telemediengesetz (TMG) 358
Terminator 19
Text-Editor 219
Textfeld 32, 39
Textgestaltung 233
Textoperatoren 35
Thumbnail 258
TIFF 257
Tondokumente 286
Töne 283
Tonhöhe 283, 288
Topologie 395
Transitionen 19
Transparenz 266
Transportkontrolle 362
Transportschicht 402
Transposition 374, 377

U
Überlagerung 204
Übermittlungskontrolle 362
Überschriften 69, 219
Übertragungsleitungen 400
Übertragungsmedien 404
UML 8, 88, 196
Umschaltfeld 147, 411
Uniform Resource Locator (URL) 31, 226
UNIX 214, 399
Unterklasse 196
Unterschrift, digitale 298
Urheberrecht 292, 358
Urheberrechtsgesetz (UrhG) 292

V
Validierung 104
Variablen 137
Variablen, globale 140
Variablen, lokale 140
Varianz 325
Vektorgrafik 255
Verarbeitungsschicht 355
Verbindungsknoten 15
Vereinigung (Logik) 15
Vereinigung (Mengen) 73
Vererbung 198
Vergleichsoperatoren 35, 420
Verifizierung 103
Vermittlungsschicht 402
Verschlüsselung 366
Verschlüsselung, monoalphabetische 378
Verschlüsselung, polyalphabetische 381
Verschlüsselung, symmetrische 379
Verschlüsselung, asymmetrisch 385
Verstärker 400
Verteiler 400
Very High Level Language (VHLL) 114
Vigenère-Verschlüsselung 381
Visual Basic for Applications (VBA) 116, 201, 412
V-Modell 106
VoIP 393
Vollerhebung 298
Vorauskasse 350
Vorlaufkosten 344

W
Wahrnehmung von Farben 234
Wasserfallmodell 104
WAVE 284
Webpage (-seite) 212
Website 212
WebSpace 214
Werkzeugsammlung 118
Wertetabelle 160
Wertzuweisung 124
Wide Area Network (WAN) 393
Widerrufsrecht 360
Wiederholung, gezählte 110
Wireless Local Area Network (WLAN) 393
Wireless Personal Area Network (WPAN) 393
Wireless Wide Area Network (WWAN) 393
WMA 285
WordWrap 131
work station 399
World Wide Web (WWW) 210
World Wide Web Consortium (W3C) 211
Wörter, reservierte 123

Z
Zahlungsart 351
Zahlungsmoral 344
Zeilenumbrüche 220, 419
Zellstruktur 398
Zentralwert 325
Zugriffskontrolle 362
Zustandsdiagramm 18, 213
Zuweisung 122

Bildquellenverzeichnis

S. 138	ullstein bild – Granger Collection
S. 158	adpic/A. Antl
S. 158/2	Wikimedia Commons, gemeinfrei
S. 234/1–2	Wikimedia Commons, gemeinfrei
S. 247	© Frederico di Campo – Fotolia.com
S. 251/1–2	adpic/M. Schon
S. 279	adpic/M. Schon
S. 326	Wikimedia Commons, gemeinfrei
S. 374	Wikimedia Commons, GNU freie Dok.
S. 381	Wikimedia Commons, gemeinfrei
S. 399/1	Wikimedia Commons, GNU freie Dok.
S. 399/2	iStockphoto
S. 400/1	iStockphoto
S. 400/2	Wikipedia, GNU/Echoray
S. 400/3	adpic/D. Schneider